개정판

주 52시간 근무에 따른

근로시간 관리실무

주 52시간 근무에 따른

근로시간 관리실무

초 판 인 쇄 | 2018년 10월 15일
개정판 발행 | 2020년 1월 20일

지 은 이 | 김 수 복
펴 낸 이 | 김 남 진
펴 낸 곳 | (주)중앙경제
편집·디자인 | 한 지 희

주 소 | 서울시 중구 다산로 11길 19(신당2동 355-8)
백석빌딩 신관 4층
전 화 | 02-2231-7293
팩 스 | 02-2235-5344
홈 페 이 지 | www.elabor.co.kr
출 판 등 록 | 80. 6. 21 제2-66호

I S B N | 978-89-7017-435-8 (93330)
정 가 | 48,000원

개정판

주 52시간 근무에 따른

근로시간 관리실무

김 수 복

52

(주)중앙경제

이 책을 내면서

주 52시간제는 2018.7.1부터 시행되어 사업 규모에 따라 단계적으로 2020.1.1부터 50인 이상 300인 미만 중소기업에도 적용이 확대되었다. 주 52시간제는 근로자의 삶의 질 향상, 일하는 방식, 직장의 노무관리 방법의 일대 전환을 가져왔다. 주 52시간제는 근로시간제도의 기본 틀을 마련하여 새로운 지평을 열었다. 시대변천과 경영환경에 걸맞은 제도적 장치를 마련한 점에 그 개정 의의를 높이 평가할 수 있을 것이다.

기존 근로시간제도의 대폭적인 개정과 주 52시간제의 채택은 과로사회라는 늪을 벗어나 일과 생활의 균형을 추구하여 그 동안 활력을 잃고 있는 경제를 회생시키고 경쟁력을 확보한다는 차원에서 중요한 의의가 있다. 주 52시간제 적용 확대는 그 파급효과가 엄청나다. 긍정적인 측면과 부정적 측면이 동시에 혼재하고 있다. 부정적 측면은 이를 슬기롭게 극복할 수 있는 해결책을 시급히 마련하여야 한다.

개정증보판 집필에 있어서 특히 역점을 둔 것은 다음과 같다.

첫째, 주 52시간 도입에 따라 제기된 문제점과 그 해결방안을 제시하였다.

그러나 산업현장은 주 52시간제의 시행에 따른 중소·영세기업에서 경영여건이 미비하다는 주장이 제기되고 있어 고용노동부에서는 개정 근기법 시행에 맞추어 유연근로시간제 가이드 등 각종 가이드라인을 제시했다. 본서는 그 내용을 상세히 분석하고 해결책을 제시했다.

둘째, 근로시간 해당 여부와 판단기준을 제시하고 유형별로 상세히 다루었다. 근로시간 판단은 근로시간 관리의 핵심 포인트다. 고용노동부에서 2018.6.11「근로시간 해당 여부 판단 기준 및 사례 가이드라인」을 발표하여 몇 가지 기준과 사례를 제시하여 제도운영을 원활하게 하는데 큰 도움을 주었다. 그러나 일부에서는 가이드라인에서 제시한 기준 및 사례가 너무 미흡하여 궁금증을 해소하기에는 역부족이라는 비판을 받았다. 본서는 근로시간 해당 여부와 그 판단기준에 관해서 고용노동부의 가이드라인을 소개할 뿐만 아니라 근로시간 관리에서 노사간에 쟁점이 되었던 기준과 30개의 사례에 대하여 보다 구체적 내용을 제시하여 실제 업무처리에 활용하도록 하였다.

셋째, 주 52시간 시행에 있어 근로시간 유연화에 따른 각종 제도 즉 탄력적근로시간제, 선택적근로시간제, 사업장밖근로시간간주제, 재량근로시간간주제를 상세히 해설하고 각종 취업규칙 및 노사합의 모델을 마련하였다.

넷째, 노사 쌍방에게 52시간제 도입에 따른 근로시간의 적정한 관리를 둘러싸고 예상되는 많은 문제점을 적시하고 가장 합리적이고 적법한 해결대책을 제시하고 있다. 향후 근로시간 위반 실태에 대하여 근로감독관이 대폭 증원되어 근로감독이 강화될 것으로 예상됨에 따라 제8부를 새로 보완하여 근로감독 주요 포인트와 대응요령과 디지털 포렌식 근로감독을 상세히 기술하였다. 근로감독관 집무규정(2019.9.1, 고용노동부훈령 제291호)이 대폭 개정 시행됨에 따라 근로감독에 대비한 기업의 대응 기법을 상세히 설명하였다.

다섯째, 본서는 개정 근기법의 내용에 따라 행정지침·행정해석·판례 등을 참조하여 기업사회의 동향이나 근로시간 관리의 새로운 전개를 둘러싼 문제점을 지적하고 해결책을 제시하였다. 주 52시간 시행에 맞춰 근로시간과 관련된 취업규칙, 단체협약, 서면합의 또는 노사합의 모델을 마련하여 새로운 제도운용의 정착에 도움이 되도록 하였다.

근로시간·휴일·휴가·휴게는 임금과 함께 대표적인 근로조건으로서 노동보호입법의 역사에 있어서 가장 오랜 연혁을 가지고 있다. 최근의 노사분규 또는 단체교섭 쟁점 중에서 근로시간 문제가 임금에 버금가는 이슈로 등장한 것은 결코 우연한 일이 아니다.

본서가 기업설정에 맞는 근로시간 관리를 꾀하는 인사·노무관리자·사업주에게 새로운 지침서로서, 노동조합이나 근로자에게는 보호받아야 하고 개선해 나가야 할 근로시간제도의 내용을 이해하는 안내서로 널리 활용되기를 기원한다.

끝으로 주 52시간제 시행에 맞춰 본서 발간을 위해 지원해 주신 중앙경제사 김희성 회장님과 김남진 대표이사님, 편집부 김태윤 상무님, 한지희님을 비롯한 직원 여러분께 감사드리고 원고정리와 교정에 힘써주신 사단법인 한국노동연구소의 임지현 님의 노고에 감사드린다.

2019.12.

김 수 복

목 차

제1부 | 근로시간의 기본적 이해

제1장 근로시간의 정의를 둘러싼 문제
- 올바른 근로시간의 의의와 범위를 정립하기 위하여 -

1 우리나라의 법정근로시간제도 ········ 1
2 근기법 제4장의 「근로시간」 구성내용 ········ 2
3 근로시간제도의 실효성 확보 ········ 4
4 근로시간의 의의와 범위 ········ 6
5 근로시간과 구속시간의 차이 ········ 9
6 근로시간과 작업부대시간 ········ 13
7 형식적 근로시간과 실질적 근로시간의 구별 ········ 14
8 근기법의 '근로시간'과 기업이 규정하는 '근로시간'의 상위 ········ 18
9 법정근로시간의 의의와 위반 시의 법적 효과 ········ 21
10 소정근로시간 ········ 24
11 단시간근로자와 소정근로시간 ········ 29
12 소정근로시간 단축 또는 무급휴무일 증가와 임금 ········ 32
13 사용자의 지휘·감독 아래 있는지의 근로시간 판단기준 ········ 34

제2장 근로시간의 판단기준을 둘러싼 문제
- 30개 사례로서 본 일상의 분규방지를 위하여 -

1 출·퇴근시간은 근로시간인가 ········ 37

2 자택에서 직접 작업현장이나 지원근무처로 출근하는 경우가 근로시간인가 ···· 42
3 종료시각 후 기차 등에 의한 출장시간은 근로시간인가 ···· 49
4 작업의 준비 등을 위한 시간은 근로시간인가 ···· 51
5 작업시작 전 취업회의시간 및 갱의시간은 근로시간인가 ···· 55
6 작업종료 후의 정리, 정돈시간은 근로시간인가 ···· 58
7 갱내보안관리직원의 입·퇴갱시간은 근로시간인가 ···· 59
8 조회, 미팅시간은 근로시간인가 ···· 60
9 직장체조시간은 근로시간인가 ···· 63
10 교육시간이 근로시간인가 ···· 65
11 근로자의 각종 강습시간이 근로시간인가 ···· 72
12 합숙연수 중의 새벽 체육시간, 심야의 토론, 보고서 작성시간 등이 근로시간인가 ···· 79
13 자택에서 통신교육의 학습시간은 근로시간인가·통신교육 수강을 업무명령으로 할 수 있는가 ·· 82
14 자기계발연수시간은 근로시간인가 ···· 85
15 소집단활동 등의 실시시간은 근로시간인가 ···· 90
16 긴급호출에 대비한 자택대기시간 또는 회사 휴대전화를 지참한 응답시간은 근로시간인가 ·· 93
17 자택지참 근로는 근로시간인가 ···· 95
18 재택근로자의 재택근무는 근로시간인가 ···· 98
19 건강진단시간은 근로시간인가 ···· 103
20 산업안전보건위원회의 회의참석시간·노사협의회 위원의 협의회 출석시간은 근로시간인가 ·· 107
21 업무 종료 후의 직장평가회, 간담회 등의 참석시간이 근로시간인가 ···· 109
22 휴게시간 중의 고객접대·전화당번시간은 근로시간인가 ···· 110
23 극기훈련·향토예비군훈련시간은 근로시간인가 ···· 111
24 일·숙직근무시간은 근로시간인가 ···· 113
25 가면시간(假眠時間)은 근로시간인가 ···· 117
26 육아시간은 근로시간인가 ···· 122
27 해외 출장 중의 출장업무 수행시간이 근로시간인가 ···· 124
28 손님접대시간은 근로시간인가 ···· 128

29 손님접대 골프시간은 근로시간인가 ········ 130
30 점심시간을 활용한 직무·외국어학습시간은 근로시간인가 ········ 132

제3장 근로시간 해당 여부 판단 기준 및 사례
- 고용노동부 2018.6.11 가이드라인 -

1 근로시간 의의 및 판단원칙 ········ 133
2 주요 사례(판례 및 행정해석) ········ 134

제4장 근로시간의 시작시점과 종료시점을 둘러싼 문제
- 근로시간의 정확한 계산을 위하여 -

1 근로시간의 시작시점·종료시점은 어떠한 시간인가 ········ 141
2 타임레코더와 근로시간의 기산점 ········ 146
3 업무종료 후의 손님접대회식시간·회식 등의 근로시간 산정 ········ 150
4 종료시각보다 늦게 도착한 배달원의 근로시간 산정 ········ 152
5 사용(私用)외출시의 근로시간 산정 ········ 155

제2부 | 근로시간제도의 운용과 관리

제5장 1주 52시간 근로제를 둘러싼 문제
- 개정근기법에 의한 근로시간 설정방법의 적정화를 위하여 -

1 주 52시간 근로제의 실시시기 ········ 159

2 개정 근기법 적용 시기와 상시 근로자 수 산정방법 및 판단기준 ······ 163
3 하나의 사업 또는 사업장의 의미 ······ 166
4 주 52시간 근로시간제 적용 사례 ······ 168
5 주 52시간제를 둘러싼 문제 ······ 175
6 주 40시간근로제의 원칙 ······ 183

제6장 근로시간 관리를 둘러싼 문제
- 올바른 관리와 합리화를 위하여 -

1 사용자의 근로시간의 파악·산정의무 ······ 185
2 이른바 서비스잔업과 사용자의 근로시간 파악의무 ······ 187
3 완전자유근무 근로계약(근로시간의 자유)은 유효한가 - 서비스잔업문제는 발생하지 않는가 ·· 191
4 근로시간 파악·산정의무의 면제-간주근로시간제 ······ 195
5 잔업자기신고제를 둘러싼 문제 ······ 197
6 타임레코더의 타각을 잊은 때의 취급 ······ 200
7 근로시간 중의 조합활동·노사협의회 참석시간·시한파업 등에 대한 근로시간의 산정 ······ 203
8 자발적 연장근로도 연장근로가 되는가 ······ 206
9 근로시간을 앞당기거나, 늦추는 경우의 실근로시간 ······ 210
10 취업규칙에 따라 자동적으로 앞당기는 경우와 늦추는 경우 ······ 214

제7장 교대근무를 둘러싼 문제
- 적정하고 효율적인 교대근무 활용을 위하여 -

1 교대근무의 의의 ······ 217
2 교대제근무의 패턴 ······ 221
3 교대근무와 근로시간·휴게·휴일·연차유급휴가의 규정 ······ 229
4 교대제근무의 채택과 근로편성·근로조건의 기준 ······ 233

제3부 | 근로시간의 유연화를 위한 근로시간제의 운용과 관리

제8장 근로시간의 유연화 제도를 둘러싼 문제
- 주 52시간제의 정착과 효율적인 근로시간 관리를 위하여 -

1 근로시간 유연화제도의 의의와 유형 ········· 239

2 유연근로시간 제도 도입 시 유의사항 ········· 242

3 근로시간유연화제도에 관한 Q&A(고용노동부 2018.6.26 유연근로시간제 가이드) ······ 245

제9장 탄력적근로시간제 채택을 둘러싼 문제
- 시간 단축과 성수기 · 비수기 대책 등 평균시간제의 유효활용을 위하여 -

1 탄력적근로시간제의 의의 ········· 249

2 2주 단위의 탄력적근로시간제 ········· 252

3 2주 단위 탄력적근로시간제 취업규칙 모델
(고용노동부「유연근로시간제 가이드」및 고용노동부「표준취업규칙」2019.3.)········· 259

4 3개월 단위의 탄력적근로시간제 ········· 260

5 탄력적근로시간제의 적용과 운용 ········· 272

6 3개월 단위의 탄력적근로시간제의 취업규칙 및 노사합의 모델 ········· 274

7 탄력적근로시간제 적용 · 운용의 문제점 ········· 280

8 탄력적근로시간제 활용 사례(고용노동부「유연근로시간제 가이드」)········· 284

9 탄력적 근로시간에 관한 Q&A(고용노동부「유연근로시간제 가이드」)········· 291

제10장 선택적근로시간제 채택을 둘러싼 문제
- 적법한 근로시간제의 채택을 위하여 -

1 선택적근로시간제의 의의·유형, 활용 분야 …… 297
2 선택적근로시간제의 도입요건 …… 303
3 선택적근로시간제의 운용을 둘러싼 문제 …… 316
4 선택적근로시간제 활용 사례(고용노동부「유연근로시간제 가이드」) …… 330
5 선택적근로시간제의 취업규칙과 노사합의 …… 333
6 선택적근로시간제에 관한 Q&A(고용노동부「유연근로시간제 가이드」) …… 340

제11장 사업장 밖 근로시간제를 둘러싼 문제
- 사업장 밖 근로의 간주시간과 올바른 관리를 위하여 -

1 사업장 밖 근로시간 간주제의 의의·요건·효과 …… 344
2 사업장 밖 간주근로시간제의 활용 사례 …… 351
3 세일즈맨, 출장작업 등 사업장 밖의 근로시간 …… 352
4 통상 필요한 시간을 근로한 것으로 본다의 의의와 범위 …… 359
5 영업수당, 외근수당 등의 취급 …… 367
6 출장, 외근 중의 근로시간, 휴일의 취급 …… 370
7 출장기간 중의 휴일의 취급 …… 376
8 휴일출장 여행시간은 휴일근로인가 …… 377
9 통상보다도 장시간을 요하는 파견, 출·퇴근시간 …… 379
10 사업장 밖 근로의 취업규칙·서면합의 …… 388
11 사업장 밖 근로의 Q&A(고용노동부「유연근로시간제 가이드」) …… 394

제12장 재량근로의 간주시간의 취급을 둘러싼 문제
- 재량근로시간의 적정한 운용을 위하여 -

1 재량근로제도의 의의·취지 및 다른 제도와의 차이 ······ 398
2 간주규정의 적용을 받는 재량근로제 대상업무 ······ 402
3 재량근로의 간주근로시간의 설정과 운용 ······ 406
4 재량근로제 적용 대상근로자의 재량성 보장의 범위는 어디까지인가 ······ 413
5 재량근로의 간주근로시간의 운용상의 유의사항 ······ 422
6 재량근로의 취업규칙·노사합의 ······ 430
7 파견근로자나 전출자 등에게도 재량근로제는 적용되는가 ······ 435
8 재량근로에 있어서 근로시간의 파악은 필요한가 ······ 437
9 재량근로시간제의 법적 효과 ······ 439
10 재량근로시간제에 관한 Q&A(고용노동부「재량간주근로시간제 운영 가이드」) ······ 442

제4부 | 휴게시간의 취급방법

제13장 휴게시간의 취급·관리를 둘러싼 문제
- 휴게시간을 둘러싼 분규를 방지하기 위하여 -

1 휴게시간에 대한 판단기준 ······ 449
2 근로시간과 휴게시간 구분 판단기준 ······ 455
3 휴게시간의 길이와 위치의 결정방법 ······ 459
4 휴게시간의 이용방법 ······ 462
5 여객자동차 및 화물자동차 운수종사자 휴게시간 보장 ······ 466

제14장 휴게시간 중의 유인물 배포 · 노동조합활동 · 정치활동을 둘러싼 문제
– 적법하고도 효율적인 활동을 위하여 –

1 휴게시간 중의 유인물 배포 ········ 469
2 휴게시간 중의 노동조합활동 ········ 472
3 휴게시간 중의 정치활동 ········ 473
4 휴게시간 중의 종교활동 · 판매활동 · 휴게시간 중의 사고 ········ 474

제15장 근로시간 및 휴게시간의 특례
– 적법한 특례제도의 활용을 위하여 –

1 근로시간 및 휴게시간의 특례의 의의 ········ 475
2 근로시간 및 휴게시간의 특례요건 ········ 476
3 근로시간 및 휴게시간의 특례 효과 ········ 481
4 근로시간 및 휴게시간 특례 노사합의 모델 ········ 482
5 근로시간 및 휴게시간 특례에 관한 Q&A ········ 483

제5부 | 연장근로 · 휴일의 취급방법

제16장 연장근로를 둘러싼 문제
– 연장근로의 올바른 취급을 위하여 –

1 연장근로의 의의 ········ 493
2 연장근로의 적법요건 ········ 496

3 연장근로에 대한 당사자 간의 합의 방법 ···· 499
4 연장근로 해당 여부 ···· 502
5 통상연장근로와 연장근로시간 산정 기준 ···· 509
6 특례연장근로(근기법 제53조제3항) ···· 518
7 특별연장근로(근기법 제53조제4항) ···· 520
8 연장근로 명령의 거부 ···· 528
9 지각상당분과 연장근로시간과의 상계 ···· 535
10 여성과 연소자의 근로시간 및 시간외근로 제한 ···· 536

제17장 휴일을 둘러싼 문제

- 휴일에 관련된 분규방지를 위하여 -

1 휴일은 어떤 날이며 휴가와 휴게와의 차이는 어떤 것인가 ···· 541
2 휴일의 부여원칙 ···· 546
3 휴일의 위로여행, 운동회 등 ···· 550
4 관공서의 공휴일은 어떻게 취급되는가 ···· 553
5 약정휴일은 어떻게 취급되는가 ···· 558
6 교대제·격일제·비번근로자 및 기간제근로자의 주휴일 ···· 563
7 「만근 초과 근로일」 근로는 근기법상 가산수당이 지급되어야 하는 휴일근로인지 여부 ···· 566
8 휴일근로시간이 연장근로시간에 포함되는가 ···· 567
9 휴일근로의 할증률에 관한 Q&A ···· 570

제18장 휴일대체·대휴를 둘러싼 문제

- 휴일대체·대휴를 둘러싼 분규 방지를 위하여 -

1 휴일의 대체의 의의와 요건 ···· 571

2 휴일대체의 효과 ········· 578
3 대휴란 무엇인가 ········· 580
4 휴일의 대체와 대휴의 차이 ········· 586
5 휴일의 대체와 보상휴가제의 차이 ········· 588

제19장 근로시간, 휴게, 휴일의 적용제외자를 둘러싼 문제
- 관리직을 둘러싼 분규방지를 위하여 -

1 근로시간·휴게·휴일의 적용 제외자 ········· 590
2 감시·단속적근로와 고용노동부장관의 승인 기준 ········· 592
3 근로시간·휴게·휴일의 적용제외 및 적용 규정 ········· 598
4 감시적·단속적 근로자의 적용 제외와 관련된 쟁점사례 ········· 599
5 관리·감독자의 적용제외 ········· 603
6 기밀취급 업무 종사자의 적용제외 ········· 608

제6부 | 법정·약정휴가·휴가대체·사용촉진의 취급

제20장 연차유급휴가를 둘러싼 문제
- 휴가의 올바른 취급과 관리를 위하여 -

1 법정휴가와 약정휴가의 종류와 법적 취급의 차이 ········· 611
2 연차유급휴가의 일수 증가와 발생요건 ········· 619
3 연차유급휴가 부여시 소정근로일수 및 출근 여부 판단기준 ········· 622
4 연차유급휴가 부여시 소정근로일 수 및 출근 일수 포함 여부 ········· 629

5 육아휴직을 한 근로자의 연차휴가일수 산정방법 ······ 630
6 근로자의 연차휴가 시기지정권 ······ 632
7 사용자의 연차휴가 시기변경권 ······ 638
8 연차휴가의「시기변경권」과「시기변경의 청구」와의 차이 ······ 645
9 연차유급휴가 시기변경권 행사의 요건인 사업 운영에 막대한 지장이 있는 경우의 적용사례 ·· 648
10 연차휴가의 환가는 어떤 경우에 유효한가 ······ 654
11 교육연수기간이나 컨설팅프로그램 또는 교육프로그램 참가 중의 시기변경권 행사의 한계 ·· 659
12 연차유급휴가의 취급 방법 ······ 660
13 연차휴가기준일의 통일방법 ······ 667
14 사용자의 연차휴가 부여의 배려와 조정권한 ······ 670
15 연차휴가의 자유이용의 원칙 ······ 673
16 일제휴가투쟁 ······ 674
17 근로관계 종료로 연차유급휴가 및 연차유급휴가수당 청구권은 소멸하는가 ······ 676
18 1년 미만 근로자 등에 대한 연차휴가 보장 확대(고용노동부 2018.5.11 가이드라인) ······ 682
19 1년차에 유급휴가를 사용하지 않은 근로자의 2년차 유급휴가일수 산정 방법 (근기법 제60조제1항 및 제2항 등 관련) ······ 686
20 단시간근로자의 연차휴가의 취급 ······ 688
21 파업과 연차휴가 ······ 693

제21장 연차유급휴가 대체를 둘러싼 문제 - 연차휴가의 소화대책과 합리적 취급을 위하여 -

1 연차유급휴가 대체의 의의 및 취지 ······ 703
2 연차유급휴가 대체의 요건 ······ 704
3 연차유급휴가의 대체와 관련된 쟁점 사례 ······ 707
4 연차유급휴가 대체 노사합의 모델 ······ 710

제22장 연차유급휴가의 사용촉진을 둘러싼 문제
- 사용촉진의 유효적절한 행사방법을 위하여 -

1 사용자의 연차휴가 사용촉진의 의의와 법적 성격 ······ 712
2 연차휴가 사용촉진의 요건과 효과 ······ 715
3 연차휴가 사용촉진에 관한 쟁점 사항 ······ 719

제23장 보상휴가제를 둘러싼 문제
- 임금과 휴가의 선택을 촉진하기 위하여 -

1 보상휴가제 내용과 도입요건·부여기준 ······ 723
2 휴가를 사용하지 않을 경우 임금 지급 의무 ······ 727
3 보상휴가제에 관한 쟁점사항 ······ 728
4 보상휴가제의 활용 사례(고용노동부「유연근로시간제 가이드」) ······ 730
5 보상휴가제 노사합의 모델(고용노동부「유연근로시간제 가이드」) ······ 731
6 보상휴가제에 관한 Q&A(고용노동부「유연근로시간제 가이드」) ······ 732

제24장 생리휴가의 취급을 둘러싼 문제
- 생리휴가의 올바른 행사를 위하여 -

제25장 출산전후휴가의 취급을 둘러싼 문제
- 출산전후휴가의 적절한 행사를 위하여 -

1 출산전후휴가의 의의 및 제도의 내용 ······ 737
2 유산·사산휴가제도 ······ 743

제26장 배우자출산휴가·난임치료휴가·가족돌봄휴가의 취급을 둘러싼 문제
- 배우자출산휴가·난임치료휴가·가족돌봄휴가의 적정한 행사를 위하여 -

1 배우자출산휴가 ······ 746
2 난임치료휴가 ······ 749
3 가족돌봄휴가제도 ······ 751

제27장 근로시간 단축 청구권
- 근로시간 단축 청구권의 적정한 행사를 위하여 -

1 임신기간 중의 근로시간 단축 허용 ······ 752
2 육아기 근로시간 단축 ······ 754
3 가족돌봄 등을 위한 근로시간 단축 청구권 ······ 758

제7부 | 근로시간·휴게·휴일·휴가에 대한 근로감독과 대응

제28장 근로감독관제도 및 근로감독관의 권한과 의무
- 근로감독의 적정한 행사를 위하여 -

1 감독기관의 조직 ······ 763
2 근로감독관 권한과 의무 ······ 766

第29장 사업장 지도감독 종류·범위 및 감독결과 조치
- 사업장 지도감독의 정확한 이해와 대응을 위하여 -

1 사업장 근로감독의 정의·종류 및 범위치 ······ 768

2 사업장감독의 종류 ······ 771

第30장 근로감독관의 시정지시와 기업의 대응방법
- 연장근로 위반 등 시정조치와 합리적 대응을 위하여 -

1 시정지시의 의의 및 법적 성격 ······ 777

2 근로감독관의 시정지시 방법 ······ 779

3 사용자가 정기감독을 거부할 수 있는가 ······ 782

4 시정지시에 대한 시정보고서 제출 ······ 785

5 개별적 근로관계법 위반사항 조치(일반기준) ······ 788

6 근로감독 현장조사 점검사항과 대응(조치기준은 「근로감독관 집무규정」 별표 3에 따름) ·· 790

제1부

근로시간의 기본적 이해

- 제1장 근로시간의 정의를 둘러싼 문제
- 제2장 근로시간의 판단기준을 둘러싼 문제
- 제3장 근로시간 해당 여부 판단 기준 및 사례
- 제4장 근로시간의 시작시점과 종료시점을 둘러싼 문제

제1장 근로시간의 정의를 둘러싼 문제

- 올바른 근로시간의 의의와 범위를 정립하기 위하여 -

1 우리나라의 법정근로시간제도

현행 노동법상 근로시간제도의 기본 구조는 원칙과 특례, 적용제외가 있다.

첫째, 원칙으로는 법정근로시간의 범주를 셋으로 나누어 규정하고 있다. 성인근로자(18세 이상의 근로자)에 대하여는 1주 40시간·1일 8시간의 법정근로시간(근기법 제50조제1항·제2항)을, 유해·위험작업에 종사하는 근로자에 대하여는 1일 6시간·1주 34시간의 법정근로시간(산업안전보건법 제139조)을, 15세 이상 18세 미만의 연소근로자에 대하여는 1일 7시간·1주 35시간의 법정근로시간(근기법 제69조 본문)을 규정하고 있다. 1주 또는 1일의 기간 중에 휴일(근기법 제55조)과 휴게(근기법 제54조)가 있고, 그에 대한 예외로서 연장근로(근기법 제53조), 휴일근로(근기법 제55조)와 가산임금지급제도(근기법 제56조)가 있다. 법정근로시간의 제한원칙은 장시간 근로를 억제하여 근로자의 건강보호를 통한 노동력의 재생산과 인간다운 삶을 보장하려는 데 있다.

둘째, 특례에는 법정근로시간에 대한 것으로 탄력적 근로시간제(근기법 제51조)와 선택적 근로시간제(근기법 제52조)가 있고, 근로시간 산정의 특례로는 사업장 밖 근로시간제(근기법 제58조제1항 및 제2항)와 재량근로에 대한 간주근로시간제(근기법 제58조제3항)가 있다. 또한 근로시간 및 휴게시간의 제한을 받지 않은 근로시간 특례제도(근기법 제59조)가 있다. 특례제도는 근로시간의 유연화를 통하여 경직적인 근로시간제도를 탈피하여 업무실정에 맞는 효율적인 근로시간제도를 운용하자는 데 있다.

셋째, 적용제외로는 근로시간, 휴게, 휴일의 적용을 받지 않는 적용제외제도(근기법 제63조)가 있다. 적용제외제도는 농업 등 근로자, 감시적·단속적 근로자, 관리·감독직 근로자에게 엄격한 근로시간규제를 일부 적용하지 않겠다는 것이다.

2 근기법 제4장의 「근로시간」 구성내용

1. 첫째 그룹: 근로시간의 원칙(최저기준)을 규정하고 다음 4개 조문을 열거

(1) 근로시간의 원칙

제50조 1주 40시간·1일 8시간 규정

예외: ① 연소근로자(15세 이상~18세 미만) 1주 35시간, 1일 7시간

② 유해·위험사업장 근로자: 1주 34시간, 1일 6시간

(2) 휴게의 원칙: 제54조

(3) 휴일의 원칙: 제55조제1항, 1주 1일의 휴일 부여 의무(주휴제) 규정

제55조제2항, 관공서 공휴일의 유급휴일 규정

(4) 연차유급휴가: 제60조, 연차유급휴가 부여일수 등의 기본적 내용을 규정

① 생리휴가(제73조)

② 출산전후휴가(제74조)

근기법 외에 남녀고용평등법상 3개의 법정휴가가 있다.

(가) 배우자출산휴가(남녀고용평등법 제18조의2)

(나) 난임치료휴가(남녀고용평등법 제18조의3)

(다) 가족돌봄휴가(남녀고용평등법 제22조의2)

2. 둘째 그룹: 이상의 원칙에 대한 예외규정

(1) 임시, 필요한 경우의 연장근로

① **통상연장근로**: 제53조제1항, 1주 12시간 한도

② **특례연장근로**: 제53조제2항(30인 미만 영세사업장은 한시적(2021년 7월 1일부터 2022년 12월 31일까지)으로 1주 12시간의 연장근로 외에 8시간 연장근로 추가 허용)

(2) 연장·휴일 및 야간근로에 대한 가산임금: 제56조

3. 셋째 그룹: 1의 원칙규정에서 정한 정형적 근로시간제의 탄력화를 정하는 규정(유연근로시간제라고 총칭한다)

(1) 2주 이내의 탄력적근로시간제: 제51조제1항
(2) 3월 이내의 탄력적근로시간제: 제51조제2항
(3) 선택적근로시간제: 제52조제2항, 업무시작·종료시각의 결정을 근로자 자신에게 위임하는 제도
(4) 사업장 밖 근로시간간주제: 제58조제1항 및 제2항
(5) 재량근로시간간주제: 제58조제3항 법령 소정의 근로자에게 실제 근로시간수를 따지지 않고 노사 간 합의시간을 근로한 것으로 간주하는 제도

4. 넷째 그룹: 근로시간 규제의 특례 및 적용제외

(1) 근로시간 특례

① 특별사정연장근로: 제53조제4항, 특별한 사정이 있는 경우 고용노동부장관 인가 및 근로자 본인 동의를 얻어서 1주 12시간을 초과하여 연장근로 허용

제53조제5항, 특별한 사정이 있는 경우 고용노동부장관의 사전인가를 얻지 못한 경우에는 사후에 지체없이 승인을 얻어야 한다.

② 특례사업연장근로(운수업 등 5개 업종): 1주 12시간을 초과하여 연장근로시간 허용 및 휴게시간 변경 허용

(2) 적용제외

① 농림·어업·임업·축산업 종사자: 근로시간·휴일·휴게 적용제외

② 감시·단속적근로자: 고용노동부장관 승인에 의한 근로시간·휴일·휴게 적용제외

③ 관리감독자·기밀사무취급자: 근로시간·휴일·휴게 적용제외

3 근로시간제도의 실효성 확보

근기법에서 규정하는 근로시간 규제의 목적은 첫째 근로자의 육체적·정신적 건강을 유지하고 둘째 일과 삶의 균형을 적정하게 보장하도록 함에 있으므로 근로시간 규제는 국가뿐만 아니라 근로자에게도 중요한 법규제이다. 근로시간제도를 규정하더라도 그 내용대로 지키지 아니하면 아무런 실효가 없다. 근로시간제의 실효성을 확보하기 위해 근기법은 다음과 같은 시스템을 마련하고 있다.

1. 민사상의 강행적·직률적 효력

근기법 제15조는 「① 이 법에서 정하는 기준에 미치지 못하는 근로조건을 정한 근로계약은 그 부분에 한하여 무효로 한다. ② 제1항에 따라 무효로 된 부분은 이 법에서 정하는 기준에 따른다」고 규정하고 있다.

근기법은 강행규정으로서 당사자의 합의에 따라 배제할 수 없는 성격이 있다.

예컨대 소정근로시간을 1일 10시간으로 하는 내용을 근로계약에서 정하더라도 첫째, 1일 8시간으 상한으로 하는 법정근로시간(근기법 제50조제2항)의 기준에 위반되므로 동법 제15조의 위반으로 무효가 된다. 둘째, 이 경우 무효로 된 1일이 근로시간을 정할 수 없으므로 이에 갈음하여 근기법 제50조제2항의 1일 8시간이 소정근로시간이 된다(근기법에서 정한 탄력적근로시간제나 연장근로의 절차를 거치지 않은 경우이다). 첫째의 경우를 강행적 효력이라 하고 둘째의 경우를 직률적 효력이라고 한다. 사용자는 근로자와의 근로계약 내용을 정할 때에는 근기법의 최저기준이 실현될 수 있도록 규정하여야 한다.

2. 형사제재

사용자가 근기법 규정을 위반하는 경우에는 형벌이 과해진다(근기법 제107조 이하). 예컨대 사용자가 근로자에게 근기법 제50조의 법정근로시간(1일 8시간 이내, 1주 40시간 이내)을 초과하여 연장근로를 시키기 위해서는 당사자 간의 합의나 유연근로시간제에서 노사 간의 서면합의가 필요하다(근기법 제53조제1항, 제51조제2항, 제52조). 이러한 요건을 갖추지 못하고 연장근로를 시키면 비록 근로자가 희망하여 근로를 시켰다 하더라도 제50조제1항, 제2항 위반으로 2년 이하의 징역 또는 2천만원 이하의 벌금이 과해진다는 규정이 있다(근기법 제110조제1항). 근기법은 이러한 의미에서 형벌로서 사용자에게 그 준수를 강제하는 단속법규로서의 성격이 있다.

3. 행정상의 감독기관

근기법의 단속법규로서의 실효성을 확보하기 위해서는 행정상의 감독지도기관으로 고용노동부와 그 소속기관에 근로감독관을 둔다(근기법 제101조제1항).

구체적으로는 중앙의 고용노동부 노동정책실에 근로기준정책관과 근로감독기획단을 두고 전국에 지방고용노동청 또는 지방고용노동지청을 두어 근로감독관을 배치하고 있다.

중앙조직과 지방조직은 일체로서 국가의 직할기관으로 고용노동부장관의 직접관리에 따라서 근기법을 준수하기 위하여 강력한 행정상의 지도, 감독을 하고 있다. 실무에서는 기업을 직접 감독하기 위하여 전국 주요도시에 관할 지방고용노동청 또는 지방고용노동지청에 근로감독관을 배치하고 있다. 근로감독관은 사업장, 기숙사, 그 밖의 부속 건물을 현장조사하고 장부와 서류의 제출을 요구할 수 있으며 사용자와 근로자를 심문(尋問)할 수 있다(근기법 제102조제1항). 근로감독관은 근기법 위반의 죄에 관하여 「사법경찰관리의 직무를 행할 자와 그 직무법위에 관한 법률」에서 정하는 바에 따라 사법경찰관의 직무를 행한다(근기법 제102조제5항). 이에 대응하여 사업 또는 사업장에서 근기법 또는 근기법에 따른 대통령령을 위반한 사실이 있으면 근로자는 그 사실을 고용노동부장관이나 근로감독관에게 통보할 수 있으며 사용자는 그 통보를 이유로 근로자에게 해고나 그 밖에 불리한 처우를 하지 못한다고 규정(근기법 제104조)하고 있으며 이를 위반한 자에 대해서는 2년 이하의 징역 또는 2천만원 이하의 벌금에 처한다(근기법 제110조제1호).

4 근로시간의 의의와 범위

1. 근로시간의 의의

(1) 근로시간이란 어떤 시간인가

근로시간이란 '근로자가 사용자의 지휘·감독 아래 근로계약에 따른 근로를 제공하는 시간'을 말한다. 근로자가 실제 작업에 종사하지 않는 대기시간이나 휴식시간이라도 그 시간을 근로자가 자유롭게 이용할 수 없고 실질적으로 사용자의 지휘·감독 아래에 놓여 있다면 근로시간에 포함된다(대법 2019.7.25, 2018도16228; 대법 2018.6.21, 2011다112391; 대법 2016.8.24, 2014다5098; 대법 2006.11.23, 2006다41990; 대법 1992.10.9, 91다14406). 판례는 ① 사용자의 지휘·감독 아래 있을 것, ② 근로계약에 따른 근로계약상의 근로일 것, ③ 실제 근로를 제공할 것을 요구하고 있다. 특히 '지휘·감독성'의 요소가 근로시간 해당 여부의 핵심적인 판단기준임을 확인한 것이다.

그렇지만 사용자의 구속 아래에 있는 시간일지라도 노무제공을 위한 직접적인 지휘·감독 아래에 있지 않고 근로로부터 해방되어 있는 휴게시간이나, 시작·종료시각 전후의 자유시간, 교통기관에 탑승하여 출장여행 중의 시간은 근로시간이 되지 않는다. 근로시간을 산정함에 있어「작업을 위하여 근로자가 사용자의 지휘·감독 아래에 있는 대기시간 등」은 근로시간으로 본다(근기법 제50조제3항).

근로시간이란 노무를 제공하기 위하여 현실적으로 사용자의 지휘·감독에 따르고만 있으면 실제로 작업을 하고 있지 않는 대기시간이라도 근로시간이 된다. 그렇지만 사용자의 지휘·감독 아래 있는 시간일지라도 노무제공을 위해 현실의 지휘·감독 아래에 있지 않고 근로로부터 해방되어 있는「휴게시간」이나「업무시작·종료시각」전후의 자유시간은 근로시간이 되지 않는다.

휴게시간은 근로시간의 도중에서 권리로서 근로로부터 이탈되는 것이 보장되는 시간으로 그 중간의 시간대에 있어서 사용자의 지휘·감독 아래 있는 노무에 따르고 있는 시간인지의 여부가 근로시간의 판단기준이 된다.

(2) 선원법상의 근로시간과의 구별

근기법상 근로시간이 어떠한 시간인지에 대한 정의규정은 없다. 선원법 제2조제16호에서는 「근로시간이란 선박을 위하여 선원이 근로하도록 요구되는 시간을 말한다」고 정의하고 있다. 그러나 이 정의는 선원은 선원근로계약에 따라 승선하여 선박소유자에게 근로를 제공할 것을 약정함에 따라 해상에서 24시간 선박 중에 구속되어 선박 내에서 기거침식하며 선박의 항해상의 책임자인 선장의 지휘·감독권에 복종하므로 구속시간과 근로시간(1일 8시간, 1주간 40시간, 동법 제60조제1항)을 구별할 필요가 있다. 육상근로의 경우 실근로시간의 개념에 따르는 것과 대비된다.

(3) 일학습병행법상의 학습근로시간

산업현장일학습병행지원에관한법률(약칭 '일학습병행법')상 학습근로자란 근기법 제2조제1항제1호의 근로자로서 학습기업의 사업주에게 일학습병행을 제공받는 사람을 말한다(일학습병행법 제3조제3호). 학습근로자의 학습근로시간은 사업장에서의 근로시간과 도제식 현장 교육훈련 및 사업장 외 교육훈련시간을 합하여 산정한다. 다만 대통령령으로 정하는 사업장 외 교육훈련시간은 학습근로시간에 포함하지 아니할 수 있다(동법 제18조·제27조제1항).

(4) ILO협약 제30호 및 EU의 「근로시간 편성에 관한 지침」상의 근로시간의 정의

근로시간 규제는 국제노동기구(ILO)의 창설 당시부터 다루어져 왔던 핵심적인 주제이다. ILO 최초 협약인 1930년 제30호 「근로시간(상업 및 사무직)협약」 제4조에서 "이 협약의 목적상 근로시간이라는 용어는 고용된 자가 사용자의 처분에 있는 시간을 의미한다;고용된 자가 사용자의 처분하에 있지 않는 휴식(rest period)은 포함하지 아니한다"라고 규정하였다. 근로시간 정의 규정은 그 이후 ILO협약들에서도 구체화되어 왔다. 근로시간 규율을 체계화한 국제규범인 유럽연합(EU)의 「근로시간 편성에 관한 지침」(2003/88/EC concerning certain aspects of the organisation of working time)에서는 "근로시간(working time)이란 국내법 내지 관행에 의하여 근로자가 사용자의 처분 아래에 있으면서, 그 활동 및 업무의 수행을 위해 일하는 시간을 의미한다”(제2조제1항)라고 규정하면서 ‘근로시간이 아닌 모든 시간’을 규범적 의미에서의 휴식(rest period)으로 규정하고 있다(제2조제2항).

(4) 근로시간의 범위

근로시간의 범위는 다음과 같다.

① **실작업시간**: 사용자의 지휘·감독 아래에 실제로 작업에 종사하는 시간

근기법 제50조제1항은 1주간의 근로시간은 휴게시간을 제외하고 40시간을 초과할 수 없고, 제53조제1항은 당사자 간에 합의하면 1주간에 12시간을 초과하지 않은 범위에서 근로시간을 연장할 수 있다고 규정하고 있다. 근기법 제50조제1항, 제53조제1항은 근로자들의 과중한 근무시간을 제한하고자 하는 규정이므로 위 규정에서 말하는 근로시간이란 실근로시간을 말한다(대법 2019.7.25, 2018도16228).

② **대기시간**: 사용자의 현실의 지휘·명령(작업체제)하에 작업을 위하여 대기하는 시간, 비록 대기시간이라도 사용자의 지배관리에서 벗어나 근로자가 자유롭게 이용할 수 있다면 휴게시간에 해당된다(2002.12.12, 근기 68207-3345).

대기시간이라 하더라도 근로자의 자유로운 이용이 보장되지 않고 실질적으로 사용자의 지휘·감독을 받는 시간은 근로시간에 포함된다고 보아야 한다(대법 2019.7.25, 2018도16228).

③ **준비·정리시간**: 사용자의 지휘·감독 아래에 행하는 작업에 필요불가결한 준비 및 정리시간

해당 운전기사들은 버스 출발지점에 차고지가 없어 부득이 근무일마다 차고지(서울 중랑구 신내동)가 있는 영업소로 가서 버스를 출고한 뒤 30분 가량 운전하여 출발지점으로 가서 운행을 시작하였고 운행을 마친 뒤에는 다시 차고지에 버스를 입고하였는데, 이러한 공차운행은 버스 운행 개시에 필수불가결한 업무관련행위로서 이에 들어간 시간은 근로시간에 해당한다(대법 2016.8.24, 2014다5098).

위와 같은 실근로시간, 대기시간, 준비·정리시간에 해당하는 시간이라면 원칙적으로 근로시간이다.

5 근로시간과 구속시간의 차이

근로자가 출근하여 기업 내에 있는 시간과 출장·외근 등으로 기업 밖에서 추상적으로 사용자의 지배 아래에 있는 시간(넓은 의미의 구속시간이다) 등 각종의 시간으로 구분할 수 있다(그림 1-1 참조).

[그림 1-1] 구속시간의 범위

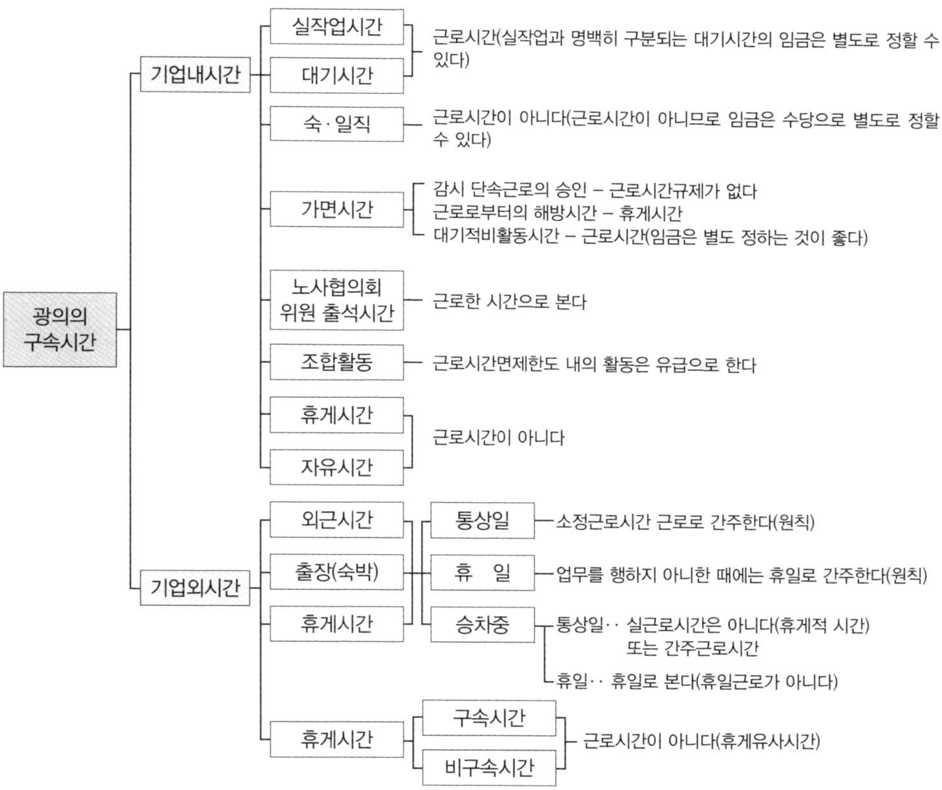

구속시간이란 말은 근기법에서 사용하는 용어가 아니라 사실상의 것이다. 즉, 근로자가 사업장 구내에 입문해서부터 사업장 밖으로 나갈 때까지는 사용자가 관리·소유하는 기업시설 안에 있으므로 근로자들은 사용자의 소유권이나 점유권 등의 물적 관리권을 침해하지 않도록 하는 이른바 기업시설관리권에 따를 의무가 있다.

반면 기업은 다수의 근로자를 조직·관리하여 생산 기타의 기업활동을 영위하고 있으므로 근로자로 하여금 기업경영에 지장을 주지 않도록 기업질서를 지키게 하고 다른 근로자의 능률을 저해하는 행위를 하지 않도록 금지할 권리가 있다. 근로자로서는 이 사용자가 가지는 경영권 또는 기업질서유지권을 존중할 의무가 있다.

이와 같이 근로자는 사용자의 지휘·명령에 따라서 근로하여야 할 의무가 있는 근로시간이 아니더라도 기업의 구내에 있다는 것만으로 이 기업시설관리권 또는 기업질서유지권에 따른 구속을 받아 일정의 행위가 금지되고 또 일정한 질서를 지켜야 한다는 입장에 서게 된다.

근로시간이 아니더라도 이러한 사용자의 구속을 받고 있는 시간을 구속시간이라고 부른다. 구속시간과 근로시간과의 관계를 도시하면 다음과 같다.

[그림 1-2] 근로자의 행위와 구속성

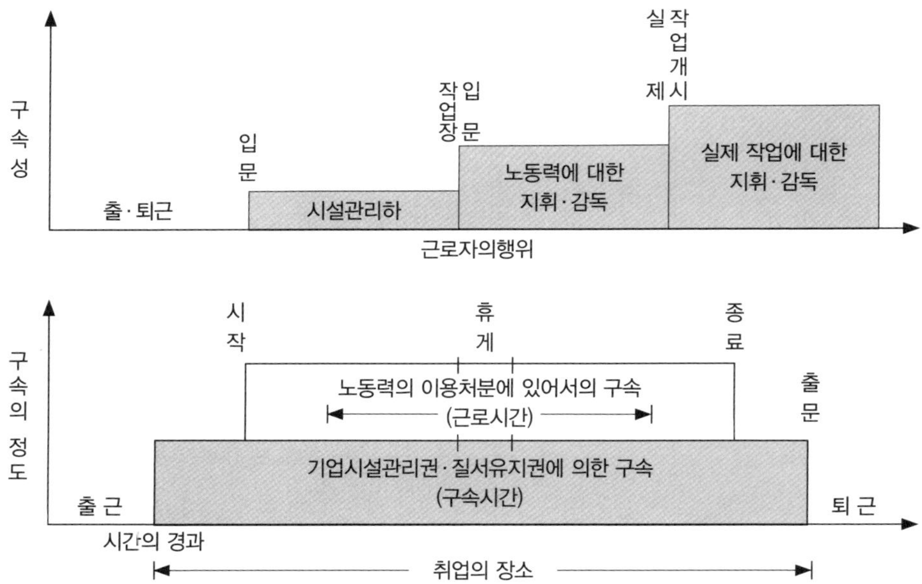

1. 출·퇴근시간

일반적으로 출·퇴근방법과 그 경로의 선택이 근로자에게 유보되어 있어 통상 사업주의 지배·관리 아래에 있다고 할 수 없다.

출·퇴근 도상에서는 근로자가 사용자로부터 받는 구속이 전혀 없다. 따라서 출·퇴근시간은 노무제공 준비행위라는 측면은 있으나 업무수행성이 인정되지 않기 때문에 출·퇴근 도상은 근로시간이 아니지만 산재보험법(이하 "산재보험법"이라한다)(제37조제1항)에 따라 출·퇴근 재해는 업무상의 재해이다.

2. 회사구내에의 출근

회사에 도착하여 구내에 들어가려고 하면 먼저 소지품의 검사를 받기도 하고 소정의 사항에 관한 신고의무가 과해질 때도 있다. 이것은 노동력의 제공으로서 지휘·감독을 받는다는 것과는 다르다. 근로자가 출근시에 있어서 구속의 근거는 기업시설관리권이나 기업시설유지권에 따른 것이다. 근로자가 위험물을 휴대한다든가 취업 부적격 상태이거나 다른 근로자의 취업 방해가 될 상태(예컨대, 주취(酒醉), 약물중독, 신형 인플루엔자 이환 등)로 출근하는 것을 규제하는 것이다.

3. 업무 시작시각

그 다음 소정의 작업장에 들어서서 업무 시작시각이 되면 근로자는 사용자의 지휘·감독 아래 실제 작업을 하거나 또는 소정의 부서에 자리 잡아 작업을 하기 위한 대기를 하게 된다. 이것은 노동력 급부의 제공으로서 노동력의 이용처분행위(노동력은 근로자의 인격을 떠나서는 존재하지 않으므로 노동력의 이용처분이란 사용자의 지휘·감독에 따라 육체적·정신적 작업을 한다는 사용종속관계하에 들어가는 것을 의미한다)이며, 자기 자신을 사용자의 지휘·감독 아래 두는 구속의 상태 즉, 근로시간이다. 다만 이와 같은 구속상태에 있더라도 현실적으로 취업상태에 있지 아니하고 취업상의 근무체제로부터 이탈한 경우에는 근기법상의 근로시간은 아니다.

4. 휴게시간

사용자는 근로자에게 근로시간 도중에 일정한 휴게시간을 주어야 한다(근기법 제

54조). 이 휴게시간은 근로자가 노동에서 이탈하는 권리로서 보장된 시간을 말하며, 근로자가 자유롭게 처분할 수 있는 시간이다. 그러나 엄밀히 말하면 휴게시간은 기업시설 관리상 및 기업질서 유지상의 구속을 받는 시간이다.

그러므로 휴게시간 중이라 하더라도 근로자는 허가 없이 회의실, 연수시설을 사용하거나 다른 근로자의 휴게를 방해하는 방법으로 연설, 집회 등을 하는 것은 금지되며, 외출시에 어느 정도의 제한을 받게 되는 것도 이와 같은 법률상의 근거에서 오는 부득이한 합리적 제한이라고 할 수 있다.

5. 업무종료시각

휴게 후 다시 통상의 근로에 종사하면 근로시간이 된다. 근무를 마치면 업무종료시각이 되어 근로시간으로서의 구속을 벗어나지만 기업의 문(퇴출)을 나설 때까지는 기업질서 유지상의 구속을 받는 시간이 계속되는 것이다.

6. 업무종료 후의 구내시간

근로자는 업무종료 후라고 해서 무엇을 하든지 자유롭게 할 수 있는 것은 아니고 회사의 구내에 머무르고 있는 한 사용자로부터 구속을 받는다. 그러므로 업무종료 후라도 회사 구내에서 서클활동이나 조합활동을 하게 되면 사용자의 시설관리상 및 기업질서 유지상의 제한이 따르게 된다.

흔히 조합사무소는 회사 측 관계자는 절대 들어가서는 안된다는 치외법권적인 곳으로 말하여지기도 하나 전적으로 출입금지 구역은 아니고 화재예방 등의 합리적인 이유가 있을 때의 출입은 허용된다. 업무종료 후의 집회라고 해서 외부인사가 자유롭게 출입할 수 있다고는 할 수 없다(일반의 내방자와 동일한 정도의 성명 또는 인원수의 신고 또는 출입허가가 있어야 한다).

이러한 문제로 야기될 수 있는 분규는 구속시간에 대한 법적 의의를 불명확하게 이해한 데서 기인하고 있으며, 자칫 조합활동의 부당한 제한으로서의 부당노동행위를 발생시키게도 된다.

6 근로시간과 작업부대시간

근기법상 근로시간은 근로자가 그의 노동력을 사용자의 지휘·감독 아래에 둔 시간을 의미하며, 작업 전후의 부수업무시간, 예를 들면 작업복으로 갈아입거나 청소나 정리, 목욕, 마무리 등 실근로시간과 연결되는 전후의 시간에 있어서 어디까지가 근로시간이 되느냐 하는 문제가 있다. 이러한 시간이 근로시간이 되는가는 그것이 그 작업이나 업무를 위하여 필요 불가결하고 근로자의 자유재량에 따른 임의의 시간이 아니고 사용자의 지휘·명령에 구속되어 강제적으로 행하는 시간이라면 그것은 근로시간이 된다. 이러한 부수업무시간을 근로자가 자유롭게 이용할 수 없고, 실제로 업무수행 또는 업무에 부수되는 근로를 제공하는 시간이라면 이를 휴게시간으로 볼 수는 없다(2004.5.27, 근기 68207-2651). 필요불가결의 시간이란 법령상, 성질상, 사칙상, 관습상의 불가결 등으로 분류되는데 그것이 근로시간이 되기 위해서는 그에 대한 사용자의 현실적인 지휘·명령에 의한 구속이라는 요건이 필요하다. 이와 같은 필요불가결성과 지휘·명령관계의 두 요건이 작업개시·종료시의 부대시간이 근로시간인가 아닌가를 구분하는 요소이다.

필요 불가결 시간	구분	내용
	법령상의 불가결	법령에 따라 일정한 준비나 마무리 등이 의무화되고 있을 경우. 예를 들어, 산안법에 따라 보호의, 보호구 등의 장착 등이 의무화되고 있을 경우, 작업 후의 신체의 세척이 의무화 되고 있을 경우 등
	성질상의 불가결	그 작업을 행할 경우에 작업의 성질상 반드시 일정한 준비나 마무리를 요할 경우. 예를 들어, 업무시작시의 점검, 용구의 정비, 작업 후의 격납, 청소 등
	사칙상의 불가결	작업의 성질상의 불가결이라고까지는 말할 수 없으나 취업규칙 등으로 의무화되어 있는 준비나 마무리, 예를 들어 출석의무가 있는 조례나 종례 등
	관습상의 불가결	관습상 의무화 내지 제도화하고 있으며, 동시에 그것을 행하지 아니하는 경우 어떠한 불이익이 예상되는 준비나 마무리. 예를 들어, 매일 아침마다 총무과 직원이 행하는 태극기, 사기, 안전기의 게양, 윤번제로 실시하는 의무적인 근로자의 청소, 더러운 작업 후 근무시간내 입욕의 관행, 점포의 정리 등

7 형식적 근로시간과 실질적 근로시간의 구별

1. 형식적 의의의 근로시간

근로시간의 의미를 좀 더 상세하게 설명하자면 근로시간은 「형식적 의의의 근로시간」과 「실질적 의의의 근로시간」으로 나누어 생각할 수 있다.

근기법 제50조제1항은 「1주간의 근로시간은 휴게시간을 제외하고 40시간을 초과할 수 없다」고 규정하고, 제2항은 「1일의 근로시간은 휴게시간을 제외하고 8시간을 초과할 수 없다」고 규정하였으며, 근기법 시행령 제41조는 「법 제69조 및 산안법 제46조에 따른 근로시간은 휴게시간을 제외한 근로시간을 말한다」고 규정하여 근로시간은 휴게시간을 제외한 시간임을 명시하고 있다. 근기법은 「근로시간」이란 무엇인가에 대하여 직접적인 정의규정을 하고 있지 아니하므로 무엇이 근로시간인가에 대해서는 해석 여하에 따라 다를 수밖에 없다.

「형식적 의의의 근로시간」이란 근로계약에서 근로시간으로 정하고 있는 시간을 말하며 그 시간의 내용 여하는 불문한다. 「근로계약이란 근로자가 사용자에게 근로를 제공하고 사용자는 이에 대하여 임금을 지급하는 것을 목적으로 체결된 계약을 말한다」(근기법 제2조제1항제4호). 근로계약의 본질적인 내용은 근로자가 가지고 있는 노동력의 급부와 사용자의 이에 대한 반대급부로서의 대가인 임금과의 등가(等價)교환이다. 그러므로 노동력을 상품으로 팔기 위해서는 이를 측정하는 단위가 있어야 하는데 그 단위가 바로 근로시간인 것이다.

근로자는 1주 40시간을 사용자의 지휘·감독 아래 계속근로에 종사하는 것이 아니라 시간을 한정하여 그 시간만큼 근로에 종사하는 것이다. 또 종사하는 근거는 신분관계에 있는 것이 아니고 대등한 입장을 가진 근로계약에 근거한 채권채무관계(근로계약)에 있는 것이다.

즉, 근로계약에 있어서는 1일 중 일정시간 한도 내에서, 1주 중 일정일 한도 내에서 근로자가 자기 노동력의 사용처분을 사용자에게 위탁할 것을 약정하는 것으로서 여기서는 사용자에게 노동력을 제공하기로 약정하는 시간을 형식적 의의의 근로시간이라고 한다.

이와 같은 의미의 근로시간은 근로계약에 있어서의 형식적으로 정한 업무시작·종료의 시각에 따라 산정된다. 이와 같이 형식적 의의의 근로시간은 근로계약상 정하여진 업무 시작시각부터 종료시각까지의 시간 중 근로계약에서 정한 휴게시간을 제외한 시간(민사계약상의 채무로서 근로의무를 가지는 시간)을 의미한다. 즉, 근기법상의 근로시간에 있어서의 근로 내지 지휘·명령의 실태에 구애되지 아니하고 근로계약상의 노동력제공 의무 시간에 착안한 그 시간을 말하는 것으로서 이것을 형식적 의의의 근로시간이라고 한다.

이러한 뜻의 근로시간이란 계약의 유효·무효를 형식적으로 판단하거나 임금대상시간이나 지각, 조퇴 등의 채무불이행 여부를 판단하는데 이용된다.

2. 실질적 의의의 근로시간

근기법 제50조의 근로시간은 원칙적으로 구체적인 근로의 실태에 착안하여 정하는 실질적 의의의 근로시간을 말한다.

즉, 실질적 의의의 근로시간이란 근로계약상 노동력의 제공의무를 가지는 시간이 아니고 현실적으로 작업목적으로 사용자의 지휘·감독 아래에 있는 시간을 말한다. 따라서 근로시간은 반드시 현실적으로 작업을 하고 있는 시간만을 말하는 것이 아니고 노무를 제공하여 사용자의 지휘·감독 아래에 있는 객관적인 상태의 모든 것을 가리키고 있다.

사용자의 지휘·감독 아래에 있는 상태란 현실적으로 작업을 행하고 있는 시간 및 작업의 준비를 하고 있는 시간은 물론이고 사용자의 지시가 있으면 언제든지 작업할 수 있는 태세를 갖추고 대기하고 있는 시간까지도 포함하는 말이다.

다시 말하면 근로자가 자유롭게 이용할 수 없고 작업목적에 구속된 사용자의 구체적인 지휘·감독 아래에 업무에 종사하고 있는 상태인 시간을 말한다.

그러므로 이 지휘·명령 아래의 구속이란 통상적으로 장소적·시간적·직무내용·행동·질서·작업방법 등 구체적인 것을 뜻하지만 사업장 밖에서 근로하는 외판원과 같이 직접·구체적인 구속을 수반하지 않는 경우도 있다. 결국 근로시간이란 사업목적의 수행을 위하여 사용자의 지배 아래에 있으면서 일정방향으로 육체적 또는 정신적 활동을 하도록 방향 지워져 구체적인 지휘·감독에 따라 작업하고 있는 근로자가 자기 임의로 그것에서 이탈하여 자유행동을 할 수 없는 시간을 뜻하는 것이다.

그리고 그 구속은 단순한 친자관계적·봉사적 또는 우의적인 관계에서가 아니고 근로계약에 따른 노무제공목적으로서 사용종속관계에 있을 때에 근기법상의 근로시간에 해당한다. 즉, 근기법상의 근로시간이란 단지 형식적으로 근로계약상 정하여진 근로의무가 있는 시간뿐만 아니라 현실의 구체적 구속상태의 실태에 착안하여 그 시간이 사용자의 지휘·감독 아래에 놓여 작업하고 있는가 어떤가(대기시간 포함)하는 상태를 실질적인 관점에서 파악되는 것이다.

따라서 가령 근로계약에서 정하여진 시간이 아니라 하더라도 현실적으로 위와 같은 실태를 가지고 있다면 그 시간은 근로시간으로 파악 평가되고, 또 가령 근로계약상으로는 근로의무가 있는 시간으로 되어 있다 하더라도 실질적으로 보아 현실적인 지휘·감독 아래에 있지 않는 개인용무 중이거나 조합활동 그 밖에 업무이탈 중 등의 시간이라면 실질적인 의의의 근로시간은 아니다. 따라서 근기법상의 근로시간에는 해당되지 않는다.

3. 형식적 근로시간과 실질적 근로시간의 적용례

근로계약상의 근로시간(형식적인 의의의 근로시간)은 아니나 실질적인 의의의 근로시간에 해당하는 예로서는 계약상의 의무로서가 아니라 근기법을 위반하여 연장근로를 시키는 이른바 위법연장근로가 있으며, 실질적인 의의의 근로시간은 아니지만 형식적인 의의의 근로시간에 해당하는 예로서는 지각시간이 있다.

전자인 위법한 연장근로는 계약 외의 근로이며 법정요건을 충족하지 않는 근로이므로 적법한 연장근로를 전제로 하는 근기법(제56조)상의 가산임금에 관한 규정을 적용할 수 없을 것 같으나 근기법은 실질적인 의의의 근로시간을 적용대상으로 한다. 계약 외의 더구나 위법한 연장근로에 대하여는 오히려 일층 강하게 그에 대한 가산임금의 지급의무가 사용자에게 부과된다.

또 후자인 지각시간에 관하여는 그 지각시간에 상당한 시간만큼 종료시각을 초과하여 근로시켜도 실질적인 의의의 근로시간에는 변동이 없으므로 형식적으로 본다면 종료시각을 지난 시간외의 근로이긴 하나 근기법상의 연장근로가 되지는 않으며 따라서 동법상의 가산임금 지급의무는 발생하지 않는 것이다.

이와 같이 실질적인 의의의 근로시간은 근기법의 적용을 받는 근로시간에 해당되는가의 여부를 판단하는데 사용된다.

8 근기법의 '근로시간'과 기업이 규정하는 '근로시간'의 상위

근로시간에는 근기법상의 근로시간과 기업이 정하는 근로시간의 두 종류가 있다. 전자는 단속법으로서의 근기법상의 근로시간으로 형사적인 의의가 있으며 후자는 근로계약상의 노무제공의무의 내용으로서의 근로시간으로 민사상의 의의가 있다. 그러므로 근기법상의 근로시간의 정의(근기법 제50조제3항)에 따라 '작업을 위하여 근로자가 사용자의 지휘·감독 아래에 있는 시간' 이라고 규정한 '근로시간' 의 개념은 근기법상의 정의이므로, 각 기업의 취업규칙에서 규정하는 근로시간의 정의와 반드시 일치하지는 않는다.

1. 근기법상의 근로시간(실근로시간제)

(1) 실근로시간

근기법상의 근로시간은 실근로시간이다. 설령 업무의 시작시각부터 종료시각까지의 소정근로시간 중일지라도 사용자를 위하여 노무를 제공하고 있지 아니하며 그 지휘·감독에서 이탈하고 있는 시간이 있다면, 그 시간은 근기법상의 근로시간에는 해당하지 아니하며 제외된다. 예를 들어 노동조합활동시간, 개인적 용무로 인한 외출시간 등은 사용자의 지휘·감독으로부터의 이탈시간이 되므로 설령 사용자의 승인이 있었다 하더라도 그 시간은 근기법상의 근로시간에서 제외된다. 따라서 지각시간, 조퇴시간도 당연히 근로시간에는 산입되지 아니한다. 한편, 각 기업은 취업규칙에서 근기법에 어긋나지 아니하는 한 자유롭게 근로시간을 규정할 수 있다. 대부분의 경우 근로계약상 노무제공을 약속한 소정근로시간 즉, 업무의 시작시각부터 종료시각까지의 근로시간을 취업규칙상의 근로시간으로 규정하고 있다. 이와 같이 규정한 경우 사용자의 지휘·감독으로부터 이탈하고 있는 개인적인 외출시간이나 지각·조퇴시간이라 할지라도 사용자의 허가·승인이 있을 경우에는 이 시간은 근로시간으로 볼 수도 있다.

(2) 지휘 · 감독 아래의 구속적 시간

근기법상의 근로시간은 사용자의 직접적인 지휘·감독 아래 구속적인 근로에 종사하는 시간이다. '사용자의 지휘·감독 아래' 에 있는 시간이란 해당 시간이 사용자의 관리·관여하에 있을 것을 의미한다. 사용자가 명시적으로 근로를 지시 또는 명령하는 등 적극적·직접적으로 관여하는 경우는 물론이고, 근로자의 근로에 대하여 사용자가 묵시적으로 묵인 또는 허용하는 등 소극적으로 관여하거나, 근로자가 사용자의 지시나 방침에 따르지 않을 경우 불이익한 조치를 부과하여 간접적으로 강제하는 경우도 포함되어야 할 것이다. 그러므로 사용자의 직접적인 지휘·감독 아래에서 근로에 종사하지 아니한 채 고객에게 접대하는 식사시간 등은 근기법상 근로시간은 아니다. 그러나 기업 내부에서 민사법상의 취급에 있어서는 이것을 근로시간으로 규정하여도 자유이다. 그리고 기업 내부의 취급에 있어서는 근기법에 위반되지 않는 한 지각·조퇴시간을 근로한 것으로 취급하여, 1시간 지각한 근로자가 종료시각을 초과하여 1시간 연장근로하면 이를 연장근로로서 취급하며 오전 중 파업을 하고 오후부터 근로를 하여도 종료시각을 초과한 근로는 설사 실근로시간이 8시간 이내 일지라도 이를 연장근로로 취급하여 가산임금을 지급하는 것은 노사간의 자유이다. 다만, 파업시간에 대하여 임금을 지급하는 것은 노동조합및노동관계조정법(이하 노조법이라 약칭한다) 제44조에 위반되며 동법 제81조제4호의 경비원조의 부당노동행위가 성립된다. 이와 같이 근기법상의 근로시간과 기업이 규정하는 근로시간의 의의는 동일하다고만 할 수 없다. 이 때문에 표면상은 종료시각을 초과한 연장근로로 보이는 경우일지라도 이를 근기법상의 '실근로시간' 에 의한 통산이라는 점에서 본다면 당일 지각이나 개인적인 외출이 있었던 시간 등은 비록 사용자가 승인을 하였더라도 실근로시간이 법정근로시간을 초과하지 아니했으므로 근기법상의 연장근로에는 해당하지 아니한다.

(3) 근로계약상의 근로를 제공하는 시간

근기법상의 근로시간은 '근로계약상의 근로' 를 제공하는 시간이어야 한다. 근로계약상 업무 내용으로 명시되어 있지 않다고 하더라도, 본래의 업무와 직접 또는 간접으로 관련성이 있는 업무라면 포함되어야 할 것이다. 또한 근로시간은 근로계약상의 근로를 '제공하는' 시간이므로 근로자가 현실적으로 작업에 종사한 시간만이 포함되는 것은 아니며 근로자가 자신의 노동력을 처분 가능한 상태로 사용자의 지휘·감독 아래 두고 있는 시간도 포함될 뿐 아니라, 또한 현실로 작업에 종사하지 않았더라도 근로자에게 그 자유로운 이용이 보장되어있지 않으며 사용자의 처분아래 두어지는 시간도 포함된다.

2. 기업의 근로시간(시작·종료시각주의)

한편, 기업에서는 반드시 이와 같은 실근로시간에 의하지 아니하고, 연장근로를 업무의 시작·종료시각을 기준으로 하여 취업규칙에 규정하거나 관행으로 실시하고 있는 경우가 많다. 이러한 경우에는 업무의 시작시각 이전에 근로하였을 경우에는 설령 그 근로자가 오후에 조퇴하여 결과적으로 6시간 정도의 근로밖에 하지 아니하였다고 하더라도 '조출연장근로' 로 인정하고, 종료시각 후에 근로하였을 경우에는 설령 오후부터 취업하여 결과적으로 5시간의 근로일지라도 '연장근로' 으로서 산정하여 다같이 '연장근로수당' 을 지급한다. 이와 같은 근로시간은 법률을 상회하는 근로조건이므로 법 위반은 아니다.

예컨대 취업규칙에 업무시작시간이 8:00이고, 종료시간이 19:00이며 무급 휴게시간이 12:00~13:00라고 규정된 사업장에서 지금까지는 지각자들이 실제로 근무한 시간이 기본 8시간에 미치지 못하더라도 17:00~19:00의 시간에 대하여 연장근로수당을 지급해 온 경우 3시간 지각출근하여 11:00~19:00 근무한 근로자에게 17:00~19:00의 시간에 대하여 연장수당을 반드시 지급해야 하는지 여부이다. 업무의 시작시각이 정해져 있음에도 근로자가 이를 준수하지 않고 지각을 하는 경우, 당사자간에 당일의 업무의 시작 및 종료시각을 변경하지 않았다면 회사의 입장에서는 지각으로 인하여 근로를 제공하지 못한 시간에 대한 임금을 공제할 수 있다. 또한 단체협약이나 취업규칙 등에서 규정한 바에 따라 근무성적 불량 등에 대한 제재조치를 취할 수는 있을 것이다. 이러한 제재내용과는 별도로 회사의 종료시각 이후에 근로한 시간에 대하여는 연장근로수당을 지급할 의무는 없다(2002.8.21, 근기 68207-2776).

9 법정근로시간의 의의와 위반 시의 법적 효과

1. 법정근로시간의 의의

법정근로시간이란 법률로 규정되어 있는 근로시간 즉 하루 8시간, 1주 40시간을 의미한다. 이러한 법정근로시간에 따라 시작시각과 종료시각이 엄밀히 지켜지는 경우에는 법정근로시간과 소정근로시간이 일치한다고 할 수 있으나, 소정근로시간 외의 시간도 근로시간으로 인정되는 경우가 있을 수 있다.

(1) 성인근로자의 경우

만 18세 이상의 성인근로자의 법정근로시간은 1일 8시간, 1주일 40시간을 의미하며(근기법 제50조), 당사자간에 합의하면 1주간에 12시간을 한도로 제50조의 근로시간을 연장할 수 있다(동법 제53조제1항). 당사자간에 동의 또는 희망이 있는 경우라 하더라도 「법정 연장근로시간」을 초과할 수 없다(2012.7.6, 근로개선정책과-3569). 그러나 당사자 간에 합의하면 1주간에 12시간을 한도로 제51조의 근로시간을 연장할 수 있고 제52조제2호의 정산기간을 평균하여 1주간에 12시간을 초과하지 아니하는 범위에서 제52조의 근로시간을 연장할 수 있다(동법 제53조제2항). 사용자는 특별한 사정이 있으면 고용노동부장관의 인가와 근로자의 동의를 받아 법 제53조제1항과 제2항의 근로시간을 연장할 수 있다(동법 제53조제4항).

(2) 연소근로자의 경우

연소근로자(15세 이상 18세 미만자)의 경우에는 1일 7시간, 1주일에 35시간의 기준근로시간을 초과하는 근로(동법 제69조)가 모두 연장근로에 해당한다.

(3) 유해 · 위험 작업 종사 근로자의 경우

산업안전보건법 제139조제1항은 「사업주는 유해하거나 위험한 작업으로서 높은 기압에서 일하는 작업 등 대통령령으로 정하는 작업에 종사하는 근로자에게는 1일 6시간, 1주 34시간을 초과하여 근로하게 해서는 아니된다」고 규정하고 있다.

동법 제139조제1항의 규정에 의하여 근로시간이 1일 6시간, 1주 34시간으로 제한되는 작업은 동법 시행령(제99조제1항)에서 규정하고 있는 "잠함·잠수작업 등 높은 기압에서 하는 작업"을 말한다. 사업주는 유해하거나 위험한 작업에 종사하는 근로자에 대하여 필요한 안전조치 및 보건조치 외에 작업과 휴식의 적정한 배분 및 근로시간과 관련된 근로조건의 개선을 통하여 근로자의 건강보호를 위한 조치를 하여야 한다(산안법 제139조제2항).

2. 법정근로시간제에 있어서의 「1주」, 「1일」의 의미

(1) '1주'의 단위

근기법에서 '1주' 란 휴일을 포함한 7일을 말한다(제2조제1항제7호). 이에 관해서는 대체로 취업규칙 등에서 규정하고 있으나, 별도의 규정이 없는 한 일요일부터 토요일까지의 역주(曆週)로 이해하면 될 것이다. 근기법은 1주는 휴일을 포함한 7일을 의미하므로 휴일근로를 포함한 연장근로가 1주간 12시간(총 근로시간 52시간)을 초과할 수 없다. 여기서 연장근로는 실 근로시간을 기준으로 1일 기준 8시간, 1주 기준 40시간을 초과하는 시간을 말한다.

(2) '1일'의 의의

근기법 제50조 제2항의 '1일' 이란 동조 제1항의 1주와 같은 정의규정은 없으나 역일(曆日)의 1일(오전 0시부터 오후 12시까지)을 의미한다. 그러나 계속근로가 2일에 걸칠 경우에는 역일(曆日)을 달리하더라도 하나의 근로로 보고 8시간 제한규정을 적용하여야 할 것이다. 당해 근무는 업무의 시작시각이 속하는 날의 근로로 보아 당해 업무의 시작시각이 속하는 날의 1일의 근로가 된다(1989.12.14, 근기 01254-20752).

3. 법정근로시간 위반의 법적 효과

(1) 사법상의 효력

사용자는 예외적인 경우를 제외하고 1주 40시간, 1일 8시간 이상의 근로를 시킬 수 없으므로 이에 위반하는 계약은 그 한도 내에서 무효이다. 이때에 사용자는 벌칙의 제재를 받는 것 이외에 현실적으로 행하여진 연장근로에 대하여는 가산임금(근기법 제53조, 제56조 참조)을 지급해야 한다. 왜냐하면 법정근로시간에 위반하는 근로계약이 무효라고 하는 것은 법정기준 이상의 근로를 사용자가 청구할 수 없다는 것에 지나지 않으며, 이미 급부된 근로에 대한 반대급부(가산임금)를 지급하지 않아도 좋다는 의미는 아니기 때문이다. 근기법 제2조제1항제8호에서 '소정근로시간이란 「제50조, 제69조 본문 또는 산업안전보건법 제139조제1항에 따른 근로시간」의 범위에서 근로자와 사용자 사이에 정한 근로시간을 말한다고 정의하고 있으므로 법정근로시간을 초과하는 근로시간을 정한 근로계약이나 취업규칙, 단체협약은 그 한도 안에서 무효라고 보아야 한다(근기법 제15조).

(2) 벌 칙

사용자가 근로자의 동의를 받는 등 적법한 절차에 의하지 아니하고 연장근로를 시키거나 근로자의 자진근로를 사용자가 묵인한 경우에도 벌칙(근기법 제110조제1호 2년 이하의 징역 또는 2천만원 이하의 벌금)이 적용될 것이다. 유해하거나 위험한 작업으로서 높은 기압에서 하는 등 대통령령으로 정하는 작업에 종사하는 근로자에게는 1일 6시간, 1주 34시간을 초과하여 근로하게 하여서는 아니된다(산업안전보건법 제139조제1항). 이를 위반한 자는 3년 이하의 징역 또는 3천만원 이하의 벌금에 처한다(산업안전보건법 제169조제1호).

10 소정근로시간

사용자는 근로계약을 체결할 때는 근로자에게 소정근로시간을 명시하여야 하며, 반드시 소정근로시간이 포함된 근로계약서를 근로자에게 서면 교부하여야 한다(근기법 제17조제2항 본문). 또한 업무의 시작과 종료시각, 휴게시간, 휴일, 휴가 및 교대근로에 관한 사항을 취업규칙의 필수적 기재사항으로 규정하고 있다(근기법 제93조제1호).

1. 소정근로시간의 의의

소정근로시간이란 근기법 제50조, 제69조 본문 또는 산업안전보건법(이하 "산안법"이라 한다) 제139조에 따른 근로시간의 범위에서 근로자와 사용자 사이에 근로하기로 정한 근로시간을 말한다(근기법 제2조제1항제8호). 소정근로시간은 근로자가 실제 일한 객관적인 근로시간인 실근로시간과는 구분되고, 근로계약, 취업규칙, 단체협약 등에 미리 정하여진 '소정근로시간', '시업시각, 종업시각, 휴게시간' 등을 기준으로 판단되어야 한다(서울고법 2018.5.16, 2017누76410).

근로자는 합의한 소정근로시간 동안 근로의무를 부담하고, 사용자는 그 근로의무 이행에 대하여 임금을 지급하게 되는데, 사용자와 근로자는 기준근로시간을 초과하지 않는 한 원칙적으로 자유로운 의사에 따라 소정근로시간에 관하여 합의할 수 있다. 다만 소정근로시간의 정함이 단지 형식에 불과하다고 평가할 수 있는 정도에 이르거나, 노동관계법령 등 강행법규를 잠탈할 의도로 소정근로시간을 정하였다는 등의 특별한 사정이 있는 경우에는 소정근로시간에 관한 합의로서의 효력을 부정하여야 한다(대법[전원합의체] 2019.4.18, 2016다2451).

2. 소정근로시간의 명시방법

소정근로시간은 근로계약을 체결 또는 변경할 때에 서면으로 명시하고 근로자에게 교부하여야 한다(근기법 제17조제2항 본문). 또한 취업규칙 등에 규정하여야 한다. 업무의 시작과 종료 시각(근기법 제93조제1호)을 규정하지 아니하면 근로자는 몇 시에 출근하고 몇 시에 퇴근하여야 할지 모르기 때문에 노무를 제공할 수가 없다. 또 연장근로에 대한 가산임금의 산정에 있어서 임금을 일, 주, 월 등 기간의 「소정근로시간 또는 통상임금산정기준시간」으로 나누어 계산(근기법 시행령 제6조제2항)한다. 소정근로시간의 장단은 임금의 시간 단가에 영향을 미치게 된다. 또한 소정근로시간의 시작과 종료시각을 반드시 명시해야 하는지 여부가 문제된다. 이에 대해 명확한 기준은 없으나 근기법 제93조제1호에서 업무의 시작과 종료시각을 취업규칙에 명시하도록 되어 있으므로 소정근로시간의 시작과 종료시각을 반드시 명시해야 할 것이다. 다만 소정근로시간을 정하고 그 시작과 종료시각은 별도의 업무표에서 정하고 있거나 소정근로시간의 시작과 종료시각의 원칙을 정하고 구체적인 시행방법은 별도로 정하도록 하는 것도 허용된다고 할 것이다.

3. 소정근로시간과 통상임금 산정과의 관계

판례(대법 1991.1.15, 90다카25734; 1990.12.26, 90다카2493; 1991.6.28, 90다카14758; 1991.7.26, 90다카1163)에서도 「근기법 제50조제1항·제2항 또는 제69조 본문의 규정에 의한 기준근로시간의 범위 내에서 사용자와 근로자가 근로시간에 관하여 약정을 한 경우에는 그 약정의 근로시간이 근기법 제50조제1항·제2항 등의 기준근로시간에 우선하여 시간급 통상임금산정의 기초가 되어야 한다」고 하여, 기준근로시간의 범위 내에서 당사자가 약정한 근로시간을 소정근로시간으로 파악하고 있다. 예를 들어 노사간에 근로계약, 취업규칙, 단체협약 등으로 1일 7시간의 소정근로시간을 규정하였다면 1일 7시간이 바로 소정근로시간이 되는 것이다.

4. 소정근로시간의 법정근로시간 초과시의 효력

소정근로시간은 근기법상의 법정근로시간 또는 산업안전보건법상의 법정근로시간을 초과하는 경우에는 그 한도에 있어서 무효가 된다. 즉 법정근로시간은 근로시간의 최장한도를 규정하는 것이고, 소정근로시간은 법정근로시간의 한도내에서 각 기업이 설정한 시간으로서 법정근로시간보다 단축되는 경향이 있다.

소정근로시간이 법적 의미를 갖는 것은 근로계약을 통하여 근로자의 근로제공이 구체적으로 의무지워진 시간이며 다양한 근로시간 제도하에서 임금산정의 기준이 되는 근로시간이라는 점이다.

5. 법내초과근로와 연장근로시간 산정

연장근로시간은 법정근로시간을 초과하는 근로이므로 소정근로시간이 법정근로시간보다 짧은 경우에 소정근로시간을 초과하여 근무하는 시간(법내초과근로)은 법정근로시간의 범위 내에서는 연장근로시간으로 인정되지 않는다는 점이다.

예를 들어 소정근로시간을 1일 7시간으로 정한 경우, 8시간을 근무하였다면 소정근로시간에 비해 초과근무 1시간이 있더라도 이는 법정근로시간인 1일 8시간의 범위 내에 있으므로 연장근로시간으로 인정되지 않는다. 근기법 제50조, 제69조 소정의 법정근로시간 범위 내에서 사용자와 근로자 사이의 소정 근로시간을 초과하는 근로(소위 법내초과근로)는 근기법 제56조의 연장근로에 해당하지 않는다(대법 1991.6.28. 90다카14758).

6. 소정근로시간과 주휴수당

주휴일의 경우 근기법은 1주 동안의 '소정근로일'을 개근한 자에게 평균 1회 이상의 유급휴일을 보장하도록 규정하고 있다(근기법 제55조제1항, 동법시행령 제30조제1항). 근로자가 소정근로일에 지각, 조퇴 등으로 해당 일의 소정근로시간을 전부 근무하지 못한 경우 주휴수당 전체를 부여해야 하는지 아니면 비례해서 부여해야 하는지가 문제될 수 있다. 근기법이 주휴수당의 부여기준으로 소정근로시간이 아닌 소정근로일로 규정한 것으로 보아 주휴수당 전체를 부여해야 할 것이다.

근로계약 체결시 토·일요일의 근로시간을 구체적으로 명시하지 않았다면 휴일근로시간은 취업규칙에 정한 시간(예컨대 토요일 4시간을 유급으로 규정했다면 4시간)을 기준으로 한다(대법 2019.10.18. 2019다230899).

7. 유연근로제 하에서의 소정근로시간

소정근로시간의 시작시각과 종료시각의 명시와 관련해 자주 문제되는 경우는 유연근무제하에서의 특정해야 하는지 여부다. 근기법 제58조제1항과 제3항에 따른 간주근로시간제나 재량근로시간제는 소정근로시간의 시작과 종료시각을 신정하기 어렵거나 재량에 맡겨져 있는 경우이므로 시작과 종료시각 자체를 명시할 수 없다. 한편 근기법 제51조에 따른 탄력적근로시간제는 소정근로시간의 시작과 종료시각이 정해져 있다는 전제하에 인정되는 것이며, 특히 2주 초과 및 3개월 이내의 단위기간에 따른 경우에는 근로자대표와 서면합의에 '단위기간의 근로일과 그 근로일별 근로시간' 을 규정하도록 하고 있다. 물론 위 소정근로시간의 경우 사전 합의를 통해 변경될 수 있다. 마지막으로 근기법 제52조에 따른 선택적근로시간제는 원칙적으로 업무의 시작 및 종료시각이 근로자의 결정에 따르므로 이를 정할 필요는 없으나, "반드시 근로하여야 할 시간대를 정하는 경우에는 그 시작 및 종료시각", "근로자가 그의 결정에 따라 근로할 수 있는 시간대를 정하는 경우에는 그 시작 및 종료시각"을 근로자대표와의 서면합의사항으로 명시하고 있다.

8. 소정근로시간의 산정방법

(1) 개별사업장에서의 소정근로시간 판단기준

① 1일 단위 소정근로시간은 8시간을 원칙으로 한다.

② 월 소정근로시간 계산시 1일의 소정근로시간과 월 소정근로일수에는 평균개념을 사용한다.

③ 개별 사업장의 적용에 있어 근로계약, 취업규칙, 단체협약, 기타 노사합의 등에 따라 구체적인 내용은 다를 수 있으므로 개별적으로 판단하여야 한다. 아래의 유형별 예시 시간범위 내에서 노사가 정한 경우에는 그 정한 시간이 해당 사업장의 소정근로시간이 된다.

(2) 유형별 월 소정근로시간 계산방법(최저임금 업무처리지침 기준)

① 주5일을 근로하기로 하고 1일 4시간 유급휴일로 처리하는 경우
1주=(8시간×5일)+(8시간+4시간)=52시간
1월(52시간÷7일)×365일÷12월)=226시간

② 주5일을 근로하기로 하고 1일을 무급휴일로 처리하는 경우
1주=(8시간×5일)+8시간=48시간
1월=(48시간÷7일)×(365일÷12월)=209시간

(3) 1일 소정근로시간 산정방법

① 월~금까지 1일 8시간으로 정한 경우: 8시간

② 월~토까지 1일 6시간 40분으로 정한 경우: 6시간 40분

(4) 단시간근로자의 1일 소정근로시간 산정방법

단시간근로자의 1일 소정근로시간 수는 4주 동안의 소정근로시간을 그 기간의 통상근로자의 소정근로일수로 나눈 시간 수로 한다.

[그림 1-3] 법정근로시간과 소정근로시간

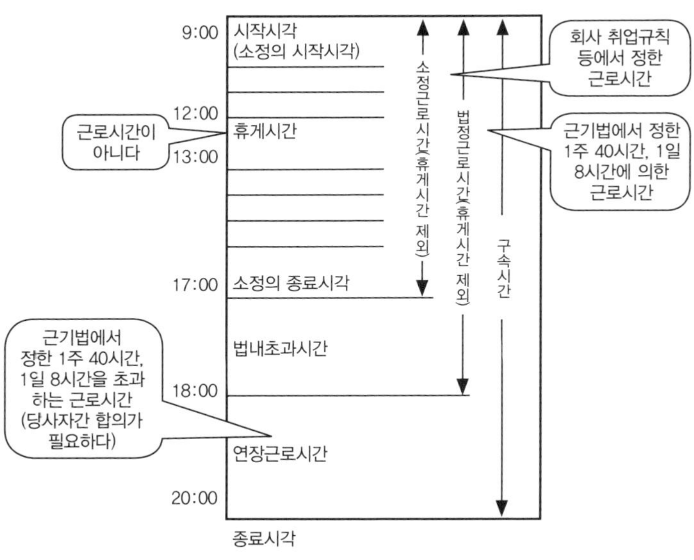

11 단시간근로자와 소정근로시간

1. 단시간근로자의 의의

단시간근로자란 1주 동안의 소정근로시간이 그 사업장에서 같은 종류의 업무에 종사하는 통상근로자의 1주 동안의 소정근로시간에 비해 짧은 근로자를 말한다(근기법 제2조제1항제9호). 단시간근로자의 근로조건은 그 사업장 내 같은 종류 업무에 종사하는 통상근로자의 근로시간으로 산정한 비율에 따라 결정된다(근기법 제18조). 결국 소정근로시간은 통상근로자와 단시간근로자의 구분기준이 될 뿐만 아니라 근로조건 산정의 기준이다.

2. 단시간근로자의 소정근로시간 명시

단시간근로자에 대해서는 특별법인 기간제법이 우선적으로 적용된다. 기간제법 제17조제6호는 근로계약서에 '근로일 및 근로일별 근로시간' 즉 소정근로시간을 명시하도록 하고 있다. 따라서, 사용자가 단시간근로자와 근로계약 체결 시 근로일 및 근로일별 근로시간을 서면으로 명시하지 않은 경우에는 500만원 이하의 과태료를 부과한다.

기간제법 제17조에 따라 서면 근로계약서에 '근로일 및 근로일별 근로시간'이 기재되어 있는 경우 해당 근로계약서는 이른바 처분문서로서 특별한 사정이 없는 한 그에 따라 당사자들이 합의한 시간을 소정근로시간으로 판단한다. 그러나 1주 동안의 소정근로시간만 정하고 1주 동안의 근로일 및 근로일별 소정근로시간을 서면으로 정하지 않은 경우, 서면에 명시하지 않았지만 통상적으로 근로를 제공하기 위해서는 구두 또는 묵시적으로 1일의 근로시간을 정할 수밖에 없으므로 사용자와 근로자의 근로계약 체결 시의 의사를 해석하여 소정근로시간을 판단하여야 한다.

3. 단시간근로자의 소정근로시간의 변경

(1) 소정근로시간의 변경 여부

근기법 제17조는 근로계약을 체결할 때에 근로자에게 소정근로시간 등이 명시된 서면을 교부하도록 하고 이를 변경하는 경우에도 동일한 의무를 부과하고 있으므로 소정근로시간 변경이 가능함을 전제로 한 것으로 볼 수 있으며 소정근로시간이 반드시 고정적일 필요는 없다. 따라서 근로계약을 체결한 후에도 사용자와 근로자의 명시적이고 확정적인 합의에 따라 근로시간 등 근로조건을 변경할 수 있다고 해석된다. 근로계약기간 도중 특정근로자의 1주 또는 1일의 소정근로시간을 회사와 당해 근로자 간 서면 또는 구두로 합의를 통해 변경은 가능하다(2013.2.20, 근로개선정책과-1290).

당사자의 사전 합의로 소정근로시간을 변경하는 것은 가능하며, 다만 사업 운영상의 필요 등 정당한 사유 없이 오로지 연장근로를 인정하지 않기 위해 소정근로시간을 변경하는 것은 제한된다고 할 것이다. 소정근로시간의 변경은 근로자에게 사전에 본인의 근로시간을 예측할 수 있도록 최소한의 소정근로시간이 변경되는 근무일의 24시간 전에는 이에 대해 근로자와 합의해야 한다고 보는 것이 일반적인 해석이지만 사태의 급박성에 비추어 24시간 전이 아니라 하더라도 합의가 있는 이상 무효라고 취급할 수는 없다.

(2) 가산임금 지급을 회피할 목적으로 소정근로시간을 변경하는 경우

법정근로시간 내 초과근로에 대한 가산임금 지급을 회피할 목적으로 소정근로시간을 변경하는 경우에는 소정근로시간의 변경 여부에 관계없이 애초에 정한 소정근로시간을 초과한 근로에 대하여 가산임금을 지급하도록 해석해야 한다.

예를 들어 ▲취업규칙 등으로 주간 또는 월간 근무표를 작성한 후 일부 근로자와 사이에 특정일에만 소정근로시간을 조정하거나, ▲총 소정근로시간의 변경은 없으면서 특정일의 소정근로시간을 조정하거나, ▲특별한 사정없이 소정근로시간의 변경 횟수가 잦은 경우 등에는 가산임금 지급을 회피할 목적이 추정될 것으로 보인다. 위 경우에 해당함에도 "가산임금 지급을 회피할 목적이 아님"은 사용자가 입증하여야 한다.

(3) 1주 동안의 소정근로시간 범위에서 사용자가 임의적으로 근로시간을 운용할 수 있는지 여부

① 법정근로시간 내의 초과근로에 가산임금 지급 부담을 피하기 위하여 소정근로시간을 최대한 넉넉하게 정해놓고 실제 근로시간은 소정근로시간 범위에서 사용자의 임의대로 운용하는 경우: 통상적으로 1주 5일, 1일 4시간의 단시간근로자를 사용

하여 왔는데 소정근로시간을 초과한 근로 시 가산임금 지급이 부담이 되어 1일 6시간으로 근로시간을 정하고 실제 근로는 4시간을 기본으로 하되, 때때로 6시간 근무하도록 하여 4시간을 초과한 2시간 근로에 대해서는 가산임금을 지급하지 아니한다. 근로계약 시 명시적으로 정한 소정근로시간 범위 내의 근로에 대해서는 초과근로 시 가산임금 지급의 회피 목적에 관계없이 원칙적으로 가산임금을 지급할 필요가 없다.

② 그러나 근로계약 시 1주 동안의 소정근로시간을 명시적으로 정하였음에도 사용자가 특별한 사정없이 근로자의 소정근로시간만큼의 근로제공에 대한 수령을 거부하는 경우: 경영상의 장애 등 사용자의 "휴업"으로 인한 때에는 근로자에게 근기법 제46조의 휴업수당 청구권이 발생하고 평균임금의 70%를 지급받을 수 있지만 사용자의 귀책사유 등으로 인한 휴업이 아니라 일방적인 수령거부인 경우에는 민법 제538조의 채권자의 귀책사유로 인한 이행불능에 해당하므로 근로자에게 사용자가 수령하지 않은 소정근로시간 부분의 임금 전액에 대한 청구권이 발생한다.

(4) 소정근로시간을 집단적으로 일정기간 단위로 정하는 경우

사업장의 근로자집단별로 일정 단위기간 동안의 총 소정근로시간 및 특정주 또는 특정일별 근로시간을 변경할 수 있는지 여부이다.

단시간근로자의 근로일 및 근로일별 소정근로시간을 근로자대표와의 합의(또는 취업규칙)로 일정기간 단위로 정하는 경우에도 총 소정근로시간 및 특정주 또는 특정일별 근로시간을 변경할 수 있다고 판단된다. 다만, 단위기간이 시작된 후 근무편성표를 조정하여 소정근로시간을 변경하는 것은 근로자가 사전에 근로시간을 예측할 수 없게 되고 가산임금 지급을 면탈하려는 것으로 해석될 수 있으므로 특별한 사정이 없는 한 "단위기간 시작 전까지만 변경이 가능"하다고 해석함이 합리적이다.

4. 소정근로시간 초과시의 가산임금

한편 과거 소정근로시간을 초과하나 법정기준근로시간 내 근로시간에 대해서는 시간외수당을 지급하지 않아도 됐으나, 기간제법에 따라 소정근로시간을 넘어선 초과근로를 한 경우에는 전체 근로시간이 주당 40시간을 초과하지 않는다고 하더라도 연장근로수당을 지급해야 하며, 이점이 일반 근로자의 경우와 다른 점이다.

12 소정근로시간 단축 또는 무급휴무일 증가와 임금

1. 시간당 단가의 증가

임금액이 월에 따라 정해지는 우리나라 통상 임금형태(월급제)에서는 가산임금(또는 할증임금)의 기초가 되는 '통상근로시간의 임금'은 월에 의한 임금액을 '월에 있어서 통상임금 산정기준시간 수'로 나눠서 산출된다(근기법 시행령 제2조제1항제4호). 그러므로 1일 혹은 1주의 소정근로시간을 단축하거나 무급휴무일을 증가시키는 것은 월의 통상임금산정기준 시간 수를 감소시켜 가산임금의 산정기초(시간단위)를 증가시킨다. 이것이 우리나라에서의 '시간단축에 의한 비용증가'의 중요한 측면이다.

월급제근로자에게 종전에는 매주 토요일을 유급휴일(약정휴일)로 하였으나 휴일근로가산수당 등을 고려하여 취업규칙을 개정(근로자 과반수 동의)하여 유급휴일을 무급휴무일로 변경 시행한 경우의 통상임금 시간단가는 어떻게 산정하는가의 문제이다. 이미 결정된 통상임금시간단가는 취업규칙 변경 이후 월의 통상임금산정기준시간 수 증감에 따라 변동될 수 있다. 이 경우에는 월급통상임금을 월의 통상임금산정기준시간 수는 종전[(40시간+4시간+8시간) × $\frac{365일}{7일}$] ÷ 12월=226시간 에서[(40시간+4시간) × $\frac{365일}{7일}$] ÷ 12월=209시간으로 줄었으므로 시간단가는 인상된다. 예컨대 월급통상임금 2,260,000원을 226시간으로 나누면 시간급 단가는 10,000원이지만 월 209시간으로 나누면 시간급 단가는 10,813원이 된다.

2. 실근로시간은 동일하되 소정근로시간을 단축한 경우의 효력 유무

헌법 및 최저임금법 관련 규정 내용과 체계, 해당 특례조항의 입법 취지와 입법 경과, 여객자동차운수사업법의 규정 취지 및 일반택시운송사업의 공공성, 소정근로시간을 단축하는 합의 관련 전후 사정 등을 종합적으로 고려하면 정액사납금제하에서 생산고에 따른 임금을 제외한 고정급이 최저임금에 미달하는 것을 회피할 의도로 사용자가 소정근로시간을 기준으로 산정되는 시간당 고정급의 외형상 액수를 증가시키기 위해 택시운전근로자 노동조합과 사이에 실제 근무형태나 운행시간의 변경 없이 소정근로시간만을 단축하기로 합의한 경우, 이러한 합의는 강행법규인 최저임금법상 해당 특례조항 등의 적용을 잠탈하기 위한 탈법행위로서 무효라고 보아야 한다. 이러한 법리는 사용자가 택시운전근로자의 과반수로 조직된 노동조합 또는 근로자 과반수의 동의를 얻어 소정근로시간을 단축하는 내용으로 취업규칙을 변경하는 경우에도 마찬가지로 적용된다(대법[전원합의체] 2019.5.10, 2015도676; 대법[전원합의체] 2019.4.18, 2016다2451; 대법 2019.5.10, 2015도676). 이 판례는 특례조항 시행에 따라 회사가 소속 택시운전근로자들 다수의 동의를 받아 실제 근무형태나 운행시간의 변경이 없음에도 취업규칙상 소정근로시간만을 순차로 단축한 사안에서, 원심이 위와 같이 변경된 취업규칙상 소정근로시간 단축 조항은 해당 특례조항 등 최저임금법을 잠탈하기 위한 탈법행위로서 무효라고 판단한 다음 종전 취업규칙상 소정근로시간을 기준으로 산정한 최저임금액에 미달하는 임금의 지급을 명한 것에 대하여, 원심판결에 관련 법리를 오해한 잘못이 없다고 보아 회사의 상고를 기각한 사례이다.

3. 휴일근로수당 지급 여부

토요일이 무급휴무일로 규정된 경우에는 무급휴무일에 근로하면 실제 근로시간만큼 소정의 임금을 지급하고 법정근로시간인 8시간을 초과근로하면 연장근로수당은 지급되지만 무급휴무일은 휴일이 아니므로 휴무일에 근로하더라도 휴일근로수당은 지급되지 않는다. 그러나 토요일이 휴일로 정해져 있다면 근기법 제56조제1항에 의한 연장근로시간인지 여부에 불구하고 8시간 이내의 근로에 대해서는 통상임금의 50퍼센트를 가산지급하고, 8시간을 초과한 시간에 대해서는 통상임금의 100퍼센트를 가산임금으로 지급하여야 한다(근기법 제56조제2항).

13 사용자의 지휘·감독 아래 있는지의 근로시간 판단기준

1. 근기법 제50조제3항의 규정내용

근기법 제50조제3항에서「제1항 및 제2항에 따른 근로시간을 산정함에 있어 작업을 위하여 근로자가 사용자의 지휘·감독 아래 있는 대기시간 등은 근로시간으로 본다」는 규정에서 근로시간이란 어떠한 시간인가가 문제되고 있다. 행정해석이나 지금까지 형성된 판례 등에 따르면 근기법이 규제하는 노동이란 사용자의 지휘·명령하의 종속적 노동으로서 규제의 대상인 근로시간이란 이러한 사용종속하의 근로시간이라고 말할 수 있다. 근로자가 사용자의 지휘·감독 아래에 있는 구속된 종속적 노동에 종사하는 것을 말한다.

2. 근기법 제50조제3항의 규정취지

첫째, 대기시간을 임금이 지급되는 근로시간으로 보는 것이다.

둘째, 대기시간은 근기법 제50조제1항 및 제2항의 근로시간에 산입되므로 원칙적으로 법정근로시간을 초과하여 근로하게 할 수 없다는 것이다. 근기법 제50조제3항은「작업을 위하여」근로자가 사용자의 지휘·감독 아래에 있는「대기시간 등」을 근로시간으로 보고 있으므로「작업을 위한」,「대기시간 등」의 의미에 관해서는 각 구체적 근로상황에 따라 근로자 보호의 취지에 부합할 수 있도록 합리적으로 해석해야 한다(김형배,「노동법」, 제26판, p.425).

3. 지휘·감독 아래 있는지의 구체적 판단기준

근기법 제50조제3항의 근로시간에 해당하는가는 원칙적으로 사용자로부터 다음 다섯 개의 항목의 구속(지휘·감독)을 받고 사업목적을 위하여 육체적·정신적 노동활동을 행함으로써 노동으로부터 해방되지 아니한 시간을 말한다.

(1) 일정한 장소적 구속 아래에 있는 것

예컨대 업무나 작업 등의 행위를 하는가

(2) 일정한 시간적 구속 아래에 있는 것

예컨대 몇 시부터 몇 시까지 업무를 행하는가, 어떤 스케줄에 따라 업무를 행하는가

(3) 일정한 태도 내지 행동상의 구속 아래에 있는 것

예컨대 어떠한 태도, 질서, 규율 등을 지키며 업무를 행하는가

(4) 일정한 업무 내용 내지 수행방법상의 구속 아래에 있는 것

예컨대 어떤 행위(업무)를 어떤 방법, 절차로서 어떻게 행하는가

(5) 일정한 노무지휘권에 따른 지배 내지 감독적인 구속 하에 있는 것

예컨대 업무수행을 상사의 감독하에 있는가, 복무지배 아래에 행할 필요가 있는가, 자기의 자유임의로 할 수 있는가, 어떤 때는 이것을 행하지 않으면 징계처분 등이나 상사의 질책을 받는다든지, 임금·상여금 등의 취급상 불이익을 받을 수 있는가

이러한 다섯 개 항목의 구속 요건에 비추어 종합적으로 업무에 있어 일정한 사용자의 사업을 위한 행위라고 평가받게 되는 시간은 원칙적으로 근로시간이라고 판단된다.

4. 근로시간에 대한 객관적인 판단 방법

근로시간은 객관적으로 판단하여야 한다. 당사자는 근로계약이나 취업규칙에서 근로시간을 자유롭게 정할 수 있지만 여기에는 문제가 있다. 근기법은 강행규정이므로 근기법상의 근로시간은 당사자의 의사와 관계없이 판단되어야 하며, 당사자의 의사에 따라 좌우되는 것은 아니다. 예컨대 노사 간에 「준비작업 등에 소요되는

시간은 근로시간에 포함되지 아니한다」는 합의가 있더라도 이것은 판례·행정해석의 기준에 비추어 근로시간으로 인정되는 한 근기법 제50조의 규제를 받게 된다. 그러므로 객관설이 통설이다(김형배, 「노동법」, 제26판, p.427). 근로자의 행위가 사용자의 지휘·감독 아래 놓여 있는가의 평가는 객관적인 사실관계에 따라 판단하여야 한다. 최근 판례(대법[전원합의체] 2019.4.18, 2019다2451)는 "정액사납금제 하에서 생산고에 따른 임금을 제외한 고정급이 최저임금에 미달하는 것을 회피할 의도로 사용자가 소정근로시간을 기준으로 산정되는 시간당 고정급의 외형상 액수를 증가시키기 위해 택시운전근로자 노동조합 사이에 실제 근무형태나 운행시간의 변경 없이 소정근로시간만을 단축하기로 합의한 경우, 이러한 합의는 강행법규인 최저임금법을 잠탈하기 위한 탈법행위로서 무효라고 보아야 한다. 이러한 법리는 사용자가 택시운전근로자의 과반수로 조직된 노동조합 또는 근로자 과반수의 동의를 얻어 소정근로시간만을 단축하는 내용으로 취업규칙을 변경하는 경우에도 마찬가지로 적용된다"고 판시했다.

이 판결에서는 정액사납금제 형태의 임금을 지급하고 있던 택시운송회사에서고정급이 최저임금에 미달하는 것을 회피할 의도로 실제 근무형태나 운행시간의 변경이 없음에도 근로자 과반수로 구성된 노동조합의 동의를 받아 소정근로시간만을 단축하는 취업규칙을 개정한 사안에서 이를 무효로 본 것이다.

제2장 | 근로시간의 판단기준을 둘러싼 문제

- 30개 사례로서 본 일상의 분규방지를 위하여 -

1 출·퇴근시간은 근로시간인가

1. 통상의 출·퇴근

「출·퇴근재해」는 산재보험법의 개정에 따라 2018년 1월 1일부터 업무상 재해로서 산재보험급여를 받게 되었다. 「출·퇴근」이란 취업과 관련하여 주거와 취업장소 사이의 이동 또는 한 취업장소에서 다른 취업장소로의 이동을 말한다(산재보험법 제5조제8호). 그러나 출·퇴근의 법적 성질은 종래와 다르게 변경되는 것은 아니고 출·퇴근시간은 사용자의 지배관리에 있지 않은 업무 외의 시간이며 아직 사용자의 지휘·감독 아래 들어가 있지 않은 시간이므로 산재보험급여의 대상은 되지만 근로시간에는 해당되지 않는다.

즉, 출·퇴근시간이란 근로자가 근로계약에 근거하여 사용자에게 제공할 것을 약정한 노동력을 사용자의 지휘·감독 아래 두기 위하여 주거와 취업장소 사이의 이동 또는 한 취업장소에서 다른 취업장소로의 이동 중 경로상에 있는 시간이다. 법률적으로 보면 채무자인 근로자가 채권자인 사용자에게 근로계약상의 채무인 노동력의 급부를 이행하기 위한 행위이다. 민법(제467조)에 의하면, 변제는 원칙적으로 「채권자의 현주소에서 하여야 한다」라고 한 것과 같이 이른바 지참채무로 되어 있다. 따라서 근로자가 회사에 출근하는 시간은 이 채무의 변제를 위한 지참시간이 되는 것이며 이것은 채무자인 근로자의 부담에 속하는 시간이므로 이 시간을 가지고 근로시간이라고 볼 수는 없다.

근기법상의 사용종속관계의 실태라는 관점에서 보더라도 출·퇴근시간은 근로자의 주거로부터 자기의 업무장소까지의 왕복행위이고 사용자의 지휘·감독 아래 들어가기 전의 근로자의 자유시간이다. 근로자의 출·퇴근행위는 노무의 제공이라는 업무와 밀접 불가분의 관계에 있다고 하더라도, 일반적으로 출·퇴근방법과 그 경로의 선택이 근로자에게 유보되어 있어 통상 사업주의 지배·관리 아래에 있다고 할 수 없다. 근로자의 주거지가 어디에 있든 또 거기서부터 회사까지 어떠한 출·퇴근방법을 취하든 그리고 그간에 어떤 행위를 하든 자유이며 오직 업무 시작시각까지 회사에 출근하기만 하면 되는 것이므로 사용자의 지휘·감독을 받고 있는 시간이라고 할 수는 없다. 그러므로 근로자가 출근 또는 귀가 도중에 입는 재해는 특별한 사정이 없는 한 근로자가 사용자의 지휘·명령을 받지 않고 있으므로 근로시간은 아니지만 산재보험법상의 개정으로 업무상의 재해로서 보험급여의 지급대상이 된다.

2. 출·퇴근 도상의 들르기

통상의 출·퇴근이란 ① 자택 등 「주거」와 회사, 공장 등의 「취업장소」를 시점 또는 종점으로 하는 이동행위일 것, ② 출·퇴근 행위가 업무에 종사하기 위해 또는 업무를 마친 후에 이루어질 것, 즉 취업과 관련성이 있을 것, ③ 출·퇴근 행위가 사회통념상 「통상적인 경로 및 방법」에 따라 이루어질 것, 즉 「일탈 또는 중단」이 없을 것을 말한다(산재보험법 시행령 제35조제2항에서 정하는 일탈, 중단의 예외에 해당하는 경우는 인정한다)[2017.12.28, 근로복지공단지침 제2017-48호]. 통상의 출·퇴근은 채무자인 근로자의 노동력급부를 위한 지참행위시간이며 근로시간으로는 되지 아니한다. 출근 또는 퇴근 도중 사용자가 명한 용무를 볼 때, 업무를 행하는 시간 및 그 업무상의 사유로 들러오기 위한 통상의 출·퇴근 경로 부분은 업무수행시간으로서 근로시간에 해당된다.

그러나 그것은 자동차편을 이용하는 물품의 운반 등은 포함되지 아니하고 일반의 교통수단을 이용하는 경우로서 목적장소에 도달하는데 내용적으로 특별한 구속이 없을 때에는 근기법상 근로시간 계산에 산입하지 않아도 된다.

즉, 근기법상으로는 실태적인 관점에서 보아 판단하는 것이므로 반드시 민사법상의 근로의 급부인가 아닌가와는 일치되는 것은 아니다. 사용자가 근로시간 산정 의무의 이행에 있어서 이와 같은 출·퇴근 도상의 들르기와 같이 그 시간의 파악이 어려운 때에는 근기법 제58조제1항에 「소정근로시간을 근로한 것으로 본다」는 근로시간 파악에 있어서 간주규정의 적용이 정해져 있으므로 특별한 지시(그 도상에 물품운반 감시 등)가 없는 한 출장시간과 동일하게 취급하여도 된다.

근로자가 사업주의 지시를 받아 출·퇴근 중 발생한 사고로 인하여 사상한 경우에는 이를 업무상의 재해로 보고 있으므로(산재보험법시행령 제27조제2항), 이것은 결국 근기법상의 근로시간 산정에 있어서는 이 시간은 원칙적으로 출근 후의 통상의 근로시간으로 흡수되는 것을 뜻한다.

출·퇴근 도중의 용무가 사업주의 업무명령에 의하거나 근로자로서의 직무상 당연히 예상되는 것인 경우에 그 용무수행이 통상의 출·퇴근시간, 출·퇴근의 순로, 출·퇴근의 방법 등과 현저하게 다른 시간, 순로방법 등에 의존할 필요성이 있었음이 객관적으로 인정되는 것으로 그에 기인한 재해는 업무상 재해로 볼 수 있다.

3. 전용 교통수단(출·퇴근버스 등)의 이용

사업주가 제공하는 교통수단이나 그에 준하는 교통수단을 이용하는 등 사업주의 지배·관리 하에서 출·퇴근하는 중 발생한 사고는 업무상의 재해로 인정된다(산재보험법 제37조제1항제3호가목). 또한 그 밖에 통상적인 경로와 방법으로 출·퇴근하는 중 발생한 사고는 업무상 재해로 인정된다(산재보험법 제37조제1항제3호나목).

그러나 이것은 그 제공 시설로서의 교통수단이라는 물적관리에 기인한 사고에 대한 것이며 그 제공시설의 이용 중의 시간, 예를 들면 마이크로버스 등에 승차하여 사업장까지 출·퇴근하는 그 시간이 근로시간이 된다는 것은 아니다. 이와 같이 출·퇴근 전용수단의 이용 중에는 그 교통수단에 구속되어 있기는 하나 그 구속은 근로자가 선택한 출·퇴근 방법상의 구속인 것이며 사용자에게 노동력을 제공하고 사용자가 그 노동력을 이용·처분한다는 뜻의 구속 아래에 아직 들어가지 아니하였으며, 그 전제가 되는 노동력의 지참 중의 시간일 뿐 사용자의 지휘·감독에 들어가 있는 것은 아니므로 근로시간이 되지는 아니한다.

4. 돌발, 긴급용무를 위한 호출출근

돌발 또는 긴급용무를 위하여 사용자로부터 호출명령을 받고 출·퇴근하는 도중의 재해는 업무상 재해로 인정되고 있다. 그러나 이 예정외의 긴급출동 도중의 시간이 근로시간에 해당되는 것이라고 할 것인가?

이와 같은 출근은 본래의 근로제공의무의 이행으로서가 아니고 이른바 근기법 제53조제4항의 비상재해 등에 준할 경우(동조의 경우는 재해 그 밖에 불가피한 사유임을 요한다)인 것이며, 통상의 채무이행으로서의 출근이 아니고 사용자의 지명에 의한 출근이므로 자택을 나온 때부터 특명의 용무를 위하여 제공되는 시간(민법 제473조 단서에 의거 사용자의 행위로 인하여 변제비용을 증가시킨 경우가 되고 그 위험부담은 사용자가 부담할 것을 필요로 한다)이라고 해석할 수 있다. 그러나 그 실태는 일정한 시각까지 회사에 도착하면 되는 출근시간과 동일하다. 다만, 그 시간대가 통상의 시간대와 다르다는데 불과한 것이므로 실태상(근기법상)으로는 출근시간과 동일하여 근로시간에는 해당되지 않는다.

또한 이러한 시간은 출·퇴근시간과 동일한 성질로서 근로시간에는 산입되지 않는다는 견해가 타당하다고 할 것이다. 다만 조기출근을 하지 않을 경우 임금을 감액하거나 복무 위반으로 제재를 가하는 권리의무관계라면 근로시간에 해당한다(1988.8.29, 근기 01254-13305).

5. 교통 파업시의 승용차 편승

교통 파업시 근로자 상호간의 편리에 따라 자가용 승용차에 동승하여 출근하는 경우에는 통상의 출근과 다를 바가 없으므로 그 출근시간은 근로시간에 산입되지 않는다. 그러나 회사 측에서 교통파업에 대비하여 근로자의 자가용 승용차로 출근할 것을 지시하고 동일방향에서 출근하는 근로자에게 자가용 승용차를 할당하여 누가 어느 근로자의 자가용 승용차에 승차하는가를 지정하여 배차한 경우에는 전술한 출근버스를 이용하여 출근한 경우와 동일하게 전용 교통수단의 이용이 된다.

즉, 이때에는 회사가 근로자의 출근확보를 위해 회사에서 자가용 승용차를 그 시간에 한하여 차용하는 결과가 되기 때문이다. 이 경우의 교통사고로 발생한 재해는 업무상 재해가 되며 운전자인 근로자가 제3자에게 가해를 한 때에는 업무수행 중의 재해(산재보험법 제37조제1항제1호가목)로서 회사에 사용자 책임(민법 제756조)이 발생한다. 그러나 근로시간과 관련하여 전기 '3'의 경우와 동일하게 단순한 승객으로 동승하고 있는 근로자로서는 근로시간에 해당되지 아니하며 운전자도 자가운전을 위한 출근시간이 된다.

2 자택에서 직접 작업현장이나 지원근무처로 출근하는 경우가 근로시간인가

1. 자택에서 직접 작업현장으로 출근하는 경우

자택에서 직접 작업현장이나 거래처에 갈 때에는 통상의 출·퇴근시간과는 구분된다. 다시 말하면 본래는 일단 회사에 출근하고 거기서 사용자의 특별한 업무명령을 받아서 목적지를 향하여 출발해야 되는 것을, 그 시간적·장소적 손실을 적게 하는 등의 편의를 위하여 직접 업무명령에 따라 자택에서 지정된 용무처를 향하여 출발하는 것이다.

출장 등 사업장 밖의 근로는 그 성격상 근로시간에 대해 사용자의 직접적이고 구체적인 통제가 이루어지기 어려워 정확한 근로시간 산정이 곤란하므로 이때에는 자택에서 직접 목적지를 향하여 출장여행을 하는 경우는 자택에서 한걸음 내디딘 때부터 그 행동이 사용자의 업무명령에 대한 이행행위에 해당되고 사용자의 일반적·추상적 지배 아래에 들어간 자기의 노동력의 급부에 해당되게 되는 것이다. 따라서 다른 통상의 출근과 구별하는 의미에서 이 경우를 이른바 「출장」이라고 부르고 있다. 이와 같은 출장 도상에 재해를 입은 때에 그 행동은 사용자의 지배 아래에서의 업무명령에 따른 이행행위이므로 원칙적으로 업무상 재해로서 사용자가 그 재해보상의무를 부담하여야 할 것이며 산재보험법상 업무상재해(동법시행령 제27조제2항)로서 보험급여의 대상이 되는 것은 당연하다.

사업주의 지시를 받아 사업장 밖의 장소로 출·퇴근하여 직무를 수행하고 있는 근로자(외근근로자)가 최초로 업무수행장소에 도착하여 업무를 시작한 때부터 최후로 업무를 완수한 후 퇴근하기 전까지의 사이에 발생한 사고로 인하여 사상한 경우에는 이를 업무상의 사고로 본다(산재보험법 시행령 제27조제3항). 다만, 이 경우에도 ① 출장 도중 정상적 경로(순로)를 벗어났을 때 발생한 사고로 인한 근로자의 사상, ② 근로자의 사적행위·자해행위나 범죄행위 또는 그것이 원인이 되어 발생한 사상, ③ 사업주의 구체적인 지시를 위반한 행위로 인한 근로자의 사상에 대하여는 이를 업무상의 사고로 인정하지 아니한다(동조 제2항).

그러므로 행정해석에서도 「출장업무의 수행은 그 용무의 시간적, 장소적인 사정에 따라 사업장에 들르지 않고 자택을 나와 용무를 마치고 또 자택으로 돌아가도록 시인하고 있을 때에는 자택을 나와서 자택에 돌아갈 때까지가 출장 도상이라고 생각된다」고 하여 그 업무수행시간의 시작시점과 종료시점이 자택을 나와서 자택에 돌아갈 때까지 라는 것을 명확히 하고 있다.

근로자가 출장목적을 수행하기 위해 이동하는 왕복시간이 서류, 귀중품 등을 운반하거나 물품감시 등의 특수한 업무수행이 동반되어 자유롭게 시간을 사용할 수 없는 상태라면 이 기간은 사용자의 지배 아래에 있다 할 것이므로 근로시간으로 보아야 할 것이다. 그러나 출장업무를 위한 단순한 이동에 불과한 경우에는 단체협약이나 취업규칙 등에 특별한 규정이 없고 사용자의 특별한 지시가 없는 한 이를 근로시간으로 인정하기는 곤란하다. 비록 휴일에 이동을 하더라도 휴일근로가 행해졌다고 할 수는 없다.

다만, 자동차 운전원이 사업장 이외에서 출장목적을 수행하기 위하여 휴일에 출장지까지 자동차를 운행한 경우에는 운전 그 자체가 운전근로자의 본연의 업무이고 또한 운행하는 시간에는 자유로운 휴게, 휴식이 주어지지 않는다 할 것이므로 휴일의 근로로 보아야 할 것이다(1992.4.11, 근기 01254-546).

그런데 이 출장시간 중의 근로시간에 대하여 근기법 제58조제1항 본문에서는 「근로자가 출장이나 그 밖의 사유로 근로시간의 전부 또는 일부를 사업장 밖에서 근로하여 근로시간을 산정하기 어려운 때에는 소정근로시간을 근로한 것으로 본다」고 하고 있다.

자택을 나온 때부터 사용자의 지배 아래에 들어가며 자택에 돌아갈 때까지 그것이 계속되는 것이나 구체적으로 몇시간 근로하고 몇시간 휴게하였는지를 산정할 수 없으므로 「소정근로시간을 근로한 것으로 본다」고 규정하고 있다. 이것은 자택을 나선 시점부터 사용자의 추상적 지배 아래에 들어가 자택으로 귀가할 때까지 계속하여 그 기간의 행동에 있어서 근로자에게 재량성이 있고 사용자의 직접적 지배 아래에 있지 아니하므로 구체적으로 몇시간 근로하고 몇시간 휴게하였는지를 산정할 수 없으므로 「소정근로시간을 근로한 것으로 본다」고 규정한 것이다.

따라서 출장인 때에는 출·퇴근의 경우와 달라 자택을 나선 순간부터 추상적 의미에서의 근로시간에 해당하는 것으로 본다. 그러나 이와 같은 추상적 의미의 근로시간이란 그 근로의 실태가 사용자의 현실의 지휘·감독 아래에 들어가는 것은 아니고 사용자가 볼 수 없는 장소에서 추상적, 포괄적인 지휘·감독에 따라 근로하는 것으로서 근로시간이 몇시간인가, 휴게시간은 어떤가 등의 내용이 불명확하고 또 산정할 수 없다는 실태상의 견지에서 「소정근로시간을 근로한 것으로 본다」고 규정하고 있다.

2. 집합장소에 집합하여 출발하는 경우

따라서 그 근로시간이 객관적으로 산정할 수 있는 것이라면 당연히 구체적으로 산정한 근로시간에 따라야 한다. 이때에 문제가 되는 것은 일정인원이 「팀」을 구성하여 근로하지 않으면 안 될 때이다. 예를 들면, 목적지인 현장을 향하여 출발할 때부터 현장감독 등의 지휘 아래 집단적, 조직적인 체제로 출발할 때이다.

이때 자택에서 어떤 일정한 집합장소로 출발하여 거기서 「팀」을 구성하고 출발하는 것이 통상인데, 예컨대 자재창고, 차고, 사무소 등이 항상 집합장소로 정하여져 있는 때에는 그 집합장소가 출근장소가 된다. 따라서 거기에 도달할 때까지는 출근시간에 해당되고 근무시간이 되지는 않는다. 그러나 이 집합장소가 자주 변동되고 임시적·유동적이어서 그날그날 지시되는 형태는 이른바 출장근로에 해당된다. 이 집합장소에서 감독자의 지휘 아래 「몇 사람이 '팀'을 형성하여 사업장의 근로에 종사하는 경우 그 팀 중에 근로시간의 관리를 하는 자가 있는 경우」에 해당될 때에는 근로시간의 산정이 가능한 경우에 해당되어 근기법 제58조제1항의 소정근로시간 간주제의 적용대상이 되지 아니한다.

3. 현장으로 직접 출발하는 경우

또한 이른바 자택에서 현장 등으로 직접 출발하여 소정의 작업 종료 후 자택으로 직접 귀가하는 경우에는 지정된 공사현장 등에 도착할 때까지가 출·퇴근시간이 되며 소정의 현장에 도착 집합하여 관리·감독자(현장감독)의 지휘·감독 아래에 들어간 경우에는 그때부터 산정가능한 통상의 구체적인 근로시간이 진행되게 된다. 사용자의 구체적인 지휘·감독 아래에 들어간 집합상태라고 인정되기 위해서는 일반적으로 그 집합이 다음과 같은 요건을 모두 충족한 것이어야 한다.

① 사용자의 지시에 의하는 것일 것(단순히 근로자 상호간의 편의를 위하여 합의한 것이 아닐 것)

② 그 업무의 수행을 위하여 특별히 집합해서 조직적 행동이 필요한 것으로 그때부터 업무개시를 하는 경우일 것(출·퇴근버스와 같은 편의를 위한 것이 아닐 것)

③ 일정한 관리·감독자의 지휘·감독 아래에 있을 것(단순한 집합이 아니라 행동 등에 구체적인 지시명령이 행하여져 구속을 받을 것)

④ 목적지까지 이동하는 경우에는 그 이동 중에도 조직적 행동을 할 필요가 있는 행위가 행하여질 것(단순히 집단적으로 목적지까지의 도착의 편의 때문이 아니고 그간에 작업내용의 설명, 주의, 협의, 준비작업 등이 행하여지는 것일 것)

일정한 장소에 집합하여 목적지를 향해 출발할 때 일정의 「팀」 구성 등 조직적 행동이 필요한 때라 하더라도 단순한 업무상의 편의를 위해서가 아니라 조직에 일정한 지휘·감독계통이 있고 어떠한 형태로든지 현장감독자나 책임자적인 지휘자가 정하여져 있고 그러한 자의 지휘·감독 아래에 있으면서 일정한 조직적 행동이 필요한 경우, 지배구속을 받고 있다고 볼 수 있는 상태이어야 한다.

4. 사업장 밖의 작업 중 현지 숙소로의 이동시간

야외에서의 방송녹화작업을 위해 '장기 출장업무 수행 중 업무 종료 후 지정된 현지 숙소로 이동하는 시간' 이 근로시간인지의 여부이다. 먼저 그 시간이 당해 사업(장)의 취업규칙 등에 의무화되어 있는 시간인지 여부로 판단하고, 취업규칙 등에 의무화되어 있지 아니한 경우에는 그 시간이 사용자의 지휘·감독 아래에 있는 시간 또는 사용자의 처분 아래 있는 시간인지 여부에 따라 판단하여야 할 것이다. 지정된 숙소로의 이동방법·시간 등에 대해 구속을 받으며, 이동 중에 사용자의 지휘·명령이 있을 경우 언제든지 그것을 이행하여야 할 의무가 있는 시간이라면 근로시간으로 볼 수 있을 것이나, 전체적인 출장 업무 진행에 차질이 없는 범위 내에서 어느 정도 자유로운 이용이 보장되어 있다면 근로시간으로 보기 어렵다. 다만, 그러한 사정들과 관계없이 노사간의 단체협약이나 취업규칙 등으로 그 이동시간을 근로시간으로 정하였다면 그에 따르면 될 것이다(2004.8.7, 근로기준과-54441).

5. 입문으로부터 작업현장까지의 보행 소요시간

이 경우에 보행 소요시간이 근로시간에 포함되지 않는 것은 명백하며, 갈아입기·갈아신기 등의 소요시간도 그것이 회사의 명시 또는 묵시의 지시에 의거하여 행하여지는 것이라고 할지라도, 그 지시는 직장에 있어서의 근로자의 안전확보를 위한 사용자의 편의적 조치라는 것을 고려한다면 이는 근로시간에 포함되지 아니한다. 작업개시를 근로시간의 기산점으로 하여야 한다. 이에 따라 사용자의 지휘·감독 아래에 있어서 기업의 취급은 객관적 사실에 따라 근로시간의 기산점에 차이가 발생한다. 여기에 이 점에 관하여 근로자의 업무의 시작시각 전의 입문시부터 갱의실 등까지의 이동시간, 종료시각 후의 갱의실 등부터 정문까지의 이동시간, 손을 닦거나 세면, 입욕 후의 출·퇴근복 착용을 위한 시간 및 휴게시간 중에 있어서의 작업복, 보호구 등의 착용, 탈의에 소요되는 시간은 사용자의 지휘·감독 아래에 놓여있다고 평가되고 있더라도 위와 같은 이동에 소요되는 시간은 근기법상의 근로시간에 해당되지 아니한다. 판례(대법 1992.9.22, 92도1855)는 「일반적으로 출근시간은 근무장소에 도착하는 시간으로서 작업준비시간을 거쳐 작업에 착수하는 작업개시시간과 같지 않다」고 한다.

6. 통상시보다 장기간을 요하는 지원근무처에의 출근시간

통상의 근무처와는 다른 장소(자기회사의 사업장, 작업장, 점포 등)에 일시적·임시적으로 직접 가서 지원근무하도록 명령을 받은 경우, 그 장소까지의 왕복 출·퇴근시간이 출근시간인가 또는 출장으로서의 근로시간이 되는가 라는 문제가 있다.

(1) 출근시간

「출근」이란 일정한 업무 시작시각까지 사업장에 도착할 것을 목적으로 하는 행위이며 그 이외에는 어떠한 구속도 받지 않고 있는 행위이다. 따라서 출근이란 사업장에 도착만 하면 그것으로 충분하고 그 후에 비로소 사용자의 지휘·감독을 받아서 근로에 종사하게 되는 것이다.

(2) 출장시간

① 출장시간은 출장의 형태에 따라서 각 개별적으로 근로시간인가 어떤가를 판단하여야 한다. 회사의 특명에 의해서 근무장소로 가는 경우, 이것이 가령 출장시간이라고 하면 자택을 나와서 다시 자택으로 귀가할 때까지가 출장이라고 일단 생각할 수 있다. 일반적으로는 그간 합리적인 순로와 방법에 의하고 있는 한 업무수행시간 중이라고 취급되지만 도대체 그 사이에 몇 시간 근로하였는가는 산정할 수 없고 또 교통기관 승차 중은 근로시간이 되지 않으므로 실근로시간을 확실하게 파악·산정할 수 있는 경우는 많지 않다. 근로시간을 산정할 수 없는 경우에는 소정근로시간을 근로한 것으로 법상 간주된다(근기법 제 58조제1항).

② 그런데 자기회사의 다른 지점, 공장 등에 일시적인 지원파견근무를 위해서 가는 출근시간의 문제를 생각해 보면, 파견근무하는 시점 등에서는 통상의 업무 시작시각부터 종료시각까지를 근로하므로 업무 시작시각까지 출근하고 있지 아니한 경우, 지각으로 취급되고 종료시간을 지나서 근로하는 경우에는 시간외근무로 취급하게 된다(이때 출장취급일 경우에도 출근을 포함한 전시간이 근로시간이 되는 것이 아니고 적어도 지원파견근무처에서 근로시간의 산정을 할 수 있으므로 그에 의한다).

③ 다음에 그 지점까지의 소요시간에 대해서 생각해 보면, 그 시간은 통상의 출·퇴근시간보다도 장시간이 소요된다고 할지라도 통상의 출근범위 내의 사업장에 파견업무를 위해 일시적·임시적으로 가는 것이며, 그 근로장소도 지점·공장 등과 같이 일정하게 고정된 장소에서 그 지점·공장 등의 사용자인 지점장, 공장장의 지휘·명령을 받아서 근로에 종사하는 것이다.

그러므로 객관적으로 볼 때 통상의 근무처와 임시의 사업장을 날을 바꾸어 겸무하며 근로하는 경우와 동일하므로 사용자의 업무명령으로 근로장소만을 변경하는 것이 자기가 2개의 사업장과 근로계약을 체결하고 근로하는 것과 차이는 있으나 자택에서 근무처까지의 출근시간은 사회통념상으로 노동력을 제공하는 도상에 있는 것이므로 법적으로도 「출근」에 해당된다고 해석된다.

따라서 실제로 사용자의 지배 아래에 들어가는 것은 지점 등에 도착한 후의 일이고 출·퇴근시간 중에는 아직 지휘·감독 아래에 있지 아니하므로 근로시간은 아니다. 그러나 통상의 출근보다는, 예컨대 1시간이나 빨리 집을 나서는 근무를 명령받았는데도 불구하고 이 점에 관해서 어떠한 고려가 없다는 것은 잘못이 아니냐 라는 생각이 당연히 생기게 된다.

이 점에 관해서는 출근이란, 법률상으로는 근로계약에 의한 노무제공의 행위이며 채무의 내용인 급부를 실현하는 채무자의 채무의 이행행위이다. 그리하여 민법 제 473조(변제비용의 부담) 단서에서 「채권자의 주소이전 기타의 행위로 인하여 변제비용이 증가된 때에는 그 증가액은 채권자의 부담으로 한다」고 규정하고 있으므로 이 규정의 취지에 따라 장시간의 통근을 하게 된 것은 사용자가 근로자의 노동력 급부 이행장소를 변경한 결과이므로 그 증가비용은 사용자가 당연히 부담하야야 한다.

또, 이 규정은 당사자의 부담의 공평을 도모한 것이므로 그 취지에 따라서 이 경우에는 단지 교통비 부담에 그치지 않고 근로자가 그 때문에 통상의 경우보다도 자유시간을 희생하게 되므로, 예컨대 1시간의 조조출근과 1시간의 귀가지연에 대해서 어떤 수당, 예컨대 지원근무수당, 파견수당 등 지급으로서 보답한다는 것도 공평의 원칙에 합치된 노무관리상 하나의 방법이라고 생각된다.

3 종료시각 후 기차 등에 의한 출장시간은 근로시간인가

1. 사업장 밖의 근로의 근로시간 간주 취급

사업장 밖의 근로의 근로시간의 간주취급은 이른바 출장의 경우에도 동일하다. 일반적으로 출장은 자택에서 직접 출발·도착하는 경우에는 자택에서 출발할 때부터 자택에 도착할 때까지가 출장시간으로 이는 추상적으로 사용자 지배하의 업무수행일 뿐 사용자의 현실적이고 구체적인 지휘·감독 아래에서의 업무의 종사시간은 아니므로 원칙적으로 소정근로시간 근로한 것으로 본다. 또한 사용자가 근로자에게 출장을 명령할 때에 출장여행을 위한 이용할 수 있는 교통기관의 종류, 승차시간에 있어서 소정종료시각 후까지도 지정하여 출장명령을 할 때에는 소정근로시간의 종료 후의 업무가 있을 때부터 연장근로가 되는가의 문제가 있다. 그리고 이 경우의 출장명령은 당해 열차 등 교통수단 승차 중에 수행할 용무를 지시한 것은 아니고 여행에 있어서 목적지에 도착하도록 하는 것이 지시내용이다. 더구나 업무내용을 구체적으로 특정하여 지시한 것은 아니므로 이른바 「특별한 지시」에는 해당하지 아니한다.

2. 교통수단에 승객으로 탑승하여 이동하는 시간

① 다음으로 열차 등의 교통수단에 승객으로 탑승하고 있는 그 시간 자체는 근로시간으로서 「근로」에는 해당되지 아니하며 간주규정의 적용을 받는 근로시간이 되는 것은 아니다. 즉, 지정받은 교통수단에 탑승하고 있더라도 승차 중에는 구체적인 업무가 없으며 자유롭게 휴식을 취할 수 있으며 단순히 목적지에 도착하면 되는 것이다. 승차 지정이 있더라도 그 승차 중의 시간은 일반의 출장여행시간과 같으므로 이것은 구속시간으로 취급될 수 있어도 근기법상의 「근로시간」에는 해당되지 아니한 휴게시간 유사의 시간이라고 해석된다.

② 행정해석(2002.9.25, 근기 68207-2955)은 「취업규칙 등에 별도의 규정이 없고 사용자의 특별한 지시없이 단순히 다음 목적지로 이동하였다 하여 이를 근기법

제56조의 가산임금 대상인 「야간근로」 또는 「휴일근로」로 보기 어렵다」고 한다.

③ 따라서 이것은 교통수단 등의 장소 내에 있다는 것만으로는 단순히 물리적인 구속시간이며 「근로」나 「업무」를 행하는 것은 아니므로 구속시간 중의 자유시간에 해당한다. 그러므로 18세 미만의 연소자에 대하여 야간에 특정한 열차 등을 지시하여 승차여행의 출장을 명령하였다 하더라도 근기법 제70조의 야간근로에 위반되는 것은 아니다. 출장 중의 휴일은 그 날에 여행 등을 하는 경우에도 여행 중에 있어서 물품의 감시 등 특별한 지시가 있는 경우 외에는 휴일근로로 취급할 수 없다는 것이다(2004.8.7, 근로기준과-5441; 2002.9.25, 근기 68207-2955).

〈이동이 사용종속관계 하의 근로시간인지 여부〉

구 분	근로시간인 경우	근로시간이 아닌 경우
연장근로 여부 판단기준으로 고용노동부가 제시한 예시	– 취업규칙 등에 규정이 있는 경우 – 이동방법·시간 등에 대해 지휘·명령이 있는 경우	– 업무에 차질이 없는 범위 내에서 어느 정도 자유가 보장되어 있는 경우 – 특별한 지시 없이 근로자가 임의로 휴일 또는 야간에 이동한 경우
논 거	– 이동은 출장업무의 필수전제로서 전체적으로 사용자 지휘·감독 아래에 있다. – 이동시 업무용 물품, 장비 등에 대해 관리책임을 부담한다.	– 이동은 엄밀히 말해 출장업무의 전단계에 불과할 뿐 업무 자체는 아니다. – 이동시기·방법은 출장자의 선택에 달려 있으며, 강제하는 것은 아니다.

4 작업의 준비 등을 위한 시간은 근로시간인가

1. 일반적인 판단기준

근로시간이란 근로자가 사용자에게 근로를 제공하고 현실적으로 그 지휘·감독 아래에서 구속·지배를 받고 있는 시간을 말한다. 그러나

① 작업개시 전의 청소시간

② 작업준비시간 등

③ 갱의시간

④ 작업종료 후의 정리·정돈시간 및 입욕시간

등과 같이 작업 전후의 부수업무시간은 그것이 근로시간인가, 근로자의 자유시간으로서 아직 근로시간에 산입할 수 없는 시간인가가 항상 문제가 되고 있다. 이와 같은 작업 전후의 시간이 과연 사용자의 지휘·감독 아래에서 노무에 종사하고 있는 시간인가 아닌가를 판단하는 방법에는 다음과 같은 일반적 기준이 있다.

(1) 사용자의 명령이 있는가

사용자의 개별적 지시나 취업규칙, 작업지시서 등으로 사용자의 지휘·감독 아래 확실하게 일정 작업의 준비나 정리·정돈 등을 하도록 근로자에게 의무화되어 있을 때는 이와 같은 일을 하는 것은 사용자의 지휘·감독 아래에서 근로하는 것으로서 근로시간이 된다.

백화점(사넬코리아㈜) 소속 화장품 판매원들이 사용자의 요청에 의해 근로계약서에 규정된 것보다 매일 30분씩 일찍 출근하여 메이크업과 액세서리 착용을 하는 꾸밈시간(grooming time)을 가졌다고 주장하며 연장근로수당을 청구한 사건에서 판례(서울중앙지법 2019.11.7, 2017가합562932)는 사용자가 판매원들에게 정규 출근시간보다 매일 30분씩 일찍 출근할 것을 지시하였다거나, 화장품 판매원들이 사용자 측의 실질적인 지휘·감독 아래 매일 실제로 30분씩 조기출근하여 근로를 제공하였다는 사실을 인정할 증거가 부족하여, 화장품 판매원들의 청구를 기각하였다.

(2) 법령으로 의무화되어 있는가

산안법에 근거한 「산업안전보건기준에관한규칙」에서는 근로자에게 소정의 복장 또는 보호구를 착용하도록 사업주에게 의무화하고 근로자도 이것을 지켜서 착용하지 않으면 벌칙의 적용을 받는다.

산업안전보건기준에관한규칙 제32조는 보호구의 지급에 관하여 다음과 같이 규정하고 있다.

「① 사업주는 다음 각 호의 어느 하나에 해당하는 작업을 하는 근로자에 대해서는 다음 각 호의 구분에 따라 그 작업조건에 맞는 보호구를 작업하는 근로자 수 이상으로 지급하고 착용하도록 하여야 한다.
1. 물체가 떨어지거나 날아올 위험 또는 근로자가 추락할 위험이 있는 작업: 안전모
2. 높이 또는 깊이 2미터 이상의 추락할 위험이 있는 장소에서 하는 작업: 안전대(安全帶)
3. 물체의 낙하·충격, 물체에의 끼임, 감전 또는 정전기의 대전(帶電)에 의한 위험이 있는 작업: 안전화
4. 물체가 흩날릴 위험이 있는 작업: 보안경
5. 용접 시 불꽃이나 물체가 흩날릴 위험이 있는 작업: 보안면
6. 감전의 위험이 있는 작업: 절연용 보호구
7. 고열에 의한 화상 등의 위험이 있는 작업: 방열복
8. 선창 등에서 분진(粉塵)이 심하게 발생하는 하역작업: 방진마스크
9. 섭씨 영하 18도 이하인 급냉동어창에서 하는 하역작업: 방한모·방한복·방한화·방한장갑
10. 물건을 운반하거나 수거·배달하기 위하여 「자동차관리법」 제3조제1항제5호에 따른 이륜자동차(이하 "이륜자동차"라 한다)를 운행하는 작업: 「도로교통법시행규칙」 제32조제1항 각 호의 기준에 적합한 승차용 안전모
② 사업주로부터 제1항에 따른 보호구를 받거나 착용지시를 받은 근로자는 그 보호구를 착용하여야 한다.」

각종의 규제 또는 소정의 착용의무가 있거나 소정의 준비, 점검, 소독, 세척, 입욕 등의 필요성을 규정하고 있을 때에는 이들은 그 업무를 수행하는데 있어 또는 그 종료에 있어서 법령상의 의무로 되어 있는 것으로서 그에 소요되는 시간은 근로시간이 된다.

(3) 묵시적 명령이 있는가

사용자의 적극적인 명시의 명령이 없는 때라도 준비작업, 정리작업을 행하지 않

은 경우 취업규칙 등으로 어떤 불이익처분이 정해져 있거나 사실상 불이익취급이 행해지고 있을 때에는 현실적으로 그 준비작업인 노무에 대한 지시가 있었던 것과 동일하므로 묵시적 명령이 있었던 것이 되어 그 시간은 근로시간이 된다. 그러나 근로자가 그 자유의사로 업무 시작시각 전에 작업을 행하는 것은 임의시간이지 근로시간은 아니다.

(4) 당해 작업을 하는데 필연적인 것인가

그 작업을 하는데 필연적인 것이고 또 그것을 사용자의 지휘·감독 아래에서 행할 필요가 있는 것, 예를 들면 갱내근로에 종사할 때 화기발화원의 점검 등의 준비시간은 갱내근로에 있어서 필연적으로 필요한 준비이므로 직접적인 지휘·감독 아래에서 행하지 아니하더라도 그 준비시간은 사용자의 명령을 기다릴 것도 없이(그 근로의 명령 중에는 이들 준비도 당연히 포함된 것으로 본다)근로시간이 된다.

(5) 그 작업을 행할 때에 통상 필요로 하는 것인가

당해 작업을 할 때에 통상 부대되는 작업, 예를 들면 상점 등에서 폐점 후에도 그 다음날의 영업관계상 정리를 겸하여 당일의 판매량과 잔품을 계산하거나, 제조공장에서 다음날의 업무의 시작과 동시에 작업을 개시할 수 있도록 청소·원재료 준비를 하는 것, 백화점에서 개점과 동시에 전원이 객장에서 고객을 맞을 필요가 있을 때의 개점준비작업 등은 통상의 작업에 부대하는 작업시간으로서 사용자의 직접적인 지휘·감독 아래에 있는 시간은 근로시간으로 인정된다.

이것들은 그 작업을 하는데 통상 부대하여 필요로 하는 정리·준비시간으로서 통상 지휘·감독 아래에 있으므로 특별한 명령이 없더라도 그 작업에 필요한 것으로서 근로시간으로 취급된다.

2. 업무 시작 전의 청소, 음료 준비시간

(1) 사용자의 묵시명령 또는 의무적인 때

사무실에서는 흔히 업무 시작시각보다 전에 신입 근로자가 출근하여, 간단히 책상 걸레질, 커피 등 음료 준비를 하고 있다. 이것은 사용자가 명령한 것은 아니고 관행적으로 행해지고 있으나, 「이것은 근로시간으로서 계산해야 하는가」라는 질문을 받을 때가 있다. 「산업안전보건기준에관한규칙」 제445조는 「사업주는 관리대상 유허물질을 취급하는 실내작업장, 휴게실 또는 식당 등에 관리대상 유해물질로 인한 오염을 제거하기 위하여 청소 등을 하여야 한다」고 규정하고 있으므로 이 규정에 따른 청소시간은 근로시간이다.

이와 같은 종류의 작업이 아니더라도 사무실 내의 청소는 가령 사용자가 시키지 않았더라도 관행적으로 행할 때가 많고, 이들 직장에서 하는 청소는 청소회사나 빌딩 관리자쪽에서 청소를 하든지 잡역 등을 고용해서 별도로 하는 경우 이 외에는 그 직장의 근로자 중 누군가가 하여야 하는 것이나 한편 자기 임의로 직장미화의 자발적 활동으로서도 행해지고 있다.

청소시간이 근로시간으로 인정되는 것은 업무의 시작 전에 신입 근로자 등에게 의무적으로 시키든지, 청소를 하도록 구속이 있는 사실상의 강제가 따르는 책임교대적인 업무로서 사용자가 그 강제적 실시사실을 알고 있으면서 용인하고 있을 경우이다.

(2) 자주적이고 임의적으로 행하는 경우

커피나 차 등의 음료수 준비나 책상 청소 등에 대하여도, 근로자가 임의적이거나 자발적인 경우이거나 각자 자유롭게 음료수를 마시거나 책상을 정리할 경우에 근로자 중 한사람이 다른 동료를 위해 커피나 차를 나르는 행위는 일종의 사적 서비스행위로서 사용자에 대한 노무제공이 아니기 때문에 근로시간이 될 수 없다. 즉, 법률상으로는 이러한 직장환경 유지를 위해서 근로자의 자주적 활동도 용인되고 있고, 직장의 인간관계상의 호의적 행동이나 자발적 활동인 경우에는 지휘·감독에 따른 노무의 제공이라고는 말할 수 없다. 따라서 사용자의 지휘·감독이라기보다 직장의 인간관계나 쾌적한 환경유지상 자주적·임의적으로 행하거나 자주적으로 동료 근로자간의 호의로서 행하여지는 것은 업무상 필요가 있더라도 자유임의성이 분명한 것은 근로시간이 되지 않는다.

5 작업시작 전 취업회의시간 및 갱의시간은 근로시간인가

작업준비시간이 근로시간에 포함되는지 여부가 논의되고 있다. 그러나 작업준비시간이라 하더라도 그 내용은 천차만별이므로 일률적으로 결정할 수는 없다. 버스 운전기사가 운행을 위한 작업준비시간(차량점검, 요금통설치, 연료충전 등)은 근로시간에 해당한다(2002.12.12, 근기 68207-3345).

1. 작업준비시간의 근로시간 해당 여부의 판단기준

그러므로 구체적으로 근로시간에 해당되느냐 않느냐는 작업준비의 형태에 따라서 2에서 살펴본 일반적인 기준을 참고로 판단할 수밖에 없으나, 대략의 기준은 다음과 같다.

① 자택에서 회사까지의 통근시간은 근로시간이 아니다.

② 회사 입문시부터 작업장 도착까지의 이동시간은 원칙적으로 근로시간이 아니다.

③ 작업부서에 도착해서 후에 행할 원재료나 제품의 정리, 정돈이라든가 기계의 점검·조정 등은 그 부서에서 할 본래의 작업에 통상 필요로 하는 전제 내지 부수적인 준비작업으로서 통상 사용자의 지휘·감독 아래에 있으므로 근로시간이 된다.

④ 직장에 도착 후, 담당 작업부서에 가기 이전에 하는 준비작업으로서 당일의 작업에 필요한 사항 준비, 예를 들면 필요한 보호구의 준비, 점검, 장착이나 필요한 보조구나 장치의 준비, 자재·용품의 준비 등도 작업에 필요하여 사전에 행하도록 의무가 지워져 있으므로 근로시간이 된다.

⑤ 현장에 도착한 후 행하는 작업순서의 검토 등의 준비시간도 업무 시작시각 전의 자발적이고 개별적인 근로자의 자유임의적인 것이라면 근로시간이 되지 않으나 사전에 사용자가 이것을 완전히 행하도록 지시하거나 조회 등에서 점검 등을 행할 때 점검개시 이후에는 임의시간이 아니며, 집합하여 전원이 검토하는 시간은 참가가 강제적이므로 근로시간이 된다.

⑥ 출근 후 담당부서에 도착하기 전에 하는 준비작업, 예를 들어 작업복으로 갈아입기, 명찰달기 또는 배지의 장착, 안전화의 착용 등의 준비작업에 대하여는 사례별로 구체적 사정에 따라 판단하여야 한다. 근로자의 완전한 복장으로 노무를 제

공하는 의무의 이행으로서 근로자 측의 시간이더라도 구체적인 지휘·감독 아래에 있는 것은 아니므로 원칙적으로 근로시간에 해당되지 아니한다. 그러나 사용자의 지휘·감독 아래에 일제히 집단적·조직적으로 행하는 경우에는 근로시간이다.

행정해석(2012.8.28, 근로개선정책과-4355)은 「대학 시간강사의 강의준비시간이 다음 강의를 위한 준비시간으로 정해져 있거나 이를 소홀히 할 경우 제재가 가해지는 등 사용자의 지휘·감독 아래 이루어진다면 근로시간에 해당된다」는 것이다.

2. 작업시간 전 취업회의 시간

작업시간 전에 갖는 취업회의 내용인 갱내 근무자에 대한 보안교육이나 작업지시 및 작업조의 편성은 갱내 교대근무를 위한 필요불가결한 것으로서 사용자의 지휘·감독에 의한 구속 아래에 행해질 수밖에 없으므로 실근로시간에 포함시키는 것이 타당하다. 그러나 10분에 불과한 취업회의 시간을 실근로시간에 포함하더라도 실근로시간이 약정 실근로시간인 1일 8시간을 초과하지 않을 경우 연장근로에 해당되지 않는다(대법 1993.9.28, 93다3363).

이와 같이 작업준비시간은 일반적으로 그것이 시간적, 장소적, 행동적으로 구속되어 자유임의가 아닌 지휘·감독 아래에 있는 경우에는 근로시간이 되나 그 이외의 자주적, 자발적인 것은 통상 근기법상의 근로시간이 되지 않는다.

3. 갱의시간

(1) 일반적인 판단기준

갱의시간에 대해서 본래 근로자는 「작업에 적합한 복장」으로 노무의 제공을 하지 않으면 채무의 내용에 따른 제공이라 할 수 없기 때문에 취업에 부적당한 복장으로 취업하고자 하는 경우, 사용자는 그 노무수령을 거부하는 것은 정당하다. 따라서 갱의시간은 원칙적으로 근로자 측의 의무이지만 근로시간은 아니다.

이와 같은 갱의시간에 대하여 소정 부서에 가기 전에 작업복으로 갈아입는 동안과 보호구의 장착시간 등이 근로시간이 아니라는 학설은 있으나 그 시간이 사용자의 지휘·감독 아래에 있는가 아닌가에 대한 구체적인 검토도 없이 처음부터 근로시간이 아니라 하여 근로시간외로 취급하는 것은 근기법상의 실태적 적용상 적절하지 않다.

(2) 특별한 경우의 판단기준

갱의시간은 위와 같이 원칙적으로는 근로시간이라고 할 수 없으나 특별한 구체적 사정에 따라서는 근로시간이 되는 경우가 있다. 어떠한 경우가 근로시간이 되는가는 구체적인 실태에 따라서 판단하되, 대략적 기준은 다음과 같다.

① 회사의 명령(취업규칙 그 밖의 사칙 또는 관행)으로 일정한 시간까지 소정의 갱의실에서 사용자의 지휘·명령을 받아 갱의한 후 작업에 임할 것을 의무화하고(사외에서의 제복착용금지) 또한 소정의 작업복을 착용하지 않으면 취업이 금지되어 복장에 대한 점검이 행하여지는 경우

② 업무상의 성질상, 작업복을 갈아입고 작업하여야 하는 경우(예를 들어 식품의 제조 종사자나 간호원 등의 위생상의 필요성, 호텔의 근로자, 수위, 소방사 등에 대한 명백한 식별의 필요, 백화점의 점원, 공공요금의 수금인 등 신분 내지 직책의 명백한 식별이 필요한 경우)로서 복장관리도 사용자의 노무관리의 일부가 되어 있고 그 관리책임이 사용자에게 있다고 인정되는 경우를 들 수 있다(반드시 사용자의 지배관리하에서 갱의해야 할 의무가 있는 경우). 판례에서 볼 수 있는 직무상의 필요성에서 간호사의 제복착용의무를 인정한 판례(대법 1996.6.14, 93다29167; 대법1996.4.23, 95누6151)가 있다. 동 판례는 「위생문제에 특히 주의해야 하고 신분을 표시 할 필요가 있는 간호사들이 집단으로 규정된 복장을 하지 않는 것은 병원업무의 정상적인 운영을 저해하는 것으로서 역시 쟁의행위에 해당한다 할 것이다」라고 판시하고 있다.

③ 일반 근로자와 달라 그 업무의 성질상 특수한 복장을 하지 않으면 안 될 경우, 예를 들어 열처리 현장의 내열복, 상품 등의 선전용 복장의 착용에 있어서는 당해 복장의 착용 자체가 업무시간이 되어 필요한 작업준비행위가 된다. 법령상 착용 의무가 있는 복장 등의 경우에도 내용, 사정에 따라 원칙적으로 소장 근로시간 내 행하는 것은 임의로 작업 전에 행하는 경우를 제외하고는 근로시간이 된다.

④ 갱의시간에 있어서는 이와 같이 업무상의 필요성, 의무성에 더하여 사용자의 직접적인 지휘·감독 아래 행하는 구속성이 있는 경우를 제외하고는 일반적으로 근로시간으로 취급하지 않아도 되며 갱의시간은 근로시간이 아니다.

6 작업종료 후의 정리, 정돈시간은 근로시간인가

1. 정리·정돈시간

작업종료 후의 기계점검·청소·인수인계 등의 정리, 정돈시간이 근로시간이냐 아니냐의 판단기준은 「작업준비시간」의 경우와 동일하다. 일반적으로 이들 시간은 본래의 노동인 작업시간과의 관련성이 밀접한 시간이며 작업에 불가피하게 수반되는 부대업무시간으로 생각되는 경우가 많아 일반적으로는 근로시간이 될 경우가 많다. 작업종료 후의 정리, 정돈시간은 사용자의 직접적인 지휘·감독 아래에서 행하는 경우는 일반적으로 근로시간이다. 다만, 그 행사 여부가 자유임의적인 것으로서 근로자 자신이 임의적·자발적으로 행하는 경우는 근로시간이 아니다.

2. 작업 후의 입욕시간

일반적으로 탄광에서 갱내 채굴 작업시 작업의 성질상 신체가 더럽혀지거나 땀을 흘리는 경우에는 입욕시설을 설치하여 작업종료 후 샤워나 목욕을 하는 경우가 있다. 이들 시간이 근로시간이 되는지 문제가 있다.

이 점에 관하여 산업안전보건기준에관한규칙 제448조제1항은 「사업주는 근로자가 관리대상 유해물질을 취급하는 작업을 하는 경우에 세면·목욕·세탁 및 건조를 위한 시설을 설치하고 필요한 용품과 용구를 갖추어 두어야 한다」고 규정하고 있다.

그러므로 이 규정과 같이 업무와 입욕과의 관계가 근로자의 안전, 보건을 위해 특히 필요하다는 법령상의 의무로 되어 있는 경우에는 사용자로서 자기업무에 종사시킴으로써 생기는 근로자의 건강 침해 결과의 방지의무의 하나로서, 자신의 지휘·감독 아래에 입욕, 샤워 등을 시켜 근로자에 대한 건강 유지상의 책임을 다하여야 한다.

따라서 근로시간인지의 여부의 관점에서 보면 입욕을 업무명령으로서 강제 할 때, 그 시간은 사용자의 지휘·감독 아래에 있으므로 근로시간이 된다. 그렇다 하더라도 위와 같은 예외적인 경우를 제외하고는 일반적으로 입욕시간은 세발과 같이 자유롭게 하는 것으로서 근로시간이 아니라고 해석된다.

7 갱내보안관리직원의 입 · 퇴갱시간은 근로시간인가

근기법상의 근로시간에 대해서도 「갱내에서의 식사 및 휴식시간과 입출갱 소요시간은 근로시간에서 제외되고 갱내에서의 작업의 준비 및 작업지시 또는 작업정리에 소요되는 정리, 정돈시간은 근로시간으로 본다」라는 판례(대법 1993.3.9, 92다22770)가 있다.

석탄채굴과 같은 지하작업에 있어서 구 근기법 제43조(1990.1.13 법률 제4220호로 삭제)가 지하작업의 1일 근로시간을 일반근로의 경우보다 2시간을 단축하여 6시간으로 규정하고, 동법 시행령 제27조제2항(1990.7.14 대통령령 제13053호로 삭제)은 지하작업에 있어서 근로자의 입갱과 출갱에 요하는 시간은 근로시간에 제외하고 있다. 이는 지하작업 자체의 유해위험성과 더불어 각 지하작업장마다 입갱 및 출갱 소요시간이 상이할 수밖에 없고, 근로자가 실제 근로를 제공하는 시간은 아니라는 점을 감안한 것이라 할 수 있다. 구 근기법 제43조 및 동법 시행령 제27조제2항이 삭제된 후에도 판례는 단체협약 등이 갱내근로자의 1일 근로시간을 6시간으로 규정하고 있다면 구 근기법령의 취지에 따라 입·출갱에 소요된 시간은 근로시간에 포함되지 않는다고 판시하고 있다.

취업규칙 및 단체협약 등에 입·출갱 소요시간에 대하여 별도의 정함이 없고, '광산안전규정' 에서 갱내보안관리 직원의 업무수행내용을 정하고 있는데, 이 중 '입·퇴갱시 인차관리' 가 업무수행 내용에 포함 되어 있으며, 입·퇴갱시 발생한 인차사고 등에 대한 관리책임을 갱내보안관리직원이 부담한다면 이러한 갱내보안관리직원의 경우에는 입·출갱 소요시간이 근로시간에 포함된다고 볼 수 있을 것이다.

단, 산안법 제46조 및 동법시행령 제32조의 8 제1항에 의거 근로시간이 1일 6시간, 1주 34시간으로 제한되는 작업은 '잠함·잠수작업 등 높은 기압에서 행하는 작업' 을 의미한다(2005.3.23, 근로기준과-1665).

8 조회, 미팅시간은 근로시간인가

1. 일반적인 판단기준

근로시간이란 일반적으로 근로제공을 위해 사용자의 지휘·감독 아래에 있는 시간 즉, 근로자가 노무를 제공하여 사용자의 사용, 처분에 따라 현실적으로 지휘·명령에 복종하고 있는 시간을 말한다.

그러므로 조회·미팅시간 등이 근로시간인지의 여부는 위에서 말한 사용자의 지휘·감독 아래에 있는 시간인가 아닌가가 그 초점이 되는데 이것은 결국 사용자의 업무명령에 따라서 집합 실시되느냐 아니냐가 문제가 될 것이다.

그 명령은 명시적인 것일 때에는 물론 묵시적인 것일 때에도 상관없다. 즉, 묵시적인 명령의 유무는 구체적인 사안에 따라 실질적으로 판단하여야 한다.

조회, 미팅 등이 근로시간에 해당하는 경우의 일반적 사례를 제시하면 다음과 같다.

(1) 참가가 강제되어 있는 경우

취업규칙에 「근로자는 8시까지 강당에 집합해서 조회에 참가하여야 한다」라든가, 「직장 체조는 전원이 참가하여야 한다」등과 같이 정해져 있어 현실로 근로자가 전원집합하여 실시하는 것과 같이 업무상 의무의 하나로 되어 강제적으로 행하는 경우는 근로시간이다.

(2) 참가하지 않으면 불이익이 되는 경우

직접 적극적인 참가를 강제하는 경우가 아니더라도, 소극적으로 참가하지 않은 경우에 무엇인가의 불이익한 취급을 하는 것은 결과적으로 참가를 강제한 것이 된다. 참가하지 않을 경우의 불이익으로는 다음과 같은 것이 있다.

① 조회에 참가하지 않는 경우에는 지각으로 한다는 등 직접적인 불이익이 있는 경우

② 조회나 직장체조의 출석상황을 상여금 지급이나 승진, 승급의 사정·평가에

반영시켜 인사고과에서 간접적으로 불이익을 주는 경우

(3) 당번으로서 보고나 지휘를 하는 경우

자주적인 활동으로서가 아니고, 사용자의 명령 등에 따라 당번으로 강제적인 훈화나 안전상의 주의 등을 할 경우에는 사실상 출석, 참가하는 것이 강제된 결과가 되므로 원칙적으로 근로시간이 된다.

그러나 자기들 마음대로 모여서 자유의사로 행하는 자유활동인 경우에는 사용자에 따라 강제된 것이 아니므로 근로시간으로 되지 않는다.

(4) 출석 여부를 확인하거나 작업순서 등을 설명할 경우

집합한 장소에서 출석 여부를 확인하고 건강상태를 점검하거나 당일의 작업순서의 설명을 하는 등의 경우에, 조회에 참가하지 않으면 작업에 들어갈 수 없고, 사실상 작업이 원만하게 행해지지 못하는 결과가 되므로 근로자로서는 어찌되었든 참가하지 않을 수 없다. 즉, 사실상 참가가 강제된 것과 같은 결과가 되므로 근로시간이 된다.

(5) 작업복이나 휴대용품 등의 점검을 하는 경우

집합한 장소에서 한사람씩 근로자의 작업복이 당일의 업무에 적정한지, 휴대용물품을 완전히 구비하고 있는지 안전상 문제가 없는가 등의 점검을 하는 경우에도 그 성질상 그 점검은 소정의 업무수행순서로서 반드시 근로자가 출석하지 않으면 안되므로 근로시간이 된다.

2. 조회, 미팅시간

조회시간에 대하여 문제가 되는 것은 업무의 시작시각과의 관계이다. 일반적으로 업무의 시작시각이 도달한 이후에 조회가 행하여질 경우 그 시간에 대하여는 근로시간에 산입되고 있어서 별 문제가 없다.

그러나 조회가 업무의 시작시각 전에 행하여질 때에는 그 시간이 근로시간인지 아닌지 문제가 된다. 예를 들어 작업주의서에서 근로자는 「업무 시작시각 10분전에 갱의하고 조회에 참가하여야 한다」등으로 정하여져 있는 것과 같은 경우가 그것이다.

이와 같은 경우에는 전기의 일반적인 판단기준에 따라서 각 경우마다 판단해야 하지만 일반적으로 말한다면 조회는 작업개시에 있어 그날의 작업주의나 전달사항을 알리고 철저한 직장규율을 단속하기 위한 목적으로 행하여지는 것이 통상이다.

이와 같이 사용자 측의 요청으로 행하여지는 조회는, 위와 같은 목적을 갖는 이상 사용자의 지휘·명령이 아니라고 보기는 어렵다. 그러나 위와 같은 목적이 아니라 자유참가로 행하는 라디오체조 같은 참가 강제가 없는 경우의 조회 등은 근로시간이 되지 않는다.

9 직장체조시간은 근로시간인가

직장체조시간이 근로시간인지의 여부는 일반적으로 근로제공을 위해 사용자의 지휘·감독 아래에 있는 시간인가 아닌가가 그 초점이 되는데 이것은 결국 사용자의 업무명령에 따라서 집합 실시되느냐 아니냐가 문제가 될 것이다. 그 명령은 명시적일 때는 물론 묵시적인 것일 때에도 상관없다. 즉 묵시적 명령의 유무는 구체적인 사안에 따라 실질적으로 판단해야 한다.

직장체조시간이 근로시간인지는 작업 전의 경우와 작업 도중의 경우로 나누어 볼 수 있다.

1. 작업 전의 경우

직장체조는 작업개시 전에 행하여지는 것과 작업 도중에 행하여지는 것의 두 형태가 있다. 작업개시 전의 경우는 조회 등에서 그 전후 행하여지는 경우가 많다. 이 경우에 대하여도 일반적인 판단기준 및 조회에 대하여 말한 바에 따라서 판단할 것이다.

그 체조가 자유참가로 운영되는 한 근로시간에 산입될 필요는 없고 건강유지상 참가를 강력하게 장려하더라도 의무적인 것이 아니라면 근로시간은 아니다. 그러나 체조시간이 작업복으로 갈아입고 각 직장의 배치에 대한 점검을 한 후에 행한 경우 등에는 전기한 일반적 기준에 비추어 참가가 의무적이라고 해석하여 근로시간이 된다. 행정해석(2011.4.26, 근로개선정책과-994)은 「아침체조시간이 근로자에게 자율성이 부여되어 불참으로 인한 불이익이 없고, 실제로 오전 8시를 넘겨 20~30분 정도 지각을 하여도 8시 출근으로 인정해 주고 있는 경우라면 달리 볼 사정이 없는 한 오전 7시 45분부터 시작되는 아침체조시간을 사용자의 지휘·감독 아래 있는 근로시간으로 볼 수 없다」는 것이다.

2. 작업 도중의 경우

작업시간 도중에 행하여지는 직장체조에 대하여는 그것이 휴게시간인가, 근로시간인가 하는 문제가 생긴다. 휴게시간은 근로자가 권리로서 노동에서 떠나는 것을 보장받는 시간(대법 2017.12.5, 2014다74254; 2013.3.19, 근로개선정책과-1773)이므로 앞에서 말한 바, 일반적 판단기준에 따라 그 근로자가 직장체조시간에 강제되지 않고 자유롭게 행동할 수 있는 것이 보장된 시간이라 볼 수 있는 경우에는 근로시간이 아니다.

일반적으로 근로 도중에 행하여지는 직장체조는 휴게시간으로 취급되고 있다. 그것은 표면상 강제인 것같이 보이나 체조는 심신의 피로를 회복시키고, 요통 그 밖에 질병을 예방하기 위하여 행하여지는 것이다. 근로자는 자기의 건강관리를 사용자에게만 전적으로 맡길 수는 없는 것이며, 자기 자신이 건강을 유지할 의무가 있는 것이다. 그러므로 사용자로부터 체조에 필요한 시간과 설비를 제공받고 있는 이상, 근로자도 적극적으로 이를 이용해야 할 것이다. 또 체조에 참가하지 않는 근로자에 대하여 명령 위반이라고 취급하지 않으며, 그 시간은 직무로부터 떠나서 휴식할 수 있는 시간이므로 자기의 건강유지를 위해 체조를 하도록 상사가 지도하여 전원참가의 형식을 취한다 하더라도 그 체조시간은 근로시간이 아니라 휴게시간이 된다.

10 교육시간이 근로시간인가

교육시간이 근로시간에 포함되기 위해서는 사용자가 근로시간 중에 '생산성 향상' 등 직무와 관련한 교육·훈련을 실시하거나, 근로시간 종료 후 또는 휴일에 근로자를 소집하여 의무적으로 교육·훈련을 실시하는 경우라야 한다(2009.8.13, 근로기준과-2993). 교육이 사용자에 지시에 의해서 이루어지고, 그러한 지시가 근로자가 거부할 수 없으면 그 시간을 근로시간으로 볼 수 있을 것이나, 근로자가 교육참가를 거부할 수 있으며 이에 대하여 어떠한 불이익이 없다면 근로시간으로 보기 어렵다. 만일 직원들에게 교육 이수의무가 없고, 사용자가 교육 불참을 이유로 근로자에게 어떠한 불이익을 주지 않는다면 이를 근로시간으로 볼 수는 없다. 사용자가 동 교육에 근로자의 참석을 독려하는 차원에서 교육수당을 지급하였다고 하여 근로시간으로 인정되는 것은 아니다(2013.1.25, 근로개선정책과-798). 교육시간을 근로시간으로 보는 경우는 다음과 같다.

1. 명백한 명령이 없더라도 근로시간으로 인정되는 교육, 연수

교육, 연수, 훈련, 등의 이른바 교육시간이 사용자의 명시적인 업무명령으로 그 교육참가가 명령된 경우에는 근로시간인 것은 명백하나 명시적으로 업무명령에 의한 것이 아닌 때에도 다음과 같은 경우에는 근로시간이 된다.

(1) 해당 근로자의 직무내용에 관한 사항

「직무내용」 그 자체에 관한 교육에 참가하는 것은 특명이 없어도 원칙적으로 근로자로서의 직무수행이다. 사용자가 그 교육, 연수를 기획, 실행한 때에는 업무의 실시상의 필요성을 인정하고 행한 것이므로 그 교육내용이 그 근로자의 직무내용으로 되어 있는 것에 대한 참가는 일반적으로 업무수행을 인정한 것으로 근로시간이 된다. 교육 시간은 직무와 관련한 교육 훈련을 실시하고 있으며, 비록 강제가 있는 것은 아니지만 이후 업무 수행을 위해서 필요하다면 이는 근로자에게 있어서 그 참가가 '준 강제적 의미'를 띄고 있다고 볼 수 있기 때문에 근로시간에 포함이 된다고 할 수 있다(2002.2.24, 근기 68207-214).

또 사용자가 기획·입안·실시하는 것이 아닌 외부의 각 관서, 단체, 기관 등이 실시하는 것(강습회, 설명회, 세미나, 워크숍 등)에 참가할 때에도 그것이 직무담당 근로자로서 미리 참가명령이 있었던 직무내용에 관한 것이라면 일일이 그 참가나 수강 등을 위한 명시적, 개별적인 사용자의 명령이 없었다 하더라도 그것은 업무수행행위이며, 원칙적으로 근로자의 재량에 위임된 직무행위로 해석할 수 있으므로(설사 자기 판단으로 그에 참가하였다 하더라도)사용자로부터 미리 명령된 포괄적인 업무명령의 실행범위에 포함되어야 하는 것으로 인정되는 묵시의 참가명령으로서 근로시간이 된다.

그러나 사용자 측에서의 포괄적 업무지시에 명시적으로 제외시키고 있을 경우(예를 들어, 외부에서 개최하는 연수에 참가할 때에는 미리 소속 부서장의 허가를 받아야 한다는 등)에는 그 의무를 알고 있으면서 이에 위반하여 참가한 경우에는 근로자 자신의 자의적 행위로서 직무명령에서 일탈한 행위로 인정받게 되므로 후에 사용자가 그 업무명령에 의한 직무의 이행이라고 추인하지 않는 한 근로시간이 되지 않는다.

종료시각 후 사용자의 책임하에서의 근로자에 대한 주의 및 작업에 관한 교육시간은 근로시간에 해당된다(1970.12.29, 근기 1455-12429; 1978.5.3, 법무 811-11278).

(2) 해당 근로자의 직무내용과 밀접한 관련이 있는 사항

직무내용 그 자체는 아니나 「밀접한 관련이 있는 것」 또는 「상당한 관련성이 있는 것」에 대한 교육, 연수, 훈련인 때에는 다음과 같이 생각할 수 있다.

즉, 이러한 경우에는 직무내용 그 자체에 준하여 취급하게 되므로 원칙적으로 미리 사용자가 지시한 포괄적인 직무내용에 속하는 재량행위이며 일일이 사용자의 명시적인 명령이 없더라도 그 참가가 허용되고 있는 시간으로서 근로시간으로 인정된다.

이때 그 근로자가 주관적으로 업무와 밀접한 관련이 있는 것으로 알고 구속감 또는 의무감으로 참가하였으나 객관적으로 보아 업무와의 관련성이 밀접하거나 상당한 것이 아니었을 경우에는 어떻게 될 것인가 하는 문제가 있다. 그 근로자가 그와 같이 오해하는 것도 구체적 사정으로 보아 「무리가 없었다」고 할 상당한 이유가 있고 사용자가 그 교육연수 참가를 사전에 알고 있을 때에는 포괄적 지시에 따른 묵시적 직무수행명령의 하나로서 노무의 제공으로 인정되어 근로시간이 된다.

이때에는 사용자가 특히 명시하여 포괄적인 지시범위에서 「미리 소속 부서장의 승인을 받을 것」이라고 규정하여 재량행위를 제외시킴으로써 일일이 지시를 받도록 요구하고 있는 때에는 미리 승인을 받지 아니하고 참가한 경우는 근로자의 자의적 행동으로서 근로시간이 되지 아니한다.

(3) 직무규율 · 직장환경의 유지 · 향상에 관한 사항

기업에는 다음과 같은 기초적, 기본적 권한이 있다.

① 직장규율의 유지향상

② 직장질서의 유지관리

③ 업무규율과 근무태도의 유지향상

④ 직장환경의 유지향상

⑤ 업무능률의 유지향상

이들은 다수의 근로자들을 집단적으로 통합, 통제관리하여 기업목적 수행을 위해 조직하고 운영해 가는 필요한 행위이므로 근로자가 이 목적에 따리 교육, 연수, 훈련에 참가하는 것은 근로계약의 본질상 당연히 요청되는 「채무의 내용」에 따른 노무의 제공행위가 됨으로써 그에 대한 참가는 자유임의적인 것으로 명시되지 않는 한 원칙적으로 근로시간이 된다.

즉, 「일반적으로 기업에서 기업시설과 노동력이 유기적·통일적인 구성을 이루고 있으므로 근로자는 기업의 효율적 운영에 기여하기 위하여 노동력의 제공을 응낙하고 있는 것이 통례이다」.

따라서 노무의 제공이 사업체 안에서 유기적으로 행해지고 있는 현대 기업에 있어서는 무엇보다도 직장에서의 규율과 협동이 중시된다. 이것이 없으면 다수의 근로자에 의한 원활한 공동작업은 불가능하므로 노동력의 협조성 또는 규율준수정신의 증진을 도모하는 것은 업무수행에 직접 필요한 것이다. 이것들이 당연히 근로계약 중에 포함되어 있다고 하여야 할 것이므로 근로자연수는 어떤 의미에서 보든지 업무명령에 따라 참가를 명할 수 있는 연수의 범위에 속하는 것이라고 해석된다.

근로자가 명백한 업무명령에 따르지 아니하였다 하더라도 사용자가 실시하는 이와 같은 목적을 가진 연수에 참가하는 것은 자유참가라는 명시가 없는 한 노무의 제공으로서 근로시간에 해당한다.

그리고 사용자는 시간외나 휴일에 이와 같은 목적의 교육·훈련이나 행사를 행하는 것을 연장근로로서 취급하지 아니하려면 자유임의 참가로서 한다는 취지를 명시하여 행할 필요가 있다.

(4) 안전·보건에 관한 사항

사용자가 근로자를 지휘·감독 아래에 두고 업무명령으로 업무를 수행해나가는데 있어서 규율유지와 더불어 필요불가결한 것은 작업방법 및 직장환경의 보전유지와 안전·보건의 확립과 향상이다.

산안법은 제29조제1항 내지 제3항에서 「① 사업주는 소속 근로자에게 고용노동부령으로 정하는 바에 따라 정기적으로 안전·보건에 관한 교육을 하여야 한다. ② 사업주는 근로자(건설 일용근로자는 제외한다)를 채용할 때와 작업내용을 변경할 때에는 그 근로자에게 고용노동부령으로 정하는 바에 따라 해당 업무에 필요한 안전·보건에 관한 교육을 하여야 한다. ③ 사업주는 근로자를 유해하거나 위험한 작업에 채용하거나 그 작업으로 작업내용을 변경할 때에는 제2항에 따른 안전보건교육 외에 고용노동부령으로 정하는 바에 따라 유해하거나 위험한 작업에 필요한 안전·보건에 관한 교육을 추가로 하여야 한다. ④ 사업주는 제1항부터 제3항까지의 규정에 따른 안전보건교육을 제33조에 따라 고용노동부장관에게 등록한 안전보건교육기관에 위탁할 수 있다」고 규정하고 있다.

이와 관련하여 안전·보건교육에 관하여 산안법 제29조, 제30조 및 제31조의 안전·보건교육은 근로자가 그 업무에 종사할 때의 산업재해의 방지를 위하여 사업주의 책임하에 실시되어야 하며, 따라서 안전·보건교육에 관하여는 소정의 근로시간 중에 행하는 것을 원칙으로 할 것과 또 안전·보건교육에 소요되는 시간은 근로시간이므로 그 교육이 법정근로시간외에 행하여질 때에는 당연히 가산임금이 지급되지 않으면 아니된다. 이는 법정의 안전·보건교육이 근로시간에 해당되며 그 외의 기업 독자적인 안전·보건교육에 대하여도 근로자가 자주적으로 참가하는 경우에는 근로시간이 아니다. 자유·임의참가 할 수 있다는 취지를 명시하지 아니한 경우에는 근로자로서 자기 및 동료인 근로자의 생명, 신체, 건강을 지키기 위하여 필요한 안전·보건교육으로서 노무제공상 기초적, 전체적 사항으로서 당연히 요청되는 것이므로 자유참가의 경우는 별도로 하고 원칙적으로 근로시간이 된다고 본다.

판례에서도 직장의 모든 근로자를 출석시켜서 개최하는 직장안전회의에의 출석시간은 근로시간이라고 판시하고 있다.

또한 여기서 말하는 당연한 근로시간인 안전·보건교육과는 상이한 것으로서 안전주간 또는 보건주간 중에 이른바 연중행사로서 행하는 안전·보건에 관한 발표회, 경기회, 영화관람, 전람회 등이 있으나 이것들은 그 실태에 따라서 임의참가인 때에는 근로시간이 되지 않는다.

이들 주간행사 중에도 근로계약의 이행상 필요한 안전·보건행동, 작업기준, 구급안전행동 등의 교육은 원칙적으로 근로시간이 되지만 그 밖에 표창식, 강연회 등의 행사적인 것은 안전·보건교육으로서의 근로시간은 아니고 별도의 행사로서 근로시간인가 아닌가의 판단기준에 따라 처리되어야 할 것이다. 근로자의 안전·보건교육 참가가 명시적 명령이 있는 외에 강제성 또는 불이익 취급이 정하여져 있을 때에는 근로시간이 되지만 임의 또는 자유참가인 때에는 근로시간이 되지 않는다.

(5) 법령에 따라 사용자가 행하는 교육훈련

산안법에 따라 사업주의 의무로 되어 있는 교육을 할 때에는 물론 다른 법령에 따라 사용자(사업주, 기업주)가 행하는 의무로서의 교육훈련 등을 행할 때 모두 근로시간이 된다. 예를 들어 소방법 제8조의3에 의한 소화, 통보, 피난 등의 소방훈련이 소정근로시간외에 행하여 질 때에는 이를 근로시간으로 보고 법정의 임금을 지급하여야 할 것이다. 행정해석(2012.5.9, 근로개선정책과-2570)은 「방문건강관리사업에 종사하는 전문인력은 반드시 이수토록 되어 있는 점, 교육참석이 사용자의 지시·명령에 의해 이루어진 점 등을 고려할 때, 동 교육시간은 근로시간에 포함한다」는 것이다. 또 다른 행정해석(2012.9.20, 근로개선정책과-4723)은 「사용자가 여객자동차운수사업법에 의거 서비스 질을 높이기 위하여 소속 근로자에게 의무적으로 실시하는 교육은 근로시간으로 인정될 것이며, 동 교육시간이 연장근로에 해당되는 경우에는 이에 대한 가산임금도 지급되어야 한다」는 것이다.

2. 자유참가의 교육시간

사용자가 근로자교육을 실시할 때 그 참가 여부가 근로자의 자유롭게 되어 있는 경우 그 교육시간은 근로시간인가 아닌가의 문제가 있다. 그 교육이 직무내용 그 자체이거나 직무내용과 밀접한 관련이 있는 때 등 근로자로서 당연히 참가하지 않을 수 없는 때에는 그 담당근로자는 자기 직무의 완전한 수행을 위하여 당연히 참가가 요청되고 있고 미리 그와 같은 포괄적인 지시가 직무내용에 포함되어 있었던 것으로 생각되므로 명시적으로 자유참가로 되어 있지 않는 한 묵시적 명령으로 근로시간이 된다. 그 외의 목적인 때에는 포괄적 지시에 의한 수강이라고는 할 수 없으므로 순수한 자유참가이며 자기판단으로 참가하였다 하더라도 사용자의 지시에 의한 것이라 할 수 없으므로 근로시간이 되지 않는다. 그러나 자유참가의 형식을 취하였다 하더라도 출석하지 않는 경우 어떠한 불이익이 정해져 있을 때(직접 호명으로 출석확인을 하여 불출석자에게 결근, 조퇴 취급을 하거나 간접적으로 불이익 취급을 할 때, 예를 들면 상여금, 승격의 고과시에 그 출석상황을 사정기준으로 하고 있는 때 등)에는 자유참가라 하더라도 실질적으로 참가가 강제되는 것이 된다. 따라서 이 경우에는 근로시간으로 되는 것이다.

고용노동부의 행정해석(1988.9.29, 근기 01254-14835)에서도 취업시간 외의 교육훈련에 관하여 「사용자가 근로시간 중에 작업안전, 작업능률 등 생산성 향상, 즉 업무와 관련하여 실시하는 직무교육과 근로시간 종료 후 또는 휴일에 근로자에게 의무적으로 소집하여 실시하는 교육은 근로시간에 포함되어야 할 것이다. 근로자가 사용자가 실시하는 교육에 참가하는 것이 취업규칙상의 제재 등 불이익 취급이 없이 출석 강제 없는 자유참가라면 연장근로가 되지 않는다」고 하고 있다. 그러므로 완전한 자유참가이고 그 불출석으로 어떠한 불이익취급이 정해져 있지 않으며 그것이 제도상이나 실질상으로도 보장되어 있는 한 근로시간이 되지 않는다. 그러므로 근로자가 시간외 또는 휴일에 이와 같은 자유참가의 근로자교육을 받더라도 그것은 자기계발을 위한 연수이며 업무명령이라고 할 수 없다. 따라서 연장근로나 휴일근로에 해당되지 않으므로 사용자는 별도의 임금을 지급할 필요가 없다. 즉, 참가의 임의, 자유가 보장되어 있으면 그 참가에 사용자의 지원(비용부담, 강사비부담, 편의시설제공, 교재의 제공 등)가 있다 하더라도 그것은 복리후생적 편의제공(자기계발의 지원)이므로 근로자를 노무제공으로서의 사용자의 지배 아래에 둔 것으로는 되지 않으므로 근로시간으로 되는 것은 아니다.

11 근로자의 각종 강습시간이 근로시간인가

1. 자격시험의 준비강습

(1) 참가명령이 있는 경우

사용자가 근로자에게 기계가공, 철공, 인쇄, 도장 기타의 기능검정시험이나 보일러, 크레인 운전사 그 밖에 면허시험에 따를 것을 명하고 그를 위하여 사내에서 그 시험의 학과, 실시의 준비강습회에 참가할 것도 겸하여 명한 때에는 그 참가는 명백한 업무명령에 따른 것이므로 준비강습시간은 근로시간임에 별문제가 없다.

그런데 수험만을 명령하고 사내의 준비강습회에 참가에 대하여는 명시적 지시가 없었다면 어떻게 되는가.

이때에는 사내에서의 준비강습은 수험생을 합격시키기 위하여 사용자가 개최하는 것으로서 수험명령 속에 그 강습에의 참가명령도 포함되었다고 보는 것이 통상적이다(회사가 필요하여 근로자에게 수험을 명한 이상 회사로서는 그 근로자가 합격되기를 의도하고 그 비용과 시간을 마련해서 행하는 것이므로 거기에 참가하는 것이 근로자로서는 그 명령의 충실한 수행이 된다고 생각된다). 자유참가라는 명시가 없는 한 이때의 수강시간은 근로시간으로 된다.

(2) 수강생의 편의제공을 위한 경우

문제는 사용자가 수강을 명령한 것은 아니나 수험희망자가 많으므로 그 수험생의 편의를 위하여 회사 측에서는 준비강습을 행하는 때이다.

이때 회사로서는 가능한 한 면허나 기능사나 자격을 소지한 근로자가 많아지는 것이 소망스럽고 또 그와 같은 의욕을 가지는 것은 노무관리상으로도 극히 필요한 것이며 근로자직업능력개발법의 취지에도 맞는 것이다. 회사는 다수의 합격자가 나오게 하기 위하여 준비강습을 하는 것이다. 이때의 준비강습은 근로자의 이익인 동시에 회사에도 유익한 것이다. 또 근로자들의 이와 같은 의욕을 더욱 고취시키고 우수한 기능이나 면허를 소지한 근로자들도 그만큼 노동력의 평가도 높아지게 되는 것이므로 이를 장려하고, 합격된 때에는 승급·승격 등의 조치를 하는 것이 통상이다.

이와 같이 생각할 때에 근로자가 자유의사에 따라 자발적으로 수험을 희망하고 준비강습에 참가했다 하더라도 회사 측으로서는 노무정책상 이를 권유 또는 장려한 것이라고 할 수도 있는데 근로자직업능력개발법에 의한 사업주의 지원의무의 하나로 근로자의 자주적인 능력개발이나 향상을 위해 지원조치로서의 업무명령에 따라 수강을 명령하는 것이 아닌 자주참가에 의한 것은 근로시간이 아니다. 회사로서는 그 근로자가 응시하는 것이 사실상 필요한 경우가 있다(예를 들면, 크레인 운전사가 질병에 걸리거나 결근한 경우 또는 퇴직예정자로 되어 있어 그 보충이 필요한 때나 면허운전자의 인원수가 부족하여 작업에 지장이 있을 때 등). 이때 가령 표면상으로는 그 참가 여부를 근로자의 자유의사에 의한다는 형식을 취하였다 하더라도 회사의 묵시적 지시가 있었다고 볼 수 있는 특별한 때에는 그 수강시간도 근로시간으로 간주될 여지가 있다. 그러나 회사에서 응시를 권유하였다 하더라도 근로자의 자유의사로 참가 여부를 결정하고 준비강습도 그 중의 희망자만이 참가하여 회사에서 별도로 불참가자에 대한 불이익취급도 하지 않을 때에는 근로시간이 되지 않는다.

2. 회사 내의 영어회화, 경리·회계강좌, 컴퓨터강좌 등

회사 내에서 영어회화강사를 초빙하여 회화강좌를 갖거나 경리, 회계, 컴퓨터, 경제, 통화문제, 법규, 세무 등 각종의 강습회나 강좌를 개최할 경우가 있다. 이와 같은 강좌에는 다음과 같은 것이 있다.

(1) 근로시간이 아닌 경우

① 해외주재 또는 파견근로자가 되는 조건으로서 토플·토익 800점 또는 영어검정 ○급 이상일 것 등 직능자격제도가 있어 그 능력자격요건을 갖춘 경우에 상위의 직급에 승격시키는 것과 같이 근로조건을 향상시키는데 직접 관련을 가지는 것

② 컴퓨터 강좌를 수료한 자는 사내의 전산기관 관련부문에 배치전환 시키는 등과 같이 배치전환의 요건으로 하는 경우

③ 경리부 직원이 자기의 직무내용에 관한 지식을 더욱 넓히기 위하여 부기, 세무강좌를 수강하는 등과 같이 근로조건이나 직무내용과 밀접하게 관련 된 경우

④ 단순한 일반교양으로서 수강하는 때 등이다.

이와 같은 경우에도 1에서 설명한 「근로시간이 되는 요건」에 맞추어 각 근로자별로 이를 판단하여야 한다.

영어회화강좌의 경우에는 희망자를 모아 개최하는 것이 통상이며 희망자가 많아서 회사 내에서 선발시험을 거쳐 수강생을 결정한 경우이든 또 강좌를 끝낸 자에게는 일정한 수료증을 주는 동시에 근로조건에서 우대하는 경우이든 또는 그 결과 영어검정시험에 합격하여 해외파견 자격자가 되든(그 참가가 회사의 명시 또는 묵시의 지시라고 인정될 경우를 제외하고) 그 수강시간은 근로시간에 해당되지 않는다. 예컨대 해외파견으로 결정된 자에게 다소 실력이 부족하니 수강하라고 명령하거나(명시적 지시), 업무에 관한 상거래의 필요상 어떻게 하든지 조급하게 그 근로자가 영어를 마스터하지 않으면 안 될 필요가 생겨 그것이 암시적으로 지시된 때(묵시적 지시) 등 특별한 경우가 아니면 근로시간에는 해당되지 않는다.

(2) 근로시간인 경우

다음, 컴퓨터강좌 등의 경우 전산부문에 배치된 자 또는 그 배치전환 예정자를 대상으로 특별히 행할 때에는 업무상의 필요에 따른 수강은 업무명령으로 근로시간이 된다.

또 부기, 회계나 법규, 세무강좌 등을 경리부문, 법규부문의 근로자에게 특별히 실시할 때에는 직무내용 그 자체에 관한 교육으로서 사용자의 명시적인 지시가 없어도 사용자가 구태여 사내에서 그와 같은 자를 대상으로 교육을 실시하는 한 사실상 묵시의 수강 지시가 있었다고 보는 것이 통상이므로 이 경우는 근로시간이 된다.

그러나 그 외의 일반근로자를 대상으로 할 때에는 설사 그 강좌의 종료 결과 근로조건이 유리한 전산부문에 배치전환하는 것이 약속조건이 되어 있어도 수강 후 배치전환을 희망하고 아니하고는 그 근로자의 의사에 일임되어 있는 것이므로 그것은 순전히 자유참가자에 대한 근로자교육으로서 근로시간(사용자의 지휘·감독 아래에 있는 시간)이 되지는 않는다.

또 부기, 회계나 법규, 세무강좌 등을 경리부문, 법규부문의 근로자에게 특별히 실시할 때에는 직무내용 그 자체에 관한 교육으로서 사용자의 명시적인 지시가 없어도 사용자가 구태여 사내에서 그와 같은 자를 대상으로 교육을 실시하는 한 사실상 묵시의 수강 지시가 있었다고 보는 것이 통상이므로 이 경우는 근로시간이 된다.

이와는 반대로 다른 일반 근로자도 포함하여 일반 교양강좌를 실시하는 경우로서 그 참가 여부의 결정이 완전히 각자의 자유의사에 따를 때에는 경리, 법규부문의 근로자라도 전문직원으로서 그 수강의 주요 대상자라고는 볼 수 없는 것이 통상이고 우연히 그것을 전문직무내용으로 하는 근로자가 수강하였다 하더라도 그것은 그 근로자의 전문적 지식(노동력의 내용향상)을 업무 명령에 따라 의도한 것이 아니며 특별히 참가를 강제하는 명령이 아닌 이상 그 시간을 근로시간으로 보기는 어려울 것이다. 그 밖에 다른 일반근로자에 있어서도 자유참가에 따라 수강한 이상 근로시간이 될 수 없다. 따라서 이 경우 그 근로자의 직무내용 자체에 대한 교육이기는 하나 그 근로자를 대상으로 한 교육이 아니라는 점에서 예외가 되어 근로시간에는 해당되지 않는다.

그 밖에도 자유참가자의 일반교양강좌는 근로시간이 되지 못한다. 즉, 이것은 사용자의 복리후생시설 또는 제도의 일환으로서의 근로자의 여가이용에 불과한 것이기 때문이다.

3. 사내 승진시험의 준비강좌

최근에는 사내에 직계제도를 마련하여 상급직계에 승진·승격하기 위해서는 사내의 승진시험에 합격하여야 하는 제도가 점차 확대 실시되고 있다.

이러한 회사에서는 승진·승격시험의 수험자격을 얻은 근로자에게 근로시간외나 휴일을 이용하여 준비강습을 행하는 경우가 많다.

그런데 여기서 이러한 승진·승격시험의 준비강습시간이 근로시간인가 아닌가라는 문제가 생긴다.

이 준비강습회도 업무명령으로 사용자가 참가를 명할 때에는 근로시간이 된다. 보통의 경우에는 그러한 명령은 없고 오히려 통상의 근로일에 휴가를 주어 수강시키는 곳도 있는 실정이므로 거의 근로자의 자유참가라고 생각된다. 이 시험에 합격하지 않는 한 승진되지 않으므로 승진은 물론 상여금을 위해서도 그 시험합격의 지름길인 사내준비강습회에 참가하지 않으면 불이익을 받게 되고 따라서 그것을 근로시간에 해당되는 것으로 생각되기 쉬우나 그렇다고 그것이 준비강습에 불참가함으로써 받는 불이익은 없다. 그 강습에 참가하지 않아도 현재의 상태보다 불이익을 받는 것이 없다면 그것은 위에서 말한 불이익은 아닌 것이다. 왜냐하면 승격시험에 불합격하면 승격은 되지 않으므로 보다 유리한 근로조건을 얻지는 못한다 하더라도 불참가로 인해서 결근·조퇴 등으로 취급되는 것은 아니며 또 상여금 등 사정에도 불이익이 되는 것은 아니므로 불이익취급이 전제가 되어 참가가 강제되고 있는 것은 아니기 때문이다.

즉, 그 준비강습회는 근로자가 자기의 노동력을 보다 상위의 노동력으로서 고가로 사용자에게 팔기 위한 이른바 자기노동력의 값을 올리기 위한 방편이므로 그에 참가하는 것은 사용자의 지휘·명령이 아니라 자기노동력 향상을 위한 자기연수행위라고도 생각되기 때문이다.

그러므로 사용자가 임금을 지급해야만 하는 근로시간으로는 인정되지 않는다.

4. 다도(茶道)등의 교육시간

근로자를 대상으로 회사에서 종료시각 후 다도, 꽃꽂이, 서예 등을 교육할 때 그것은 근로자의 접객태도를 향상시키고 문서의 작성기술 향상을 도모하기 위한 것으로서 이것을 업무명령으로 행할 때에는 물론 그것은 근로시간이 된다.

그러나 그와 같은 목적이 있다 하더라도 주목적은 정서교육, 문화교양활동 또는 신부수업의 일환으로서 행하는 경우에는 이른바 복리후생제도의 하나로서 근로자에 대한 부대적 근로조건으로서의 봉사적 급부에 해당된다 할 것이므로 근로시간에 해당되지 않는다. 이 경우에 사용자로서는 근로자들이 이용할 수 있는 제도로서 다도, 꽃꽂이, 서예 등의 강사를 의뢰하여 회사 내에서 이러한 강습회를 마련한 것이고, 그것을 이용하는지의 여부는 근로자 자신들의 자유의사에 따르는 것이므로 그 시간이 사용자의 지휘·감독 아래에 있는 시간은 아니다. 다시 말하면 근로자로부터 사용자에게 그 강습을 약속받고 이를 하도록 청구할 수 있는 시간으로서 근로자들의 이익을 위한 일종의 청구권(이 경우에는 근로에서 해방되어 차나 꽃에 관하여 배우는 시간의 청구)의 행사대상이 되는 시간이라고 할 수도 있다.

행정해석(1988.3.18, 근기 01254-4100)은 「근로자에 대하여 업무와 관련이 있고 생산성 향상과 관련되는 전 근로자에 대한 의무적 교육은 근로시간으로 볼 수 있으나 업무와 관련이 없는 개인의 교양, 취미 등의 교육이나 국가의 홍보사항의 교육은 근로시간으로 볼 수 없다」고 한다.

5. 회사 밖의 영어회화 강좌 등의 수강시간

근로시간이란 사용자의 노무이용상의 지휘·감독 아래 있는 시간이다. 따라서 회사 밖에서 영어회화강좌, 경리학원, 컴퓨터학원 등을 통하여 공부하는 시간은 수강을 하도록 사용자로부터 명시 또는 묵시의 지시가 없는 한 근로시간이 되지 않는다(지시가 있으면 출장 또는 사용자의 지휘·감독 아래의 업무수행이 된다). 그 교육을 받는 것이 자기의 직무내용 또는 그와 밀접한 관련이 있는 경우라 하더라도 사용자로부터 구속을 받지 않는 자유시간이므로 그 자유시간의 자유이용의 하나로서 그 강좌에 참가하는 것을 사용자가 전혀 관계하지 않는 자기연찬일 뿐 근로시간에는 해당되지 않는다. 같은 교육이라도 전기 '2. 회사 내의 영어회화 등' 의 경우는 사용자 스스로 기업내에서 근로자를 대상으로 특별히 행하는 것이므로 묵시의 지시가 있었던 것이지만, 이 경우에는 기업외에서 사용자가 관여할 수 없는 시간과 장소에서 행하는 교육인 것이며 이 점에서 큰 차이가 있다.

따라서 근로시간에도 해당되지 않고 그 왕복 중간에서의 사고도 업무상의 재해가 되지 않는다. 출·퇴근 중에 「고등교육법 제2조에 따른 학교 또는 직업교육훈련촉진법 제2조에 따른 직업교육훈련기관에서 직업능력개발 향상에 기여할 수 있는 교육이나 훈련 등을 받는 행위는 근로시간에 해당되지 아니하나 업무상 재해로서 산재보험급여대상이 된다」(산재보험법 시행령 제35조제2항제2호).

그러므로 사용자에게 기대되는 행동을 취하는 것이면서도 그 도중의 재해에 대하여 보호가 없다는 점에서 이것은 법정외 보상으로서 이른바 「기업내 보상제도」

제정요구의 하나의 이유가 되고 있는 것이다.

6. 시립교향악단 단원들의 개인연습시간이 근로시간에 해당하는가

교향악단 단원들의 주된 업무인 공연의 특성상 필연적으로 이를 준비하기 위한 개인 연습에 상당한 시간이 소요되는 것이 예상되므로 교향악단 단원들의 근로시간을 공연과 전체 연습만으로 한정할 수 없다. 비록 교향악단 단원들이 시립교향악단을 관장하는 재단의 시설 내에서 개인 연습을 하지 않았다고 하더라도 시립교향악단을 관장하는 재단은 단원들의 개인 연습을 위해 단원들에게 개인용 악보를 제공하고 공연 및 전체 연습을 통해 악보 연주에 숙달되었는지 여부를 확인함으로써 단원들의 개인 연습시간을 지휘·감독할 수 있었다. 단원들의 개인연습시간을 근기법 제58조제1항의 '근로자가 출장이나 그 밖의 사유로 근로시간의 전부 또는 일부를 사업장 밖에서 근로하여 근로시간을 산정하기 어려운 경우' 에 해당한다는 것이다(서울중앙지법 2019.8.22, 2018가합540112).

12 합숙연수 중의 새벽 체육시간, 심야의 토론, 보고서 작성시간 등이 근로시간인가

1. 합숙연수의 범위

합숙연수는 숙박을 수반하는 연수로서 24시간 구속을 받고 있더라도 24시간을 근로시간으로 볼 수 있는지 문제되고 있다. 그러나 합숙 중에 사생활 상 당연히 하여야 할 시간 예컨대 세면, 몸을 단정하게 하기 위한 정리시간, 식사, 목욕시간, 수면시간, 휴식시간도 포함되어 있으므로 이러한 시간은 근로시간으로 인정되지 않는다. 이에 대하여 연수를 받는 시간, 강의시간, 업무상의 지시전달시간, 발표할 의무가 있는 연수보고시간은 근로자의 의무로서 당연히 근로시간에 해당된다. 그러나 합숙연수 중에는 위의 사례 이외에도 새벽 체조시간, 심야의 토론·연구시간, 보고서 작성 등 여러 가지 활동이 있고 이러한 시간이 근로시간에 해당되는지 문제된다.

2. 체력 단련을 위한 새벽 체육시간

합숙연수 중에 체력단련을 위해 행하는 새벽의 체육 등의 시간은 3의 '2' 와 '3'의 조회, 직장체조시간에 관하여 기술한 바가 그대로 적용된다. 그것이 사용자가 정한 바에 따라 전원이 참가하도록 의무화되어 있고 불참가에 대하여 불리한 평가를 받게 되는 때에는 근로시간이 된다. 그러나 그 참가가 자유참가로서 자발적인 의사에 일임되어 참가하지 않더라도 아무런 불이익이 없는 때에는 근로시간이 될 수는 없다.

3. 합숙연수 중 심야의 토론·연구시간

그 다음 합숙연수 중 심야의 토론·연구 등이 있는데 이 시간이 미리 연수계획상에 필요하거나 또는 필수적인 과업으로 포함되어 참가의무가 있다면 자유참가형식으로 되어 있다 하더라도 현실적으로 합숙연수에 있어서 참가 강제(직접 또는 간접)가 되어 있는 때에는 근로시간이 된다. 그러나 희망자만이 자유참가로서 그것이 완전보장되어 있는 때에는 자유시간 중의 개인적인 자주학습시간과 마찬가지로 결과적으로 전원이 참가한다 하더라도 근로시간이 되지 않는다.

이러한 연수는 자기개발의 뜻이 있는 동시에 지휘·감독 아래의 종속적 근로라고는 할 수 없기 때문이다.

4. 학원강사들이 기숙학원에서 한 특강 시간

학원강사들이 기숙학원에서 한 특강시간이 정규반 강의나 질의응답 시간과 마찬가지토 소정근로시간에 포함되는지 여부이다.

판례(대법 2019.1.17, 2018다260602)는 「특강의 개설이나 폐지 여부를 학원이 결정하였고, 강사들은 학원이 개설하여 배정한 시간에 학원이 지정한 장소에서 학원의 수강생들을 대상으로 특강 강의를 한 점, 기숙학원인 학원은 정규반 강의와 질의응답 시간 외에 특강 시간까지 포함하여 수강생들의 일정을 관리해 왔고, 이를 위해 학원과 강사들은 특강의 개설과 배정, 보수의 지급 등에 관하여 미리 정하고 있었던 것으로 보이고, 학원이 강사들의 특강 업무를 구체적으로 관리·감독한 것으로 보이는 점, 학원강사들이 특강에 대한 대가로 수강생이 지급한 수업료의 50%를 지급받았다고 하여 그러한 보수가 근로의 대가로 지급된 임금이 아니라고 볼 수 없는 점 등을 종합하여 보면, 학원강사들이 기숙학원에서 한 특강 시간 또한 정규반 강의나 질의응답 시간과 마찬가지로 학원강사들의 소정근로시간에 포함된다고 봄이 타당하다」는 것이다.

이 판례는 원심으로서는 학원강사들이 수행한 특강 시간까지 소정근로시간에 포함하여 학원이 학원강사들에게 지급할 의무가 있는 주휴일수당과 연차휴가근로수당 액수를 계산하고, 퇴직금 지급의무를 부담하는지 여부를 판단하였어야 한다. 그런데도 원심은 정규반 강의, 질의응답 시간과 달리 특강 시간은 학원강사들의 소정근로시간에 포함되지 않는다고 전제한 다음 학원강사들의 주휴일수당과 연차휴가근로수당을 산정하고, 퇴직금청구권이 인정되지 않는다고 단정하고 말았다. 이러한 원심판결에는 소정근로시간에 관한 법리를 오해하여 필요한 심리를 다하지 않은 잘못이 있다고 파기환송한 것이다.

5. 보고서 작성시간

또 다음날 제출토록 하는 보고서 제출 등 숙제가 있는 경우에도 그 작성시간, 장소 등에 어떤 구속이 없이 침실에 지참하여 행하든 일찍 기상하여 행하든 자유롭게 그 시간에 대하여 구체적인 구속없이 할 수 있고 그 내용도 재량에 속하고 있는 것이라면 자택학습시간과 동일하여 근로시간이 되지 않는다.

6. 정규 교육시간 이후「화합의 시간」및「합숙프로그램 평가」시간

「화합의 시간」 참가 및「합숙프로그램 평가」 수행이 사용자의 지시에 따라 이루어지고, 이에 참가하지 않았을 경우 일정한 불이익이 가해지는 경우에는 근로시간으로 볼 수 있다(2012.8.28, 근로개선정책과-4354). 또한 동 교육이 근로시간으로 인정되고 소정근로시간 이후 이루어진 경우에는 연장근로수당은 지급하여야 한다. 개별 근로자가 교육시간에 대하여 임금 지급을 요구하지 않겠다는 확인서를 작성하였더라도 교육시간이 근로시간으로 인정된 경우에는 임금을 지급하여야 한다(2012.8.28, 근로개선정책과-4354).

7. 연수원 합숙교육 및 코칭과 멘토링 시간의 근로시간 해당 여부

① 연수원 합숙교육의 일환으로 실시되는 신규 근로자 합숙, 리더십 합숙교육은 생산성 향상 등 직무와 관련한 교육·훈련을 실시하는 경우가 많다. 이 경우 해당 근로자가 합숙교육에 반드시 참여하도록 명시적으로 강제하지 않더라도 합숙교육을 수료하지 않을 경우 채용이 취소되는 등 불이익이 예상된다면 근로자가 거부할 수 없는 의무적인 사항에 해당되어 합숙교육 시간은 근로시간으로 보아야 한다.

② 사용자가 신규근로자의 업무수행능력과 조직 적응도를 높이기 위해 실시하는 코칭과 멘토링은 보통 근무시간 중에 이뤄지는 OJT(업무를 수행하면서 실시하는 교육훈련)와 근무시간 중 또는 근무시간 이외에 직장생활 전반에 대한 상담 등으로 나뉘어 진행된다. 현장학습교육의 일환으로 근무시간 중에 이뤄지는 코칭과 멘토링은 근로시간으로 보아야 할 것이다.

13 자택에서 통신교육의 학습시간은 근로시간인가·통신교육 수강을 업무명령으로 할 수 있는가

1. 자택에서의 통신교육 학습 또는 수강시간은 근로시간인가

사용자가 명하는 통신교육을 수강하는 경우 근로자가 이 명령에 따라 자택에서 행하는 통신교육의 학습시간은 근로시간인지의 여부가 문제되고 있다

근기법이 규제하는 근로시간이란 근로자가 사용자의 지휘·감독 아래의 구속적인 시간이므로 구속하의 종속적 노동에 종사하는 시간이란 ① 일정한 장소적 구속, ② 일정한 시간적 구속, ③ 일정한 태도 내지 행동상의 구속, ④ 일정한 노무지휘적 입장에서 행하는 지배 내지 감독적 구속, ⑤ 일정한 업무내용 내지 수행방법상의 구속 등의 요건을 충족한 경우를 말한다.

자택에서 통신교육의 학습에 있어서는 ①의 장소적 구속은 없으며 출장 시에도 근로장소, 지역의 지정도 없고 특히 자택이나 카페나 다과점 등 장소를 불문한다. ②의 시간적 구속도 없으며 심야이든 새벽이든 상관없다. ③의 일정한 태도상의 구속도 없으며 잠을 자든 음주를 하든 불문한다. ④의 사용자로부터의 노무지휘적 입장어서의 지휘·감독도 없으며 그 성질상 사생활, 가정생활의 행위도 할 수 있으며 ⑤의 업무내용 내지 수행방법상의 구속도 없으며 그 결과 통신교육의 학습에는 상기 ① 내지 ⑤요건을 충족치 않아도 문제될 것이 없다.

그러므로 근로자가 사용자의 명령에 따라 자택에서 행하는 통신교육의 학습이나 리포트 작성시간 등은 근로시간에 해당되지 아니한다.

2. 근로시간 중에 수강시간을 설정한 통신교육의 수강명령은 유효한가

(1) 통신교육 수강명령의 유효성 여부

통신교육의 수강을 근로자에게 명령하는 경우 예컨대 경리, 인사, 총무, 영업 등의 전문적인 직무에 근로자를 배치하는 경우에 이러한 업무수행에 필요한 기초적 지식이나 전문적 지식의 습득을 하도록 각종의 통신교육 강좌의 수강을 명하는 것

이 일반적이다. 이러한 통신교육의 수강은 근로자에게도 업무에 필요한 지식이므로 업무명령으로 명하는 경우에는 원칙적으로 이를 거부할 수 없다. 통신교육은 개인교육으로서 교실에서 교사의 강의나 토의가 없는 자택학습이라는 특징에서 자가학습이므로 자택 등에서 교재를 읽고 리포트를 작성하는 형태의 수강이 있게 된다. 이러한 통신교육의 수강을 업무명령으로 하여도 권리남용은 아니다. 기업 내에서 소정근로시간 중에 학습시간이나 리포트 작성시간을 설정한다면 이것은 문제가 된다.

사용자가 근로시간 중에 학습시간을 설정하지 아니하고 자택이나 출·퇴근시간, 그 밖에 여가나 자유시간의 충당을 전제로 통신교육의 수강을 명할 때에는 근로자 본인이 이것을 거부하지 않은 채 수강에 따를 경우에는 본인의 동의(명시 또는 묵시적이든 불문한다)가 있으므로 유효하다.

(2) 소정근로시간 중에 수강시간을 설정한 경우

사용자가 업무명령으로서 통신교육의 수강을 명한 이상 그 수강은 노무의 제공이 되어 소정근로시간 중에 수강시간을 설정한 것이라면 이러한 업무명령은 정당한 이유가 있으므로 근로자가 수강을 거부할 수는 없다. 이 경우에는 통신교육의 업무명령에 따른 수강이므로 근로자는 이에 따라야 한다. 그러나 자택에서의 통신교육은 교재의 독서나 과제 탐구를 중심으로 하는 학습형태이므로 반드시 일정한 시간, 장소에 구속을 받을 필요가 없으며 통신 도중에는 침대 위에 누워서도 할 수 있는 학습이다. 그러므로 이러한 학습은 「근로」나 「사용자에 대한 노무제공」으로 해석하는 것이 부적당하다. 일반적으로는 여가시간이나 직무 중간에 학습하는 것이라면 근로자가 직장내에서 구체적인 학습시간의 설정이 없더라도 신의칙에 따라 수강명령에 따라야 하는 의무가 있다고 해석해야 할 것이다.

3. 온라인 필수 교육수강(퇴근 후 온라인 의무 이수)의 근로시간 해당 여부

퇴근 후 자택에서 이뤄지는 교육이 직무관련성, 교육의 강제성이 있는지에 따라 근로시간 해당 여부를 판단하게 된다. 퇴근 후 자택에서 행해지는 온라인 필수 교육이 온라인으로 실시된다고 해서 근로시간이 아니라고 쉽게 판단할 수는 없다. 소정근로시간 이외의 시간과 회사 이외의 장소에서 온라인 교육을 실시하더라도 사용자가 근로자로 하여금 직무교육을 필수적·의무적으로 수강하도록 강제했다면 해당 온라인 교육수강시간은 근로시간으로 판단하여야 한다.

4. 학점이수제로 이러닝 필수 교육을 실시하는 경우

(1) 근로시간에 포함되는 경우

회사에서 교육연수계획에 따라 근로자에게 이러닝 필수 교육을 진행하고, 해당 근로자가 학점 이수를 하지 않는다면 불이익을 당할 경우 근로시간에 포함되는지 여부이다. 해당 근로자가 먼저 이러닝 필수 교육을 이수하지 않는 경우 평가, 승격 기준에 포함되지 않더라도 다른 불이익이 있다면 해당 이러닝 필수 교육이 준강제적인 성격을 지니고 있으므로 근로시간에 포함된다고 보아야 할 것이다.

(2) 근로시간에 포함되지 않는 경우

반면 회사에서 학점이수제를 운영하지 않더라도 근로자의 이러닝 교육이 자기계발 또는 근로자의 역량계발 목적으로 자율적으로 운영된다면 이러닝 필수 교육시간을 근로시간에 포함시킬 수는 없다. 그러나 이 경우에도 근로자가 이러닝 교육을 자율적으로 수강하더라도 평가 또는 승격 기준에 이수학점이 포함된 경우라면 근로자에게 준강제적인 의미를 지니고 있다고 볼 수 있으므로 교육시간에 포함될 가능성은 있지만 자율적인 수강시간은 사용자의 명시적·묵시적 지휘·감독이 없으므로 근로시간에 포함시킬 수는 없을 것이다.

14 자기계발연수시간은 근로시간인가

1. 연수시간의 근로시간 해당 여부

우리나라의 기업은 최근 근로자의 능력개발·능력향상을 위한 연수가 이른바 「자기계발연수」라는 형식으로 성행하고 있다.

근로자직업능력개발법상 직업능력개발훈련은 생애교육의 이념에 입각하여 경제적·시간적 여유가 부족한 자에 대한 훈련의 실시 등에 관하여 국가·지방자치단체는 행정·재정상의 지원시책을 강구하도록 하고 있다(동법 제3조).

이 자기계발은 기업사회의 고용관행으로서 신규졸업생인 근로자로서의 능력을 알 수 없거나 부족한 자를 고용하여 사내에서 교육을 통하여 육성하여 능력과 적성에 합치한 부서를 발견·배치하여 업무상의 필요성과 본인의 능력에 맞게 배치전환하고 또 승진시켜 정년까지의 고용을 유지해 나간다는 퇴직정년제가 채택되고 있는데 그 유래가 있다.

2. 판례의 태도

판례(대법 1999.11.23, 99다45246)는 노동조합 전임자인 근로자가 회사에서 실시하는 근로정신 함양교육에 참석하지 않은 것을 사용자가 징계사유 중 하나로 삼은 사안에 대해, 「사용자가 근로시간을 대체하여 근로자에 대하여 실시하는 교육·연수·훈련 등은 거기에 참가하는 것이 근로자의 의무로서 강제되는 한 근로제공과 다를 바 없으므로 단체협약 등에 다른 정함이 없다면 근로제공의무가 면제된 노동조합 전임자가 그러한 교육 등에 참가하지 않았다 하여 바로 잘못이라고 보기는 어렵다」고 판시한다. 대법원 판례에 따르면, 교육 참석이 근로자의 의무로 강제된다면 이는 근로시간과 동일하게 볼 수 있다고 해석될 수 있다는 점에 중요한 의의가 있다.

교육연수가 노동력 그 자체를 양질화하고 향상시키는 경우도 인정되고 있을 뿐 아니라 퇴직 정년제의 고용관행과 자기계발연수와의 밀접한 관련이 있고, 또 근로자 스스로의 노동능력의 개발향상 발전이 근로계약에 따른 신의칙상 기대되고 있는 것이다.

자기계발연수를 이와 같은 관점에서 볼 때 그 연수 형태에 따라 그것이 사용자의 지휘·감독 아래에 구속된 의무적인 것인 때에는 근로시간이 되지만 반대로 자유임의적인 참가인 때에는 근로시간이 되지 않는다.

3. 행정해석의 태도

근로자가 사용자가 실시하는 교육에 참가하는데 있어 취업규칙상의 제재 등 불이익취급으로 인한 출석강제가 없는 자유참가인 때에는 연장근로로는 되지 않는다. 헝정해석(2013.1.25, 근로개선정책과-798)은 「교육이 사용자의 지시에 의해서 이뤄지고, 그러한 지시에 근로자가 거부할 수 없으면 그 시간을 근로시간으로 볼 수 있을 것」이라 하고 또 다른 행정해석(2012.8.28, 근로개선정책과-4354)은 「사용자의 지시에 의해 이뤄지고, 이에 참가하지 않았을 경우 일정한 불이익이 가해지는 경우에는 근로시간으로 볼 수 있다」고 하여, 교육이 사용자의 지시에 의해 이뤄지고 근로자가 참가를 거부할 수 없으며 참가하지 않았을 경우 일정한 불이익이 가해지는 교육에 대해서는 근로시간으로 인정하고 있는 반면, 그렇지 않은 교육에 대해서는 근로시간으로 보기 어렵다고 판단하고 있다.

① 자기계발연수가 강제되지 않을 것

② 자기계발연수를 하지 않는데 대한 불이익이 없을 것

강격, 강급 등 현재보다 불이익이 아닌 것을 의미하며 능력향상의 결과 상위의 자격이나 직무등급이 승격하는(자기계발 노력 등의 성과로 근로조건의 향상에 간접적으로 영향을 미치는 경우)것은 불이익이 아니다.

③ 자기계발연수의 실시가 근로자의 자유임의적이고 재량적인 것일 것

④ 상사 등으로부터 직제상의 지위에 터 잡아 사실상의 실시, 참가명령이나 묵시의 강제가 없을 것(상사나 선배로부터 연수 참가를 권유받아 능력향상이나 개발을 하는 것은 묵시의 업무명령이 아니다)등이 보장되어 있다면 자기계발연수를 위한 본인의 자유의사에 의한 참가는 문자 그대로 자기자신을 위한 능력의 향상·발전행위이므

로 설사 사용자가 이에 대하여 비용의 지원, 기회, 장소, 교재의 제공을 한다 하더라도 그것은 연수 지원을 위한 편의제공일 뿐 업무명령이 될 수도 없고 따라서 근로시간이 되지도 않는다.

근로자의 연수참가의 임의·자유가 담보되어 있다면, 참가에 관하여 사용자가 지원(비용의 부담, 강사의 강사료 부담, 시설편의의 제공, 교재의 자료제공 등)를 하고 있더라도 그것을 복리후생으로서의 서비스의 제공이며 자기계발로서의 교육의 지원제도로 생각되기 때문에 노무의 제공으로서 사용자의 지배 아래에 두었던 것은 아니므로 근로시간이 되지 아니한다. 시간외의 실무를 위한 학원(컴퓨터·부기 등) 통학 등도 사용자의 업무명령에 의하는 것이 아니면 자기계발(말하자면 자기투자)로서의 지식, 능력 등의 향상목적이므로 근로시간이 되지 아니한다.

이와 관련하여 행정해석(2002.2.24, 근기 68207-214)은 「교육시간이 사용자의 지시·명령에 의해 강제되거나 또는 사용자의 책임하에 작업안전, 작업능률 등 생산성 향상을 위하여 강제되거나 또는 사용자의 책임하에 작업안전, 작업능률 등 생산성 향상을 위하여 근로자에게 의무적으로 소집·실시하는 교육은 근로시간으로 볼 수 있다. 다만, 합숙교육이 사용자의 지시·명령에 의해 강제되는 경우에도 정상적인 근무와 달리 근로자들의 장기간 업무공백에 따른 업무복귀시 적응훈련 및 업무능력의 향상, 근로자의 자기개발 등 복합적인 목적으로 실시하는 경우에는 정상근로와는 동일하게 볼 수 없으므로 근기법 제56조에 의한 연장근로수당 지급의무가 당연히 발생한다고 보기는 어렵다」. 또한 행정해석(1988.9.29, 근기 01254-14835)은 「사용자가 근로시간 중에 작업안전, 작업능률 등 생산성 향상 즉, 업무와 관련하여 실시하는 직무교육과 근로시간 종료 후 또는 휴일에 근로자에게 의무적으로 소집하여 실시하는 교육은 근로시간에 포함되어야 할 것으로 사료된다. 그러나 근로자가 회사와는 관계없는 운전면허증 소지자에 대한 소양교육과 같은 법적이행 개인의무사항 교육이나 국가기관 등의 시책사업으로 사용자에게 협조를 요구하여 근무시간외 또는 휴일에 회사에서 단체로 근로자에게 의무사항이 아닌 권고사항으로 시행하는 국민정신교육, 안전관계교육, 열관리교육, 성교육, 환경미화교육, 개인교양교육, 국가홍보사항교육 등은 근로시간에 포함된다고 볼 수 없을 것이다. 다만, 법령, 단체협약 및 취업규칙 등에 이러한 교육시간을 유급으로 규정하고 있거나 관례적으로 임금을 지급하고 있다면 해당 시간의 임금은 지급되어야 할 것이다」고 하였다.

행정해석(2012.2.1, 근로기준과-571)은 「사용자가 실시한 가스안전교육은 가스차량을 운전하는 기사들로 하여금 가스안전공사에서 실시하는 안전교육을 의무적으로 수료토록 한 것으로, 본 교육은 가스차량을 운전하는 근로자의 직무수행능력을 습득·향상시키기 위하여 실시하는 훈련에 해당하는 것으로 이는 근로자직업능력개발법 제2조제1호에 따른 직업능력개발훈련으로 볼 수 있다. 따라서 단체협약·취업규칙 등에 임금 지급의 특칙이 없는 한, 동법 제9조제5항의 규정에 따라 연장근로수당을 지급하지 아니할 수 있다고 판단된다」라며 직업능력개발훈련에 해당하는 교육에 대해서는 연장근로수당을 지급하지 않아도 된다고 해석하고 있다.

4. 자기계발연수의 형태에 따른 근로시간 판단기준

현재 실시되고 있는 자기계발연수의 형태에 따라서 근로시간에 해당하는가 어떤가를 종합정리하면 다음과 같이 말할 수 있다.

(1) 근로시간이 되는 경우(노동력의 이용처분)

① 명시적인 업무명령에 따르는 경우

② 묵시적 업무명령이라고 인정되는 경우

(가) 참가하지 않으면 근로계약의 내용에 따른 업무를 실시할 수 없는 것

(나) 참가하지 않으면 불이익 취급이 되는 것

(다) 사실상 자기계발연수그룹의 조직화 등이 강제되고, 그 일원으로서 실시가 사실상 의무화되고 있는 것

(라) 자기계발연수의 시간표나 프로그램이 회사에서 제시되고 또한 실시하지 아니할 때에는 상사에 대하여 그 이유의 제시 등이 요구되고 있는 것

(2) 근로시간이 되지 아니하는 경우(자유이용시간 · 복리후생)

① 실시에 대한 자유 · 임의이며 어떠한 구속, 불이익이 없는 경우
② 회사가 프로그램 등을 제시하는 경우에도 그 실시는 근로자의 신청으로 희망자에게 실시하는 것으로서 실시에 대한 노무지휘상의 의무적 구속이 없는 경우
③ 동호회 활동이나 봉사활동(무의촌, 농촌, 독거노인 연탄배달)은 직무와의 관련성이 희박하고 참여를 거부하더라도 불이익을 주지 않으므로 근로시간으로 볼 수 없다.
④ 퇴직 후의 창업이나 재취직 활용 등을 목적으로 하며, 근로자의 자유의사로 행하는 경우

15 소집단활동 등의 실시시간은 근로시간인가

1. 소집단 활동의 활성화와 근로시간 해당 여부

최근 기업에서는 Q.C(품질관리), TQC. ZD, IE, 무재해운동 등의 소집단활동(그룹·서클활동) 등, 이른바 근로자들의 자주활동이 성행되고 있다. 기업의 사회공헌활동 등을 포함하여 그 활동에는 여러 가지의 연구나 기법이 채택되어 활발히 전개되고 있는 것이 현재의 기업사회의 실정으로 되어 있다.

이 소집단활동이란 상부에서 일방적 지시나 명령을 하는 것이 아니고 근로자가 자주적·주체적으로 실시하는 활동으로서

① 일상적인 대면, 접촉

② 공동의식하에서의 계속성

③ 상호의존성

등의 세 가지 특성을 가진 자들이 소집단을 형성하여 품질향상, 손실 감소, 안전확보, 직무 개선 등 생산성 향상과 주체적인 경영참여 활동의 기회로서 단순히 조직의 일원으로서가 아니라 동시에 창조성을 발휘할 수 있는 주체로서 삶과 일의 보람을 추구하고 문제해결과 인격 향상을 목표로 하여 나아가 의사소통의 수단으로서 자주적 그룹활동을 행하는 것을 말한다고 할 것이다.

그런데 이와 같은 자주활동시간이 자기계발연수에 관하여 근로자의 자유참가에 의하고 어떠한 참가 강제도 없는 것이라면 근로시간이 되지 않는다.

각 기업에서 행해지고 있는 소집단활동은 원칙상 취업시간내에 행하는 회사와 시간 외에 행하는 회사가 반반정도이고 시간외 행할 때에도 식사대, 음료수대, 연수수당 등을 지급하는 경우도 있으나 그리 많지는 않다는 것이 기업의 현실이다. 이렇듯 각 기업에서 행하는 소집단활동은 다양한 형태로 펼쳐지고 있고 고용노동부 당국에서도 근로시간인가 아닌가에 대한 일반적 기준을 작성치 못하고 각각 개별적으로 판단할 것이라는 방침을 세우고 있다. 따라서 일반적인 취급방법을 논하기에는 문제가 있으나 다음과 같은 경우에는 그것이 시간외에 행하여졌다 하더라도 근로시간이 된다 할 것이다.

2. 소집단활동 시간이 근로시간에 해당하는 경우

① 소집단활동에 참가하지 않으면 업무수행에 지장이 생길 경우: 소집단자주 활동을 통하여 업무상의 지시가 전달 될 때, 업무수행상의 기능·기술을 습득할 때 또는 시장조사결과 등이 보고되어 영업전략이 결정되는 때 등은 근로시간이다.

② 소집단활동이 회사의 업무조직 활동의 일부로서 행해지는 경우: 소집단활동으로서 업무연수나 신입근로자 연수가 계획적으로 실시되고 소집단활동으로 실시되거나 산업안전보건추진위원회 등의 회의 자체가 소집단활동, 자주활동 형식으로 조직되는 등 본래 회사의 업무활동으로 조직된 소집단활동인 경우에는 근로시간이 된다.

③ 소집단활동에서 업무목표달성대회나 업적표창이 행하여지는 경우: 1,000대 판매달성 궐기대회, 예금목표달성집회나 판매전략실시회의 영업이나 판매목표의 설정, 달성을 위한 지시, 독려가 행하여질 때에는 업무활동의 일환이 되므로 근로시간이 된다.

그 외에 무재해운동 등 자주활동상의 전체목표, 예를 들어 「6S운동」, 「무재해운동」이라든지 「○○운동」식의 경우에는 자주활동의 전개목표에 불과할 때에는 업무활동으로서의 근로시간이라고 보기 어렵다.

④ 소집단활동에 참가하지 않는 자에게 불참이유를 제출받거나 결석한 자에게 상사로부터 결석사유에 대하여 신고 등의 요구를 받을 경우: 본래 자주활동이지만 참가여부에 대한 이유서의 제출을 요구받을 때에는 임의자유참가라고 하기 어려우므로 구속성을 가지게 되어 근로시간이 된다.

그러나 식사주문의 편의상 담당자가 참가 여부를 파악하는 것은 단순한 운영상의 일이므로 업무명령과 관계가 없고 또 상사가 참가를 권유할 정도의 것이라면 업무명령이라고 하기 어렵다.

⑤ 모든 근로자가 어느 집단에든지 참가하도록 회사의 직제에서 요구하고 있을 때: 모든 근로자의 참가를 요구하고 불참가자의 성명을 공표하는 등은 참가 강제가 된다. 다만, 직장의 친목간담회나 동호인 서클활동 같은 것으로서 그 담당간사가 전원참가를 호소하는 정도의 것은 참가 강제가 아니다.

⑥ 직제조직이 소집단활동을 그대로 대치시켜 상명하복관계를 이루고 있는 때: 자유임의활동이라면 직제와는 명확한 구분이 필요한 것이며 직제에 의거 명령에 따라 행동하는 부하직원은 이에 복종하지 않을 수 없는 형태의 소집단 활동으로 행하는 경우라면 업무의 연장이 되기 쉬우므로 주의하여야 할 것이다. 반 또는 과의 업무회의의 연장 같은 것은 근로시간이 된다. 그러므로 업무상의 미팅과 자주활동과는 그 구분을 확실히 하여야 할 필요가 있다. 더구나 계장, 과장 등이 그 집단활동의 리더가 되는 것은 피하는 편이 좋다. 또한 시간외에 사업장 내에서 업무가 아닌 소집단활동을 할 때에는 업무상 재해와 관련하여「사회통념상 취업과 귀가와의 직접적 관련을 상실한다고 인정될 정도의 장시간」은 취업과의 관련성이 상실되어 재해보상에 해당되지 않게 되므로 이 점은 주의를 요한다 할 것이다.

16 긴급호출에 대비한 자택대기시간 또는 회사 휴대전화를 지참한 응답시간은 근로시간인가

1. 기본적인 고찰

근기법상의 근로시간이란 근로자가 사용자의 지휘·감독 아래에 있는 대기시간 등을 말한다(근기법 제50조제3항). 그러므로 근로자가 단순히 관념적·추상적으로 구속되지 아니한 경우까지 포함되지는 않는다. 예컨대 출장을 위한 이동이나, 출장지에서 또다른 출장지로의 이동 나아가 출장 중의 용무가 없는 날은 근로시간이 아니다. 특히 의료보건업종에서는 이른바 온콜(on-call)제도 시행으로 근무시간 이후에도 자택에서 순번제 "자택대기근무"를 하고 있는데 호출시 이동시간 등에 대한 근로시간 인정이 될 것인가의 문제가 있다. 이러한 출장 중에 사고가 발생하더라도 원칙적으로 업무상의 사고로서 취급된다. 업무와 관련하여 이러한 이동 등에 소요되는 시간 중 근로자는 사용자의 지배 하에 놓여 있다. 단순히 이동이나 출장지에서의 체재시간인 한 그 시간이 사용자가 근로자를 지휘·감독 아래 근로를 시키는 것은 근로시간이 아닌 것이 명확하므로 해당 시간이 근기법 상의 근로시간에 포함하느냐의 다툼은 없다.

2. 긴급호출에 대비한 자택대기시간

긴급한 경우 등 호출에 대비하여 자택에서 휴대전화 등을 소지하여 소정 휴일에 대기하는 경우 결과적으로 호출이 없었다면 사용자의 지휘·감독이 미칠 수 없어 해당 근로자에 대하여 관념적인 구속이 없으므로 근로를 시킨 것이 아니다. 그러므로 특별한 합의가 없는 한 임금·수당지급의무도 없다.

이에 대하여 근로자를 사업장에 대기시키고 고객을 대응하는 등 어떠한 필요가 발생할 시점에서 즉시 취업을 명할 수 있는 상태에 있는 경우에는 그 대기시간은 사용자의 현실적인 구속 아래 놓여 있으므로 「대기시간」이란 형태로서의 근로시간이라고 할 수 있다.

3. 휴대전화의 응답시간은 근로시간인가

외국계 투자기업체에서 외국의 거래처의 대응을 담당하는 근로자에게 당번제로서 회사의 휴대전화를 지참시켜 귀가 후에도 자택에서 휴대전화를 켜 놓은 채 회사와의 연락을 하여 응답하는 것이 의무화되어 있다. 귀가 후에도 실제로 전화를 켜둔 채 대응을 한 시간은 사용자의 명령에 따라 업무에 종사한 시간이므로 휴대전화를 켜둔 채 있는 시간 전체가 근로시간이 아니고 응답을 한 시간만이 근로시간이 된다. 담당 근로자는 자택에서 자유롭게 통화를 하는 것이므로 당번일에 회사 구내의 소정의 장소에 있도록 의무가 지워져 있는 것이 아니므로 「장소적 구속」이 있는 것이 아니다. 나아가 실제로 전화 대응을 한 시간 외에는 TV를 시청하는 것도 자유이므로 「업무성」도 없다. 그러므로 실제로 전화 대응을 한 시간을 제외하고는 근로시간에 해당되지 않는다. 긴급시의 대응의무가 있더라도 전화를 켜 놓은 시간 전부가 근로시간으로 인정되지 아니한다.

근로시간성의 문제와 별도로 휴대전화의 응답시간의 업무명령의 유효성을 담보하기 위하여 취업규칙에 「업무상 필요에 따라 항상 휴대전화의 전원을 켜 놓아 회사로부터의 연락이 있을 때 응답해야 한다」고 규정해야 할 필요성이 있다. 나아가 업무명령의 유효성을 담보하기 위해 휴대전화를 켜 놓을 것을 명하는 빈도는 근무일의 근무시간 외에 1회, 휴일에는 3회를 한도로 하는 것이 적절하다. 빈번하게 응답을 명하는 경우에는 업무명령이 권리남용이 되어 무효로 될 가능성이 있으므로 주의하여야 한다.

또한 휴대전화를 켜 놓도록 하는 명령은 크게 심리적 부담이 수반되어 이것을 보상하는 대상조치로 일정한 수당을 지급하는 것이 타당하다. 수당의 액은 휴일의 경우 최저임금액(시급)에 소정근로시간을 곱하여 산출한 액의 3분의 1정도로 하는 것을 생각할 수 있다.

17 자택지참 근로는 근로시간인가

1. 자택지참근로의 명령

근로시간이란 본래 사용자의 지휘·감독 아래에서 노무를 제공하는 시간이므로 근로자가 자택으로 일을 지참하여 행할 때에 그것이 근로시간에 해당되는가는 문제가 된다. 먼저 그와 같은 명령을 사용자가 할 수 있는가의 문제가 있다. 근로계약으로 약속한 것은 일정한 시간의 노무를 사용자의 지휘·감독을 받아 제공하도록 하는 것이므로 그것은 즉, 사용자의 지배관리하에 구속을 받는다는 것을 약속한 것이다.

따라서 사용자의 지배관리가 없는 사생활 장소인 가정시간까지를 사용자에게 제공한다는 약정은 아니므로 근로자는 사용자의 이와 같은 명령에 따라야 할 의무는 없다(따라서 이를 거부하여도 업무명령 위반이 되지 않는다).

어디까지나 본인의 동의(명시적 또는 묵시적 합의)에 따라야 하고 다만, 노사상생의 공동체 일원으로서의 협력적 행위로서 자기의사로 행하는 때가 많다고 할 수 있다.

2. 자택지참근로의 종사시간의 근로시간 해당 여부

근로자가 사용자의 요청에 따르든가 또는 자발적으로 자기의사에 따라 지참근로를 행한 때에 이것이 근로시간이 되는가의 여부이다. 근기법이 규제하는 근로는 사용자의 지휘·감독 아래의 종속적 노동이며 규제의 대상이 되는 근로시간이란 사용종속관계 아래의 구속노동의 시간이다. 이와 같이 사용자의 지휘·감독 아래에 구속된 종속적 노동에 종사하여 근로시간이라고 할 수 있는 것은,

① 일정의 장소적 구속

② 일정의 시간적 구속

③ 일정의 태도 내지 행동상의 구속(규율)

④ 일정의 업무의 내용 내지 수행방법상의 구속(업무구속성)

⑤ 일정의 노무지휘적 입장에서 행해지는 지배 내지 감독적인 구속(지배와 구속의

불이익취급) 등의 불가피한 구속요건을 갖출 경우가 있다.

자택에서 하는 근로는 ⑤의 일정의 업무내용 또는 목적상의 구속은 있지만 ①의 실시장소적 구속은 없다. 그러므로 자택뿐만 아니라 다른 어떤 곳이라도 좋으며 또 출장과 같이 근로장소, 지역의 지정도 없다. 그것이 여관이든, 도서관이든, 다방이든 불문한다 할 것이고, 또, ②의 시간적 구속이 없어 심야이든, 이른 아침이든 관계없다. 또한 ③의 일정한 태도상의 구속도 없으며 취침 또는 음주 중이거나 TV를 보면서 하던 관계가 없다. 그리고 ④의 사용자의 지배감독도 전혀 없고 더구나 그러한 지배가 허용되지 않는 사생활 특히, 가정생활상의 행위이므로 이 요건은 전혀 충족되지 않는다. 따라서 자택지참의 업무를 하는 자택에서의 업무시간은 근로시간이 아니다.

3. 자택지참근로의 대가

자택에 가지고 가서 행하는 근로는 근로시간이 아니나 사용자를 위하여 일을 한 것은 틀림이 없으므로 이것을 어떻게 취급하여야 할 것인가의 문제가 있다.

이것은 노동법상의 종속적 근로는 아니고 그 일을 행하고 아니하고는 근로자의 자유이므로(업무명령의 외형을 가지고 있어 근로자가 사실상 이에 따른다 하더라도 본래는 이에 따라야 할 의무는 없고 따라서 거부할 수 있는 것을 착오 또는 강제라고 잘못 생각하여 이에 따른 때라 하더라도 법적 성질에는 변함이 없다)민법상의 계약의 일종이 된다. 민법상 이와 같이 일의 의뢰를 받고 그것을 처리하는 계약은 「사무의 처리를 위탁하고 상대방이 이를 승낙」한 것으로 간주되므로 민법(제680조)상의 위임에 해당하거나 그와 유사한 성질을 가진 것으로 생각 할 수 있다.

그러므로 이 사무처리를 승낙하고 인수한 근로자는 선량한 관리자의 주의의무를 가지고 그 일을 처리할 의무를 가지며 위임자인 사용자의 청구가 있을 때에는 언제든지 그 처리상황을 보고하고 또 종료시에는 지체없이 그 결과를 보고하여야 한다. 이때 그 비용은 청구할 수 있으나 그 처리의 대가인 보수는 특약이 없으면 청구할 수 없다. 그러나 이 점은 노사간에 사용자의 영업범위에 속하는 것을 근로자가 행한 것이므로 상법(제61조)을 유추적용하여 당연히 보수도 청구할 수 있다고 해석할 수 있을 것이나 이때도 사전 보수액을 정하여 두지 않으면 구체적인 채권으로 될 수는 없다.

어떻든 자택에서 지참해서 행한 근로는 근로시간에는 해당되지 않고 결국 사무처리의 대가를 지급할 것인가의 여부만이 문제가 될 수 있을 뿐이라고 이해할 것이다. 이 경우에도 사전에 대가를 결정하지 아니하면 구체적 청구권이 될 수는 없다고 해석되고 있다.

18 재택근로자의 재택근무는 근로시간인가

1. 재택근로자의 정의와 유형

재택근로자(teleworker)란 사업주와 고용관계를 유지하고 있는 근로자가 정보통신기기를 활용하여 근로시간의 전부 또는 일부를 자택에서 업무에 종사하는 자로서 특수한 근무형태에 종사하는 자이다. 재택근로자란 근기법상의 근로자로

① 장소적으로 당해 사업장 밖의 거주지에서 컴퓨터를 비롯한 정보통신기기를 활용해 업무를 행하거나, ② PC방 등에서 행하는 근로자를 말한다.

재택근로자의 유형에는

- on-line(컴퓨터 통신망으로 연결; 온라인 사이버 학원 등)방식의 재택근로자와 off-line(전화를 통한 헬스클럽 회원권 판매 등)방식의 재택근로자로 구분된다.
- 전통적 가내수공업(인형 눈달기, 구슬 꿰매기, 밤까기 등)에 종사하는 자는 적용대상에서 제외된다.

2. 재택근로의 의의

재택근무는 주로 정보통신기기를 활용하여 시간적·장소적 제약을 받지 않고 근로가 시간과 장소를 자유롭게 하여 근무하는 원격근로(Telework)방법이다. 재택근로는 사무실 근무가 필수적으로 요청되지 않으므로 출·퇴근부담을 경감시킬 뿐만 아니라, 다양한 생활환경 속의 개개 근로자의 수요에 적절하게 따를 수 있는 근무방식으로 최근 광범위하게 확산되고 있다.

2019년도 통계청의 매월경제활동인구 조사보고서 부가조사(2019년 8월말 기준)에 의하면 '재택근로' 내지 '가정내근로'를 실시하고 있는 근로자는 약 46,000명으로서, 비정규직 근로자 전체의 0.6%를 차지하고 있다.

재택근로자는 사용자와 고용관계에 있는 근로자가 정보통신기기를 활용하여 근로시간의 전부 또는 일부를 자택에서 업무에 종사하는 근무형태이다. '재택근로'는 해당 근로자가 직무와 생활의 조화를 도모하면서 그 능력을 발휘하여 생산성을 향상할 수 있으며, 또한 개개 근로자의 실정에 적합하게 적용함으로써 근무에 충실

하게 할 수 있다는 점에서 차세대 근무스타일로서 기대되고 있다.

이러한 재택근무의 경우 직장 내 근무 등과는 다르게 업무에 종사하는 장소가 근로자의 사생활에 노출되어 있는 자택이라는 점이나, 근로자가 근무시간대와 일상생활시간대가 혼재된 상태에서 근무할 수밖에 없다는 점 등을 고려하여 일반적인 경우와 같이 사업주의 지배·관리 및 사업장 내에서의 근무에 대한 노무관리를 전제로 한 관계법령의 적용시 적절한 노무관리를 행하여야 할 필요가 있다. 근로자가 재택근무(근로자가 근로시간의 전부 또는 일부를 자택에서 정보통신기기를 사용하여 행하는 근무형태)를 행하는 경우에도 근기법, 최저임금법, 산안법, 산재보험법 등의 근로기준관계법령이 적용되어야 한다. 실제로 재택근무가 성공하기 위해서는 무엇보다 어떤 직무가 재택근무에 알맞은 것인지에 대한 업무별 직무분석이 구체적으로 선행되어야 할 뿐 아니라 우선 조직문화(대면 통제형 조직문화로부터 분권 지향적이고 자율적 조직문화)를 바꾸려는 노력이 선행되어야 한다.

3. 재택근무와 근로시간의 산정

(1) 근로조건의 명시

사용자는 근로계약을 체결하는 자에 대하여 재택근무를 실시하는 경우 근로계약 체결시에 취업장소로서 근로자의 자택을 명시하여야 한다(근기법 시행령 제8조). 근로조건이나 임금에 관하여 재택근로자와 관리자간의 불필요한 분쟁을 예방하기 위해 취업규칙, 단체협약 등에 재택근무의 실시근거와 규정을 구체적이고 명확하게 마련하여야 한다. 재택근무 형태도 여러 가지 유형이 있으므로 그 형태에 알맞은 보수·수당체계가 마련되어야 한다.

(2) 근로시간

재택근무는 사용자가 근로자의 사생활에 개입할 수 없는 자택에서 근무가 행해지며, 근로자의 근무시간대와 일상생활시간대가 혼재할 수밖에 없는 사정이 존재하는바, 일정한 경우에는 근로시간을 산정할 수 없는 근무방식으로 근기법 제58조제1항에 규정되어 있는 사업장 밖 근로의 「간주근로시간」을 적용하여야 할 것이다.

재택근무에 대하여 간주근로시간제를 적용하는 경우에는 재택근무를 행하는 근로자가 취업규칙 등에서 정하는 소정근로시간을 근로한 것으로 본다. 다만, 업무를 수행하기 위하여 통상 소정근로시간을 초과하여 근로할 필요가 있는 경우에는 당해 필요한 시간을 근로한 것으로 보며 근로자대표와의 서면합의에 따라 행할 경우에는 해당 노사간 서면합의에서 정한 시간을 통상 필요한 시간으로 근로한 것으로 본다(근기법 제58조제2항).

또한 재택근무에 있어서 간주근로시간제를 적용하는 경우라 하더라도 통상 소정근로시간이 법정근로시간을 초과하는 경우 연장근로에 관한 동법 제56조에 의한 가산임금을 지급할 필요가 있으며, 현실적으로 야간근로를 한 경우라면 야간근로 가산임금을 지급할 필요가 있다(동법 제56조).

이에 따라 근로자는 업무에 종사하는 실제 시간을 근무일지 등에 기록하여 사용자가 이를 통하여 재택근무를 행하는 근로자의 근로시간 상황을 적절히 파악할 수 있도록 하여야 할 것이다.

4. 재택근무는 사업장 밖의 간주근로시간인가

다음의 요건을 충족하는 형태로 행해진 재택근무(근로자가 자택에서 정보통신기기를 사용하여 행하는 근무형태의 경우)는 원칙적으로 근기법 제58조제1항에 규정된 사업장 밖 근로에 관한 간주근로시간제를 적용하여야 할 것이다.

① 당해 업무가 침식, 기거 등 사생활을 영위하는 자택에서 행하여질 것

② 당해 정보통신기기가 사용자의 지시에 따라 상시 통신가능한 상태에서 행하여지는 것이 아닐 것

③ 당해 업무가 수시 사용자의 구체적인 지시에 따라 행하여지는 것이 아닐 것

다만, 예컨대 근로계약상 오전 9시부터 12시까지를 근로시간으로 하여 근로자가 침식·기거 등 사생활을 영위하는 자택 내에서 직무전용공간(방)을 확보하는 등, 근무시간대와 일상생활시간대가 혼재되지 않도록 조치를 강구하는 취지의 지침이 있으며, 또한 당해 조치에 따라 수시로 사용자의 구체적인 지시에 따라 업무가 행해지는 경우란 예컨대 당해 업무의 목적, 목표, 기한 등의 기본적 사항을 지시하거나

이러한 기본적 사항에서의 소요의 변경의 지시를 하는 것을 포함한다. 여기에 해당하지 아니한 근로시간을 산정하기 어려운 경우에 해당하는 사업장 밖 근로에 관한 간주근로시간을 적용할 수 있을 것이다. 앞에서 살펴본 바와 같이 재택근무의 경우에는 원칙적으로 사업장 밖 근로로서 「간주근로시간제」를 적용한다.

5. 재택근로자에 대한 근기법 적용기준(2000.12.29, 근기 68201-4085)

(1) 재택근로자의 의의와 유형

1) 재택근로자의 개념

재택근로자(teleworker)란 근기법상의 근로자로 ① 장소적으로 해당 사업장 밖의 거주지에서 컴퓨터를 비롯한 정보통신기기를 활용해 업무를 행하거나 ② PC방 등에서 업무를 행하는 근로자를 말한다.

2) 재택근로자의 유형

① on-line(컴퓨터 통신망으로 연결; 온라인 사이버 학원 등) 방식의 재택근로자와 off-line(전화를 통한 헬스클럽 회원권 판매 등) 방식의 재택근로자로 구분한다.

② 전통적 가내수공업(인형 눈달기, 구슬 꿰매기, 밤까기 등)에 종사하는 자는 동 지침의 적용대상에서 제외한다.

(2) 근로계약 체결

① 임금, 근로시간, 취업의 장소와 종사해야 할 업무, 기타의 근로조건을 명시한 근로계약서를 작성 · 교부한다.

※ 정보통신기기의 구입 및 설치(비용부담 주체), 업무진행에 관한 보고체계, 의사소통방법, 소요비용의 부담(전기료, 인터넷 이용료 등), 지원체제(정보통신기기 장애 등 문제 발생시 회사의 지원방법) 등에 관한 사항을 명시해야 한다.

※ 특히, 전기료와 같이 업무수행에 따른 소요비용을 실비변상하기로 한 경우에는 사전에 그 성격(통상임금 또는 평균임금)을 명확히 규정해야 한다.

② 근로자명부, 임금대장 등 근로계약에 관한 중요한 서류를 작성하여 3년간 보

존하여야 한다.

(3) 근로시간

① 1주간 소정근로시간은 주당 40시간 이내에서 정한다.

② 사용자가 업무수행에 대한 지휘·감독을 하거나 근로시간을 정확히 산정하기 어려운 재택근로의 특수성을 감안, 노사간에 미리 근로시간을 산정하는 방법을 정해 놓는 것이 다툼을 최소화 할 수 있다.

※ on-line 방식의 경우에는 노사간 서면합의로 정한 시간을 일한 것으로 간주하되, 서면합의가 없는 경우에는 해당 사업장의 통상근로시간을 일한 것으로 해석한다.

※ off-line 방식의 경우에는 사업장 밖 근로자와 같이 근로계약서 등에 명시된 소정근로시간을 일한 것으로 간주한다.

③ 사용자가 추가로 일을 부여하고, 재택근로자도 실제로 추가적인 근로를 제공한 때에는 해당 근로시간은 당사자 합의에 의한 연장·야간 또는 휴일근로에 해당하는 가산임금이 지급되어야 한다.

(4) 휴게·휴일·휴가

① 휴게시간은 근로자가 업무수행 중 자율적으로 갖는 것으로 본다.

② 휴일, 휴가는 근기법의 규정대로 적용한다.

19 건강진단시간은 근로시간인가

1. 건강진단의 법적 성질

건강진단에 관한 법적구성을 보면 사업주에 대한 근로자의 건강진단 실시의무는 산안법 제129조제1항 내지 제3항, 진폐의예방과진폐근로자의보호등에관한법률 제9조, 제14조와 근로자의 협력의무 내지 수진의무(산안법 제43조제3항, 진폐법 제13조)로 규정하고 있다. 건강진단의무는 어느 것이든 사용자나 근로자 등이 국가에 대하여 가지는 의무이므로 이른바 공법상의 의무이다. 건강진단은 「특정인이 의학적 치료를 필요로 하기 이전 또는 건강의 악화를 방지하기 위한 조치를 하기 전에 건강장해나 질병을 발견할 목적으로 실시하는 의학적 검사」로 실시목적에 따라 다양하게 분류되며, 산안법에 의한 근로자건강진단은 「의학적 선별검사로 건강에 이상소견을 보이는 근로자들을 질병발생의 전 단계에서 조기에 찾아내어 보건지도 또는 적절한 사후관리를 실시함으로써 건강이상이 질병으로 진행하는 것을 예방하기 위해 실시하는 것」이다. 산안법 제132조 및 제133조에서는 사업주의 의무 및 근로자의 준수사항으로 규정하고 있다. 따라서 산안법에 의한 건강진단을 반드시 실시하여야 한다(2000.12.21 산보 68307-827).

여기에 사업주의 의무로 되어 있는 건강진단으로는,

① 일반건강진단

② 특수건강진단

③ 배치 전 건강진단

④ 수시건강진단

⑤ 임시건강진단 등이 있다.

이와 같이 사업주와 사용자는 자기가 사용하는 근로자의 건강을 확보하기 위하여 관련법령에 따라 소정의 건강진단을 하여야 할 법률상의 의무를 가지고 있다.

한편 산안법상의 사업주의 조치의무와는 달리 건강진단은 그 수진 대상자인 근로자의 협력 없이는 사용자로서도 어찌할 수 없고 본인이 이를 거부할 때에는 강제로 의사에게 수진시킨다는 강제방법은 그 성질상 강행 할 수가 없다.

그러므로 사업주가 이 건강진단의무를 다하기 위해서는 이에 대한 근로자의 협력이 불가피하므로 근로자에 대하여도 동법은 그 수진의무를 명문화하고 있다(산안법 제43조제3항, 진폐법 제13조). 동법 제133조는 「근로자는 제129조 내지 제131조의 규정에 따라 사업주가 실시하는 건강진단을 받아야 한다. 다만, 사업주가 지정하는 건강진단기관이 아닌 다른 건강진단기관으로부터 이에 상응하는 건강진단을 받아 그 결과를 증명하는 서류를 사업주에게 제출하는 경우에는 사업주가 실시하는 건강진단을 받은 것으로 본다」고 규정하고 있다. 그런데 건강진단을 근무시간 중에 실시한 때에는 별문제가 없으나 시간외에 실시한 때에는 그것이 연장근로가 되는가 아닌가 문제가 된다. 이러한 점에서 건강진단의무의 법적성질이 검토되어야 한다.

건강진단은 사업주의 의무 즉, 사업주가 근로자에 대하여 행할 책임을 산안법 등으로 의무화하고 있는 것이므로 이것은 공법상의 의무라고 할 수 있는 동시에 근기법 시행령 제8조 등으로 근로계약의 내용이 되어 사용자의 근로자에 대한 사법상의 의무(건강관리의무)이다.

사용자가 이 의무를 위반하여 근로자의 건강진단을 하지 아니하였을 때에는 형사상의 책임을 지는 동시에 민법상의 채무불이행이 된다. 이러한 것은 근로자 측으로서도 동일하여 근로자는 사용자가 행하는 건강진단을 정당한 이유없이 거부할 수 없는 의무가 있다는 것을 의미한다(위반시 근로자에 대한 300만원 이하의 과태료).

일반적으로 사용자에게 실시 의무가 부과된 근로자 건강진단에 있어 이에 필요한 시간을 근로시간으로 인정하는지 여부에 대하여는 법령에 규정된 바 없으나, 단체협약에 "건강진단 실시에 소요되는 시간을 근무한 것으로 취급한다"라고 규정하였다면 근무시간외에 건강진단을 받는 경우라 하더라도 그에 소요되는 시간을 근무한 것으로 취급하여야 할 것이다(1991.9.20, 근기 01254-13675).

그러므로 사용자로서는 전 근로자에 대한 건강진단을 하여야 하고 근로자도 이를 받을 의무가 있다. 그러나 노사쌍방에게 이 의무가 부과되고 있는 것이므로 이른바 협동의무라고 할 수 있어 반드시 노무제공의무의 이행이라고는 할 수 없으며 사용자의 지휘·명령하의 구속시간이라고도 할 수 없으므로 반드시 근로시간이 인정된다고 할 수 없다. 정기건강진단의 수진의무를 규정하는 취업규칙의 조문에 「정기건강진단의 수진시간은 근로시간에 산입하지 아니한다」는 취지를 확인적으로 규정할 수 있다.

2. 사용자가 명하는 건강진단

산안법상 사용자로서는 건강진단의무를 다하기 위하여 근로자에게 건강진단을 받게 할 의무가 있다. 근로자에게 사용자가 지정하는 의사의 건강진단을 받도록 명령하고 지정 의사의 진단을 희망하지 않는 근로자에게는 자기 스스로 건강진단을 받게 하여야 한다.

사용자가 근로자에게 건강진단을 명하고 근로자는 정당한 이유없이 이를 거부할 수 없는 것으로서 이 사용자의 명령은 「사용자」라는 근로관계법상의 지위에 따른 지배적 입장에서의 명령이라고 할 수 있으므로 근로자는 종속적인 구속을 받게 된다.

따라서 이 명령이 시간외에 수진하라는 내용을 가진 때에도 근로자는 정당한 이유없이 이를 거부할 수 없으므로 사용자의 지휘·감독 아래 근로자는 일정시간의 구속을 받게 된다. 그러므로 자기가 희망하는 진단을 자유롭게 수진한 경우를 제외하고는 어떤 경우라도 업무와의 관련성이 있다고 보아 근로시간에 해당된다고 생각한다. 행정해석도 특수건강진단에 대하여 동일한 견해를 가지고 있다. 또 일반건강진단에 대하여 「업무수행과의 관련으로 행하여지는 것은 아니므로 그 소요시간이 당연히 사업주의 부담이라고 할 것은 아니고 노사협의로 정할 것이나 근로자의 건강유지는 사업의 원활한 운영상 불가결의 조건이므로 그 수진시간은 사업주가 임금 지급을 하는 것이 요망된다」고 하고 있는 것은 일반 건강진단의 노사협동적인 성질에 유래한다. 특수건강진단은 업무의 유해성에 관련되어 당연히 실시되어야 하는 것이므로 업무성이 긍정되고 더구나 사용자가 지시한 것이므로 근로시간에 해당된다.

3. 근로자가 의사 선택의 자유를 행사한 진료

전술한 사업주의 건강진단의무에는 예외가 있으며 근로자가 「사업주가 지정한 건강진단기관에서 진단받기를 희망하지 아니하는 경우에는 다른 건강진단기관으로부터 이에 상응하는 건강진단을 받아 그 결과를 증명하는 서류를 사업주에게 제출하는 경우에는 사업주가 실시하는 진단을 받은 것으로 본다」(산안법 제133조)고 하여 사업주가 지정한 의사의 진단을 받기를 원하지 않는 근로자에게까지 사용자가 건강진단의무를 과하는 것은 여러 가지의 문제가 있다.

그러므로 이 경우에는 그 의무를 면제하여 근로자 자신에게 자기가 희망하는 의사의 진단을 받아 그 증명서류를 제출케 할 의무를 부과하고 있다. 이때의 수진시간은 사용자의 지배를 벗어나서 자기의 자유선택으로 행한 것이므로 시간적·장소적인 구속 아래 있지는 아니하고 그 경로나 방법은 자유이므로 근로시간으로는 되지 않는다.

20 산업안전보건위원회의 회의참석시간·노사협의회 위원의 협의회 출석시간은 근로시간인가

1. 산업안전보건위원회의 회의시간은 근로시간인가

산업안전보건법은 산업재해를 예방하기 위하여 기업의 자치적·자율적 산업안전보건관리체제를 확립하기 위한 조치기준을 마련하고 있다. 동법은 관리책임자, 안전관리자, 보건관리자, 관리감독자를 두어 상호간 유기적으로 보좌·조언·지도하면서 안전·보건에 관한 사항을 체계적으로 관리·유지하는 외에, 사업주로 하여금 산업안전·보건에 관한 중요사항을 심의·의결하는 기구로서 사용자가 같은 수로 구성되는 산업안전보건위원회를 설치·운용하도록 되어 있다(산업안전보건법 제24조).

산업안전보건위원회의 위원장은 위원 중에서 호선(互選)한다. 이 경우 근로자위원과 사용자위원 중 각 1명을 공동위원장으로 선출할 수 있다(동법시행령 제25조의3). 산업안전보건위원회의 회의는 정기회의와 임시회의로 구분하되 정기회의는 분기마다 위원장이 소집하며, 임시회의는 위원장이 필요하다고 인정할 때에 소집한다(동법시행령 제25조의4).

산업안전보건법 제24조제6항은 「사업주는 산업안전보건위원회의 위원에게 직무수행과 관련한 사유로 불리한 처우를 해서는 아니 된다」고 규정하고 있다. 그러므로 산업안전보건위원회에 근로자가 참가하는 시간은 당연히 근로시간으로 인정된다. 산업안전보건위원회의 회의 개최에 소요되는 시간은 근로시간이 된다. 그러므로 해당 회의가 법정근로시간을 초과하여 행해진 경우에는 연장근로에 해당하고, 휴일 또는 야간에 회의가 개최된다면 휴일근로 또는 야간근로에 해당되므로 여기에 참가한 근로자에 대하여 당연히 가산임금을 지급하여야 한다.

2. 노사협의회 위원의 협의회 출석시간은 근로시간인가

(1) 근로시간인지 여부

노사협의회는 근로자와 사용자가 참여와 협력을 통하여 노사 공동의 이익을 증진하고 산업평화를 유지하며 기업의 건전한 발전을 도모할 것을 목적으로 한다(근로자참여및협력증진에관한법률 제1조·제3조제1항). 노사협의회는 근로자와 사용자를 대표하는 같은 수의 위원으로 구성되며, 그 수는 3인 이상 10명 이내로 한다(동법 제6조). 노사협의회를 대표하며 회무를 총괄하는 의장을 두며, 의장은 위원 중에서 호선한다. 이 경우 근로자위원 1인과 사용자위원 1인을 공동의장으로 할 수 있다(동법 제7조). 노사협의회는 3개월마다 정기적으로 개최되어야 한다(동법 제12조제1항). 노사협의회 위원의 협의회 출석 및 이와 관련한 시간에 대하여는 근로한 것으로 본다(동법 제9조제3항). 위원으로서 직무수행에 최선을 다하도록 보장한 것이다. 근로자위원의 노사협의회 출석 시간 및 이와 직접 관련된 시간으로서 협의회규정에서 정한 시간에 대하여는 노사협의회위원이 근로한 것으로 보아 임금을 지급하여야 한다.

이는 노사협의회 위원으로서의 직무수행에 최선을 다하도록 보장한 것으로 가령 야간시간에 노사협의회를 개최하거나 휴일날 노사협의회를 개최한 경우 각각 야간근로수당과 휴일근로수당을 지급해야 한다.

(2) 출석시간 및 이와 직접 관련된 시간의 범위

이 조항에서 "이와 직접 관련된 시간"이란 협의회 출석을 위한 이동 등에 소요되는 시간 뿐만 아니라 협의회 의제에 대한 자료검토 및 그가 대표하는 근로자의 의견청취를 위하여 합리적인 범위 내에서 필요로 하는 시간도 포함되는 것으로 해석된다(김형배, 「노동법」, 제26판, p.1380). 노사협의회 출석에 필요한 협의회 안건준비 등 노사협의회 출석 및 이와 직접 관련된 시간으로서 동법 제18조에 따른 노사협의회규정에서 정한 시간에 대하여는 근로한 것으로 보아야 한다.

노사협의회 출석에 필요한 자료 준비 등에 소요되는 시간도 근로시간으로 보아야 내실 있는 노사협의회 운영을 위하여 이를 확대할 필요가 있기 때문이다. 다만, 위원의 신분이 비상임·무보수이므로 노사협의회 출석시간이 아닌 경우에는 가급적 비근로시간을 활용하는 것이 바람직할 것이다.

21 업무 종료 후의 직장평가회, 간담회 등의 참석시간이 근로시간인가

일반기업에서 업무 종료 후 직장평가회, 직장간담회, 직장안전회의, QC·ZD활동, 무재해운동 등 그 밖에 여러 가지 명칭으로 근로자가 직장에 남아서 회의나 토론, 연구회 등을 하는 경우가 있다. 이들 활동이 시간외에 행하여지는 경우에는 근기법상의 연장근로인지 아닌지에 대하여 단순히 그 명칭에 따라 결정할 것이 아니다. 그 회의내용, 참가의 취지, 목적 그 밖에 실태에 착안해서 판단하여야 한다. 따라서 전원참가를 전제하는 직장평가회라 하더라도, 내용이 근로자 상호간의 친목을 도모하기 위한 음식접대 등을 목적으로 할 경우에는 근로시간이라고 할 수 없다. 이러한 시간이 근로시간에 해당되는 것은 거기에 참가하지 않으면 불이익이 과해지고 참가가 명시 또는 묵시의 업무명령으로 인정되는 경우이다.

일반적으로 근로자는 사용자가 실시하는 교육에 불참할 경우 취업규칙상의 제재 등의 불이익취급을 하지 않는 등 출석의 강제가 없는 자유참가라면 연장근로가 되지 않는다.

그러므로 여기서 말하는 불이익취급이란 직접적인 불이익을 정하는 경우, 예를 들면 직장간담회에 참가하지 않으면 결근으로 취급하든가, 조퇴로 하든가, 징계의 대상으로 하는 경우 뿐 아니라 간접적인 불이익 즉, 상여금이나 승급의 기초 내지 인사고과에서 그의 참가, 출석의 유무를 직접적인 하나의 기준, 하나의 항목으로 하고 있는 경우도 포함한다.

또 불이익취급이라는 관계뿐만 아니라, 그 참가의 실태가 노무관리상 내지 노무지휘상 사용자의 지배에 따른 참가 강제의 실태를 갖는 경우, 예를 들어 소속 부서장으로부터 직무에 관한 교육이므로 전원 참가하라든가, 거기서 소속 부서장이 출석 여부의 확인을 하며, 그 출석상황을 소속 부서장에게 보고하든지 참가하지 않는 자에 대하여 그 이유를 제출하라는 경우도 형식적으로는 자유참가라고 하지만 실제로는 강제참가로 인정되기 때문에 근로시간이 된다.

이와 같이 근무시간 종료 후의 직장의 집합에 대하여 그것이 직접·간접의 참가 강제에 따른 경우는 업무종료 후에 했다 하더라도 아직 근기법상으로는 근로시간이 계속되는 것으로 인정되므로 이 점을 주의할 필요가 있다.

22 휴게시간 중의 고객접대·전화당번시간은 근로시간인가

휴게시간 중에 방문하는 고객의 접대나, 전화응대 때문에 근로자 중 누군가가 당번으로 남아야 될 경우, 휴게시간 중 와 같은 당번업무에 종사하고 있는 시간은 근로시간이다. 고객의 응접이나 전화접수 등은 통상업무이며, 그 근로 때문에 당번으로 남는 것은 이른바 대기시간으로 사용자의 지휘·감독 아래 언제라도 근로할 수 있는 상태로 대기하고 있는 시간이기 때문에 권리로서 근로하지 않아도 될 시간이 아니고 따라서 휴게시간이 아니다.

이와 같은 시간은 업무명령에 따라 근로를 하기 위해 대기하는 시간이기 때문에 근로시간에 해당된다. 이를 위해 상시 고객에 대비하여 대기하지 않으면 안 될 상점 등에서는 휴게시간을 따로 마련해 줄 수 있는 것이다.

또 관리·감독의 지위에 있는 자는 휴게시간 적용에서 제외되어 있으므로, 일반 사무실, 공장에서는 이들이 점심시간이나 휴게시간 중에 고객의 응접을 맡고 있는 사례를 볼 수 있다.

안내원, 수위 등은 근기법 제63조제3호에 따라「감시 또는 단속적으로 근로에 종사하는 자」로서 고용노동부장관의 승인을 받은 경우에는 관리·감독자의 경우와 같이 적용제외가 되어 이들에게 그 시간 중의 응접을 위임하여도 상관없다(적용제외 승인신청서에 그 취지를「근로의 형태」란에 기재해야 되는 것이다).

고용노동부장관의 승인대상이 되는 감시적 근로에 종사하는 자는 감시업무를 주 업무로 하여 상대적으로 정신적·육체적 피로가 적은 업무에 종사하는 자로 하며, 단속적 근로에 종사하는 자는 근로가 간헐적·단속적으로 이루어져 휴게시간 또는 대기시간이 많은 업무에 종사하는 자로 한다(근기법시행규칙 제10조제2항 및 제3항).

따라서 휴게시간 중 고객 등의 응접 때문에 근로자가 남아서 대기할 필요가 있을 경우에는 이것을 적법으로 실시하기 위하여 다음의 세 가지 방법 즉,「근로시간」으로 하든지,「관리직」이 대신 남는다든가,「감시·단속적 근로종사자」가 행하든지의 방법 중 어느 방법인가를 택하여야 하는 것이다.

그러나 자유로운 휴게시간 중에 때마침 그곳에 있는 근로자가 전화를 받든가 고객의 응접을 하더라도 그것이 근로시간이며, 자유임의적인 의사로 행할 경우에는 근로시간에 해당되지 않는다(근소한 시간에 대하여 위법이라고 말할 수 없다).

23 극기훈련 · 향토예비군훈련시간은 근로시간인가

1. 극기훈련

사업장에서 주최하는 극기훈련시간(토요일 12시부터 일요일 오전 10시까지)이 소정 근로시간 이외에 실시되는 경우에 근로시간인지 여부에 대하여 다툼이 있을 수 있다. 행정해석(1987.3.25, 근기 01254-4824)은 「취업규칙이나 단체협약에 명시된 규정이 있다면 이에 따라야 할 것이나, 별단의 규정이 없다면 훈련의 강제성 여부, 비용부담, 불참자에 대한 제재 여부 등 구체적인 기준에 따라 판단되어야 할 사항」이라고 한다.

2. 향토예비군훈련시간

(1) 향토예비군훈련시간 및 민방위훈련시간의 근로시간 해당 여부

향토예비군설치법 제10조에서는 「타인을 사용하는 자는 그가 고용하는 자가 예비군대원으로 동원되거나 훈련을 받은 때에는 그 기간일을 휴무로 하거나 이를 이유로 불이익한 처우를 하여서는 아니된다」라고 규정되어 있어서 향토예비군으로 동원 또는 훈련을 받아 근로하지 못한 경우에는 유급으로 할 것을 명백히 하고 있다. 민방위기본법 제23조는 "타인을 고용하는 자는 그가 고용하는 자가 민방위대원으로 동원되거나 훈련을 받는 때에는 그 기간을 휴무로 하거나 이를 이유로 불이익한 처우를 하여서는 아니된다"고 규정하고 있으므로 전술한 근로시간 판단기준에 따라 근로시간에 해다하지 아니하는데도 근로시간과 같이 유급으로 취급하여야 하는 경우가 있다.

(2) 근로의무 있는 날과 근로의무 없는 날의 근로시간 인정 여부

「근로의무가 있는 근로일 또는 근로시간 중에 예비훈련으로 근로치 못한 경우에는 그 훈련시간은 근로시간으로 인정하여야 한다. 그러나 근로의무가 없는 근로시간외 또는 휴일 중의 훈련시간은 근로시간으로 인정하지 않아도 무방하다」(1970.3.10, 법무 810-2423; 1980.11.12, 법무 811-2949; 19911.9.20, 근기 01254-13675).

(3) 교대근무자의 근로시간 중 또는 근로시간 외의 훈련시간의 임금 지급 여부

「교대근무자의 경우 근무시간 중의 훈련시간은 유급으로, 근무시간외의 훈련시간은 무급으로 처리하더라도 무방하다」(1971.12.14, 근기 1455.9-13015; 1989.5.18, 근기 01254-7999).

근무시간이 아닌 시간에 예비군훈련으로 인한 피로 때문에 정상업무 수행에 지장이 발생되지 않도록 합리적인 범위 내에서 피로회복에 소요되는 충분한 휴식시간이 확보되는 것이 바람직하다.

(4) 예비군훈련 불참으로 벌칙으로 보충교육을 받은 경우의 근로시간 해당 여부

「휴일 중에 소집되는 예비군훈련에 불참하여 근무일에 향토예비군설치법에 의한 벌칙으로 보충교육을 받을 경우에는 근로시간으로 인정하지 않아도 무방하다」(1976.4.10, 법무 811-6158).

또한 평일에 소집된 예비군훈련에 불참하여 보충교육을 받을 경우에도 본교육시간에 비하여 추가적으로 받게 되는 보충교육시간도 근로시간이 아니라고 봄이 타당하다고 생각한다. 다만, 사용자의 귀책사유에 따라 예비군훈련소집에 불참하게 된 경우에는 그러하지 않다고 보아야 할 것이다.

(5) 파업기간 중 예비군훈련을 받은 경우와 임금 지급 여부

파업기간은 근로제공과 임금 지급이라는 근로관계가 정지되는 기간인 바, 공민권 행사 등에 필요한 시간 역시 사용자의 관리 범위에 있지 아니하므로 그 기간 중 근로자가 예비군훈련을 받았더라도 임금 지급 의무는 발생하지 않는다(2002.11.4, 근기 68207-3197).

24 일 · 숙직근무시간은 근로시간인가

1. 일·숙직근무의 의의

일반적으로 일·숙직이란 정기적 순찰, 전화와 문서의 수수 그 밖에 비상사태발생 등에 대비하여 시설내에서 대기하고 있는 것으로서 그 자체의 노동의 밀도가 낮고 감시·단속적인 노동인 경우가 대부분이어서 이러한 업무는 관행적으로 정상적인 업무로 취급되지 아니하여 별도의 근로계약을 필요로 하지 아니하며 원래의 계약에 부수되는 의무로 이행되어야 하는 것이다. 근기법에서는 특정한 당직근무형태 및 당직수당에 대하여는 별도로 규정하고 있으므로 회사의 취업규칙 등에 정하여 시행 할 수 있다(2002.8.8, 근기 68207-2665).

「따라서 정상근무에 준하는 임금을 지급할 필요가 없고, 야간·연장·휴일근로수당 등이 지급되어야 하는 것도 아니며 관례적으로 실비변상적 금품이 지급되고 있다는 등 특징이 있다」(대법 1995.1.20, 93다46254).

2. 고용노동부, 「일·숙직근로자에 대한 노무관리 지도지침」(2007.10.25, 임금근로시간정책팀-3230)

(1) '일 · 숙직근로자에 대한 노무관리 지도지침'은 다음과 같다.

1. 목 적

사업장 근로자가 본래의 담당업무 이외의 시간에 일 · 숙직 근로를 할 경우 근기법 제56조의 규정에 의한 휴일, 연장, 야간근로로 볼 것인가, 또한 그에 따른 법정수당을 가산한 임금을 지급할 것인가에 대한 다툼이 있어 이에 대한 지침을 마련하여 사업장 노무관리지침으로 운영코자 함

2. 일 · 숙직근로의 정의

일 · 숙직 근로라 함은 본래 담당업무와 별개의 근로로써 사업장시설의 정기적 감시, 긴급문서 또는 전화의 수수, 기타 돌발사태 발생을 대비한 준비 등 경미한 내용의 근로를 단속적으로 수행하는 것을 말한다.

3. 일 · 숙직근로의 실태

1) "일 · 숙직근로의 정의"에서 말하는 내용의 전형적인 형태의 일 · 숙직근로

2) 일 · 숙직근로시간 중에 1)의 전형적인 일 · 숙직 업무와 병행하거나 따로 본래의 업무와 같거나 유사한 근로를 계속하므로서 본래의 업무와 명확하게 구분하기 어려운 일 · 숙직근로

4. 노무관리지도 지침

가) 일반원칙

∘ 사업장 취업규칙(복무규정, 일 · 숙직규정 등 내규)이나 사용자의 일반적 지휘감독권에 근거한 지시(명령), 또는 관행으로 이루어지고 있는 일 · 숙직은 본래의 업무와는 별도의 부수적 근로계약이 이루어진 것으로 본다.

∘ 휴일, 연장, 야근근로라 함은 근로자의 본래의 업무를 휴일이나 기본 근로시간 이외의 연장시간 또는 야간에 근로하는 것을 말하므로 본래의 업무와 다른 일 · 숙직 근로는 휴일, 연장, 야간근로로 볼 수 없으므로 이에 따른 본래의 통상임금을 기준으로 한 근기법 제56조의 수당지급의 문제는 발생하지 아니한다.

∘ 일 · 숙직근로에 대하여 일정액의 수당을 지급하는 경우에는 그것이 실비변상이라고 할만한 특별한 사정이 없는 한 이는 일 · 숙직근로의 대가인 임금으로 본다.

∘ 일 · 숙직을 본래의 업무로 하는 근로자에 대하여는 이 지침의 적용대상에서 제외한다.

나) 형태별 노무관리지도 지침

∘ 일 · 숙직근로실태 1)의 경우 "가)"의 일반원칙에 의거 지도할 것

∘ 일 · 숙직근로실태 2)의 경우에 일 · 숙직시간중에 수행하는 업무의 노동강도가 경미할 경우에는 일 · 숙직근로실태 1)의 경우와 같이 지도할 것

∘ 일 · 숙직근로실태 2)의 경우라도 노동의 강도가 본래의 업무와 유사하거나 상당히 높을 경우에는

- 본래의 업무와 별도로 일 · 숙직 수당이 지급되고 있는가를 판단하여 본래의 업무에 상당한 임금이 지급되도록 할 것
- 본래의 업무에 대한 임금액에 일 · 숙직 임금까지 포괄하여 결정되었을 경우에는 별도의 임금지급 문제는 발생하지 아니함

(2) 고용노동부 지도지침상 일 · 숙직 근로 쟁점

지침은 일·숙직 근로를 '전형적인 일·숙직 근로'와 '유사 일·숙직 근로'로 구분하고 있다. 이러한 일·숙직 관련한 쟁점은 지침 목적에서 보는 바와 같이 일·숙직시간을 근로시간으로 인정할 수 있을 것인가의 문제이다. 이는 근로시간 인정 여부에 따라 수당의 임금 여부, 근기법 제56조 상의 가산임금의 지급 여부로 연결된다. 전형적인 일·숙직 근로를 기준으로 봤을 때, 일·숙직수당은 그것이 실비변상이라고 할 만한 특별한 사정이 없는 한 일·숙직 근로의 대가인 임금(1987.5.25, 근기 01254-8357)으로 보는 것이 일반적이다. 또한, 연장·야간·휴일근로란 근로자 본래의 업무수행에 있어 기본근로시간을 초과해 근로하거나 야간 또는 휴일에 근

로하는 것을 말하므로, 본래의 업무와 다른 일·숙직 근로는 휴일·연장·야간근로로 볼 수 없으므로 이에 따른 본래의 통상임금을 기준으로 한 근기법 제56조의 수당 지급 문제는 발생하지 않는다.

3. 일·숙직근무가 통상근로에 해당되는지의 판단기준

(1) 판례의 태도

일·숙직근무의 내용이 통상의 근로에 해당한다고 인정하기 위하여는 일·숙직시 근무가 통상의 근무시간의 구속으로부터 완전히 벗어난 것인가, 또는 통상의 근무의 내용이 그대로 계속되는 것인가의 여부, 일·숙직근무 중 본래의 업무에 종사하게 되는 빈도 내지 시간의 장단, 숙직근무시 충분한 수면시간이 보장되는지의 여부 등을 기준으로 판단한다.「일·숙직근무의 태양이 그 내용과 질에 있어서 통상의 근로로 보아 이에 대하여 통상임금 및 근기법 제56조 소정의 가산임금을 지급하도록 하여야 하고, 일·숙직근무가 전체적으로 보아 근로의 밀도가 낮은 대기성의 단속적 업무에 해당할 경우에는 일·숙직근무중 실제로 업무에 종사한 시간에 한하여 위 법 소정의 가산임금을 지급하도록 하여야 할 것」이라고 한다(대법 1990.12.26, 90다카13465).

이와는 달리 일·숙직시 감시·단속적인 일·숙직이 아니고 그 업무의 내용이 본래의 업무가 연장된 경우는 물론이고 그 내용과 질이 통상의 근로와 마찬가지로 평가되는 경우에는 그러한 초과근무에 대하여는 야간·연장·휴일근로수당 등을 지급하여야 할 것이다(대법 2019.10.17, 2015다213568; 대법 2000.9.22, 99다7367; 1996.6.28, 94다14742; 1995.1.20, 93다46254).

(2) 근로시간 해당 여부 판단기준 및 사례(고용노동부 2018.6.11. 가이드라인)

일반적으로 일·숙직 근로라 함은 일과 후에 업무를 종료하고 정기적 순찰, 전화와 문서의 수수, 기타 비상사태 발생 등에 대비해 시설 내에서 대기하거나 전화 착신해 자택에서 대기하는 경우로서 이러한 업무는 원래 근로계약에 부수되는 의무로 이행되어야 하는 것이어서 정상근무에 준하는 임금을 지급할 필요는 없으며 연장·야간·휴일근로수당 등이 지급되어야 하는 것은 아니다.

다만, 일·숙직시간 중에 수행하는 업무의 노동 강도가 본래의 업무와 유사하거나 상당히 높은 유사 일·숙직 근로에 대하여는 통상의 근로에 준해 근기법 제56조 소정의 가산임금을 지급해야 할 것이다(2006.10.10, 임금근로시간정책팀-2974).

4. 종료시각 후 자택에서 착신전환대기 시의 근로시간 해당 여부

일반적으로 일·숙직이란 일과 후에 업무를 종료하고 정기적 순찰, 전화와 문서의 수수, 그 밖에 비상사태 발생 등에 대비하여 시설 내에서 대기하거나 전화착신하여 자택에서 대기하는 경우로서 이러한 업무는 원래 근로계약에 부수되는 의무로 이행되어야 하는 것이어서 정상근무에 준하는 임금을 지급할 필요는 없으며 연장·야간·휴일근로수당 등이 지급되어야 하는 것은 아니다. 다만, 일·숙직시간 중에 수행하는 업무의 노동 강도가 본래의 업무와 유사하거나 상당히 높은 유사 일·숙직근로에 대하여는 통상의 근로에 준하여 근기법 제56조 소정의 가산임금을 지급하여야 할 것이다. 일·숙직근로가 사업장 밖에서 이루어지는 경우에는 근기법 제58조의 간주근로시간제를 도입하여 시행할 수도 있을 것이다(2006.10.10, 임금근로시간정책팀-2974).

25 가면시간(假眠時間)은 근로시간인가

1. 가면시간은 근로시간인가, 아니면 휴게시간인가

문제는 사업장 내에서의 가면시간이 있는 바, 이러한 비활동시간이 근로시간으로 인정되지 않기 위해서는 단순히 실제로 근로에 종사하지 않았다고 해서가 아니라 근로로부터의 해방이 보장되어 있을 것이 요구된다. 예컨대 24시간 근무하고 있는 빌딩의 경비·설비운전보전업무를 행하는 근로자의 가면실(假眠室)에서의 8시간의 가면시간이 있을 때 경보가 울리거나 설비보수 등의 작업에 취업하는 것이 요구된다는 점에서 근로로부터 해방된 것이 아니고 사용자의 지휘·감독 아래 있는 근로시간으로 해석되고 있다. 이러한 가면시간은 완전히 근기법상 근로시간과 동일하게 취급하는 것은 확실히 실제적 타당성에 문제가 있으므로 현행 근기법상으로는 근로시간과 휴게시간간의 중간영역으로 인정되고 있으며, 근로로부터 해방되고 있지 아니하므로 가면시간은 근로시간이 된다. 위와 같이 가면시간을 포함한 격일근무의 경비업무에 있어서는 근무의 전체로서는 감시·단속근로(근기법 제63조제3호)로서 고용노동부장관의 승인을 받아야만 근기법상의 근로시간·휴일·휴게에 관한 관련규정의 적용을 제외할 수 있다.

2. 가면시간에 대한 최근 대법원 판례의 태도

최근 빌딩관리, 경비서비스사업 등 빌딩, 시설의 관리·경비·보전 등을 위한 야간에 빌딩 등에 숙박하는 도중 가면(parasleep)하면서 근무하는 형태의 업무시간에 대하여 재판으로 다투는 사건이 많아지고 있는바 대법원은 이러한 가면시간에 대하여 다음과 같이 판시하고 있다.

(1) 사건의 개요

아파트 경비원들은 A아파트 입주자대표회의(피고)와 각각 근로계약을 체결하고 경비업무를 수행하였다. 2006.10경 입주자대표회의는 해당 경비업무 종사자에 대하여 고용노동부로부터 감시·단속적 근로자로 승인을 받았다. A아파트 경비원은 07:00부터 다음날 07:00까지 24시간 근무하고 그 다음날 쉬는 격일제로 근무했는데 통상적인 근무시간은 18시간, 휴게시간은 총 6시간으로 점심휴게시간 1시간(12:00~13:00), 저녁휴게시간 1시간(18:00~19:00), 야간휴게시간 4시간(24:00~04:00)이었다. 입주자대표회의는 경비원들에게 18시간을 기준으로 임금을 지급하였는데, 경비원들은 입주자대표회의의 지시로 6일 중 4일은 야간휴게시간에 1시간씩 순찰업무를 수행하였다. 입주자대표회의는 '초소에 불이 꺼져있다거나 근무가 부실하다' 는 민원이 있자, 경비원들에게 '야간휴게시간에 가면상태라도 급한 일이 발생하면 즉각 따를 것' 을 서면으로 지시하였고, 관리소장도 '심야시간에는 가면상태이므로, 초소 불을 끄고 취침하는 행위 근절' 이라고 경비일지에 기재하였다. 이에 경비원들은 경비실의 불을 켜고 근무복을 착용한 상태에서 의자에 앉아 가면상태로 대기한 것은 근로시간에 포함해야 한다는 취지로 2014.6. 임금청구 소송을 제기하였다. 원심(서울중앙지법 2016.7.21, 2015나46101)은 경비원들이 야간휴게시간 중 1시간의 순찰업무를 수행한 것만 근로시간으로 인정해 임금 지급 의무를 인정한 반면, 나머지 휴게시간에 대해 실질적인 근무를 한 것으로 볼 수 없다며 청구를 기각하였다.

(2) 판결요지

원심으로서는 경비원들이 입주자대표회의로부터 근무초소(경비실) 외에 독립된 휴게공간을 제공받았는지, 독립된 휴게공간이 아닌 근무초소(경비실)에서 휴게시간을 보낸 것이 경비원들의 자발적인 의사에 의한 것인지, 경비원들이 휴게시간에 입주자대표회의의 지휘·감독을 받지 않고 자유롭게 휴식이나 수면을 취하였는지, 입주자대표회의가 휴게시간에 경비원들에게 경비 또는 순찰을 지시하거나 경비원들의 근무상황을 감시하거나 보고를 받은 적이 있는지, 휴게시간 중 경비 또는 순찰의 지시로 인하여 경비원들의 나머지 휴게시간이 방해받았는지, 이와 같은 휴게시간의 방해가 불가피한 사정에 의한 것인지 등에 관하여 충분히 심리한 다음, 경비원들이 휴게시간에도 입주자대표회의의 실질적인 지휘·감독 아래 있었는지 여부를 판단하였어야 한다. 그럼에도 원심은 위와 같은 사정들을 면밀히 살펴보지 아니한 채, 경비원들이 입주자대표회의의 지시로 야간휴게시간에 순찰업무를 수행한 것만 휴게시간 중 초과근무에 해당하여, 입주자대표회의는 임금 지급 의무가 있고, 나머지 휴게시간의 경우 경비원들이 입주자대표회의의 실질적인 지휘·감독 아래 초과근무를 하였다고 할 수 없어, 입주자대표회의는 이 부분에 관한 임금을 지급할 의무가 없다고 판단하였다. 이러한 원심의 판단은 필요한 심리를 다하지 않은 채 논리와 경험의 법칙에 반하여 자유심증주의의 한계를 벗어나 사실관계를 오인하거나 근기법상의 근로시간 및 휴게시간에 관한 법리를 오해함으로써 판결에 영향을 미친 위법이 있다(파기환송).

3. 가면시간의 근로시간 해당 여부 판단기준

(1) 가면시간의 근로시간 해당 여부

근기법 제50조 및 대법원의 판례에 따르면, 야간 휴게시간에 '근무장소를 지키며 가면(parasleep, 일명 "일탈수면"이라고도 하며, 이는 머리의 활동과 몸의 활동이 따로 분리된 상태를 말한다. 즉 몸은 자고 있어도 머리는 활동을 하고 있는 것이다) 상태에서 대기' 할 것을 지시하는 등 사용자가 근로자의 휴게시간에 대한 자유로운 이용을 제한하였다면, 휴게시간 전체가 근로시간이 되어 임금 지급 의무가 발생한다. 근기법 제50조제3항과 확립된 해석론에도 불구하고 아파트 경비원에 관해서는 근무시간에 해당하는 휴게시간에 대한 임금청구를 법원은 종종 부정해 왔다. 원심도 '휴게시간 중 긴급 상황으로 불가피하게 근로에 착수해야 하는 근무형태에 기인한 것' 이라며 실질적인 지휘·감독을 인정할 증거가 부족하다고 판단하였다. 즉 감시·단속업무에 해당하는 경비업의 특성 상 휴게시간이 방해받는다 해도 근로시간으로 보지 않겠다는 논리이다.

(2) 대법원 판례(2017.12.13, 2016다243078)의 태도

대상판결은 'A아파트 입주자대표회의가 관리소장을 통해 문서로 지시한 특별지시, 직원 중요숙지사항 등은 경비원들에게 별도의 취침시간과 취침장소가 없다는 전제에서, 야간휴게시간에 근무초소(경비실) 내의 의자에 앉아 가면상태를 취하면서 급한 일이 발생할 시 즉각 반응하도록 지시한 점, 야간휴게시간에 근무초소(경비실)내의 조명을 켜 놓도록 한 점, 야간 휴게시간에 입주자대표의 지시로 시행된 순찰업무는 경비원마다 매번 정해진 시간에 이루어지지 않았고, 이로 인하여 나머지 휴게시간의 자유로운 이용이 방해된 것으로 보이는 점 등을 종합하여 보면, 아파트 경비원들의 야간휴게시간은 자유로운 이용이 보장되는 휴식·수면시간으로 보기 어렵고, 혹시 발생할 수 있는 긴급 상황에 대비하는 대기시간으로 볼 여지가 충분하다' 고 판단하였다. 또한 대상판결은 '야간휴게시간에 근무초소(경비실)에서 불을 끄고 취침하는 경비원들에 대하여 입주민의 지속적인 민원이 제기된 점, 경비일지에 "심야시간: 가면 상태임, 초소 불 끄고 취침하는 행위 근절"이라고 기재되어 있는 점, 입주자대표회의는 경비원들의 근무평가에서 입주민들의 민원사항 중 지적사항을 그 평가사유로 삼고 있고, 이와 같은 경비원들의 근무평가결과는 경비원들의 재계약 여부에 영향을 미쳤던 것으로 보이는 점 등을 종합해 보면, 입주자대표회의가 관리소장을 통해 야간휴게시간 등에 관한 실질적인 지휘·감독을 하였다고 볼 여지가 크고' , 나아가 '입주자대표회의가 경비원들에게 휴게장소를 제공하였다거나 휴게장소의 자유로운 이용을 보장하였다고 보기 어렵고, 경비원들의 휴게시간을 보장하기 위한 별다른 노력을 기울이지도 않았다' 는 점을 인정하였다. 결론적으로 대법원은 '경비원들의 휴게시간 중 상당시간은 실질적으로 입주자대표회의의 지휘·감독을 벗어나 자유로운 휴식·수면시간의 이용이 보장되었다고 보기 어렵다' 고 판단한 것이다.

4. 대법원 판례의 의의

(1) 휴게시간의 자유로운 이용을 실질적으로 보장하지 아니한 경우

대상판결의 의의는 사용자가 근로자에게 휴게시간의 자유로운 이용을 '실질적으로 보장' 하였는지 여부를 살펴본 다음, 특히 열악한 지위에 있는 아파트 경비원들이 휴게시간을 자유롭게 이용하기 위한 입주자대표회의의 구체적인 조치가 필요하다는 점을 명확히 밝힌 것이다. 달리 말하면, 아파트에 별도의 휴게장소가 없어 부득이 지하실에서 식사하거나 휴식을 취한 것을 두고 경비원들에게 휴게장소를 제공하였다거나 휴게장소의 자유로운 이용을 보장했다고 보기 어렵다는 판단이다.

(2) 휴게시간의 자유로운 이용을 실질적으로 보장한 경우

그러나 또 다른 대법원 판례는 경비원의 야간 휴게시간을 대기시간이 아닌 휴게시간에 해당된다고 판시하였다. 사용자의 구속 아래에서 일정한 장소에서 소정의 시간 대기상태에서 가면(parasleep)하는 경우에도 「근무나 노동」으로부터 해방되어 그런 장소에서의 수면이 충분하지 아니하나 이러한 최근 경비실태의 실제 작업에의 종사가 거의 없는 상태이므로 휴게시간에 해당한다는 것이다(대법 2017.12.5, 2014다74254).

대법원 판례는 다음과 같은 사정 등을 들어 해당 고용계약에서 정한 휴게시간의 실질이 근로시간 또는 근로시간으로 간주할 수 있는 대기시간에 해당한다고 보기 어렵다고 판단하였다.

① 해당 경비직 근로자는 숙직경비 등을 목적으로 설립된 해당 경비회사와 고용계약을 체결한 다음, 2009.6.1부터 2009.12.21까지는 ○○초등학교에서, 2010.1.1부터 2010.11.21까지는 △△도서관에서 경비원으로 근무하였다. 경비원의 업무는 평일 일과 후와 주말에 방범, 방호를 위한 경비 또는 순찰을 하는 것으로서 감시적(監視的) 근로에 해당한다.

② ○○초등학교와 △△도서관에는 휴식이나 수면이 가능한 당직실이 마련되어 있어 경비원은 휴게시간 동안 장소적으로 독립된 공간에서 휴식을 취할 수 있었다.

③ ○○초등학교와 △△도서관에는 1차적으로 경비 업무를 담당하는 무인전자경비시스템이 설치되어 있어, 무인전자경비시스템이 작동되면 경비원으로서는 달리 할 일이 거의 없었을 것으로 보인다.

④ 사용자는 근무 중인 경비원에게 개별적·구체적으로 경비 또는 순찰을 지시하거나 근무상황을 감독하거나 별도의 보고를 요구한 흔적이 없고, 경비원의 근무기간 동안 화재, 도난 등 긴급한 상황이 발생한 경우도 없는 것으로 보인다.

이 판례는 휴게시간의 자유로운 사용을 실질적으로 보장하지 아니한 경우에는 휴게시간으로 보기 어렵다고 한 판례와 달리 휴게시간의 자유로운 사용을 실질적으로 보장한 경우에는 대기시간(근로시간)으로 볼 수 없다는 것을 명확히 판시한 점에 그 의의가 있다.

26 육아시간은 근로시간인가

1. 육아시간은 근로시간에 포함되는가

근기법은 「생후 1년 미만의 유아를 가진 여성근로자가 청구하면 1일 2회 각각 30분 이상의 유급수유시간을 주어야 한다」고 규정하고 있다(근기법 제75조). 육아시간이란 유아를 양육하기 위한 유급수유시간을 말한다. 이 규정은 유아를 가진 여성근로자의 직장생활과 육아책임이 양립할 수 있도록 제도적으로 보호하는 데 있다. 육아시간은 유급수유시간일 뿐 근로시간에 산입되지 아니하므로 해당 시간에 임금은 지급되지만 근로시간에는 포함되지 않는다. 따라서 연장근로, 휴일근로, 야간근로시의 근로시간에 포함되지 아니하고 가산임금도 지급되지 아니한다.

육아시간은 근로시간에 포함되지 아니한 시간이지만 해당 시간에 임금이 지급된다는 점에서 특수한 성격이 있다.

2. 육아시간의 청구권자

육아시간의 청구권자는 생후 1년 미만의 유아를 가진 여성근로자로서 기혼이든 미혼이든 불문한다. 유아는 해당 근로자가 직접 분만한 자녀만인지 또는 양자도 포함하는지에 관하여는 견해가 나누어진다. 그러나 모자접촉을 통한 인간다운 생활보장이라는 본 제도의 취지에서 본다면 친자에 한하지 않고 생후 1년 미만인 입양된 양자의 경우도 포함된다고 하여야 할 것이다. 육아시간을 청구할 수 있는 근로자는 정규직 근로자뿐만 아니라 단시간근로자 등 비정규직근로자에게도 적용된다.

3. 육아시간의 부여방법

육아시간은 사용자가 부여하는 시간이며 근로시간의 도중에 한정되지 아니하며 자택 또는 탁아시설까지의 왕복시간을 포함시켜도 무방하다. 수유시간은 수유뿐만 아니라 유아를 보살피는데 필요한 시간을 포함하는 것으로 해석하는 것이 일반적이다. 육아시간은 1일에 2회 30분 이상으로 한 것은 1일 근로시간을 8시간으로 하는 통상적인 업무형태를 예상하여 정한 것이므로 근로자와 사업주 간 합의에 의하여 1일 1회 1시간으로 운영하는 것도 가능하다(2013.11.14, 여성고용정책과-2363). 그러나 1일의 근로시간이 4시간 이내인 단시간근로자나 토요일 등에 근로시간이 4시간 이내인 경우에는 1회로서 충분하다. 또한 육아시간은 휴게시간과 달라 사용자가 언제 어디에서 줄 것인가는 제한이 없다. 구체적인 수유시간이나 횟수 등은 사업장 내에서 협의하여 활용할 수 있다. 근로자는 필요에 따라 임의로 청구할 수 있으므로 근무시간의 시작 또는 종료시에 청구한 경우에도 특별한 이유가 없으면 부여하여야 한다. 예를 들면, 30분씩 출근시간을 늦추거나 퇴근시간을 당길 수도 있다. 유급수유시간은 근로자의 청구가 있는 경우에 주어야 하며 유급이다.

4. 위반의 효과

당해 여성근로자의 청구가 있음에도 불구하고 사용자가 근기법 제75조를 위반하여 수유시간을 주지 않을 때에는 2년 이하의 징역 또는 2,000만원 이하의 벌금에 처해질 수 있다(근기법 제110조).

27 해외 출장 중의 출장업무 수행시간이 근로시간인가

1. 근로시간과 연장근로

근로시간이란 휴게시간을 제외하고 실제로 근로한 시간으로서 이른바 「실근로시간」을 말한다. 이 시간이 법정근로시간(1주 40시간, 1일 8시간)을 초과하는 경우에는 미리 「사업장 밖 간주근로시간제 노사합의」를 체결하는 것이 바람직하다.

해외 출장의 경우 본래 목적인 출장 업무를 수행하기 위해 해외에 있는 동안 근로시간의 배분 등에는 실제 본인에게 위임한다거나 해야지 실제 근로시간을 파악하기 어렵다.

2. 해외 출장에 있어서의 근로시간 관리방법

(1) 사업장 밖 근로의 간주근로시간제

해외출장의 경우에는 근로시간을 파악하기 어려운 것이 일반적이다. 이러한 경우에는 근기법 제58조제1항에서 규정하는 「사업장 밖 근로의 간주근로시간제」를 활용할 수 있다.

1) 소정근로시간을 근로한 것으로 간주하는 경우

근기법 제58조제1항 본문은 「근로자가 출장이나 그 밖의 사유로 근로시간의 전부 또는 일부를 사업장 밖에서 근로하여 근로시간을 산정하기 어려운 경우에는 소정근로시간을 근로한 것으로 본다」고 규정하고 있다. 예컨대 취업규칙 등에서 「출장 등에 따라 회사 밖에서 근로하는 경우 소정근로시간을 근무한 것으로 간주한다」고 규정하였다면 그 날의 근로시간은 소정근로시간만큼 근로한 것으로 본다는 것이다. 따라서 소정근로시간을 8시간으로 정하고 있다면 출장지에서 8시간을 초과하여 근무하거나, 또는 6시간을 근무하더라도 8시간 근무한 것으로 취급한다.

2) 소정근로시간을 초과하여 근로할 필요가 있는 경우

출장업무를 수행하기 위해 통상의 소정근로시간을 초과하여 근로할 필요가 있는 경우에는 통상 필요로 하는 시간 근로하는 것이 가능하다. 근기법 제58조제1항 단서는 「다만, 그 업무를 수행하기 위하여 통상적으로 소정근로시간을 초과하여 근로할 필요가 있는 경우에는 그 업무의 수행에 통상 필요한 시간을 근로한 것으로 본다」고 규정하고 있다. 예컨대 해외출장 업무가 소정근로시간인 8시간으로는 부족하여 통상 평균 9시간을 필요로 한다면 그 9시간을 출장 업무에 필요한 근로시간으로 본다는 것이다. 이 경우에는 해외출장을 명할 대 1일 1시간분의 시간외근로수당의 지급을 필요로 한다. 또한 이러한 「통상 필요한 시간」을 몇 시간으로 할 것인가는 근무실태를 최대한 살펴 노사간 협의하여 서면으로 체결하는 것이 바람직하다.

근기법 제58조제2항은 「제1항 단서에도 불구하고 그 업무에 관하여 근로자대표와의 서면 합의를 한 경우에는 그 합의에서 정하는 시간을 그 업무의 수행에 통상 필요한 시간으로 본다」고 규정하고 있기 때문이다.

(2) 간주근로시간제가 적용되지 않은 경우

사업장 밖 근로시간에 관한 간주근로시간제가 적용되는 것은 어디까지나 「근로시간 산정이 어려운 경우」이어야 한다. 해외출장에 있어서도 근로시간을 파악할 수 있는 담당 부서장이 동행한다든가, 회의 등에서 미리 개시시각이나 종료시각이 설정되어 있어서 근로시간의 산정이 가능한 경우에는 간주규정의 적용을 받을 수 없다. 엄격하게는 근로시간의 계산을 행할 수 있다. 고용노동부의 「유연근로시간제 가이드」에서 사업장 밖의 간주근로시간제가 적용될 수 없는 경우를 다음과 같이 예시하고 있다.

① 여러 명이 그룹으로 사업장 밖에서 근로하더라도 그 구성원 중에 근로시간 관리를 하는 자가 있는 경우
② 사업장 밖에서 업무를 수행하는 사람이 정보통신기기 등에 의하여 수시로 사용자의 지시를 받으면서 근로하고 있는 경우
③ 미리 회사로부터 방문처와 귀사시각 등 당일 업무를 구체적으로 지시받은 다음 사업장 밖에서 업무를 수행하는 경우

이러한 경우에는 근로시간의 산정이 가능하므로 사업장 밖의 간주근로시간제가 적용되지 않는다. 예컨대 그 해외출장에 담당 부장이 동행하는 경우에는 「예상 밖의 업무에 시간외근로를 한다」는 것이 파악되고 있으므로 소정근로시간을 초과한 시간은 시간외근로수당의 지급이 필요한 것이다.

(3) 해외 출장시 근로시간 관리의 문제점

해외 출장에 있어서 근로시간 관리는 상기 (1)과 (2)의 방법에 따르는 것이 통상적인 방법이다. 해외출장 업무의 간주근로시간제가 적용되는 경우를 구별할 필요가 있다. 예컨대 출장 1일째는 단독행동을 했으므로 간주근로시간제가 적용된다. 출장 2일째는 담당 부장이 동행하여 지휘·감독하고 있으므로 간주근로시간제가 적용되지 않는다. 더구나 해외출장에 있어서 그 근로일마다 근로시간 관리방법이 다르다는 것은 업무가 복잡하고 근로시간 관리를 제대로 할 수 없게 된다.

3. 노사 합의에 있어서의 시간외근로와의 관계

해외 출장이라는 예상 밖의 업무 수행 때문에 2.(1)의 사업장 밖 근로의 간주근로시간제의 적용이 있는 날에는 근로시간을 산정할 필요가 없다. 한편 2.(2)의 경우에는 통상 필요한 시간만큼 근로한 것이므로 소정근로시간을 초과하였다면 연장근로수당을 지급하여야 한다.

4. 해외 출장시간 관련 판례

근로자가 해외출장(출·입국 절차, 비행대기 및 비행, 현지 이동 및 업무 등 포함) 중 소요된 시간은 근로시간으로 보아야 한다(수원지법 2016.11.24, 2016가단505758). 이 판례는 초과 근로시간의 산정기준을 다음과 같이 제시하고 있다.

> ① 소정근로일 이외(평일 08:30~17:30)의 연장, 야간, 휴일근로에 대한 시간외근로시간을 산출 함.
> ② 해외출장의 각 시간은 현지 지역시간을 기준으로 함.

③ 한국과 해외의 시차는 입국과 출국시 시차가 상쇄되므로 고려하지 아니하고 각 지역시간을 기준으로 근로시간을 산정함(실 근로시간은 입출국 시차 고려 배제).
④ 국내에서 해외출국시 공항의 출국수속 2시간, 입국수속 1시간을 적용함.
⑤ 해외에서 해외국내선 이용시 출국과 입국에 필요한 시간은 각 1시간을 적용함.
⑥ 비행 등 연속되는 해외출장 과정으로 인하여 역일을 달리하는 경우 업무시작일을 기준으로 연장, 휴일근로 여부를 판단함.
⑦ 비행 및 환승 등을 위한 대기시간 등 4시간 마다 30분의 휴게시간을 적용하고, 휴게시간은 근로시간으로 계산하지 않음.
⑧ 출장업무를 위하여 렌터카 등을 이용한 해외 지역간 이동시간은 실 소요시간을 적용함.

해외출장 시 이동에 소요되는 시간을 근로시간으로 인정할 것인지에 대해서는 판례가 축적되거나 대법원 판례가 없는 상황이다. 그렇다 하더라도 수원지법 판례와 같이 모든 출장에 소요되는 시간을 근로시간으로 인정하기는 어렵다. 다만 출장이동시간은 사용자의 별도 지시가 없는 한 근로자에게 어느 정도의 재량권이 부여된 시간이긴 하나 출장을 위해 불가피한 시간이므로 해당 시간 전체를 근로시간으로 인정하긴 어렵겠으나 장거리 이동시 이에 대한 보상이 필요하다고 판단된다. 통상 기업실정에서는 「여비규정」에 따라 일비 등을 지급하는 경우도 있으나 법적으로 일비 등의 지급의무가 있는 것은 아니다. 앞으로도 출장이동시 소요되는 시간에 대한 근로시간 분쟁은 지속될 것으로 판단된다. 따라서 향후 이에 대한 근로시간 인정기준이 마련될 필요가 있다.

28 손님접대시간은 근로시간인가

1. 손님접대시간이 근로시간에 해당하는지의 판단기준

우리나라의 기업사회에는 사용자의 직접적인 지휘·감독 아래에 있으면서 시간적·장소적 및 작업행동 등에서 엄격한 구속을 받고 있는 소정근로시간뿐만 아니라 근로자의 자유재량적인 활동시간이긴 하지만 회사의 업무수행시간으로 인정받아 그 활동비용이 교제비 등의 명목으로 회사가 정식으로 지급하는 활동시간도 있다. 그러한 것의 대표적인 것의 하나로 거래처 담당자 등과 식사를 하거나 골프를 치는 시간 등이 있다.

그러나 업무의 종료시각 도래 후, 거래처 사람 등을 접대하는 시간 등은 개인적인 사적시간은 아니고 회사 용무를 수행하는 시간으로서 그 내용은 음식을 들면서 담소를 하는 것이 일반적이다. 그러므로 '단순한 친목을 주목적으로 하는 회식 석상에서 무엇인가의 업무에 관한 화제가 있고, 또 업무의 원활한 운용에 기여하는 바가 있었다고 할지라도, 그 회식의 준비 등을 명령받은 자 또는 출석자의 송영(맞음이나 전송)을 담당하는 자동차 운전기사 등 외에는 원칙적으로 이를 업무시간' 이라 볼 수는 없으며 근로시간에 해당하는 것은 아니다.

또한 회식에 속하는 경우라도, 음식과 그에 앞선 업무상의 교섭회의시간 등이 명백히 분리되고 있는 경우에는 그 분리된 업무시간 즉 장소·시간 등이 특정되어 행하여지는 거래교섭, 상품설명회, 의견교환, 판매회의, 신제품발표회 등의 시간은 그것에의 출석·참가가 구속 또는 강제되고 있으며 사용자의 지배·관리하에 있다고 볼 수 있으므로 근로시간이라고 볼 수 있지만, 그 이외의 회식·파티·음식 등의 시간은 단지 친목·교제시간으로서 근로시간으로 취급을 받지 아니한다.

2. 판례의 태도

언론사 홍보업무를 수행하는 근로자가 신문기자와 같이 새벽 4시를 넘어서까지 한 술자리를 접대업무가 계속된 것으로 이로 인한 상병(뇌실내출혈)을 업무상 재해로 본다(대법 2006.3.24, 2005두5185). 그러나 접대시간이 근로시간에 해당하는 것은 아니다. 또한 회사의 업무총괄이사가 거래처 담당자를 만나 막걸리집, 호프집, 노래방 순서로 옮겨가며 회식을 하고 거래처 담당자의 대리운전기사를 기다리던 중 넘어져 머리를 다쳤는바, 이 회식은 회사의 업무총괄이사로서 거래처 담당자를 만나 업무협의와 접대를 하려는 목적에서 비롯한 것으로서 업무수행의 연장이라고 볼 수 있고, 회식 모두 거래처의 직원이 동석하였을 뿐 아니라 회식이 마무리될 때까지 참석자에 변동이 없었으며, 호프집과 노래방 비용을 추후 회사에서 업무비용으로 처리해 주었으므로, 앞선 회식뿐만 아니라 노래방에서의 회식까지의 전반적인 과정이 사용자의 지배나 관리를 받는 상태에 있었다고 봄이 타당하다. 나아가, 업무총괄이사는 노래방에서의 회식 직후 술에 취해 비틀거리던 상태에서 거래처 담당자의 대리운전기사를 기다리다 넘어져 머리를 다친 것으로, 그가 모임의 정상적인 경로를 일탈하였다고 볼 수도 없으므로, 해당 사고는 업무상 사고에 해당한다(대법 2017.3.30, 2016두31272). 그러나 업무상 재해로 인정된다 하더라도 회식시간은 근로시간은 아니다.

29 손님접대 골프시간은 근로시간인가

1. 손님접대 골프시간이 근로시간에 해당하는지의 판단기준

이것은 휴일 등에 행하는 이른바 업무목적으로 행하는 골프의 경우에도 동일하다. 설사, 회사가 업무라고 인정하여 회사의 비용부담으로 행하는 골프라 해도 그 자체는 어디까지나 취미·스포츠의 영역에 속하며 골프에의 참가가 거래관계의 원활화를 도모하고 인간관계의 융화·친목을 통하여 업무의 향상에 유효하였다고 할지라도 그것은 부수적인 이익이며, 직접의 목적은 거래활동 그 자체가 아니고 골프경기를 즐기는 것이라 생각되고 있다. 그러므로 원칙적으로 골프경기에의 참가는 그것이 휴일에 행하여졌다 할지라도 '업무' 도 아닐뿐더러 '근로' 에도 해당되지 아니한다. 이 골프 경기에 참가하는 것이 회사의 명령이며, 비용도 회사부담이고 출장여비가 지급되었다고 할지라도 골프경기에의 참가가 회사의 사업 운영상 긴요하고, 또한 그것에의 출석이 사업주의 적극적 지시에 따른 것이라고 인정되지 아니하는 한 근로시간으로 간주되지 아니한다.

골프경기에의 참석이 업무의 수행이라고 인정되는 경우가 있다는 것을 부정할 수는 없으나, 그를 위해서는 그 참석이 단순히 사업주의 통상의 명령으로 행해지고 또는 참석비용이 사업주로부터 출장여비로서 지급되는 등의 사정이 있는 것만으로는 충분하지 않고, 그 출석이 사업 운영상 긴급히 필요한 것이라고 인정되며 또한 사업주의 적극적 특명에 따라서 행하여졌다고 인정되는 것이어야 한다.

(2) 판례의 태도

판례(서울중앙지법 2018.4.4, 2017가단5217727)는 휴일골프시간의 근로시간 해당 여부에 관하여 다음과 같이 판시하였다. 「(가) 휴일골프의 라운딩 대상자들, 라운딩 장소, 시간 등을 회사가 아닌 근로자의 상사인 상무 또는 근로자 등이 임의로 선정한 점, (나) 또한 이 사건 휴일골프 관련하여 근로자 또는 상무 등 그 누구도 회사에게 별도로 출장복무서와 같은 형식으로 보고하지 않은 점, (다) 근로자의 이 사건 휴일골프 참여 당시의 지위가 부서장으로서 근로자 자신의 직무를 원활히 수행하고 좋은 대내외의 평가 등을 위하여도 자발적으로 이에 참여할 동기기 있었던 것으로 보이는 점 등에 비추어 보면, 근로자의 이 사건 휴일골프와 관련하여 회사가 그 업무관련성 등을 인정하여 비용 등을 계산하였고, 이 사건 휴일골프 중 상당수는 근로자의 상사인 상무의 명시적·묵시적 지시에 의하여 참여한 사정만으로는 이 사건 휴일골프가 사용자의 구체적인 지휘·감독하에 이루어진 것으로 볼 수 없고 결국 근기법상 "근로시간"에 해당한다고 단정할 수는 없다.」

이 사건에 대한 항소심(서울중앙지법 2018.10.30, 2018나25938)도 해당 근로자의 항소를 기각하고 1심 판단을 유지했다. 판결에 따르면「해당 근로자의 휴일골프가 회사의 영업실적 향상을 위해 거래처와의 원활한 관계 설정 등을 목적으로 사실상 영업본부장 등의 주도하에 이뤄졌고 비용을 결제한 회사 법인카드 사용 내역이 회사 내부적으로 승인됐다고 하더라도, 회사가 관련 법인카드 사용내역을 승인한 것은 해당 근로자 등의 휴일골프 참여를 출장 업무 등 근로제공으로 승인했다기보다 임직원의 원활한 업무 수행을 위한 활동 지원의 일환으로 볼 수 있다. 임직원의 원활한 업무수행을 위한 활동이 업무시간이나 근로시간에만 이뤄지는 것은 아니기에 해당 근로자가 회사의 관리·감독을 받으며 휴일골프에 참여했다고 보기 어렵다. 해당 근로자는 상사로부터 이 사건 외의 휴일골프 참석 요청을 받았을 때 다른 사람을 대신 보낸 경우도 있으므로 휴일골프가 강제됐다고 보기도 어렵다」한 것이다. 해당 근로자는 2013년 4월부터 2016년 7월까지 법정공휴일이나 휴일에 총 47회에 걸쳐 접대골프를 나갔다. 골프 비용은 회사 법인카드로 계산했다. 종종 해당 근로자의 상사였던 상무가 동행하였고 상사의 지시에 따라 해당 근로자가 라운딩에 참여하기도 했다. 해당 근로자는 2017년 11월 "골프가 회사 업무의 일환으로 이뤄진 것이니 휴일근로수당 3000여만원을 지급하라"며 소송을 냈다. 이에 대해 삼성화재 측은 "휴일골프는 근로의 제공이라고 볼 수 없을 뿐만 아니라 해당 근로자는 관리·감독업무 종사자이기 때문에 시간외 근로수당 지급을 구할 권리도 없다"고 주장한 것이다.

30 점심시간을 활용한 직무 · 외국어학습시간은 근로시간인가

주 52시간제가 2020년 1월 1일부터 50인 이상 300인 미만까지 본격적으로 시행됨에 따라 따로 별도의 교육시간을 마련하기 어려워진 기업들이 점심시간을 충실하게 활용하기 시작했다. 종전에 점심시간을 12시에서 오후 1시까지 설정하고 점심만 먹고 끝나던 관행을 벗어 점심시간을 오전 11시 30분에서 오후 1시 30분으로 한 시간을 더 연장해 2시간을 충분히 활용하고 있다.

예컨대 S카드(주)는 근로자학습프로그램 'S-시리즈'를 도입했다. 먼저 점심시간을 활용한 직원 상호간의 토론 학습을 'S-런치(S-Learnch)'로 명명했다. '배우다(Learn)'와 '점심(Lunch)'을 합성해 만든 이름이다.

회사가 제공한 가벼운 도시락을 곁들여 진행되는 S-런치는 회사와 관련된 주제를 정해 근로자들이 상호 토론을 벌이는 시간으로 활용된다. 근로자 간 소통, 회사 업무에 대한 이해도를 높이는 게 목적이다. 근로자들은 'S-Learnch'에 참가할 의무가 있는 것도 아니고, 강제되는 것도 아니므로 사용자의 지휘·감독 아래에 있는 근로시간으로 인정되지 아니한다.

K카드회사도 근로자들의 학원 방문시간과 비용을 절약하기 위한 일대일 외국어 학습 프로그램을 시행하고 있다. 출근시간 전 또는 퇴근 후, 점심시간 중에 근로자들이 원할 때 외국어 강사를 회사 비용으로 직접 초청해 근로자들 수준에 맞는 일대일 영어 수업을 진행하고 있다. 이 경우에도 사용자의 지휘·감독 아래 진행되는 것이 아니고 근로자들에게 자유선택하도록 하고 있으므로 근로시간으로 인정되지 아니한다.

이러한 점심시간을 이용한 자율학습시간이 확산되고 있는 추세이다.

제3장 | 근로시간 해당 여부 판단 기준 및 사례

- 고용노동부 2018.6.11 가이드라인 -

1 근로시간 의의 및 판단원칙

1. 의 의

'근로시간' 이란 근로자가 사용자의 지휘·감독 아래 종속되어 있는 시간, 즉 노동력을 사용자의 처분 아래에 둔 실 구속시간을 의미한다.

사용자의 지휘·감독은 명시적인 것뿐만 아니라 묵시적인 것을 포함한다.

2. 판단 원칙

근로시간 해당 여부는 사용자의 지시 여부, 업무수행(참여) 의무 정도, 수행이나 참여를 거부한 경우 불이익 여부, 시간·장소 제한의 정도 등 구체적 사실관계를 따져 사례별로 판단한다.

다른 나라도 근로시간 인정 여부에 대해 법률이나 정부 지침으로 정하지 않고 개별 사례별로 판단하고 있다.

3. 판례 입장

판례도 일률적으로 판단하지 않고 개별 구체적 사안에 대해 여러 사정을 종합하여 판단하고 있다(대법 2017.12.5, 2014다74254).

2 주요 사례(판례 및 행정해석)

1. 휴게시간·대기시간

근로자가 사용자의 지휘·감독에서 벗어나 자유롭게 이용이 보장된 시간에 대해서 휴게시간으로 인정하고 있으며, 자유로운 이용이 어려운 경우 사용자의 지휘·감독 아래에 있는 대기시간으로 보아 근로시간으로 인정한다.

근로자가 사용자의 지휘·감독 아래에 있는 대기시간 등은 근로시간으로 본다(근기법 제50조제3항).

〈사례1〉

■ 휴게시간이란 휴게시간, 대기시간 등 명칭 여하에 불구하고 근로자가 사용자의 지휘·감독으로부터 벗어나 자유롭게 사용할 수 있는 시간을 말하므로, 현실적으로 작업은 하고 있지 않지만 단시간내에 근무에 임할 것을 근로자가 예상하면서 사용자로부터 언제 근로 요구가 있을지 불명한 상태에서 기다리고 있는 시간, 이른바 대기시간은 사용자로부터 근로하지 않을 것을 보장받고 있지 못하기 때문에 휴게시간으로 볼 수 없고 근로시간으로 보아야 한다(1980.5.15, 법무 811-28682).

〈사례2〉

■ 휴게시간은 근로시간 4시간의 경우 30분 이상 근로시간 중에 근로자가 자유롭게 이용할 수 있어야 하는 바, 작업의 진행상황에 따라 근로자가 미리 작업개시 전에 휴게시간을 명백히 구분할 수 있는 상황에 있고 그 시간 중에 사용자의 지휘·감독을 벗어나 자유롭게 사용할 수 있다면 휴게시간으로 보아야 할 것이나 사용자로부터 언제 근로 요구가 있을지 불명한 상태에서 대기하는 시간은 휴게시간으로 볼 수 없고 근로시간으로 보아야 한다(1987.8.5, 근기 01254-12495).

〈사례3〉

■ 국가시험 편집 및 인쇄를 담당하는 근로자의 근로시간 및 휴게시간 인정 등에 관하여, 국가시험 보안상 합숙출제 기간 중 일부 장소적 제약이 있는 경우에도 근로시간과 휴게시간이 명백히 구분되고 근로자가 독립적으로 휴게 또는 수면할 공간이 확보되어 이를 자유롭게 이용할 수 있는 시간의 경우에는 휴게시간으로 볼 수도 있을 것으로 사료된다(2015.8.12, 근로기준정책과-3713).

〈사례4〉

■ 근로자가 작업시간의 도중에 현실로 작업에 종사하지 않은 대기시간이나 휴식·수면시간 등이라 하더라도 그것이 휴게시간으로서 근로자에게 자유로운 이용이 보장된 것이 아니고 실질적으로 사용자의 지휘·감독 아래에 놓여있는 시간이라면 이는 근로시간에 포함된다고 할 것이다.

일부 경비원들이 작성한 확인서들을 근거로 하여 점심 및 저녁식사를 위한 휴게시간 심야의 수면시간을 인정할 것이 아니라, 점심·저녁식사 및 심야시간의 근무실태에 대하여 구체적으로 심리해 본 후 사용자인 피고의 지휘·감독으로부터 완전히 해방되어 원고들의 자유로운 이용이 보장된 식사시간 및 수면시간이 주어진 것으로 인정되는 경우에 한하여 그 시간만을 실제 근로시간에서 제외하였어야 한다(대법 2006.11.23, 2006다41990).

〈사례5〉

■ 고소인(고시원 총무)들에게 휴게시간으로 사용할 수 있는 구체적 시간을 미리 정하여 주지 않은 점, 방문자나 새로운 세입자가 찾아오는 것은 정해진 시간이 있는 것이 아니므로 고시원을 벗어나지 않고 자리를 지키고 있어야 하는 점, 피고인은 특별한 시간의 제약이 없이 그때 그때 필요한 업무지시를 고소인들에게 하였고, 고소인들은 피고인의 돌발적인 업무지시를 이행하였던 점 등을 감안하면, 고소인들이 특별한 업무가 없어 휴식을 취하거나 공부를 하는 등으로 시간을 보냈다고 하더라도, 그 시간은 피고인의 지휘·감독으로부터 완전히 해방되고 자유로운 이용이 보장되는 휴게시간이 아니라 근로를 위한 대기시간에 해당한다고 봄이 타당하다(서울중앙지법 2017.6.23, 2017노922).

〈사례6〉

■ 근로자가 작업시간 도중에 현실로 작업에 종사하지 않은 대기시간이나 휴식·수면시간 등이라 하더라도 그것이 휴게시간으로서 근로자에게 자유로운 이용이 보장된 것이 아니고, 실질적으로 사용자의 지휘·감독 아래 놓여 있는 시간이라면 근로시간에 포함된다.

야간휴게시간에 근무초소(경비실) 내의 의자에 앉아 가면상태를 취하면서 급한 일이 발생할 시 즉각 반응하도록 지시한 점, 야간휴게시간에 근무초소(경비실) 내의 조명을 켜 놓도록 한 점, 야간휴게시간에 피고의 지시로 시행된 순찰업무는 경비원마다 매번 정해진 시간에 이루어지지 않았고, 이로 인하여 나머지 휴게시간의 자유로운 이용이 방해된 것으로 보이는 점 등을 종합하여 보면, 원고(아파트 경비원)들의 야간휴게시간은 자유로운 이용이 보장되는 휴식·수면시간으로 보기 어렵고, 혹시 발생할 수 있는 긴급 상황에 대비하는 대기시간으로 볼 여지가 충분하다(2017.12.13, 대법 2016다243078).

2. 교육시간

사용자가 의무적으로 실시하도록 되어 있는 각종 교육을 실시하는 경우 그 시간은 근로시간에 포함이 가능하다. 그러나 근로자 개인적 차원의 법정의무이행에 따른 교육 또는 이수가 권고되는 수준의 교육을 받는 시간은 근로시간으로 보기 어렵다.

〈사례1〉

■ 사용자가 근로시간 중에 작업안전, 작업능률 등 생산성 향상 즉 업무와 관련하여 실시하는 직무교육과 근로시간 종료 후 또는 휴일에 근로자에게 의무적으로 소집하여 실시하는 교육은 근로시간에 포함되어야 할 것이다(1988.9.29, 근기 01254-14835).

〈사례2〉

■ '근로시간'은 근로자가 사용자의 지휘 · 감독 하에 근로계약상의 근로를 제공하는 시간을 말한다. 질의 상 교육의 경우 방문건강관리사업에 종사하는 전문인력은 반드시 이수토록 되어 있는 점, 교육참석이 사용자의 지시 · 명령에 의해 이루어진 점 등을 고려할 때, 동 교육시간은 근로시간에 포함된다(2012.5.9, 근로개선정책과-2570).

〈사례3〉

■ 직원들에게 교육 이수의무가 없고, 사용자가 교육 불참을 이유로 근로자에게 어떠한 불이익도 주지 않는다면 이를 근로시간으로 볼 수는 없다. 아울러, 사용자가 동 교육에 근로자의 참석을 독려하는 차원에서 교육수당을 지급하였다고 하여 근로시간으로 인정되는 것은 아니다(2013.1.25, 근로개선정책과-798).

(1)「근로자직업능력개발법」에 따른 직업능력개발훈련의 경우

직업능력개발훈련이란 근로자에게 직업에 필요한 직무수행능력을 습득·향상시키기 위하여 실시하는 훈련을 말한다(근로자직업능력개발법 제2조제1호).

근로자직업능력개발법 제9조【훈련계약과 권리 · 의무】 ① 사업주와 직업능력개발훈련을 받으려는 근로자는 직업능력개발훈련에 따른 권리·의무 등에 관하여 훈련계약을 체결할 수 있다.
② 사업주는 제1항에 따른 훈련계약을 체결할 때에는 해당 직업능력개발훈련을 받는 사람이 직업능력개발훈련을 이수한 후에 사업주가 지정하는 업무에 일정 기간 종사하도록 할 수 있다. 이 경우 그 기간은 5년 이내로 하되, 직업능력개발훈련기간의 3배를 초과할 수 없다.
③ 제1항에 따른 훈련계약을 체결하지 아니한 경우에 고용근로자가 받은 직업능력개발훈련에 대하여는 그 근로자가 근로를 제공한 것으로 본다.
④ 제1항에 따른 훈련계약을 체결하지 아니한 사업주는 직업능력개발훈련을「근기법」제50조에 따른 근로시간(이하 "기준근로시간"이라 한다) 내에 실시하되, 해당 근로자와 합의한 경우에는 기준근로시간 외의 시간에 직업능력개발훈련을 실시할 수 있다.
⑤ 기준근로시간 외의 훈련시간에 대하여는 생산시설을 이용하거나 근무장소에서 하는 직업능력개발훈련의 경우를 제외하고는 연장근로와 야간근로에 해당하는 임금을 지급하지 아니할 수 있다.

사용자가 근로자와 제9조제1항에 따라 '훈련계약'을 체결한 경우에는 근로시간 인정 여부, 임금 지급 또는 훈련에 대한 보상 등의 권리·의무를 정하고 그에 따라 근로시간 여부 등을 판단한다.

동법 제9조제1항에 따라 '훈련계약'을 체결하지 않고 이루어지는 직업능력개발 훈련 시간은 제9조제3항에 따라 근로시간으로 본다. 따라서 '훈련계약' 없이 이루어지는 직업능력개발훈련은 소정근로시간 내 실시하되, 당사자의 합의를 전제로 (동법 제9조제4항) 소정근로시간 외에 실시되는 경우 그 시간은 연장근로시간 범위에 포함한다.

기준근로시간 외에 사업장 밖에서 직업능력개발훈련이 이루어진 경우에는 연장근로와 야간근로에 해당하는 임금을 지급하지 않을 수 있다(동법 제9조제5항). 다만, 훈련계약을 체결한 경우에는 그 계약에서 정한 바에 따라 임금을 지급해야 할 것이다.

3. 출장시간

> **근기법 제58조【근로시간 계산의 특례】** ① 근로자가 출장이나 그 밖의 사유로 근로시간의 전부 또는 일부를 사업장 밖에서 근로하여 근로시간을 산정하기 어려운 경우에는 소정근로시간을 근로한 것으로 본다. 다만, 그 업무를 수행하기 위하여 통상적으로 소정근로시간을 초과하여 근로할 필요가 있는 경우에는 그 업무의 수행에 통상 필요한 시간을 근로한 것으로 본다.
> ② 제1항 단서에도 불구하고 그 업무에 관하여 근로자대표와의 서면 합의를 한 경우에는 그 합의에서 정하는 시간을 그 업무의 수행에 통상 필요한 시간으로 본다.

근로시간의 전부 또는 일부를 사업장 밖에서 근로하여 근로시간을 산정하기 어려운 출장 등의 경우에는 소정근로시간(예: 8시간) 또는 통상 필요한 시간(예: 10시간)을 근로한 것으로 간주가 가능하다.

다만, 출장과 관련해서는 통상 필요한 시간을 근로자대표와 서면합의를 통해 정하는 것이 바람직하다.

* 예: 해외출장의 경우 비행시간, 출입국 수속시간, 이동시간 등 통상 필요한 시간에 대한 객관적 원칙을 근로자대표와 서면합의하고 그에 따른 근로시간을 인정하는 것이 바람직하다.

〈사례1〉

■ 근로자가 출장 등 기타의 사유로 근로시간의 전부 또는 일부를 사업장 밖에서 근로한 경우에는 노사당사자간 특약이 없는 한 소정근로시간을 근로한 것으로 본다. 따라서 사립학교법령에 별도의 규정이 없다면 교사가 학생을 인솔하여 야영이나 수학여행을 가는 경우에는 근기법 제56조(현행 58조)에 따른 사업장 밖 근로에 해당한다고 볼 수 있다(2000.6.28, 근기 68207-1963).

〈사례2〉

■ 질의와 같이 A/S 업무를 담당하는 근로자의 경우 A/S 업무를 사업장 밖에서 근무한다면 일응 출장으로 보여진다. 출장 등의 사유로 근로시간의 전부 또는 일부를 사업장 밖에서 근로하여 근로시간을 산정하기 어려운 때에는 소정근로시간을 근로한 것으로 보며, 다만 소정근로시간을 초과하여 근로할 필요가 있는 경우에는 그 업무의 수행에 통상 필요한 시간을 근로시간으로 본다(현행 근기법 제58조제1항 단서). 당해 업무에 관하여 근로자대표와의 서면합의가 있는 때에는 그 합의에서 정하는 시간을 그 업무의 수행에 통상 필요한 시간으로 본다. 질의상 불분명하나 A/S 업무 수행에 통상 필요한 시간이 소정근로시간을 초과하는 경우라면 동법 제56조제2항에 의한 노사 서면합의가 없는 한 동법 제56조제1항 단서에 따라 그 업무의 수행에 통상 필요한 시간을 근로시간으로 보아야 할 것이다. 출장에 있어 통상 필요한 시간을 산정할 경우 출장지로의 이동에 필요한 시간은 근로시간에 포함시키는 것이 원칙이나 출·퇴근에 갈음하여 출장지로 출근 또는 출장지에서 퇴근하는 경우는 제외할 수 있을 것이다. 다만, 장거리 출장의 경우 사업장이 소재하는 지역에서 출장지가 소재하는 지역까지의 이동시간은 근로시간에 포함시키는 것이 타당하다(2001.6.14, 근기 68207-1909).

4. 접 대

업무 수행과 관련이 있는 제3자를 소정근로시간 외에 접대하는 경우, 이에 대한 사용자의 지시 또는 최소한 승인이 있는 경우에 한하여 근로시간으로 인정이 가능하다.

〈사례〉

■ 휴일골프의 라운딩 대상자들, 라운딩 장소, 시간 등을 피고 회사가 아닌 원고의 상사인 상무 또는 원고 등이 임의로 선정한 점, 또한 이 사건 휴일골프 관련하여 원고 또는 상무 등 그 누구도 피고에게 별도로 출장복무서와 같은 형식으로 보고하지 않은 점, 원고의 이 사건 휴일골프 참여 당시의 지위가 부서장으로서 원고 자신의 직무를 원활히 수행하고 좋은 대내외의 평가 등을 위하여도 자발적으로 이에 참여할 동기가 있었던 것으로 보이는 점 등에 비추어 보면, 원고의 이 사건 휴일골프와 관련하여 피고가 그 업무관련성 등을 인정하여 비용 등을 계산하였고, 이 사건 휴일골프 중 상당수는 원고의 상사인 상무의 명시적·묵시적 지시에 따라 참여한 사정만으로는 이 사건 휴일골프가 사용자의 구체적인 지휘·감독 아래에 이루어진 것으로 볼 수 없고 결국 근기법상 "근로시간"에 해당한다고 단정할 수는 없다(서울중앙지법 2018.4.4, 2017가단5217727).

5. 워크숍·세미나

그 목적에 따라 판단하여 사용자의 지휘·감독 하에서 효과적인 업무 수행 등을 위한 집중 논의 목적의 워크숍·세미나 시간은 근로시간으로 볼 수 있으며, 소정근로시간 범위를 넘어서는 시간 동안의 토의 등은 연장근로로 인정 가능하다.

* 분임토의 등은 소정근로시간 내에 실시하는 것이 바람직하다.

다만, 워크숍 프로그램 중 직원 간 친목도모 시간이 포함되어 있는 경우, 이 시간까지 포함하여 근로시간으로 인정하기는 어려우며 단순히 직원 간 단합 차원에서 이루어지는 워크숍 등은 근로시간으로 보기 어렵다.

6. 회 식

회식은 근로자의 기본적인 노무제공과는 관련 없이 사업장 내 구성원의 사기 진작, 조직의 결속 및 친목 등을 강화하기 위한 차원임을 고려할 때, 근로시간으로 인정하기는 어렵다.

사용자가 참석을 강제하는 언행을 하였다고 하더라도 그러한 요소만으로는 회식을 근로계약 상의 노무제공의 일환으로 보기 어려울 것이다.

7. 기 타

사용자의 지휘·감독 여부 등을 포함하여 개별 사안에 따라 구체적·종합적으로 고려하여 근로시간 여부를 판단하여야 한다.

〈사례1〉

■ 시업시간과 종업시간은 소정근로시간의 길이와 위치를 명확히 하기 위한 것으로 사업장이나 업종에 따라 그 시업시각은 다르므로 근기법 제93조(취업규칙의 작성신고)에서 사업주가 정하여 시행하도록 규정하고 있는 바, 근로시간 측정에 있어서 시업시간은 사업주가 시업시간으로 정하여 시행하는 시각부터가 근로시간이 된다. 다만, 시업시간 이전에 조기출근토록 하여 시업에 지장이 없도록 하는 것을 근로시간으로 인정하여 임금이 지급되어야 할 것인가 여부는 조기출근을 하지 않을 경우 임금을 감액하거나 복무 위반으로 제재를 가하는 권리의무관계라면 근로시간에 해당될 것이나 그렇지 않다면 근로시간에 해당되지 않는다(1988.8.29, 근기 01254-13305).

〈사례2〉

■ 사립학교 교직원이 방학기간 중 출근하지 아니하는 자택연수가 근로시간에 해당되는지 여부는 일률적으로 판단하기 곤란하나 출근하지 아니하는 동 기간 동안의 연수내용, 과정 또는 결과에 대하여 사용자에게 구속됨이 없이 자유롭게 활용하는 것이라면 임금 지급 여부에 관계없이 이는 근로시간으로 보기 어려울 것이다(1993.10.5, 근기 10831-2104).

〈사례3〉

■ 근기법상 근로시간이란 근로자가 사용자의 지휘·감독 아래에 근로계약상의 근로를 제공하는 시간을 말하는 것인 바, 실제 근로에 부수되는 작업시간(버스운전 근로자가 차량운행 이외 버스요금통의 반납과 재설치에 소요되는 시간)이 근로시간에 해당하는지 여부는 사실관계에 따라 판단되어지는 것이 원칙이다.

다만 버스요금통의 반납과 재설치에 관한 사항이 사용자의 지휘·감독 아래에 행해지고 있다면 이에 소요되는 시간은 근로시간으로 보는 것이 타당하다(1996.7.1, 근기 68207-875).

〈사례4〉

■ 일반적으로 「일·숙직근로」란 일과 후에 업무를 종료하고 정기적 순찰, 전화와 문서의 수수, 그 밖에 비상사태 발생 등에 대비하여 시설내에서 대기하거나 전화 착신하여 자택에서 대기하는 경우로서 이러한 업무는 원래 근로계약에 부수되는 의무로 이행되어야 하는 것이어서 정상근무에 준하는 임금을 지급할 필요는 없으며 연장·야간·휴일근로수당 등이 지급되어야 하는 것은 아니다.

다만, 일·숙직시간 중에 수행하는 업무의 노동 강도가 본래의 업무와 유사하거나 상당히 높은 유사 일·숙직근로에 대하여는 통상의 근로에 준하여 근기법 제56조 소정의 가산임금을 지급하여야 할 것이다(2006.10.10, 임금근로시간정책팀-2974).

〈사례5〉

■ 근기법의 근로자란 사용자의 지휘·감독 아래에서 임금을 목적으로 근로를 제공하는 자를 말하는 바, 회사의 업무집행권을 가진 이사 등 임원은 회사로부터 일정한 사무처리에 관한 권한을 위임받고 있는 것이므로 특별한 사정이 없는 한 사용자의 지휘·감독 아래 일정한 근로를 제공하고 소정의 임금을 지급받는 근기법상의 근로자로 볼 수 없다고 보아야 할 것이며(대법 1992.12.22, 92다28228), 사업주(법인)로부터 사업경영의 전부 또는 일부에 대하여 포괄적인 위임을 받아 위임받은 업무의 집행권을 행사하였다면 법인등기부상 등재된 이사가 아니라 하더라도 근기법 제15조의 사용자로 볼 수 있다.

법인의 비등기 이사인 집행임원이 정관에서 정하는 바에 따라 분장된 업무를 자기의 권한으로 집행하고, 주요 경영계획의 수립과 제규정의 개폐 및 업무집행 등 사업경영에 대하여 등기이사와 동등한 수준의 업무집행권과 의결권을 보유·행사하였다면 사업경영담당자로서 사용자로 볼 수 있으며, 특별한 사정이 없는 한 사용자의 지휘·감독 아래서 임금을 목적으로 근로를 제공하는 근로자로 보기는 어려울 것이다(근로시간 적용받지 않음)(2006.2.22, 근로기준팀-861).

제4장 | 근로시간의 시작시점과 종료시점을 둘러싼 문제

- 근로시간의 정확한 계산을 위하여 -

1 근로시간의 시작시점 · 종료시점은 어떠한 시간인가

1. 근로시간의 시작시점과 종료시점

근로시간이란 시간의 길이를 말하는 것으로, 그것을 결정하는 데는 시작하는 시각과 끝나는 시각을 정하여야 한다. 따라서 근로자가 실제로 근로의무를 지는 것은 「몇시부터 몇시까지 일한다」라는 식으로 시작시각과 종료시각을 명시하여 근로시간을 특정함으로써 처음으로 그 의무가 구체적인 민사상의 채무로서 발생하게 된 것이다. 이 경우의 특정은 취업규칙에서 「업무 시작시각 ○시, 종료시각 ○시, 휴게시간 ○시○분에서 ○시○분까지」라고 정한다.

그런데 문제는 「업무 시작시각 오전 9시」로 정한 경우에는 일반적으로 근로자는 노동력의 제공을 오전 9시부터 시작한다는 뜻인데 실제로는 오전 9시까지 근로자는 사업장의 어느 곳이든 있어야만 채무의 내용에 따른 제공이라고 하는가 그렇지 않으면 지각이 되는가 하는 점이다.

이 점은 사실 민사상의 근로시간의 시작시점(따라서 동시에 종료시점)이 언제인가 하는 의미가 된다.

이것은 계약내용에 관한 것이기 때문에 제1차적으로 당사자의 합의로 정해야 하며, 분쟁이 있을 경우에는 법원에서 당사자의 주장에 따라 객관적으로 정한다. 일반적으로는 「업무 시작시각 ○시」라고 정할 뿐이고, 「전항의 업무 시작시각이란 근로자가 소속 부서장이 정하여 소정위치에 설치한 타임레코더에 타각한 또는 출근부에 날인한 시각을 말한다」라든가 「업무 시작시각은 소정부서에 도착한 때를 말한다」등 구체적으로 어떤 장소에 근로자가 있어야 할 시각인가를 정하여야 한다.

이 점은 특별히 정하지는 않더라도 노사 당사자간의 묵시적 합의로서 타임레코더의 타각 시점이라든가 또는 출근부의 날인 시점이라든가 그 밖에 그 직장 나름대로의 민사상의 근로시간의 시점에 따라, 묵시적인 합의나 근로관행이 성립되어 있는 것으로 볼 수 있다.

그러나 일단 이 점에 대한 분쟁이 발생하면 과연 어느 것이 민사상의 근로시간의 시작시점(업무 시작시각)인가가 문제가 되므로 이것은 명시적으로 규정할 필요가 있다. 취업시간의 기산점은 강행법규에 반하지 않는 한 법적 자유의 영역에 속하는 것이므로, 취업규칙이나 명시 또는 묵시의 근로계약 등에 의하든가 또는 그 해석(이들 규정이 존재하지 않고, 혹은 해석에 이의가 있을 때는 관행이나 사회통념 등에 따라 판정한다)에 따라 정하여야 한다. 또 종전의 「근로시간이란, 특별한 이유가 없는 한 사업장에 출근했을 때로부터 퇴근했을 때까지를 말한다」라는 사고방식이 변화하여 시간단축, 주휴 2일제가 사회통념으로 된 근래에는 실근로시간을 말하는 것으로 변천함으로써 출·퇴근시가 아니고 작업장이나 직장에 도착하여 작업체제에 들어간 시점을 의미하게 되어, 업무 시작시각에 관한 노사의 규범의식이 변화되고 있다.

예컨대 소정시각까지 입문하여 타임레코더에 타각하면 지각으로 하지 않는다는 경우에는 따로 작업장 지각이라는 것을 정하여 소정 시작시각 이전에 작업장에 도착하도록 요구하고 여기에 지각하면 출근불량, 근무불성실 등의 책임을 물을 수는 없다고 하고 있지만, 다른 사례에서는 「출근을 업무 시작시각 10분전으로, 퇴근을 업무종료시각의 5분후로 정하고, 단체협약에 따라 출근시각에 늦거나 퇴근시각 전에 퇴근했을 경우, 이와 같은 일이 3회 거듭되면 1회의 결근으로 환산 사정한 사건에 대하여, 그 출·퇴근시각은 근로시간의 시점이 아니고 말하자면 집합시각, 해산시각으로서, 그것을 지키지 못한 반칙에 불과하고, 노무를 제공하지 못한데 대한 지각제도와는 별개이므로 부당하지 않다」고 하고 있어, 말하자면 그간 기업사회통념이 변화하였음을 말해주고 있다.

2. 민사법과 근기법상의 시작시점과 종료시점 차이

(1) 근로시간의 시작시점

1) 근기법상의 근로시간의 개시시점

근로시간의 산정은 시간의 흐름에 따라서 측정하는 것이기 때문에 기산점(시작시점)을 명확히 할 필요가 있다. 근로시간은 언제부터 언제까지 계산하느냐가 명확하지 않는다면 문제가 있다. 근로시간의 기산점은 민사법(근로계약)상의 기산점과 형사법(근기법)상의 기산점이 있다. 전자인 민사법상의 시점에 대하여는 강행법규에 반하지 않는 한 법적 자유의 영역에 속하는 사항으로서 취업규칙이나 명시 또는 묵시의 근로계약 등 그 해석(이러한 규정이 존재하지 않고 또는 해석에 의문이 있는 때에는 관행이나 사회통념 등에 의해서 판정하게 된다)에 따라 정해져야 한다. 따라서 기산점은 취업규칙에 "업무의 시작시각은 입문시(入門時)로 한다"라든가, "근로시간은 작업개시 시점부터 기산한다" 등의 규정이 있으면 그에 따라야 한다. 후자인 형사법(근기법)상의 근로시간은 민사법상의 정함이 있더라도 근기법은 형벌이 있는 단속법으로서의 형사법의 근로시간이다. 그러나 이와 같은 규정이 없으면 근기법상의 근로시간의 기산점은 형사상의 근로시간이므로 취업규칙의 규정에 좌우되지 아니하고 실제로 사용자의 지휘·감독에 복종하여 취업을 개시하였다고 인정되는 시점부터 기산한다. 근기법 제50조제3항에서 근로시간이란 「작업을 위하여 근로자가 사용자의 지휘·감독 아래에 있는 대기시간 등을 근로시간으로 본다」고 하였으며, 이러한 근로시간에 해당하는지 여부는 근로자의 행위가 사용자의 지휘·감독 아래에 있다고 평가될 수 있는지는 근로계약, 취업규칙, 단체협약 및 당해 활동의 업무 관련 정도 등을 종합하여 사회통념에 따라 객관적으로 결정되어야 한다. 행정해석(1989.12.4, 근기 01254-20265)은 「근로시간의 기산시점 및 종료시점과 관련하여 차량의 입·출고시간을 근로시간에 포함시킬 것인지의 여부는 개별 사업장의 취업규칙 등에서 정하는 바에 따라야 할 것이며, 그러한 규정이 없는 경우에는 사업장의 관행에 따라 결정하는 것이 타당하다」고 한다.

2) 근로계약상의 근로시간의 기산점

근로계약상의 근로시간의 기산점은 업무의 개시시점을 가지고 파악되어야 한다. 단순한 입문 또는 타임카드의 타각은 업무에 해당되지 아니하므로, 이것을 가지고 근로계약상의 근로시간의 기산점으로 할 수는 없다. 특히 노사의 합의에 따라 엄격하게 업무에 해당되지 아니한 입문 또는 타임카드의 타각을 가지고 근로계약상의 근로시간의 기산점으로 하는 것은 자유이다. 민사상의 근로시간의 결정방법은 자유이나 근기법상의 근로시간의 기산점은 입문시와 타임카드 타각시가 아니고 원칙적으로 실제 업무개시를 기산점으로 한다.

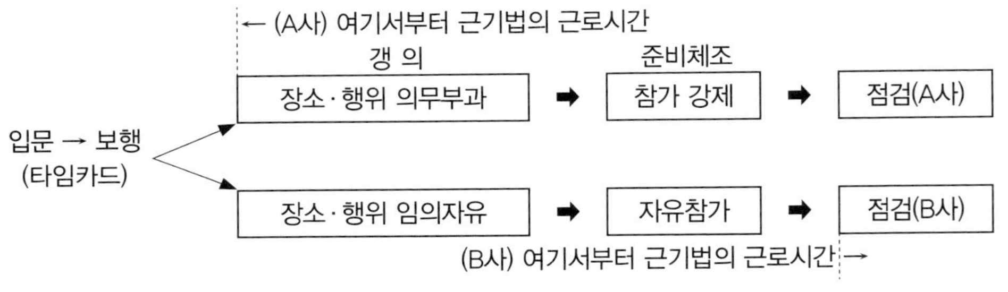

(2) 근로시간의 종료시점

형식적인 종료시간 후에 ① 작업상 필요한 기계점검, 청소, 정리정돈, 인수·인계 등이 행해졌다면 이는 업무의 최종부분으로서 근로시간에 산입된다. ② 목욕이나 작업복을 벗는 행위 등은 특별한 사정이 없는 한 업무에 종사하는 것이라고 볼 수 없다.

근기법상의 근로시간이란 작업을 위하여 근로자가 사용자의 직접의 지휘·감독 아래에 있는 상태의 시점에서 근로시간이 산정된다. 따라서 민사법상(계약상)에서는 근로시간의 시작시점을 어떻게 정하든 당사자의 자유이며 극단적으로 출·퇴근시간을 근로시간이라고 규정하는 것도 자유이지만 근기법상에서는 사용자의 지휘·감독 아래에 있다고 인정되는 시각을 시작시점으로 하고 있다.

예를 들어, 가령 민사상의 업무 시작시각을 타임레코더 타각시점으로 하더라도 타임레코더 타각 후 노동조합 사무실에 들러 조합사무를 보든지, 진료소에 가서 약을 타오든지 하는 경우에는 사용자의 지휘·감독에서는 이탈하고 있는 것이므로 근기법상의 근로시간으로는 인정되지 않는다. 즉, 직장에 들어가서 작업체제하에 들어가 있지 않는 한 근기법상의 근로시간으로 산입되지는 않는다.

이와 같이 계약상의 근로시간의 시작시점과 근기법상의 근로시간의 시작시점은 그 법적인 견해가 다른 것이다.

2 타임레코더와 근로시간의 기산점

1. 입문에서 작업장 도착까지

근로시간의 기산점은 민사법상으로는 취업규칙에 업무 시작시각의 기산점 규정이 있으면 이에 따라야 하나, 우리나라에서는 이러한 규정이 없는 기업이 많으므로, 그 경우 직장관행에 따르게 되는 것이며 근기법상으로는 직접의 지휘·감독 아래 들어가는 시작시점부터 기산한다.

예를 들어, 취업규칙에서 「근로자는 업무 시작시각과 동시에 업무를 개시」하도록 정한다 하더라도 여기서 말하는 「업무」란 뜻은 반드시 일의적인 것은 아니다. 업무라는 사회통념상의 문언 그 자체로서의 의미는 근로자가 본래 예정된 실제 작업 내지 작업지시를 받는 것, 기자재, 기구의 인수, 기계설비의 점검 등 실제작업에 직결되는 준비행위를 의미한다. 단순한 입문 내지 구내입장은 물론, 작업시작 전의 갱의나 안전보호구의 장착행위(그것이 작업의 성질상 근로자로서 불가결한 것인지 어떤지는 상관없이)를 포함하지 않는다는 것이 상식(본래 그와 같은 문언만 가지고 위 규정을 해석하는 것은 아니다)이다. 이러한 기산점의 해석은 근기법상의 기산점과 일치한다.

취업규칙에 규정이 없을 경우에는 「일반적으로 근기법 제50조의 근로시간이란, 근로자가 사용자의 지휘·감독 아래 근로계약상의 근로를 제공하는 시간, 즉 실근로시간을 말한다(대법 2017.12.5, 2014다74254; 대법 1992.10.9, 91다 14406)」고 한다. 그러므로 근로자가 실제로 노동력을 제공하는 업무 시작시각의 전단계인 입문 후 직장 도착까지의 보행에 필요한 시간이나 작업복·작업화를 갈아입고, 갈아 신는 소정시간도 근로시간에 포함하느냐 안하느냐, 취업규칙이나 직장관행 등에 따라 이를 규정하는 것이 타당하다. 결국 사용자의 직접적인 지휘·감독 아래 들어가는 시각부터 산정하여야 한다는 해석기준을 제시한 것이다.

그런데 광대한 사업장의 구내로 들어온 후 작업장에 도착할 때까지 일반인도 어느 정도 자유롭게 통행할 수 있는 도로(구내 사도 및 공도)를 가는 경우나, 복합적인 빌딩으로 자기 사업장의 점유관리하에 있는 것과 구분이 불명확해서 일반인들도 마음대로 출입하는 공용부분 또는 그와 유사한 계단, 엘리베이터, 복도 등이 있는 경우, 그곳을 통행할 때는 근로시간에 해당되지 않는다. 단지, 산재보험법상의 「출·퇴근도상」의 취급에서는 사업주가 소속근로자들의 출·퇴근용으로 제공한 교통수단이나 그에 준하는 교통수단을 이용하는 등 사업주의 지배·관리 아래서 출·퇴근하는 중 발생한 사고는 「업무상 재해」로 인정하였다(산재보험법 시행령 제35조 제1항).

즉, 출근 후 직장까지의 보행이나, 옷을 갈아입거나 작업화를 착용하는 것 등은 그것이 작업개시에 불가결한 것이라 하더라도, 노동력 제공의 준비행위로서, 노동력의 제공 그 자체가 아닐 뿐더러, 특수한 사정이 없는 한 사용자의 직접적인 지배 아래에서 하는 것이 아니기 때문에, 이것을 일률적으로 근로시간에 포함시키는 것은 사용자에게 부당한 희생을 강요하는 것으로서 타당하다고 할 수 없다. 결국 이것들도 근로시간에 포함하는가 아닌가는 취업규칙에 규정이 있으면 이에 따라야 할 것이며, 그 규정이 없는 경우에는, 직장관행에 따라 결정하는 것이 가장 타당하다.

이러한 관행에 비추어 볼 때 출근에서 직장까지의 보행의 소요시간이 근로시간에 포함되지 않는 것은 명백한 것이다. 또 옷을 갈아입고 작업화를 착용하는 시간도, 그것이 사용자의 명시 또는 묵시에 따라 행해지는 것이라 하더라도, 이러한 지시는 직장에서 근로자의 안전확보를 위한 사용자의 편의적 조치이므로 근로시간에 포함되지 않는다는 것이 타당하다고 할 것이다.

2. 업무 시작시각과 타임레코더 타각시각

(1) 입문시의 타임레코드 타각의 의미

회사 구내에 근로자가 입문하는 것(구속시간의 개시)과 근로시간의 기산점은 같지 않은 것이다. 입문을 하더라도 매점이나 식당에 들르거나 노동조합 사무실에서 용무를 보거나 갱의나 잡담 등을 하는 시간은 근로시간이 아니다.

그러므로 입문시의 타임레코더의 타각시각을 가지고 바로 근로시간의 기산점으로 할 수는 없다(후술의 추정력은 발생).

즉, 입문시의 타임레코더의 타각이란, 근로자가 구내에 들어간 시각을 표시할 뿐이며, 그것이 직접 사용자의 지휘·감독 아래에 들어간 실제의 노무제공이 개시된 업무 시작시각으로서의 근로시간의 기산점을 표시하는 것은 아니다.

예를 들어, 판례에서는「업무 시작시각인 오전 8시에 타임카드에 타각하였다면, 업무 시작시각 경과 후에 작업 현장에 도착하여도 된다는 것은 아니며… 오전 8시부터 작업을 개시한다는 직장관행은… 미팅이 업무 시작시각인 오전 8시부터 개시되고 있다는 것이며, 오전 8시까지는 직장에 도착해야 한다는 것을 의미한다」라고 되어 있고 또「근로자들의 근로시간 기산점을 8시까지 소정부서에 도착할 것과 혹은 타임카드에 타각할 것 등으로 되어 있다고 보기는 어려운 일이며, 오히려 그 문언만으로 보아서는 8시에 실제 작업 내지 위에서 말한 바와 같이 그에 직결하는 준비행위를 개시한다는 뜻으로 보는 개연성이 높다고 할 것이다」라고 판시하고 있는 것이다.

(2) 타임카드의 타각과 근로시간의 기산점과의 차이

타임카드의 타각은 근로시간의 기산점과는 다르다. 업무 시작시각 이전에 타임카드에 타각되어 있다면 업무 시작시각에는 구내에 들어와 있었다는 것을 의미하므로, 통상 지각하지 않았다는 것을 추정할 수 있는 것이다(더구나 업무 시작시각 몇 분전 타각이냐를 가지고 지각인가 아닌가를 판정하는 취업규칙이나 근로관행이 있다면, 그 시각이 불합리한 것이 아닌 한 그 시각이 판정시각이 된다). 따라서「이는 다수의 근로자를 고용하는 사용자가 대량의 임금계산 사무를 통일적이고 신속하게 처리할 목적에서 한 것이므로 합리성이 있다고 인정되고, 위의 인정에 위반하는 증거는 없다. 그리고 위의 운용은 오전 8시까지 타임카드에 타각하기만 하면, 직무장소에 그 시각을 지나 도착했다 하더라도, 본래는 임금을 감액해야 하는데, 감액하지 않는다는 것으로서, 근로자에게는 유리한 취지임이 분명하지만 이러한 취급으로 말미암아 업무 시작시각 경과 후에 직무장소에 도착하여도 무관하다는 근거는 될 수 없다」거나,「8시에 타임카드에 타각하면 임금계산상 지각취급은 하지 않는다는 것은, 5분전 지각제가 폐지된 후부터 10여년간 실시되어 왔으니 근로자가 취업규칙상 정하여진 업무 시작시각에 지각한 경우에는 본래 지각시각에 상당하는 임금의 청구권을 가직 수 없으므로, 사용자가 그것을 어느 정도 완화하여 어느 한도로 임금을 감액하느냐는 근로자의 기득권을 침해하지 않는 한도에서 자유롭게 정할 수 있는 것이다. 즉, 취업규칙상의 지각과 임금계산상 취급하는 지각을 별도로 정하는 것은 사용자가 임의로 할 수 있는 것이므로, 회사가 임금계산상의 지각 인정에 대하여 위와 같은 조치를 취하여 그것이 관행화되었다고 해서, 이로 인하여, 당연히 근로자의 근로계약상 해야 할 업무자체에 변용을 가져오는 것은 아니다.」 지각인가 아닌가에 대한 임금계산상의 취급은 앞에서 말한 취지에서 타임카드의 타각시를 기준으로 처리하는 것이 우리나라 기업사회의 관행이라 할 것이다.

3. 취업규칙의 규정 방법

따라서 취업규칙에서 「업무 시작시각 오전 9시」로 정한 경우, 오전 9시란 어느 시점인가는 민사법상의 취급으로 「전항의 시각은 업무개시시로 한다」로 정하거나 (근기법상의 근로시간과 같다) 「전항의 시각은 구내입문시로 한다」든가 「타임레코더 타각시로 한다」고 하여 근기법상의 기산시점보다 이전의 시점을 기산점으로 할 수 있다. 예컨대 오전 9시 이전에 타임레코더에 타각한 경우에는 업무 시작시각까지는 작업개시 시점에 도달했다고 추정하여, 임금계산상으로는 지각으로 하지 않는 것이 일반적인 취급방법이다.

3 업무종료 후의 손님접대회식시간·회식 등의 근로시간 산정

업무 종료시각 후 거래처에 대한 음식접대나 교섭 등에 대하여는 그것이 근로시간이 되어 연장근로가 되는가라는 문제가 있으나 음식이 주된 목적인 경우에는 근로시간이 되지 않는다. 그러나 그것들이 부차적인 것을 수반할 경우, 예를 들어 근로자가 진수식에 출석하든가, 업무명령에 따라 거래처의 개점 축하연에 참석하든가, 총무과원이 업무명령에 따라 근로자나 거래처의 야근에 출석하는 행위는 그곳에서 음식을 취하더라도 그것은 의례적인 색채가 강한 것으로서 음식이 주목적이 아니기 때문에 근로시간으로서 사용자의 지휘·명령에 따른 업무수행시간이 된다고 생각한다(단, 근로시간 계산에서는 후술과 같이 사업장 밖 근로로서 소정근로시간 근로한 것으로 본다고 규정되어 있다).

문제는 거래상의 교섭관계로 인한 음식시간인데 법률상으로 근로시간이란 음식시간 그 자체와 그 전후의 교섭시간을 분리해서 생각하는 것이 적절한 것이다. 예를 들면, 호텔에서 상거래 교섭 도중 저녁식사 시간에도 교섭을 타결하기 위해서 식사를 하면서 교섭을 계속하는 경우에는 식사 전후의 시간은 근로시간이 된다. 연수회 진행 중에 음식을 들면서 하는 간담시간이나 거래처의 사장취임피로연 파티에 출석하는 시간은 사회통념상 업무수행시간인 근로시간이다(다만, 근로시간 계산은 간주규정의 적용이 적절하다). 음식의 접대나 회식 등에 있어서는 ① 적극적인 특명, ② 업무상의 긴급한 필요성이라는 요건이 충족되지 않는 한 업무라고는 할 수 없으며, 원칙적으로 근로시간이 되지 않는다.

확실히 기업사회에서는 음식, 접대 등이 업무의 일환으로 행하여지는 풍조가 있으며 사용(社用)으로서 교제비 또는 판공비로서 지출을 인정하고 있다. 이러한 음식시간도 그것을 1일 8시간, 1주 40시간이라고 하는 원칙의 준수를 강제하고 있는 시간이라고 보기에는 그 내용으로 보아 불합리한 것이다.

또 근로자 상호간에 행하는 송별회, 망년회 등이 근로시간이 아님은 당연하며(따라서 업무관련성이 없으므로 그 시간은 원칙적으로 산재보험법상 출·퇴근에는 해당되지 않는다), 업무 종료 후의 상담회, 회식 등은 거기서 업무에 관한 이야기를 했을 때는 문제가 되지만, 상담 협의회의 업무목적은 일단 끝나고, 그 후에 단순히 친목을 주로 하는 회식은 그 자리에서 설사 어떠한 업무에 대해 화제가 있어서 업무의 원만한 운용에 기여하는 일이 있었다 하더라도 그 자리에 출석하는 것이 특명에 따라 회식의 좌석 준비 등을 명령받은 자 또는 출석자의 송영을 맡은 자동차 운전기사 외에는 원칙적으로 이것을 업무라고 볼 수는 없다.

더구나 우리나라의 기업사회는 노래방이나 주점에 들러서도 "업무"이야기로 꽃을 피우는 사회이기 때문에 더욱 구분하기 어렵다.

근로자가 자신이 팀장으로 있는 직원의 인사이동에 따른 회식을 2차까지 마친 후, 야간근로자들의 작업상태를 확인하기 위하여 밤 00:30경 음주한 채 자신의 승용차를 운전하여 귀사도중, 위 승용차가 도로 우측의 화단분리대와 충돌하여 전복되는 사고가 발생하여 사망한 경우, 근로자의 귀사행위도 근로자의 임의적인 행위로서 근로의무이행을 위한 업무수행의 연속이라거나, 업무수행과 관련된 활동이라고 보기 어려우며, 위 교통사고는 근로자 자신의 자동차운전행위에 매개된 음주운행으로 발생된 것으로서 업무상 재해가 아니며 근로시간이 되지 아니한다(서울고법 1996.11.19, 96누24264).

더욱이 「업무로서의 회식이라 하더라도 식사와 그 전후의 업무상 교섭과는 분리되어 있어 업무상 긴급한 필요성과 적극적 특명의 요건을 구비하여 근로시간이 되는 경우에도 이들 시간은 업무종료 후에 더구나 사업장 밖에서 활동하는 시간이며, 그것이 시간이 한정된 신상품발표회와 같은 기념식이 아니고 거래상 교섭과 같은 경우로서 그 자리의 분위기 관계상 시간이 길어지기도 하고 짧아지기도 하는 경우에는 근로시간을 산정하기 어려운 경우에 해당되므로 이들 음식을 수반하는 교섭시간을 근기법 제58조제1항의 「근로자가 출장이나 그 밖의 사유로 근로시간의 전부 또는 일부를 사업장 밖에서 근로하여 근로시간을 산정하기 어려운 경우에는 소정근로시간을 근로한 것으로 본다」고 취급되는 일이 많다.

이 경우 결국 근로시간의 계산은 통상의 종료시각까지의 근로시간을 그날의 근로시간으로서 산정·기록하므로 연장근로는 되지 않는다.

4 종료시각보다 늦게 도착한 배달원의 근로시간 산정

1. 통상의 지연도착

「근로자가 출장이나 그 밖의 사유로 근로시간의 전부 또는 일부를 사업장 밖에서 근로하여 근로시간을 산정하기 어려운 경우에는 소정근로시간을 근로한 것으로 본다」는 근기법(제58조제1항)의 규정은 엄격한 요건하에서만 인정된다. 배달원의 현실근로가 이와 같은 것이라면 설사 정시인 종료시각보다 늦게 도착하였다 하더라도 정시까지 근로한 것으로 취급하여도 무방하다. 배달원이란 통상 상품 등을 사용자의 명령으로 소정의 장소까지 배달하는 업무에 종사하는 자를 말하며 최근에는 그 업무에 자동차나 오토바이를 이용하는 경우가 많아졌다. 이들 배달원은 배달업무 자체가 사업장 밖에서 하는 것이므로 위의 사업장 밖의 근로라는 요건과 합치된다.

그러나 이 업무는 원칙적으로 출발에서 귀사할 때까지 모두 사용자의 명령에 따라 이루어지며 구체적인 재량성이 없는 구속된 운반행위시간이므로 출발에서 도착까지 근로시간이 된다. 따라서 근기법 제58조제1항 중의 둘째 요건인 「근로시간을 산정하기 어려운 경우」라는 요건에는 해당되지 않고 배달업무라는 「별도의 지시」가 있었던 것이므로 정시에 종료한 것으로 취급할 수는 없다.

예컨대 가구점의 점원이 고객의 주문을 받아 가구를 배달할 경우를 상정한다면 사용자의 명령으로 주문가구를 적·하차하고 운전사·조수가 동행(2명)하여 출발한다. 이때 운전사와 조수는 운전업무 및 그 보조, 상품감시 등에 종사하고 있으므로 모두 근로시간이 된다. 화물을 전달·귀사하고 이를 보고 할 때까지의 전부가 근로이며 그 시간은 근로시간인 것이다. 도중의 교통사정, 사고 등의 존재 여부는 불문하고 실제 업무를 끝내고 귀사 하였을 때까지를 근로시간이라고 하여야 한다.

2. 배달 도중 사용이나 업무방치

배달업무는 사용자의 지휘·감독 아래에 행하는 것으로 그 도중 멋대로 다방이나 오락장에 들러 시간을 보내는 것은 업무명령 위반행위이다. 이러한 이유로 귀사시간이 늦어진 때에 이것을 근로시간에 산입하는 것은 다음과 같은 두 가지의 문제를 제시한다.

① 업무명령 수행 도중 그 명령에 위반하여 근로를 중단한 시간은 근로시간이 아니라는 생각

② 근무 도중 멋대로 다방 등에 가는 사적 행위는 사용자의 감독상의 문제이므로 이 질서 위반행위에 대하여 징계처분을 할 수는 있으나, 그 시간을 휴게시간과 같이 근로시간에서 제외시킬 수 없다는 생각 등이다.

전자의 경우는 근기법(제50조제2항)에서 「휴게시간을 제외하고 1일 8시간」이라고 함과 같이 실근로시간주의를 택하고 있으므로 직무를 무단이탈하여 사적 용무를 수행한 행위로서 근로시간이 아니라고 한다.

이에 대하여 후자인 근로시간 산입을 긍정하는 입장에서는 전자의 입장이 근로자에게 극히 불리하고 불안정하다는 생각에서 휴게시간은 근로계약상 처음부터 자유이용이 보장된 시간이지만 그 이외의 시간은 근로의무를 가지고 있는 시간이라고 한다. 그런데 근로시간 중에 무단히 사적 용무로 외출하는 것은 근로의무의 불이행, 채무불이행인 동시에 직장규율 위반으로서 그에 상응하는 징계처분을 할 수는 있다. 그러나 그 이상으로 이것을 즉시 휴게시간으로 취급할 수 있는가는 그 실태에 따라야 할 것이다. 왜냐하면 본래 그 시간은 사용자의 지휘·감독을 받고 있는 시간이므로 무단사용 외출은 징계처분 대상이 된다. 사용자의 지휘·감독 아래에 있는 이상 실제 근로 여부에 관계없이 근로시간이라 할 것이며 그렇게 생각하지 않는 한 작업 도중 끽연 또는 사적인 담화시간까지도 제외시켜 그만큼 여분으로 근로시킬 수 있다는 것이 된다. 이렇게 되면 근기법에서 업무시작·종료의 시각까지 특정하도록 요구한 취지에 반할 뿐 아니라 근로시간이 극히 불안정해진다는 문제가 생기게 된다.

근기법의 실근로시간에 대한 산정기준과 위의 문제점을 가미해서 다음과 같이

명백하게 사용자의 지휘·감독을 이탈한 때에는 근로시간에 산입하지 않으나 그 이외는 근로시간에 산입하는 것이 타당하다고 생각된다.

① 사용자의 승낙을 얻어 사적용무를 보는 시간

② 교통 위반 등으로 노상에서 조사를 받는 시간

③ 업무 도중 업무와 전혀 무관한 그리고 통상 용인할 수 없는 사적 용무를 위하여 장시간 업무를 중단한 시간 등이다.

이상과 같은 점을 고려하지 않고 도착이 지연된 것을 사용자의 일방적 추정으로 업무방치라 하여 그 입증책임을 근로자에게 전가시켜서 근로시간을 산정하는 것은 부당하다. 지연된 이유와 그 증명이 근로자 측에서 합리화된다면 원칙적으로 귀사할 시간까지의 모든 시간을 근로시간으로 취급하고 사용자가 근로자의 지휘·감독 아래에서 명백히 이탈한 사실을 입증한 때에만 근로시간에서 제외할 수 있다.

그리고 만약 근로자의 허위보고, 직장 이탈사실이 판명된 때에는 그 시간은 근로시간의 산정에서 제외토록 하며 기업질서 위반으로 징계처분으로 대처해야 할 것이다.

5 사용(私用)외출시의 근로시간 산정

부분파업, 근무시간 중의 조합활동시간, 사용외출시간 등은 다같이 사용자의 지휘·감독 아래에 있지 아니한 시간이며 노동력의 사용처분에 관한 사용자의 지배를 이탈하고 있는 시간이므로 근기법상의 「근로시간」에 해당하지 아니한다.

그러므로 업무의 시작시각부터 종료시각까지 사이에 이와 같은 이탈시간이 있을 경우에는 근로시간 산정은 어떻게 되느냐, 특히 종료시각을 초과하여 연장근로를 하였을 경우에 그 연장근로시간의 계산은 어떻게 하는가는 실무상 중요한(특히 쟁의행위에 관하여는 근로시간으로 간주하여 임금을 삭감하지 아니하고 지급하면 노조법 제81조제4호의 경비원조의 부당노동행위가 되고, 한편으로는 부적법한 계산을 하면 반대로 불이익취급이라고 하는 동조제1호의 부당노동행위가 될 수 있기 때문에) 문제가 된다.

근기법은 실근로시간주의를 택하고 있으며, 실제로 근로한 근로시간 수가 하루 8시간, 1주 40시간을 초과하지 아니하는 한 연장근로가 되지 아니한다. 즉, 근기법 제50조의 「주 40시간, 1일에 8시간」이란 실제로 사용자의 지휘·명령 아래에 있었던 시간을 가리키고 있으며 휴게시간이나 외출시간, 지각시간 등 현실적으로 사용자의 지휘·감독 아래에 없는 시간은 포함하지 아니한다. 근기법 제56조에 따라 가산임금의 지급을 필요로 하는 것은 이와 같은 실근로시간을 초과하여 근로시켰을 경우에 한정된다. 예를 들어 근로자가 지각을 하여 그 시간 분만큼 통상의 종료시각을 연장하여 근로시킬 경우에는 하루의 실근로시간이 근기법 제50조의 법정근로시간을 초과하지 아니하는 한 가산임금을 지급할 필요가 없다. 그러므로 근기법상으로는 업무의 시작시각으로부터 시작하여 근로시간의 중간에 이러한 사용자의 지휘·감독 아래에 있는 「실근로시간」이 1일 8시간을 초과하지 아니할 때에는 가산임금을 지급하지 아니하더라도 문제가 되지 아니한다.

그러므로 파업이라든가 개인적 용무로 외출 등이 1시간 있었을 경우에 종료시각을 초과하여 1시간 근로를 연장하여 이를 충당하였다고 하더라도 근기법상의 연장근로가 되지 아니한다.

제2부

근로시간제도의 운용과 관리

- 제5장 1주 52시간 근로제를 둘러싼 문제
- 제6장 근로시간 관리를 둘러싼 문제
- 제7장 교대근무를 둘러싼 문제

제5장 | 1주 52시간 근로제를 둘러싼 문제

- 개정근기법에 의한 근로시간 설정방법의 적정화를 위하여 -

1 주 52시간 근로제의 실시시기

1. 1주 최대 52시간제의 법제화와 단계적 실시

근기법이 제정된지 65년 만에 대폭 개정(2018.3.20. 법률 제15513호)되어 2018년 7월 1일자로 시행되었다. 근기법 제2조제1항제7호를 신설하여 근로시간을 종래의 1주 최대 68시간에서 1주 최대 52시간으로 대폭 단축한 것이다. 이것은 사회적 실태로서 정착한 주 52시간근로제를 법률상의 시간으로 규정함에 따라 법정근로시간 단축의 목표로서 명확히 할 뿐만 아니라 우리나라 근로시간 실태 등을 고려하여 당면의 법정 근로시간에 있어서는 주 52시간근로제와 1주 최장 연장근로제 실시를 사업의 규모에 따라 단계적으로 단축하기로 한 것이다.

300인 이상 사업장은 2018년 7월부터 조속히 시행하도록 하고 있어서 기업규모별로 순차적으로 시행하되, 5인 이상 사업장의 시행시기는 2022년부터 시행하도록 하여 중소기업의 경영여건을 고려하여 신축적으로 적용시기를 정한 것이다.

> **제1조【시행일】** ① 이 법은 2018년 7월 1일부터 시행한다.
> ② 제2조제1항의 개정규정은 다음 각 호의 구분에 따른 날부터 시행한다.
> 1. 상시 300명 이상의 근로자를 사용하는 사업 또는 사업장, 「공공기관의운영에관한법률」 제4조에 따른 공공기관, 「지방공기업법」 제49조 및 같은 법 제76조에 따른 지방공사 및 지방공단, 국가·지방자치단체 또는 정부투자기관이 자본금의 2분의 1 이상을 출자하거나 기본재산의 2분의 1 이상을 출연한 기관·단체와 그 기관·단체가 자본금의 2분의 1 이상을 출자하거나 기본재산의 2분의 1 이상을 출연한 기관·단체, 국가 및 지방자치단체의 기관: 2018년 7월 1일(제59조의 개정규정에 따라 근로시간 및 휴게시간의 특례를 적용받지 않게 되는 업종의 경우 2019년 7월 1일)

2. 상시 50명 이상 300명 미만의 근로자를 사용하는 사업 또는 사업장: 2020년 1월 1일
3. 상시 5명 이상 50명 미만의 근로자를 사용하는 사업 또는 사업장: 2021년 7월 1일
③ 제53조제3항 및 제6항의 개정규정은 2021년 7월 1일부터 시행한다.
④ 제55조제2항의 개정규정은 다음 각 호의 구분에 따른 날부터 시행한다.
1. 상시 300명 이상의 근로자를 사용하는 사업 또는 사업장, 「공공기관의운영에관한법률」 제4조에 따른 공공기관, 「지방공기업법」 제49조 및 같은법 제76조에 따른 지방공사 및 지방공단, 국가·지방자치단체 또는 정부투자기관이 자본금의 2분의 1 이상을 출자하거나 기본재산의 2분의 1 이상을 출연한 기관·단체와 그 기관·단체가 자본금의 2분의 1 이상을 출자하거나 기본재산의 2분의 1 이상을 출연한 기관·단체, 국가 및 지방자치단체의 기관: 2020년 1월 1일
2. 상시 30명 이상 300명 미만의 근로자를 사용하는 사업 또는 사업장: 2021년 1월 1일
3. 상시 5인 이상 30명 미만의 근로자를 사용하는 사업 또는 사업장: 2022년 1월 1일
⑤ 제56조의 개정규정은 공포한 날부터 시행한다.
⑥ 제59조제2항의 개정규정은 2018년 9월 1일부터 시행한다.

2. 1주 최장 52시간제 개정 배경과 입법취지

(1) 1주 최장 52시간제 개정 배경

1주 최장 52시간제 시행일정은 기업규모를 고려하여 단계적으로 시행한다. 우리나라 근로자의 연간 근로시간은 2016년 기준 2,052시간으로 OECD 국가 중 2위를 차지할 정도로 장시간 노동에 노출되어 있다.

한 국	멕시코	프랑스	독 일	일 본	영 국	미 국	OECD평균
2,052	2,348	1,383	1,298	1,724	1,694	1,789	1,707

* 자료: OECD, Stat.OECD.org(임금근로자 기준)

장시간 노동은 높은 자살률, 최하위권인 국민행복지수와 낮은 노동생산성, 산업재해 등의 주요 요인으로 지적되었다.

항 목	규 모	2018.3.20 (공포)	2018.7	2019.7	2020.1	2021.1	2021.7	2022.1
주 근로 시간 단축 (68→52 시간)	300인	(2018.7.1) (특례 제외 업종 2019.7.1)						
	50~299인 (특례 제외 업종 포함)			(2020.1.1)				
	5~49인 (특례 제외 업종 포함)					(2021.7.1)		
관공서 공휴일 민간적용	300인~			(2020.1.1)				
	30~299인				(2021.1.1)			
	5~29인						(2022.1.1)	
특례업종 축소 (26→5개)	제외(21개)	(2018.7.1)						
	유지(5개) 11시간 연속휴식 (특례도입시)	(2018.9.1)						
18세 미만 근로시간 단축	1인 이상	(2018.7.1)						
휴일근로 할증률	5인 이상	(2018.3.20)						

OECD 최장 수준인 근로시간을 1주 최장 52시간으로 제한하였으며, 근로자대표와 서면합의를 하면 무제한 연장근로가 가능한 근로시간 및 휴게시간의 특례업종도 매우 광범위하게 규정(종전 26개 업종)하고 있어 장시간 노동의 주요 원인으로 작용하고 있었으므로 이를 5개 업종으로 대폭 축소함으로써 장시간 노동을 개선할 필요가 있었다. 휴일근로 가산수당 할증률과 관련하여 하급심 법원도 각각 다른 판단을 하고 있어 산업현장에서 논란이 지속되어 왔으므로 입법적으로 명확히 하여 사회적 논란을 해소할 수 있게 되었다.

또한, 공무원, 공공기관 등에 적용되는 「관공서의공휴일에관한규정」이 소규모 사업장 등 일부 사업장에서는 동일하게 적용되지 않아 국민의 휴식권 보장에서도 차별이 존재하였으므로 일반 근로자도 공무원과 동일한 휴식권을 보장할 필요에서 2018년 3월 20일 근기법을 대폭 개정하였다.

(2) 1주 최장 52시간제 입법취지

개정 근기법은 제2조제1항제7호에서 "'1주'란 휴일을 포함한 7일을 말한다."라는 정의 규정을 추가하면서, 부칙 제1조제2항을 두어 사업장 규모별로 정의 규정의 시행시기를 달리 정하였다. 또한 개정 근기법 제53조제3항, 부칙 제1조제3항, 제2조는 30인 미만 사업장에 대하여 한시적(2021.7.1부터 2022.12.31까지)으로 주당 8시간까지 특별연장근로를 허용하고 있다. 이러한 개정 근기법은, 구 근기법상 휴일근로시간이 1주간 기준근로시간 및 1주간 연장근로시간에 포함되지 않는다는 해석을 전제로 하여 제2조제1항제7호로 정의 규정을 추가함으로써 향후에는 휴일근로시간도 위 각 근로시간에 포함시키되, 개정 법률이 즉시 시행되는 경우 1주간 최대 근로시간이 52시간(1주간 기준근로시간 40시간+1주간 연장근로시간 12시간)으로 대폭 감소하게 됨에 따라 발생할 사회·경제적 혼란을 방지하기 위하여 사업장 규모별로 시행시기를 달리 정하고 한시적 특별연장근로까지 허용한 것으로 이해된다(대법 2018.6.21, 2011다112391).

2 개정 근기법 적용 시기와 상시 근로자 수 산정방법 및 판단기준

1. 개정 근기법의 사업장 규모별 적용시기와 상시 근로자 수에 따라 적용시기가 달라지는 근기법 내용

상시 근로자 수에 따라 근기법 적용시기가 달라지는 경우는 다음과 같다.

① 연장근로시간 제한 적용시기(300인 이상 및 국가, 지방자치단체, 공공기관: 2018.7.1/50인 이상 300인 미만: 2020.1.1./5인 이상 50인 미만: 2021.7.1)

② 관공서 공휴일 민간인 적용시기(300인 이상: 2020.1.1./30인 이상 300인 미만: 2021.1.1/5인 이상 50인 미만: 2022.1.1)

③ 연소근로자(18세 미만)의 1주 최대 근로시간 40시간 단축시기(2018.7.1)

④ 30인 미만 사업장 특례연장근로 한시적 적용 시기(2021.7.1~2022.12.31)

⑤ 특례사업 업종 축소시기(2018.7.1)

⑥ 특례사업 업종 사업장의 11시간 연속 휴식시간 보장(2018.9.1)

⑦ 휴일근로 가산수당 할증률 명시 시기(2018.3.20)

2. 상시 근로자 수의 의의

'상시 근로자 수'란 사용자가 상태적으로 고용하고 있는 평균 근로자 수를 의미한다. 개정법 시행일 전 1개월간의 1일 평균 근로자 수를 기준으로 판단하되, 개정법 시행 당시 적용 대상 상시 근로자 수에 미치지 않는 경우 이후 매 1개월마다 1일 평균 근로자 수를 산정하여 개정 근기법의 적용 여부를 판단한다.

'상시 근로자 수'의 산정대상기간 및 산정주기를 각각 1개월 단위로 한 것은 상시 근로자 수 판단 및 개정법 적용에 관한 해석상 혼란을 방지하기 위한 것으로서 기업의 노무관리상의 편의 및 근로자 보호 등을 고려하여 통상적인 임금 지급주기인 1개월 단위로 한 것이다.

또한 근기법은 임시·일용·상용직 여부 등에 관계없이 적용되므로 '상시 근로자 수' 산정시 임시·일용·상용직 여부 등에 관계없이 사용자가 직접 고용하고 있는 모든 근로자를 포함하되 사용자가 직접 고용하지 않은 하청업체 근로자나 파견근로자는 제외하도록 한다.

3. 상시 근로자 수의 산정 판단 방법

상시 근로자 수는 근기법의 적용범위(동법 제11조) 및 시행일(부칙 제2조)을 결정하는바 근기법 개정을 통하여 종래 행정지침에서 규정하던 상시 근로자 수 산정방법의 위임근거를 마련하고, 시행령에 명시하였다. 종전 「근기법」에 따르면 휴업수당에 관한 규정 등 일부 규정은 상시 5명 이상의 근로자를 사용하는 사업 또는 사업장에만 적용하도록 되어 있어 법 적용 여부를 판단하는 경우에 상시 사용하는 근로자 수의 산정 방법이 필요한데, 그동안 이에 관한 명문의 규정 없이 판례의 취지와 지침 등으로 운영하여 오던 것을 개정 법률에서 그 위임근거를 마련하고 산정방법은 대통령령으로 정하도록 위임하고 있다(동법 제11조제3항).

(가) 이와 같은 위임에 따라 법을 적용하는 경우에 상시 사용하는 근로자 수는 원칙적으로 해당 사업 또는 사업장에서 「법 적용 사유 발생일 전 1개월 동안 사용한 근로자의 연인원을 같은 기간 중의 가동일수」로 나누어 산정하되, 예외적으로 그 산정 결과가 해당 사업 또는 사업장의 상태적인 고용 현황을 반영하지 못하는 경우에는 상태적인 고용 현황에 따라 법을 적용하도록 산정 방법 등을 정하도록 하였다(근기법 시행령 제7조의2)(2010.1.7, 근로기준과-142). 근기법 시행령 제7조의2 규정은 1년 이상의 계속근로기간이 요구되는 퇴직금제도의 취지에 부합한다고 보기 어려운 점에 비추어 근로자퇴직급여보장법 적용에 관한 상시 근로자 수 산정에는 적용되지 아니한다(대법 2013.12.26, 2012도5875).

(나) 어느 사업 또는 사업장이 2018.7.1부터 주 52시간의 법 조항의 적용을 받는 대상에 해당하는지 또는 그로부터 해당 법조항의 시행일을 단계적으로 유예받는 대상에 해당하는지는 적어도 주 52시간 단축 조항의 최초 시행일 2018.7.1 전에는 결정되어야 한다. 따라서 개정법 시행 유예의 기준이 되는 상시 근로자 300명 미만의 사업 또는 사업장인지 여부 역시 늦어도 2018.6.30, 24:00이전까지는 확정되어야 한다(서울고법 2018.6.26, 2017나2045532).

(다) 근기법 시행령 제7조의2 제1항의 산정방법에도 불구하고 산정기간에 속하는 일(日)로 근로자 수를 파악하였을 때 법 적용 기준에 미달한 일수(日數)가 2분의 1(50퍼센트) 미만이면 5명 이상, 2분의 1(50퍼센트) 이상이면 5명 미만 사용한 것으로 본다.

(라) 연차유급휴가(1년 미만 근로자 제외)에 관한 규정의 적용 여부를 판단할 때에는 월 단위로 근로자 수를 산정한 결과 산정 사유 발생일 전 1년 동안 계속하여 사용한 근로자가 2분의 1(50퍼센트) 이상이면 5명 이상 사용한 것으로 본다.

4. 시행시기 적용례

2018년 6월 한달간의 1일 평균 근로자가 300인 이상인 경우 2018년 7월부터 개정 근기법이 적용되고, 300인이 되지 않은 경우 이후 한 달 단위로 평균 근로자 수를 산정하여 적용 여부를 판단한다. 예를 들어 8월 평균 근로자 수가 300인 미만 사업장의 경우에도 개정법 부칙 제1조의 규모별 시행시기를 고려하여 이와 같은 방식으로 상시 근로자를 산정하여 개정법 적용 여부를 판단한다.

5. 개정 근기법이 적용된 이후 근로자 수가 감소한 경우

개정 근기법이 적용된 이후 경영악화 등으로 근로자가 감소하여 개정법 적용대상 미만에 해당하게 되더라도 법적 안정성 및 신뢰보호 차원에서 단축된 1주 최대 근로시간인 52시간을 계속 적용한다.

상시 근로자 수가 300인 이상이어서 2018년 7월 개정법이 적용되었다면 이후 300인 미만으로 되더라도 계속 개정법이 적용된다.

만일 개정법 적용 이후 상시 근로자 수 변동에 따라 종전 법과 개정법을 반복하여 적용할 경우에는 근로자 입장에서 연장근로시간 등 근로자의 근로조건이 계속 변동됨에 따라 예측가능성이 낮아져 법적 불안정성이 심화되고 사용자 입장에서는 인사노무관리 비용이 과다하게 증가할 우려가 높기 때문이다.

3 하나의 사업 또는 사업장의 의미

1. 적용단위「사업」이란

근기법은 상시 5인 이상의 근로자를 사용하는 사업 또는 사업장에 적용되며 그 적용단위는「직업의 종류와 관계없이 임금을 목적으로 사업이나 사업장」(제2조제1항제1호)이라고 정하여 적용사업장이라는 개념을 사용하고 있다. 또한 동법 제10조제1항 본문은「이 법은 상시 5명 이상의 근로자를 사용하는 모든 사업 또는 사업장에 적용한다」고 되어 있어 기업전체를 의미하는 것이 아니고 기업 중에도 장소적, 조직적으로 분산되어 하나의 사업장이나 사무소를 형성하는 경우에는 이러한 단위로서의 1개의 적용단위인 사업이다.

더구나 ○○회사라는 법인자체가 1개의 적용단위가 되는 것은 아니고 그 회사의 본사, 공장, 지점 등이 하나의 적용사업이 되는 것이다.

2. 상시 ○○인 이하의 근로자를 사용하는 사업 또는 사업장이란

개정근기법부칙 제1조(시행일)에 의하면 상시 300인 이상, 상시 50인 이상 299인 이하, 상시 5인 이상 49인 이하의 근로자를 사용하는 사업 또는 사업장과 취업규칙의 작성의무가 있는「상시 10인 이상의 근로자를 사용하는 사용자」라고 규정하는 경우와「상시 사용하는 근로자의 수가 ○○인 이상 ○○미만의 근로자를 사용하는 사업 또는 사업장」이라고 규정하고 있다.

즉 근기법은 (가) 상시 사용하는 근로자라는 개념과 (나) 상시○○인 이상의 근로자를 사용하는 사업」이라는 개념이 있는 바 양자는 다르다. (가)의 근로자를 계산한 인원수로서 (나)의 근로자로서는 반드시 취급하지 아니하여도 되는 점을 주의하여야 한다. 그러므로 1주 52시간제 적용의 단계적 시행에 있어서「상시○○미만의 근로자를 사용하는 사업」의 의미는 (가)의 의미가 아니고 (나)의 의미인 것이다. (나)의「상시 ○○미만의 근로자를 사용하는 사업」이라는 것은 종래부터 예컨대 근기법 제93조의 취업규칙의 작성의무가 있는 사용자로서「상시 10인이상의 근로자를 사용하는 사용자」등으로 규정하고 있는 사례와 같다.

3. 상시 5명 이상의 근로자를 사용하는 사업이란

「'상시 5명 이상의 근로자를 사용하는 사업' 의 의미는 '상시로 근무하는 근로자의 수가 5명 이상의 사업' 을 뜻하는 것이 아니라 '사용하는 근로자의 수가 상시 5명 이상인 사업 또는 사업장' 을 뜻하는 것이므로 이 경우 상시란 상태(常態)라고 하는 의미로서 근로자의 수가 때때로 5명 미만이 되는 경우가 있어도 사회통념에 따라 객관적으로 판단하여 상태적으로 보아 5명 이상이 되는 경우에는 이에 해당한다고 할 수 있다. 그리고 여기서의 근로자에는 당해 사업장에 계속 근무하는 근로자뿐만 아니라 그 때 그 때의 필요에 따라 사용하는 일용근로자·임시근로자도 포함된다」(대법 2013.9.26, 2012다28813; 2008.3.27, 2008도364; 대법 2000.3.14, 99도1243). 1개 사업이 수개 사업장을 경영하는 경우에는 5명 이상의 계산은 원칙적으로 사업장 단위로 한다.

4. 사업장이 여러 군데인 경우 판단기준

인사노무 관리, 회계 등이 명확하게 독립적으로 운영되고 서로 다른 단체협약, 취업규칙을 적용받는 등 각각의 사업장이 서로 독립성이 있는 경우를 제외하고는 여러 군데 산재되어 있는 사업장을 하나의 사업으로 보아 각각의 근로자 수를 모두 합산하여 개정 근기법의 시행시기를 판단하도록 한다.

5. 하나의 사업 내에 여러 업종이 있는 경우 판단기준

하나의 사업 내에 여러 업종이 있는 경우에는 ① 근로자 수, ② 임금총액, ③ 매출액 순으로 주된 업종을 결정한다. 예컨대 근로자 수가 제일 많은 업종을 주된 업종으로 하되, 근로자 수가 동일한 경우에는 임금총액, 매출액을 차례로 비교한다.

4 주 52시간 근로시간제 적용 사례

[고용노동부 2018.6.29.「근로시간 단축, 특례업종 축소, 공휴일 민간 적용 관련 가이드라인」]

Q1 하나의 법인에 본사와 공장이 장소적으로 분리되어 있는데 상시 근로자 수를 적용하는 사업장의 기준은?

하나의 법인은 하나의 사업장으로 봄이 원칙이다. 장소적으로 분산되어 있더라도 각 사업장의 업무처리 능력 등을 감안할 때 하나의 사업이라고 말할 정도의 독립성이 없으면 직근상위조직과 일괄하여 하나의 사업으로 판단하여야 한다.

이 경우 독립성이 있는지 여부는 ▲한국표준산업분류 상 산업분류(대분류)의 상이성, ▲서로 다른 단체협약 또는 취업규칙 적용, ▲노무관리·회계 등의 독립적 운영 여부 등을 기준으로 판단할 수 있다.

Q2 상시 근로자 수 판단기준 및 근로시간 단축 시행 시기는?

상시 근로자 수는 시행령 제7조의2에 따라 판단하여야 한다. 근로시간 단축은 기업 규모별로 시행시기가 정해져 있으나, 규모별 적용시점 이후라도 상시 근로자 수를 판단하여 근로시간 단축이 적용되는 기업규모에 해당하면 적용된다. 또한, 근기법은 임시·일용·상용직 여부 등에 관계없이 적용되므로 상시 근로자 수 산정시 임시·일용·상용직 여부 등에 관계없이 사용자가 직접 고용하고 있는 모든 근로자를 포함하되, 사용자가 직접 고용하지 않은 하청업체 근로자나 파견근로자는 제외한다(근기법 시행령 제7조의2).

Q3 개정법 시행 이후 상시 근로자 수가 감소하게 되는 경우 법적용 문제는 어떻게 되는가?

기업 규모에 따라 근로시간 단축이 적용되어 사업장에서 시행 중인 경우에는 근로자가 감소하여도 법적 안정성을 고려하여 단축된 1주 최대 근로시간인 52시간을 계속 적용하여야 한다.

Q4 상시 근로자 수가 300인 미만인 사업장에서 3~4개월간 특별 프로젝트를 수행하게 되어 일시적으로 상시 근로자가 '300인' 이상 된 경우, 개정법 적용 시기는 언제인가?

상시 근로자 수 산정은 근기법 시행령 제7조의2에 따라 판단 사유 발생일 전 1개월 동안 사용한 근로자의 연인원을 같은 기간 중의 가동 일수로 나누어 산정하여 300인 이상이 되었다면 개정법을 적용한다.

Q5 파견법에 의한 파견근로자의 근로시간 규정은 파견사업주, 사용사업주 중 어느 사용자를 기준으로 하는가?

「파견근로자보호등에관한법률」(이하 "파견법"이라 한다) 제34조제1항은 파견 중인 근로자의 파견근로에 관하여 근기법 제50조부터 제55조까지의 규정은 사용사업주를 사용자로 보도록 하고 있으므로 파견근로자의 1주 최대 근로시간 52시간 적용 등 근로시간 관련 조항은 사용사업주의 적용 여부에 따라 판단한다. 즉, 파견사업주와 사용사업주의 상시 근로자 규모가 다른 경우, 파견근로자의 근로시간 한도 적용은 사용사업주의 상시 근로자 규모에 따라 적용한다.

(예시) 파견사업주 A의 상시 근로자 150명, 사용사업주 B의 상시 근로자 900명인 경우, B의 사업장에서 근로하는 파견근로자는 2018.7.1부터 주 52시간제가 적용된다.

Q6 개정 근기법 적용시기를 판단함에 '건설공사'에 대한 별도의 상시 근로자 산정방법이나 특례가 있는가?

개정 근기법에는 별도의 특례 규정이 없다. 따라서, 다른 업종과 같이 사용자가 직접 고용하고 있는 상시 근로자 수의 규모에 따라 적용시기를 판단하여야 한다.

Q7 건설공사는 하나의 현장에 여러 회사가 컨소시엄을 구성하기도 하는데 이 경우 상시 근로자 수는 어떻게 산정하는가?

상시 근로자는 사용자가 직접 고용한 근로자로 산정하므로, 여러 회사가 컨소시엄을 구성하였더라도 근로계약서 등 근로관계 서류를 종합적으로 검토하여 근로자를 직접 고용한 사업장의 상시 근로자 수로 산정해야 한다. 출자나 이익배분의 비율이 정해져 있다고 근로자 수도 비율에 따라 나누어 산정하는 것은 아니다.

(예시) 주관 건설사 A외에 B, C가 각 50(A):30 (B):20(C) 투자비율로 하나의 건설공사를 운영키로 하고 1,000명을 고용한 경우 ☞ 주관사 A가 단독채용하였다면 A소속 근로자로만 산정하고, 공동으로 채용한 것으로 볼 수 있으면 A, B, C 모두 1,000명을 근로자 수로 산정하여야 한다.

Q8 국가 등에 고용된 청원경찰도 근로시간 단축이 적용되는가?

근로자가 사용자와의 사용종속 하에서 임금을 목적으로 근로를 제공하는 경우 근로자로서 원칙적으로 근기법이 적용되나, 다른 법률에서 특별히 규정하고 있다면 당해규정이 적용되어야 한다.

「청원경찰법」 제5조제4항에서 청원경찰의 복무에 대하여는 「국가공무원법」및 「경찰공무원법」의 규정을 준용하도록 하고 있으나, 제5조제4항 외의 청원경찰의 복무에 관하여는 당해사업장의 취업규칙에 의한다고 규정되어 있을 뿐이다. 따라서 그 외 근로시간과 휴게 및 휴일, 연차유급휴가 부여기준 등에 관하여 청원경찰 법령에서 아무런 규정을 두지 않고 있으므로, 이에 대하여는 근기법이 적용된다고 할 것이다. 국가기관인 방위사업청에서 근무하는 청원경찰의 초과근로 가산수당은 청원경찰법 및 관련규정에 따르면 되나, 근로시간 및 휴게 등에 대해서는 근기법이 적용된다(2006.9.11, 임금근로시간정책팀-2689).

Q9 사립학교 교원의 경우도 근로시간 단축이 적용되는가?

사립학교 교원은 원칙적으로 근기법상의 근로자에 해당하나, 교원의 자격, 임면 등에 대하여는 교육관계 법령이 우선 적용된다. 교육관계 법령은 「사립학교법」, 「사립학교교직원연금법」, 「교원의지위향상및교육활동보호를위한특별법」이기 때문이다. 사립학교법 제55조에 따라 복무에 관한 규정은 「국공립학교의교원에관한 규정」을 준용토록 하고 있으나, 근로시간에 대하여는 명확한 규정이 없는바, 근기법이 적용된다고 할 것이다.

Q10 근로시간 단축 시행에 따라 근로자퇴직급여보장법시행령을 개정한 이유는 무엇인가?

퇴직금제도 및 확정급여형퇴직연금제도(이하 'DB제도')의 경우 퇴직 당시 평균임금을 기준으로 퇴직급여 수령액이 결정된다. 따라서, 근로시간 단축입법으로 실 근로시간이 줄어드는 경우 임금이 감소되고, 임금이 감소된 기간 중 근로자가 퇴사할 경우 퇴직급여 수령액이 줄어들 수 있다. 이에 따라 근로자들의 퇴직급여 수령액 감소 방지를 위해 퇴직금제도의 중간정산 사유에 근로시간 단축입법에 따른 퇴직금 수령액의 감소를 추가하고 퇴직금제도 및 DB제도 도입 사업(장)의 사용자에게 책무*를 부여한 것이다.

* 근로자에게 퇴직급여 수령액이 감소됨을 알리고 근로자대표와 확정기여형 퇴직연금제도(이하 DC제도)의 도입, 별도의 급여산정기준 마련 등 필요한 방법을 협의하여야 한다.

Q11 퇴직금제도 설정 사업(장)의 사용자도 근로시간 단축 입법에 따른 사용자의 책무(근로자대표와 DC제도의 도입, 별도의 급여 산정기준 마련 등 협의)를 이행하여야 하는가?

퇴직금제도 운영 사업(장)의 사용자도 퇴직금 중간정산 사유 확대와 별도로 근로시간 단축 입법에 따른 사용자의 책무를 이행하여야 한다. 사용자는 근로자에게 퇴직급여 수령액이 감소됨을 알리고 근로자대표와 DC제도의 도입, 별도의 급여산정기준 마련 등 필요한 방법을 협의하여 실시하여야 한다.

이번 근로자퇴직급여보장법시행령 개정은 근로시간단축 입법에 따른 퇴직급여

수령액 감소를 방지를 목적으로 하고 있고, 퇴직금 중간정산의 경우 정산 받은 금품(중간정산금)이 생활자금으로 사용될 우려가 있으므로, 우선적으로 DC제도의 도입, 별도의 급여 산정기준 마련 등을 통해 퇴직급여 수령액이 감소되지 않도록 하는 것이 근로자 노후소득보장 측면에서 바람직하다.

Q12 근로시간이 단축되는 사업(장) 소속 근로자는 누구나 퇴직금 중간정산 신청이 가능한가?

이번 시행령 개정은 근기법 일부개정법률(법률 제15513호)시행에 다른 근로시간 단축으로 근로자의 퇴직급여 수령액이 감소되는 것을 방지하는 것이 목적이므로, 실제 근로시간이 단축되어 퇴직급여 수령액이 감소되는 근로자로 한정함이 타당하다. 구체적으로 주 52시간을 초과해 근로했던 근로자가 근기법 일부개정법률(법률 제15513호) 시행으로 실 근로시간이 주 52시간 이하로 단축되고, 이에 따라 임금도 줄어들어 퇴직급여 수령액이 감소될 수 있는 경우에만 중간정산 신청이 가능하며, 근로시간이 단축됐으나 사용자의 임금보전 등으로 퇴직급여수령액이 감소되지 않은 근로자는 퇴직금 중간정산 대상이 아니다.

Q13 퇴직급여 수령액의 감소 여부 판단기준은?

퇴직급여 수령액의 감소 여부는 각 근로자별로 임금감소 수준, 예상 퇴직시점, 임금 상승률 등에 따라 달라질 수 있으므로 일률적 기준으로 퇴직급여 수령액 감소 여부를 판단할 수는 없다. 다만, 생활자금 등의 수요를 위해 퇴직금 중간정산이 남용되지 않도록 예상 퇴직시점(정년)까지 상당한 기간이 남은 근로자는 중간정산을 받는 사례가 발생되지 않도록 지도할 필요가 있다.

〈사례〉

근로시간 단축에 따른 가정

구분		내용	비고
근로시간 단축 전 계속근로기간		10년	
평균임금	단축 전	5,000,000원	임금감소율 10% 적용
	단축 후	4,500,000원	
임금 인상률(예상)		3.7%	2017년 민간부문 협약임금 평균인상률(통계청)

잔여 재직기간에 따른 총 수령금액 비교

단축후 근속연수		1년	2년	3년	4년	5년	6년
중간정산	미실시	51,332	58,070	65,237	72,854	80,946	89,538
	실시	55,491	61,341	67,570	74,198	81,245	88,735

* 중간정산 실시의 경우, 중간정산금을 잔여 재직기간 동안 정기예금(연간 평균금리 1.65%, 2017년 한국은행 통계 기준)에 예치한다고 가정

위의 사례의 경우 근로시간 단축 후 잔여 재직기간인 6년 이상일 경우 중간정산을 하지 않는 것이 근로자에게 유리하다.

* 임금 감소수준, 임금인상률, 예상 퇴직시점 등에 따라 중간정산의 유불리가 달라질 수 있음을 근로자에게 안내할 필요 있음.

Q14 퇴직금 중간정산 금액을 개인형퇴직연금제도(IRP)에 납입이 가능한가?

개인형퇴직연금제도(이하 IRP)는 퇴직급여제도의 일시금을 수령한 사람 등이 설정 가능하고, 퇴직금 중간정산으로 지급받은 일시금도 퇴직급여에 해당하므로 퇴직금을 중간정산 받은 근로자 명의의 IRP계좌에 중간정산한 퇴직금을 납입할 수 있다.

* 사용자가 근로자 명의의 IRP계좌로 중간정산금을 지급하거나, 근로자가 중간정산금을 지급받고 60일 이내에 IRP계좌로 입금할 경우 추후 해당 정산금을 수령할 때까지 퇴직소득세 원천징수를 유예하여야 한다.

퇴직급여는 근로자들의 노후소득을 보장하기 위해 만들어진 제도이므로, 중간정산을 받은 근로자가 정산퇴직금을 생활자금으로 사용하기보다 IRP에 적립·운영토록 함으로써 중간정산으로 인해 노후소득재원 확보에 문제가 발생하지 않도록 지도할 필요가 있다.

Q15 퇴직금제도 또는 DB제도만을 설정한 사업(장)에서 DC제도를 추가로 설정하고자 할 경우 어떤 절차를 거쳐야 하는가?

사용자가 퇴직급여제도를 설정하거나 설정된 퇴직급여제도를 다른 종류의 퇴직급여제도로 변경하려고 할 경우에는 근로자대표의 동의를 받아야 한다.

퇴직금제도 또는 DB제도만을 설정한 사업(장)에서 DC제도를 추가로 설정하려는 것은 새로운 퇴직급여제도를 설정하려는 경우에 해당되므로 근로자대표의 동의를 받아야 한다.

다만, 추가로 도입되는 DC제도에 가입할 근로자의 범위가 구체적으로 한정(예: A지역 공장의 생산직 근로자)되어 있다면, 해당 근로자의 과반수가 가입한 노동조합이 있는 경우 그 노동조합, 해당 근로자의 과반수가 가입한 노동조합이 없는 경우에는 해당 근로자의 과반수 동의를 받아 DC제도의 추가 설정이 가능하다.

Q16 50인 이상 300인 미만 회사가 주 52시간제의 적용을 회피하기 위하여 2개의 회사로 분할하여 50인 미만으로 근로자 수를 축소할 경우 근기법상 위법한가?

중소기업이 주 52시간 도입시 가장 큰 어려움은 추가 채용 인건비 부담에 있다. 주 52시간제 적용을 회피하거나 지연시키는 방법의 하나로 회사를 둘 이상으로 분할하는 방법이 있다. 분할하는 회사도 50명 미만으로 하면 당장 주 52시간제의 적용을 2021년 6월 30일까지는 회피할 수 있고 종전대로 근로시간을 운영할 수 있다. 이것은 기업경영상의 판단 문제이지 근기법 위반 문제와는 관계가 없다.

중소기업이 52시간제 준비 못하는 이유는?

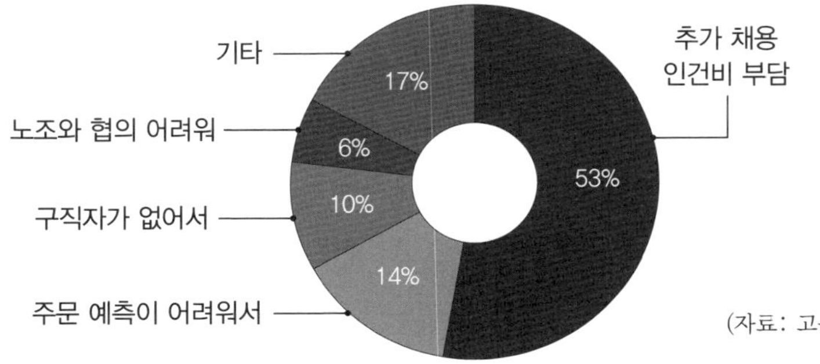

(자료: 고용노동부)

5 주 52시간제를 둘러싼 문제

1. 1주 40시간과 1일 8시간제와의 관계

1997년의 근기법 개정에 의해 종래의 '1일 8시간' 을 중심으로 한 규제에서 '1주 40시간' 을 중심으로 하는 규제로 중점이 옮겨지고 2003년의 근기법 개정으로 1주 40시간으로 단축된 것으로 근기법 제50조에서 명시하고 있다. 1주일의 법정근로시간과 1일의 법정근로시간과의 관계에 대해 종래의 1일 8시간을 중심으로 하는 사고방식을 근본적으로 바꿨다. 즉, 근기법 제50조제1항에서 1주일의 법정근로시간을 규정하고, 동조 제2항에서 1일의 법정근로시간을 규정하는 것으로 했지만, 이는 근로시간 규제는 1주 단위의 규제를 기본으로, 1일의 근로시간은 1주일의 근로시간을 각 일로 할당하는 경우의 상한으로 생각하는 개념에 의한 것이다. 이는 말하자면, 종래의 '1일 8시간' 을 중심으로 한 "1일(日)"이라는 근로시간의 개념에서 '1주일의 시간' 을 중심으로 한 "주(週)"라는 근로시간으로 개념이 바뀐 것이다(그림참조).

이처럼, 1일 단위를 중심으로 하는 근로시간의 개념에서 1주를 단위로 하는 근로시간의 개념으로 바뀜에 따라 앞으로의 근로시간법제의 기본적 방향으로, 근로시간이 1주 단위의 규제를 기본으로 1주의 근로시간으로 단축하고, 1일 근로시간은 1주일 근로시간을 각 일로 나눌 경우의 기준으로 생각하는 것이 적당하다.

1주 단위의 '법정근로시간' 은 원칙적으로 40시간으로 하는 것이 적당하다. 또한 1일 단위의 '법정근로시간' 은 1주의 근로시간을 각 일로 배분하는 경우의 상한으로, 원칙적으로 8시간으로 하는 것이 적당하다고 하는 개념에 따른 것이라고 할 수 있다.

그러므로 지금까지의 법정근로시간은 '1일 단위' 이었던 것을 앞으로는 '1주 단위' 로 하도록 노사 모두가 근로시간에 대한 "발상의 전환"을 해 나가지 않으면 안된다. 근로시간법제는 주 단위로 바뀌기 때문에 발상의 전환을 기업의 노사가 하지 않으면 곤란하다.

또한 앞으로는 이를 '주간시간제' 라는 개념 뿐 아니라 뒤에 말할 '선택적근로시간제'를 도입할 경우에는 '월 단위 근로시간' 만이 문제가 되어, 일 단위의 근로시간의 규제는 없어지고, 탄력적근로시간제에 대하여도 3개월 단위나 2주 단위의 총 근로시간을 정해 그것을 각 일, 각 주로 나누기 때문에 '월 단위'의 '월당(月當)' 혹은 '2주 단위'의 '주당(週當)'의 근로시간을 생각해야 하는 필요가 발생한다. 노사관계자는 이 근본적 개념의 전환을 알지 않으면 안된다.

[그림 5-1] 근기법의 근로시간제도

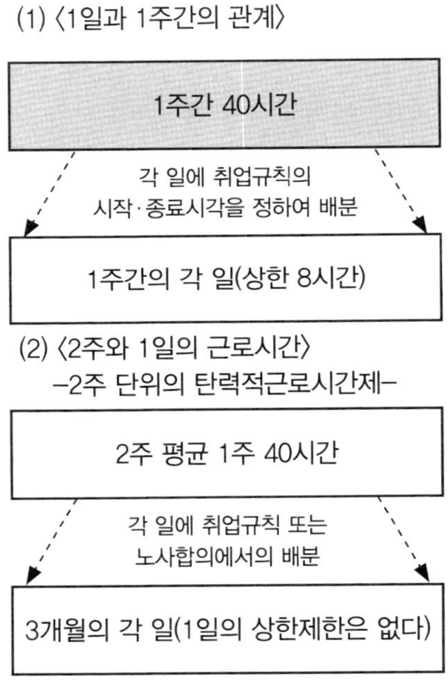

2. 주 근로시간의 각 1일로의 배분은 사용자의 자유인가

근기법은 근로시간의 규제에 대해 주 단위의 근로시간을 중심으로 하고, 그것을 1주 40시간으로 정해, 주 단위 시간을 각 일로 나눔에 있어 1일 8시간을 초과하지 않도록 하는 상한규제로서 '1일 8시간'을 정한 것이다.

따라서 1주 법정근로시간의 범위에 한해 1일 8시간 이내면, 각 일로 할당하는 것은 근기법상 별도의 규제가 없으므로 사용자가 정하는 바에 따른다.

각 일로의 할당은 앞에서 말한 대로 근기법의 규제사항이 아니라, 취업규칙으로 정하는 사항으로 되어 있다. 근기법 제93조제1호에서 사용자가 작성해야 하는 취업규칙 사항의 내용으로 '업무시작과 종료시각, 휴게시간, 휴일, 휴가 및 교대근로에 관한 사항' 으로 되어 있기 때문에 각 일로의 할당은 시·종료시각의 규정으로 취업규칙에서 행한다.

이 취업규칙의 작성·변경에 대하여 '취업규칙은 본래 사용자의 경영권의 작용으로 일방적으로 정할 수 있는 것으로, 이는 그 변경에 대해서도 마찬가지다' 라고 되어 있어, 사용자의 경영권 작용으로 일방적인 작성·변경이 인정되고 있다.

그러므로 '취업규칙은 사용자가 작성하는 해당 사업장의 취업에 관한 규칙이며, 사용자의 사업조직을 통제하는 지위에서 파생하는 권한에 기초해 사용자가 일방적으로 작성하고 변경할 수 있는 것이다 그 작성·변경된 규칙은 현재 효력이 있는 단체협약 및 근기법 그 외의 법령에 대해 근로자과반수 또는 조합의 의견을 들을 것을 명하고는 있지만, 조합의 의견에 구속되는 것을 예상하는 것은 아니다' 라는 판결대로 과반수로 조직되는 노동조합의 의견을 듣지 않으면 안되지만 그 의견에는 구속되지 않고, 예를 들어 반대가 있더라도 취업규칙의 효력에는 영향이 없다.

그러나 근로조건이 불이익하게 변경되는 경우에는 근로자의 과반수로 조직되는 노동조합 또는 근로자 과반수의 동의를 받아야 한다. 이러한 사정으로 최종적으로는 주 법정근로시간의 범위 내에 있어서는 1일의 근로시간의 할당은 사용자가 결정하는 것을 따르게 되어 있다.

3. 근기법 제50조제1항의 "1주"란

개정근기법에 의한 근로시간의 규제가 1주를 단위로 하는 것으로 중점이 옮겨졌다는 것과 관련해 '1주' 란, 어떠한 시간을 말하는 것인가가 중요시되었다. 또한 2주 단위의 탄력적근로시간제, 3개월 단위의 탄력적근로시간제에 있어서도 이들의 기간을 평균해 '1주' 의 근로시간이 몇시간을 넘어서는 안되는지를 정하고 있지만 이 '1주에 대해서' 란 종래부터 '1주 40시간이란 어느 1주를 구분해도 40시간을 초과해서는 안된다' 는 의미이다.

근기법 제2조제1항제7호에서 「1주란 휴일을 포함한 7일을 말한다」고 정의하고 있다. 근기법 제50조제1항의 '1주' 란 취업규칙 그 밖에 특별히 정한 것이 없으면 일요일부터 토요일까지의 1주일이다' 로 해석하고 있으며, 이 일요일부터의 주의 의미는 개정근기법에 있어서도 동일하다.

따라서 '1주' 란 어떤 기간인가 하는가는 취업규칙이나 단체협약 등에 거의 정해져 있는 것이지만, 그것으로 정해져 있지 않을 때에는 휴일을 포함한 7일을 말한다.

따라서 법정근로시간의 '주 52시간' 이란, 어디에서 어디까지의 1주인지를 명확히 해두지 않으면 적용할 수 없기 때문에 취업규칙 등에 있어, 예를 들어, '1주일이란 월요일부터 일요일까지를 말한다' 고 하는 것처럼 그 기업에서 특정 규정을 하지 않을 때에는 기업사회의 일반적 관행을 따라 '일요일부터 토요일' 에 이르는 주에 의한 1주일이 적용되므로 주의해야 한다.

4. 「1일」이란 취업규칙 등으로 특별규정이 가능한가

개정 후에도 종래대로, 1일에 대해서는 8시간제가 적용되지만, 법정근로시간의 탄력화라는 입장에서 1주의 규제가 중심이 된다. 1일의 규제는 1주의 규제에 의한 근로시간 할당의 상한을 긋는 규제라 할 수 있으며, '1일' 8시간제에 있어서도 종래대로 법정근로시간임에는 변함이 없다.

이 '1일' 이란, 종래부터 원칙적으로 오전 0시부터 오후 12시까지의 '하루' 로 해석되었으며, 개정법에 있어서도 마찬가지다.

이 '1일' 에 대해 '당사는 1일이란 정오부터 기산하는 24시간으로 한다' 라든가 '1일이란 오전 6시부터 계속되는 24시간을 말한다' 라는 것처럼 취업규칙 등의 규정이 허용되어 있는가라는 문제가 있다. ILO에서도 1919년의 공업적 기업의 근로시간을 1일 8시간 단, 1주일에 48시간으로 제한하는 '조약 ' (제1호) 이후 '1일 8시간 ' 의 원칙이 정해졌지만, 그 전제로서 오전 0시부터 오후 12시까지의 하루를 말한다는 것이 당연시 되었다. 그러나 1일의 정의를 각 기업이 자유롭게 정할 수 있게 되면 근로자의 생활리듬을 깨고, 기업사회의 취업규칙에 악영향을 주어 근로시간 규제의 목적에 반하기 때문에 인정되지 않았다.

따라서 우리나라의 경우에도 1일 8시간 3교대체제 및 변칙 1일 2교대체제의 경우를 제외하고는 각 사용자가 자유롭게 '1일'의 정의를 정하는 것은 인정되지 않는다.

또한 소정근로시간이 종료해도 근무가 계속되어 철야를 한다든지 또는 오전 0시를 초과하여 계속하는 근무에 대해서는, 이를 오전 0시를 분할해 2일근무로 하는 것은 2일분의 계속근무가 정형적 근로시간제로 인정되기도 하기 때문에 부적당하다.

이 같은 계속근무가 예를 들어 '일(日)'을 달리하는 경우에도 1근무로 취급해야 하는 것으로 되었으며, 근기법 제50조제2항의 '1일'이란, 원칙적으로 오전 0시부터 오후 12시까지의 이른바 '일'을 말하는 것으로, 계속근무가 2일에 이른 경우에는 예를 들어, 일을 달리 할 경우에도 1근무로 취급해 해당 근무는 업무 시작시각이 속한 날의 근로로 업무시작 당일의 '1일의 근로'가 된다.

5. 근기법의 '1일'의 개념과 근로시간·휴일·휴게의 처리

여기서 근기법의 '1일'의 개념에 대한 정리·검토할 필요가 있다. 왜냐하면, 근기법에서는 근로시간의 '1일' 개념과 휴일, 연차유급휴가의 '1일' 의 개념과는 각각 차이가 있으며, 같은 '1일'이라 하더라도 근로시간, 휴일, 연차유급휴가로 각각 개념이나 처리방법이 다르기 때문이다. 이 점에 관하여 간단히 예시하여 설명하면 다음 그림과 같다.

즉, 근기법상 '1일' 이란 원칙적으로 오전 0시부터 오후 12시까지의 하루를 말하지만 계속근무가 2일에 이를 경우에는 예를 들어, 역법상 하루를 달리할 경우에도 1근무로 처리하게 되어 있다. 그렇지만 휴일(주 1일의 법정휴일에 한함)은 1일제를 철저하게 지켜 오전 0시부터 오후 12시까지를 말하지만 계속 24시간의 휴식을 부여하는 한 반드시 역일에 의한 휴일을 실시하여야 하는 것이 아니다(1987.2.25, 근기 0125-3068). '법정공휴일의 전일의 근무가 연장되어 법정휴일에 이를 경우'는 '휴일' 이 되어 '휴일근로시간'이 된다. 따라서 전일의 근무가 휴일에까지 연장될 경우에는 계속 1근무의 개념은 취하지 않고 오후 12시에서 구분해 그 이후에는 휴일근무만이 성립된다.

(1) 1일 8시간 근로와 야간근로의 취급

1일은 원칙적으로 오전 0시부터 오후 12시까지의 역일을 의미한다. 여기서 1일 8시간은 0시부터 1역일내에서의 8시간의 근로시간이 있는 것을 의미하지만 철야근무 등 0시부터 근무할 때는 문제가 된다.

역일을 달리하여 계속적으로 근로가 이어지는 경우에는 이를 전일의 근로의 연장으로 보아 근기법 제56조에 의한 가산수당을 지급하여야 할 것이나, 익일의 소정근로시간대까지 계속 이어지는 경우에는 익일 업무시작 시각 이후의 근로는 근로계약·취업규칙 등에 따라 당초 근로제공 의무가 있는 소정근로시간에 해당되므로 이를 전일의 근로의 연장으로는 볼 수 없다.

주휴일에 시작된 근로가 역일을 달리하여 계속되어 익일의 소정근로시간 종료 후 퇴근한 경우 그 익일의 소정근로업무 시작시각 전까지에 대하여 전일(휴일)의 근로의 연장으로 보아 근기법 제56조에 의한 휴일근로수당(연장 및 야근근로에 해당되는 경우 동조에 의한 연장·야간 근로수당은 각각 별도 산정)을 지급하여야 하며, 월요일 업무 시작시각 이후의 근로는 이를 휴일근로와 연장근로로 볼 수 없다(2003.3.31, 근기 68207-402).

(2) 근로시간의 1일과 휴일·연차유급휴가의 1일

1) 휴일의 경우

근기법상 근로시간의 1일의 개념과 휴일 및 연차유급휴가의 1일의 개념은 각각 다르며 같은 1일이라도 근로시간·휴일·연차유급휴가에서 각각 취급을 달리한다. 근로시간의 1일이란 원칙적으로 오전 0시부터 오후 12시까지의 역일이지만 계속근무가 2역일에 걸칠 경우에는 비록 역일을 달리한 경우에도 하나의 근무로서 취급된다. 그리고 휴일은 역일제를 철저히 하여 휴일의 오전 0시부터 오후 12시까지이나 「휴일의 전일의 근무가 연장되어 오전 0시를 초과하여 휴일에 이른 경우」는 휴일근로가 되어 휴일근로시간이 되며 휴일의 근무가 익일에 이른 경우는 휴일근로가 아니다. 휴일은 계속 1근무가 아니고 오후 12시에서 분리 적용된다. 휴일의 가산임금은 5할이다.

2) 연차유급휴가의 경우

연차유급휴가의 「1근로일」에 있어서는 원칙적으로 역일계산에 따르나 「1주야 교대제와 같은 경우에 있어서는 1근무를 2근로일로 취급할 수 있다」. 또한 교대제에 있어서의 2일에 이른 1근무 및 상시 야간근무자의 1근무에 있어서는 당해 근무시간을 포함해 계속 24시간을 1근무일로 취급하여도 무방한 것이다. 연차유급휴가일은 "일"의 개념으로 부여되는 것이므로 4시간 근무하는 토요일에 연차유급휴가를 사용했을 경우 4시간의 휴가를 추가로 부여할 필요가 없다(1990.10.17, 근기 0125-14463). 또한 1주야근무의 경우에는 2근무일, 오후 10시부터 익일의 오전 6시까지의 야간 근로에 있어서 야간근무를 통상의 근무로 하는 상시 야간근무의 경우에는 당해 근무시간을 포함한 계속 24시간, 즉 오전 12시(정오)에서 익일 오전 12시(정오)까지 1일로 취급한다. 이와 같이 근기법상 같은 1일이라는 개념에 있어서도 근로시간, 근로시간과 휴일 및 연차유급휴가에 있어서 각각 다르다(그림참조).

[그림 5-2] 근기법의 「1일」의 개념

(1) 근로시간

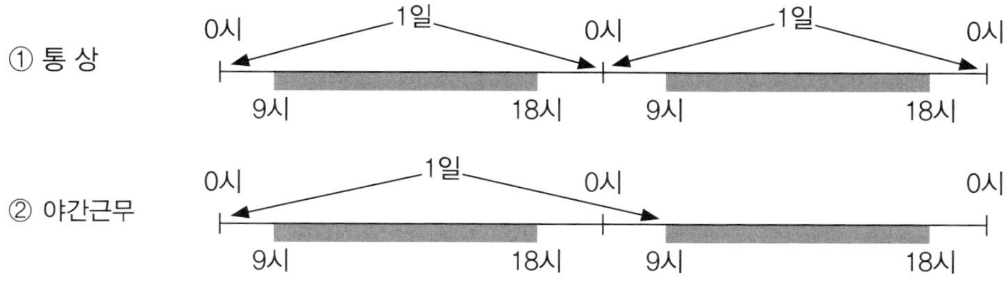

(2) 휴일근로

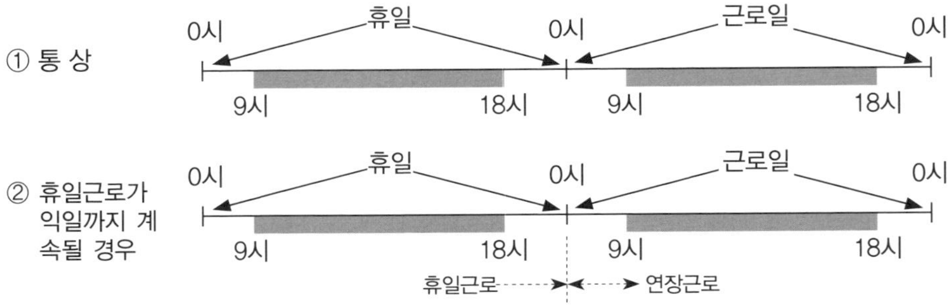

(3) 연차유급휴가

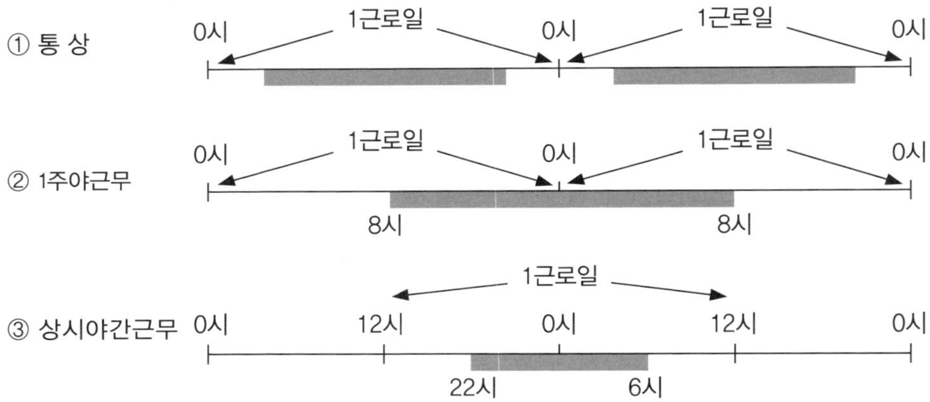

6 주 40시간근로제의 원칙

1. 근기법 제50조의 의의

근로시간은 휴게시간을 제외하고 1주일에 40시간, 1일에 8시간을 초과할 수 없으며, 근기법은 1주일에 40시간, 1일에 8시간을 기준근로시간으로 규정하고 있다(근기법 제50조제1항·제2항).

1일 1주란 휴일을 포함한 7일을 말한다(근기법 제2조제1항제7호). 근기법은 1주 40시간제를 채택하고 있다. 8시간근로제란 근로자의 1일 근로시간을 기본적으로 8시간으로 한정하는 원칙을 말한다. 그러므로 근로자의 근로일의 전체 생활시간(24시간) 중에서 근로에 충당될 시간 부분을 근로자 보호의 목적으로 제한하는 것으로 그것은 생활시간 내에서 일종의 배분개념인 동시에 근로자 보호를 위한 규제개념이다.

2. 근로시간의 의의

근로시간은 휴게시간을 제외한 실근로시간이다. 그런데 이 근로시간이란 어떤 것인가에 대하여 근기법상 분명하게 규정되어 있지는 않다. 그리하여 일반적으로는 「근로자가 사용자의 지휘·감독 아래 근로계약상의 근로를 제공하는 시간」이라고 해석하고 있다(대법[전원합의체] 2018.6.21, 2011다112391; 대법 2018.6.28, 2013다28926; 대법 2016.8.24, 2014다509; 대법 1993.5.27, 92다 24509; 대법 1992.10.9, 91다 14406).

(1) 1주의 기준

「1주」란 휴일을 포함한 7일을 말한다(근기법 제1항제7호). 종전에는 「7일간」이라는 견해와 역일의 주인 일요일부터 토요일까지라는 견해가 있는데 근기법 개정(2018.3.20)에 따라 입법적으로 해결하였다. 연장근로, 휴일근로가 빈번하게 이루어지는 등 장시간노동 관행으로 인해 일과 삶의 균형이 저해되고, 생산성 하락과 함께 일자리 창출에도 부정적 영향이 있다. 근기법 개정으로 1주를 휴일을 포함한 7일로 정의하여 1주 근로시간 한도를 52시간으로 명확히 함으로써 근로시간을 단축하고자 한 것이다. 다만, 근로자의 소득 감소 및 중소기업의 경영상 부담 등을 고려하여 상시 근로자 수에 따라 기업규모별로 단계적으로 시행하고 있다. 반드시 일요일부터 토요일까지로 한정할 필요가 없으며, 취업규칙 등에서 정한 특정한 날 내지 개개 근로자의 채용일을 기점으로 하여 7일간을 1주로 볼 수 있다. 1주 40시간의 판단은 실근무시간을 기준으로 하므로 주 중에 주휴일이 아닌 유급휴일이 있는 주의 토요일의 경우 8시간의 근무를 하였더라도 실근로시간은 40시간(8시간×5일)이 된다. 주휴일을 제외한 유급휴일의 근로시간은 실근로시간에 포함되지 않는다(대법 1992.10.9, 91다 14406).

(2) 1일의 기준

「1일」은 역일의 1일을 의미하므로 오전 0시부터 오후 12시까지를 가리킨다. 그러나 하나의 근로가 2일에 걸쳐 계속적으로 행하여지는 경우에는 역일을 달리해도 1근무로 보아 8시간 제한규정을 적용한다. 그리고 2역일에 걸친 「1근로」는 업무 시작시각이 속하는 날의 근로로서 당해 「1일」의 근로라고 보아야 한다(1991.10.5, 근기 01254-1433).

3. 법정근로시간 위반의 효과

① 사용자는 예외적인 경우(통상연장, 특례연장근로·특별연장근로·특례사업연장근로)를 제외하고는 1주 40시간 1일 8시간 이상의 근로를 시킬 수 없으므로 이에 위반하는 근로계약·단체협약 또는 취업규칙은 강행법규 위반으로 그 한도에서 무효이다. 근로자는 법정시간을 넘는 시간 부분에 대하여 근로할 의무가 없다.

따라서 기준근로시간을 위반할 경우 벌칙으로서 2년 이하의 징역 또는 2천만원 이하의 벌금(근기법 제110조)이 적용된다.

② 기준근로시간을 초과하여 연장근로가 행하여졌을 때에는 연장근로가 합법적(동법 제53조제1항, 제69조 단서)이든 위법한 것이든 간에 그 사유를 불문하고 근기법 제56조에 따른 가산임금이 지급되어야 한다.

다만, 탄력적근로시간제나 선택적근로시간제를 실시하는 경우에 소정근로시간을 근로한 경우에는 가산임금이 지급되지 아니한다.

제6장 근로시간 관리를 둘러싼 문제

- 올바른 관리와 합리화를 위하여 -

1 사용자의 근로시간의 파악 · 산정의무

1. 근로시간의 파악·산정의무

근기법은 근로시간, 휴일, 휴가 등에 있어서 근로자보호를 위하여 여러 가지로 규제하고 있으며 그 준수의무는 주로 사용자에게 부과되어 있고 근로시간관계의 규제에 있어서도 사용자에게 그 준수를 하여야 할 법률상의 책임을 지우고 있다. 예컨대 근기법 제50조제1항은 「1주간의 근로시간은 휴게시간을 제외하고 40시간을 초과할 수 없다」고 규정하고 동조 제2항은 「1일의 근로시간은 휴게시간을 제외하고 8시간을 초과 할 수 없다」고 규정하고 있다. 그 의미는 사용자는 근로자에게 법정시간을 초과하여 근로시키는 것을 금지하고 이를 위반한 경우에는 동법 제110조제1항에서 「2년 이하의 징역 또는 2,000만원 이하의 벌금에 처한다」고 규정하고 있다. 사용자가 이러한 법률규정에 위반하는 행위를 하지 않기 위해서는 상시 근로시간을 파악하여 근로자가 몇 시간의 근로를 하였는가, 법률상의 허용시간은 몇 시간인가를 알아야 할 필요가 있다.

한편 근로자는 1일의 근로시간의 제한을 초과하는 위법한 근로라는 것을 알고 있다면 사용자가 명하는 위법한 근로를 계속하는 것은 위험성이 높으므로 이를 거부할 수 있다. 사용자는 근로시간의 파악·산정의무를 준수하고 이를 위반하는 일이 없도록 하여야 한다.

2. 근로시간 파악·산정의무의 법적 근거

사용자의 근로시간 파악·산정의무의 법률상 근거로서는 근기법 제48조에서 발생한다. 즉 동조는 직접적으로 임금대장의 작성의무를 규정하여, 「사용자는 각 사업장별로 임금대장을 작성하고 임금과 가족수당 계산의 기초가 되는 사항, 임금액, 그 밖에 대통령령으로 정하는 사항을 임금을 지급할 때마다 적어야 한다」라고 규정하고 있다. 임금대장 작성이 필요한 이유는 ① 근로감독관이 각 사업장 근로자의 근로조건을 수시로 파악하기 위해 ② 근로실적과 지불임금의 관계를 명확히 기록하게 하여 사용자와 근로자의 노동과 임금에 대한 중요성을 인식하기 위한 것이다.

근기법 시행령 제27조는 사용자가 근로자 개인별로 ① 성명, ② 주민등록번호, ③ 고용연월일, ④ 종사하는 업무, ⑤ 임금 및 가족수당의 계산기초가 되는 사항, ⑥ 근로일수, ⑦ 근로시간수, ⑧ 연장근로·야간근로 또는 휴일근로를 시킨 경우에는 그 시간 수, ⑨ 기본급·수당·그 밖에 임금의 내역별 금액(통화 이외의 것으로 지급된 임금이 있는 경우에는 그 품명 및 수량과 평가총액), ⑩ 법 제43조제1항단서에 따라 임금의 일부를 공제한 경우에는 그 금액을 적어야 한다고 규정하고 있다.

사용자는 근로자에게 법정근로시간을 초과하여 근로하게 할 경우에는 가산임금을 지급하여야 한다(동법 제56조). 이러한 의무를 이행하기 위해서는 사용자에게 근로시간을 정확하게 파악하는 것이 전제되어 있으므로 사용자는 근로시간을 파악해야 할 의무가 있다고 해석된다.

3. 근로시간 파악의 방법

가산임금 등의 지급대상이 된 근로시간(근기법 제56조)을 파악하는 방법에 관해서 법의 규제는 없다. 이를 위해서는 ① 현장확인, ② 자기신고, ③ 타임카드·IC카드 등 방법이 있다. 사용자는 개별 근로자의 실제 업무시작·종료시각을 파악할 의무와 필요가 있다.

2 이른바 서비스잔업과 사용자의 근로시간 파악의무

1. 서비스잔업이란 → 법정연장근로수당포기의 무효

최근 이른바 서비스잔업이 여러 가지로 문제되고 있다. 이 서비스잔업을 「임금미불잔업」이라고 부르기도 한다. 서비스잔업이란 소정근로시간 외에 근로시간의 일부 또는 전부에 대하여 소정의 임금 또는 가산임금을 지급하지 아니하고 근로를 행한다는 것을 말한다. 이것은 근기법에 위반된다. 그러나 이것은 정확한 것은 아니다. 이른바 서비스잔업이란 「소정시간 외」의 근로시간에 대하여 지급을 하지 아니한 것이 아니고 법정근로시간(1주당 40시간, 1일 8시간) 외 근로에 있어서의 가산임금을 지급하지 아니한 잔업이라고 해야 할 것이다. 이는 법정근로시간에 이를 때까지는 당해 시간의 임금청구권을 포기하여 이른바 「사용자에 대하여 서비스로서의 연장근로」를 행하였다면 위법한 것이다.

서비스잔업문제가 생길 때에는 이른바 정규직으로서 월급근로자의 경우가 통상이지만 때에 따라서는 소정근로시간을 초과하여 법정근로시간에 이를 때까지의 임금은 월급 중에 포함되는 계약으로 명시 또는 묵시적으로 합의한다면 유효하다.

예컨대 소정근로시간을 「7시간」으로 정한 경우에 이것을 초과하여 근로하여도 법정근로시간(1일 8시간)을 초과하지 아니하면 1일에 있어서 법률상의 연장근로도 아니며 가산임금을 지급할 필요도 없다. 또한 법정근로시간에 달할 때까지의 「1시간」의 근로에 있어서 통상의 임금에 관하여도 월급제의 경우에는 월에 있어서 소정근로시간이 대폭적으로 상이하여 예컨대, 5월은 1개월이 120시간, 7월에는 170시간이 되어 월에 따라 상이하여 50시간은 차이가 있는 케이스에서 월액임금은 동일하여 불합리하다. 여기에 「법내초과근로 1시간분은 월액임금에 포함」하도록 정하더라도 유효하며 별도로 1시간분의 임금을 가산할 필요는 없다. 또한 근로시간 단축조치를 강구할 때 임금 지급대상시간을 변경하여 종래부터의 근로시간까지(8시간 등)는 지급하되 가산임금은 그 시간을 초과하는 경우에 지급하더라도(소정근로시간과 가산임금발생시간의 구분)위법한 것은 아니다.

1주 40시간, 1일 8시간을 초과하는 연장근로시간에 있어서는 근로자가 사용자에 대하여 서비스로서 자발적으로 연장근로를 하고 따라서 자발적인 연장근로이므로 연장근로수당을 청구하지 아니하고 포기하는 취지의 의사표시를 하더라도 근기법 제56조제1항에서 가산임금을 지급하여야 할 의무가 사용자에게 부과되고 그 의무는 강행법규에 근거하고 있으므로 근로자가 자유의사로 연장근로수당청구권을 포기하여도 무효이다.

또한 사용자는 근로시간 파악·산정의무가 있다. 노동조합과 성과주의 임금체계를 협정하여「근로시간은 자유이며 사용자의 근로시간 파악의무를 면제하여 임금은 근로시간에 대응하여 지급하지 아니하고 성과에 대하여 지급한다」고 정하고「대상근로자의 근로시간에 있어서 사용자는 파악관리하지 않더라도 근로자의 자유에 맡긴다」고 협정한 것이 유효한가의 문제가 있다. 근기법에 정한 사용자의 근로시간 파악·산정의무는 근기법상의 공법상, 국가에 대한 사용자의 의무이기 때문에 노동조합이나 근로자에게 면제하더라도 효력이 없다.

2. 근로시간과 업무성과가 일치하지 아니한 이른바 화이트칼라 노동문제

서비스잔업문제는 이른바 연장근로자주신고제에 따른 근로자의 과소연장근로신고나 연장근로시간의 삭감·억제를 요구하는 비용측면에서의 연장근로수당의 제한이라는 경영측의 문제, 여기에 적정한 연장근로, 연장근로시간의 삭감을 위한 사내업무지침이나 연장근로의 억제책으로서의 연장근로시간제도의 역작용, 경영악화의 기업풍토로부터의 억제, 근로의 성과가 근로시간에 비례하지 아니한 이른바 화이트칼라 노동의 성질에도 유래한다. 여기에 서비스잔업의 강제라고 하는 근로시간과 업무성과가 연결되지 아니한 근로의 성질에서 문제가 있다. 근로자 측으로서도 자주적으로 실제로 행하는 연장근로를 청구하지 아니하고 일정시간을 청구하지 아니하는 형태로 행하고 있다.

그 근저에는 이른바 화이트칼라라고 하는 지적·전문적·창조적인 노동은 근로시간에 따라 직무를 수행하지 않는다는 직종의 특수성에서 유래하는 문제가 있다.

3. 사용자의 근로시간의 파악·산정의무란 무엇인가

근기법은 근로시간·휴일·휴가 등에 관하여 근로자보호를 위한 여러 가지 규제를 행하고 있다. 그 준수의무는 주로 사용자에게 부과되어 있고 근로시간관계의 규정에 관하여도 사용자만이 그 준수에 관한 법률상의 책임을 지고 있다. 예를 들면 근기법 제50조제1항에서 「1주간의 근로시간은 휴게시간을 제외하고 40시간을 초과할 수 없다」고 규정하고 있고, 제2항에서 「1일의 근로시간은 휴게시간을 제외하고 8시간을 초과할 수 없다」고 규정하고 있다. 그 의미는 사용자가 근로자에게 초과근로를 시키는 것을 법률로 금지하고 동법 제110조에서 「2년 이하의 징역 또는 2,000만원 이하의 벌금에 처한다」고 규정하고 있다. 그러므로 사용자가 위의 법규정에 위반하는 행위를 하지 않기 위해서는 상시 근로시간을 파악하고 근로자가 지금 몇 시간을 근로하고 있는가, 법률상의 허용시간은 앞으로 몇 시간인가를 알고 있을 필요가 있다.

더구나 근로자는 이와 같은 것을 알고 있다고 할 수도 없고, 설사 1일의 근로시간 제한을 초과한 위법한 근로라는 것을 알고 있었다 하더라도 사용자가 명하는 대로 위법한 근로를 계속할 위험성이 높다고 할 것이다. 그러므로 사용자의 근로시간의 파악·산정의무는 아주 중대한 의미를 가진다.

이러한 근로시간 파악의무는 근기법(제48조)을 그 법률상의 근거로 하고 있다. 즉, 동조는 직접적으로는 임금대장의 작성의무를 정한 것이며 「사용자는 각 사업장별로 임금대장을 작성하고 임금과 가족수당 계산의 기초가 되는 사항, 임금액 그 밖에 대통령령으로 정하는 사항을 임금을 지급할 때마다 적어야 한다」고 하고 있다. 대통령령으로서 정하고 있는 기입해야 할 사항은 동법시행령(제27조)에서 근로자 개인별로 적어야 하며, 동조 제6호 근로일수, 제7호 근로시간 수, 제8호 연장근로, 야간근로 또는 휴일근로를 시킨 경우에는 그 시간 수를 규정하고 있다.

그런데 이와 같이 의무화된 기입사항, 즉 근로일수, 근로시간 수를 파악하는 방법으로서는 통상 출근부나 타임레코더 등이 이용되고 있다. 그렇다고 출근부나 타임레코더의 서식이나 작성방식이 특별히 의무화되고 있는 것은 아니다. 이 방법에 의하지 않더라도 예컨대 관리자나 수위가 각 개인별 출근상황이나 근로시간 수를 점검하거나 또는 근로자 각 개인이 영업일지나 운전일지 등을 이용하여 자기기장을 하는 등 임의적인 방법을 택하여도 무방하다. 사용자가 근로자 각 개인에 대하여 그 근로일수나 근로시간 수를 확실히 파악하여둘 것이 요구되고 있다.

그 의무이행에 있어서 임금대장 등의 작성은 정확히 기록을 함으로써 노사간 무용한 분쟁을 피하고 또 근로감독관에 의한 법 준수의무 확보를 위한 감독자료가 된다는 것을 생각하여 그 정확성과 공정성이 보장되도록 하여야 한다. 그런데 근로자의 성적평가에 있어서 출근일수나 지각, 조퇴 등은 고려하지 않고 영업성적만을 가지고 평가하는 것은 물론 자유이며 출근 여부 등 형식적인 사항을 가지고 판단하지 않는다는 것을 명확하게 근로자들에게 알리기 위하여 출근부의 폐지 등의 방법을 취하는 것도 자유이다.

그러나 각 근로자들의 근로시간을 파악하고 이를 산정할 의무는 노사 간의 권리의무라기보다는 사용자가 가지는 국가에 대한 공법상의 의무이므로 이를 태만히 할 수는 없다.

4. 근로자의 '초과근무' 시의 기록

근로자들은 초과근무를 입증하기 위한 방법으로 앱이나 인증샷을 찍는 경우가 있다. 근로자들이 주로 사용하는 앱은 GPS(위성항법장치)를 이용해 위치 정보를 자동 저장하기 때문에 이용자가 사무실에 있었다고 증명할 수 있다. 여기다 사무실에서 찍은 셀카가 있으므로 간이 야간근로 증명서 노릇을 한다. 각종 '야근기록 앱'이 있다. 어떤 앱은 출퇴근시 버튼을 한번만 누르면 퇴근시간과 위치, 사진 등을 이메일과 소셜미디어 등으로 전송한다. 이런 앱 등을 사용하면 야간 근무를 증명할 수 있다.

3 완전자유근무 근로계약(근로시간의 자유)은 유효한가 – 서비스 잔업문제는 발생하지 않는가

1. 완전자유근무제의 허용 여부

(1) 완전자유근무제를 허용할 수 있는가

근로자에게 근로시간에 관하여 특별한 규제를 하지 않고 완전한 자유임의에 의하도록 하여도 되는가의 문제가 있다. 즉, 영업상의 실적만을 중시하고 일정의 규범만 준수한다면 언제 출근하든 또 퇴근하든 불문한다는 완전 자유근로제가 허용될 것인가의 문제이다. 이것은 근기법 제52조에서 규정하고 있는 선택적근로시간제의 요건에 합치하도록 근로자대표와의 서면합의(이른바 서면협정)에 따라 실시한다던가, 동법 제58조제3항에 의한 재량근로제 서면합의에 따라 당사자간의 완전자유계약에 따라 연장·휴일근로도 일체 자유로서 이것은 근로자 본인의 자유행동에 위임하므로 사용자로서는 연장·휴일근로의 가산임금을 지급하지 아니하거나 근로시간 파악을 하지 아니한 경우에는 문제가 있다. 근기법 적용근로자에 대하여는 동법 제63조제4호의 관리·감독자나 기밀사무취급자 등 일정의 경우를 제외하고 근로시간, 휴게, 휴일 등 근로자보호를 위한 규제가 있고 사용자가 이를 초과하여 근로시키는 것을 방지하기 위하여 상술한 바와 같이 근로시간 파악·산정의무가 부과되고 있다. 또 근기법 제93조제1호에서도 「업무의 시작과 종료의 시각, 휴게시간, 휴일, 휴가 및 교대근로에 관한 사항」등을 취업규칙의 필요적 기재사항으로서 반드시 규정하여야 하고, 사용자는 근로계약 체결시에는 근로자에 대하여 임금·소정근로시간·휴일·연차유급휴가 그 밖의 근로조건을 명시하여야 한다고 하고 있다.

따라서 사용자가 일반근로자에게 업무시작 및 종료시각, 휴게시간, 휴일 등을 정하지 아니한 근로계약을 체결하는 것은 근기법 위반이 된다. 따라서 법 적용대상인 종속노동관계에 있는 근로자에 대하여는 반드시 이 업무시작과 종료의 시각 즉, 근로시간을 정하여야 하는 것이다.

(2) 완전자유근무제의 위법성

그러므로 이러한 규정을 두지 아니하는 완전자유근무제는 그 자가 근로자인 한 근기법상 위법이 되어 허용될 수 없다. 다만, 선택적근로시간제는 「사용자는 취업규칙(취업규칙애 준하는 것을 포함한다)에 따라 시작 및 종료시각을 근로자의 결정에 맡기기로 한 근로자」(제52조)에 대하여는 시작 및 종료시각을 근로자의 결정에 맡기는 것이지 「반드시 근로하여야 할 시간대를 정하는 경우에는 그 개시 및 종료시각」과 「근로자가 그의 결정에 따라 근로할 수 있는 시간대를 정하는 경우에는 그 개시 및 종료시각」을 서면합의에서 정하여야 하므로 사용자에게 근로시간의 파악의무는 있다. 그러므로 선택적근로시간제를 채용하는 사업장에 있어서도 각 근로자의 각 일의 근로시간을 파악하여야 한다.

더구나 선택적근로시간제가 인정되고 나아가 연구개발등의 업무에 있어서 재량근로시간제가 인정되고 있다든지 재택근무, 자유근무형태도 출현되고 있는 현대 기업사회에 있어서 다양한 취업형태는 생활시간과 업무와의 조화를 도모하기 위한 근무로부터 시간구속이 없는 자주적인 근무제로서 노사 모두에게 환영되고 있는 상황으로서 종래의 사회통념이나 인식이 크게 변화되고 있다. 이러한 자유근무제에 있어서 문제가 있을 수 있다. 예컨대 휴업수당규정의 적용문제에 있어서 보장급에 대응하고, 업무활동과 사적활동이 문제되고 있는 업무상재해의 보상에 있어서는 그 대응이 문제되고 있다.

2. 완전자유근무제의 허용한계

또한 완전자유근무는 역으로 휴일, 휴가의 보장을 잠탈한다는 비판이 있더라도 생활과 업무의 조화를 자유롭게 도모하는 좋은 제도이므로 이러한 문제를 해소할 수 있다. 이에 따라 완전자유근무는 근로자에 있어서 시간적 구속에서 해방되고 자기가 자유롭게 업무활동시간을 정할 수 있으므로 근로자에게 불이익하지 아니하고 사용자는 근로자의 노동력의 이용처분권한의 일부를 포기하는 것이라고 이해할 수 있는바 이런 의미에서 근로시간의 자유근무제도 적법하다고 할 것이다.

나아가 사용자는 근로자에 대하여 출근의무에 있어서도 구속받지 아니하며 자유근무자에게 완전자유근무제와 사용자의 근기법상의 근로시간 파악·산정의무와의 관계는 어떠한가? 근기법의 취지에서 보면 노사간의 자유근무제에 의하더라도 사용자는 근로자의 자주신고제 등 그 방법은 자유라 하더라도

① 근로자는 그 근무일 출근하였는지 여부
② 몇 시간 근로하였는가
③ 연장근로가 있는가, 있다면 몇시간인가
④ 휴일근로나 야간근로가 있는가
⑤ 그 시간 수는 몇시간을 조사·파악하고 기록하였는가
⑥ 그 시간외나 휴일근로에 해당하는 시간에 있어서는 소정의 가산임금을 가산하여 지급하였는가를 파악하여 지급할 의무가 있다.

그리고 근로시간의 구속을 과하지 아니한 자유근무에 있어서는 법 개정에 따라 제3차·제4차산업의 근로시간대책, 유연성있는 근로시간으로의 전환, 생활과 업무와의 조화, 문화적 생활을 위한 자유시간의 확보라는 목적에서 보면 근로시간이 구속이나 근로일의 구속이 없는 자유근무 등의 근무제도가 확대되고 있는 것이 시대적 추세임에 틀림없다.

그렇다 하더라도 사용자는 근로자에게 출근의무를 부과하지 않을 수 없고, 법정의 간주근무 등에 해당되지 아니하는 한 사용자의 근로시간 파악·산정의무는 공법상의 의무에서 면할 수 없다. 각 근로자의 근로시간을 파악하여 이것을 산정할 의무는 노사간의 권리의무로서가 아니라 사용자의 국가에 대한 공법상의 의무이다. 노사간의 근로시간의 자유근무에 있어서 임의의 계약에 따라 이것을 면제할 수 있으나 사용자로서는 근로자에게 이것을 면제할 수는 있더라도 공법상의 의무를 태만히 할 수는 없다.

출근부나 타임레코드 등의 방법은 필요하지 않으나 어떠한 방법으로든지 적정하게 근로시간을 파악하고 산정하여야 할 의무가 사용자에게 부과되고 있다. 여기에 근로시간의 완전자유 근무제에 있어서 서비스잔업문제는 여전히 문제로 남아 있다.

3. 자유근무제와 근로시간 파악·산정의무와의 관계

사용자가 근로자의 지각, 조퇴, 결근 등에 어떤 불이익도 주지 않는 자유근무제를 정하였다 하더라도 사용자 자신의 근기법상의 의무인 근로시간 파악·산정의무는 면제되는 것이 아니다. 자유근무제라 하여도 사용자는 근로자의 자주신고제 그 밖에 방법은 자유롭게 하더라도 ① 근로자의 출근 여부, ② 근로시간 수, ③ 연장근로 수행 여부와 그 시간 수, ④ 휴일근로·야간근로수행 여부, ⑤ 그 시간 수를 조사, 파악하여 기록하고, ⑥ 그 시간외나 휴일근로시간 수에 대한 소정의 가산임금을 계산하여 지급하지 않으면 법 위반이 된다. 자유근무제라 하여 사용자가 근로시간 관리의무를 태만히 할 수는 없다.

그러나 근로의무의 구속은 있되 근로시간의 구속이 없는 자유근무제에 있어서는 1997년 근기법 개정에 의한 제3차산업의 근로시간대책, 신축성 있는 근로시간에의 전환, 생활과 업무와의 조화, 문화적 생활을 위한 자유시간의 확보를 목적으로 근로시간의 구속보다는 근로시간의 구속이 없는 재량근무제도가 등장 할 수 있다.

사용자로서는 출근의무를 과하는 근로시간 관리권을 포기하여 본인의 자유에 위임하는 제도는 법정의 선택적근로시간제 또는 재량근무제에 따라 자유롭게 근무하게 하는 것은 위법이 아니다.

4 근로시간 파악 · 산정의무의 면제-간주근로시간제

1. 근로시간 파악·산정의무의 면제

근기법상의 사용자의 근로시간 파악·산정의무는 「관리 · 감독자」 및 「간주근로시간제」의 적용을 받는 근로자에 있어서는 면제된다. 사업장 밖의 근로나 재량근로의 「간주시간」에 있어서는 근기법 제58조에 따라 근로시간의 계산 등에 있어서 정하여진 간주규정에 따른다. 예컨대 어떤 근로자가 「나는 이와같은 간주계산하는 것을 반대한다」고 하더라도 이것은 근기법상의 근로시간의 계산방법에서 규정하고 있으므로 근로자의 합의나 근로계약·취업규칙상의 근거는 필요하지 아니하다.

요컨대 사업장 밖의 근로나 재량적근로의 근무명령을 받게 되면 자동적으로 이에 따른 근로시간계산의 특례의 적용을 근기법의 규정(근로자대표와의 서면합의(노사합의))의 요건 등에 따라 직접 받게 된다. 즉 사업장 밖의 근로나 재량근로에 있어서는 사용자의 현실의 구체적 지휘·감독 아래에서 근로에 종사하는 것이 아니고 일정한 요건 아래 자기재량성과 단속성에 따라 근로하므로 구체적으로는 실근로시간이 몇 시간인가를 사용자로서는 파악할 수 없으므로 일정의 「간주시간」을 정하여 사용자에 당해 근로의 경우에는 근로시간의 파악·산정의무를 면제하고 있다.

여기에 「간주」라는 것은 「어떤 사물과 성질이 다른 사물을 일정의 법률관계에 있어서 그 사물과 동일시하여 어떤 사물에 있어서 발생하는 법률효과를 그 다른 사물에도 발생하는 것으로, '추정' 과 다른 것은 동일사물에 없는 것에 대한 반증을 허용하지 않으며, 일정의 법률관계에 관한 이것을 절대적으로 동일시하는데 있다」.

2. 간주시간의 의미

법령상의 간주시간은 이것을 실제 근로시간으로 산정하지 아니하더라도 적법하다고 보는 효과가 있다. 근기법 제58조제1항은 사업장 밖에서 업무에 종사하는 경우에 근로시간을 산정하기 어려운 때는 소정근로시간을 근로한 것으로 본다는 취지를 규정하고 있다. 본래 사용자는 근로시간의 파악·산정의무가 있으나 사업장 밖에서 근로하는 경우에는 그 근로의 특수성에서 그러한 근로시간의 파악·산정의무를 인정하는 것은 어려운 결과가 초래되므로 간주규정에 따라 근로시간의 산정하도록 규정한 것이다.

3. 선택적근로시간제와 근로시간 파악·산정의무와의 관계

또한 선택적근로시간제의 경우에는 노사합의의 정함에 따라 업무의 시작·종료시각에 있어서 근로자 본인의 자유의사에 의한 선택에 따라 자유롭게 출·퇴근시간을 정하고 있으나 「간주시간제」는 아니므로 사용자의 근로시간 파악·산정의무(근로자의 파악협력의무)는 면제되는 것이 아니다. 여기에 선택적근로시간제의 경우에는 사용자는 근로시간의 파악의무가 있다. 더구나 선택적근로시간제를 채용하는 사업장에 있어서도 각 근로자의 각 일의 근로시간의 파악을 행하여야 한다.

4. 지각, 조퇴, 결근자유의 취급은 적법한가

근로계약에서 업무시작·종료시각, 휴게시간 등을 정하고 제공할 근로시간 등을 명시하지만 근로자가 이를 지키지 않더라도 사용자가 지각, 조퇴, 결근 등을 채무불이행으로 취급하거나 취업규칙이나 직장질서 위반으로 징계처분도 하지 않으며 또 그것을 승급, 상여금, 승격 등 인사고과의 대상으로도 하지 않고 어떠한 불이익취급도 전혀 하지 않는 것은 무방하다. 이와 같은 경우 근로자의 근로조건상의 권리확보는 취업규칙 등에 정한 바에 따르면 되고 그 근로제공의무에 관한 시간적 구속에서 해방되며 자기 스스로 이를 정할 수 있는 것이므로 근로자로서는 어떠한 불이익이 없다. 그것은 사용자가 일방적으로 자기 노동력의 이용처분권한의 일부를 포기한 것으로 될 뿐이다.

따라서 이러한 의미에서의 자유근무제(불완전자유근무제)라면 적법한 것이다. 다만, 이러한 자유근무제를 정한 때에는 사용자는 도급제에서의 일정액의 보장급 설정과 근로자가 출근하였는데도 사용자가 직무를 주지 아니한 때의 휴업수당의 지급 등이 특히 중요한 문제로 될 것이므로 주의를 요한다.

5 잔업자기신고제를 둘러싼 문제

1. 잔업자기신고제는 유효한가-근로시간 적정 파악과의 관계

최근 직무나 잔업시간에 있어서 이른바 화이트칼라 근로의 경우에는 소속 부서장의 명령에 따라 행하는 것이 아니고 업무의 자주관리제 즉 직무는 소속 부서장으로부터 허락받은 재량의 범위 내에서 자기가 자주적·자발적으로 계획하고, 입안하고 실행하는 풍조가 강하게 일어나고 있다. 이것을 수용하여 이른바「잔업자기신고제」라고 부르고 이러한 취급을 행하는 기업이 많다. 이러한 이른바「잔업자기신고제」 또는「연장근로자기신고제」도 근로시간 관리의 하나의 수단으로서 그 자체는 문제없다. 이른바 화이트칼라노동과 공장노동은 다르므로 그 노동의 성과가 반드시 시간에 비례하는 것이 아니고 근로시간의 엄격한 관리를 하지 않는 성질에서 오늘날 업무의 자주관리제와 성과주의 평가에 입각한 임금체계가 중심이 되어 있는 노사관계 중에는 이러한 근로시간 파악제도가 널리 행해지고 있다. 이 경우 근로시간의 자기계획에 의한 업무의 필요성에서 근로자 스스로 연장근로가 필요하다고 판단하는 경우에 소속 부서장에게 신고하여 허가를 받아 연장근로를 행하는 경우(연장근로승인제)와 자기판단에서 연장근로를 행하고 그 결과를 사후(익일부터 1주내지 1개월)에 보고하여 소속 부서장의 승인을 받는 연장근로의 신고를 행하는 방법(연장근로자기신고제) 및 사전에 자기신고를 하여 승인을 얻을 때에도 사후에 그 결과를 보고하여 확인을 구하는 양자를 병행하는 방법(연장근로승인신고제)등이 있다.

2. 잔업자기신고제의 효과적인 처리방법

(1) 잔업자기신고제에 대한 사용자의 조치

이른바 화이트칼라의 직장에서의 연장근로의 관리는 근로자본인이 연장근로를 행하여야 할 필요성 및 그 시간 등을 자주적으로 소속 부서장에게 신고하여 사전 또는 사후(1개월까지의 자기신고기록을 제출하여 소속 부서장 승인을 얻은 사례가 많다)에 소속 부서장의 승인을 얻는 방법으로 행해지고 있고 이것을「잔업자기신고제」

또는「연장근로자기신고제」라는 명칭으로 부르고 있다.

이러한 연장근로의 자기신고제도 근로시간 관리의 하나의 수단으로 그 자체는 문제될 것이 없다. 이른바 화이트칼라의 근로는 공장근로와는 다르다.

즉, 그 근로의 성과가 반드시 시간과 비례하는 것이 아니고 근로시간의 엄격한 관리를 하지 않는다는 성질이 있으며 오늘날의 근로자의 자주제와 성과주의 평가에 터잡고 있는 임금체계를 중심으로 하는 노사관계 중에는 이러한 근로시간의 파악제도가 널리 행해지고 있다. 이른바 연장근로시간 자주기록제도 등도 적법한 근로시간 파악방법인 것이다.

자기신고제에 따라 업무시작·종료시각의 확인 및 기록을 행하는 경우에 자기신고제는 근로자가 자기의 근로시간을 자주적으로 신고하는 내용에 다라 근로시간을 파악하고 사용자는 자기신고제의 경우 다음과 같은 조치를 강구할 수 있다.

① 자기신고제의 경우에도 업무시작·종료시각을 파악·기록하는 일

② 자기신고제의 실태에 맞는 적정한 기록·신고를 하도록 충분히 설명하는 일

③ 신고시간과 실제시간이 합치하는지 여부를 필요에 따라 실태조사하는 일

④ 근로자의 근로시간의 적정신고를 저해할 목적으로 연장근로시간 수의 상한 설정 등을 하는 일 그 밖에 연장근로 수당의 정액 불지급 등 저해요인이 없도록 확인하는 일

사용자에게는 근로시간을 관리할 의무가 있으므로 사용자는 원칙적으로 업무시작·종료시각을 확인 또는 타임카드 등의 객관적 기록을 확인하여 기록을 보존할 의무가 있다. 자기신고제에 있어서는 그 부적절한 운용에 따른 가산임금의 불지급이나 과중한 장시간 근로를 야기할 경우도 있으므로 ① 근로자에게 충분히 설명하는 일 ② 자기신고 된 시간과 실제시간이 합치하는 가의 실태조사를 행하는 일 ③ 연장근로시간 수의 상한을 설정하거나 삭감지도에 따라 적정신고를 저해하는 일이 있는가를 확인하여 개선조치를 강구하는 일이 필요한 것이다.

(2) 자기신고절차 위반은 연장근로로 인정할 수 없는가

연장근로의 관리에 있어서 자주적 신청과 승인이라는 소정의 절차를 정하는 경우에는 특별한 이유가 있는 것은 별도로 하고 그 절차에 따라 근로를 하는 연장근로를 인정하는 것은 연장근로명령의 절차상의 룰을 설정하는 것으로 필요한 것이며 위법이 아니고 적정한 운영과 근로자본인에게 연장근로신고의 자유가 담보되어 있는 이상 문제될 것이 없다. 즉 ① 연장근로의 실시를 근로자 본인의 자기선택에 위임될 때에는 연장근로의 제한은 없다 ② 확실히 필요한 업무에 있어서는 연장근로를 인정한다(근로시간의 효율화와 삭감). ③ 절차가 형해화되지 않고 이를 이행하고 있는 경우이어야 한다. 이러한 요건이 있는 경우라도 연장근로에 있어서 「소속부서장 지시에 따라서」하지 아니하면 「연장근로로 보지 아니한다」는 지휘·감독이 있는 경우에는 이에 따라야 한다.

6 타임레코더의 타각을 잊은 때의 취급

1. 타임레코더의 불타각을 결근으로 하여도 되는가

근로시간의 기산점은 취업규칙의 규정이나 직장관행에 따라야 한다. 타임레코더를 설정하여 관리하는 경우에는 그 타각시점을 기준으로 하여 거기에 기업사회 통념상 밀접하게 관계가 있는 업무시작 전의 자유준비시간과 퇴근유예시간을 고려해서 기산할 것이다.

그러나 근로자가 타임레코더를 타각하는 것을 망각하여 타임레코더상으로는 결근으로 되어 있는 때라 하더라도 실제로는 평상시와 같이 업무 시작시각 전에 출근하여 소정시간을 근로한 후 종료시각까지 근무하고 또 때로는 연장근로까지 하는 경우도 있다.

이러한 때에 실제로는 타임카드의 타각의 유무만으로 출결이나 근로시간을 산정한다면 그 근로자는 결근이 되고 말 것이다.

이에 관하여 「본래 타임레코더는 출근한 증거로서 반드시 타각하도록 의무화한 것이므로 근로자가 정당한 이유없이 타각하지 아니한 것은 그 근로자의 잘못이므로 결근취급을 받는다고 해도 불가피한 것이다. 더구나 5~6인 정도의 소기업이라면 또 모르지만 수백명, 수천명의 근로자가 있는 대기업에서는 일일이 타임레코더와 실제 출근을 확인하여 근로시간을 관리할 수는 없다. 따라서 이 취급은 용인된다」고 생각할 수 있다. 민사법상의 취급이라면 모르되 근기법상의 취급으로서는 잘못된 것으로서 근기법상의 근로시간 파악의무는 사용자에게 있으며 현실적으로 근로한 그 근로자의 타각 여부를 불문하고 그 근로시간을 파악·산정할 책임은 사용자에게 있기 때문에 이를 결근 즉, 근로하지 않은 것으로 취급할 수는 없다. 다시 말해서 해당 근로자는 실제 업무 시작시각 전에 출근하여 사용자의 지휘·감독을 받으면서 근로에 종사한 것이므로 그날은 통상의 근로일과 전적으로 동일하게 근로한 것으로 취급하여야 한다. 그러므로 이 경우의 근로시간의 기산점은 지각·퇴근한 때가 아닌 한 취업규칙에 정한 대로의 근로시간 및 연장근로시간을 산정하여야 한다.

2. 타각을 하지 않는 것은 징계처분의 대상이 되는가

근기법상의 취급에 있어서 타임레코더의 타각을 망각하였지만 실제로는 근로하였는데도 불구하고 결근으로 근로하지 않는 것으로 하거나 실제로는 업무 시작시각까지 출근하였으나 타임레코더를 타각하지 않았다는 이유로 지각으로 취급하는 것은 허용되지 않는다. 그러나 그것은 사용자의 근로시간의 파악·산정의무의 측면에서 말한 것이지 취업규칙 등에 정하여진 근로자의 타각의무를 태만히 하였다는 근로자의 위반행위 자체에 대한 징계처분까지 금지하는 취지는 아니다. 즉, 근로자가 타각을 잊어버림으로써 사용자의 업무에 지장을 주고 또 정하여진 직장규율을 지키지 아니함으로써 이것이 다른 동료 근로자에게 영향을 주는 결과가 되는 것은 부정할 수 없다. 그러므로 이와 같은 근로자의 규율 위반행위 자체에 대해 징계처분을 행하는 것은 법이 용인하고 있다. 다시 말하면, 복무규율 위반에 대하여 취업규칙 등에서 미리 정한 바에 따라 징계처분을 하는 것은 상관이 없다.

그러나 문제는 뒤늦은 타각이 직장규율 위반으로서의 징계처분이라 하여도 그것이 유효하기 위해서는 위반행위와 징계처분의 내용이 균형을 이루어야 한다. 경미한 위반행위에 대하여 중한 징계처분을 하는 것은 징계권의 남용으로서 무효가 된다. 그러므로 문제는 타임레코더를 뒤늦게 타각하였다는 직장규율 위반을 징계처분 할 때 과연 어느 정도의 징계가 균형을 유지한 합리적인 것이라 할 수 있는가에 있다. 다만 부정타각에 있어서는 이것이 노사간의 신뢰관계를 파괴하는 도덕적 부정으로 평가되는데다가 산업상의 유용한 장치의 효용을 감쇄하여 시간 관리체제 내지 제도를 파괴하는 것으로서 이것은 그 위법성의 정도는 아주 높다고 하지 않을 수 없다.

그 부정타각을 엄격하게 징계처분을 인정한 사례가 있으나 타각을 망각한 과실까지는 엄격하게 처분하는 것은 무리이다.

3. 타각망각과 감급의 제제

이 문제는 타임레코더의 타각을 망각하는 직장규율 위반이라는 결과에 대하여 어느 정도의 징계처분이 공평·타당하여 당해 위반행위와 균형이 어느정도 합리적인가 하는 점이다.

이 점에서 본다면 타임레코더의 타각을 결근이라는 규율 위반으로 취급하여, 1일분의 임금을 감액할 수 있는가는 그것이 징계처분으로서의 임금감액일 때에는 근기법상의 제한범위(제95조)내에서만 가능하다고 할 것이다.

근기법 제95조는「취업규칙에서 근로자에 대하여 감급의 제재를 정할 경우에 그 감액은 1회의 금액이 평균임금의 1일분의 2분의 1을, 총액이 1임금 지급기에 있어서의 임금총액의 10분의 1을 초과하지 못한다」고 규정하고 있으므로 불타각을 결근으로 취급하여 1일분의 임금을 감액한다면「1회의 액이 평균임금의 1일분의 2분의 1을 초과」하게 되어 위법이 된다 할 것이다. 또 지각 또는 조퇴라고 취급할 때에 임금감액을 한다면 근기법 제95조의 제한의 범위 내에서 한다면 위법문제는 발생하지 아니한다. 그것이 실제와 다르게 지각, 조퇴한 것으로 오해되어서는 안될 것이므로 반드시 뒤늦은 타각이라는 규율 위반행위에 대해 제재라는 것을 명확히 하여 둘 필요가 있다. 또 가능하면 혼동을 가져올 명칭도 피하여 뒤늦게 타각한데 대한 훈계, 경고, 견책 등의 처분을「감급 1일 분」등으로 명시하여 징계처분하는 것이 바람직하고 또 본인에게도 그 뜻을 통고하여야 한다.

7 근로시간 중의 조합활동 · 노사협의회 참석시간 · 시한파업 등에 대한 근로시간의 산정

1. 단체교섭시간의 취급

노조법 제81조의 부당노동행위에 관한 규정에서는 사용자의 조합운영을 위한 경비의 지급 등도 경리상의 원조도 이에 해당하는 행위로 보고 금지하고 있다. 예를 들면, 조합활동에 필요한 제경비, 조합전임직원의 급료제수당 등 인건비, 조합원총회 등에 출석한 조합원에 대한 수당, 여비나 회의에 필요한 경비, 파업에 참가한 조합원에 대한 쟁의행위기간 중의 임금 지급 등 제반 경비를 원조하는 것은 조합의 자주적 운영을 해치게 되므로 부당노동행위로서 금지하고 있다. 「다만, 근로자가 근로시간 중에 사용자와 협의 또는 교섭하는 것을 사용자가 허용함은 무방하며, 또한 근로자의 후생자금 또는 경제상의 불행 그 밖에 재액의 방지와 구제 등을 위한 기금의 기부와 최소한 규모의 노동조합사무소의 제공은 예외로 한다」(동법 제81조 제4호 단서).

예컨대 조합활동에 소요되는 제반 경비, 조합전임자에 대한 급료 제수당 등의 인건비, 조합원총회 그 밖에 회의에 출석하는 조합원에 대한 수당, 여비나 회의에 필요한 제경비, 파업에 참가한 조합원에 대한 파업기간 중의 임금 지급 등의 경리상의 원조를 하는 것은 노동조합은 스스로 자주적으로 운영하여 그 목적을 진실로 달성하여야 할 것인데 사용자의 원조행위를 부당노동행위로서 법률상 금지하고 있다.

사용자로부터 금품을 받고 조합운영을 하는 것은 근로자에 따라, 근로자를 위하여, 사용자와 대등한 입장에서 교섭하여야 할 입장에 있는 조합을 어용화하고 그 건전한 발전을 저해하는 결과를 초래하기 때문이다.

그러나 이와 같은 금전적 원조의 예외로서 노조법은 근로시간 중 사용자와 교섭 또는 협의하는 등 조합활동을 하는 경우의 허용과 근로자의 후생자금 또는 경제상의 불행 기타 재액의 방지와 구제 등을 위한 기금의 기부는 조합의 자주성을 침해할 위험이 없어서 부당노동행위로는 되지 않는다고 하고 있다.

이것은 사용자와 협의 또는 교섭하는 것이 예컨대 단체교섭을 시작하기 위해 노사협의회·고충처리위원회·징계위원회 등 각종협의회나 교섭은 노동조합만의 단독행위가 아니고 사용자와의 협동행위이며 일방에서의 조합활동인 동시에 타방에서는 경영활동적인 성격을 가지고 있어 순수한 조합활동과도 다른 노사협동활동이므로 그 활동에 대하여 재정적 원조를 하는 것은 단순한 조합독자활동에 대한 금전적 원조와도 다르고 자주성을 해하는 것은 아니라는 점에서 예외적으로 허용되고 있다.

2. 근로자참여및협력증진에관한법률에 의한 노사협의회 출석시간 및 직접 관련된 시간

근로자참여및협력증진에관한법률(이하 근참법이라 약칭한다) 제9조제3항에 따라 노사협의회위원의 노사협의회 출석시간과 이와 직접 관련된 시간으로서 동법 제18조에 따른 노사협의회 규정에서 정한 시간은 근로한 것으로 본다(동법 제9조제3항).

3. 시한파업, 근로시간 중의 조합활동시간의 취급

시한파업, 근로시간 중의 조합활동, 사용외출 등은 어느 것이나 사용자의 지휘·감독을 벗어난 시간이며 노동력의 사용처분을 사용자에게 위임하고 있지 않은 시간, 사용자의 지배에서 이탈한 시간이므로 근로시간이 아니다. 즉, 파업은 근로계약상 근로자가 사용자에 대하여 가지는 노동력제공의무를 요구관철의 수단으로, 집단적으로 거부하는 행동으로서 그 본질은 근로자가 근로계약상 부담하는 노무제공의무의 불이행이며, 그 방법은 근로자가 단결하여 그가 가지는 노동력을 사용자로 하여금 이용하지 못하게 하는 것이다. 그러므로 파업시간은 사용자의 지휘·감독을 배제하고 노동조합이 노동력의 통제권을 사용자로부터 박탈하여 조합의 지배 아래에 두고 있는 시간으로서 근로시간으로는 되지 않는다. 또 사용외출시간도 사용자의 지휘·감독에서 이탈하여 자기 용무를 위하여 이용하는 시간이므로 역시 근로시간에는 해당되지 않는다.

그러므로 업무 시작시각으로부터 종료시각까지의 이와 같은 지배이탈시간이 있는 경우 근로시간 산정을 어떻게 할 것인지가 문제이다. 특히 종료시각을 지나 잔업을 한 경우 그 연장근로시간의 계산은 어떻게 하면 될 것인가는 실무상 중요한 문제가 된다(조합활동시간을 근로시간으로 보아 임금감액을 하지 않고 지급한다면 경비원조의 부당노동행위가 될 것이고 반대로 부적법한 계산을 한다면 불이익취급에 의한 부당노동행위가 될 수 있다). 이 점에 관하여 근기법상의 취급은 어떻게 될 것인가. 동법에서는 실근로시간주의를 취하고 있고 실제 근로한 근로시간 수가 1주 40시간, 1일 8시간을 초과하지 않는 한 적법으로서 연장근로가 되지 않는다. 즉, 동법(제50조)에서 「1주 40시간, 1일 8시간」이란 실제로 사용자의 지휘·감독 아래에 있었던 시간을 말하고 휴게시간, 사용외출시간, 지각시간 등 현실적으로 사용자의 지휘·감독을 받지 않은 시간은 포함되지 않는다고 해석한다. 따라서 법상 업무 시작시각으로부터 기산하여 근로시간 중에서 이들 사용자의 지휘·감독으로부터 이탈한 시간은 제외하여 계산하게 되고, 이 이탈시간을 제외한 실제 사용자의 지휘·감독을 받는 「실근로시간」이 1일 8시간을 초과하지 않는 한 연장근로로는 되지 않는다.

그러므로 파업이 1시간인 경우 종료시각을 지나서 1시간 근로를 하였다 하더라도 연장근로가 되지 않으며, 사용외출이 30분 있는 경우 종료시각 후 이를 보충하기 위해 30분간 근로를 연장하더라도 근기법상으로는 연장근로로는 보지 않는다. 부분파업으로 실근로시간이 법정근로시간에 미달된 상태에서 소정의 종료시각을 초과하여 근로하는 경우라도 실근로시간이 법정근로시간을 초과하지 않는다면 연장근로가산임금을 지급할 의무는 없다(2002.8.21, 근기 68207-2776).

8 자발적 연장근로도 연장근로가 되는가

1. 사용자가 자발적인 연장근로를 방치하였을 때

근로자가 자기형편이나 희망에 따라 자발적으로 종료시각 후에도 남아서 근로하고 있을 때에는 어떻게 되는가. 사용자의 명령없이 자의적으로 근로하였을 때에 직장의 상사 즉, 근로자를 지휘·감독할 권한이 있는 자나 그에 대신하여 직무를 행하는 자가 근로자의 자의적인 근로를 알고 있으면서도 업무상 필요가 있다고 인정하고 승인하는 묵시적인 의사로서 중지시키지 않거나 방치한 때에는 사용자로서는 그 근로를 용인하고 그 근로의 결과를 기업에 귀속시키는 것이 되므로 사용자의 지휘·감독 아래의 묵시적 명령이나 승인을 받은 근로가 되어 근로시간이 된다.

따라서 이와 같은 자의적인 근로를 회사가 근로시간으로 인정하지 않으려면 사용자는 즉시 그 근로를 중지시키고 업무상 필요한 근로로는 인정하지 않는다는 뜻을 알려야 한다. 이와 같은 중지를 명하여도 근로자가 자기 사정으로 자유의사에 따라 임의적으로 근로를 계속한 때에는 사용자의 지휘·감독이 아닌 즉, 그 지배를 이탈한 자의적인 근로가 되어 채무의 내용에 따른 노무의 제공이 아니므로 근로시간에 해당되지 않는다. 사용자의 지배관리 아래에서 일정의 업무명령에 기하여 그 지휘와 감독을 받아서 업무목적을 수행하고 있는 시간이 근로시간인 것이며 사용자의 명령에 위반하여 자기의사로 임의적으로 근로하고 있을 때에는 표면상으로는 노무의 제공으로 보인다 하더라도 사용자의 지배관리를 이탈한 것으로 정당한 노무의 제공이 되지 않는다.

그런데 공장노동과 같은 경우에는 근로자 자신의 자발적인 근로라고 할지라도 소속부서장의 중지명령이 없이 방치된 연장근로의 결과에 대하여 묵시적인 연장근로명령이 있었다고 취급한다. 우리나라의 노사관계에 있어서는 부득이한 면이 있으므로, 묵시의 연장근로명령도 성립할 여지는 있다. 근기법에 따른 선택적근로시간제, 사업장 밖의 근로의 간주시간제도가 설정되고 재량근로에 있어서의 간주시간의 설정 등 제3차·제4차산업이나 사무직근로자에 의한 연구개발, 영업조사 등 각종의 자기 재량성이 있는 업무나 근무가 많아져 가고 있는 실정에 대응하여 이러한 근로시간제가 활용되고 있다. 최근의 직무나 연장근로시간은 명령에 따라 시행되는 것이 아니라 업무의 자주관리제, 소속 부서장으로 부터의 명령에 따라 행하지 아니하고 자기가 자주적인 계획에 따라 입안하고 실행하는 것이 허용되어 자기 재량의 범위 내에서 자주적·계획적으로 행하는 풍조가 확산되고 있으므로 여기에 합치하는 제도의 신설인 것이다.

그러나 오늘날의 이른바 화이트칼라의 근로에 대해서도 공장노동과 같이 소속 부서장의 방치로 인한 묵시의 연장근로명령과 같은 해석·취급을 하여야 할 것인가에 관해서는 문제가 있다.

화이트칼라의 경우는 세일즈맨 등의 사업장 밖의 근로의 경우와 마찬가지로 상당한 자기재량성을 가지고 있다고 생각되므로 설사 소정종료시각을 초과하는 근로라고 할지라도 소속 부서장의 연장근로명령이 없는데도 자발적으로 업무를 계속한 경우로서 그것은 예컨대 근무시간 중에 사용외출하거나 방문객과 환담하거나 또는 방문한 친구와 정보교환을 겸해서 잡담하거나 하여 소정근로시간에 능력을 풀가동하지 않았기 때문이거나 자기의 업무계획에 자기 잘못으로 차질이 생긴 경우 등의 자주적인 이유에 기한 경우, 또 그렇지 않더라도 그 본인으로서는 통상의 근로시간 범위 내의 근로와 동일하게 평가받을 것으로, 스스로 인식했기 때문에 행한 근로라고도 생각된다.

근로자 본인이 자기재량으로 종료시각 후의 근로를 소속 부서장 등의 명령없이 계속하고 있다고 하여 이를 묵시의 연장근로명령에 의한 근로라고 취급할 수는 없다. 근로자 본인이 연장근로의 신고를 하지 아니한 자주적 재량에 따른 근로에 대해서까지 묵시의 연장근로로 취급을 하고 그에 대하여 법적 규제와 벌칙의 적용을 받는 근로시간이라고 하여야 할 의무는 사용자에게 없다고 해석된다.

2. 사용자가 모르는 사이 자발적 연장근로가 행하여진 때

(1) 사용자의 묵시적 지시·명령이 있는 경우

근로자가 취업시간 외에 사용자의 명시적인 명령없이 자의적으로 근로를 하였고, 사용자도 실제 근로한 것을 알지 못하였다고 하더라도 「객관적으로 근로의 내용으로 보아 근로할 것이 지시되었다」고 인정되는 때에는 묵시의 지시가 있었다고 해석되어 근로시간이 되고 연장근로가 성립되나 연장근로에 대하여 사용자에게 강한 규제가 요구되고 있는 현재 사용자의 현실적 관리하에 있지 않으므로 연장근로의 중지를 명하지 않았다 하더라도 근로시간으로 보는 것은 무리이며 묵시의 명령 지시를 인정하는 데에는 신중한 태도가 요구된다.

(2) 묵시의 지시가 있었다고 인정되는 경우

① 사용자가 포괄적으로 어떠한 직무를 명한 때에 그 직무의 성질상 부득이 연장근로를 하여야 할 필요가 예견되는 경우는 그 필요 최소한도의 연장근로

즉, 이때에는 직무의 성질상 연장근로가 당연히 예상되는 포괄적인 직무로서 근로자에게 명하여진 것이므로 그 직무명령에 미리 연장근로의 필요성이 예견되고 그 연장근로도 아울러 명하여진 것으로 생각할 수 있다.

② 사용자가 구체적으로 어떤 일을 명한 때에 그 직무의 성질상 연장근로가 필요한 경우에는 그 필요한 예정시간

즉, 구체적으로 근로자에게 어떤 직무수행을 명하였을 때 당일 그 직무의 성질상 당연히 연장근로도 예정되고 있다면 그 시간까지를 포함하여 명령한 것이 된다.

그러나 ①의 경우와 같은 포괄적 명령이 아니므로 자기판단에 모든 것을 일임하고 있는 것은 아니다. 따라서 그 필요성이 예상되지 않는데도 불구하고 연장근로의 필요가 생긴 경우 중 긴급하고 부득이한 때에는 소속 부서장의 승낙이 추정되지만 긴급성이 없는 때에는 사실을 소속 부서장에게 보고하여 지시를 받는 것이 그 명령의 성질에 적합하다고 할 것이다. 구체적으로 묵시적 명령이 있었다고 인정되는 것은 다음과 같은 경우를 생각할 수 있다.

① 직무의 상황, 내용으로 보아 객관적으로 연장근로가 필요하였을 때

② 종래의 관례, 동종 사안에 관한 취급 등으로 보아 사용자가 연장근로를 승낙할 것이라는 것이 객관적으로 추정될 때

③ 근로자 스스로의 판단으로 업무상 필요하다고 생각한 근로로서 그 판단에 상당한 이유가 있었을 때(그렇게 생각하는 것도 무리가 아니라고 생각될 때)등이다. 그런데 연장근로에 대한 규제가 강화되고 일정한 연장시간 중에 업무처리를 할 것이 요청되는 앞으로의 기업사회 상황과 시간 관리를 강화하는 행정지도 등을 감안할 때 앞으로는 묵시의 지시는 감소되고 사용자의 승인이나 명백한 명령이 없는 연장근로는 인정하지 않는 방향으로 기업내에 규범화가 이루어져야 할 것이다.

(3) 임의로 연장근로를 한 경우

1) 성과제근로자가 임의로 연장근로한 경우

사용자와 성과제근로자의 합의에 따라 연장근로가 이루어진 것이 아니라, 사용자의 요구와 관계없이 성과제근로자가 채권회수 성과를 높여 성과수당을 더 받기 위하여 자기의 의사에 따라 연장근로를 했을 뿐 아니라, 사용자의 채권회수 독려가 단순히 성과를 높이라는 독려일 뿐 명시적으로 근로자들에게 연장근로를 요구한 것은 아니라면, 달리 볼 사정이 없는 한 사용자가 근기법 제56조에 의한 연장근로 가산수당을 지급할 의무는 없다(2005.8.22, 근로기준과-4380).

2) 택시기사가 배차시간을 임의로 초과 운행한 경우

근기법상 근로시간이란 근로자가 사용자의 지휘·감독하에 근로계약상의 근로를 제공하는 시간을 말하는 바, 택시영업의 특성으로 인하여 사용자의 직접적인 지휘·감독 및 근로시간 산정이 곤란한 경우에는 노사당사자가(근로계약, 취업규칙, 단체협약 등으로) 정하는 시간을 근로시간으로 볼 수 있을 것이다. 중재재정(단체협약과 동일한 효력을 가짐)으로 정하여진 배차시간(차량 출고시부터 입고시까지의 시간)을 초과하여 근로자가 임의로 운행하는 시간에 대하여 사용자가 초과근로시간으로 인정하지 않음을 사전에 고지하고, 임의운행을 한 근로자에게도 초과근로시간으로 인정하지 않음을 통지하는 등 노무수령을 사후에 추인하였다고 보기도 어려울 경우에는(업무지시 불이행 등에 대한 징계 또는 임의운행으로 인해 사용자가 입은 손해배상을 청구하는 것 등은 별론으로 함) 임의 운행시간에 대하여는 사용자의 지휘·감독하에 근로계약상의 근로를 제공한 근기법상의 근로시간으로 보기는 어려울 것이다. 다만, 사용자는 근로자가 배차시간(입고시간)을 지키기 위하여 노력했음에도 불구하고 그 전에 승차한 손님으로 인하여 운행을 계속한 시간까지 '정상적인 승무'로 보지 아니하여서는 안 될 것이며, 그 시간은 근로시간으로 보아야 할 것이다(2004.4.24, 근로기준과-2573). 또한 택시운전기사가 근기법과 취업규칙에 근거한 회사의 근로시간 준수 지시를 따르지 않고 차량 입고를 지연하며, 회사의 승인 없이 초과근무를 하여 부당 이득을 얻었다면 이에 대한 정직 징계처분은 정당하다(서울고법 2008.11.21, 2008누11879).

9 근로시간을 앞당기거나, 늦추는 경우의 실근로시간

1. 근로시간을 앞당기거나 늦추는 경우의 취급

(1) 앞당기는 경우와 늦추는 경우의 의미

근로시간을 앞당기는 경우 또는 늦추는 경우란 취업규칙 등에서 소정의 시각을 업무 시작시각으로 정하여진 소정업무 시작시각보다 빨리 또는 늦게 지정함으로써 종료시각도 소정시각보다 그만큼 빨라지거나 늦어지는 것을 말한다. 즉, 소정근로시간(1일의 실근로시간)은 그대로 두고 그 근로시간이 놓이는 위치만을 소정의 시작·종료시각보다 빨리 하거나 늦게 하는 것을 말한다.

또 경우에 따라서는 근로시간 도중에 있는 휴게시간을 길게 하거나 또는 짧게 함으로써 시작·종료시각을 소정시각보다 빠르게 하거나 늦게 하는 것도 여기서의 앞당기는 경우 또는 늦추는 경우에 포함시켜 실시하는 때가 있다. 이와 같은 것은 사업장 전체에서 행하여야 할 필요는 없고 근로자 개인별로 하여도 된다.

(2) 근로시간을 앞당기는 경우와 늦추는 경우 근기법상의 한계

근기법은 근로시간의 길이에 관하여는 규제를 하고 있으나 그 위치에 관하여는 야간근로에 관한 것 외에는 직접 규정한 바가 없다. 따라서 원칙적으로 1주 40시간, 1일 8시간 범위 내에서라면 업무시작·종료시각을 어떻게 앞당기든지 또는 늦추든지 근로시간 위반이 되지 않는다. 연장근로를 시켰으면 그에 대한 가산임금을 지급하면 되고 실근로시간만 법규정대로 준수하면 된다. 또 취업 중 정전이나 옥외근로시의 강우·강설 등으로 작업을 일시 중지하고 자유롭게 휴게를 시킨 후 송전 또는 일기의 회복을 기다려 작업을 재개하여 그 휴게시킨 시간만큼 종료시각을 연장한 때 그 근로시간이 전후를 통산하여 실근로시간이 8시간 이내가 되면 통상일의 종료시각 이후의 근로에 대하여도 연장근로에 대한 가산임금은 지급하지 않아도 된다.

근로시간을 통산하여 8시간을 초과하지 않는 한 가산임금을 지급할 필요가 없다(다만, 1주 단위의 시간도 법정근로시간내에서는 또한 같다)는 형사상의 책임을 말하는 것이며 민사상으로는 다음 "(3)"에서 기술하는 바와 같이 근로계약상의 일정요건을 충족하지 않는 한 그 업무 시작시각, 종료시각을 앞당기거나 늦추는 경우에 근로자가 따를 의무는 없다. 따라서 이를 거부하여도 업무명령 위반으로서 징계처분의 대상이 되지 않는다. 형사상으로는 어디까지나 1일의 실근로시간이 원칙적으로 1일 8시간을 초과하지 않는 한 업무시작·종료시각의 변동은 위법으로 되지 않는다. 그러나 여기에는 전혀 제한이 없는 것은 아니고 업무 시작시각을 오전 0시 이전으로 앞당기는 경우에 그 근로는 이미 당일의 근로가 아니라 그 전일의 근로로서 통산이 되는데 전일의 근로가 1일 8시간을 초과하는 경우에는 법 위반이 된다.

「1일」이란 오전 0시부터 오후 12시까지 즉, 「역일」을 말하는 것이기 때문이다. 이러한 것은 종료시각을 늦추는 경우에도 동일하여 당일의 종료시각을 익일까지로 늦추어 그로 인해 그 당일의 근로시간 또는 그 익일의 근로시간이 법상의 제한시간을 초과하면 모두 위법이 된다.

(3) 근로시간을 앞당기는 경우와 늦추는 경우 사법상의 한계

근기법상 원칙적으로는 1일의 실근로시간이 8시간을 초과하지 않는 한 업무시작·종료시각의 변경이 자유라고 하나 근로자가 사용자의 앞당기는 명령 또는 늦추는 명령에 따를 의무가 있는지 없는지는 사법상(민사법상)의 측면에서 고려되어야 한다. 근로자에게 사용자의 이와 같은 명령에 따를 의무가 생기기 위해서는 근로계약상의 근거가 있어야만 하고 이에 대한 노사합의가 있을 것이 필요하다. 즉, 근로자는 원칙적으로 그 근로계약에서 정한 업무 시작시각까지 출근만 하였으면 「채무의 내용에 좇은 이행」을 한 것이므로 사용자로부터 채무불이행책임을 추궁 받지는 않을 것이며 또 소정의 종료시각까지 근로하면 소정절차에 의한 연장근로명령이 없는 이상 그 이후는 근로하지 않더라도 업무명령 위반이 되지 않는다.

따라서 사용자가 임의로 업무 시작시각을 앞당기더라도 근로자는 이에 따를 필요가 없으며 또 사용자의 형편으로 근로도중 휴게시간을 일방적으로 길게 하여 그 시간만큼 소정 종료시각을 늦추어도 이에 따를 필요는 없다.

결국, 노동력의 제공이라는 것은 업무시작·종료시각을 정하지 않으면 이를 특정할 수 없다. 단지 근로시간(길이)만을 정해 놓고 사용자의 요구가 있으면 언제든지 그 지시하는 시간에 출근하여 근로하여야 한다는 등 업무의 시작·종료시각의 결정을 사용자 임의대로 하는 계약은 근기법상 근로계약 체결시에 근로자에게 업무시작·종료의 시각을 명시하여야 한다는 규정사항을 별도로 하더라도 민법상 사회질서에 위배되므로 무효인 것이다.

그러나 사용자로서는 업무형편상 소정의 시작시각을 앞당겨서 근로케 하거나 또는 종료시각을 늦추어 근로시킬 필요성이 생기는 것 또한 부정할 수 없다. 그러므로 이러한 사태가 발생한 때에 앞에서 언급한 바와 같이 사용자가 임의로 앞당기는 경우나 늦추는 경우에는 근로계약상의 근거가 없으면 근로자를 구속할 수 없다. 그러므로 단체협약·취업규칙에 업무시작 및 종료시각을 앞당기거나 늦추는 경우에 미리 이에 관한 일정요건을 갖춘 계약을 해두어야만 근로자의 민사상의 의무가 되므로 그 정한 절차에 따라 실시할 필요가 있다. 구체적으로는 근로계약·취업규칙·단체협약 등에서 이를 정하면 된다.

(4) 취업규칙 등에서 어떠한 요건을 충족시키면 유효한가

노사간의 근로계약의 내용은 취업규칙에 따르는 것이 사실상의 관행이므로 취업규칙 등에 앞당기는 경우 또는 늦추는 경우에 관한 규정을 해두면 근로계약상의 근거가 된다.

이때 어떠한 규정을 하면 민법상 유효하게 될 것인가는 문제가 있으나 적어도 다음 요건을 충족할 필요가 있다고 본다.

1) 구체적 사유를 정한다

이 점에 있어서는 단순히 「업무상 필요한 경우에는 시작·종료시각을 앞당기거나 늦출 수 있다」는 취지의 규정만으로도 유효하다고 본다. 그러나 이것이 언제든지 자유롭게 할 수 있다는 취지라면 근로자로서는 전혀 이를 예상할 수 없게 되어 매우 불안정한 입장에 놓일 수밖에 없다. 이것은 근기법 제93조제1호에서 시작·종료시각을 정하도록 한 취지에도 반하는 결과가 된다.

이러한 규정은 일정사유가 묵시적으로 양해되거나 관행화되어 있거나 또는 어느 정도 예상되는 업무상의 필요가 있는 때가 아니면 적어도 징계처분 등 강제력 있는 업무명령으로 강제할 수 없을 것이다. 그러나 이러한 요건이 구비되지 않았다 하더라도 업무상 필요한 때 사용자가 근로자에게 업무의 시작·종료시각 변경을 요청한 경우 근로자가 합리적 이유없이 이를 거부하는 것은 취업규칙의 취지에서 보아 권리남용이 되어 허용되지 않는다고 보는 것이 타당할 것이다. 이때 중요한 것은 사용자의 이와 같은 통고가 있을 때 근로자의 이의가 없었다면 묵시의 승인이 있었던 것으로서 확정된다는 것이다. 그리고 취업규칙에서 「다음과 같은 경우에는 업무의 시작·종료시각을 앞당기거나 늦출 수 있다」고 정하고 그 구체적 사유를 정한 때에는 그 사유나 명하는 시각이 합리적인 것인 한 사용자로부터 근로자에 대한 통고만으로 효력이 발생한다고 할 것이다.

2) 전일의 근무시간 종료전까지 통고한다

업무 시작시각의 변경은 근로계약의 내용이 되고 있는 근로조건의 임시적 변경의 한 예이므로 그 변경조치가 법적으로 유효하기 위해서는 그것이 상대방인 근로자에게 미리 주지되어 있어야 한다. 이때 어느 시점까지 사용자의 의사표시가 근로자에게 도달하여야 하는가의 문제가 있다. 이 점에 관하여 행정해석은 휴일의 변경에 관한 것이기는 하지만 「전일 이전에 예고」하여야 한다고 하고 있으므로 이것은 업무 시작시각의 변경과 동일성질의 것으로서 적어도 전일의 근무시간 종료 이전까지 근로자에게 예고하여 주지시키도록 하여야 할 것이다.

업무 시작시각의 변경은 실질적으로 보아도 근로자의 생활시간에 영향을 주는 근로조건의 변경이므로 근로자가 그에 따라서 받을 영향과 사용자의 필요성을 조화시키는 한계로서의 최소의 주지기간이 필요하다.

3) 시간을 특정하여 주지시킨다

업무시작·종료시각은 그날의 근로시간의 시작시점과 종료시점을 정하는 것이므로 미리 명확하게 특정해 두어야 한다. 그러므로 시각변경은 소정의 시각과 변동되는 시각을 통상시에는 몇 시인 것을 특정하여 몇 시로 하는가를 명백하게 주지시켜야 한다.

10 취업규칙에 따라 자동적으로 앞당기는 경우와 늦추는 경우

1. 자동적으로 앞당기는 경우와 늦추는 경우

자동적으로 앞당기는 경우와 늦추는 경우란 취업규칙에 일정의 사유(조건)를 정하여 두고 그에 해당(조건의 성취)되면 조건의 달성으로서 자동적으로 업무시작·종료시각이 그 정해진대로 변경되는 것을 말한다. 조건부의 변경이므로 조건의 성취가 명확하다면 사용자의 통고(의사표시)를 필요로 하지 않고 당연히 변경의 효력이 생긴다. 예를 들어 근로시간 중에 지각, 사용외출 등의 직장이탈시간이 있다면 자동적으로 그에 해당하는 시간만큼 근로시간을 늦추게 되는 경우로서 취업규칙 중에 이와 같은 규정을 두었을 때 그 조건인 「사실」의 발생과 함께 자동적으로 변경되는 것이다.

2. 1일 단위의 선택적근로시간제

기업 중에는 1일의 근로시간, 예컨대 8시간 근무를 할 필요가 있으나, 업무시작·종료시각은 본인이 자주적으로 선택하여 근무하는 제도인 1일 단위의 선택적근로시간제를 채용하는 경우가 있다. 이것은 일정시간(정산기간)의 총 근로시간을 정하는 근로시간의 대차정산하는 법률상의 선택적근로시간제가 아니고 본인의 자주적 선택에 따라 자동적으로 시작·종료시각을 앞당기거나 늦추는 제도이다.

이 경우에도 취업규칙에 업무시작·종료시각을 정하고 근로자본인이 자주적으로 시작·종료시각을 앞당기거나 늦추어 자동적으로 시작·종료시각을 변경하는 제도이다. 이것은 법률상으로는 조건부(민법제147조)의 규정이 된다. 이와 같은 조건부 업무시작·종료시각의 규정도 그 조건이 적법하면 근기법 제93조제1호의 「업무시작·종료시각」을 정한 것으로서 유효하며 그 선택은 근로자본인에 위임하는 조건은 적법하므로 문제는 없다.

이에 의하면 본인의 자주선택에 의한 자동변경제도로서 스스로 자유로(1일 단위의 업무시작·종료의 선택적근로시간제를 설정하여 그 시간 범위에서 시작·종료시각을 앞당기거나 늦출 수 있다)당일의 소정근로시간을 근로하여 당일의 소정근로시간을 초과하는 근로는 연장근로가 된다.

이때에 주의할 점은 다음과 같다.

(1) 업무시작 · 종료시각은 정하여 두어야 한다.

근기법 제52조에 규정하는 선택적근로시간제는 아니므로 시작·종료시각의 적용은 없으나 근기법 제93조제1호의 업무시작·종료시각을 정하여야 한다는 요건에 위반할 수는 없다. 여기에 동규정은 적용되어야 하나 일정한 업무시작·종료시각은 정하여야 한다.

(2) 업무시작 · 종료시각의 자기선택에 따라 앞당기거나 늦출 수 있는 제도여야 한다.

1일 단위의 선택적근로시간제의 요건이 업무시작·종료시각을 앞당기거나 늦출 수 있도록 하되 취업규칙에서 예컨대 「대상근로자는 제○○조의 업무시작·종료시각을 자기선택에 따라 앞당기거나 늦출 수 있다. 다만 그 범위는 업무 시작시각은 오전 7시부터 10시, 종료시각은 오후 4시부터 7시까지로 한다」는 규정의 설정이 필요하다. 위 사례의 단서는 없더라도 문제는 없으며 적법하다.

(3) 실근로시간이 소정근로시간을 초과하는 경우에는 소정의 가산수당을 지급해야 한다.

1일 단위의 선택적근로시간제의 특징은 당일의 근로는 소정근로시간의 범위를 초과할 때에는 계약 외의 근로이므로 소정실근로시간의 범위 내이어야 한다.

예컨대 오전 8시부터 오후 5시(휴게 1시간)의 실근로시간이 8시간의 소정근로시간을 정하는 경우에는 오전 10시부터 자기선택에 따라 근로시간을 늦추어 출근하는 때에는 자동적으로 늦추어 종료시각도 오후 7시로 늦추어 당일의 소정근로시간인 8시간을 초과하지 아니하는 근로는 연장근로가 아니므로 가산임금을 지급하지 아니한다. 이것이 1일 단위의 선택적근로시간제의 요건의 하나이다. 또한 소정근로시간이 7시간인 경우에는 그 시간을 초과하여도 법정근로시간인 실근로시간 8시간에 미치지 못하므로 이른바 법내 초과근로가 된다.

(4) 소속 부서장의 신고 · 승인제에 의하는 것이 좋다.

법정의 선택적근로시간제는 아니므로 1일 단위의 선택적 근로시간인 경우에는 전일에 자주적인 업무 시작시각을 앞당기거나 늦추는 등 선택에 따를 때 소속 부서장에게 신고하게 한다던지 허가·승인을 받도록 하여도 문제는 없다. 이것은 직장질서에 있어 필요한 기업내에서 행하는 임의적 방법인 것이다.

제7장 교대근무를 둘러싼 문제

- 적정하고 효율적인 교대근무 활용을 위하여 -

1 교대근무의 의의

1. 교대제근무란 무엇인가

(1) 교대제근무의 개념

교대제근무란 근로자를 둘 이상의 조로 나누어 각 근로자의 근무시간대를 일정주기마다 바꾸어 취업시키는 제도를 말한다. 또한 근로자를 근무시간대가 상이한 둘 이상의 조로 나누지만, 각 조의 근무시간대를 바꾸지 않고 고정시켜서 취업시키는 경우에도 일반적으로 교대제근무라고 하고 있다. 다만, 근기법상 「교대제」라고 하는 것은 각 근로자가 일정주기마다 근무시간대를 바꾸는 경우만을 말한다 할 것이며, 동일근로자의 근무시간대가 고정되어 있는 경우는 포함되지 않는다.

(2) 시프트(Shift)제근무의 개념

시프트제근무는 교대제근무의 일종이라고도 할 수 있다. 교대제근무에서는 하나의 조의 근무시간대와 다른 조의 근무시간대가 겹치지 않는 경우가 많지만, 시프트근무제는 근로자 개인별 또는 그룹별로 업무 시작시각을 늦춤으로써 근무시간대가 일부 틀리게 되는 경우이다.

2. 교대제근로의 활용사례

(1) 사업의 공공서비스 성격

전기, 가스, 수도, 운수, 통신, 병원 등의 사업에서 그 공익적 성격 때문에 야간에도 사업을 정지할 수 없는 경우에 활용할 수 있다.

(2) 생산기술 또는 업무의 성격

철강, 석유정제, 합성화학 등의 사업에서 원료로부터 제품까지의 생산과정이 연속공정으로 진행되어 작업을 중단할 수 없는 경우에 활용할 수 있다.

(3) 기업의 경영효율 등 경제적 이유

생산설비를 완전 가동시켜서 설비투자에 대한 감가상각을 짧은 시간에 달성하거나, 기업간 경쟁에서 이기기 위해 조업시간, 영업시간을 길게 하는 경우에 활용할 수 있다.

3. 교대제근무 도입시 노무관리 점검항목과 유의사항

(1) 점검항목

교대조 및 근무조의 수, 야간근로의 유무, 조업의 연속성, 휴일의 일제부여 여부, 한 조의 연속근무일수, 교대조의 순환기간, 근무조의 순환방법, 출·퇴근의 편의 등을 체크할 필요가 있다.

(2) 교대제 근로 도입시 유의사항

① 연중무휴 가동은 예비근무조가 있는 근무조(4조3교대제 등)로 편성하여야 한다.
② 규칙적인 근무조 교대 및 근무간격은 최소 12시간 이상 유지하여야 한다.
③ 근로시간은 1주 40시간, 1회 8시간을 준수하여야 한다.
④ 연장근로는 부득이한 경우로 제한하고 야근 일수는 최소화하여야 한다.
⑤ 휴일은 가능하면 많이 확보하고 휴가는 실제 사용토록 배려하여야 한다.
⑥ 출·퇴근버스의 운행 등 편의를 제공할 필요가 있다.
⑦ 교대제 근로의 배치 전후 건강진단 실시, 진단결과 및 판정의견에 따라 비교대 근로나 주간 근로로 전환 등을 배려하여야 한다.

4. 교대제근무의 적법성 판단을 위한 유의사항 및 노무관리 중점 점검사항

(1) 취업규칙 등에 제도화(근기법 제93조)

근로계약을 체결할 때에 교대제 근무를 근로조건으로 약정하거나 새로이 교대제를 도입하고자 하는 경우에는 근로자의 동의가 필요하다.

교대제에 관한 사항은 취업규칙의 필수적 기재사항(근기법 제93조제1호)이므로 교대제 형태를 도입하거나 변경할 경우에는 취업규칙 변경에 대한 일반 법원리를 적용(근로자 과반수의 의견 또는 불이익한 경우 동의)하여야 한다.

(2) 주휴일(근기법 제55조)

교대제를 운영하더라도 주휴일이 미리 예측 가능하도록 지정하여 부여되어야 한다. 주휴일은 0시부터 24시까지 역일(曆日)단위로 주되, 교대제 운영을 위해 불가피한 경우 1주일에 1회 이상 계속하여 24시간의 휴식이 부여되면 주휴일을 부여한 것으로 간주되고 있다.

(3) 근로시간(근기법 제50조)

교대제 형태를 취하더라도 법정기준근로시간(휴게시간 제외하고 1주40시간, 1일 8시간)은 적용된다.

1일은 역일상 1일로 0시~24시까지이나, 계속 근무가 2역일에 걸친 경우에는 업무의 시작시각이 속한 날의 1일 근로로 취급한다.

(4) 연장근로의 제한(근기법 제53조)

교대제라고 하더라도 연장근로는 당사자간 합의가 필요하며, 또한 1주 12시간의 연장근로시간을 초과할 수 없다.

주 52시간제 시행일로부터 기업규모에 따라 연장근로를 할 수 있으나, 이는 한시적 조치이므로 이를 근거로 교대제 근로를 편성하는 것은 적절하지 않다(부칙 제6조).

※ 예 외
근로시간 및 휴게시간의 특례 사업(근기법 제59조): 5개 업종은 연장근로 제한이 없다.

임신중인 여성(근기법 제74조): 연장근로 금지(명시적 청구 있으면 야간근로는 가능)
산후 1년 미만 임산부(근기법 제71조): 1일 2시간, 1주 6시간, 1년 150시간 초과 금지
18세 미만 연소근로자(근기법 제69조): 1일 1시간, 1주 5시간 초과 금지

(5) 휴게(근기법 제54조) 및 휴가(근기법 제60조)

교대제 근로라 하더라도 휴게와 휴가관련 규정이 적용된다.

휴게시간은 근로시간 4시간에 30분 이상, 8시간에 1시간 이상 부여하여야 한다.

계속근로 1년에 80퍼센트 이상 출근한 경우 15일의 연차유급휴가를 부여(2년 단위로 1일씩 가산, 25일 한도)하여야 한다.

생리휴가, 출산전후휴가 등 법정휴가의 청구가 있는 경우 각각 부여하여야 한다.

(6) 야간근로(근기법 제56조제3항)

야간근로(오후 10시부터 오전 6시까지 사이의 근로)에 대하여는 가산임금(통상임금의 50퍼센트 이상)을 지급하여야 한다.

연소근로자와 임산부의 야간근로는 본인의 동의와 고용노동부장관의 인가가 필요하다(근기법 제70조).

(7) 연중무휴 가동 사업장과 적합한 교대제

연중무휴 가동이 가능한 교대제는 4조이상의 교대제(4조 3교대제, 5조 3교대제 등)이어야 할 것이다.

연중무휴 가동이 적절하지 않은 교대제

3조(3조 2교대제, 3조 3교대제) 형태로 하여 휴게시간을 충분히 부여할 경우 근무편성표상으로는 연중무휴 가동이 가능하다. 그러나, 연장근로가 상태화(常態化)되어 법 위반의 소지가 있고, 또한 근로자의 건강·안전에 문제점이 많아 지양되어야 한다.

2조(2조 격일제, 2조 2교대제) 형태는 연중무휴 가동이 불가능하다.

「근로시간 및 휴게시간의 특례 사업(근기법 제59조)」및 「근로시간 등의 적용제외 업무(근기법 제63조)」에 규정된 근로자는 3조 또는 2조 등 교대조 형태와 상관없이 연중무휴 가동이 가능하나, 근로자 건강보호 등을 이유로 가급적 지양되어야 한다.

2 교대제근무의 패턴

교대제근무의 분류지표에는 다음과 같은 것이 있다.

① 1일의 교대조 수(근무시간대의 수)와 근로자의 편성조 수

② 야간근로의 유무

③ 조업의 연속성: 조업이 24시간 연속되고 있는가, 중단된 때가 있는가, 전혀 조업하지 않는 날이 있는가 등

④ 일제휴일의 유무: 전 근로자가 일제히 휴무하는 날이 있는가 없는가 하는 지표인데, ③의 조업의 연속성의 내용에 따라 결정된다.

⑤ 한 조의 연속근무일수와 교대조의 순환이 1순회하는 일수

⑥ 조의 순환방법

정순(1조→2조→3조→1조)인가, 역순(3조→2조→1조→3조)인가

이하 ①의 지표에 의한 교대제근무의 패턴에는 2조 격일제, 2조 2교대제, 3조 2교대제, 3조 3교대제, 4조 3교대제 등이 있다.

1. 2교대제

(1) 2조 격일제

1) 개 념

조를 2개조로 나누어 1개조가 24시간 연속근무를 2역일에 걸쳐 반복하여 근무하는 형태이다. 아파트 경비업무 등에서 활용한다.

2) 근무편성표

교대조 \ 일 수	제1일	제2일	제3일	제4일	제5일	제6일	제7일
1조	근무		근무		근무		근무
2조		근무		근무		근무	

※ 근무: 7시 ~ 다음날 7시까지

3) 연중무휴 가동을 위한 근로시간 검토

1주 7일 계속 가동을 위해서는 1조는 4일간 근무하면서 1일 최대 11시간(연장 3시간, 휴게 1시간 제외)까지 근무하고, 2조는 3일간 근무하면서 1일 최대 12시간(연장 4시간, 휴게 1.5시간 제외)까지 근무한다.

따라서 1일 24시간 계속 근무하는 근무편성은 불가능하나, 근로시간 및 휴게시간의 특례 사업(근기법 제59조) 및 근로시간 등의 적용제외 업무(근기법 제63조)에 종사하는 근로자는 1일 24시간 계속 근무편성이 가능하다.

2. 2조 2교대제

(1) 개 념

조를 2개로 나누어 2개의 근무조가 1일을 전반기, 후반기로 나누어 근무순번을 1주 또는 2~4주단위로 계속 바꿔가면서 근무하는 형태이다.

(2) 근무편성표(순환: 1근무조→2근무조→1근무조)

일 수 / 교대조	제1주		제2주	
	제1일~제5일	제6일~제7일	제8일~제12일	제13일~제14일
1조	1근무조	휴	2근무조	휴
2조	2근무조	휴	1근무조	휴

※ 1근무조: 0시~12시, 2근무조: 12시~24시, 휴: 1일의 휴일, 1일의 휴무일

(3) 연중무휴 가동을 위한 근로시간 검토

1개조가 1일 10시간 24분 근무 가능(연장 2시간 24분, 휴게 1시간 제외)하여 1일 최대 20시간 48분까지 근무할 수 있고, 각 조별로 1주 5일 가동방식으로 1일의 휴일과 1일의 휴무일을 일괄 부여한다.

따라서 1일 24시간 가동을 위해서는 각 조별로 휴게시간을 더 많이 부여(1시간 36분 이상) 하여야 한다. 그러나, 연장근로가 상태화(常態化)되어 법 위반 소지가 있으므로 가급적 지양되어야 한다.

3. 3조 2교대제

(1) 개 념

3개의 교대제를 두어 근무형태를 3조로 나누고, 1일 근로를 2근무로 나누어 1일 기준으로 2개조는 근무하고, 1개조는 휴무하는 형태이다.

(2) 근무편성표

1) 1주 5일 가동 방식(순환: 1근무조→2근무조→휴무조→1근무조)

구분	제 1 주						제 2 주						제 3 주					
	1일	2일	3일	4일	5일	6일 ~7일	8일	9일	10일	11일	12일	13일 ~14일	15일	16일	17일	18일	19일	20일 ~21일
1조	휴	1근	2근	휴	1근	휴	2근	휴	1근	2근	휴	휴	1근	2근	휴	1근	2근	휴
2조	1근	2	휴	1근	2근	휴	휴	1근	2근	휴	1근	휴	2근	휴	1근	2근	휴	휴
3조	2	휴	1근	2근	휴	휴	1근	2근	휴	1근	2근	휴	휴	1근	2근	휴	1근	휴

※ 1근(1근무조): 0시~8시, 2근(2근무조): 8시~16시, 휴: 휴무조, 휴: 1일의 휴일, 1일의 휴무일

2개조는 3일간 1일 11시간(휴게 1시간 제외)근무하여 1주 33시간, 나머지 1개조는 4일간 1일 11시간(휴게 1시간 제외) 근무하여 1주 44시간 각각 근무한다.

3개월 이내 탄력적근로시간제로 할 경우 특정 주 52시간, 특정 일 12시간 이내에서 연장근로 가산임금 지급에 대한 부담없이 운영이 가능하다.

2) 1주 7일 가동 방식(순환: 1근무조→2근무조→휴무조→1근무조)

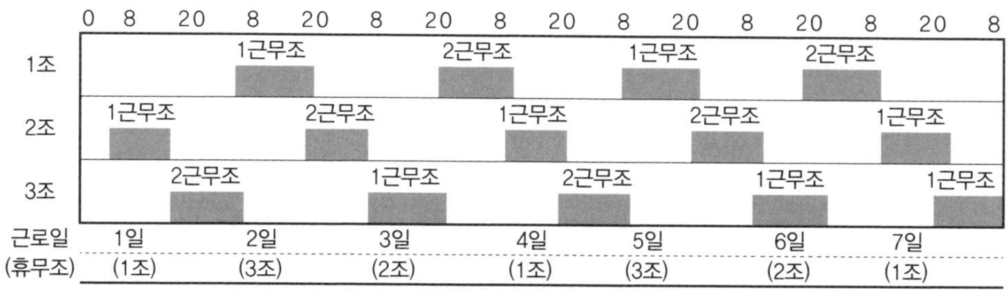

(단위: 시간)

구 분	근로일	실근로시간		휴게시간		연장근로시간	
		1일	1주	1일	1주	1일 기준 시간 초과	1주 기준 시간 초과
1조	4일	11	44	1	4	3	12
2조	5일	11	55	1	5	3	15
3조	5일	11	55	1	5	3	15

※ 1근무조: 8시~20시, 2근무조: 20시~다음날 8시, 휴무조: 휴무

3) 연중무휴 가동을 위한 근로시간 검토

1개조는 4일간 1일 11시간(휴게 1시간 제외) 근무, 나머지 2개조는 5일간 1일 11시간(휴게 1시간 제외) 근무하여 4일간 근무하는 조는 1주 연장근로의 합계가 12시간이나, 나머지 5일 근무하는 2개조는 각 15시간으로 법 위반이 된다.

따라서 연중무휴 가동을 위해서는 5일 근무하는 2개조에서 휴게시간을 더 많이 부여(1시간 36분 이상)하고 근로시간을 10.4시간(연장 2.4시간 포함)으로 하여야 한다. 그러나, 연장근로가 상태화되어 법 위반 소지가 있으므로 가급적 지양되어야 한다.

4. 3조 3교대제

(1) 개 념

3개의 조를 두고 1일 근로를 3근무조로 나누어 각 교대조별로 근무조를 적절히 배합하여 운용하는 형태로 1주 5일 가동방식과 1주 7일 가동방식이 있다.

(2) 근무편성표

1) 1주 5일 가동 방식(순환: 1근무조→2근무조→3근무조→1근무조)

구 분	제 1 주		제 2 주		제 3 주	
	제1일~제5일	제6일~제7일	제8일~제12일	제13일~제14일	제15일~제19일	제20일~제21일
1조	1근무조	휴	2근무조	휴	3근무조	휴

구 분	제 1 주		제 2 주		제 3 주	
	제1일~제5일	제6일~제7일	제8일~제12일	제13일~제14일	제15일~제19일	제20일~제21일
2조	2근무조	휴	3근무조	휴	1근무조	휴
3조	3근무조	휴	1근무조	휴	2근무조	휴

※ 1근무조 0시~8시, 2근무조 8시~16시, 3근무조 16시~24시, 휴: 1일의 휴일, 1일의 휴무일
각 근무조의 1일 근로시간은 7시간 30분(휴게 30분 제외)
모든 근무조가 1일 7시간 30분, 1주 37시간 30분을 근무하여 연장근무가 없으나, 1일의 휴일과 1일의 휴무일을 일괄 부여하므로 연중무휴 가동은 불가

2) 1주 7일 가동 방식

(가) 주6일 근로(순환: 3조→2조→1조→3조)

		1일	2일	3일	4일	5일	6일	7일
1주	1조	0~8 (7.5)	0~12 (11)	0~8 (7.5)	0~12 (11)	0~8 (7.5)	휴 일 (0)	0~8 (7.5)
	2조	8~16	12~24	8~16	휴 일	8~16	0~12	8~16
	3조	16~24	휴 일	16~24	12~24	16~24	12~24	16~24
2주	1조	16~24	12~24	16~24	12~24	16~24	휴 일	16~24
	2조	0~8	0~12	0~8	휴 일	0~8	0~12	0~8
	3조	8~16	휴 일	8~16	0~12	8~16	12~24	8~16
3주	1조	8~16	0~12	8~16	12~24	8~16	휴 일	8~16
	2조	16~24	12~24	16~24	휴 일	16~24	0~12	16~24
	3조	0~8	휴 일	0~8	0~12	0~8	12~24	0~8

※ ( )는 법정휴게시간 부여시 실근로시간
각 조는 1주 52시간 근무
1근무조 0시~8시, 2근무조 8시~16시, 3근무조 16시~24시

(나) 연중무휴 가동을 위한 근로시간 검토

쉬는 조가 없는 날은 각 조가 7시간 30분(휴게 30분 제외)씩 근무, 쉬는 조가 있는 날은 2개조가 11시간(휴게 1시간 제외)씩 근무한다. 따라서 각 조의 주당 총 근로시간이 52시간(연장 12시간 포함)으로 연장근로가 상태화되어 있어 휴가활용시 법 위반소지가 있고, 또한 연장근로를 하면서 주40시간제를 6일제로 운영하는 것에 근

로자가 쉽게 동의하지 않아 연중무휴 가동에 활용이 곤란하다.

2) 주5일 근로(순환: 3조→2조→1조→3조)

		1일	2일	3일	4일	5일	6일	7일
1주	1조	0~8 (7.5)	0~12 (11)	0~12 (11)	휴 (0)	0~12 (11)	0~12 (11)	휴 (0)
	2조	8~16	12~24	휴	0~12	12~24	휴	0~12
	3조	16~24	휴	12~24	12~24	휴	12~24	12~24
2주	1조	16~24	12~24	12~24	휴	12~24	12~24	휴
	2조	0~8	0~12	휴	0~12	0~12	휴	0~12
	3조	8~16	휴	0~12	12~24	휴	0~12	12~24
3주	1조	8~16	0~12	12~24	휴	0~12	12~24	휴
	2조	16~24	12~24	휴	12~24	12~24	휴	12~24
	3조	0~8	휴	0~12	0~12	휴	0~12	0~12

※ ( )는 법정휴게시간 부여시 실근로시간
각 조는 1주 51.5시간 근무
1조: 0시~8시, 2조: 8시~16시, 3조: 16시~24시, 휴: 1일의 휴일, 1일의 휴무일

○ 연중무휴 가동을 위한 근로시간 검토

쉬는 조가 없는 날은 각 조가 7시간 30분(휴게 30분 제외)씩 근무, 쉬는 조가 있는 날은 2개조가 11시간(휴게 1시간 제외)씩 근무할 수 있다.

따라서 각 조의 주당 총 근로시간이 51.5시간(연장 11.5시간 포함)으로 연장근로가 상태화되어 휴가 활용시 법 위반 소지가 있고, 또한 연중무휴 가동시 근무시간대 간에 간격이 너무 짧거나 휴일이 불규칙하여 근로자 건강보호나 생산성 측면상 바람직하지 않다.

5. 4조 3교대제

(1) 개 념

조를 4개조로 나누어 3개조는 3근무조로 나누어 교대 근무하고 1개조는 휴무하는 형태이다.

(2) 근무편성표

1) 3근 1휴 방식(순환: 1근무조→2근무조→3근무조→1근무조)

4조의 가장 전형적인 형태로 각 교대조가 3일 근무 1일 휴무를 규칙적으로 반복하는 방식으로 휴무 다음날에 근무조가 전환된다.

12일을 주기로 9일 근무하고 3일은 쉬는데 휴일은 휴무일 중에 적정한 날을 휴일로 부여한다.

(가)

구 분	1일	2일	3일	4일	5일	6일	7일	8일	9일	10일	11일	12일
1조	1근	1근	1근	휴	2근	2근	2근	휴	3근	3근	3근	야휴
2조	휴	2근	2근	2근	휴	3근	3근	3근	야휴	1근	1근	1근
3조	2근	휴	3근	3근	3근	야휴	1근	1근	1근	휴	2근	2근
4조	3근	3근	야휴	1근	1근	1근	휴	2근	2근	2근	휴	3근

(나)

구 분	1일	2일	3일	4일	5일	6일	7일	8일	9일	10일	11일	12일
1조	1근	2근	3근	야휴	1근	2근	3근	야휴	1근	2근	3근	야휴
2조	2근	3근	야휴	1근	2근	3근	야휴	1근	2근	3근	야휴	1근
3조	3근	야휴	1근	2근	3근	야휴	1근	2근	3근	야휴	1근	2근
4조	야휴	1근	2근	3근	야휴	1근	2근	3근	야휴	1근	2근	3근

※ 근: 근무, 휴: 휴무, 1일 8시간 근무, 야휴: 야간근로 후의 휴무
1근(1근무조): 6시~14시, 2근(2근무조): 14시~22시, 3근(3근무조): 22시~6시

2) 4근 1휴(2→1) 방식(순환: 1근무조→2근무조→3근무조→1근무조)

각 교대조가 4일 근무 1일 휴무한 후 근무조 변경, 4일 근무 2일 휴무한 후 다시 근무조 변경, 4일 근무 1일 휴무한 후 근무조 변경을 반복하는 방식이다.

16일 주기로 12일을 일하고 4일을 쉬는데 그 중 1일은 야간근로 후 휴무, 휴일은 휴무일 중에 적정한 날을 휴일로 부여한다.

구분	1일	2일	3일	4일	5일	6일	7일	8일	9일	10일	11일	12일	13일	14일	15일	16일
1조	2근	2근	2근	2근	휴	3근	3근	3근	3근	야휴	휴	1근	1근	1근	1근	휴
2조	휴	3근	3근	3근	3근	야휴	휴	1근	1근	1근	1근	휴	2근	2근	2근	2근
3조	3근	야휴	휴	1근	1근	1근	1근	휴	2근	2근	2근	2근	휴	3근	3근	3근
4조	1근	1근	1근	휴	2근	2근	2근	2근	휴	3근	3근	3근	3근	야휴	휴	1근

※ 근: 근무, 휴: 휴무, 1일 8시간 근무, 야휴: 야간근로 후의 휴무
1근: 1근무조, 2근: 2근무조, 3근: 3근무조

3) 5근 2휴(1→2) 방식(순환: 1근무조→2근무조→3근무조→1근무조)

각 교대조가 5일 근무 2일 휴무한 후 근무조를 변경, 5일 근무 1일 휴무한 후 다시 근무조를 변경, 또다시 5일 근무 2일 휴무한 후 근무조를 변경하는 반복하는 방식이다. 20일을 주기로 15일을 근무하고 5일은 쉬는데 그 중 1일은 야간근로 후 휴무하며, 휴일은 휴무일 중에 적정한 날을 휴일로 부여한다.

구분	1일	2일	3일	4일	5일	6일	7일	8일	9일	10일	11일	12일	13일	14일	15일	16일	17일	18일	19일	20일
1조	3근	3근	3근	3근	3근	야휴	휴	1근	1근	1근	1근	1근	휴	2근	2근	2근	2근	2근	휴	휴
2조	야휴	휴	1근	1근	1근	1근	1근	휴	2근	2근	2근	2근	2근	휴	휴	3근	3근	3근	3근	3근
3조	1근	1근	휴	2근	2근	2근	2근	2근	휴	휴	3근	3근	3근	3근	3근	야휴	휴	1근	1근	1근
4조	2근	2근	2근	휴	휴	3근	3근	3근	3근	3근	야휴	휴	1근	1근	1근	1근	1근	휴	2근	2근

※ 근: 근무, 휴: 휴무, 1일 8시간 근무, 야휴: 야간근로 후의 휴무
1근: 1근무조, 2근: 2근무조, 3근: 3근무조

연중무휴 가동을 위한 근로시간 검토: 4조3교대제는 각 조가 모두 1일 8시간, 1주 40시간의 근로를 하여 연장근로에 대한 부담없이 1일 24시간, 1주 7일 가동을 하여 연중무휴 가동이 가능하다.

근로시간대간의 간격을 정상적으로 유지, 야간근로 등으로 인한 피로회복을 위해 휴식시간이 충분히 주면서 운용하여야 한다.

3 교대근무와 근로시간·휴게·휴일·연차유급휴가의 규정

근로시간·휴게·휴일·연차유급휴가에 대해서는 근기법상 교대제근무와 관련 특별한 규제는 없으나, 교대제근무에서는 1근무가 2역일에 미치는 등의 이유 때문에 근기법 규정의 해석이 문제가 된다.

1. 교대제근무와 「1일」의 근로시간

1일의 법정근로시간은 8시간으로 되어 있으나(근기법 제50조제2항), 여기의 「1일」이란 오전 0시부터 오후 12시까지의 역일을 말한다(1980.8.6, 법무 811-19544). 다만, 「계속근무」가 2역일에 걸치는 경우에는 설사 역일을 달리하더라도 1근무로 취급하여 당해 근무는 업무 시작시각이 속하는 날의 근로로서, 당해일의 「1일」의 근로로 취급하고 있다. 따라서 예컨대 근로시간이 오전 0시를 사이에 두고 8시간씩인 16시간 격일근무(오후 4시부터 익일 오전 8시까지의 격일근무)는 1역일을 가지고 보면 8시간을 초과하지 않고 있으나, 그 중 오전 0시부터 오전 8시까지의 근로는 전일의 근로에 편입되어 1일 16시간 근로가 된다. 또한 예를 들면, 3교대제의 근무조 전환에 있어서 전일의 22시부터 당일의 6시까지 3근무조를 근무한 후, 당일 14시부터 22시까지 2근무조를 근무하는 경우(역순환의 경우) 당일의 0시부터 6시까지의 근무는 전일의 근로로 하고, 당일의 근로시간은 14시부터 22시까지의 8시간이므로 법정근로시간 이내라고 해석한다면 1일 8시간제의 취지를 일탈한 것이다.

2역일에 걸치는 근로가 있는 경우에는 그 근무의 개시시각부터 24시간을 「1일」로 하여 그 사이에 8시간을 초과하는가를 문제로 하여야 할 것이다.

따라서 전술한 3근무조에서 2근무조로 전환할 때에는 전일의 22시부터 익일의 22시까지의 24시간을 「1일」로 하여 근로시간은 합계 16시간이라고 생각하여야 한다.

2. 교대제근무와 휴계

휴게시간은 실근로시간이 4시간인 경우에는 30분 이상, 8시간인 경우에는 1시간 이상을 근로시간 도중에 주어야 한다(근기법 제54조).이 휴게시간은 계속된 1근무에 대하여, 그 근로시간 도중에 보장하여야 한다.

따라서 3교대제에 있어서 근무조 전환시에 전일 22시부터 당일 6시까지 근무후 당일 14시부터 22시까지 근무하는 경우에는 각각 근로시간 도중에 휴게시간(30분 이상)을 주어야 한다. 1주야 교대근무제 등에 따른 장시간 근무의 경우에도 근기법상에는 그 근로시간 도중에 적어도 2시간 이상의 휴게를 분할해서 주어야 함은 당연하다. 또 연속조업 때문에 교대제근무를 택하고 있는 경우에, 휴게를 단시간으로 세분해서 교대로 부여하는 예도 볼 수 있으나 휴게를 일제히 주어야 한다는 규정은 없으므로 상관없으나 너무 단시간의 휴게는 법상의 휴게시간이라고는 할 수 없다고 생각하여야 할 것이다.

3. 교대제근무와 역일휴일제

사용자는 근기법 제55조제1항에 의거 근로자에게 「1주일에 평균 1회 이상의 유급휴일」을 주어야 한다. 이 휴일은 역일을 지칭하며 오전 0시부터 오훈12시까지의 24시간의 휴무를 말하므로 단지, 계속하여 24시간의 휴무는 휴일이 되지 아니한다.

그러나 교대제근무에 있어서 행정해석(1969.6.7, 기준 14559-6327)은 일정한 경우에 역일휴일제를 완화하여 계속 24시간의 휴무로서 충분하다고 하고 있다.

법상의 휴일은 역일에 따라야 함이 원칙이지만 예컨대 8시간 3교대 연속작업과 같은 경우에는 휴일역일제의 해석에 따르는 것은 연속 24시간 이상의 휴식이 2역일에 걸치는 때 1주 2역일의 휴일을 주지 않으면 안되게 되어, 그 결과는 주휴제를 채택한 입법취지에 맞지 않게 된다. 그러므로 근무조 편성에 의한 교대제를 택하는 경우의 「휴일」은 다음 사항 전부에 해당하는 때에 한하여 계속 24시간을 부여하여도 무방한 것으로 취급한다.

① 근무조 편성에 의한 교대제로서 취업규칙 등에 규정되어 있고, 제도로서 운영되고 있을 것

② 각 근무조의 교대가 규칙적으로 정해지고 있으며 근무 할당표에 따라 그때마다 정하여지는 것이 아닐 것

예컨대, 3조 3교대제(1근무조: 06시~14시, 2근무조: 14시~22시, 3근무조: 2시~06시)로 연속조업을 하는 경우, 1근무조에서 2근무조로의 전환시에는 전일의 14시부터 익일의 14시까지의 24시간의 근무간격을 두며, 2근무조에서 3근무조로의 전환시에는 전일의 22시부터 익일의 22시까지의 24시간의 근무간격을 두면 전술한 행정해석에서는 각각 1일의 휴일을 부여 한 것이 된다.

그러나 야간근로를 포함한 불규칙한 근로를 반복하는 교대제근무에서는 통상의 일(日)근근무의 경우 이상으로 휴식을 위한 시간이 필요한데도, 역일휴일제를 완화하여 통상의 일근근무의 경우보다 적은 휴식시간을 주면된다고 해석하는 것으로 불합리하다.

즉, 통상의 일근근무(예컨대 8시부터 17시까지)에서는 휴일의 전일의 근무종료시부터 익일의 근무개시시까지 2회의 야간수면을 포함한 39시간의 휴식이 확보되게 되는데, 교대제근무에서 역일휴일제를 완화하게 되면 부족한 야간수면이 더욱 부족한데, 1회의 야간수면밖에 취하지 못하는 24시간의 휴식밖에 주지 아니해도 된다는 결과가 된다.

행정해석이 교대제근무의 경우 역일휴일제를 완화하는 이유는「1주 2역일의 휴일을 주지 않으면 안되게 되어 그 결과는 주휴제를 채택한 입법취지에 불합치한다」고 하는 것인데 근무조의 수나, 근무조의 교대주기의 결합관계를 생각한다면 1주 2역일의 휴일을 주는 것으로는 되지 아니한다. 본래 법은 근로조건의 최저기준을 정한 것이며, 현재에는 주휴 2일제가 보편적으로 시행되고 있으므로 휴일이나 휴게시간의 증가는 법 취지에 합치한다고 할 것이다. 또한 1주야교대제 근무의 경우에는 행정해석도 오전 0시부터 오후 12시까지의 역일을 휴일이라고 해석하고 있다.

4. 교대제근무에 있어서의 연차유급휴가

연차휴가를 주어야 할 「1근로일」이란 원칙적으로 역일(오전 0시부터 오후 12시까지)을 의미하며, 사용자는 당해 근무시간이 속하는 날의 오전 0시부터 오후 12시까지 1역일의 휴가를 부여함으로써 1일의 연차휴가를 부여한 것이 된다.

그러므로 2역일에 걸치는 교대제근무의 경우에는 연차휴가의 부여방법이나 1근무를 휴무하면 몇 일분으로 계산하는가가 문제가 된다.

즉, ① 1주야 교대제의 경우(예컨대, 3근무 24시간이나 또는 16시간이라는 근무가 2역일에 걸치는 경우)에는 1근무를 2근로일로 취급한다.

② 8시간 3교대제 등에서 2역일에 걸치는 1근무는 당해 근무시간을 포함한 계속 24시간을 1근로일로 취급하여도 된다.

③ 교대제근무의 당직교대일에 연속근무(예컨대 1당직·2당직을 연속근무)하게 되어 있는 경우, 그날 휴가를 사용하면 그날의 소정근로시간이 장시간이 되더라도 1근로일의 연차휴가를 취득한 것으로 취급한다.

4 교대제근무의 채택과 근로편성·근로조건의 기준

1. 교대제근무의 채택이유

교대제근무를 채택하는 이유로는 대별해서 다음 세 가지가 있다.

첫째, 사업의 공공서비스성을 이유로 하는 것이다. 예컨대, 전기·가스·수도·운수·통신·병원 등의 사업에서 그 공익적 성격 때문에 야간에도 사업을 정지할 수 없는 경우이다.

둘째, 생산기술상의 이유에 의한 것이다. 예컨대, 철강, 석유정제, 합성화학 등의 사업에서 원료로부터 제품까지의 생산과정이 항상 연속된 흐름을 구성하고 있어서 작업을 중단할 수 없는 경우이다.

셋째, 경영효율 등의 「경제적 이유」에 의한 것이다. 예컨대, 생산설비를 최대한도 가동시켜서 투하자본에 대한 조기회수를 도모하거나 기업간 경쟁하에서 조업시간이나 영업시간을 장시간화하는 경우이다.

최근 교대제근무가 증가하고 있는 것은 주로 제3의 타입에 속한다고 할 것이다.

그러나 교대제근무 특히 야간근로를 포함한 교대제근무는 근로자의 건강·안전·가정생활·사회생활에 크나큰 악영향을 주는 것이며, 되도록 채택을 피하여야 한다. 교대제근무를 채택하는 이유의 제1과 제2의 타입은 예로부터 존재한 것이며, 공공서비스 또는 생산기술상의 사회적 필요성에서 부득이한 것이지만, 기업의 경영효율 등을 이유로 하는 제3의 타입인 교대제근무가 아무런 제약도 없이 도입, 확대되는 것은 문제라고 하여야 할 것이다.

2. 교대제근무에 있어서의 근무편성과 근무조건의 기준

부득이하게 교대제근무를 채택하는 경우라 할지라도 야간근로조나 교대제근무의 유해로운 영향을 되도록 적게 하기 위하여 근무편성이나 근무초건에 관해서는 충분한 고려가 있어야 한다.

노무관리에 있어서도 예비근무조가 없는 교대제(2근무 2교대제, 3근무 3교대제)에 있어서는 연속근무의 실태파악에 힘써, 연속근무가 많은 것은 3근무2교대제, 4근무 3교대제로 변경하거나 또는 예비요원의 배치 등 지도개선을 하는 것이 바람직하다. 또 교대제근무의 근무편성이나 근무조건에 관하여 산업보건, 의학 등 전문가의 입장으로부터의 의견이나 제안이 제시되고 있다.

이 의견이나 제안을 토대로 할 때에는 교대제근무의 근무편성이나 근무조건은 다음과 같은 기준을 충족하도록 하여야 한다.

(1) 여유있는 근무조 편성

즉, 예비근무조가 있는 근무편성(3근무 2교대, 4근무 3교대 등 또한, 5근무 3교대와 같이 예비근무조가 맡을수록 바람직하다)으로 한다.

(2) 근무조교대의 주기

근무조의 교대가 규칙적이어야 함은 말할 것도 없으나, 야근의 연속일수를 적게 하기 위하여 근무조교대의 주기는 단기로 한다(예컨대, 야근의 연속일수는 3일을 한도로 한다).

(3) 야간근무의 횟수

월 8회 이하로 한다.

(4) 근무간격

1회의 근무와 다음 근무와의 간격은 원칙적으로 16시간 이상, 부득이한 경우에도 12시간 이상으로 한다. 특히, 야간근로를 포함하는 근무조에서 다음근무조로 이행할 때에는 야간근무일의 익일을 휴일로 하여, 야간수면이 2회 취해지도록 한다.

(5) 근로시간

1주의 근로시간은 40시간미만으로 하고, 야근을 포함한 당직의 1회의 근로시간은 8시간을 한도로 한다.

(6) 연장근로

연장근로는 임시적으로 부득이한 경우만으로 하고, 특히 야간근로를 포함한 근무조 및 종료시각이 야간인 근무조의 경우에는 수면시간을 충분히 확보하기 위하여 연장근로를 시키지 아니한다. 교대제 형태를 취하더라도 1주간 40시간 1일 8시간을 초과하는 연장근로에 대하여는 근기법 제56조에 따른 가산임금을 지급해야 하며, 이때의 1주 또는 1일이란 역일에 의한 1주 또는 1일을 뜻한다. 예컨대, 교대제하에서 저녁근무를 익일의 근무로 보고 있다면 당해 저녁근무시간과 익일의 오후근무시간을 합하여 8시간을 초과하는 근로에 대하여는 동법동조항에 의한 연장근로로 볼 수 있으며 이날이 취업규칙 등 규정된 휴일인 경우에는 위의 전체근로시간에 대하여 휴일근로로 인정하여야 할 것이다(2003.6.10, 근기 68207-682).

(7) 휴 게

적절한 휴게시간을 확보하고, 야간근로를 포함하는 근무에 있어서는 근무시간 도중에 수면시간을 준다.

(8) 휴 일

휴일은 주 2일을 확보하고, 되도록 연휴로 한다.

(9) 연차휴가

일반 근무자의 연차휴가일수 이상의 연차휴가일수를 주고 완전한 취득을 할 수 있도록 예비요원을 배치한다.

3. 교대제근무에 있어서의 건강관리

교대제근무는 근로자의 건강을 해칠 염려가 있는 특수근무이며, 일상적인 건강관리와 그에 따른 근무상의 적절한 조치가 특히 필요하다.

전술한 전문가의 입장으로부터의 의견이나 보고를 토대로 하면서, 다음과 같은 조치를 강구하여야 한다.

(1) 건강진단

교대제근무의 배치 전에 건강진단을 하고 또 배치 후의 정기건강진단을 충실히 하는 동시에 진단결과의 보고에 있어서는 의사를 포함한 보건관리담당자가 판정의견(교대제근무 취업의 적부, 취업조건 완화의 필요 여부 등)을 제시하도록 한다.

(2) 근무상의 적절한 조치

진단결과 및 판정의견에 따라서 일근근무로의 전환, 야간근로의 제한 등 근무상의 적절한 조치를 취한다. 또 교대제근무자가 건강상의 이유로 일근근무로 옮기는 등 근무조건의 변경을 신청한 경우 이를 존중한다.

(3) 보건교육

생체리듬의 혼란이나 수면의 불완전 등, 부담이 큰 교대제근무시의 수면, 식사, 생활 등에 관해서 충분한 보건위생교육이나 건강상담을 한다.

(4) 수면시설 등 환경정비

야간근로자의 수면시설은 방음 및 냉난방을 완비한 것으로 한다. 출·퇴근에 편리하고 주간수면이 충분히 취하여 지도록 방음 및 냉난방을 완비한 기숙사나 사택을 확보한다.

제3부

근로시간의 유연화를 위한 근로시간제의 운용과 관리

- 제8장 근로시간의 유연화 제도를 둘러싼 문제
- 제9장 탄력적근로시간제 채택을 둘러싼 문제
- 제10장 선택적근로시간제 채택을 둘러싼 문제
- 제11장 사업장 밖 근로시간제를 둘러싼 문제
- 제12장 재량근로의 간주시간의 취급을 둘러싼 문제

제8장 | 근로시간의 유연화 제도를 둘러싼 문제

- 주 52시간제의 정착과 효율적인 근로시간 관리를 위하여 -

1 근로시간 유연화제도의 의의와 유형

1. 근로시간 유연화의 의의

근로시간유연화제도(이하 유연근로시간제라 한다)란 근로시간의 결정 및 배치 등을 탄력적으로 운영할 수 있도록 하는 제도를 말한다. 이 제도는 업무량의 많고 적음에 따라 근로시간을 적절하게 배분하거나 근로자의 선택에 맡김으로써 근로시간을 유연하고 효율적으로 운영할 수 있으며, 근로시간의 산정이 어려운 경우에 있어서도 별도로 정한 근로시간을 근로시간으로 간주할 수 있다. 최근 제4차 산업혁명 관련 비즈니스 확대로 인하여 시공간의 제약을 받지 않고 자유재량으로 근무하는 고용형태가 늘어나면서 유연근무에 대한 필요성이 점점 증가하고 있다. 앞으로는 획일적으로 근로시간을 규제할 것이 아니라 다양한 고용형태에 적합하도록 각각의 전문성과 특성을 고려하여 유연근무제로서 이에 대응할 필요가 있다.

2. 유연근로시간제의 내용

근기법상 유연근로시간제는 다음과 같다.

① 탄력적근로시간제(제51조)

② 선택적근로시간제(제52조)

③ 사업장 밖 간주근로시간제(제58조제1·2항)

④ 재량근로시간제(제58조제3항)

⑤ 보상휴가제(제57조)

고용노동부의「유연근로시간제 가이드」에는 보상휴가제를 유연근로시간제로 보고 있으나 보상휴가제는 근로시간에 관한 제도가 아니고 사용자와 근로자 간의 서면합의를 통하여 연장·휴일·야간근로수당 등의 임금과 휴가를 선택할 수 있는 제도이므로 보상휴가제를 유연근로시간제에 포함시키는 것은 무리가 따른다.

3. 유연근로시간제와 맞춤형 근로시간 도입 필요성

52시간 근무시간 도입 등 근로시간 단축을 계기로 유연근로시간제도의 운용과 관련하여 '스마트워크'에 대한 관심이 높아지고 그 중에서도 '맞춤형 근무(Adaptive Working)'의 중요성이 커졌다. 맞춤형 근무의 핵심은 일하는 시간, 장소, 방법, 나아가 누구와 함께 일할 것인지 등을 모두 융통성 있게 조율한다는 개념이다. 맞춤형 근무는 근로자 요청이 있어야만 제공되는 일회성 배려가 아니라 상시적으로 운영되는 제도가 정착되어야 한다는 점이다. 이를 위해서는 꼼꼼한 제도 디자인은 물론 대대적인 기업문화 혁신, 높은 상호 신뢰, 그리고 이를 가능하게 만드는 시스템이 필수다. 다양한 형태의 맞춤형 근무는 생산성 향상뿐 아니라 근로자들 시간 관리와 스트레스 경감에도 매우 효과적이라고 한다.

4. 유연근로시간제도 활용의 기대 효과

① 근로시간의 효율적 배분을 통해 일·생활 균형이 가능한 근로환경을 조성할 수 있으며 이에 따라 출산·육아 등으로 인한 경력단절 및 숙련인력의 이직을 방지하고 젊은 인재들에게는 동기부여 요소로 작용할 수 있다.

② 사업 및 직무의 특성 등에 따라 일하는 시간에 구속받지 않고 근로시간의 효율적 배분·활용이 가능하여 업무생산성 향상 및 기업 경쟁력을 제고할 수 있다.

5. 유연근로시간제도 유형

유 형	내 용	적합 직무
탄력적 근로시간제 (근기법 제51조)	일이 많은 주(일)의 근로시간을 늘리는 대신 다른 주(일)의 근로시간을 줄여 평균적으로 법정근로시간(주40시간)내로 근로시간을 맞추는 근무제도	계절적 영향을 받거나 시기별(성수기·비수기) 업무량 편차가 많은 업종 등
선택적근로시간제 (근기법 제52조)	일정기간(1월 이내)의 단위로 정해진 총 근로시간 범위 내에서 업무의 시작 및 종료시각, 1일의 근로시간을 근로자가 자율적으로 결정할 수 있는 제도	근로시간(근로일)에 따라 업무량의 편차가 발생하여 업무조율이 가능한 소프트웨어 개발, 사무관리(금융거래·행정처리 등), 연구, 디자인, 설계 등
사업장 밖 간주근로시간제 (근기법 제58조제1·2항	출장 등 사유로 근로시간의 전부 또는 일부를 사업장 밖에서 근로하여 근로시간을 산정하기 어려운 경우에 소정근로시간 또는 업무수행에 통상 필요한 시간을 근로한 것으로 인정하는 근무제도	근로시간 대부분을 사업장 밖에서 근로하는 영업직, A/S 업무, 출장업무 등
재량근로시간제 (근기법 제58조제3항)	업무의 성질에 비추어 업무수행 방법을 근로자의 재량에 위임할 필요가 있는 업무로서 사용자가 근로자대표와 서면합의로 정한 근로시간을 근로한 것으로 인정하는 제도	근기법 시행령 제31조 및 관련 고시에서 정하는 업무에 한함 1. 신상품 또는 신기술의 연구개발이나 인문사회과학 또는 자연과학분야의 연구 업무 2. 정보처리시스템의 설계 또는 분석 업무 3. 신문, 방송 또는 출판 사업에서의 기사의 취재, 편성 또는 편집 업무 4. 의복·실내장식·공업제품·광고 등의 디자인 또는 고안 업무 5. 방송 프로그램·영화 등의 제작 사업에서의 프로듀서나 감독 업무 6. 그 밖에 고용노동부장관이 정하는 업무
보상휴가제 (근기법 제57조)	근로자대표와 서면합의를 통해 연장·야간·휴일근로에 대하여 임금을 지급하는 대신 유급휴가로 부여하는 제도	업무를 완료한 이후에는 일정기간 휴식기간을 가지는 직무, 다른 인력으로 하여금 대체업무 수행이 가능한 연구·교육 등의 직무

2 유연근로시간 제도 도입 시 유의사항

1. 유연근로시간 제도 도입 기본 방향

유연근로시간제의 성공적인 도입 및 운영을 위해서는 근로자와의 공감대 형성(제도에 따라 근로자대표와의 서면합의 필요)이 필수적인 요소인 만큼 회사의 일방적인 운영보다는 직원들의 다양한 의견을 수렴하고, 기업 내부적으로 보완해야 할 제도(단체협약·취업규칙·근로계약서)에 대한 사전 검토가 필요하다.

2. 유연근로시간 제도 도입 요건

유연근로시간제 도입 시 각 제도별로 취업규칙 변경 또는 근로자대표와의 서면합의 등 요건을 확인하여 적법한 절차에 따른 제도 도입이 필요하다. 또한, 제도의 원활한 운영을 위해 취업규칙 등에 세부 운영규정을 마련하여 노·사간 다툼의 여지를 최소화하는 것이 바람직하다.

3. 취업규칙 변경 시 유의사항

(1) 취업규칙 작성·변경시

취업규칙 작성·변경이 필요한 유연근로시간제도에는 ① 2주 단위 탄력적근로시간제 ② 선택적근로시간제(근로자대표와 서면합의도 필요)가 있다.

취업규칙 작성·신고의무가 있는 상시 근로자 10인 이상 사업장은 취업규칙 작성 및 변경을 통하여 도입할 수 있다. 취업규칙의 변경 방법은 근로자의 과반수를 대표하는 노동조합 또는 근로자의 과반수의 의견을 들어야 하며 제도 도입으로 근로자에게 불이익이 발생하는 경우에는 그 동의를 받아야 한다.

사용자는 취업규칙을 근로자가 자유롭게 열람할 수 있는 장소에 항상 게시하거나 갖추어 두어 근로자에게 널리 알려야 한다(근기법 제14조). 또한 취업규칙으로 정하여 제도를 도입하는 경우 변경된 취업규칙을 고용노동부장관에게 신고하여야 한다(근기법 제93조).

(2) 9인 이하 사업장의 취업규칙 작성·변경시

취업규칙 작성·신고 의무가 없는 상시 근로자 9인 이하 사업장에서 유연근로시간제를 도입하기 위해서는 취업규칙이 있는 경우에는 그 '취업규칙', 취업규칙이 없는 경우에는 '취업규칙에 준하는 것'으로 규정하여야 한다.

'취업규칙에 준하는 것'은 특별한 형식을 요하지는 않으나, 최소한 서면으로 작성하여 제도 도입을 해당 근로자에게 주지시켜야 한다.

4. 근로자대표와의 서면합의 시 유의사항

(1) 근로자대표와의 서면합의가 필요한 유연근로시간제도

① 3개월 단위 탄력적근로시간제
② 선택적근로시간제
③ 재량근로시간제
④ 사업장 밖 간주근로시간제(서면합의로 업무수행시간을 정할 경우)
⑤ 보상휴가제

(2) 서면합의 당사자

① **사용자**: 서면합의의 당사자가 되는 사용자는 원칙적으로 사업주이나, 법인인 경우에는 사업경영담당자가 실질적인 합의 주체이다.

② **근로자대표**: 근로자 과반수로 조직된 노동조합이 있는 경우에는 그 노동조합, 근로자 과반수로 조직된 노동조합이 없는 경우에는 근로자 과반수를 대표하는 자이다. '근로자 과반수로 조직된 노동조합 여부' 또는 '근로자 과반수를 대표하는 자의 여부'는 유연근로시간제도 도입 당시 근로자 수를 기준한다. 단, 근기법상 '사용자'의 범위에 포함되는 자는 근로자대표가 되거나 선출할 수 있는 근로자의 범위에서 제외하여야 한다.

③ **합의 방법**: 합의는 반드시 서면으로 작성하여 권한 있는 노·사 당사자가 서명 또는 날인하여야 한다. 기재사항, 합의내용 등은 각 제도에 따라 다르다.

④ **서면합의 효력**: 사용자와 근로자대표 사이에 서면합의가 유효하게 성립되면 유연근로시간제도 시행 과정에서 개별근로자의 동의는 필요하지 않다.

(3) 서면합의 신고 및 서류 보존

① **서면합의 신고**: 서면합의 내용 등을 지방고용노동관서 등 행정관청에 신고할 법적 의무는 없다.

② **서면합의 서류의 보존**: 근기법 제42조 및 시행령 제22조에 따라 근로자대표와의 서면합의 서류는 서면 합의한 날로부터 3년간 보존하여야 한다.

3 근로시간유연화제도에 관한 Q&A
(고용노동부 2018.6.26 유연근로시간제 가이드)

Q1 유연근로시간제 도입 시 중점적으로 검토해야 할 사항은 무엇인가?

유연근로시간제는 회사 업무 및 근로자 개인별 상황을 반영하여 기존의 근무방식을 다양한 형태로 변형시켜 운영하는 제도이다. 유연근로시간제의 원활한 운영을 위해서는 회사의 일방적인 운영보다는 노·사간 공감대 형성이 무엇보다 중요하다. 법에서 정한 절차적 요건에 따라 회사 내부의 제도(취업규칙 등)에 대한 충분한 검토를 거쳐야 한다.

근기법에서 유연근로시간제 도입 시 취업규칙 변경 또는 근로자대표와 서면합의 등 도입 요건을 명시적으로 두고 있는 취지는 근무제도 변경에 따른 근로자의 근로조건이 저하되지 않도록 보호하고, 노·사 간에 충분한 협의를 거쳐 제도를 도입하도록 하기 위한 것이다.

Q2 과반수로 조직된 노동조합이 없는 경우 노사협의회의 근로자위원을 근로자대표로 볼 수 있는가?

노동조합이 없거나 근로자의 과반수로 조직되지 않은 경우에는 근로자의 과반수를 대표하는 자를 선정하여야 한다. 이 경우 선정방법에는 특별한 제한이 없다. 근로시간제도에 대한 대표권을 행사한다는 것을 근로자에게 주지시킨 상태에서 근로자의 의사를 모으는 방법으로 선정하여야 한다. 한편, 유연근로시간제를 도입하고자 하는 사업 또는 사업장 단위에 근참법에 의한 노사협의회가 설치되어 있으면, 그 근로자위원을 근로자대표로 볼 수 있다. 다만, 근로자 과반수를 조직하고 있지 못한 노동조합이 근로자위원을 위촉한 경우에는 근로자대표로 볼 수 없다(2007.11.29, 근로기준팀-8048).

Q3 과반수 조직 노동조합이 없는 경우 근로자대표는 어떻게 선출해야 하는가?

(1) 근로자의 범위

근로자대표를 선출하거나 근로자대표가 될 수 있는 근로자는 전체 근로자 중에서 근기법상 '사용자'에 포함되는 자를 제외하여야 한다.

근기법의 사용자 개념(법 제2조제1항제2호)

"사용자"란 「사업주 또는 사업 경영 담당자, 그 밖에 근로자에 관한 사항에 대하여 사업주를 위하여 행위하는 자」를 말한다.

"사업주를 위해 행위하는 자"란 「사업주 또는 사업 경영 담당자로부터 그 권한을 위임받아 자신의 책임 아래 근로자를 채용하거나 해고 등 인사처분을 할 수 있고, 직무상 근로자의 업무를 지휘·감독하며 근로시간이나 임금 등 근로조건에 관한 사항을 결정하고 집행할 수 있는 자」(대법 1983.11.8, 83도2505)로서, 직급이나 명칭을 가지고 일률적으로 판단할 수는 없고 실질적으로 권한과 책임이 부여되었는지 여부에 따라 판단되어야 한다(2001.12.8, 근기 68207-4269).

(2) 과반수 조직 노동조합 여부 판단 시점

유연근로시간제 도입 당시의 근로자 수를 기준으로 판단해야 한다.

(3) 근로자대표 선출

근로자대표 선출방법은 반드시 직접 투표에 의하지 않아도 되나, 후보 출마 등에 사용자의 간섭이 배제되어야 하고 근로자들에게 자유로운 의사표현이 보장되어야 하며, 전체 근로자들 대상으로 근로자대표에 주어지는 대표권 행사의 내용(유연근로시간제 도입 등에 관한 서면합의의 대표권 행사 등)을 주지시킨 상태에서 근로자 과반수의 의사를 모으는 방법으로 선출해야 한다.

이러한 조건이 충족된다면 해당 근로자가 모두 모인 가운데 투표로 결정하든지, 사업장에 회람을 돌려 개별적인 서명을 받아 후보자를 선출하든지간에 그 방법에는 특별한 제한이 없다. 또한, 근로자대표는 1명 또는 복수로 선정될 수도 있으며,

근로자대표의 선정과 관련된 문서 등은 비치·보존하여 향후 논란의 여지를 없애는 것이 바람직하다.

(4) 근로자대표 선출 범위

근로자대표는 사업 또는 사업장 단위로 선정되어야 한다. 동일 사업 또는 사업장 내의 일부 부서에만 적용하고자 하더라도 근로자대표는 반드시 사업 또는 사업장 단위로 선정하여야 한다.

Q4 노사협의회 근로자위원이 근로자대표로 선정된 경우 노사협의회의 의결만으로 유연근로시간제를 도입할 수 있는가?

근로자대표와의 서면합의는 유연근로시간제 도입의 법적 요건이므로 노사협의회의 의결만으로는 제도를 도입할 수 없으며, 근로자대표가 별도로 사용자와 서면합의를 하여야 한다.

> **관련 행정해석(2007.11.29, 근로기준팀-8048)**
> 탄력적근로시간제의 도입과 관련한 사항 등 근기법상 사용자가 근로자대표와의 서면합의를 하도록 한 규정은 동 제도의 도입을 위한 기본적인 법적 요건이므로 노사협의회의 의결만으로는 도입할 수 없다. 따라서 탄력적근로시간제 도입 등에 관한 사항을 노사협의회에서 의결하더라도 별도로 서면합의를 작성하거나 취업규칙을 변경하여야 한다.

Q5 회사 내에 여러 개의 사업장이 있는 경우 각 사업장별로 근로자대표를 선출하여 유연근로시간제를 도입할 수 있는가?

원칙적으로 하나의 법인 내에 있는 여러 개의 사업 또는 사업장이 유기적인 관계를 가지고 업(業)으로서 계속적으로 행하여진다면 하나의 사업으로 보아 각 사업장 단위가 아닌 회사 전체 근로자의 과반수를 대표하는 자를 선출하여야 한다. 다만, 하나의 법인 내에 있는 여러 개의 사업 또는 사업장이 장소적으로 서로 분리되어 있고, 인사노무·재정 및 회계 등이 분리되어 독자적으로 사업경영이 이루어지며, 별개의 단체협약과 취업규칙을 적용하고 있다면 이를 별개의 사업 또는 사업장으로 보아야 한다. 따라서, 이러한 경우에는 사업장 단위로 근로자대표를 선출하여 유연근로시간제를 도입할 수 있다.

Q6 일부 직종이나 직급을 대상으로 유연근로시간제를 도입할 경우 해당 근로자만을 대상으로 근로자대표를 선출할 수 있는가?

일부 부서에만 유연근로시간제를 도입하고자 하는 경우에도 사업 또는 사업장 단위에서 근로자대표가 선정되어야 한다.

관련 행정해석(2007.11.29, 근로기준팀-8048)

근로자대표는 당해 사업 또는 사업장 단위로 선정되어야 한다. 따라서 하나의 사업이 수 개의 사업장으로 구성되어 있는 경우 근로시간제도를 사업 단위로 도입하고자 하면 근로자대표는 사업 단위로 선정하고, 또는 일부 사업장에만 도입하고자 하면 사업장 단위로 선정해야 한다.

동일 사업 또는 사업장 내의 일부 부서에만 적용하고자 하더라도 근로자대표는 반드시 사업 또는 사업장 단위로 선정하여야 한다.

제9장 | 탄력적근로시간제 채택을 둘러싼 문제
– 시간 단축과 성수기·비수기 대책 등 평균시간제의 유효활용을 위하여 –

1 탄력적근로시간제의 의의

1. 탄력적근로시간제의 도입배경

근기법은 근로시간의 유연화를 위하여 네 가지 종류로 구분하여 탄력적근로시간제·선택적근로시간제(플렉시블타임제)·간주근로시간제(사업장 밖 근로시간제 및 재량근로시간제)를 채택하여 법정근로시간의 규제를 탄력화하였다. 이것은 제3차·제4차 산업의 증대, 경제의 서비스화에 따라 사업활동이나 노동형태의 변화에 대응하여 서비스업무를 효율적으로 제공하거나 계절의 영향을 받는 업종에 있어서는 노동력의 적정한 활용과 집중적 투입을 합리화할 것이 필요하므로 근로시간의 운영을 유연화 할 것이 요청되고 있다.[고용노동부 가이드라인]에서는 유연근로시간제의 범위에 보상휴가제를 포함하고 있으나 제도 취지에 비추어 바람직하지 않다.

그러나 종전에는 이러한 근로시간의 신축적 규제에 대해서는 아무런 규정을 두고 있지 않았다. 산업구조의 변화, 직업의 전문화, 여성의 진출 등 취업상황의 변화와 업종이나 사업의 종류에 따른 특수성, 고도산업화 과정에서 요청되는 근로시간의 신축적 규제 내지 보장은 이제 제도적으로 수용하여야 할 단계에 이르렀으므로 근기법에서 법정근로시간의 탄력화를 위한 제도를 도입하기 에 이르렀다. 이에 따라 주휴 2일제나 연간휴일의 증가를 보다 용이하게 하고 시간 단축을 촉진할 수 있다는 데 있다.

2. 탄력적근로시간제의 의의와 장·단점

(1) 탄력적근로시간제의 의의

근기법상 탄력적근로시간제는 2주 단위와 3개월 단위의 탄력적(변형) 근로시간제가 있다.

탄력적근로시간제란 일정한 단위기간 내에서 소정근로시간을 평균하여 법정근로시간(1주 40시간)을 초과하지 않는다면, 단위기간 내의 특정 일(3개월 단위는 1일 12시간을 초과하지 아니하는 범위)이나 특정 주(2주 단위는 1주 48시간, 3개월 단위는 1주 52시간을 초과하지 아니하는 범위)에 대해서 법정근로시간을 초과하여도 탄력적 근로시간 한도 내에서는 법정근로시간을 초과한 시간을 연장근로 내지 시간외근로로 보지 않는 제도이다. 탄력적근로시간제는 취업규칙(2주 단위) 또는 노사합의(3개월 단위)로 특정 시기의 근로시간을 연장하는 대신 다른 시기 근로시간을 단축해 평균 근로시간은 법정근로시간을 지키도록 하는 제도로 급격한 근로시간 단축의 부작용을 완화할 수 있다.

개정 근기법 부칙 제3조에서 「고용노동부장관은 2022년 12월 31일까지 탄력적 근로시간제의 단위기간 확대 등 제도개선을 위한 방안을 준비하여야 한다」고 규정하고 있다. 근로시간 단축으로 근로시간의 유연성을 확보할 수 있는 탄력적근로시간제 개선 필요성에 대해 공감대가 있는 상황이므로 향후 산업현장의 제도 활용 및 근로시간 운용실태 등에 대한 조사를 바탕으로 탄력적근로시간제의 확대 등 합리적인 제도개선 방안이 마련될 것이다. 탄력적근로시간제를 3월 단위에서 6월 단위로 확대하는 문제는 2022년 말까지 기다릴 것이 아니라 조속히 시행하자는 여론이 급물살을 타고 있는 실정이다.

(2) 탄력적근로시간제와 연장근로와의 차이

탄력적근로시간제와 연장근로와의 차이점은 연장근로는 당사자간 합의를 조건으로 법정근로시간의 연장을 허용하고 연장된 근로시간에 대하여 가산임금을 지급하여야 하는데 비하여, 탄력적근로시간제는 일정 단위기간을 평균한 근로시간이 법정근로시간을 초과하지 않는 조건으로 특정 일이나 특정 주의 근로시간이 법정근로시간을 초과하는 것을 허용하고 연장된 근로시간에 가산임금을 지급하지 않아도 된다는 점에서 다르다.

(3) 탄력적근로시간제의 장점과 단점

1) 탄력적근로시간제의 장점

특정한 시기에 따라 업무량이 현저한 차이를 보이는 사업(건설업, 항만업, 항공운수업 등)이나 업무의 성질상 생산설비 가동을 중단하기 어려워 교대제로 운영되는 기업에서 업무량에 따라서 교대제의 근로시간편성의 필요상 법정근로시간제의 원칙에 대한 일정한 예외를 인정하여 효율적인 근로시간의 운영을 가능하게 할 수 있다는 점이다.

2) 탄력적근로시간제의 단점

생산공정이나 업무수행의 형편에 맞추기 위하여 근로자가 집중적인 근무로 인하여 부담하게 될 육체적 피로가 누적되며 누적된 피로는 건강파괴의 직접적인 원인이 될 수 있으며, 불규칙적인 근로시간의 배분으로 인하여 근로자의 정상적인 사회생활 및 가정생활을 저해할 수 있다는 점이다.

법정근로시간의 원칙을 전제로 하여 그 탄력적 배분을 위하여 인정되는 제도로서 탄력적근로시간제는 2주 단위와 3개월 단위의 2종류가 있다.

탄력적근로시간제 운영이 가능한 '단위기간' 은 취업규칙으로 정하여 실시할 수 있는 '2주 이내' 의 탄력적근로시간제와 근로자대표와 서면합의가 가능한 '3개월 이내' 의 탄력적근로시간제가 있다.

(4) 탄력적근로시간제의 활용이 가능한 업종 · 직무(예시)(고용노동부 가이드에 따름)

① 근로시간을 연속하여 근로하는 것이 효율적이거나 고객의 편리를 도모할 수 있는 업종(운수, 통신, 의료서비스업 등)

② 계절적 업종(빙과류·냉난방장비 제조업 등) 또는 업무량이 주기적으로 많은 업종(음식서비스, 접객업 등)

③ 기계를 쉬지 않고 가동시키기 위하여 근로가 연속하여 필요한 업종(철강, 석유화학 등)

2 2주 단위의 탄력적근로시간제

1. 2주 단위 탄력적근로시간제의 의의

2주 단위 탄력적근로시간제란 사용자는 취업규칙(취업규칙에 준하는 것을 포함한다)에서 정하는 바에 따라 2주간 이내의 일정한 단위기간을 평균하여 1주간의 근로시간이 1주 40시간의 근로시간을 초과하지 아니하는 범위 내에서 특정 주에 1주 40시간, 특정한 날에 8시간을 초과하여 근로하게 할 수 있지만 특정한 주에 근로시간은 48시간을 초과할 수 없는 제도를 말한다(근기법 제51조제1항). 2주 단위 탄력적근로시간제도는 토요격주휴무제 및 주휴 2일제와 직접적 관련이 있으며 구근기법상 1주 6일 근무 48시간, 1주 5일 근무 40시간 형태의 토요격주휴무제의 도입시 주 44시간 초과 근로시 연장근로수당을 지급하여야 하는 문제점이 있었으므로 이를 시정하기 위한 것이다. 2주 단위 탄력적근로시간제는 어떤 근로일, 어떤 주(週)의 근로시간을 연장시키는 대신에 다른 근로일, 다른 주(週)의 근로시간을 단축시킴으로써, 일정 기간의 평균 근로시간을 법정근로시간(1주 40시간) 내로 맞추는 근로시간제이다. 예를 들어, 2주 단위 탄력적근로시간제에서 첫째 주에 45시간(9시간×5일), 둘째 주에 35시간(7시간×5일) 근무 시 주당 평균근로시간이 40시간이므로 첫째 주에 법정근로시간을 초과한 5시간에 대한 가산수당이 발생하지 않는다.

2. 2주 단위 탄력적근로시간제의 요건

(1) 취업규칙(취업규칙에 준하는 것을 포함)에서 정하는 바에 따라야 할 것

① 10인 이상의 경우: 2주 단위 탄력적근로시간제는 취업규칙 그 밖에 이에 준하는 것에 의해 정하여 도입하여야 한다. 즉, 10인 이상의 근로자를 사용하는 사업의 경우에는 취업규칙에 의해야 한다.

② 10인 미만의 경우: '취업규칙에 준하는 것' 이라고 하는 것은 취업규칙 작성의무가 없는 사용자(상시 10인 미만의 근로자를 사용하는 경우, 근기법 제93조 참조)를 고

려한 것으로, 이러한 사용자도 취업규칙의 경우에 준하여 문서로 이 '규정' 을 작성하고 이를 근로자에게 주지시키지 않으면 안된다.

③ **취업규칙 신규채택·변경시의 의견청취**: 2주 단위의 탄력적근로시간제도의 신규채택·개정에 있어서는 근로자 과반수 의견청취를 요하는 취업규칙의 변경이 필요하다는 점에서 노동조합이나 근로자과반수의 의견을 들어야 한다(동법 제93조제1항).

단체협약에 "1일 8시간, 1주 52시간"의 근로시간이 명시되어 있다면, 취업규칙의 변경만으로는 단체협약의 적용을 받고 있는 근로자에게는 2주 단위 탄력적근로시간제를 적용할 수 없으며 반드시 단체협약의 변경이 동반되어야한다(근기법 제96조) (1997.5.23, 근기 68207-681).

④ **취업규칙의 불이익 변경인지 여부**: 2주 단위의 탄력적근로시간제 채택·개정이 취업규칙의 불이익 변경인지 여부에 관하여 긍정, 부정의 양론이 있다. 취업규칙의 불이익 변경이라는 견해에 의하면 근로자 집단의 동의를 얻지 않으면 그 효력이 없다고 할 것이다(동법 제94조제1항 단서). 탄력적 근로시간의 채택은 사용자에게 있어서 생산성 향상은 물론 연장근로수당의 절감효과를 가져오는 반면에 근로자에게는 여가선용의 기회가 확대된다고 하지만 이를 반드시 연장근로수당의 부지급에 대한 대가적 이익으로 볼 수는 없으므로 결국 근로자의 경우에는 불이익한 변경에 해당된다고 볼 수도 있다. 따라서 이 경우에는 근로자과반수의 동의를 받아야 한다. 근로자에게 불이익하게 변경되는지 여부는 제도도입의 취지와 배경, 해당 사업체 업무의 성질, 취업규칙 그 밖에 규정과의 관계, 그간의 근무형태 등 제반 사정이 종합적으로 고려되어 판단하여야 한다(1997.5.23, 근기 68207-681).

(2) 단위기간 내의 법정근로시간 총계 이내에서 행할 것

취업규칙 또는 이에 준하는 것에는 2주 이내의 일정기간을 평균하여 1주간의 근로시간이 법정시간(근기법 제50조)을 초과하지 않는 범위 내에서 각각의 주 및 각각의 근로일의 근로시간을 구체적으로 규정하여야 한다. 단위기간은 2주이지만 그 이내(예, 1주간)라도 좋다. 단위기간내의 소정근로시간의 합계는 그 기간의 법정근로시간 총계 이하가 되어야 한다.

현행 법정근로시간이 주 52간이므로 단위기간내의 법정근로시간의 총계는 40시간×14일/7일=80시간으로 계산된다.

(3) 소정근로시간의 특정

단위기간내의 각 주·각 일의 소정근로시간을 특정하고 1일의 업무의 시작 및 종료시각을 취업규칙에 명시하여야 한다. 근로자가 자신의 근로를 미리 예상할 수 있도록 근로일 및 근로일별 근로시간을 명확히 정하는 것이 바람직하다. 2주 단위의 탄력적근로시간제는 각 주·각 일의 소정근로시간이 취업규칙에 명시되어야 하므로 각 주·각 일의 근로시간을 특정하지 않고 주 52시간의 법정근로시간 범위 내에서 사용자가 업무형편을 이유로 하여 임의로 근로시간을 변경할 수 없다. 또한 단순히 2주 단위의 탄력적 근로시간을 채용하는 취지의 '규정' 을 하는 것만으로는 충분하지 않다. '특정된 주' 또는 '특정된 일' 에 각각의 법정시간을 초과하여 '근로하게 할 수 있다' 고 하는 것으로부터 법정시간을 초과하여 근로시키는 주 또는 일을 구체적으로 특정하는 것이 필요하지만 나아가 취업규칙에 업무의 시작·종료시각의 기재를 의무로 하고 있는 것(근기법 제93조제1호)이나 본조 규정의 내용 전체로부터 판단하여 각각의 주, 각각의 일의 근로시간을 구체적으로 규정하여야 한다.

(4) 대상 근로자의 범위 명확화

대상 근로자를 특정하거나 전체 근로자를 대상으로 하거나 제한 없이 도입이 가능하나, 대상 근로자의 범위를 명확히 하여 논란이 없도록 하는 것이 바람직하다.

(5) 1주 최장근로시간의 제한

특정한 주의 최장근로시간은 48시간을 초과할 수 없다(동법 제51조제1항 단서). 특정한 날의 근로시간에 대한 제한은 없으나 철야 근무 등 지나친 장시간 근무는 근로자의 건강을 해칠 우려가 크므로 자제하는 것이 바람직하다.

3. 2주 단위 탄력적근로시간제의 효과

(1) 적법하게 운영되는 경우

① 2주 단위 탄력적근로시간제의 도입요건을 충족하고 적법하게 운영되는 탄력적근로시간제 하에서는 근로시간의 원칙의 영역 내에 있어서 이를 변경한 것이기 때문에 특정한 날 또는 특정한 주에 법정근로시간을 초과하여 근로시킬 수 있으며 연장근로로는 되지 않으므로 가산임금 지급의무도 발생하지 않는다. 이 규정은 1주의 최장근로시간을 설정함으로써 장시간 근로의 가능성을 예방하는데 그 취지가 있다. 따라서 1주에 48시간을 초과하여 근로하는 경우에는 연장근로에 관한 당사자의 약정이 있어야 한다.

② 근기법 제51조는 1주의 최장근로시간이 규율되고 있으나 1일의 최장근로시간은 규정되고 있지 아니하므로 원칙적으로 1주 48시간을 한도로 1일 8시간을 초과하여 근로할 수 있느냐 하는 문제가 제기될 수 있다. 이에 관해서는 근기법상 제한이 없으므로 1일 근로시간이 12시간을 초과하더라도 연장근로수당을 지급할 필요가 없다. 그러나 반대견해에 의하면 제51조제2항과의 유기적 관련하에서 동조 제1항의 경우에도 1주 48시간의 범위 내에서 1일의 근로시간이 12시간 이내이면 연장근로수당이 지급되지 않는 것이라는 취지로 넓게 해석되어야 할 것이라고 한다. 다만, 야간근로 또는 휴일근로에 대해서는 가산임금이 지급되어야 한다.

③ 탄력적근로시간제라도 법정근로시간을 초과하는 규정을 한 주 또는 일에 그 시간을 초과하여 근로시키는 경우나, 법정근로시간 미만의 근로시간을 규정한 주 또는 일에 법정시간을 초과하여 근로시키는 경우에는 연장근로로 된다. 2주 단위 탄력적근로시간제하에서 40시간을 초과하여 근로하기로 정한 주에 52시간을 근로하였다면 당초 일하기로 정한 시간(48시간)을 초과하는 부분에 대하여 가산임금이 지급된다(1997.5.23, 근기 68207-681).

④ 또한 주 또는 일의 근로시간 연장이 법정시간내라 하더라도 단위기간에 허용되는 총 근로시간의 범위를 초과하는 근로시간은 연장근로로 된다. 따라서 이들의 경우에는 취업규칙의 변경신고(근기법 제93조), 가산임금의 지급(근기법 제56조)에 관한 의무를 지게 된다.

(2) 위법하게 운영되는 경우

탄력적근로시간제가 법적 요건을 갖추지 못한 채 운영되면 근기법 제51조(탄력적 근로시간제)가 아닌 같은 법 제50조(근로시간)가 적용되어 1일 8시간, 1주 40시간을 초과한 근로시간은 연장근로가 될 뿐만 아니라 연장근로시간에 대한 가산임금을 지급하여야 한다. 따라서, 실근로시간 여부에 따라 근로시간 위반이 될 수 있고, 실근로시간을 토대로 임금 등 근로조건이 적용된다.

5. 2주 단위 탄력적근로시간제의 적용제외

근기법에서는 근로시간규제의 탄력화에 따라 2주 단위 및 3개월 단위의 탄력적근로시간제를 설정하고 있다. 이것은 시간 단축을 촉진하고 서비스 산업의 증대나 경제의 서비스화에 즉응하는 조치로서 소정근로시간의 불규칙적인 배분이나 탄력적 배치를 내용으로 하는 것이지만 근로자에 따라서는 이에 적응하기 어려운 상황에 있는 경우도 있다. 이러한 근로자로서는 15세 이상 18세 미만 근로자와 임신 중인 근로자에 대해서는 이를 적용하지 아니한다. 연소자보호와 모성보호의 일환으로서 규정한 것이다(동법 제51조제3항).

6. 임금보전방안

2주 단위 및 3개월 단위의 탄력적근로시간제에 따라 해당 근로자를 근로시킬 경우에는 기존의 임금수준이 저하되지 아니하도록 임금보전방안을 강구하여야 한다(동법 제51조제4항). 탄력적근로시간제 채택에 따라 해당 근로자의 기존임금수준이 저하되지 아니하도록 임금보전방안이 마련되어야 한다.

7. 유형별 탄력적근로시간제 비교

구 분	2주 이내 탄력적근로시간제	3개월 이내 탄력적근로시간제
의 의	2주 이내의 단위기간을 평균하여 1주간 근로시간이 40시간을 초과하지 아니하는 범위에서 특정 주에 40시간, 특정 일에 8시간을 초과하여 근로	3개월 이내의 단위기간을 평균하여 1주간의 근로시간이 40시간을 초과하지 아니하는 범위에서 특정 주에 40시간, 특정 일에 8시간을 초과하여 근로

구 분	2주 이내 탄력적근로시간제	3개월 이내 탄력적근로시간제
실시요건	① 취업규칙(10인 이상 사업장) 또는 이에 준하는 것(10인 미만 사업장)에 규정하여야 함 ② 특정 주 48시간을 초과하지 못함	① 근로자대표와 서면합의 - 대상근로자 범위, 단위기간, 근로일 및 근로일별 근로시간, 서면합의 유효기간 ② 3개월 이내 (1개월, 3개월 등) ③ 특정 주 52시간, 특정 일 12시간을 초과하지 못함
유효기간 설정	유효기간을 정할 의무는 없으나 취업규칙에 유효기간을 정하는 것이 바람직	노·사 서면합의로 정함
1주간 최장 근로 시간	연장근로: 1주 12시간까지 가능 - 주 52시간 적용 이전: 76시간 (48+12+16시간(휴일2)) - 주 52시간 적용 이후: 60시간 (48+12시간)	연장근로: 1주 12시간까지 가능 - 주 52시간 적용 이전: 80시간 (52+12+16시간(휴일2)) - 주 52시간 적용 이후: 64시간 (52+12시간)
연장근로가 되는 경우 (가산임금 지급)	단위기간을 평균한 1주 근로시간을 40시간으로 정한 경우 아래의 어느 하나에 해당하면 연장근로 ① 단위기간을 평균한 1주간의 근로시간이 40시간 초과 ② 특정 주의 근로시간이 48시간 초과	단위기간을 평균한 1주 근로시간을 40시간으로 정한 경우 아래의 어느 하나에 해당하면 연장근로 ① 단위기간을 평균한 1주간의 근로시간이 40시간 초과 ② 특정 주의 근로시간이 52시간 초과 특정 일의 근로시간이 12시간 초과 ③ 서면합의로 정한 단위기간의 근로일 및 근로일별 근로시간 초과
적용제외	① 연소자(15세 이상 18세 미만), 취직인허증을 보유한 15세 미만 ② 임신 중인 여성근로자	
임금보전 방안 강구	① 사용자는 탄력적근로시간제를 도입할 경우 기존의 임금수준이 저하되지 않도록 임금보전방안을 강구해야 함 ② 고용노동부장관은 필요한 경우 임금보전방안을 제출하게 하거나 이를 직접 확인할 수 있음	

출처: 고용노동부「유연근로시간제 가이드」p.21

8. 2주 단위 탄력적근로시간제의 연장근로시간 계산 방법

단위기간을 평균하여 1주간의 근로시간이 40시간을 초과하거나, 특정 주의 근로시간이 48시간을 초과한 경우 연장근로에 해당한다.

〈예시 1〉 단위기간을 평균하여 1주간의 근로시간이 40시간을 초과한 경우

주	구 분	월	화	수	목	금	토	일	합계
1주	일정표	7	7	7	7	7	–	–	35
	실제근로	7	7	8	8	7	–	–	37
2주	일정표	9	9	9	9	9	–	–	45
	실제근로	9	9	9	9	9	–	–	45

2주간 총 근로시간이 82시간으로 단위기간을 평균하여 1주간 40시간을 초과한 2시간이 연장근로에 해당한다.

〈예시 2〉 단위기간을 평균하여 1주간의 근로시간이 40시간을 초과하고, 특정 주의 근로시간이 48시간을 초과한 경우

주	구분	월	화	수	목	금	토	일	합계
1주	일정표	7	7	7	7	7	–	–	35
	실제근로	7	7	8	7	7	–	–	36
2주	일정표	9	9	9	9	9	–	–	45
	실제근로	9	9	9	9	9	4	–	49

① 2주간 총 근로시간이 85시간으로 단위기간을 평균하여 1주간 40시간을 초과한 5시간이 연장근로에 해당된다.

② 둘째 주의 근로시간이 49시간으로 특정 주의 근로시간이 48시간을 초과한 1시간이 연장근로(①에서 이미 포함)에 해당된다.

따라서, 실제 연장근로는 ①과 ②를 합한 6시간에서 이미 계산에 포함된 1시간(②)을 제외한 5시간이다.

근기법 제51조제1항에는 1일의 최장근로시간은 규정되고 있지 않다. 이에 관해서는 제51조제2항과의 유기적 관련하에서 제51조제1항의 경우에도 1주 48시간의 범위 내에서 1일의 근로시간이 12시간 이내이면 시간외근로수당이 지급되지 않는 것이라는 취지로 넓게 해석되어야 할 것이다(김형배, 「노동법」, 제26판, p.436).

3 2주 단위 탄력적근로시간제 취업규칙 모델
(고용노동부「유연근로시간제 가이드」및 고용노동부「표준취업규칙」2019.3.)

2주 단위 탄력적근로시간제를 도입하기 위해서는 그 내용을 취업규칙(취업규칙에 준하는 것을 포함)에 정하여야 한다. 해당 근로자의 범위, 각 주, 각 일의 근로시간, 실시시간 등을 명확히 하여 논란이 없도록 한다. 취업규칙의 작성의무 없는 9인 이하 5명 이상 근로자를 사용하는 사업의 경우에는 문서의 형태로 작성·운용하여야 한다.

1. 적법한 취업규칙 모델

취업규칙 제○○조【탄력적근로시간제】
① 회사는 ○월부터 ○월까지 ○개월 동안 생산직 근로자에 대하여 다음 각 호에 정하는 바에 따라 2주 단위의 탄력적근로시간제를 시행한다.
1. 주당 근무시간: 첫째 주 ○○시간, 둘째 주 ○○시간
2. 첫째 주의 1일 근무시간: ○요일부터 ○요일까지 ○○시간(○○:○○부터 ○○:○○까지)
3. 둘째 주의 1일 근무시간: ○요일부터 ○요일까지 ○○시간(○○:○○부터 ○○:○○까지
② 회사는 제1항에 따라 근로자가 첫째 주에 ○○시간을 근무한 경우 8시간을 초과한 시간에 대하여는 가산수당을 지급하지 아니한다.
③ 15세 이상 18세 미만의 근로자와 임신 중인 여성근로자는 탄력적근로시간제를 적용하지 아니한다.
④ 본 제도의 유효기간은 제도 적용 시점부터 1년으로 한다.

2. 위법한 취업규칙 규정사례

아래 예시와 같이 선언적 규정만을 취업규칙에 명시하여 놓고 사용자가 필요한 시기에 임의로 제도를 도입한 경우, 근기법 제51조제1항의 '취업규칙 등에서 정하는 바'에 따라 적법하게 도입한 것으로 볼 수 없다.

* (예시) 취업규칙 제00조(탄력적근로시간제) 회사는 업무상의 사정에 따라 2주 이내의 단위기간을 설정하여 탄력적근로시간제를 도입할 수 있다.

4 3개월 단위의 탄력적근로시간제

1. 3개월 단위 탄력적근로시간제의 법적 근거(근기법 제51조제2항)

사용자는 근로자대표와의 서면합의에 따라 소정 사항을 정한 때에는 3개월 이내의 단위기간을 평균하여 1주간의 근로시간이 제50조제1항의 근로시간을 초과하지 아니하는 범위에서 특정한 주에 제50조제1항의 근로시간을, 특정한 날에 제50조제2항의 근로시간을 초과하여 근로하게 할 수 있다. 다만, 특정한 주의 근로시간은 52시간을, 특정한 날의 근로시간은 12시간을 초과할 수 없다(근기법 제51조제2항).

(1) 근로자대표와의 서면합의

사용자와 근로자대표가 아래 내용을 포함하여 서면으로 작성하여 서명·날인하여야 한다.

① 대상근로자의 범위: 반드시 전체 근로자를 대상으로 하는 것은 아니며, 일정 사업부문, 업종, 직종별로도 적용이 가능하다.

② 단위기간(3개월 이내의 일정한 기간으로 정하여야 한다): 예컨대 1개월·3개월 등이다.

③ 단위기간의 근로일과 그 근로일별 근로시간: 근로자가 자신의 근로를 미리 예상할 수 있도록 근로일 및 해당 근로일별 근로시간을 사전에 명확히 정하여야 한다.

④ 그 밖에 대통령령으로 정하는 사항: 그 밖에 대통령령으로 정하는 사항이란 서면합의의 유효기간을 말한다(동법시행령 제23조제1항).

법정근로시간의 원칙에 탄력성을 갖게 한다는 이유로부터 3개월 이내의 일정기간을 평균하여 1주의 근로시간이 법정시간을 초과하지 않는 경우 특정의 주 또는 특정의 일에 각각 법정근로시간 이상 근로시키는 것을 인정하는 제도이다.

(2) 탄력적 근로시간의 제한

특정한 주의 근로시간을 52시간을, 특정 일의 근로시간은 12시간을 초과할 수 없다. 연장·휴일근로시간은 제외된다.

2. 3개월 단위 탄력적근로시간제의 취지 및 구체적 사례

(1) 취 지

근기법 제51조제2항은 3개월 단위의 탄력적근로시간제에 관하여 규정한 것으로, 1980년 근기법에서 존재한 4주 단위의 변형근로시간제와 유사한 것으로 근기법이 설정한 법정근로시간의 탄력화 방안 중 가장 기본적인 것이다. 구 근기법상 단위기간이 1개월 단위였지만, 이를 3개월 이내로 연장한 것은 성수기와 비수기의 임금 지급 등의 현실적인 운영실태에 따르기 위한 것이다.

3개월 단위의 탄력적근로시간제는 노사간의 서면합의(노사합의)로써 일정 필요사항을 정할 대에는 3개월을 평균하여 1주간의 근로시간이 40시간을 초과하지 아니하는 한 협정에 따라 특정 주에 40시간을 초과하여 근로하거나 또는 협정에 따라 특정한 날에 8시간을 초과하여 근로하여도 연장근로가 되지 않으며 가산임금을 지급할 필요가 없는 근로시간제도를 말한다.

(2) 구체적 사례

3월 전반기는 성수기이고 후반기는 비수기인 사업장에서 후반의 소정근로시간을 1주간당 40시간보다 짧게 설정할 수 있는 것으로 3개월을 평균하여 주 52시간 근로제의 달성이 가능한 것이다. 예컨대 전반·후반을 구분한다.

월	구분	기간
1·2월	비수기	3개월
3월	성수기	
4·5월	비수기	3개월
6월	성수기	
7·8월	비수기	3개월
9월	성수기	
10·11월	비수기	3개월
12월	성수기	

로 하는 사업장에도 3개월을 평균하여 주당 소정근로시간이 40시간을 초과하지

아니하는 범위 내에서 성수기에는 길게, 비수기에는 짧게 소정근로시간의 설정이 가능한 것이다.

1일의 소정근로시간의 신축적인 조정이 없이 휴일의 증감에 따라 3월 단위의 탄력적근로시간제의 실시도 가능하다. 즉, 성수기의 휴일은 적게하고 비수기의 휴일은 많게 설정하여도 3개월을 평균한 주 52시간 근로제가 달성된다.

3. 3개월 단위 탄력적근로시간제의 적용요건

(1) 근로자대표와의 서면합의에 의할 것

사용자는 근로자대표와의 서면합의에서 정하는 바에 따라야 한다.

탄력적근로시간제를 도입하더라도 사업장별로 체결하는 경우에는 노사합의의 체결이 필요하다. 노사합의는 사업장별로 체결하는 것이고, 근로자 측의 체결당사자는 당해 사업장에 근로자의 과반수로 조직된 노동조합이 있는 경우에는 그 노동조합, 근로자의 과반수로 조직된 노동조합이 없는 경우에는 근로자의 과반수를 대표하는 자가 된다(2007.11.29, 근로기준팀-8048, 「근기법상 근로자대표의 개념과 서면합의의 효력 등에 관한 해석기준」). 고용노동부 해석지침에 따르면 사용자가 동일 사업 또는 사업장 내의 일부 부서에만 특정 근로시간제를 적용하고자 하더라도 근로자대표는 반드시 사업 또는 사업장 단위로 한정되어야 한다. 예컨대 연구, 생산, 사무직군으로 구성된 동일 사업장에서 연구직군에 한해 탄력적근로시간제를 도입하고자 하는 경우에도 동일 사업장 내에 속한 연구, 생산, 사무직군 전체 근로자들이 근로자대표를 선정해야 한다는 것이다. 이에 대하여 유력한 반대 견해는 서면합의를 할 수 있는 근로자대표는 탄력적근로시간제의 적용을 받게 될 근로자들의 과반수를 대표하는 것으로 이해하면 될 것이다. 그 밖의 근로자들의 근로시간에 아무 영향을 주지 않는 한 그렇게 해석하는 것이 합리적이다(김형배, 「노동법」, 제26판, p.439)라고 한다.

행정해석은 「근로자 과반수로 조직된 노동조합이 없는 사업장에서 근로자의 직접·비밀·무기명 투표에 의해 선출된 노사협의회 근로자위원은 근기법상 근로자대표서의 자격을 가질 것이다. 다만, 구법에 의해 근로자 과반수로 조직되지 아니한 노동조합이 위촉한 근로자 위원은 근기법상의 근로자대표로서 자격을 갖지 못한다고 사료된다(1997.8.4, 근기 68207-1045)」고 한다.

따라서 「근로자의 과반수가 자유의사에 기하여 취업규칙 변경에 대한 동의를 근로자위원들에게 위임하였다면 근로자위원들의 동의로 취업규칙의 불이익 변경이 가능할 것이다」라고 한다.

(2) 서면합의에서 체결해야 할 사항

1) 대상근로자의 범위(제1호)

탄력적근로시간제의 적용대상에 관하여는 '대상근로자'의 범위를 정하여야 한다고 규정하고 있을 뿐 그 구체적인 방법에 대하여는 달리 정한 바가 없다. 그러므로, 사업장에서 근로조건(특히 근로시간)을 통일적으로 정할 필요성 등을 감안할 때, 탄력적근로시간제 실시 '대상근로자'를 반드시 개별 근로자로 정하여야 하는 것은 아니다. 사용자는 기업의 필요나 업무의 특성에 따라 동 규정의 적용 대상 근로자의 범위를 직종·근로형태 등을 기준으로 집단적으로 정할 수 있다. 또한, 특정 직종이나 근로형태에 속하는 자를 탄력적근로시간제 실시 대상으로 정하였다면, 달리 볼 사정이 없는 한 해당 직종 또는 근로형태에 속하는 근로자는 본인의 동의 여부에 관계없이 탄력적근로시간제의 적용 대상자가 된다. 아울러, 배치전환이나 근무명령으로 같은 직종 또는 근로형태에 속하게 된 근로자도 함께 적용된다. 근로자에 대한 근무지시 등은 사용자의 고유한 인사권에 속하는 사항으로서 사용자의 권리남용 등 특별한 사정이 없는 한 정당하다 할 것이다. 사용자가 통상근무자(오전 출근, 오후 퇴근을 반복하는 근로자)를 정당하게 탄력적근로시간제를 실시하는 부서(교대제 또는 교번 근무)로 일시적으로 근무지시(근무지정) 하였다면, 취업규칙 등에 근무지정자의 근로조건 등에 대하여 별도의 규정이 없는 한, 해당 근로자는 본인의 동의 여부와 관계 없이 탄력적근로시간제의 적용 대상에 포함된 것으로 봄이 타당하다(2006.3.29, 근로기준팀-1418).

2) 단위기간(제2호)

3개월 단위의 탄력적근로시간제의 단위기간은 「3개월 이내의 일정기간」으로 규정되어 있고 최장한도는 3개월이지만 3개월 이내라면 4주간 단위, 3주간, 10일간이라도 된다. 법정근로시간은 1주 40시간이므로 단위기간내의 법정근로시간의 총계는 40시간×단위기간의 역일수/주 역일수로 계산된다.

노사간의 서면합의에는 단위기간의 연장과 함께 그 기산일을 정할 필요가 있다. 3개월 단위의 탄력적근로시간제를 채택한 경우에 단위기간을 통해서 근로시간의 한도를 정한다.

3월 단위 탄력적근로시간제는 그 단위기간이 반드시 2주 이상 3개월 이내로 정해야 하는지의 문제가 있다. 탄력적근로시간제를 규정하고 있는 근기법 제51조제1항에 의한 2주 이내의 단위기간을 정한 경우와 제2항에 의한 3개월 이내의 단위기간을 정한 경우는 각각 별개의 것으로 보아야 할 것이다.

따라서 3개월 이내의 단위기간을 정하고 동조 제2항에 의한 탄력적근로시간제를 도입한 것으로 볼 수 있으며, 그 단위기간이 반드시 2주 이상 3월이내일 필요는 없다. 또한 이 경우 그 단위기간이 2주 이내의 기간이라 하더라도 동조 제2항에 의해 규율되기 때문에 특정한 날의 근로시간은 12시간을 초과할 수 없을 것이다(2001.5.12, 근기 69207-1542).

3개월 이내의 일정기간(단위기간)을 평균해서 1주간당 근로시간이 1주간의 법정근로시간을 초과하지 않는 범위 내라는 것은 결국 단위기간에 있어서 소정근로시간의 합계를 다음의 공식으로 계산되는 시간의 범위 내로 하여야 한다.

$$\text{총 근로시간} = \frac{\text{1주간의 법정 근로시간} \times \text{단위기간의 역일 수}}{\text{7일}}$$

3개월 단위의 탄력적근로시간제에 있어서 3개월 이내의 단위기간을 평균하여 1주간의 근로시간이 40시간을 초과하지 아니하는 범위 내에서, 특정 주에 40시간을 특정 일에 8시간을 초과하여 근로하게 할 수 있다.

따라서 3개월 단위기간 중의 소정근로시간의 합계가 다음의 계산방식에 의한 시간 내에 있어야 한다.

$$40시간 \times \frac{3월\ 단위기간\ 중의\ 역일\ 수}{7일}$$

이에 따라 계산하면 각 단위기간에 있어서의 소정근로시간을 설정할 경우의 한도는 다음 표와 같다.

3개월의 소정근로일 수	소정근로시간
92일	525.7
91일	520.0
90일	514.3
89일	508.6

1주간의 법정근로시간은 40시간이므로 3개월 단위로 계산하는 경우 총 근로시간은 3개월의 역일 수가 92일 경우에는 525.7시간이 된다. 이 시간은 3개월 단위의 탄력적근로시간제를 채택한 경우에 단위기간에 대한 법정근로시간이 된다. 따라서 1주 및 1일의 법정근로시간의 범위 내에 있다고 하더라도 단위기간에 대한 총 근로시간을 초과하여 근로시킨 경우에는 그 초과분의 시간은 연장근로가 된다.

7월

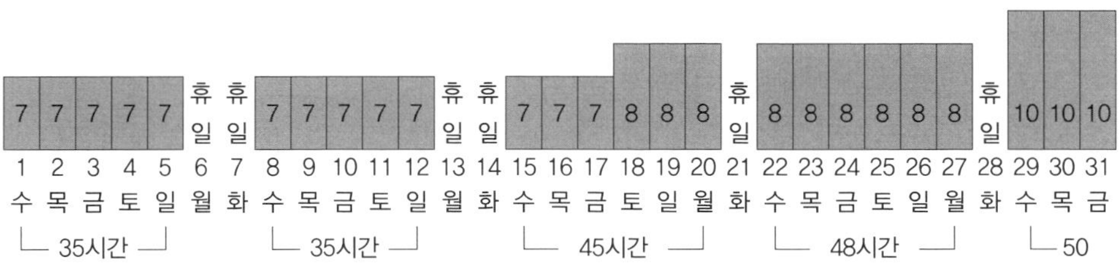

8월

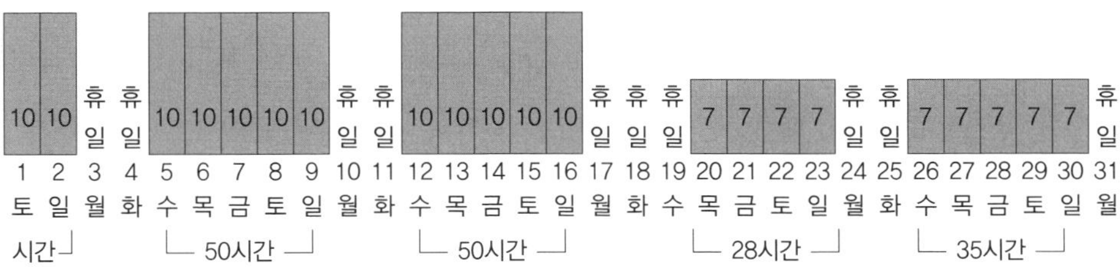

9월

1	2	3	4	5	6	7	8	9	10	11	12	13	14	15	16	17	18	19	20	21	22	23	24	25	26	27	28	29	30
휴일	7	7	7	7	7	휴일	휴일	7	7	7	7	7	휴일	휴일	7	7	7	7	7	휴일	휴일	7	7	7	7	7	휴일	휴일	7
화	수	목	금	토	일	월	화	수	목	금	토	일	월	화	수	목	금	토	일	월	화	수	목	금	토	일	월	화	수
	35시간							35시간							35시간							35시간							7시간

3) 단위기간의 근로일 및 당해 근로일별 근로시간(제3호)

3개월 단위의 탄력적근로시간제를 채택하는 경우는 서면합의에 따라 단위기간에 있어서의 근로일 및 당해 근로일별 근로시간을 미리 특정하여야 한다. 근기법 제51조제2항제3호에서 단위기간의 근로일과 근로일별 근로시간에 대한 합의를 요구하는 취지는 탄력적근로시간제를 운영함에 있어 근로자가 자신의 근로일과 근로시간을 미리 예상할 수 있도록 하기 위한 것으로, 사용자가 그날그날의 작업량에 따라 근로시간을 변경해 근로자가 미리 예상하지 못하는 근로를 방지함으로써 근로자를 보호하고자 하는 것이다(2009.7.23, 근로기준과-2621). 이 경우 3개월 단위의 탄력적 근로사간제의 요건이 되고 있는 서면합의에서 정하는 방법에 관하여, 단순히 「3개월을 평균하여 1주간의 근로시간이 40시간을 초과하지 않는 범위 내에서 1일 8시간을 초과해서 근로시키는 일이있다」고 규정한 것을 인정할지가 문제가 된다. 근기법 제51조는 「특정한 주에 제50조제1항의 근로시간」, 「특정한 날에 제50조제2항의 근로시간」이라고 규정되어 있는 것만 보더라도 16시간의 격일근무제 등과 같이 각 근로일의 변형근무의 상태를 구체적으로 정할 것을 요구하고 있다.

그러므로 취업규칙 그 밖에 이에 준하는 것에 의해 단위기간에 있어 각 일, 각 주의 근로시간을 구체적으로 정할 것을 요구하고 있다. 단위기간을 평균하여 주 40시간의 범위 내에 있더라도 사용자가 업무사정에 따라 임의로 근로시간을 변경하도록 한 제도는 여기에 해당되지 않는다. 그러나 예를 들어 근무일지에 의한 3개월 단위의 탄력적근로시간제를 채택하는 경우와 8시간 간격의 3교대로 연속조업하고 있는 사업에 있어서 정기교대제 전환시 이외에 임시로 교대제 변경이 필요한 경우가 있는데, 이와 같은 경우에도 사전에 노사간의 서면합의를 변경하고 특정하여야 한다는 것은 실정에 맞지 않기 때문에, 근무일지에 의한 3개월 단위의 탄력적근로시간제를 채택하는 경우에는 노사간의 서면합의에 가능한 한 구체적으로 특정하여야 한다. 업무실태상 월별 근무배정을 작성할 필요가 있는 경우에는 서면합의에 각 근무의 업무시작 및 종료시각, 근무편성방식, 근무배정표의 작성절차 및 그 주지방법 등을 정해 두고, 이에 따라 각 일별 근무배정은 단위기간의 개시 전까지 구체적으로 특정하는 것으로 충분하다. 또 임시교대제 변경의 경우에는 교대제변경을 실시할 경우 그 사유를 서면합의에 규정하고, 그 규정에 따라 근로자에게, 사전에 그 취지를 명시하여 교대제변경을 실시하는 경우는 이 규정에 의해 3개월을 평균하여 1주간의 근로시간이 1주간의 법정근로시간을 초과하지 않는 한 근기법 제51조의 위반은 아니다.

근기법 제51조제2항에서는 단위기간에 있어서의 근로일 및 당해 근로일별 근로시간 연장을 규정하는 것을 요건으로 하고 근기법 제93조제1호는 취업규칙에 업무의 시작 및 종료시각을 정할 것을 규정하고 있으므로 취업규칙에 각 일의 근로시간 연장 뿐만 아니라 업무의 시작 및 종료시각도 정할 필요가 있다. 3개월 단위 탄력적근로시간제는 2주 단위 탄력적근로시간제와 달리 특정 주의 근로시간을 최고 52시간, 특정 일의 근로시간을 최고 12시간까지 명시할 수 있다.

예컨대 동력차 승무원 근무 기준(단체협약 부속합의서로 보임)을 살펴보면 ①승무근무표에 대한 사전 통보 의무를 부여하는 한편 회사 측 필요에 따른 승무근무표 변경 시에는 개별 근로자의 동의를 얻도록 하고 있는 점 ② 개별 근로자 상호간 교번을 변경할 수 있도록 하고 있는 점 ③ 근로일별 근로시간 등이 정해지는 승무근무표 작성의 권한이 사무소장, 선임지도팀장 및 소장이 지정한 관련 팀장으로 구성된 심의위원회에 있는 점 등으로 볼 때 단위 기간의 근로일과 근로일별 근로시간을 정하는 구체적인 기준을 두고 있다고 보여지므로, 특정 근로자가 자신의 근로일과 근로시간을 충분히 미리 예상할 수 있어 전혀 예상하지 못한 근로로 인한 근로자의 불이익이 방지될 수 있는 점 등을 고려할 때 같은 법 제51조제2항제3호 '단위기간의 근로일과 근로일별 근로시간'에 관해 서면합의를 한 것으로 볼 수 있다(2009.7.23, 근로기준과-2621).

4) 그 밖에 대통령령으로 정하는 사항

근기법 제51조제2항 제4호에서 "그 밖에 대통령령으로 정하는 사항"이란 서면합의의 유효기간을 말한다(동법시행령 제28조제1항). 그러므로 서면합의의 유효기간을 명확히 정하여야 하며, 노·사가 합의하는 한 유효기간의 길이(3개월, 6개월, 1년 등)에 대해서는 특별한 제한이 없다. 근기법 제42조 및 동법시행령 제22조에 따라 서면합의 서류는 서면합의한 날로부터 3년간 보존하여야 한다.

4. 3개월 단위 탄력적근로시간제의 법적 효과

(1) 법정근로시간 초과근로의 허용

근기법 제51조에 의해 근로시킬 경우에는 동법 제50조에서 정한 주 또는 1일 법정근로시간을 초과하더라도 법에 위반되는 것은 아니다. 근기법 제51조제2항에 따라 법정근로시간을 초과해서 근로시킬 수 있는 것은 노사간의 서면합의에서 법정근로시간을 초과해서 근로시킬 수 있다는 내용이 사전에 구체적으로 정해져 있는 일(日) 또는 주(週)이고 근로시킬 수 있는 한도는 서면합의에서 정한 시간까지이다. 즉, 서면합의에서 1일 9시간으로 정한 날에는 9시간까지 근로시킬 수 있고, 1주 50시간으로 정한 주에는 50시간까지 근로시킬 수 있지만, 이를 초과해서 예를 들어 해당 일에 10시간 또는 해당 주에 52시간까지 근로시킬 수 없다(연장근로로서 제53조제2항에 의거하여 근로시킬 수는 있다).

(2) 연장근로와의 관계

3개월 단위의 탄력적근로시간제에 있어서는 1일 8시간 또는 1주 40시간을 넘는 소정근로시간(특정 주에 52시간, 특정 일에 12시간)이 설정된 주 또는 일에 대해서는 당해 소정근로시간이 법정근로시간 위반이 아니다. 단위기간내의 평균근로시간이 이들 근로시간을 초과하지 않는 한 연장근로가 되지 아니한다. 따라서 사용자의 연장근로에 대한 가산임금 지급의무도 발생하지 않는다. 휴일규정과의 관계에 있어서는 문제가 없지만, 예를 들어 1일의 휴일을 다른 주로 대체한 경우에는 2일의 휴일이 있는 해당 주에 8시간×5일=40시간 근로시킨 것이 되며, 사전에 특정되어 있지 않은 주에 주 52시간을 초과해서 근로시킨 것이 되기 때문에 8시간분은 연장근로가 된다.

탄력적근로시간제도는 법정근로시간의 영역 내에서 이를 변경한 것이기 때문에 특정 주 또는 특정 일에 법정근로시간 이상 근로시키더라도 연장근로가 되지 않으며, 따라서 가산임금 지급의무도 발생하지 않는다.

탄력적근로시간제의 이용가치는 연장근로의 계산에 있어 특별취급한다는 것이다. 탄력적 근로에 있어서는 소정근로시간이 하루 또는 한 주의 법정근로시간을 넘는 경우에는 소정근로시간을 초과해서 비로소 연장근로로 간주된다. 또한 소정근로시간이 법정근로시간을 밑도는 날이나 주에 대해서는 법정근로시간을 초과하지 않는 한 연장근로가 아니다. 단, 법정근로시간의 범위 내에서 연장하더라도 탄력적 근로시간에 대한 총 근로시간이 법정근로시간의 한도를 넘으면 연장근로로 간주한다.

(3) 탄력적근로시간제 하에서 연장근로가 되는 경우

1) 탄력적근로시간제 하에서 연장근로가 되는 경우

① 1주 40시간, 1일 8시간을 초과한 근로시간이 사전에 정해진 특정 주 또는 특정 일에 대해서는 그 정해진 시간을 초과한 근로시간만이 연장근로가 된다. 이 경우에 정해진 시간을 초과한 연장근로에 대해서는 당사자간의 합의가 있어야 한다. 예를 들어 1일 9시간, 1주 48시간을 정한 주에 있어서 각각 9시간, 48시간 초과시 연장근로가 된다.

② 1주 40시간, 1일 8시간 이하의 근로시간이 정해진 주 또는 일에 대해서는 법정근로시간이 1주 40시간, 1일 8시간을 초과한 때에 연장근로가 된다. 예를 들어 1일 7시간, 1주, 35시간을 정한 주는 각각 8시간, 80시간을 초과시 연장근로가 된다.

③ 앞의 ②의 경우에 1주 또는 1일의 근로시간 연장이 법정근로시간의 범위 내라 하더라도 단위기간의 법정근로시간의 총 근로시간을 초과한 때에는 초과된 근

로시간은 연장근로가 된다. 다만, 법정근로시간을 상회하는 특정한 날의 근로시간은 12시간을, 특정한 주의 근로시간은 52시간을 초과할 수 없다(근기법 제51조제2항 단서).

2) 3개월 단위 탄력적근로시간제 하의 연장근로시간 계산방법

단위기간 평균 1주의 근로시간을 40시간으로 정한 경우

① 근로일별 근로하기로 정한 시간을 초과한 시간

② 특정 일, 특정 주의 근로시간이 각각 12시간, 52시간을 초과한 시간

③ 단위기간을 평균하여 1주간의 근로시간이 40시간을 초과한 시간은 연장근로에 해당한다.

〈예시〉 4주 단위 탄력적근로시간제에서의 연장근로시간의 계산

(단위: 시간)

8	구분	월	화	수	목	금	토	일	합계
1주	일정표	7	7	7	7	7	–	–	35
	실제근로	7	8	7	7	7	–	–	36
2주	일정표	7	7	7	7	7	–	–	35
	실제근로	7	7	7	7	7	–	–	35
3주	일정표	9	9	9	9	9	–	–	45
	실제근로	9	9	9	9	9	8	–	53
4주	일정표	9	9	9	9	9	–	–	45
	실제근로	9	9	9	13	9	–	–	49

① '근로일별 근로하기로 정한 시간'을 초과한 13시간이 연장근로이다.
1주 화요일 1시간, 3주 토요일 8시간, 4주 목요일 4시간

② 특정 일에 12시간을 초과한 1시간(4주 목요일)이 연장근로(①에 이미 포함)
특정 주에 52시간을 초과한 1시간(3주)이 연장근로(①에 이미 포함)

③ 4주간 총 근로시간이 161시간이므로 단위기간을 평균하여 1주간 40시간을 초과한 1시간이 연장근로(①에 이미 포함)
따라서, 실제 연장근로는 ①부터 ③까지 합한 16시간에서 이미 계산에 포함된 3시간(②, ③)을 제외한 13시간이다.

[출처: 고용노동부「유연근로시간제 가이드」p.23]

(4) 휴일 · 주휴일 · 야간 · 휴가

탄력적근로시간제를 도입하더라도 휴일근로, 야간근로에 대하여는 가산임금을 지급하여야 한다. 또한 출근율에 따라 주휴일과 연차휴가 등을 부여하여야 한다.

(5) 적용제외

15세 이상 18세 미만 근로자와 임신 중인 여성근로자에 대하여는 탄력적근로시간제를 적용할 수 없다(근기법 제51조제3항). 설령 취직인허증을 보유한 15세 미만 근로자에 대해서도 적용할 수 없다.

5 탄력적근로시간제의 적용과 운용

1. 탄력적근로시간제와 연장근로와의 관계

탄력적근로시간제도는 근로시간의 원칙의 영역내에 있어서 이를 변경한 것이기 때문에 특정의 주 또는 일에 법정근로시간 이상 근로시키더라도 연장근로가 아니다. 따라서 가산임금 지급의무도 발생하지 않는다. 다만, 법정근로시간을 초과하는 규정을 한 주 또는 일에 그 시간을 초과하여 근로시키는 경우나 법정근로시간 미만의 근로시간을 규정한 주 또는 일에 법정시간을 초과하여 근로시키는 경우에는 연장근로로 된다. 또한 주 또는 일의 근로시간 연장이 법정시간내라 하더라도 단위기간에 허용되는 총 근로시간의 범위를 초과하는 근로시간은 같이 연장근로로 된다. 따라서 이들의 경우에는 취업규칙의 변경신고(근기법 제94조제2항), 가산임금의 지급(근기법 제56조)에 관한 의무를 지게 된다.

탄력적근로시간제를 채택하고 있는 경우에 근기법 제53조제2항의 연장근로의 상한을 어디까지 인정해야 하는가에 대하여는 견해의 대립이 있다.

첫째 견해에 의하면 근기법 제53조제2항은 「당사자 간에 합의하면 1주간에 12시간을 한도로」 연장근로 할 수 있다고 규정하고 있으므로 동조 제1항과 마찬가지로 1주간 12시간을 절대적 상한으로 그 범위 내에서만 연장근로가 허용된다고 한다. 이 견해에 따르면 특정 주에 이미 52시간을 근로한 경우에는 근기법 제53조제2항에 의한 연장근로는 적용될 여지가 없다(김형배, 「노동법」, 제26판, p.440)).

둘째 견해에 의하면 특정 주에 48시간(2주 단위) 또는 52시간(3개월 단위)의 상한이 있는 경우에 「당사자간에 합의하면 1주간에 12시간을 한도로」 연장근로 할 수 있다고 규정하고 있으므로 2주 단위의 경우에는 특정 주 48시간의 경우더라도 48시간외에 12시간을 더한 60시간까지, 3개월 단위의 특정 주 52시간의 경우 52시간에 12시간을 더한 64시간까지의 연장근로가 허용될 수 있다(노동부, 근로감독관 업무처리지침). 후자의 견해가 타당하다.

2. 15세 이상 18세 미만 근로자 및 임신 중의 여성근로자의 적용

근기법에서는 근로시간규제의 탄력화 이념에 따라 2주 단위 및 3개월 단위의 탄력적근로시간제를 설정하고 있는 바, 이것은 시간 단축을 촉진하고 서비스 산업의 증대나 경제의 서비스화에 대응하는 조치로서 소정근로시간의 불규칙적인 배분이나 탄력적 배치를 내용으로 하는 것이지만 근로자에 따라서는 이에 적응하기 어려운 상황에 있는 경우도 있다. 이러한 근로자로서는 15세 이상 18세 미만의 근로자와 임신 중인 여성근로자에 대하여는 적용하지 아니한다. 연소자보호와 모성보호의 일환으로서 규정한 것이다(동법 제51조제3항).

3. 탄력적근로시간제 채용과 임금보전방안

(1) 임금보전방안의 강구

사용자는 2주 단위 또는 3개월 단위 탄력적근로시간제를 도입하여 근로자를 근로시킬 경우에는 기존의 임금수준이 저하되지 아니하도록 임금보전방안을 강구하여야 한다(근기법 제51조제4항). 임금보전의 방법·시기·절차에 대해서는 특별한 제한이 없으며, 기본급 또는 수당의 조정, 소정근로시간의 단축 등 근로자가 수용할 수 있는 방법이면 가능하다. 그러나 이 규정은 사용자가 이를 준수하지 아니하여도 어떠한 벌칙이나 제재가 가해지지 않으므로 훈시규정에 지나지 않는다.

(2) 고용노동부장관의 필요한 조치

고용노동부장관은 근기법 제51조제4항에 따른 임금보전방안을 강구하게 하기 위하여 필요한 경우에는 사용자에게 그 보전방안의 내용을 제출하도록 명하거나 이를 직접 확인할 수 있다(동법시행령 제28조제3항).

6 3개월 단위의 탄력적근로시간제의 취업규칙 및 노사합의 모델

1. 취업규칙 모델

〈모델〉

제○조【3개월 단위 탄력적근로시간제】

① 회사는 제○조의 규정, 노사간의 서면합의 체결외에 3개월이내의 일정기간을 평균하여 1주간의 소정근로시간이 40시간을 초과하지 아니하는 범위 내에서 이 노사합의에서 정하는 바에 따라 특정의 일 및 특정의 주에 법정근로시간을 초과하여 근무를 명할 수 있다.

② 제1항의 경우 업무시작·종료시각은 노사합의가 정하는 바에 따른 별표에 따라 규정한다.

③ 회사는 업무상의 필요 그 밖에 부득이한 사정이 있을 때에는 제1항의 노사합의가 정하는 소정근로시간을 초과하여 근무를 명하거나 또는 제1항의 노사합의가 정하는 휴일에 근무를 명할 수 있다.

2. 노사합의서 모델

(1) 3개월 이내 탄력적근로시간제 노사합의서 모델

주식회사 ○○대표이사 ○○○와 근로자대표 ○○○는 3월 단위 탄력적근로시간제에 관하여 다음과 같이 합의한다.

제1조【목 적】 이 합의서는 근기법 제51조제2항에 따라 3월 단위 탄력적근로시간제를 실시하는데 필요한 사항을 정하는 것을 목적으로 한다.

제2조【적용대상자】 이 합의서의 내용은 전체 생산직 근로자에 적용한다.

제3조【단위기간】 이 합의서의 단위기간은 매분기 초일부터 매분기 말일까지로 한다.

제4조【근로시간】 3월 단위 탄력적근로시간제 단위기간에 있어서 1일의 근로시간, 시업시간, 종업시간 및 휴게시간은 다음과 같다.

구 분		1일 근로시간	시업시간	종업시간	휴게시간
○월	1일~말일	7시간(월~금)	09:00	17:00	12:00~13:00
○월	1일~말일	8시간(월~금)	09:00	18:00	12:00~13:00
○월	1일~말일	9시간(월~금)	09:00	19:00	12:00~13:00

제5조【휴 일】 단위기간 중 주 2일(토·일요일)은 휴무하되, 휴일은 일요일로 한다.
제6조【적용제외】 연소근로자(15세 이상 18세 미만)와 임신 중인 여성근로자에게는 본 합의를 적용하지 아니한다.
제7조【연장근로 가산임금】 근로일별 근로하기로 정한 시간을 초과한 경우 통상임금의 50%를 가산임금으로 지급한다.
제7조【연장·야간·휴일근로】 연장·야간·휴일근로에 대해서는 근기법 제56조 및 취업규칙 제○○조에 따라 가산하여 지급한다.

2020. . .

주식회사 ○○ 대표이사 ○○○ (인)　　근로자대표 ○○○ (인)

(출처: 고용노동부 유연근로시간제 p.25 인용)

(2) 3개월 단위의 탄력적근로시간제에 관한 노사합의 모델

〈모델 1〉 1일의 소정근로시간에 장단이 있는 경우
○○주식회사와 ○○주식회사 노동조합은 3개월 단위의 탄력적근로시간제에 관하여 다음과 같이 협정한다.
제1조【적용범위】 본 협정에 의한 3개월 단위의 탄력적근로시간제는 당사 전근로자에게 적용한다.
제2조【대상기간】 본 협정의 대상기간은 2020년 10월 1일부터 2020년 12월 31일까지로 한다.
제3조【대상기간 중의 휴일】 대상기간에 있어서의 휴일은 다음과 같다.
1. 매주 토요일 및 일요일, 근로자의 날
2. 근로자의 날
3. 회사창립기념일
4. 「관공서의공휴일에관한규정」에 의한 공휴일 및 대체공휴일

제4조【소정근로일】 대상기간에 있어서의 소정근로일은 제3조에서 정한 휴일이외의 날로 한다.
제5조【소정근로시간】 대상기간 중의 근로일에 있어서의 소정근로시간은 다음과 같다.
1. 7월 8시간
2. 8월 7시간
3. 9월 9시간

제6조【연장근로수당】 ① 제3조에서 규정한 휴일에 근로하거나 또는 제5조에서 규정한 소정근로시간을 초과하여 근로하는 경우에는 임금규정 제○조에서 규정하는 바에 따라 휴일근로수당 또는 연장근로수당을 지급한다.

② 제2조에서 규정한 대상기간의 중도에서 본 협정의 대상근로자인 자나 또 대상근로자에서 배제된 자에 대하여는 전항의 규정에 따라 본 협정의 대상근로자로서 근무한 기간을 평균하여 1주간 당 40시간을 초과하여 근로한 부분에 있어서도 임금규정 제○조의 규정의 예에 따라 연장근로수당을 지급한다.

제7조【유효기간】 본 협정의 유효기간은 2020년 10월 1일부터 2020년 12월 31일까지로 한다.

2020년 10월 1일

○○주식회사 공장장 홍 길 동 (인)

○○주식회사 노동조합 위원장 장 길 산 (인)

〈모델 3〉 대상기간을 1개월의 기간으로 구분하는 경우: 상기협정례 〈모델 1〉의 제2조에서 제5조까지를 다음과 같이 대체하여 규정하는 것이 좋을 것이다.

제2조【대상기간】 본 협정의 대상기간은 2020년 10월 1일부터 2020년 12월 31일까지 3개월로 한다.

제3조【대상기간에 있어서의 휴일】 2020년 10월에 있어서의 휴일은 매주 토요일 및 일요일, 개천절·한글날로 하며 그 이외의 일은 소정근로일로 한다.

제4조【소정근로시간】 2020년 10월 1일부터 12월 31일까지의 1일의 소정근로시간은 8시간으로 하고 3월 간의 소정근로시간은 160시간으로 한다.

제6조【동의시기】 2020년 10월 이후에 있어서의 소정근로일 및 근로일에 있어서의 소정근로시간에 있어서는 대상 기간의 초일의 14일전까지 00노동조합의 동의를 얻어 서면으로 규정한다.

〈모델 4〉 주식회사 ○○과 근로자대표 ○○○는 3개월 단위의 탄력적근로시간제에 관하여 다음과 같이 협정한다.

제1조【적용대상】 본 협정에 의한 3개월 단위의 탄력적근로시간제는 ○○부소속까지로 한다.

제2조【대상기간】 본 협정의 대상기간은 2020년 10월 1일부터 2020년 12월31일까지로 한다.

제3조【소정근로일 및 휴일】 대상기간에 있어서의 소정근로일 및 휴일은 별지「연간휴일카렌다」에 의한다.

제4조【소정근로시간】 대상기간에 있어서의 1일의 소정근로시간은 8시간으로 한다.

제5조【휴일근로】 제3조에 따른 휴일에 근로한 경우나 또는 제4조에 따른 소정근로시간을 초과하여 근로한 경우에는 임금규정 제○조의 정하는 바에 따라 가산임금을 지급한다.

제6조【유효기간】 본 협정의 유효기간은 2020년 10월 1일부터 2020년 12월 31일까지로 한다.

2020년 9월 30일

○○주식회사 공장장 ○○주식회사 노동조합 위원장

홍 길 동 (인) 장 길 산 (인)

또한 취업규칙 중의 근로시간·휴일에 관한 규정과 3개월 단위의 탄력적근로시간제에 관한 노사간 서면합의와의 관계를 정리하기 위해 취업규칙의 근로시간·휴일에 관한 조문 중의 내용을 다음과 같은 내용의 조문으로 정리하는 것이 바람직하다.

제○조【대 체】 노동조합(근로자대표)과 3월 단위의 탄력적 근로시간제에 관한 서면합의를 할 때는 제○조 및 제○조의 규정의 적용 대신에 서면합의에서 정한 근로시간 및 휴일로 대체한다.

〈모델 5〉 3개월 단위의 탄력적 근로시간에 관한 서면합의서(협정서)

주식회사 한국과 주식회사 한국구미공장 근로자대표는 근기법 제51조제2항에 따라 「3개월 단위의 탄력적근로시간제에 관한 서면합의」를 다음과 같이 체결한다.

제1조【소정근로시간】 공장의 소정근로시간은 3개월을 평균으로 하여 1주간의 근로시간이 40시간을 초과하지 아니하는 범위 내에 3개월 단위의 탄력적 근로시간을 근무하도록 한다.

제2조【대상기간·대상기간의 근로일과 근로시간】 대상기간·대상기간내의 근로일과 근로시간은 다음과 같다.

1. 제1대상기간은 10월 1일부터 12월 말일까지로 하되 그 기간을 1개월 단위로 3등분하여 근로시간을 정하고 10월분에 있어서는 별지 근무표(생략)에 의하며, 11월 이후의 근로일수 및 소정 총 근로시간은 별표와 같이 한다. 11월 이후의 각월분의 근로일(각 일별 캘린더)에 있어서는 별표의 범위 내에서 각 월의 근무개시일의 30일전까지 근로자대표의 동의를 얻어 근무표를 정하여 주지시킨다. 또한 그 대상기간의 1일근로시간은 업무시작 9시, 종료18시, 휴게1시간(실근로시간 8시간)의 정시근무로 한다.
2. 제2대상기간은 2019년 1월1일부터 3월 말일까지로 하되 그 기간을 1개월 단위로 3등분하여 별지의 월별근로일수 및 소정 총 근로시간의 범위 내에서 각 월의 근로일(각인별캘린더)에 있어서는 각월의 근무개시일의 30일 전까지 근로자대표의 동의를 얻어 정하고 주지시킨다. 또한 이 기간 중의 1일의 근로시간은 업무시작9시, 종료 18시, 휴게1시간(실근로시간 8시간)의 정시근무로 한다.

3. 제3대상기간은 2019년 4월 1일부터 6월 말까지로 하여 그 기간을 1개월 단위로 3등분 하여 별지의 월 근로일수 및 소정 총 근로시간의 범위 내에서 각월의 근로일(각인별캘린더)에 있어서는 각월의 근무개시일의 30일전까지에 근로자대표의 동의를 얻어 정하여 주지시킨다.
4. 제4대상기간을 2019년 7월 1일부터 9월 말까지로 하여 별지의 월별근로일수 및 소정 총 근로시간의 범위 내에서 그 기간을 3개월 단위로 구분하여 각월의 근로일(각인별캘린더)에 있어서는 각월의 근무개시일의 30일전까지에 근로자대표의 동의를 얻어 정하여 주지시킨다. 또한 그 기간 중의 1일근로시간은 업무시작 9시, 종료18시, 휴게 1시간(실근로시간 8시간)으로 한다.

제3조【대상근로자】 대상근로자는 전 근로자로 한다. 각 대상기간의 도중에 근무대상이 되거나 또는 각 대상기간의 도중에 대상 외로 된 자에 대하여는 실제 근로한 대상기간의 소정 근로시간을 평균하여 1주 40시간을 초과하는 경우에는 그 초과하는 근로시간에 있어서 가산임금상당액을 정산하여 지급하여야 한다.

제4조【특정기간】 특정기간 연속근로일수가 6일이상 12일 이하인 기간은 5월, 7월, 8월의 3개월(각 1일부터 말일)로 하고 다른 달에는 연속근로일수는 6일 이하로 한다.

제5조【준 용】 본 서면합의에 없는 기타사항의 취급은 취업규칙에 따른다.

제6조【유효기간】 본 서면합의의 유효기간은 다음과 같다.

1. 제1대상기간에 있어서는 2019년 10월 1일부터 12월 말일까지로 한다.
2. 제2대상기간에 있어서는 2020년 1월 1일부터 2020년 3월 말일까지로 한다.
3. 제3대상기간에 있어서는 2020년 4월 1일부터 6월 말일까지로 한다.
4. 제4대상기간에 있어서는 2020년 7월 1일부터 2020년 9월 말일까지로 한다.

제 7 조【자동갱신】본 서면합의서의 내용을 변경하지 아니하고 주식회사 한국과 주식회사 한국구미공장근로자대표 쌍방이 본 서면합의의 제4대상기간의 만료일 2개월전까지 이론이 없는 경우에는 차년도 이후에도 동일한 방법으로 대상기간으로 하여 자동갱신하도록 한다.

별표-대상기간

제1대상기간(2019.10.1~12.31)

월 별	근로일(휴일)	총 근로일
10	21(9)	168
11	22(8)	176
12	21(10)	168
계	64(27)	512

제2대상기간(2020.1.1~3.31)

월 별	근로일(휴일)	총 근로일
1	23(8)	184
2	17(11)	168
3	20(11)	160
계	60(30)	512

제3대상기간(2020.4.1~6.30)

월 별	근로일(휴일)	총 근로일
4	22(8)	176
5	21(10)	168
6	19(11)	152
계	62(29)	496

제4대상기간(2020.7.1~9.30)

월 별	근로일(휴일)	총 근로일
7	23(8)	184
8	21(10)	168
9	19(11)	152
계	24(29)	504

〈참 고〉 1년 246일(119일) 1,968시간

7 탄력적근로시간제 적용·운용의 문제점

1. 법정근로시간의 탄력화와 계산의 합리화

근기법의 개정 포인트는 1주 최장 52시간 도입에 따른 근로시간의 단축에 있다. 근로시간의 유연화를 위하여 탄력적근로시간제의 적용과 함께 선택적근로시간제 등의 '근로시간의 탄력화'를 도모하고, 또한 사업장 밖의 근로, 재량근로시간 등의 채택을 통해 근로시간 산정의 합리화를 꾀하고 있다. 이는 제3차 산업·제4차 산업이 점하고 있는 비중이 늘어나는 등의 사회경제 정세의 변화에 대응하고 근로시간의 단축에 이바지하기 위해 노사합의의 체결 등 일정요건을 기초로 선택적근로시간제, 3월 단위의 탄력적근로시간제, 2주 단위의 탄력적근로시간제, 사업장 밖 간주근로시간제, 재량간주근로시간제를 인정하는 것이다.

탄력적근로시간제의 포인트는 사업에 있어 업무의 성수기와 비수기에 맞춰 적정 소정근로시간을 설정함으로써 근로시간을 단축하는 것이다. 예를 들어, 월말에 바쁜 사업이나 월초에 바쁜 사업의 경우, 월초나 월말에 어느 정도 모아 일하고, 그만큼 다른 날을 휴일로 해 4주 5휴제나 4주 6휴제, 혹은 완전 주휴 2일제로 한다. 또는 계절적 성수기와 비수기가 있는 사업의 경우, 성수기에 긴 시간을 설정하고 비수기에 시간을 단축한다든지, 휴일을 늘림으로써 2주 또는 3월을 평균으로 한 근로시간의 설정에 따라 불필요한 근로를 배제하고 근로시간의 단축을 도모하고자 하는 것이다.

이 법정근로시간의 탄력화로는 ① 2주 단위의 탄력적근로시간제(제51조제1항), ② 3개월 단위의 탄력적근로시간제(제51조제2항), ③ 선택적근로시간제(제52조) ④ 간주근로시간제(사업장 밖의 근로·재량근로)가 정해져 있다.

이들에 대해서는 ①을 제외하고 모두 해당 사업의 과반수로 조직된 노동조합 또는 과반수 대표자와의 서면합의가 요건이다.

2. 탄력화에 의한 연장근로수당이 감소되는 것은 불리한 변경인가

근기법상 근로시간의 유연화를 위한 탄력적근로시간제 채택은 사업의 성수기와 비수기에 맞춰 필요하고도 적절한 소정근로시간을 배치하고자 하는 것이다. 지금까지의 정형적 근로시간제에서는 연장근로가 되었던 시간이 근로시간의 유연화제도에 따라 소정내의 근로시간이(그만큼 연간 실제 근로시간이 단축된다)되기 때문에 종래 연장근로수당이 지급 되었던 시간분에 대해 연장근로수당이 지급되지 않기 때문에 그만큼 연장근로 가산임금이 감소하는 결과가 된다.

현재의 경제상황이나 경영사정에서 본다면, 이미 1주 최대 52시간의 근로시간제에 이른 기업 등에서는 주 소정근로시간은 더 이상 단축할 수 없기 때문에 현재의 주 소정근로시간을 그대로 둔 채, 2주 단위의 탄력적근로시간제나 3개월 단위의 탄력적근로시간제나 선택적근로시간제 등이 확산되고 있다. 또한 현재 소정근로시간을 그대로 두고, 탄력화만을 도입하는 것도 가능하지만, 이에 대해서는 하루 근로시간이 근로일에 따라 연장된다든지, 불규칙하게 된다든지 하기 때문에 근로조건의 불이익 변경은 아닐까 하는 주장이 당연히 예상된다. 근기법 제3조에는 "이 법에서 정하는 근로조건은 최저기준이므로, 근로관계 당사자는 이 기준을 이유로 근로조건을 저하시킬 수 없다"고 되어 있기 때문에 이 규정과의 관계에서 어떻게 될 것인가 하는 문제가 있다. 예를 들어 연간 총 근로시간이 단축되지 아니한 경우에도 탄력화에 따라 휴일이 늘어나는 등의 장점도 있고, 또한 앞으로 주 52시간 근로시간이 근로시간 단축과 연결될 것이기 때문에 합리적인 것으로 근기법 제3조에는 저촉되지 않는다고 생각하고 있다. 탄력화의 문제는 단순히 하루의 근로시간의 연장만을 보고 이익, 불이익을 논해서는 안 되며, 총 근로시간이 같다고 하더라도 1일 근로시간을 연장하면, 어딘가에서 휴일이 늘어나는 등으로 해서 근로시간을 단축하여야 하게 되기 때문이다. 따라서 3개월 간 총 근로시간을 그대로 둔 채, 탄력화를 도입했다고 해도 탄력화에 의해 한편으로는 휴일의 증가나 1일당의 근로시간 단축이 있는 이상 불이익 변경이라고는 할 수 없고, 또한 필요 없는 연장근로시간이 단축되어 성수기에 장시간의 소정근로시간을 설정함으로써 연장근로가산임금이 결과적으로 감소된다. 또 다른 달의 근로시간의 단축이나 휴일의 증가를 동반하는 이상, 연장근로수당의 대상이 되는 시간이 감소해 그 수당이 적어져도 불이익 변경이라고는 할 수 없다. 주휴 2일제의 도입에 따른 1일 소정근로시간의 연장으로 연장근로가 줄어 연장근로수당의 금액이 줄어도 근로자에게는 연장근로를 요구할 권리가 없고, 그러한 의미에서 연장근로로 지급되는 연장근로수당은 종래 지급되었던 것이라 해도 기득권으로서의 권리성이 약한 것은 부정할 수 없다. 따라서 기본급이 낮은 만큼을 연장근로수당으로 보충하고 있는 현실 상황이 있다고 해도 또한 앞서 말한 연장근로수당의 감소를 두고 불이익성을 내용으로 중시할 수는 없다. 또한 이 같은 3개월 단위의 탄력적근로시간제나 선택적근로시간제는 근로자의 과반수 가입조합 또는 과반수 대표자와의 서면에 의한 합의라는 노사간의 서면합의에 따르지 않으면 도입이 인정되지 않기 때문에, 근기법 제3조에 위반되는 것은 아니라고 할 수 있다. 반대로 불이익 변경이었다 해도, '취업규칙의 작성 또는 변경에 의해 근로자가 기득권을 빼앗거나, 근로자에게 불이익한 근로조건을 일방적으로 부과하는 것은 원칙적으로 허가되지 않는다고 해석되지만, 근로조건의 집합적 처리, 특히 그 통일적 또는 획일적 결정을 전제로 하는 취업규칙의 성질상 해당규칙 조항이 합리적인 한, 개개의 근로자가 이에 동의하지 않는다는 것을 이유로 그 적용을 거부하는 것은 허용되지 않는다고 해석되어야 한다' 는 판결(대법 1988.5.10, 87다카285; 대법 1989.5.9, 88다카4277; 대법 1994.5.24, 93다14493)이 있다. 근로시간의 탄력화는 실제 근로시간 단축방법의 하나이며, 또한 시간 단축이나 휴일의 증가가 동반되는 이상, 예를 들어 3개월 간 소정근로시간의 총수가 변하지 않았다고 하더라도 연장근로수당이 감소되어 근로자에게 불리한 측면이 많으므로 근로자 과반수 동의를 받지 않고 채택할 수는 없다.

3. 탄력적근로시간제와 형사벌칙의 적용상의 불평등

근기법의 개정에 따라 주 최장 52시간제는 종래의 근기법의 벌칙대로 시행되는 것이며, 탄력화 된 근로시간의 경우의 적용도 마찬가지다(또한 벌칙의 적용 조문으로는 탄력화 그 자체 규정의 위반으로서가 아니라 모든 기본규정인 근기법 제53조 위반으로, 동법 110조에 의해 2년 이하의 징역 또는 2,000만원 이하의 벌금에 처한다(죄수는 근로자 1인 1죄)). 그러나 근로시간의 탄력화는 노사합의로 구체적인 근로시간의 내용을 결정하는 것으로 되어 있어, 그 소정근로시간이 법정근로시간이라는 결과가 되는 경우도 많다. 그렇게 되면 '소정근로시간' 을 노사합의로 어떻게 결정하느냐가 법 개정의 목적이 되는 '근로시간 단축' 의 수단으로서의 '탄력적근로시간제' 의 포인트가 된다.

그러나 소정근로시간이란 '업무의 시작시각, 휴게시간, 종료시각' 이라는 형태로 정해지며, 그것은 당사자에 있어 근로계약의 내용이 되는 근로자의 노무제공이라는 민법상의 '채무'의 내용이 되어 그 '이행의무'로 민사적 의의를 갖게 된다. 한편, 법정제외사유를 충족하지 않아 그 소정근로시간을 넘어 법정근로시간을 초과하여 근로시킨 경우, 그것이 법정근로시간을 초과할 때는 근기법 위반이라는 형사책임을 발생시켜 처벌의 대상이 되는 노동형법상의 범죄구성요건으로서의 의의를 갖게 된다. 예를 들어, 취업규칙에 따라 3개월 단위 탄력적근로시간제를 정해 1주 40시간의 범위 내에서 '화요일 혹은 금요일 10시간, 월·토·일 휴일'이라는 소정근로시간을 설정한 경우, 화요일에 10시간의 근로를 시켰다고 해도 위반은 아니지만 이를 정형제 대로 10시간 근로를 시켰을 때는 예를 들어, 주 52시간 내에 속한다 해도 1일 8시간을 초과하였기 때문에 위반이 된다. 마찬가지로 '월요일 또는 목요일 9시간, 금요일 6시간'으로 정한 사업장도 탄력적근로시간제에서는 1일 8시간을 초과하여도 위반은 아니지만, 법정근로시간제 사업장에서 목요일 9시간 근로를 시키면 1주 52간의 범위 내에 든다 해도 1일 8시간을 넘는 부분이 근기법 위반이 된다. 또한 선택적근로시간제의 경우에는 1일 근로시간의 길이는 문제가 되지 않으며, 정산기간의 한도인 1개월 단위의 총 근로시간 초과만이 문제가 된다. 또 1개월 총 근로시간이 법정근로시간을 초과하는 경우만이 위반이 되고, 각 일이나 각 주 단위의 위반은 성립하지 않는다. 그러나 이 같은 제도가 인정되는지의 여부는 해당 사업에서 노사의 서면합의가 있었느냐의 여부라는 노사관계에 달려 있다. 이러한 것은 본래 형벌법칙은 '평등적용의 원칙'이 기본적 이념이었음에도 불구하고 해당 당사자간의 소정근로시간의 결정 여부 즉, 노사합의의 여부라는 탄력화의 도입절차의 이행 유무에 따라 같은 근로시간의 근로라 하더라도 위법이 된다든지 그렇지 않다든지의 불평등·불공평한 적용이 되며, '죄형법정주의'라는 형사법상의 원칙에 위반하는 결과가 된다고도 할 수 있다.

각 기업마다 현저히 다른 근로시간제도 적용의 결과로 발생하기 때문에 그것이 형벌과 관련되었을 때는 범죄 구성요건의 불명확화, 위법시간의 불균형 등이 문제가 되어 형벌법규 적용상 기업간 불평등이 초래될 것이 예상된다. 그러므로 근로감독관에 의한 근로시간·임금감독 및 형사벌칙의 적용상 공평성이 앞으로 문제가 될 것으로 지적된다.

8 탄력적근로시간제 활용 사례(고용노동부 「유연근로시간제 가이드」)

1. 계절적 업종 및 일정 주기로 업무량이 많은 업종

(1) 탄력적근로시간제 도입 배경

전원공급장치 등을 제조하는 전자부품업체인 ○○기업은 계절에 따른 물량변동이 많아 성수기와 비수기간 연장근로의 격차가 크고, 근로자별 연장근로시간의 편차가 심하다. 성수기인 4~6월, 8~11월(10월 제외)에는 법정근로시간 한도를 초과하는 장시간근로가 발생할 수 있다.

(2) 3개월 단위 탄력적근로시간제 도입

성수기와 비수기에 따라 업무량의 증감이 주기적으로 반복되는 특징에 따라 단위기간을 3월로 하는 탄력적근로시간제를 도입하여 해결할 수 있다.

노·사 협의를 거쳐 근로자대표와의 서면합의로 생산관리직 및 생산직을 대상으로 제도를 도입할 수 있다.

성수기(4~6월, 7~9월)와 비수기를 고려하여 4개의 분기(2~4월, 5~7월, 8~10월, 11~1월)로 나누어 단위기간을 설정하되, 단위기간 평균 1주 40시간의 정상근로시간을 사전에 정하고 당사자 간 합의로 1주 12시간의 범위 내에서 연장근로를 실시할 수 있다.

〈월별 1주 평균 근로시간〉

구 분		2월	3월	4월	5월	6월	7월	8월	9월	10월	11월	12월	1월
도입 전 (1주 평균)	정상근로	40	40	40	40	40	40	40	40	40	40	40	40
	연장·휴일	3	4	19	18	16	2	20	14	2	24	7	0
	계	43	44	59	58	56	42	60	54	42	64	47	40

구 분		2월	3월	4월	5월	6월	7월	8월	9월	10월	11월	12월	1월
도입 후 (1주 평균)	정상근로	36	36	48	46	44	30	48	42	30	52	38	30
	연장·휴일	7	8	11	12	12	12	12	12	12	12	9	10
	계	43	44	59	58	56	42	60	54	42	64	47	40

기존에는 특정 월의 1주 평균근로시간이 52시간을 초과(4~6월, 8~9월, 11월)하여 근기법 위반이 발생한 반면, 3월 단위 탄력적근로시간제의 도입 후 3개월 평균 1주간의 근로시간은 40시간이며, 1주 최대 근로시간은 연장근로를 포함하여 64시간으로 근기법 기준 내에서 운영이 가능하다.

(3) 3개월 탄력적근로시간제 도입 효과

① 최장 3개월에 이르는 성수기 물량을 차질 없이 공급할 수 있다. 예컨대 적용가능 업종(직무)은 빙과류·냉난방장비 등 계절적 업종, 여행상품 등 판매업종 등이다.

② 한편, 탄력적근로시간제 실시로 임금이 감소할 경우 수당 보전, 비수기 유급휴가 부여 등 임금보전방안을 마련할 필요가 있다.

2. 연속적인 근로시간 운영이 효율적인 업종

(1) 탄력적근로시간제 도입 배경

○○기업은 업무의 특성상 격일제 교대 근무를 하고 있으며, 1일 근로시간은 17시간일 경우, 당해 업무는 그 동안 근기법 제59조의 근로시간 특례업종에 해당하여 무제한 연장근로가 가능하였으나, 2019.7.1.자로 특례업종에서 제외됨에 따라 1주 최대 68시간 이내에서 1주 최대 52시간 이내로 근로시간 운영 개선이 필요하다.

〈근로시간의 특례 업종 축소(2018.7.1부)〉

특례유지업종(5개)	특례제외업종(21개)
① 육상운송업(「여객자동차운수사업법」의 노선여객자동차 운송사업 제외), ② 수상운송업, ③ 항공운송업, ④ 기타 운송관련 서비스업, ⑤ 보건업	① 보관 및 창고업, ② 자동차 및 부품판매업, ③ 도매 및 상품중개업, ④ 소매업, ⑤ 금융업, ⑥ 보험 및 연금업, ⑦ 금융 및 보험 관련 서비스업, ⑧ 우편업, ⑨ 전기통신업, ⑩ 교육서비스업, ⑪ 연구개발업, ⑫ 시장조사 및 여론조사업, ⑬ 광고업, ⑭ 숙박업, ⑮ 음식점 및 주점업, ⑯ 영상·오디오 기록물 제작 및 배급업, ⑰ 방송업, ⑱ 건물·산업설비 청소 및 방제서비스업, ⑲ 하수·폐수 및 분뇨처리업, ⑳ 사회복지서비스업, ㉑ 미용·욕탕 및 유사서비스업

(2) 2주 단위 탄력적근로시간제 도입

2주 단위로 순환되는 근무패턴 및 1주간 최장 근로시간 등을 고려하여 취업규칙 변경을 통해 2주를 단위기간으로 하는 탄력적근로시간제를 도입할 수 있다.

격일제 근무에 따라 1주 4일을 근무하는 주와 1주 3일을 근무하는 주의 근로시간에 차이를 두어 2주간 평균 1주의 정상근로시간이 40시간이 되도록 설계하고 1주 12시간의 범위 내에서 연장근로를 실시할 수 있다.

〈주 단위 근로시간(제도 도입 전)〉

*주휴일은 매 주 첫 번째 비번일 운영 가정

구 분		월	화	수	목	금	토	일	합 계
1주	정상근로	8		8		8		8	32
	연장근로	9		9		9		9	36
	합계	17		17		17		17	68
2주	정상근로		8		8		8		24
	연장근로		9		9		9		27
	합계		17		17		17		51

〈주 단위 근로시간(제도 도입 후)〉

*주휴일은 매주 일요일, 토요일은 무급휴일 가정

구 분		월	화	수	목	금	토	일	합 계
1주	정상근로	16		16		16			48
	휴일근로							8	8
	연장근로	1		1		1		9	12
	합 계	17		17		17		17	68
2주	정상근로		16		16				32
	휴일근로						8		8
	연장근로		1		1		9		11
	합 계		17		17		17		51

총 근로시간은 유지하되, 연장근로는 12시간 이하로 운영할 수 있다.

2주의 단위기간을 평균하여 1주의 평균근로시간은 40시간이며, 연장근로는 12시간(단, 주당 휴일근로 8시간 운영)이다.

근로시간 및 휴게시간 특례 제외 업종은 2019.7.1부터 상시 근로자 수에 따라 단계적으로 근로시간 단축(주 52시간)이 시행되어, 법 적용 이전까지는 휴일에 근로하더라도 이 시간은 1주간 연장근로시간 산정 시 포함되지 아니한다.

▲ 300인 이상: 2019.7.1(일반 사업장은 2018.7.1부터 시행)

▲ 50~300인 미만: 2020.1.1, ▲ 5~50인 미만: 2021.7.1

(3) 탄력적근로시간제의 도입 효과

격일제 등 교대제로 운영되는 사업에서도 총 근로시간 및 근무일의 변동 없이 정상적인 운영이 가능하다. 적용가능 업종(직무)은 운수, 철강, 석유화학 등 근로가 연속적으로 운영되는 업종이다.

3. 업무의 특성상 단기간 집중적인 근로가 필요한 업종

(1) 탄력적근로시간제 도입 배경

○○기업은 모바일게임 등을 개발하는 업체(2018.7.1.부 300인 이상)로 프로젝트의 진행 상황에 따라 업무량의 편차가 심한 경우 통상적으로 게임 신작 출시를 앞두고 2~3주 정도는 과도한 야근 및 휴일근로가 불가피(크런치모드)하여 기간 중 주당 근로시간이 법정 한도를 초과하는 사례도 발생한다. 또한 출시 이후에도 일정기간 안정화 작업이 필요하여 연장근로가 불가피하다.

(2) 탄력적근로시간제 및 보상휴가제 병행 도입

게임 출시 전후 업무량이 집중되는 특성을 고려하여 단위기간을 10주로 하는 탄력적근로시간제 도입이 가능하다.

노·사간 협의 과정을 거쳐 근로자대표와의 서면합의로 개발 및 프로그래밍 부서를 대상으로 제도 도입을 통하여 통상 게임 출시 전 2~3주, 출시 이후 2~3주 등 총 4~6주 정도의 업무집중기간을 고려하여 단위기간을 10주로 정할 수 있다. 또한, 보상휴가제를 도입하여 연장근로에 따른 가산수당 일부를 업무량이 적은 시기에 휴가로 부여할 수 있다.

〈주 단위 근로시간(제도 도입 後)〉

( ): 연장근로를 포함한 실제 근무시간

구 분	월	화	수	목	금	토	일	소정(총근로)
1~3주	8(10)	8(10)	8(10)	8(10)	6	휴무	주휴	38(46)
4~6주	10(12)	10(12)	10(12)	10(12)	8(10)	4(6)	주휴	52(64)

〈게임 출시〉

7~8주	8(10)	8(10)	8(10)	8(10)	8	6	주휴	46(54)
9주	8(10)	8(10)	8(10)	8(10)	6	휴무	주휴	38(46)
10주	보상휴가(40)							0

단위기간 평균 1주 근로시간은 52시간(연장근로 포함) 이하로 운영 가능하며, 업무량이 집중되는 시기에는 주당 최장 64시간(소정근로 52시간+연장근로 12시간)의 근로가 가능하다.

(3) 탄력적근로시간제 도입 효과

탄력적근로시간제 도입으로 근로시간을 위반하지 않고 단기간 집중적인 근로가 가능하며, 보상휴가제 병행 도입으로 연장근로가산수당에 대한 기업의 부담을 경감시키고, 근로자에게는 휴식권을 보장할 수 있다. 단위기간 총 연장근로가산수당(42시간)중 40시간분의 가산수당을 보상휴가로 부여할 수 있다.

적용가능 업종(직무)에는 게임/소프트웨어 개발, 방송 프로그램 제작 등이 있다.

4. 인력운영의 특성상 일정 기간 집중적인 근로가 필요한 업종

(1) 탄력적근로시간제 도입 배경

국내·외 건설·토목·플랜트 시공 업체인 ○○건설은 해외현장의 경우 지역적인 특성으로 주6일 근무가 이루어지며, 1주 평균 근로시간이 64시간으로 집중적인 근로가 불가피한 실정이다. 해외에서 장기간 이루어지는 업무의 특성상 해외현장 파견 근로자 대상으로 통상 4개월 근무 후 2주간 장기 귀국휴가를 부여하고 있다.

〈해외파견 근로자의 근기법 적용 여부〉

(해외 지점·출장소·공장) 국내 본사에 종속되어 있는 경우에는 근기법을 적용한다.

(해외 현지 법인) 소재국에서 법인격을 부여받은 권리주체로 국내법이 적용되지 아니하므로 국내회사가 현지에 독립한 법인을 설립하고, 그 법인이 한국인을 고용하였을 경우 근기법이 적용 제외된다. 다만, 국내회사에서 해외 현지 법인에 근로자를 파견하여 근로자의 인사 및 노무관리 등을 국내회사에서 관장하고 근로자의 보수 및 주요 근로조건 등을 결정하고 있다면 근기법을 적용한다.

(2) 탄력적근로시간제 도입 및 장기 귀국휴가 운영형태 변경

① 현행 일정 기간 집중근무 후 장기 귀국휴가 운영 형태를 고려하여 해외현장파견근무자를 대상으로 단위기간을 3개월로 하는 탄력적근로시간제를 도입하고, 기존 4개월 근무, 2주 휴가 방식을 10주 근무, 3주 휴가 형태로 변경한다.

〈주 단위 근로시간〉

( ): 연장근로를 포함한 실제 근무시간

구 분	월	화	수	목	금	토	일	소정(총근로)
1~10주	10(12)	10(12)	8	10(12)	10(12)	4(8)	주휴	52(64)
11~13주	장기 귀국휴가							0

② 1~10주 기간에는 연장근로 포함 1주 평균 64시간의 근로시간 운용이 가능하며, 3주간의 장기 귀국휴가 부여로 단위기간(13주) 내 1주간 평균 근로시간은 40시간, 연장근로는 12시간으로 운영할 수 있다.

(3) 탄력적근로시간제 도입 효과

① 근로시간 단축에 따른 법정근로시간을 준수하면서도 기존의 1주간 평균근로시간 유지 가능

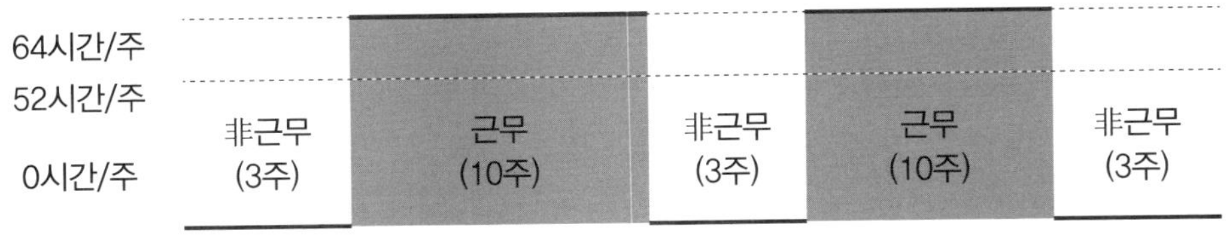

② 한편, 업무의 사정에 따라 장기간의 집중근로가 불가피한 경우에는 서면합의를 통해 연속되는 13주 단위의 탄력적근로시간제의 근무기간이 이어지도록 하면 최장 20주까지 근로가 가능하다.

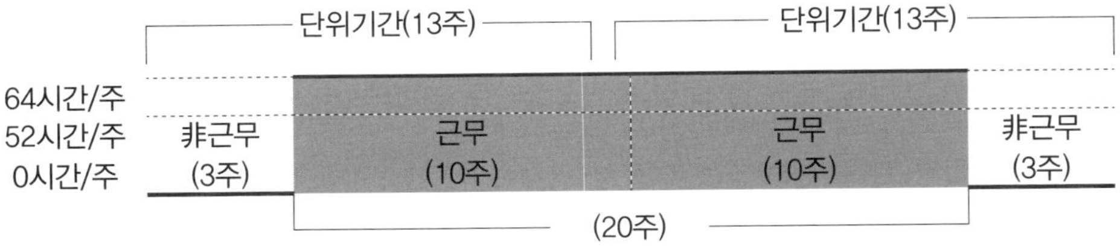

장기간에 걸친 장시간근로는 근로자의 건강을 해치고 업무 효율을 저하시키는 등 부작용이 크므로 지양하는 것이 바람직하다.

③ 적용가능 업종(직무)은 국내 근로자의 장기간 해외파견이 이루어지는 업종이다.

9 탄력적 근로시간에 관한 Q&A(고용노동부 「유연근로시간제 가이드」)

Q1 2주 이내 탄력적근로시간제 도입 시 상시 9명 이하의 근로자를 사용하는 사업장은 어떻게 하는가?

2주 이내 탄력적근로시간제를 도입하기 위해서는 '취업규칙' 또는 취업규칙이 없는 경우에는 '취업규칙에 준하는 것' 으로 규정하여야 한다. 상시 9명 이하 근로자를 사용하는 사업(장)의 경우 취업규칙 작성의무가 없기 때문이다.

이 경우 '취업규칙에 준하는 것' 은 특별한 형식을 요하지는 않으나, 최소한 서면으로 작성하여 도입하려는 탄력적근로시간제의 내용을 해당 근로자에게 주지시켜야 한다.

Q2 2주 이내 탄력적근로시간제를 도입하기 위해 취업규칙을 변경할 경우 근로자 과반수의 동의를 받아야 하는가?

취업규칙 변경을 통해 근기법 제51조제1항에 따른 2주 이내 탄력적근로시간제를 도입하려는 경우 제도 도입의 취지와 경위, 근로자의 실근로시간 및 근로시간대의 변동 정도, 임금보전의 수준, 기타 복리후생 등 근로조건의 변화 등을 종합적으로 판단하여, 불이익한 변경에 해당한다면 근로자 과반수로 조직된 노동조합이 있는 경우에는 그 노동조합, 근로자의 과반수로 조직된 노동조합이 없는 경우에는 근로자 과반수의 동의를 받아야 하며, 근로자에게 불이익한 부분이 없다면 의견 청취만으로 취업규칙 변경이 가능하다.

Q3 3개월 이내 탄력적근로시간제 도입 시 근로자대표와 체결해야 하는 서면합의의 내용은 무엇인가?

근기법 제51조에서는 다음의 사항을 포함하도록 하고 있으며, 기존 내용을 변경하는 경우에도 그 내용을 반영하여 새로운 서면합의를 진행하여야 한다.

근기법 내용	작성 내용(예시)
대상 근로자의 범위	탄력적근로시간제 적용 직원 범위 (예: ○○부 등)
단위기간 (3개월 이내의 일정한 기간)	근로시간을 평균하여 적용하고자 하는 기간(예: 3개월, 1개월 등)
근로일 및 근로시간	단위기간에 있어 근로일 및 그 근로일별 근로시간(예: 1~2주 월~금 1일 10시간, 3~4주 월~금 1일 6시간)
서면합의의 유효기간	탄력적근로시간제의 적용 기간 (예: 6개월, 1년 등)

이 경우 대상 근로자는 반드시 전체 근로자를 대상으로 하여야 하는 것은 아니며, 일정 사업부문, 업종, 직종 등에 따라서 그에 종사하는 일부 근로자에 한해 적용할 수 있다. 다만, 연소근로자(15세 이상 18세 미만) 및 임신 중인 여성근로자에게는 적용할 수 없다.

Q4 근로자 과반수의 동의를 받을 경우 서면합의가 없더라도 3개월 단위 탄력적 근로시간제를 도입할 수 있는가?

근기법 제51조제2항에 따라 3개월 단위 탄력적근로시간제를 도입하려면 근로자대표와의 서면합의가 있어야 한다. 따라서, 근로자대표와의 서면합의 없이 대상 근로자 과반수의 개별적 서면 동의를 받은 경우에는 법적 요건을 충족하지 못한 것으로 보아 탄력적근로시간제를 도입할 수 없다(2008.4.29, 근로조건지도과-1167).

Q5 근로자대표와 서면합의로 2주 단위의 탄력적근로시간제를 도입할 경우에도 별도로 취업규칙을 변경하여야 하는가?

3개월 단위 탄력적근로시간제는 단위기간의 상한을 3월로 제한하고 있을 뿐 반드시 2주를 초과하는 단위기간을 정하도록 하고 있지는 않다.

따라서, 사용자는 근로자대표와의 서면합의가 있을 경우 취업규칙의 규정이 없더라도 2주를 단위기간으로 하는 탄력적근로시간제를 실시할 수 있다(2003.12.9, 근기68207-1584).

Q6 탄력적근로시간제는 횟수 제한 없이 계속하여 운영할 수 있는가?

탄력적근로시간제의 유효기간을 어떻게 정할 것인가는 전적으로 노·사가 협의하여 결정할 사항으로, 유효기간 내에서는 횟수 제한 없이 실시할 수 있다.

한편, 3개월 단위 탄력적근로시간제의 경우 유효기간이 서면합의 사항이므로 그 기간이 만료된 이후에도 계속하여 실시하려면 다시 서면합의를 하여야 한다.

Q7 3개월 단위 탄력적근로시간제를 실시하기로 한 후 작업량에 따라 임의로 근로일 및 근로시간을 변경하여 실시할 수 있는지요?

3개월 단위 탄력적근로시간제를 실시하려면 반드시 그 단위기간과 각 일·각 주의 근로시간을 사전에 미리 정하여야 하며, 사용자가 업무의 사정에 따라 임의로 근로시간을 변경할 수 없다.

따라서, 탄력적근로시간제를 운영하는 과정에서 업무량의 변동 등으로 잔여 기간의 근로일과 그 근로일별 근로시간 등을 변경할 필요가 발생한 경우에는 근로자대표와의 서면합의를 거쳐야 한다. 이 경우 잔여기간의 근로일 및 근로일별 근로시간 변경은 최초 서면합의한 단위기간 내에서만 가능하며, 단위기간을 통틀어 평균 1주간의 근로시간은 최초에 서면합의한 시간으로 해야 한다.

Q8 탄력적근로시간제의 단위기간과 임금 지급 주기가 다를 경우 연장근로 수당은 단위기간이 끝나는 시점을 기준으로 정산하여 지급하면 되는가?

단위기간과 관계 없이 실제로 발생하는 특정한 날과 특정한 주에 대한 연장근로 임금 및 가산수당은 임금 정기지급일에 지급하여야 한다.

Q9 탄력적근로시간제 하에서도 야간근로에 대한 가산수당을 지급해야 하는가?

탄력적근로시간제를 도입하더라도 야간시간(22시부터 익일 6시까지) 근로에 대하여는 가산수당을 지급해야 한다. 이는 탄력적근로시간제의 도입 여부와 관계 없이 야간에 근로하는 것에 대한 보상으로 이루어지는 것이므로 이 시간대에 근로하는 경우에는 당연히 가산수당이 지급되어야 한다.

Q10 단체협약 또는 취업규칙에 따라 매월 동일한 기본급을 지급하는 월급제 근로자가 3개월 단위 탄력적근로시간제 하에서 근로관계가 종료된 경우(퇴직, 해고, 사망, 폐업 등) 임금은 어떻게 지급하면 되는가?

소정근로에 대해 매월 일정한 임금을 지급해 오던 사업장에서 탄력적근로시간제를 도입하려는 경우 근로자대표와의 서면합의 시 임금의 계산 및 지급방법을 정하는 것이 바람직하다.

한편, 서면합의 시 별도의 정함이 없다면 취업규칙 또는 단체협약 등에서 정한 바에 따라 임금을 지급하면 된다.

Q11 탄력적근로시간제 하에서 연차유급휴가를 사용한 경우 차감되는 휴가 일수는 어떻게 되는가?

연차휴가는 시간 단위가 아닌 일(日) 단위로 부여·관리하여야 하므로 근로일별로 근로시간이 다른 탄력적근로시간제에 있어 연차휴가 사용에 관한 노·사간 갈등이 있을 수 있다. 따라서, 탄력적근로시간제 도입을 위한 근로자대표와의 서면합의 또는 취업규칙에 1일 연차유급휴가 사용시간에 관한 기준을 정하는 것이 바람직하다.

Q12 탄력적근로시간제 하에서 근로자가 특정일에 결근한 경우 그 날의 임금계산 및 주휴일의 무급 처리는 어떻게 하는가?

탄력적근로시간제 하에서 근로자가 소정근로일에 결근한 경우 그 날에 근로하기로 정한 시간 만큼을 무급으로 처리하면 된다.

한편, 탄력적근로시간제 하에서도 휴게·휴일·휴가에 관한 규정은 그대로 적용되는 바, 근로자가 1주의 소정근로일을 개근하였다면 주휴일은 유급으로 부여하여야 하며, 소정근로일에 결근한 날이 포함된 경우에는 무급으로 부여할 수 있다. 주휴일의 유급임금은 일급 통상임금으로 지급하는 것이 원칙인 바, 탄력적근로시간제를 적용받는 근로자가 특정일에 결근한 경우 일급 통상임금 만큼을 무급으로 처리하면 된다.

Q13 통상 근무자를 정당하게 탄력적근로시간제를 실시하는 부서로 일시적으로 배치명령을 할 경우 해당 근로자에게도 탄력적근로시간제가 적용될 수 있는가?

특정 직종이나 근로형태에 속하는 근로자를 탄력적근로시간제 실시 대상으로 정하였다면 배치전환이나 근무명령으로 같은 직종 또는 근로형태에 속하게 된 근로자도 함께 적용된다고 보아야 할 것이다.

관련 행정해석(2006.3.29, 근로기준팀-1418)에 의하면 「특정근로자에 대한 근무지시 등은 사용자의 고유한 인사권에 속하는 사항으로서 사용자의 권리남용 등 특별한 사정이 없는 한 정당하다 할 것이므로 사용자가 통상근무자(오전 출근, 오후 퇴근을 반복하는 근로자)를 정당하게 탄력적근로시간제를 실시하는 부서('교대제 또는 교번' 근무)로 일시적으로 근무지시('근무지정')하였다면, 취업규칙 등에 근무지정자의 근로조건 등에 대하여 별도의 규정이 없는 한, 해당 근로자는 본인의 동의 여부와 관계 없이 탄력적근로시간제의 적용 대상에 포함된 것으로 본다」고 한다.

Q14 기간제 근로자에게도 탄력적근로시간제를 제한 없이 도입 · 적용할 수 있는가?

기간제 근로자의 (잔여)계약기간보다 탄력적근로시간제의 단위기간을 길게 설정할 경우, 계약기간 동안 1주 최대 64시간의 장시간근로가 가능하게 되어 근로자의 건강권 훼손 등 근기법의 취지에 반하는 결과가 발생할 수 있다. 따라서, 기간제 근로자를 대상으로 탄력적근로시간제를 도입할 경우 근로자의 건강권 보호 등을 위해 기간제 근로자의 (잔여)계약기간이 탄력적근로시간제의 단위기간보다 같거나 긴 경우에 한해 적용할 수 있다.

단위기간의 시작일과 종료일이 모두 기간제 근로자의 근로계약기간 이내인 경우에 한해 운영이 가능하고, 단위기간의 시작일과 종료일 중 어느 하나라도 기간제 근로자의 근로계약기간을 벗어나는 경우에는 운영이 불가하다.

제10장 선택적근로시간제 채택을 둘러싼 문제
- 적법한 근로시간제의 채택을 위하여 -

1 선택적근로시간제의 의의·유형, 활용 분야

1. 선택적 근로시간의 의의

(1) 선택적근로시간제의 의의

선택적근로시간제란 1개월 이내의 소정의 정산기간 중에 총 근로시간을 근로하되 1일의 근로시간 및 출·퇴근시각을 근로자의 결정에 맡길 수 있도록 하며, 적용대상 근로자의 범위, 정산기간, 정산기간 중의 총 근로시간, 의무시간대(core time) 및 가변시간대(flexible time)의 개시와 종료시각 등을 노사간의 서면합의로 정하고, 해당 근로자가 이 서면합의에 근거하여 특정 일 또는 특정 주에 법정근로시간을 초과하여 근로하더라도 연장근로로 보지 않는 제도를 말한다.

이 선택적 근로시간이란 주로 다음의 네 가지 요소로서 성립되고 있다.

(2) 선택적근로시간제의 요소

1) 플렉시블타임(Flexible time)

이는 근로자 각자가 자기의 업무시작 종료시각을 자유롭게 결정하며 근로자가 자유롭게 근무할 것인가 아니할 것인가를 결정할 수 있는 시간대로서 근로자가 자유롭게 근무할 것인지의 여부를 결정할 수 있는 시간대이다. 이 시간대의 자유로운 결정을 통하여 근로자 각자가 매일의 근로시간의 길이, 위치를 자유롭게 정하고 또 소정단위기간 중의 총 근로시간을 조정하여 계약근로시간을 대차청산하는 것이다.

2) 코어타임(Core time)

모든 근로자가 반드시 근무해야 할 시간대를 말한다. 이 시간대는 사업의 원활한 수행과 근로자 전원이 아니면 할 수 없는 작업의 실시, 직장내의 커뮤니케이션 등 때문에 설정된다.

3) 정산기간(소정근로시간의 설정 단위)

플렉스타임은 정산기간을 가지고 소정근로시간을 정하는 것이며, 그 소정 근로시간의 설정단위로는 1일, 1주, 1개월 등이 있다.

4) 근로시간의 대차제도

플렉스타임에는 정산기간이 1일인 것을 제외하고 통상근로시간의 대차제도가 설정된다. 정산기간 중 근로한 시간이 소정근로시간을 초과한 때에는 대(貸)시간, 부족한 때에는 차(借)시간으로 하고, 그 과부족의 근로시간을 다음 정산기간에 이월하여 정산하여도 되는 제도이다. 또 대시간이 많을 때에는 금전으로 조정할 수도 있으나 인사정책상 이는 바람직하지 못하며 다음 달에 이월시켜 정산하는 것이 통상이라고 한다. 여기서 기업에서 행해지고 있는 구체적 예를 보면 다음[그림 11-1]과 같이 실시되고 있다.

[그림 11-1] 플렉스타임 실시 예(독일)

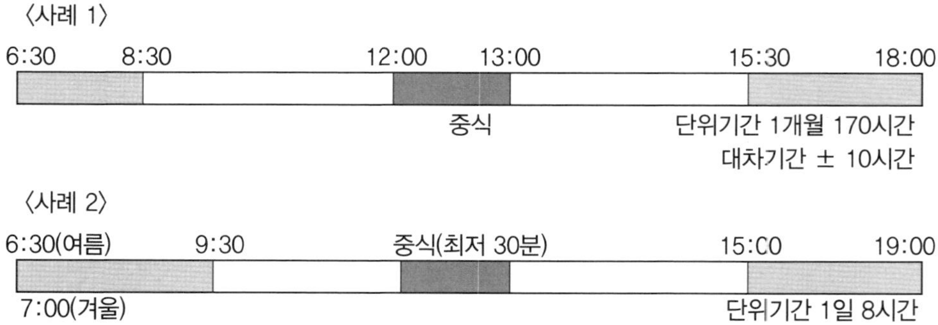

〈사례 3〉

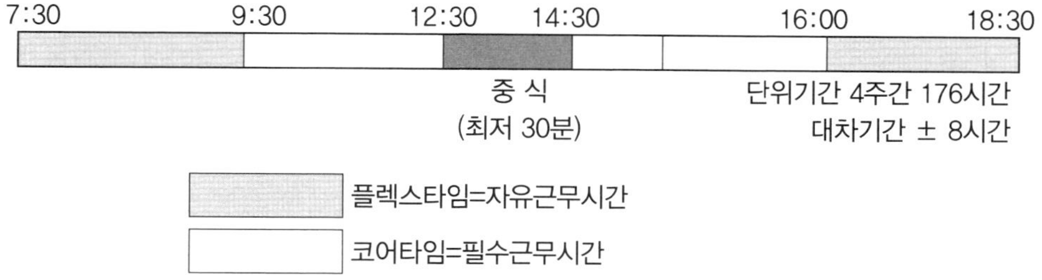

(사례 1)에서 근로자는 오전 6시 30분부터 8시 30분까지가 플렉스타임이므로 그 사이에 자유롭게 자기가 원하는 시각에 출근하면 된다. 8시 30분부터12시까지는 코어타임이므로 모든 근로자가 반드시 이 시간에는 근무하여야 한다. 13시부터 15시 30분까지가 역시 코어타임이며, 15시 30분부터 18시까지의 사이는 자기가 원하는 시각에 퇴근할 수가 있다. 이와 같은 자유선택의 근무시간이 월간의 소정근로시간인 170시간에 달하여야 한다.

만약 170시간에 달하지 않으면 차시간이 되나 이 차시간은 이 예외의 경우 월간 10시간까지 인정되고 익월에는 10시간분을 더 많이 근로해서 정산하여야 한다. 또 월간 10시간을 초과하면 대시간이 되고 이 대시간도 10시간까지 인정되므로 익월에 그만큼 일정비율로 환산하여 1일 또는 반일 단위로 휴가를 취할 수 있다(독일에서는 1일의 최장시간이 10시간으로 규제되고 있다).

(사례 2)는 1일 단위의 플렉스타임의 경우이다. 근로자는 여름철에는 오전 6시 30분부터 9시 30분까지 사이에 겨울철에는 오전 7시부터 9시 30분 사이에 자유롭게 출근하고 코어타임인 9시 30분부터 15시까지는 반드시 근무하여야 한다. 1일의 소정근로시간인 8시간 근로에 달하면 15시부터 19시까지 사이에 자유롭게 퇴근하여도 된다. 따라서 근로자는 매일 자기사정에 따라 자유롭게 업무시작·종료시각을 정하여 출근할 수 있다.

(사례 3)은 정산기간이 4주이며 소정근로시간이 1주 40시간인 경우이다. 플렉스타임이 업무 시작시각대와 종료시각 외에 중식시간을 포함한 시간대에 설정되어 있고 중식을 자기가 원하는 시간에 자유롭게 취할 수 있다. 이와 같이 플렉스타임

은 핵심이 되는 고정시간(코어타임)의 전후를 자유롭게 근로자의 형편에 따라 조정하고 그 자유근로시간대의 범위안에서 자기가 자유롭게 업무시작·종료시각을 정하여 출·퇴근할 수 있는 제도이다. 더구나 단위기간의 소정근로시간을 초과한 때 또는 부족한 때 대차정산을 할 수 있도록 자기의 시간구좌를 만들어 가감하는 것도 인정되고 있다.

2. 선택적근로시간제의 유형

(1) 완전선택적근로시간제

정산기간 중 업무의 시작 및 종료시각이 근로자의 자유로운 결정에 맡겨져 있고 사용자가 관여하지 않는 제도이다.

(2) 부분선택적근로시간제

일정한 시간대를 정하여 그 시간(의무적 근로시간대)에는 근로자가 사용자로부터 시간적 구속과 구체적인 업무지시를 받고 나머지 시간(선택적 근로시간대)은 근로자가 자유롭게 결정하는 제도이다.

* 의무적 시간대 또는 선택적 시간대를 정한 경우에는 근로자는 그에 따라야 한다.

07:00 09:00	10:00	12:00	13:00 15:00	17:00 19:00
선택적 시작시간대 (Flexible time)	의무적 근로시간대 (Core time)	휴게	의무적 근로시간대 (Core time)	선택적 종료시간대 (Flexible time)

근 로 시 간 대

4. 선택적근로시간제의 활용 가능한 업종·직무 예시와 적용효과

(1) 선택적근로시간제를 활용 가능한 업종·직무 예시

근기법에서는 대상업무를 한정하고 있지는 않다.

근로일 및 근로시간대에 따라 업무량 편차가 발생하여 업무조율이 가능한 소프트웨어 개발, 사무관리(금융거래·행정처리 등), 연구, 디자인, 설계 업무와 함께, 출·퇴근 등에 엄격한 제한을 받지 않는 관리·감독업무 종사자, 근로의 양보다 질이 중시되는 전문직 종사자도 제도 적용이 용이하다.

(2) 선택적근로시간제의 적용효과

기업에서 플렉스타임제도를 도입한 경우의 효과로서 지적되고 있는 것은 다음과 같다.

① 지각에 대한 걱정이 없고 근로시간의 속박감에서 정신적으로 해방된다.

② 출·퇴근시간의 혼잡을 피할 수 있다.

③ 아침반, 야간반 등 각 근로자별 생활리듬 또는 그날의 신체상황을 고려하여 일을 할 수 있으므로 무리가 없게 된다.

④ 일과 개인생활이 조화되어 무단결근이 감소된다.

⑤ 근로자의 자주성이 존중되므로 근로자의 책임감이 강해지고 일의 의욕과 능률이 제고된다.

⑥ 직장의 민주화에 매력을 느끼게 되고 협조가 잘되며 결근도 적어진다.

⑦ 근로자의 경영체의 참가의식이 생긴다.

⑧ 연장근로가 감소된다.

노사 쌍방으로부터 그 효과가 지적되어 종래에는 경영자의 형편만으로 정하여지던 근로시간배치가 근로자 측의 생활상의 사정 등을 고려하여 행하여지도록 제도적으로 인정되었다는 점에서 획기적 의의가 있다고 할 것이다.

우리나라에서도 선택적근로시간제를 도입한 회사가 점차 증가하고 있다. 특히 2018년 근기법의 개정으로 주 52시간제가 채택됨에 따라 기업의 근로시간 관리의 합리적 대책으로 선택적근로시간제의 중요성이 인식됨으로써 그 확산은 가속될것이다.

3. 선택적근로시간제와 다른 제도와의 차이

선택적근로시간제	자유출퇴근제	시차출퇴근제
근로일별 근로시간의 배분과 업무의 시작 및 종료시각을 근로자의 재량에 맡기는 제도 ▶ 1일 8시간, 1주 40시간의근로시간이 적용되지 않아 이 시간을 초과하더라도 연장근로가산수당 미발생	출근시간이 일단 설정되면 그날의 근로시간에 따라 퇴근시간이 자동적으로 결정되므로 출근시각만 근로자의 재량에 맡기는 제도 ▶ 1일 8시간, 1주 40시간의 근로시간이 적용되어 이 시간을 초과하는 경우 연장근로가산수당 발생	회사에서 정한 시간에 근무해야 하는 제도 ▶ 기존 09:00부터 18:00까지 근무했던 사업장이 1일 8시간을 유지하되, 출퇴근시간을 조정하는 경우 – 08:30~17:30, 09:30~18:30 등 ▶ 1일 8시간, 1주 40시간의 근로시간이 적용되어 이 시간을 초과하는 경우 연장근로가산수당 발생

2 선택적근로시간제의 도입요건

1. 근기법 제52조의 규정내용

사용자는 취업규칙(취업규칙에 준하는 것을 포함한다)에 따라 업무시작 및 종료시각을 근로자의 결정에 맡기기로 한 근로자에 대하여 근로자대표와의 서면합의에 따라 다음의 사항을 정한 때에는 1개월 이내의 정산기간을 평균하여 1주간의 근로시간이 제50조제1항의 근로시간을 초과하지 아니하는 범위 내에서 1주간에 제50조제1항의 근로시간을, 1일에 제50조제2항의 근로시간을 초과하여 근로하게 할 수 있다.

① 대상근로자의 범위(15세 이상 18세 미만 근로자를 제외한다).

② 정산기간(1개월 이내의 일정한 기간으로 정하여야 한다).

③ 정산기간에 있어서의 총 근로시간

④ 반드시 근로하여야 할 시간대를 정하는 경우에는 그 개시 및 종료시각

⑤ 근로자가 그의 결정에 따라 근로할 수 있는 시간대를 정하는 경우에는 그 개시 및 종료시각

⑥ 그 밖에 대통령령으로 정하는 사항-그 밖에 대통령령으로 정하는 사항이란 표준근로시간(유급휴가 등의 계산기준으로 사용자와 근로자대표가 합의하여 정한 1일의 근로시간)을 말한다(근기법 시행령 제24조).

2. 선택적근로시간제의 취지

1997년 이전의 근기법에는 선택적근로시간제에 관한 규정이 없었지만 1997년 3월 13일 근기법 개정으로 도입된 선택적근로시간제는 전문직 근로자, 연구직 근로자, 주부 등의 근로자에게 편리하고, 사용자가 근로자 측의 편의나 능률향상을 고려하여 이 제도를 실시하려하여도 개정전에는 연장근로수당의 부담 때문에 실시할 수 없었다. 사용자가 임의로 출·퇴근시각을 변경하여 근로자의 생활을 불규칙하게 만들면서 연장근로수당을 절약하는 사태를 방지하기 위하여 노사합의로 소정사항을 미리 정한 경우에만 실시하도록 한 것이다.

선택적근로시간제는 근로자가 자신의 생활과 업무상황을 잘 조화시켜 가면서 효율적으로 일할 수 있는 제도로 앞으로 바람직한 근무형태의 하나가 될 것으로 판단되기 때문에 근기법 개정시 동법 제52조를 신설하여 일정요건하에서 선택적근로시간제를 채택할 수 있게 하였다.

3. 탄력적근로시간제와 선택적근로시간제의 차이

① 선택적근로시간제는 기준근로시간제도에 대응되는 개념으로서 근로시간 배분을 탄력화한 변형근로시간제의 일종이라 할 수 있으며, 특정한 날 또는 특정 주에 더 많이 일하고, 다른 날 또는 다른 주에 더 많이 쉬면서 더 많이 일한 것을 연장근로로 보지 않는 점에서는 같다(시간 자체의 변경).

② 탄력적근로시간제는 소정의 근로일과 근로시간대가 정해지면 근로자들이 일률적으로 이에 따라 근로해야 하지만, 선택적근로시간제는 의무시간대에만 일률적으로 근로하고 나머지 조업시간은 개인별로 근로 여부의 자유를 가진다는 점에 차이가 있다.

③ 선택적근로시간제에서는 각 근로일의 업무시작·종료시각을 근로자가 자유롭게 결정한다는 이유에서 1일·1주에 대한 근로시간의 상한규제가 없다.

④ 선택적근로시간제는 임산부에 대하여도 적용되지만 탄력적근로시간제는 임산부에게는 적용되지 아니한다.

탄력적근로시간제와 선택적근로시간제 비교

구 분	탄력적근로시간제	선택적근로시간제
근거	근기법 제51조	근기법 제52조
개념	근로시간 배분과 관련된다	근로시간 결정에 관련된다
최대근로시간	전체 64시간(40+연장12+12)	1주 근로시간 제한 없음
적용대상	임산부 제외	제한이 없다
일하는 방식	전체 생산계획에 따라 집단근무	근로자 개별 스케쥴에 따라 개별근무
도입방식	2주 단위: 취업규칙 개정 3개월 단위: 노사 간의 서면합의	노사 간의 서면합의

구 분	탄력적근로시간제	선택적근로시간제
일감의 특성	시간에 비례하는 양적인 일감	능력 및 성과 중심의 질적인 일감
적합모델	중소부품업체, 성수기 대량 생산업체 업무량 편차가 많은 업종	IT, R&D, 소프트웨어, 디자인, 설계 등 고객맞춤형 지식산업
적용대상	임산부·연소근로자는 적용에서 제외된다	제한이 없다(다만 연소근로자는 적용 제외)

4. 선택적근로시간제의 도입 요건

(1) 취업규칙 등에 규정

1) 취업규칙에서 업무의 시작·종료시각을 근로자의 결정에 맡기기로 규정할 것

선택적 근로시간을 채택하는 경우에는 취업규칙 그 밖에 이에 준하는 것에 정할 필요가 있다. 취업규칙은 상시 10명 이상 근로자를 사용하는 사업은 근기법 제93조에 따라 취업규칙 작성의무가 있으므로 선택적근로시간제를 채택하는 경우는 반드시 취업규칙에 업무의 시작과 종료시각 등의 사항을 규정하여야 한다(단체협약에서 선택적근로시간제를 채택하는 것은 물론 가능하지만 이 경우에도 그 취지를 취업규칙에 규정할 필요가 있다). 따라서 「그 밖에 이에 준하는 것」이란, 제93조의 규정에 의해 취업규칙을 작성할 의무가 없는 상시 10명 미만의 근로자를 사용하는 사업에서 선택적근로시간제를 채택하는 경우를 예정한 것이다. 취업규칙에 준하는 것은 특별한 형식을 요하지는 않으나 최소한 서면으로 작성하여 동 제도의 도입을 해당 근로자에게 주지시켜야 한다. 근기법 제14조는 취업규칙을 정했을 때는 근로자에게 당해 사항을 주지시킬 것을 명하고 있다. 취업규칙 그 밖에 이에 준하는 것에 있어서는 업무시작 및 종료시각을 그 근로자의 결정에 일임한다고 규정하여야 하지만, 근기법 제93조제1호에 의해 업무시작 및 종료시각에 관한 사항은 취업규칙에 정하도록 되어 있고 코어타임(Core time), 선택적근로시간제(Flexible time)도 업무시작 및 종료시각에 관한 사항이기 때문에 이들 시간대를 설정하는 경우에는 이들에 대해서는 취업규칙에 규정할 필요가 있다.

선택적근로시간제의 대상근로자에 대해서는 업무의 시작 및 종료시각을 근로자의 결정에 따라 근로할 수 있는 시간대를 취업규칙 그 밖에 이에 준하는 것에 명확히 정하여야 한다.

2) 업무시작 및 종료시각을 근로자가 모두 자주적으로 결정할 것

선택적근로시간제는 근로자의 자유로운 시간 관리가 보장되는 것을 전제로 근로일, 각 주의 근로시간을 미리 특정하는 것을 요건으로 하지 않고, 일 또는 주의 법정근로시간을 초과해서 근로시키는 것을 인정하는 것이다. 따라서 업무시작 및 종료시각에 대해서 근로자의 자주적인 결정이 중요하기 때문에 취업규칙 그 밖에 이에 준하는 것에 이 점을 명확히 하도록 한 것이다. 따라서 근로자가 업무시작 및 종료시각을 모두 자주적으로 결정할 수 있는 근로계약상의 권리를 가질 것, 바꾸어 말하면 사용자가 근로일의 근로시간을 지정하는 것과 같은 업무명령을 할 수 없다는 것이 분명해진다. 근기법 제52조는 업무시작 및 종료시각 모두를 근로자의 결정에 일임하는 것을 요건으로 하고 있어, 업무 시작시각 또는 종료시각 한쪽에 대해서만 근로자의 결정에 맡기기로 한 것은 이에 포함되지 않는다. 즉, 근로자의 자주적인 결정범위가 확대되고 생활과 업무와의 조화를 꾀하면서 근무하는 것이 용이해지는 것을 목적으로 할 것이다. 동일한 관점에서 선택적 근로시간(근로자의 선택에 의해 근로할 수 있는 시간대)이 극단적으로 짧은 경우, 코어타임(근로자가 근로해야 하는 시간대)의 개시에서 종료까지의 시간과 표준이 되는 1일 근로시간이 거의 일치하는 경우에 대해서는 기본적으로 업무시작 및 종료시각을 근로자의 결정에 일임하지 않는 것으로 본다. 그러므로 예를 들어 업무시작 및 종료각각의 선택적 근로시간이 30분 정도라면 근기법 제52조의 선택적근로시간제라고 할 수 없다.

3) 근무계획(출·퇴근시각)을 신고하거나 소속 부서장의 승인을 받지 않도록 할 것

업무시작 및 종료시각을 근로자의 자주적인 결정에 맡기면서도 다른 한편으로 근무계획(즉, 출·퇴근시각)을 다시 신고해야 한다거나, 그 근무계획에 대하여 소속 부서장의 승인을 필요로 한다는 등의 규정을 두고 있는 경우에는 선택적근로시간제의 취지에 반하는 것으로 해석된다. 또한 선택적근로시간제에 있어서 그 업무시작 및 종료시각을 30분 등의 단위로 구분해 두고, 그 중에서 근로자에게 선택하도록 하는 방법은 업무시작 및 종료시각을 자주적인 결정에 일임한 것이 아니라고 해석된다. 노사간의 서면합의에 있어서 근로시간 관리를 목표로 선택적 근로시간을 30분 등의 단위로 구분해서 그 시각을 목표로 업무시작 및 종료를 실시하도록 정하는 것은 인정된다고 해석한다.

4) 일정 시간까지 출근할 것 또는 일정 시간까지 잔류할 수 없도록 할 것

사용자가 선택적근로시간제(Flexible time) 중의 일정시간까지 출근할 것 또는 일정시간까지 직장에 잔류할 것을 근로자에게 명할 수 있는지 여부이다. 긍정설은 코어타임 시간대의 조정이나 중요한 업무상의 필요성이 있는 경우에는 신의칙상 직무수행의무를 인정해야 한다는 견해이다. 부정설은 근로자의 자유로운 결정이 중요시되는 선택적근로시간제의 성질상 근로자의 개별적 동의가 없는 출근의무는 인정될 수 없다는 견해이다. 후자의 견해가 타당하다고 생각된다(김형배, 「노동법」, 제26판, p.442).

(2) 노사간의 서면합의에 의할 것

1) 근로자대표와의 서면합의가 있을 것

① **서면합의의 체결**: 선택적근로시간제를 채택할 경우에는 노사간의 서면합의의 체결이 필요하다. 노사간의 서면합의는 사업장별로 체결하는 것이고, 근로자 측의 체결당사자는 당해 사업장 근로자의 과반수로 조직된 노동조합이 있는 경우에는 그 노동조합, 근로자의 과반수로 조직된 노동조합이 없는 경우에는 근로자의 과반수를 대표하는 자로 한다. 서면합의로 도입·운영하는 한 개별근로자의 동의는 필요하지 않다.

노사간의 서면합의에 있어는 위 요건의 범위 내에서 정산기간, 정산기간에 있어서 각 근로일의 근로시간, 정산기간에 있어서 소정근로시간의 총시간을 초과해서 근로한 경우의 가산임금 지급 등에 대해서 서면합의한다. 노사간의 서면합의의 효력은 그 합의에서 정한 바에 따라 근로시켜도 근기법에 위반되지 않는다는 면책효과로, 근로자의 민사상 의무는 당해 서면합의로 직접 발생하는 것이 아니라 단체협약·취업규칙 등의 근거가 필요하다.

② **제도내용에 관해서 취업규칙에 백지위임을 하지 않을 것**: 취업규칙 개정과 서면합의 체결은 어느 것을 먼저 하더라도 무방하다. 다만 서면합의에서 선택적근로시간제를 채택한다는 취지의 약정을 하면서 해당 제도의 내용에 관해서는 취업규칙에 백지위임하는 것은 허용되지 아니한다고 해석된다. 근로자대표와의 서면합의는 근기법의 원칙규정(제50조)에 대한 면제적 효과를 부여하는 필수적 요건이다. 서면합의를 사용자가 정하는 취업규칙으로 대체하는 것은 근기법 제50조를 위반하는 것으로 아무 효력이 없다(김형배, 「노동법」, 제26판, p.441). 따라서 「선택적근로시간제를 채택하고 구체적으로는 노사간의 서면합의에서 정한 바에 따른다」고 규정한 것에 대해서는 노사간의 서면합의를 취업규칙의 일부로 취급한다면 가능하다고 해석하고 있다. 그러나 이 경우의 노사간의 서면합의는 취업규칙의 일부가 되기 때문에 노사간의 서면합의를 체결할 때마다 취업규칙을 변경하는 것이 되어 이를 위한 절차를 이행하여야 한다.

③ **서면합의 서류의 보존기간**: 서면합의 서류는 근기법 제42조 및 시행령 제22조에 따라 서면합의한 날로부터 3년간 보존하여야 한다.

2) 합의사항

(가) 대상근로자의 범위

업무의 내용에 따라서는 선택적근로시간제가 적합하지 않는 경우도 있으므로 적용대상자의 범위를 노사합의사항으로 하는 것이 타당하다. 실제로 동제도가 적용되고 있는 업종으로서는 연구기술개발부문, 사무관리부문, 판매영업부문, 정보처리부문 등을 들 수 있다. 일반적으로 출·퇴근을 엄격하게 제한받지 않은 외근자(외판·수금 등), 연구, 조사직, 사무직 등이 대상업무가 될 수 있으나 사업장의 필요에 따라 적절히 정할 수 있다. 그러나 이 제도는 노사간의 합의가 있다고 하더라도 연소근로자(15세부터 18세 미만)에게는 적용되지 않는다. 노사간의 서면합의에서는 직종 등에 따라 대상이 되는 근로자의 범위가 명확하게 정해지면 된다. 근로자의 범위는 각 사업장에서 임의로 정해지기 때문에 개인별, 과별, 그룹별 혹은 사업장 전체 등 여러가지 범위를 정할 수 있다. 또한 인사이동 등의 경우에 당해근로자가 선택적근로시간제에 의해 근로하게 될지 안 될지는 근로계약상의 문제이다.

업무시작·종료시각의 자주적 결정이 요건이 되므로 직무상 근무시간의 준수가 요구되고 지각, 조퇴 등 근무시각의 철저한 준수가 요구되어 이에 따라 정·개근수당 등을 지급하며 준수, 장려하는 업무에 종사하는 근로자는 그 성질상 대상이 아니다.

[그림 11-2] 선택적근로시간제의 예

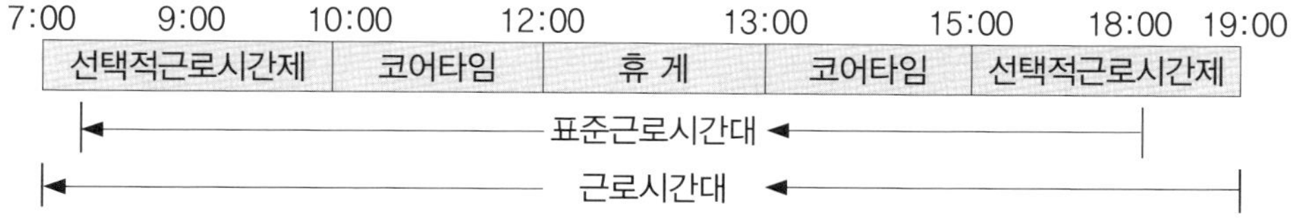

(나) 1개월 이내의 정산기간

정산기간이란 근로자가 선택적근로시간제하에서 근로해야 하는 시간을 정한 기간을 말한다. 근로자는 정산기간에 정해진 시간을 근로하도록 근로일의 업무시작 및 종료시각을 스스로 결정해서 일한다. 정산기간은 1개월 이내의 기간으로 한정하고 있다. 이는 임금 지급 등의 현실적인 운영실태에 따르기 위한 것이다. 따라서 정산기간을 4주 또는 2주로 하더라도 무방하다. 노사간의 서면합의에서는 1개월 이내의 범위에서 정산기간을 정할 필요가 있는데, 취업규칙 그 밖에 이에 준하는 것 또는 노사간의 서면합의에서 정산기간의 기산일을 명확히 규정하여야 한다. 선택적근로시간제를 도입하는 경우에 소정근로시간은 정산기간을 단위로 정해지므로 근로시간의 관리, 연장근로에 대한 판단도 정산기간을 단위로 이루어진다. 또한 1일 소정근로시간을 8시간 이내로 정하여 근로자에게 그 업무 시작시각의 결정을 일임하는 것은 근기법 제50조에 저촉되는 것이 아니기 때문에 그와 같은 제도를 채택할 수 있다.

(다) 정산기간에 있어서 총 근로시간

① 총 근로시간의 의의

정산기간에 있어서 총 근로시간이란 근로자가 정산기간에 근로해야하는 시간으로 정해진 소정근로시간을 말한다. 총 근로시간은 각 근로일별 근로시간이나 각 주별 근로시간을 미리 정할 수 없으며, 정산기간 전체를 대상으로 총 근로시간을 정하여야 한다. 총 근로시간을 정하게 되면 정산기간의 총 근로시간 범위 내에서 일·주 단위로는 법정근로시간을 초과하더라도 연장근로가 되지 아니한다. 선택적근로시간제에 있어서 소정근로시간은 정산기간을 단위로 정해지게 된다. 노사간의 서면합의에서 정산기간의 총 근로시간을 정하게 되는데, 이 시간은 정산기간에 있어서 총법정근로시간의 범위 내에서 정하여야 한다(고용노동부 「유연근로시간제 가이드」).

총 근로시간은 정산기간을 평균하여 1주간의 근로시간이 법정근로시간의 범위를 초과하지 않아야 한다. 선택적근로시간제 기간 중의

$$\text{총 근로시간} = \text{주 법정근로시간} \times \frac{\text{정산기간 중의 소정근로일수}}{\text{주 소정근로일}}$$ 이므로

따라서 소정근로일이 20일인 달에는

$$160\text{시간} = 40 \times \frac{20}{5}$$

소정근로일이 21일인 달에는

$$168\text{시간} = 40 \times \frac{21\text{일}}{5\text{일}}$$

을 초과해서는 아니된다. 그러므로 각 사업장에서는 그 근로시간 이하에서 선택적근로시간제의 정산기간 중의 총 근로시간을 설정하여야 한다. 또한 1개월 몇시간이라고 명백한 시간 수를 특정하거나[1일 8시간]×[당해 월의 소정근로일수]로 정하는 방법에 따라 총 근로시간을 서면합의하더라도 이러한 총 근로시간의 범위 내라면 인정될 수 있다.

총 근로시간은 당해 정산기간의 소정근로시간을 의미한다. 당해 정산기간 동안 근로자가 행한 실근로시간이 그에 부족한 경우에는 그 부족분은 결근시간으로 계산되고, 초과하는 경우는 소정근로시간 외의 근로로서 계산된다. 이때 총 근로시간은 정산기간을 평균하여 주의 법정근로시간을 초과하지 않는 범위 이내인 경우에는 이른바 법내초과 근로시간으로서 가산임금의 지급은 문제되지 아니한다. 반면

에 선택적근로시간제에서 근로자가 근로시간을 자주적으로 선택한 결과 당해 정산기간의 법정근로시간을 초과하는 경우에는 연장근로가 성립하고 따라서 해당 근로자에 대하여 가산임금이 지급되어야 한다.

(나) 정산기간 중 총 근로시간 산정 방법(고용노동부 2018.6.26,「유연근로시간제 가이드」 p.50)

◈ (정산기간 중 총 근로시간) 정산기간 중 근로의무가 있는 날의 근로시간을 합산하여 산정하되, 근로의무가 없는 날(휴일·휴무일)은 제외

◈ (정산기간의 임금산정) 정산기간 중 총 근로시간과 정산기간 중 유급휴일 및 유급휴무일을 합한 시간을 기준으로 임금 산정

◈ (예시) 1일 8시간, 주 40시간을 근로하고 토요일은 무급휴무일, 일요일은 주휴일로 정한 사업장이 정산기간을 1개월로 하여 선택적근로시간제를 도입한 경우 2018년 9월의 총 근로시간과 지급해야 할 임금은?

〈2018년 9월〉

일	월	화	수	목	금	토
						1
2	3	4	5	6	7	8
9	10	11	12	13	14	15
16	17	18	19	20	21	22
23	24 (추석)	25	26 (대체공휴)	27	28	29
30						

1. 관공서 공휴일의 유급휴일 의무화 적용 前
   가. 취업규칙 등에서 관공서 공휴일(9.24.~ 9.26.)을 유급휴(무)일로 정한 경우
   - 총 근로시간은 136시간(8시간×17일)
   - 임금은 총 근로시간 136시간과 유급휴일 64시간(8시간×8일〈주휴일 5일+약정휴일 3일〉)을 합한 총 200시간분 지급

   나. 취업규칙 등에서 관공서 공휴일을 휴(무)일이 아닌 근로일로 정한 경우
   - 총 근로시간은 160시간(8시간×20일)
   - 임금은 총 근로시간 160시간과 유급휴일 40시간(8시간×5일〈주휴일〉을 합한 총 200시간분 지급

   다. 취업규칙 등에서 관공서 공휴일을 무급휴(무)일로 정한 경우
   - 총 근로시간은 136시간(8일×17일)
   - 임금은 총 근로시간 136시간과 유급휴일 40시간(8시간×5일〈주휴일〉)을 합한 176시간분 지급

2. 관공서 공휴일의 유급휴일 의무화 적용 後
   ▴ 300인 이상: '20.1.1, ▴ 30~300인 미만: '21.1.1, ▴ 5~30인 미만: '22.1.1
   - '1의 가'와 동일하여 총 근로시간은 136시간, 임금은 총 200시간분 지급

② 근로시간의 이월(선택적근로시간제에 의한 근로시간의 정산)

선택적근로시간제에 있어서 정산기간동안 실제로 근로한 시간이 정산기간의 총 근로시간을 초과하여 잉여근로시간이 생기거나 또는 총 근로시간보다 적게 근로하여 부족근로시간이 나타나는 과부족이 발생한 경우에는 당해 정산기간에 근로시간 및 임금을 정산하는 것이 선택적근로시간제의 본래 취지라고 생각되지만, 과부족시간분을 다음 정산기간으로 이월할 수 있는가에 대한 여부는 다음과 같이 해석된다.

첫째, 정산기간 중 실제 근로시간에 과잉이 있었던 경우: 총 근로시간으로 정해진 시간분은 그 기간의 임금 지급일에 지급되지만, 정해진 시간분을 초과해서 근로한 시간분은 다음 정산기간 중 총 근로시간의 일부로 충당하는 것은 그 정산기간내에 있어서 근로의 대가 일부가 그 기간의 임금 지급일에 지급되지 않는 것이 되어 그것은 근기법 제43조에 위반되므로 허용되지 않는다.

둘째, 정산기간 중 실제 근로시간에 부족이 있었던 경우: 총 근로시간으로 정해진 시간분의 임금은 그 기간의 임금 지급일에 지급되지만, 정해진 시간에 미달된 부족분을 다음 정산기간 중의 총 근로시간에 더해서 근로시키는 것은 그 정산기간 중 실제근로시간에 대한 임금보다 많은 임금이 지급되어 다음 정산기간에 그 임금분의 과잉지급을 정산하는 것으로 근기법 제43조에 위반되는 것은 아니다. 단, 사전에 총 법정근로시간을 초과하여 근로시킬 것을 예정한 제도는 바람직하지 않기 때문에 이월된 시간을 가산한 다음 정산기간의 근로시간이 총 법정근로시간 범위 내가 되도록 이월할 수 있는 시간의 한도를 정할 필요가 있다.

따라서 (가) 정산기간의 총 소정근로시간을 초과해 근로한 경우에는 초과분은 금액으로 정산하고, (나) 근로시간이 부족한 경우에는 총 소정근로시간 근로한 것으로 임금을 지급한 경우에 한해, 부족시간분을 다음으로 미뤄 그 시간분을 가산한 시간만큼 근로해서 정산(단, 차기 총 근로시간이 결과적으로 법정근로시간을 초과할 때는 그 부분은 연장근로가 된다)하는 것이 인정된다. 이 처리는 결국 근로시간의 임차라기보다는 임금 지급에 착안해 초과지급을 정산하는 것은 허용되지만, 초과근로를 근로시간으로 정산하는 것은 인정하지 않는 것이 되기 때문에 근로시간제도와 임금 지급제도를 혼동하는 것이며, 본래의 선택적근로시간제 처리의 취지와는 다르지 않느냐는 비판이 강하다. 요컨대, 임금의 전액지급의 문제이기 때문에 반대로 처음 시작할 때, 임금을 연장근로로 보고 실근로시간보다 많이 지급해 두면 그 이후에는 그 많이 지급된 시간내에 한해 해당 초과시간분을 근로시간으로 임차정산해도 좋다는 결과가 되어, 사용자가 항상 임금을 빌려줌을 근로자에게 미리 알려준다면 과불임금은 근로시간으로 정산할 수 있기 때문에 문제가 되지 않는다.

③ 반드시 근로하여야 할 시간대를 정하는 경우에는 그 개시 및 종료시각

반드시 근로하여야 할 의무가 있는 시간대(Core time: 핵심이 되는 고정적 시간)를 설정하는 경우에는 그 시간대의 업무시작 및 종료시각을 정하여야 한다. 이 시간대는 직장규율을 위해서 전근로자에 대한 연락사항이나 노무관리상의 여러 가지 필요성에서 설정되는 편이 많다.

④ 근로자가 그의 결정에 따라 근로할 수 있는 시간대를 정하는 경우에는 그 개시 및 종료시각

선택적근로시간제를 설정하는 경우에는 그 시간대의 업무의 시작 및 종료시각을 정하지 아니하면 안되는바, 그 시간대는 기업사회의 노무관리에 있어서 구내 시설관리, 직장체조나 기업질서의 관계에 어긋나지 아니하도록 설정할 필요가 있다. 선택적 근로시간대가 극단으로 짧은 경우 코어타임의 개시에서 종료까지의 시간과 표준시간인 1일의 근로시간이 거의 일치되는 경우에 있어서는 기본적으로 업무시작 및 종료시각을 근로자의 결정에 맡기기로 한 것이 아니므로 선택적근로시간제의 취지와는 거리가 멀다.

⑤ 그 밖에 대통령령으로 정하는 사항

그 밖에 대통령령으로 정하는 사항이란 표준근로시간(유급휴가 등의 계산기준으로 사용자와 근로자대표가 합의하여 정한 1일의 근로시간)을 말한다(근로시준법시행령 제31조).

선택적근로시간제는 1일의 근로시간을 특정하지 않기 때문에 연차유급휴가를 취득할 때 지급되는 임금의 산정기초가 되는 임금이나 출장 등에 있어서 간주근로시간의 길이를 정함에 있어 단순히 시간 수를 정하여도 된다. 그러므로 수당 등의 계산기준이 되는 1일의 근로시간(표준근로시간)을 정하여야 하며, 표준근로시간은 원칙적으로 1주 평균 40시간의 범위 내에서 총 근로시간 수를 정산기간내의 근로일수로 나눈 시간이 된다.

5. 선택적근로시간제의 법적효과

선택적근로시간제를 채택한 경우에는 근로자 선택에 의해 주 또는 일의 법정근로시간을 초과해서 근로시켜도 법에 위반되지 않는다. 근로자가 자주적으로 선택한 결과 특정한 날의 근로시간이 8시간을 초과하거나 특정 주의 근로시간이 40시간을 초과하여도 근기법 제53조제1항의 연장근로가 되지 않고 동법 제56조의 가산임금의 대상으로도 되지 않는다.

선택적근로시간제를 채택한 경우에 연장근로의 판단은 정산기간을 단위로 실시되고 정산기간에 있어서 총 법정근로시간의 한도를 초과한 시간이 연장근로가 된다.

1월을 정산기간으로 정한 경우 그 달의 소정근로일수가 20일이라면 총 근로시간은 160시간(40×20/5)이므로 이 시간을 넘는 시간이 연장근로가 된다. 만약 소정근로시간이 총 법정근로시간인 160시간 이하에서 정해졌다면 법정근로시간까지의 근로는 법정근로시간내의 근로이므로 법정연장근로수당의 지급의무가 없다. 선택적근로시간제에서도 근로가 휴일 또는 야간작업에 해당하는 경우에는 휴일 또는 야간근로수당이 지급되어야 한다.

선택적근로시간제의 법정요건과 근로시간의 산정방법

도입요건(법정요건)

- 「취업규칙(취업규칙에 준하는 것을 포함한다)」에 따라 정하여야 한다.

  업무의 시작 및 종료시각을 근로자의 결정에 맡기기로 한다는 규정이 있어야 한다.

- 근로자대표와의 서면합의(당해 사업장에 근로자의 과반수로 조직된 노동조합[없는 경우에는 근로자 과반수] 대표자 간에 서면합의)

  [합의사항]
  ① 대상 근로자의 범위(15세 이상 18세 미만 근로자 제외)
  ② 정산기간(1개월 이내의 일정한 기간으로 정하여야 한다)
  ③ 정산기간의 총근로시간
  ④ 반드시 근로하여야 할 시간대를 정하는 경우에는 그 시작 및 종료시각
  ⑤ 근로자가 그의 결정에 의하여 근로할 수 있는 시간대를 정하는 경우에는 그 시작 및 종료시각
  ⑥ 그 밖에 대통령령으로 정하는 사항(표준근로시간)

근로시간의 산정방법

- 근로시간의 파악·정산·개별근로자 별로 근로시간을 파악하여 1개월 이내의 정산기간에 있어서의 근로시간을 정산

  정산기간을 통산하여 동기간 내에 있어서 법정근로시간의 총계를 초과하는 시간을 산정

  정산기간에 있어서 법정근로시간의 총계

- 실근로시간의 과부족분의 정산방법: 정산기간의 총근로시간과 실제근로시간 간에 과부족 정산

  ① 총근로시간을 초과하여 근로한 경우
  초과분은 다음 정산기간 중의 총근로시간에 이월하여 충당하는 것은 인정된다.
  연장근로는 당해 정산기간 내에서 임금으로 정산하여야 한다.
  ② 실제 근로시간이 부족한 경우
  정해진 시간분의 임금을 정부 지급하되 근로시간의 부족분은 다음 정산기간(익월)에 이월시켜 정산한다(이월분에 따라 그 정산기간 내의 총근로시간이 법정근로시간 총계를 초과하는 경우에는 초과분은 연장근로가 된다)

3 선택적근로시간제의 운용을 둘러싼 문제

1. 선택적근로시간제와 연장근로

선택적근로시간제에 관한 근기법 제52조는 1주 또는 1일에 대한 근로시간의 상한을 정하고 있지 않다. 따라서 선택적근로시간제하에서는 근로자가 자율적으로 얼마든지 법정근로시간을 초과하여 근로할 수 있는 것으로 해석될 여지가 있다. 선택적근로시간제란 근로자가 근로시간의 업무시작·종료시각을 자유롭게 선택할 수 있는 제도이다. 특정 근로자에게는 자신의 의사에 의해 업무시작·종료시각을 자유롭게 결정해 근무하기 때문에 하루의 근로시간에 장단이 생긴다. 이 경우, 일반적인 고정적 근로시간제도라면 1일 단위로 하루하루마다 소정근로시간을 초과했을 때는 연장근로가 발생할 수 있다. 그러나 선택적근로시간제인 경우에는 계약시간인 소정근로시간이 원래 1개월 등 일정 정산기간을 단위로 하기 때문에 1일 단위의 소정시간은 없다. 1일 단위의 연장근로는 발생할 수 없으므로 선택적근로시간제에 있어 연장근로는 '정산기간에 있어 법정근로시간의 범위를 초과한 시간'이며, 단순히 정산기간의 총 근로시간을 초과한 것만으로는 소정근로시간을 초과했다고 해도 그것의 법정근로시간(즉, 1주 52시간을 기초로 한 시간)을 초과하지 않으면 이른바 법내초과근로이며, 법정 연장근로는 발생하지 아니한다. 따라서 법정 연장근로에 해당하는 경우에는 당연히 야간·휴일에 관한 당사자간의 합의가 필요하지만, 앞서 말한 대로 선택적근로시간제에서는 1일 소정근로시간이란 것이 없기 때문에 결국 일정 정산기간을 단위로 하는 것 밖에 연장근로는 발생하지 않고, 당사자간의 개별적 합의도 일정기간을 단위로 하는 것밖에 필요치 않다. 그러므로 선택적근로시간제의 연장근로에 대해서는 다음과 같이 처리된다. 즉, '선택적근로시간제를 채용한 경우, 연장근로가 되는 것은 정산기간에 있어 법정근로시간의 범위를 초과하는 시간이어야 한다. 따라서 근기법 제52조에 따른 협정에 대해서도 1일에 대해 연장할 수 있는 시간을 협정할 필요는 없으며, 정산기간을 통산해 연장근로 할 수 있는 시간을 협정하면 충분하다.' 여기서의 통산은 1개월 단위로밖에 연장근로는 발생하지 않게 된다.

그러나 여기에 반대하여 선택적근로시간제하에서도 3개월 단위의 탄력적근로시간제하에서의 1주 52시간, 1일 12시간의 근로시간상한규제(제51조제2항), 연장근로에 있어서 1주 12시간의 연장근로시간의 상한규제(제52조제1항, 제2항)등의 근기법상의 규정은 근로자의 건강보호를 목적으로 하는 절대적인 상한규제의 기준을 정한 것이라고 할 수 있으므로 선택적근로시간제에 있어서도 이와 같은 기준이 적용되어야 할 것이라는 유력한 견해가 있다. 이 견해에 의하면 선택적근로시간제에 관한 근기법 제52조의 규정은 초과근로시간의 상한규제에 관한 입법상의 흠결을 지니고 있으며, 이에 대해서는 탄력적근로시간제의 해당 규정(제51조제2항)을 유추적용하는 것이 타당하다고 생각된다. 그리고 이 경우에 특정 주에 있어서 12시간을 한도로 노사합의에서 특정 주의 초과근로시간의 상한을 정할 수 있을 것이다. 그 밖에 선택적근로시간제하에서도 휴일근로·야간근로가 행해지는 경우에는 가산임금이 지급되어야 한다.

그러나 이 견해는 입법론상의 문제점 지적으로는 정당하다고 생각되나 해석론으로는 무리한 주장이라고 생각된다. 선택적근로시간제의 경우에도 사용자의 근로시간 관리·파악의 의무가 있다. 더구나 선택적근로시간제를 채택하는 사업장에서도 각 근로일의 각 일의 근로시간을 파악하여야 한다.

2. 선택적근로시간제의 역월과 요일에 의한 근로시간의 조정적 특례

선택적근로시간제의 경우에 정산기간의 근로시간의 법정한도는 20일인 달에는 1개월 160시간, 21일인 달에는 168시간, 22일인 달에는 176시간, 23일인 달에는 184시간이다.

그리고 요일에 따르거나 근로일의 설정에 있어서는 1주 40시간으로서 완전주휴 2일제 있어서도 법정시간을 초과하는 경우가 있다. 예컨대 2020년도 3월의 경우에는 1일 8시간, 토, 일요일의 완전주휴 2일제 있어서도 월간 소정근로일은 22일이 되어 1개월 176시간이 된다.

정산기간을 법률상 인정하고 있는 것은 최장 1개월이므로 예컨대 정산기간을 통하여 완전주휴 2일제를 실시하고 그 위에 근로자의 실제 근로일에 있어서의 근로시간은 일정하므로 각월에 따라 근로실태가 변한다 하더라도 정산기간에 있어서의 요일에 따르거나 근로일의 설정내용에 따라 정산기간에 있어서의 법정근로시간의 평균을 초과하지 아니한 경우이므로 근기법 제52조의 원칙에 의한 경우와 균형을 고려하여 이 경우에 있어서는 다음과 같이 계산할 수 있다. 연장근로로 취급하더라도 법의 취지를 훼손하는 것은 아니므로 다음과 같이 취급하더라도 무방하다고 생각한다.

그 계산방법은 선택적근로시간제에 있어서는 각 일의 업무시작 및 종료시각이 근로자의 자주적인 선택에 위임되어있다고 인정되고 있으므로 다른 변형근로시간제에는 적용할 여지가 없을 것이다.

다음으로 계산방법과 요건은 다음과 같으며 선택적근로시간제하의 (1)의 요건을 충족하는 경우에 한하여 (2)와 같이 취급되는 것이다.

(1) 요 건

① 정산기간을 1개월로 하는 선택적근로시간제의 노사합의가 체결되어 있을 것

② 정산기간을 통하여 매주 반드시 1일 이상의 휴일을 부여받을 것

③ 당해 정산기간의 29일째를 기산일로 하는 1주간(이하 특정기간이라 한다. 이하의 식 에서는 C)에 있어서 해당 근로자의 실제 근로일의 근로시간의 합계가 법 제50조제1항에서 규정하는 법정근로시간(40시간)을 초과하지 아니할 것

④ 정산기간에 있어서의 근로일의 근로시간이 일정할 것, 특히 완전주휴 2일제를 채택하는 사업장에서는 정산기간 중의 근로일의 근로시간이 8시간이하일 것

(2) 취 급

① (1)의 요건을 충족시키는 경우에는 근기법 제52조에서 규정하는 「1개월 이내의 정산기간을 평균하여 1주간의 근로시간이 법정근로시간을 초과하지 아니하는 범위안」에서 다음의 계산방법으로 하여도 지장은 없다.

$$\text{정산기간(A)으로 정하는 기간을 평균한 1주간의 근로시간(X)} = \frac{\text{정산기간(A)에 있어서의 최초 4주간의 근로시간(B)} + \text{특정기간에 있어서의 근로시간(C)}}{5}$$

이에 따르면 역일이 31일인 달에는 월의 최초일이 월요일인 경우에는 (A)=31일, (B)=160시간, (C)=40시간이 되는바

$$X = \frac{160시간+40시간}{5} = 40시간이\ 된다.$$

1개월을 5주간을 평균하여 1주 40시간 중에 포함하여도 좋으며 따라서 31일인 달에 소정근로일이 23일로서 184시간으로 하여도 적법하여 「정산기간을 평균하여 1주의 근로시간이 40시간의 범위 내」에서 당해 월에 총 소정근로시간을 184시간으로 하여도 적법한 시간이 된다.

3. 선택적근로시간제와 휴게시간

근기법 제52조는 선택적근로시간제의 요건으로 「업무시작·종료시각을 근로자의 결정에 맡기기로 한 근로자」를 정하고 있으나 '휴게시간' 에 대해서는 선택적근로시간제로 근로자의 자주적 결정에 맡기지 않고 있다.

즉, 선택적근로시간제에 있어서 근로자의 휴게에 대해서는 어떠한 변경도 예정되어 있지 않다. 그러므로 선택적근로시간제 적용근로자에 대해서도 휴게시간의 근기법규정은 일반근로자와 같이 적용된다. 근기법 제54조에 의해 근로시간이 4시간인 경우에는 적어도 30분, 8시간인 경우에는 적어도 1시간의 휴게시간이 필요하다. 또한 동조 제2항에 의해 휴게시간은 근로자가 자유롭게 이용할 수 있다. 선택적근로시간제를 채용한 경우에 근기법상 휴게를 주는 방법 및 취업규칙 규정의 방법에 대해서는 근기법의 규정대로 주어야 한다. 일제휴게가 필요한 경우에는 코어타임(Core time)중 휴게시간을 정하는 것이 필요하다. 일제휴게가 필요 없는 사업에 있어, 휴게시간대를 근로자에게 맡길 경우에는 각 일의 휴게시간의 길이를 정하고 그것을 취할 시간대는 근로자에게 맡기는 취지를 기재해 두면 된다. 그러나 일제 휴게를 일반적 선택적근로시간제의 근로자에게도 반드시 주어야 할 필요가 있다고 한다면 반드시 코어타임을 정할 필요가 발생하지만 코어타임은 법률상으로 임의사항임에도 불구하고 일제휴게를 위해서만 코어타임을 설정하여야 한다고 해석하는 것은 문제가 있다.

즉, 코어타임의 유무에 관계없이 선택적근로시간제의 근로자가 1일 근로시간에 대해서 그 업무시작·종료시각을 근로자 본인의 자주적 결정에 맡기기 때문에 가지각색이 되어 1일 근로시간이 4시간이 되지 않는 근로자도 8시간을 초과하는 근로자도 생긴다. 그러한 경우 4시간 미만인 자는 휴게시간을 갖게 할 필요가 없고, 또 8시간을 초과하는 근로자에 대해서는 1시간의 휴게시간이 필요하다. 그래서 사용자로서는 휴게시간의 시간대를 설정함에 있어서는 무엇보다 장기간 근로하는 근로자의 경우에도 위반이 되지 않도록 1시간은 코어타임 중 설정해 두지 않으면 안 되지만 근로자의 당일 근무 예정시간에 맞게 4시간 미만인 경우는 휴게시간이 없으며 4시간을 초과하여 8시간 미만인 경우는 30분을, 8시간을 초과하는 예정자는 1시간을, 근로자가 자주적으로 사용하도록 해두면 되고, 가능한 한 휴게시간대를 지정해 그 '소정휴게시간대에 사용하여야 한다' 는 규정을 두어 당일 본인이 선택한 시간의 길이에 맞게 법정 이상의 휴게시간을 가져야 하는 취지를 정해두면 되고 그 결과 휴게시간의 길이가 선택적 근로시간으로 되더라도 그 성질상 위반이라고는 할 수 없다.

4. 선택적근로시간제와 휴일

선택적근로시간제는 업무시작·종료시각만을 근로자의 자주적 결정으로 하는 근로시간제이며 휴일에 대해서는 선택적근로시간제가 적용되지 않기 때문에, 휴일에 대해서는 근기법 제55조가 적용된다. 1주일에 1일의 주휴제의 적용에 의하게 되어 있으며, 그 처리도 일반근로자와 같이 처리되며 취업규칙 소정의 법정휴일 또는 약정휴일에 근로한 경우에 대해서는 휴일근로로서 가산임금을 지급하여야 한다. 의무적 근로시간대가 휴일 또는 야간근로시간대(오후 10시부터 오전 10시까지)에 걸쳐 있는 경우에는 그 시간에 대한 가산수당을 지급하여야 한다. 또한 선택적 근로시간대가 휴일 또는 야간근로시간대에 걸쳐 있는 경우에도 그 시간대에 이루어진 근로에 대해서는 가산수당을 지급하여야 한다. 그러나 근로자 본인이 '나는 주 중에 출근해 일하는 것은 능률이 오르지 않으니 휴일에 출근해 일하는 것이 훨씬 능률이 오르기 때문에 자주적으로 휴일에 출근해 주 중에 휴일을 갖겠다' 고 휴일도 자주적으로 선택하는 휴일의 선택근로가 인정되는지의 문제가 있다. 휴일의 부여의무는 사용자에게 있고 사용자는 반드시 휴일을 정하는 것까지는 근기법상 요구되어 있지 않다고 해도 정하는 것이 바람직하고, 또한 휴일의 변경도 취업규칙의 규정에 따라 이행할 수가 있다. 그러므로 휴일도 이른바 선택적 근로시간으로 하도록 하는 경우에는 '휴일 변경' 이라는 형태가 되지 않으면 안된다. 즉, 휴일은 일요일, 토요일, 근로자의 날, 공휴일, 약정휴일 등으로 특정해 규정해 두고, 그것을 근로자의 희망이나 자주적 신청에 의해 대체 변경하는 방법에 의한 것이다. 결국, 취업규칙에 '선택적 근로시간의 적용 근로자는 미리 소속 부서장에게 신청함으로써 근로자 본인의 희망대로 휴일의 대체변경이 가능하다' 는 취지의 규정을 두고 실시하는 것이다. 취업규칙 등으로 규정된 바에 따라 휴일을 대체할 경우, 해당 휴일은 근로일이 되기 때문에 휴일근로가 아니므로 근로자 본인의 자주적 휴일의 대체이기도 하며, 취업규칙에 의해 회사가 미리 승인한 휴일의 대체(포괄적 승낙이라도 좋다)라면 적법한 것이다. 그러나 근로자가 사용자의 지시(요청) 또는 승인(동의) 없이 휴일 또는 야간근로시간에 자발적으로 근로한 경우에는 가산수당 지급의무가 없다.

5. 선택적근로시간제의 연차유급휴가·출장의 취급

① 선택적근로시간제의 경우에도 출장명령을 할 수 있는바 시작·종료시각의 자주적 결정과 직접관계 없이 출장이라는 포괄적인 업무명령을 할 수 있다. 이 경우에는 출장은 사업장 밖의 근로로서 근로시간의 산정이 어려운 경우이므로 「소정근로시간 근로한 것으로 본다」(동법 제58조제1항)고 되어 있고 이러한 경우를 위하여 「표준근무시간」을 선택적근로시간제 협정 중에 명시하도록 되어있다.

② 선택적근로시간제의 적용을 받는 자가 출근율에 따라 연차유급휴가를 행사하는 경우나 출장을 갈 때에는 노사합의의 표준근로시간이 소정근로시간에 해당된다. 이러한 표준근로시간은 본래는 선택적근로시간제를 적용받는 자가 연차휴가를 행할 경우의 임금산정 기초시간인 점에 그 목적이 있다. 선택적근로시간제의 적용상 당일은 「표준근로시간」근로한 것으로 취급하므로 그 시간의 노사합의가 필요하다. 연차휴가·출장수당은 표준근로시간에 해당하는 임금을 기초로 계산한다. 위와 같이 근로자가 연차휴가를 행사하는 것은 실근로시간주의인 근기법 제50조의 적용상 당일은 현실로 근로하지 아니한 것이므로 근로한 것으로 취급하지 아니한다.

6. 코어타임(반드시 근로하여야 할 시간대)의 지각, 조퇴, 결근의 처리

선택적근로시간제의 업무시작·종료시각의 결정을 근로자 본인의 자유에 맡긴 것이기 때문에 일반 취업규칙에서 정한 지각, 조퇴는 발생하지 않는다. 따라서 근로시간의 엄수를 전제로 하는 정·개근수당이나 '지각 3번을 1번의 결근으로 보고 근기법 제95조의 감급제도로 삭감한다' 는 등의 규정의 적용은 없다. 그러나 이는 업무시작·종료시각의 결정이 근로자 본인의 자주적 결정이기 때문에 소정근로일에 출근하는지의 여부의 자유까지를 인정하는 것은 아니다. 따라서 선택적근로시간제의 선택적 업무시작·종료시각의 도중의 '근로자가 일하지 않으면 안 되는 시간대' 인 코어타임을 설정할 경우, 그 코어타임을 엄수하도록 하는 것은 선택적근로시간제 적용상 문제는 없다. 그러므로 코어타임을 정당한 이유 없이 지키지 않은 근로자가 있는 경우에는 이에 대해 '코어타임' 의 '지각, 조퇴, 결근' 제도를 정해도 무방하다. 따라서 '정당한 사유 없이 코어타임에 지각하고 조퇴하고 또는 결근해서는 안된다' 라고 규정하고 있으며, '전항의 규정에 위반된 경우에는 제00조에서 정한 근무의무 위반으로 한다' 는 취업규칙의 규정은 전혀 문제가 되지 않는다. 더욱이 선택적근로시간제 적용근로자에 대해서도 코어타임의 지각, 조퇴, 결근에 대해 정·개근수당의 지급기준에 포함하는 것은 문제되지 않는다. 또한 하루를 결근한 경우 외에 코어타임의 지각, 조퇴, 결근을 승급, 상여금, 승격 등의 사정에 있어 근태고과로 평가하는 것도 문제는 없다.

7. 선택적근로시간제와 휴일근로의 시간

선택적근로시간제의 근로자에게도 휴일은 확실히 보장하여야 한다. 휴일까지 선택적 근로시간으로 하는 것은 그에 포함되어 있지 않다.

그러나 휴일대체조치로 본인의 희망이나 사정에 따라 회사에서 정한 '휴일의 대체변경' 이라는 형태를 취한다면 휴일도 사실상 선택적 근로가 되지만, 선택적근로시간제로 일하는 근로자가 법정휴일에 근로하는 것도 있을 수 있다. 그러므로 휴일에 근로한 경우 휴일근로로 선택적근로시간제의 정산기간의 총 근로시간과는 별도로 계산해 휴일근로의 가산임금을 지급해야 하는지, 그렇지 않으면 휴일근로라 해도 총 근로시간에 포함하여 계산해도 되는지의 의문점에 대해서는 앞서의 대체조치에 의하지 않고, '휴일근로' 시킨 경우에는 그것이 휴일근로에 해당할 경우에 한해서는 휴일근로시간 수를 선택적근로시간제의 정산기간의 총 근로시간 안에 포함하여 근로시간의 임차정산의 대상이 되게 할 수 없으며, 별도로 휴일근로로 처리하여야 한다. 이 경우의 할증률은 휴일근로이기 때문에 일반 연장근로와 같이 가산임금이 지급된다. 다만 휴일근로라고 특별히 계산 되어도 월급제인 경우, 월간 소정 총 근로시간을 임금(월급)의 지급대상시간으로 하고 있는 경우에는 휴일근로시간을 포함하는 총 근로시간이 소정근로시간 수의 범위 내라면 이미 통상임금의 100퍼센트의 임금은 지급되어 있더라도 그 시간에 대해서는 통상임금의 150퍼센트의 가산을 하면 된다. 물론, 휴일에 8시간을 초과하게 되는 연장근로시간에 대해서는 통상임금의 200퍼센트로 계산된다.

8. 업무를 위한 출근시각 지정이나 잔류근무 명령

(1) 선택적근로시간제와 출·퇴근시각 지정명령의 허용 여부

선택적근로시간제란 '그 근로자에 관계된 업무시작·종료시각을 그 근로자의 결정에 맡긴다' 는 근로시간제도이기 때문에 선택적근로시간제의 근로자에 대해 코어타임은 별도로 하고, 자유시간대에 대해 "몇 시에 출근하시오"라고 업무 시작시각(근무개시시각)을 지시한다든지, "몇 시까지 일하시오"라고 하는 종료시각(근무종료시각)을 지정하는 업무명령 등은 원칙적으로 할 수 없다. 이 점에 대해 선택적근로시간제에 있어서는 사용자가 조기출근을 명하는 것은 원칙적으로 선택적근로시간제의 취지에 모순되는 것으로서 있을 수 없다. 왜냐하면, 선택적근로시간제란 업무시작 및 종료시각의 결정을 근로자의 자유로운 결정에 맡기는 제도이기 때문이다. 따라서 만약, 어떠한 사정으로 조기출근을 시키고 싶은 경우라면, 근로자의 동의를 얻어 근로자의 자발적 의사로 일찍 출근해야 할 것이다. 그러한 경우의 근로시간의 산정은 통상 선택적근로시간제와 같이 정산기간을 통해 계산하여야 한다.

(2) 선택적근로시간제와 불가피한 사정이 있는 경우의 출·퇴근시각 협조 요청

그러나 업무상 어쩔 수 없는 거래처의 방문이나 관계관청의 조사, 다른 부서와의 회의, 협상 등이 있어 그 시간에 담당자인 근로자 본인의 출근이 필요한 경우에는 그 취지를 근로자에게 설명하고 해당근무를 요청하는 것은 기업사회 통념상 불합리하지 않으며, 업무운영상 허용되는 행위이기 때문에 선택적근로시간제의 경우에도 인정된다고 해석된다. 물론, 본인의 동의를 얻으면 문제될 것이 없지만 각 근로자의 동의를 얻지 않으면 문제가 있는가, 본인은 선택적 근로시간임을 이유로 사용자의 요청을 거부하는 것이 정당화되는가의 점에 대해서는, 선택적근로시간제의 근로자는 업무시작·종료시각의 자주적 결정이라는 점에서 일반 근로자와 같이 업무시작·종료시각의 구속만은 받지 않을 뿐, 업무상의 필요성이 있어 본인의 직무로서 해당 업무의 수행이 성실한 근무의무의 실행으로 요구되는 경우에 선택적근로시간제라고 해서 해당 업무를 적정하게 행하지 않고 내버려 두어도 좋다는 것은 아니다. 오히려, 근로시간의 자주결정제에 따르는 효과로 자유롭게 업무시작·종료시각을 자신의 의사대로 결정할 수 있지만, 그것은 업무수행과의 조화를 이루는 경우에 한하며 자기 사생활을 업무보다 우선시켜 성실근무에 반한 근로시간의 설정이 허용되는 것은 아니다. 이와 같은 제도의 성질상, 선택적근로시간제이기 때문에 자기의 사생활을 우선해 긴급한 용무를 이행하지 않는다거나 업무에 중대한 지장을 일으켜도 된다는 것은 아니다. 반대로 근로시간의 자주적 선택이 허용되더라도 긴급한 어쩔 수 없는 상황이나 중요한 업무상의 필요가 있는 경우, 예를 들어 회의나 협상 등 다른 부서의 근로자나 다른 회사 직원과의 타협을 해야 하는 업무에 대해서는 그 개시시각에 맞게 출근하고, 혹은 잔류해 자기의 업무를 완수하도록 기대되는 것이다. 선택적근로시간제인 경우에는 일반 근로자보다 오히려 이점의 자유로운 업무수행이 신의칙상의 책무로 내재되어 있다고 해석할 수 있다. 따라서 선택적근로시간제의 근로자로서는 앞서 말한 업무상 필요에 의해 회의·협상시각에 맞춰 자주적으로 출근하고 또한 잔류가 업무상 필요한때에는 그와 같은 자주적 업무계획을 세워 자기의 근로시간을 설정해야 하는 성실한 직무이행의무가 있다고 생각된다. 만약 근로자가 그 같은 근로시간의 자기설정을 하지 않고 업무에 중대한 지장을 발생시킨다든지 회사의 신용을 손상케 한다든지 할 때는 징계처분의 대상이 된다.

(3) 선택적근로시간제와 회의출석 또는 출장명령의 허용 여부

또한 회의출석이나 출장의 업무명령은 선택적근로시간제에 있어 근로자의 근로시간 선택의 자유에 우선한다고 생각하기 때문에 사용자는 필요에 따라 선택적근로시간제 적용근로자에 대해서도 선택적 근로시간 중 회의참석이나 출장을 명령할 수 있다. 출장명령은 선택적근로시간제의 적용과 모순되는 것은 아니기 때문에 문제는 없으나 회의 등의 출석명령에 대해서는 시각지정의 출근명령은 아니고, 앞서 말한 취지에 의한 업무의 이행이라는 개념에 대응해야 한다고 해석된다. 또한 중요한 업무의 경우의 대응으로는 시각이 정해진 '반드시 근로하여야할 시간대' 인 코어타임을 설정하고 있는 경우에는 해당 노사합의에서 정한 바에 의해 그 코어타임의 앞당김, 연기라는 방법도 생각할 수 있다. 즉, 근로시간의 앞당김, 연기는 근기법상 코어타임의 앞당김, 연기 자체는 금지되어 있지 않기 때문에 그 취지를 노사합의에서 정할 수 있으며, 그것으로 코어타임의 앞당김, 연기의 운용을 이행하는 것은 적법하다. 또한 자기의 생활을 우선해 선택적근로시간제를 이유로 이를 남용해 회사의 업무에 지장을 초래하는 근로자에 대해서는, 예를 들어 대상업무 종사자이면서도 개별적으로 선택적근로시간제를 적용하지 않고, 혹은 적용 후에도 적용제외를 명령해 일반 정형적 근로시간의 근무자로 함으로써 시각지정의 근무를 명하는 방법도 있다.

9. 선택적근로시간제 근무자의 파업처리

(1) 업무시작시의 시한파업의 경우

이른바, 조기직장대회 그 외 업무 시작시각에 돌입하는 파업이나 시작시각부터 2시간의 시한파업에 선택적근로시간제의 근로자가 참가했을 경우, 그 시간대가 자유시간대였을 때, 과연 작업에 참가해 일하지 않았다고 할 수 있는지가 우선 문제가 된다. 이 점에 대해서는 연차유급휴가에 대한 일제휴가의 처리가 참고가 된다.

① 일반적으로 파업이란, 노동조합의 통제로 그 소속원이 집단적으로 노동력을 철수해, 결과적으로 사용자의 업무의 정상적인 운영을 저해하는 것이다. 이른바 일제휴가투쟁이란, 이러한 근로자가 그 소속사업장에서 그 사업의 정상적 운영의 저해를 목적으로 전원 모두 휴가계를 제출하고 직장을 방기·이탈하는 것으로 해석하는 경우에는, 사실은 연차휴가의 이름을 빌린 파업인 것이다. 따라서 그 형식에도

불구하고 본래의 연차휴가의 행사는 아니기 때문에 이에 대해 사용자가 시기변경권의 행사도 할 수 없어 일제휴가의 이름하에 파업에 들어간 근로자의 전부에 대해 임금청구권이 발생하지 않게 된다. 그러므로 노동조합이 요구관철의 수단으로 집단적으로 전원 일제히 그 선택적 근로시간의 근로를 거부하고 '사업의 정상적인 운영을 저해하는' 것이 파업목적의 행동이 되어, 앞서 말한 목적으로 '사업의 정상적 운영을 저해하는 일정의 조직적, 집단적으로 선택적 근로시간 중의 근로 거부는 일제휴가의 경우와 마찬가지로 파업으로 처리된다' 고 해석된다. 문제는 그 날의 코어타임까지 파업이 끝나 근로하고 소정의 표준근로시간까지 근로했다고 한다면 도대체 어떻게 되는 것인가. 예를 들어 오전 8시부터 10시까지 2시간의 시한파업에 참가했지만 코어타임인 오전 10시부터 오후 7시까지의 실제 근무시간인 8시간의 표준시간 근로했다고 할 경우, 조금도 삭감되어야 하는 시간은 발생하지 않았다고 해야 하는가의 문제이다. 이것은 선택적 근로시간이라고는 해도 추상적으로는 사용자의 지배 아래에 있는 시간이기 때문에 그 시간 중 본래 근로자는 노무를 제공할 수 있음에도 불구하고, 그 시간의 노무제공을 집단적으로 거부해 사용자의 지배 아래에 두지 않고 노동조합의 지배 아래에 쟁의수단으로 두었기 때문에 법률상 파업(노조법 제2조제6호)시간에 해당한다고 해석되며, 그 시간만큼의 임금삭감을 할 수 있다.

② 또한 이 경우에 선택적근로시간제의 근로자로부터 자신은 플렉스타임 중 시한파업에 참가했지만 코어타임부터 일하고 소정표준근로시간 일했기 때문에 임금삭감은 이의가 있다고 하는 경우에는, 사용자가 쟁의행위에 참가하지 않은 것으로 보고, 통상의 선택적 근로시간 근무로 임금을 삭감하지 않고 부당노동행위의 의사가 없을 때는 총 근로시간의 범위 내에서 계산해도 문제가 없으며, 경비원조의 부당노동행위가 되지 않는다고 할 수 있다.

(2) 전일 파업의 경우

① **전일 파업과 결근의 자유 허용 여부**: 전일 파업을 했을 경우는 선택적근로시간제의 근로자라고 하더라도 업무시작·종료시각의 자주적 선택의 자유라 해도 결근의 자유는 없기 때문에 전일 파업에 참가해 출근하지 않은(불취로) 경우에는, 당연히 하루분(1일 표준근로시간분)의 임금을 공제하게 되어 있다.

② **전일 파업과 표준근로시간 해당 분의 임금 삭감**: 그러나 한편 선택적근로시간제의 근로자의 근로시간은 1일 단위가 아니며, 1개월 단위 등의 정산기간의 총 근로시간이 소정근로시간이기 때문에 어느날의 파업으로 하루 중 근무하지 않았다 해도 다른 날 그 부족시간분을 근무하여 커버하는 경우에는 전일 파업을 했으면서도 임금삭감은 하지 않고 임금을 지급하는 것은 노동조합에 대한 경비원조가 된다. 이것은 노조법 제81조제4호의 부당노동행위가 된다. 때문에 이런 경우에는 어쨌든 임금을 공제하지 않으면 안 된다. 이 같은 경우의 대응으로는 정산기간 중 총 근로시간에서 파업시간(전일의 경우에는 1일의 표준근로시간)을 공제하고 파업한 시간분을 공제한 것을 그 정산기간의 근로자의 총 근로시간으로 계산하도록 되어 있다.

10. 근로자의 자주적 선택에 의한 야간근로의 처리

① **업무상 불가피한 사정으로 야간근로한 경우**: 선택적근로시간제는 업무시작·종료시각을 근로자 본인의 자주적 결정에 맡기는 것으로서 이는 근로시간에 관해서만 적용되는 것이며 휴게시간, 휴일, 야간근로에 대해서는 적용되지 않는다.

예컨대 근로자 본인의 사정으로 당일 근로시간의 배분이 적정치 않았거나 당일 근로자의 출근이 많이 지연됐으므로 업무의 필요상 본인의 사정으로 어쩔 수 없이 야간근로에까지 자기의 자유의사로 근로하게 된 경우에 있어서도 그 시간이 근기법상 야간근로에 해당된다면, 앞서 말한 대로 적용제외는 되지 않기 때문에 야간근로로 처리하여야 한다. 즉, 오후 10시부터 오전 6시까지 근로시킨 경우에는 야간근로로, 그 시간의 근로에 대해서는 통상근로시간 임금의 계산액 50%의 비율로 가산임금을 지급하지 않으면 안 되게 되어 있기(근기법 제56조) 때문에 선택적근로시간제의 근로자가 야간근로를 한 경우 그 시간이 해당 정산기간 중의 총 근로시간의 범위에 있다고 해도 가산임금을 지급하여야 한다.

② **근로자의 결정에 의한 야간근로인 경우**: 그렇지만 선택적근로시간제인 경우에 있어서는 코어타임 이외의 시간대에 대해서는 근로자가 업무시작 및 종료시각의 자유선택이 보장되어 있는 것이 전제가 되어 있기 때문에 사용자가 야간근로시간대에 시각을 지정한 근로를 명하는 것은 원칙적으로 불가능하므로 해당 야간근로는 근로

자가 자신의 판단으로 즉, 마음대로 근로했다고 할 수 있어(예를 들어, 본인의 사정으로 업무 시작시각이 크게 지연되었기 때문에 야간근로가 되어 버린 경우 등) 그것과는 상관없이 사용자가 명하지도 않은(또한 명할 수 없는) 야간근로에 대해 가산임금을 지급하게 되는 것은 부당하며 부적절하지 않는가라는 문제가 있다.

③ **임산부인 여성 근로자의 경우**: 특히, 야간근로가 금지되어 있는 일반 임산부인 근로자의 경우에는 선택적근로시간제의 자유로운 자기선택으로 심야에 임산부 자신이 근무한 것을 이유로 사용자를 처벌하는 것은 부당하다고 생각된다. 이 점에 대해서는 근기법 위반은 고의범이므로 사용자가 업무명령으로 야간근로를 명한다든지, 현재 당해 여성근로자의 동의없이 야간근로를 여성이 하고 있는 것을 알면서도 사용자가 중지시킨다든지 등의 조치를 취하지 않은 경우가 아니면, 동법 위반의 죄는 성립하지 않기 때문에 형사책임의 면에 있어서 여성의 자주적 야간근로는 처벌이 될 수 없다. 그러나 선택적근로시간제의 경우에는 형사상 위반은 되지 않는 경우라도 민사상으로는 현재 야간근로시에 임산부의 동의없이 근로한 경우 본인의 위법한 근로라고 해서 가산임금을 지급하지 않는다고는 말할 수 없다. 더구나, 남자근로자가 야간근로를 한 경우에는 가산임금 지급의무는 면할 수 없다고 할 수 있다.

④ **야간근로 방지를 위한 대책**: 이러한 부적절한 결과를 방지하기 위해 사용자는 선택적근로시간제의 적용근로자에 대해 노사합의나 취업규칙에서 '선택적근로시간제의 적용근로자라도 야간근로에 해당하는 근로는 하지 않을 것', '부득이 야간근로를 하여야 하는 업무상의 필요성이 발생한 경우에는 소속 부서장의 승인 또는 허가를 받을 것' 등을 규정하고 있다.

이와 같이 사용자가 명백히 금지하고, 야간근로를 할 경우의 절차규정이 되어 있는 경우, 정당한 이유없이 야간근로한 경우는 사용자의 지시에 반하는 근로이므로, 채무의 내용에 따른 이행이 아니므로 임금청구권은 발행하지 않는다고 해석된다.

11. 회의, 업무협의 등의 시각지정근무를 명령할 수 있는가

문제는 선택적근로시간제 적용근로자에 대하여 예컨대 매주 월요일 업무 시작시각인 오전 9시부터의 업무협의를 하므로 1주간 중 월요일 9시에 출근하여 관련부서와의 회의, 거래처와의 업무협의 등을 위한 시각지정을 하여 근무토록 하는 것은 코어타임 이외에도 인정 될 수 있으므로 시각지정근무는 근로자의 동의를 필요로 하는가의 문제가 있다. 어떤 회의 출석 등의 업무명령은 선택적근로시간제에 있어서는 근로자의 시간 선택의 자유에 우선하는 것이므로 시각지정근무를 명할 수 있다. 그러나 시각지정근무를 명령할 때에는 근로자의 동의가 있어야 한다는 유력한 견해도 있다.

12. 선택적 근로시간과 근로자본인에 의한 자주적 산정·관리

① 선택적근로시간제에 있어서도 사용자는 한사람의 근로자에 대하여 근로시간 파악·산정의무(근기법 제48조)를 면할 수 없으며 사용자는 근로자의 근로시간을 파악하고 산정하여야 한다. 선택적근로시간제의 경우에도 업무시작·종료시각은 본인의 자유에 위임되어 있더라도 결과적으로 몇시간 근로하였는가를 파악하여 관리하여야 한다. 그 방법으로서 타임레코드를 이용한다거나 근무표를 이용하는 방법도 있으므로 근로시간의 관리를 행하여야 한다. 그 방법의 하나로서 근로자에게 자주적으로 자기관리를 하고 자주적으로 파악·산정하는 수단이 있을 수 있다.

② 근로자 본인이 회사가 정한 소정의 양식에 따라 매일 시작· 종료시각을 포함하여 근로시간의 길이, 야간근로, 휴일근로 등에 있어서 자기의 근무를 관리하여 기록하는 방법도 있다. 그리고 업무의 시작·종료시각을 자주적으로 결정하므로 근로자 본인이 자주적으로 관리하는 경우에는 고의 여부는 별도로 하고 초과근로시간이 많아 나중에 대폭적인 연장근로수당 문제가 발생할 수 있고 이른바 서비스잔업이라는 결과가 발생한다. 이를 위해 소속 부서장 등 관리자나 인사담당 부서직원은 시간 관리에 있어서 근로자 각자의 근로시간을 파악하고, 월간 소정 총 근로시간을 염두에 두면서 플러스 또는 마이너스 근로시간의 적정한 지도관리가 필요하다. 법정시간을 초과하여 근로자가 자주적으로 연장근로를 행하지 못하도록 하기 위해서는 사용자는 위반 방지에 필요한 조치를 할 필요가 있으므로「연장근로가 월간 20시간을 초과하는 경우에는 소속 부서장의 승인을 받아야한다」고 하는 관리상의 조치는 선택적근로시간제에 있어서도 가능한 것이다.

4 선택적근로시간제 활용 사례(고용노동부 「유연근로시간제 가이드」)

1. 근무시간 확인이 어렵고 대기시간이 많은 업종

(1) 선택적근로시간제 도입 배경

신재생 에너지 전문업체인 ○○기업은 인력난으로 장시간 근로가 지속되고 그로 인해 업무효율성이 저하되는 악순환이 반복되었다. 특히 AS팀을 포함한 영업직의 경우 업무 특성상 불규칙적인 연장근로가 자주 발생하고 AS팀은 토·일요일에도 대기 상태인 경우가 다반사로 발생하였다. 하지만, 영업직의 경우 정확한 근무시간을 확인하기 어렵다는 이유로 연장근로수당이 거의 지급되지 않아 직원들의 불만이 가중되었다.

(2) 선택적근로시간제 도입

노·사간 협의 과정을 거쳐 근로자대표와의 서면합의로 영업직(AS팀 포함)을 대상으로 1개월 단위로 선택적근로시간제를 도입하였다.

① 정산기간은 임금계산 편의를 위해 1개월로 함

② 정산기간동안 근로해야 할 총 근로시간은 '해당 월의 소정근로일수(휴일·휴무일 제외) × 8시간'으로 하고, 주휴일 등의 계산기준이 되는 표준근로시간은 1일 8시간으로 함

③ 1개월분 임금은 정산기간동안 근로해야 할 총 근로시간에 대한 임금과 유급휴일(주휴일 등)에 대한 임금을 포함하여 지급

④ 의무적 근로시간대(core time)를 4시간(10:00~12:00, 13:00~15:00) 설정하고 나머지 시간은 선택적 근로시간대로 함

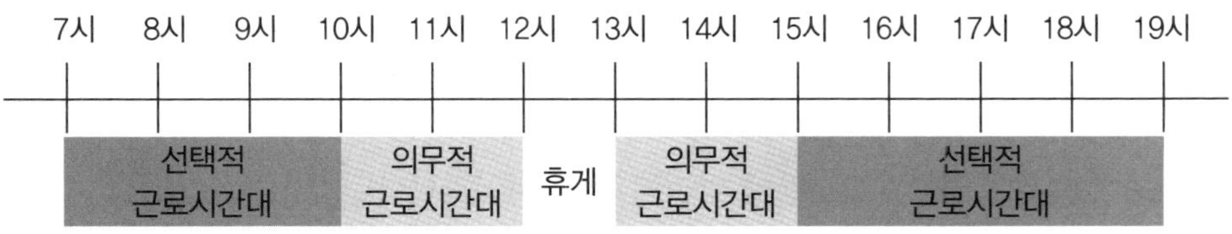

(3) 선택적근로시간제 도입 효과

선택적근로시간제 도입으로 업무량에 따른 근로시간 조정이 가능하며, 유연하고 효율적인 업무 수행으로 불필요한 대기시간 및 연장근로가 감소되었다.

※ 적용가능 업종(직무)은 영업직, A/S 업무, 출장업무 등이다.

2. 불규칙적인 근로가 이루어지는 업종

(1) 선택적근로시간제 도입 배경

냉동설비 설치·관리 업체인 ○○기업은 업무의 특성상 고객사 및 거래처가 원하는 프로젝트 일정에 따라 근로가 이루어져 불규칙적인 연장·야간·휴일근무가 발생하는 등 장시간근로가 관행화되었고, 냉동설비 영업 업무로 인해 외근도 자주 발생하는 상황이었다.

(2) 선택적근로시간제 및 보상휴가제 도입

선택적근로시간제를 도입하여 각 근로자가 담당하고 있는 고객사의 사정에 맞게 출·퇴근시간을 운영할 수 있도록 하여 일률적인 출·퇴근시간에 따른 불필요한 연장근로 발생을 최소화하였다.

① 대상근로자는 전 사원으로 하고, 정산기간은 1개월로 함

② 정산기간동안 근로해야 할 총 근로시간은 '해당 월의 소정근로일수(휴일·휴무일 제외) × 8시간'으로 하고, 주휴일 등의 계산기준이 되는 표준근로시간은 1일 8시간으로 함

③ 1개월분 임금은 정산기간동안 근로해야 할 총 근로시간에 대한 임금과 유급휴일에 대한 임금을 포함하여 지급

④ 의무적 근로시간대(core time)를 3시간(11:00~12:00, 13:00~15:00) 설정하고 나머지 시간은 선택적 근로시간대로 함

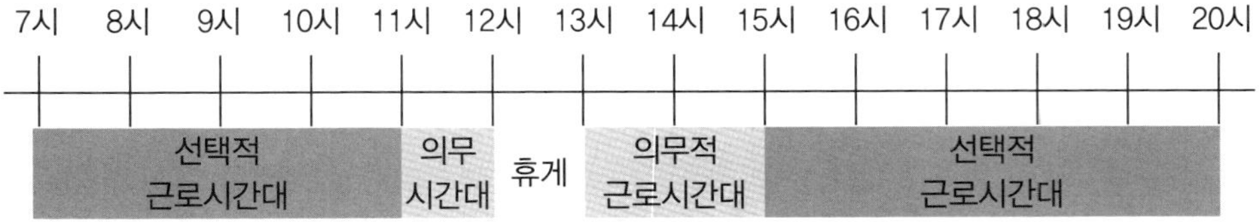

또한, 보상휴가제를 도입하여 사용자의 가산수당에 대한 부담을 경감시키고, 근로자의 휴식권 보장을 강화하였다. 연장근로시간에 50%를 가산한 시간만큼의 보상휴가를 부여하여 익월에 별도의 휴가를 사용할 수 있도록 하였으며, 미사용 휴가는 금전으로 보상하였다.

(3) 선택적근로시간제 도입 효과

선택적근로시간제 도입으로 고객사(거래처)의 스케쥴에 따라 근로자 스스로 근로시간을 조정할 수 있게 되어 불규칙한 근로시간에 따른 연장근로는 감소되고 보상휴가제 도입으로 근로자의 휴식권 확대 및 적법한 보상이 이루어지도록 하였다.

5 선택적근로시간제의 취업규칙과 노사합의

1. 선택적근로시간제와 취업규칙과의 관계

선택적근로시간제와 취업규칙과의 관계는 두 가지의 측면에서 중요하다.

첫째, 선택적근로시간제를 채용하는 경우에는 우선, 사용자는 취업규칙(취업규칙에 준하는 것을 포함한다)에 따라 업무시작 및 종료시각을 근로자의 결정에 맡기기로 한다는 취지를 규정할 필요가 있다. 취업규칙에 의한다고 하는 것은 상시 근로자가 10인 이상 사업장에 있어서는 취업규칙의 작성의무가 있으므로 반드시 취업규칙에서 정할 필요가 있다. 취업규칙에 준하는 것을 포함한다는 것은 상시 사용하는 근로자수가 5인 이상 10인 미만의 사업장에 있어서는 취업규칙에 준하는 문서이면 충분하며 이 문서에 대하여는 근기법 제14조에 따라 근로자에게 주지시켜야 한다. 취업규칙에서 선택적근로시간제를 정할 필요가 있다는 점에 있어서는 본래 근기법 제93조제1호에서 업무시작·종료시각을 취업규칙에서 정해야 할 의무가 있다. 법률상 선택적근로시간제는 이러한 의무와 모순되는 제도를 해제하여야 할 필요가 있으므로 업무시작·종료시각은 노무제공의 기본적인 사항이므로 그러한 채무이행이 있는 노무급부 내용의 지정이므로 그 지정은 채권자인 사용자가 행할 수 있는 권한이므로 채무자인 근로자의 지정에 의할 수는 없다. 직장의 취업규칙과 관계가 있는 선택적근로시간제를 실시하는 이상 이러한 의의를 가지고 있는 업무시작-및 종료시각을 근로자의 자주적 결정에 맡기기로 한 것이 중요한 것이므로 취업규칙 그 밖에 취업규칙에 준하는 문서에 따라 이 점을 명확히 할 필요가 있다. 이 경우 업무시작 및 종료시각의 쌍방을 근로자의 결정에 맡기기로 할 필요가 있으며 업무 시작시각 또는 종료시각의 일방을 근로자의 결정에 맡기기로 한 것은 법정요건을 충족하지 못하는 것이다.

둘째, 취업규칙에 선택적근로시간제를 정하는 경우에 사용자는 근로자에 대하여 업무명령으로서 당해 근무를 명할 근거가 발생할 수 있다. 취업규칙에 업무시작 및 종료시각을 근로자의 자주적 결정에 맡기기로 한 취지를 정하고 대상근로자의 범위 그 밖에 사항을 노사간의 서면합의로 정하는 경우에 선택적근로시간제를 적법하게 실시할 수 있다. 서면합의의 효력은 1개월 이내의 정산기간을 평균하여 1주간의 근로시간이

40시간을 초과하지 아니하는 범위안에서 1주간에 40시간의 근로시간을, 1일에 8시간의 근로시간을 초과하여 근로하게 하여도 근기법 위반이 되지 아니한다. 노사합의에 따라 근로자에게 선택적근로시간제의 근무를 명할 수 있으며, 근로자는 정산기간에 있어서의 총 근로시간에 미치지 못하는 근로계약상의 근로의무를 이행할 의무가 있으므로 그러한 의무를 근로계약의 내용으로 하는 것을 취업규칙에서 정할 필요가 있다. 당해 사업장에 선택적근로시간제를 적용받는 근로자가 사용자의 업무명령을 이행하기 위해서는 근로계약상의 근거는 물론이고 취업규칙에 그 근거를 두고 있다. 선택적근로시간제의 도입요건으로서의 취업규칙의 규정 모델은 다음과 같다.

〈모 델 1〉

선택적근로시간제의 취업규칙의 규정 모델

제○조【선택적근로시간제】 회사는 근로자대표와의 서면합의로 선택적근로시간제를 적용받게 될 근로자의 업무시작·종료시각은 제○조제○항의 업무시작·종료시각을 적용하지 아니하며 해당 근로자의 자주적 결정에 맡기기로 한다.

〈모 델 2〉

선택적근로시간제의 취업규칙의 규정 모델

제○조【선택적근로시간제】 ① 업무시작 및 종료시각은 노사간에 서면합의 된 선택적근로시간제의 적용근로자에 대하여는 해당 근로자의 자주적 결정에 맡기기로 한다. 다만, 업무시작에 있어서 근로자의 자주적 결정에 맡기기로 한 시간대는 오전 8시부터 오전 10시까지, 종료시간에 있어서 근로자의 자주적 결정에 맡기기로 한 시간대는 오후 3사부터 오후 8시까지로 한다.

② 오전 10시부터 오후 3시까지(휴게시간을 제외한다)는 근로자가 반드시 출근하여 소정근무에 종사하여야 한다.

〈모 델 2〉

제1조【선택적근로시간제】 다음의 부 과에 근무하는 근로자의 근무시간은 다음 제2조 이하에서 규정하는 선택적근로시간제에 의한다.

1. 총무부 법무실
2. 영업부
3. 본사 중앙연구소(서무과를 제외한다)

제2조【출근 및 퇴근】 ① 선택적근로시간제를 적용하는 근로자는 근로자가 선택한 오전의 선택적 근로시간대에 업무시작하고 오후의 선택적 근로시간대에 종업한다.
② 선택적근로시간제가 적용되는 근로자에 대해서는 제○조의 업무 시작시각 및 종료시각의 규정을 적용하지 아니한다.
③ 근로자가 반드시 근로하여야 할 시간대(이하 '코어타임' 이라고 한다)의 개시 시각 후에 출근한 경우는 지각으로 처리하고 코어타임 종료시각 전에 퇴근한 경우에는 조퇴로 처리한다.
제3조【결 근】 ① 근로자가 코어타임의 시간대에 근무하지 아니한 경우에는 결근으로 처리한다.
② 결근일은 표준근로시간을 근무하지 아니한 것으로 처리한다.
제4조【휴가 등의 처리】 ① 제○조에 따른 휴일, 연차유급휴가의 취득일, 제○조에서 규정한 약정휴가일은 표준근로시간을 근무한 것으로 하여 임금을 계산한다.
② 업무상 부상 또는 질병에 의한 조퇴, 육아시간, 교통사고에 의한 불취업시간(회사가 인정하는 시간), 회사의 사정에 의한 불취업시간에 대해서는 그 시간을 취업한 것으로 처리한다.
제5조【초과근로】 선택적근로시간제의 적용을 받는 자의 정산대상이 되는 초과근로(이하 '초과근로' 라 한다)는 다음과 같이 한다.
① 근로자대표와의 합의에 의해서 정한 1개월의 기간에 있어서의 총 근로시간을 초과해서 근로한 시간(1월에 188시간)
② 선택적 근로시간대의 전후(코어타임을 제외한다)에 업무명령을 받고 근무한 시간
제6조【정산기간 중의 근로시간 수가 총 근로시간에 부족한 자의 처리】 ① 정산기간 중의 근로시간 수가 정산기간에 있어서의 총 근로시간에 미달하여 부족한 근로자에 대해서는 그 부족한 분의 근로(이하 '부족근로' 라고 한다) 시간 수에 상당한 기본급의 금액을 지급하지 아니한다. 다만, 해당 근로자가 다음 정산기간에 초과근로한 때에는 당해 정산기간에 있어서의 부족근로의 시간 수와 다음정산기간에 있어서의 초과근로 시간 수를 상계할 수 있다.
② 제1항의 경우 부족근로가 있는데도 회사가 통상금액의 기본급을 지급한 경우 다음 정산기간에 플러스분과 마이너스분을 상계한 결과 그래도 부족근로시간이 남아 있을 때에는 그 부족근로시간 수에 해당하는 기본급을 공제하고 지급한다.
③ 제1항의 경우 회사는 부족근로 시간이 있는 근로자에 대하여 다음 정산기간에 그 부족근로 시간을 해소하도록 초과근로를 명할 수 있다.
제7조【정근·개근수당의 부적용】 선택적근로시간제가 적용되는 근로자에 대해서는 임금규정 제○조의 정근수당·개근수당을 지급하지 아니한다.
제8조【선택적근로시간제의 해제】 ① 돌발적인 업무상의 필요, 긴급사태의 발생, 그 밖에 업무의 사정에 따라 회사가 필요하다고 인정한 때에는 사전에 그 일시를 지정하고 선택적근로시간제의 적용을 해제할 수 있다.
② 선택적근로시간제 적용자가 근무성적이 불량하여 선택적근로시간제의 적용이 부적당하다고 인정되는 경우 회사는 해당 근로자에 대하여 선택적근로시간제의 적용을 해제한다.
제9조【발효일】 이 규칙에 의한 선택적근로시간제는 2020년 10월 1일부터 실시한다.

2. 선택적근로시간제의 노사합의(서면합의)

선택적근로시간제를 채용하는 경우에는 한편으로 취업규칙에서 정하고 다른 한편은 서면합의에서 법령으로 정하고 있는 사항 및 구체적인 운용사항을 정하여야 한다. 서면합의의 체결당사자는 「당해 사업 또는 사업장에 근로자의 과반수로 조직된 노동조합이 있는 경우에는 그 노동조합, 근로자의 과반수로 조직된 노동조합이 없는 경우에는 근로자의 과반수를 대표하는 자(이하 '근로자대표'라 한다)」(근기법 제24조제3항)이다. 우리 노동법 하에서는 노사협정이라는 제도가 독자적으로(예컨대 독일에 있어서 경영협정과 같이) 인정되고 있지 않기 때문에 그 개념이나 성격이 다소 불분명하다는 문제가 있다. 다만, 위의 서면합의는 조합원에 대하여 적용되는 단체협약이나 사용자가 일방적으로 작성하는 취업규칙과는 명백히 구별된다는 점에서 그 독자적인 성격을 지니고 있다고 볼 수 있다.

이 서면합의의 법적 성질은 사업장 내의 근로자대표제에 의한 합의로서 사용자와 근로자대표 사이에 체결되는 이른바 「노사합의」로 볼 수도 있다. 근기법은 근로자의 대표에 관하여 전근로자의 과반수를 대표하는 자 이외에 근로자의 과반수로 조직된 노동조합에 대해서도 사업장 내의 전 근로자에 대한 대표성을 인정하고 있는 태도를 취하고 있으므로 근로자과반수로 조직된 노동조합도 당해 노사합의의 근로자 측 대표로서의 지위를 인정하는 것이 현행법의 해석에 합치한다고 생각된다. 물론 이 경우에 근로자과반수로 조직된 노동조합은 사업장 내의 전근로자를 대표하는 노사합의의 당사자로 이해되며, 따라서 당해 노동조합과 사용자가 체결하는 서면합의도 노사합의로서 단체협약과는 구별되어야 한다. 법령에 정하는 요건을 충족한 노사합의(서면합의)의 모델을 제시하면 다음과 같다.

〈모 델 1〉

선택적근로시간제의 노사합의서 모델 [고용노동부]

주식회사 ○○ 대표이사____와 근로자대표____는 선택적근로시간제에 관하여 다음과 같이 합의한다.

제1조【목적】 이 합의서는 근기법 제52조와 취업규칙 제○조에 의해 선택적근로시간제에 필요한 사항을 정하는 것을 목적으로 한다.

제2조【적용범위】 선택적근로시간제는 과장급 이상의 기획 및 관리·감독 업무에 종사하는 자를 대상으로 한다.

제3조【정산기간】 근로시간의 정산기간은 매월 초일부터 말일까지로 한다.

제4조【총 근로시간】 '1일 8시간×해당 월의 소정근로일수(휴일·휴무일은 제외)'로 계산한다.

제5조【표준근로시간】 1일의 표준근로시간은 8시간으로 한다.

제6조【의무시간대】 의무시간대는 오전 10시부터 오후 4시까지로 한다. 다만, 정오부터 오후 1시까지는 휴게시간으로 한다.

제7조【선택시간대】 선택시간대는 시작시간대 오전 8시부터 10시, 종료시간대 오후 4시부터 7시로 한다.

제8조【가산수당】 업무상 부득이한 경우에 사용자의 지시 또는 승인을 받고 휴일 또는 야간시간대에 근무하거나, 제4조의 근무시간을 초과하여 근무한 시간에 대해 가산수당을 지급한다.

제9조【임금공제】 의무시간대에 근무하지 않은 경우 근무하지 않은 시간만큼 임금을 공제하며, 의무시간 시작시간을 지나 출근하거나 의무시간 종료 전에 퇴근한 경우에는 지각, 조퇴로 처리한다.

제10조【유효기간】 이 합의서의 유효기간은 ○○○○년 ○월 ○일부터 1년간으로 한다.

20○○. . .

주식회사 ○○ 대표이사 (인) 근로자대표 (인)

〈모 델 2〉

선택적근로시간제의 노사합의모델

주식회사 한국과 한국노동조합은 근기법 제52조에 따른 선택적근로시간제의 실시에 관하여 다음과 같이 협정한다.

제1조【대상근로자의 범위】 대상근로자의 범위는 다음과 같다.

1. 법무과 소속 근로자
2. 영업업무에 종사하는 근로자

※ 대상근로자의 범위는 법령상의 제한이 없으므로 노사가 자유롭게 결정할 수 있다.

제2조 【정산기간】 정산기간은 매월 1일부터 월말까지로 한다.

제3조 【정산기간에 있어서의 총 근로시간】 정산기간에 있어서의 총 근로시간은 1일 8시간(선택적근로시간제가 적용되지 아니한 근로자의 1일의 소정근로 시간과 동일하다)에 당해 정산기간에 있어서의 소정근로일수를 곱하여 얻은 시간을 말한다.

※ 1개월 176시간으로 고정적으로 정하기도 하고 1월 171시간, 2월 160시간, 3월 171시간 등 각 월별로 시간 수를 결정하여도 좋다.

제4조 【표준근로시간】 표준근로시간은 1일 8시간으로 하되 유급휴가, 출장 등에 있어서 당해 시간을 근로한 것으로 간주한다.

제5조 【반드시 근로하여야 할 시간대】 반드시 근로하여야 할 시간대(Core time)는 10시부터 15시까지로 한다. 다만, 경리부소속 근로자는 매월 20일부터 24일까지 한하여 9시30분부터 16시까지로 한다.

※ 선택적근로시간제는 적용자 전원이 동일 시간대일 것을 요하지 아니한다. 선택적근로시간제는 극단적으로 짧은 경우 코어타임의 개시에서 종료까지 시간과 어느 1일의 근로시간이 거의 일치하는 경우 등에는 기본적으로 업무시작 및 종료시각을 근로자의 결정에 맡기

기로 한 것으로 볼 수 없어 선택적근로시간제의 취지에 합치되지 아니한다.

제6조 【선택적 근로시간대】 근로자가 그의 결정에 따라 근로할 수 있는 시간대(Flexible time)는 다음과 같다.

1. 업무 시작시각대: 근로자는 소정근로일에 있어서의 업무 시작시각대(7시~10시, 제5조 단서의 경우에는 7시-9시30분)에 임의의 시각에 그의 자주적 결정에 따라 자유롭게 출근할 수 있다.
2. 종료시각대: 근로자는 종료시각대(15시~20시, 제5조 단서의 경우에는 16시-20시 30분)에 임의의 시각에 그의 자주적 결정에 따라 자유롭게 퇴근할 수 있다.
3. 제1호 제2호에 따르기 어려운 때에는 소속 부서장에게 신청하여 승인을 얻어 자주적으로 근무할 수 있다.

제7조【휴 게】 휴게시간은 취업규칙에서 정한바(12시-13시)에 따른다.

※ 선택적근로시간제의 경우에도 휴게를 부여하여야 한다.

제8조【근로시간의 정산】 각 정산기간 종료시에 있어서의 근로시간의 정산은 다음 각 호의 정한 바에 따른다.

1. 정산기간에 있어서의 총 근로시간을 초과하는 근로시간에 대하여는 임금규정에 정하는 바에 따라 연장근로수당을 지급한다.
2. 총 근로시간에 부족이 생기는 경우에는 당해 부족시간 해당분을 익월분을 당겨 근로시간을 정산한다. 다만, 익월의 월간법정근로시간의 범위 내에서 한다.

※ 이 부족시간분의 다음달 근로시간에 의한 정산에 있어서는 당해 부족시간분에 대하여도 당해 월분의 임금(월급 등)을 지급하는 것을 전제로 미리 지급한 임금분에 있어서 다음달의 근로시간에서 정산할 수 있도록 한 것은 그 다음달의 근로시간이 법정근로시간의 범위 내에 있는 한 허용 된다.

제9조【근로시간의 관리】 선택적근로시간제의 관리는 다음 각 호와 같다.

1. 근로자는 각 월의 소정 총 근로시간을 기준하여 스스로 그의 능력을 충분히 발휘하여 각자의 생활과의 조정을 도모하며, 그 업무를 계획적으로 배분하여 업무를 완수하며 소정 총 근로시간을 관리하여야 한다.
2. 근로자는 자기의 근로시간을 소정의 개별근무일지에 따라 매일 기록 관리하여 당해 월분을 익월 10일까지 소속 부서장에게 제출하여야 한다.
3. 근로자는 선택적근로시간제의 운영에 있어서 소정 총 근로시간이 현저하게 과부족 시간이 생기지 아니하도록 자주적인 관리를 도모하여야 한다.
4. 휴일근로 및 야간근로는 소속 부서장의 승인을 얻지 아니하고는 행할 수 없다.
5. 지각 조퇴·결근은 취업규칙에서 정한 바에 따르되 제5조의 반드시 근로하여야 할 시간대에 이를 적용한다.

제10조【적용제외】 회사는 특별한 업무상 필요가 있는 경우에는 사전에 근로자에게 통지하여 개별근로자 또는 업무별로 선택적근로시간제를 적용한 취업규칙 제○○조에 정하는 일반근로자의 정하는 바에 따른다.

제11조【여성의 특례】 선택적근로시간제 적용의 여성근로자의 연장근로는 근기법 제69조에 따른 연장근로의 제한을 받으며 법정휴일로는 월 1일 이내로 하며 야간근로는 행하지 아니한다.

2020년 10월 1일

주식회사 한국대표이사 한국호 (인) 한 국 노 동 조 합 위원장 배달호 (인)

6 선택적근로시간제에 관한 Q&A(고용노동부 「유연근로시간제 가이드」)

Q1 선택적근로시간제 도입시 근로자대표와 체결하는 서면합의 내용은 무엇인가?

근기법 제52조에 따라 다음의 사항을 서면합의에 포함하여야 하며, 기존 내용을 변경하는 경우에도 새로운 서면합의를 진행하여야 한다.

근기법 내용	작성 내용(예시)
대상 근로자의 범위	선택적근로시간제 적용 직원 범위 (예: ○○부, △△△팀 등)
정산기간 (1개월 이내의 일정한 기간)	근로시간을 평균하여 적용하고자 하는 기간 (예: 1개월, 2주, 4주 등)
정산기간의 총 근로시간	정산기간 동안 근로해야 할 총 근로시간 (예: 1개월 172시간 등)
반드시 근로하여야 할 시간대를 정하는 경우 그 시작 및 종료 시각	의무근로시간(근무일) 운영 내용 (예: 13~16시)
근로자의 결정에 따라 근로 시간대를 정하는 경우 그 시작 및 종료 시각	선택근무시간(근무일) 운영 내용 (예: 시작 07~13시, 종료 16~22시)
표준근로시간	유급휴가 부여 등의 기준이 되는 1일의 근로시간 (예: 1일 8시간)

Q2 선택적근로시간제 도입 시 의무적 근로시간대와 선택적 근로시간대를 반드시 설정해야 하는가?

원칙적으로 의무적 근로시간대 및 선택적 근로시간대는 노·사가 서면합의로 자율적으로 결정할 사항이나, 사업장 운영 및 원활한 업무진행 등을 위해 각각의 시간대를 설정하는 것이 바람직하다.

의무적 근로시간대를 설정할 경우 근로자간 회의 및 협업, 상사의 지시사항 등이 필요한 경우에 활용될 수 있다. 한편, 선택적 근로시간대를 설정하지 않을 경우 1

일 24시간 사업장을 개방해야 할 수도 있으며, 이 경우 사업장 관리·경비 등에 따른 부담이 발생할 수 있다.

Q3 표준근로시간을 특정 시간(1일 8시간 등)이 아닌 '사전에 근로자가 근로하기로 신청한 시간' 등으로 합의할 수 있는가?

표준근로시간은 대상 근로자 전체에 일률적으로 적용되는 특정의 근로시간으로 정해야 한다.

관련 행정해석 (2011.4.8, 근로개선정책과-703)

표준근로시간을 정하도록 규정한 취지는 선택적근로시간제를 실시할 경우 각 근로일별 근로시간이나 각 주별 근로시간이 근로자별로 달라질 수 있으므로 표준이 되는 1일 근로시간을 정하여 유급휴일수당이나 연차유급휴가수당 계산의 기준을 삼기 위한 것이다.

사전에 근로자가 근로하기로 신청한 시간을 표준근로시간으로 정할 수 있게 할 경우 휴가 사용일에 따라 표준근로시간이 달라질 수 있어 1일의 근로시간을 표준근로시간으로 정하여 유급휴가 등의 계산 기준으로 삼도록 한 법 취지에 부합하지 않는 바, 대상근로자 전체에 일률적으로 적용되는 특정의 근로시간을 표준근로시간으로 정하는 것이 타당하다.

Q4 소정근로일이 정해진 사업장에서 선택적근로시간제를 실시하는 경우 소정근로일에 반드시 출근해야 하는가?

선택적근로시간제는 일정기간(1월 이내)의 단위로 정해진 총 근로시간 범위 내에서 업무의 시작 및 종료시각, 1일의 근로시간을 근로자가 자율적으로 결정할 수 있는 제도로, 소정근로일의 출근 여부까지 근로자의 자율에 맡기는 것을 의미하지는 않는다. 다만, 취업규칙 또는 근로자대표와의 서면합의 시 소정근로일의 출근 여부까지 근로자의 자율적 결정에 맡기는 내용을 규정한 경우에는 소정근로일에 근로자가 출근하지 않더라도 결근으로 처리할 수 없을 것이다.

Q5 선택적근로시간제로 요일별 근로시간을 특정할 수 없는 경우 연차휴가수당 산정은 어떻게 해야 하는가?

연차휴가수당 산정은 표준근로시간(유급휴가 등의 계산 기준으로 사용자와 근로자대표가 합의하여 정한 1일의 근로시간)을 기준으로 지급하면 된다.

Q6 선택적근로시간제 운영 시 연장근로수당, 야간근로수당을 지급해야 하는가?

연장근로시간은 정산기간(1개월 이내 기간)을 평균한 1주간의 근로시간이 40시간을 초과한 시간으로 이 시간에 대해서는 연장근로수당을 지급해야 하며, 특정 주의 근로시간이 40시간을 초과하더라도 정산기간 평균 1주 40시간을 초과하지 않으면 연장근로수당은 발생하지 않는다.

야간근로의 경우에도 의무적·선택적 근로시간대에 야간근로(22시부터 익일 6시까지)가 포함되어 있는 경우에는 그 시간대의 근로에 대해서는 가산수당이 지급되어야 한다. 다만, 완전선택적근로시간제 하에서 사용자의 요청이나 승인 없이 근로자의 자유의사에 따라 산정기간 총 근로시간의 범위 내에서 연장 또는 야간근로가 이루어졌다면, 이에 대한 사용자의 가산수당 지급 의무는 없다.

Q7 선택적근로시간제 운영 시 정산기간 총근로시간 대비 실제 근로 시간의 과부족이 있으면 어떻게 해야 하는가?

정산기간에 실제 근로한 시간을 계산하였을 때 당초 약정된 근로시간을 초과한 경우에는 임금전액지급의 원칙에 따라 초과근로시간에 대한 임금을 지급해야 하며, 이를 다음 정산기간에 근로시간을 줄이는 형태로 상계할 수 없다.

반면, 실제 근로한 시간이 약정된 시간에 미달된 경우에는 미달 시간분에 해당하는 임금을 감액 지급할 수도 있을 것이다.

Q8 선택적근로시간제를 적용하던 근로자가 통상의 근무로 복귀하고자 할 경우에는 어떻게 해야 하는가?

선택적근로시간제 적용 제외 신청 절차를 마련하여 기존의 근무형태나 다른 형태로 전환하는 조치를 할 수 있을 것이며, 선택적근로시간제도의 원활한 운영을 위해서는 취업규칙 등에 세부 규정을 마련하는 것이 바람직하다.

제11장 사업장 밖 근로시간제를 둘러싼 문제

- 사업장 밖 근로의 간주시간의 올바른 관리를 위하여 -

1 사업장 밖 근로시간 간주제의 의의·요건·효과

1. 사업장 밖 근로시간의 개념

사업장 밖 근로시간제란 근로자가 출장 그 밖의 사유로 근로시간의 전부 또는 일부를 사업장 밖에서 근로하여 근로시간을 실제적으로 산정하기 어려운 경우에 있어서 근로시간을 인정하는 제도이다. 사업장 밖에서 근로하더라도 근로시간 산정이 가능하면 제외된다.

이 제도 아래서는 근로자가 실제 근로한 시간과 관계 없이 '소정근로시간', '업무수행에 통상적으로 필요한 시간', '노·사가 서면으로 합의한 시간' 중 어느 하나를 근로시간으로 간주하고 있다.

근로자가 사업장 밖에서 업무에 종사하는 전형적인 사례는 신문기자가 정보수집을 위한 취재활동이나, 보험모집원, 세일즈맨의 고객에 대한 판매활동이나(외교판매·방문판매) 등이 있다. 이러한 근로자는 소속 사업장 밖에 있어서 소속 조직 감독자의 지휘·감독으로부터 이탈하여 업무를 행한다는 점에 있다. 또한 임시적인 사업장 밖 근로(출장 등)는 「사업장 밖 근로」에 포함된다.

2. 탄력적·선택적근로시간제와의 차이

탄력적·선택적근로시간제는 근로시간 조정 및 배분 등을 통한 근로시간 형태의 변화가 있으나, 사업장 밖 간주근로시간제는 현재 근로시간 형태의 변경 없이 근로시간을 계산하는 방법만 편리하게 정하는 것이다.

구 분	탄력적·선택적근로시간제	사업장 밖 근로시간제
근로시간 형태 변경 여부	변경 있음	변경 없음
근로시간 산정	실제 근로시간으로 산정	근로시간 산정이 어려워 '근로한 것으로 인정하는 시간'으로 산정

활용 가능한 업종·직무[예시]
근로시간 산정이 어려운 업무로 영업직, A/S 업무, 출장 업무, 택시운송업, 재택근무 등

① 당초에 사업장 밖에서 근로하도록 되어 있는 상태적인 사업장 밖 근로, ② 상태적인 사업장 밖 근로와 사업장 내 근로가 혼합된 근로, ③ 사업장 내 근로가 원칙이나 출장 등 일시적인 필요로 사업장 밖에서 수행하는 근로 등이다.

3. 사업장 밖의 간주근로시간제의 특수성과 근기법상의 특례

근로시간이란 노무제공을 목적으로 근로자가 사용자의 지휘·감독 아래에 있는 시간을 말한다. 근기법상의 근로시간이란 「1주 40시간 및 1일 8시간」이라는 규제에 따라 형사벌칙의 대상이 된 시간을 말하는 것이다. 근로시간은 사용자의 구체적인 지휘·감독 아래에 구속되어 시간, 장소, 행동, 태도, 방법, 수단 등에 있어서 사용자의 지휘·감독 아래 직접적이고 현실적인 실근로시간을 말한다. 그러므로 근로시간은 반드시 사용자의 구체적인 명령에 따라 현실로 정신 또는 육체적인 활동을 하여 직무를 수행하는 시간만을 말하는 것은 아니다. 그것은 어느 때라도 사용자의 지휘·감독에 따라 직무를 수행할 수 있도록 대기하고 있는 시간도 포함되는 것으로서 근로자가 사용자에게 임금을 목적으로 노동력을 제공하는 시간이기 때문에 자기 자유롭게 사용할 수 없고 구속되어 있는 시간을 의미하는 것이다. 그리고 사업장 밖의 근로란 사업장 밖에서 근로하는 경우로서 사용자의 구체적인 지휘·감독이 미치지 못하고 근로시간의 산정이 어려운 경우를 말하는 것이다.

그러므로 신문기자가 기사 취재 때문에 신문사 밖에 있는 경우라든가, 판매회사의 세일즈맨, 약품판매회사의 영업직 근로자 등의 외근자가 고객을 방문하여 주문

을 받아가는 경우, 정보수집 또는 조사원이 정보의 수집·조사를 위하여 사업장 밖으로 출장가는 경우 혹은 내근 근로자라도 사업장 밖에 출장하는 경우 등에는 그 시간 중에는 사용자가 직접적인 지휘·감독 아래에 있지 아니하고 구체적인 업무내용이나 수행방법(교섭이나 취재방법 등)은 각 근로자의 자유에 맡겨져 있으므로 그 시간 중에 몇 시에 업무를 시작하고 몇 시에 업무를 종료하는가를 각 근로자의 자유에 맡기고 있다. 그 시간 사이에는 몇 시에 식사를 하든지, 커피를 마시든지, 몇 시간 휴식을 하든지 직무를 성실히 수행하는 한 자유이다. 또 거래처 고객과 술을 함께 마시는 것도 무관하다고 할 때에는 몇 시에서 몇 시까지가 사용자의 지휘·감독 아래에 있었던 구속된 시간인가, 몇 시에서 몇 시까지가 휴식시간인가가 불분명하여 파악할 수 없다. 경우에 따라서는 그것이 직무의 수행인지 자기의 취미를 위한 자유시간으로 이용하는 것인지가 분명하게 구별할 수 없는 성질의 시간도 있는 것이다.

4. 사업장 밖의 근로의 간주근로시간의 산정

사업장 밖에서 근로하는 이른바 외근자에게 특수한 근로실태로서 실제의 근로시간을 파악하기 어려운 경우가 많다. 따라서 근로자가 출장 및 사외영업업무 등을 이유로 사업장 밖에서 근로한 경우 실근로시간과 임금의 계산을 둘러싸고 분쟁이 발생할 가능성이 있다. 그러므로 근기법 제58조에서 이와 같은 외근근로의 특수성을 고려하여 다음과 같이 규정하고 있다. 「① 근로자가 출장 그 밖의 사유로 근로시간의 전부 또는 일부를 사업장 밖에서 근로하여 근로시간을 산정하기 어려운 경우에는 소정근로시간을 근로한 것으로 본다. 다만, 당해 업무를 수행하기 위하여 통상적으로 소정근로시간을 초과하여 근로할 필요가 있는 경우에는 그 업무의 수행에 통상 필요한 시간을 근로한 것으로 본다. ② 제1항 단서에도 불구하고 그 업무에 관하여 근로자대표와의 서면 합의를 한 경우에는 그 합의에서 정하는 시간을 그 업무의 수행에 통상 필요한 시간으로 본다」. 이는 사업장 밖에서 행하는 작업으로서 근로시간을 산정하기 어려운 때에는 소정근로시간을 근로한 것으로 처리해도 무방한 것으로 그의 특례취급이 인정되고 있다. 이것을 요약하면 근로자가 근로시간의 전부 또는 일부를 사업장 밖에서 업무에 종사하는 경우에 있어서 근로시간을 산정하기 어려운 경우의 근로시간의 계산은 다음에 의한다.

① 원칙적으로 소정근로시간 근로한 것으로 본다(소정근로시간간주제).

② 당해 업무(사업장 밖 근로)를 수행하기 위해 통상근로시간을 초과하여 근로할 필요가 있는 경우(상태적인 소정시간초과)에는 당해 업무의 수행에 통상 필요한 시간 근로한 것으로 본다(통상필요근로시간간주제).

③ ②의 경우에 있어서 근로자대표와의 서면합의(노사합의)가 체결되어 있을 때에는 그 서면합의에서 정하는 시간을 당해 업무의 수행에 통상 필요한 시간 근로한 것으로 본다(노사합의에 의한 간주제).

5. 간주(외근 또는 인정) 근로시간제의 취지

사업장 밖의 근로에 대해서는 근로시간의 산정이 어렵기 때문에 종래부터 구 근기법 시행령 제37조에서 「근로자가 출장 그 밖에 사업장외에서 근로하는 경우에 근로시간을 산정하기 어려운 때에는 1일 8시간을 근로한 것으로 본다. 다만, 사용자가 미리 별도의 지시를 하였을 경우 예외로 한다」고 규정하고 있었다. 그러나 이 규정의 의미내용은 명확하지 않고 여러 가지 해석상의 이의가 생기고 있었다. 특히 1일 8시간 근로한 것으로 간주되어 소정근로시간을 초과하여 근로하는 사업장 밖의 근로에 대해서도 1일 8시간 근로한 것으로 간주하게 되어 있었으나, 동법시행령 규정은 법률적 근거가 희박할 뿐만 아니라 소정근로시간을 초과하여 근로하는 때에도 8시간의 근로로 간주한다는 것은 불합리하다고 아니할 수 없다.

1997년 3월 13일 근기법의 개정에서는 구 근기법 시행령 제37조를 삭제하고 그 내용을 근기법 제58조제1항 및 제2항에 규정하여 법률로 격상하였다. 그 이유는 첫째, 최근 제3차 산업의 확대, 기술혁신의 진전에 따라서 외교교섭, 세일즈, 기사취재, 조사, 정보수집 등 사업장 밖에서 근로가 이루어진 경우 사용자의 구체적인 지휘·감독이 없거나 근로시간의 산정이 어려운 업무가 확대되고 종사근로자도 증가하여 통상의 방법에 의한 근로시간의 산정이 적절하지 아니한 업무가 증가하고 있으므로 법제도의 정비가 필요하여 근기법에 직접 규정한 것이다.

둘째, 헌법 제32조제2항은 「근로조건의 기준은 인간의 존엄성을 보장하도록 법률로 정한다」고 규정하고 있으므로 사업장의 근로의 1일 8시간 간주규정을 한 구 근기법 시행령 제37조는 법률의 위임을 받았는지 여부가 불명하고 본 법에 규정한 바 없는 사항을 대통령령에서 사업장 밖 근로의 근로시간의 계산상의 취급을 규정하는 것은 법률로서 근로조건의 기준을 정하도록 한 헌법에 위반하는 위헌의 대통령령인가의 여부를 둘러싸고 논란이 있었으므로 이것을 법률로 정하도록 하여 그 근거를 명백히 한 것이다.

이와 같이 신설된 규정은 종전의 구 근기법 시행령 제37조 규정의 불명확성을 배제하면서 노사합의에 의한 「근로시간의 간주」라는 새로운 방법을 도입하였다.

특히 출장 그 밖에 사업장 밖에서 근로하는 경우에는 근로시간을 산정하기 어려운 경우에 실근로시간과 임금의 계산 등을 둘러싸고 노사간 분쟁의 소지가 있으므로 이를 근원적으로 해소하기 위하여 간주근로시간제를 도입하여 일정시간을 근로한 것으로 간주할 수 있는 근거를 마련한 것이다.

본 조항의 의의는 서비스 경제화 등으로 사업장 밖의 근로가 증가하고 있는 것에 비추어 사업장 밖의 근로에 관한 근로시간의 산정을 보다 합리적이고 명확하게 하기 위한 규정을 법 자체 내에 두었다는 것이다.

6. 사업장 밖 간주근로시간제의 도입 요건

(1) 사업장 밖의 근로일 것

사업장 밖의 근로는 '근로의 장소적 측면'과 '근로수행의 형태적 측면'을 종합적으로 고려하여 판단해야 한다.

① (근로의 장소적 측면) 소속 사업장에서 장소적으로 이탈하여 자신의 본래 소속 사업장의 근로시간 관리로부터 벗어나 있는 상황

근로시간 전부를 사업장 밖에서 근로하는 경우는 물론 일부만 사업장 밖에서 근로하는 경우도 포함한다.

② (근로수행의 형태적 측면) 사용자의 근로시간 관리조직으로부터 구체적인 지휘·감독을 받지 않고 근로를 수행

(2) 근로시간을 산정하기 어려울 것

사업장 밖 근로의 업무의 시작시각과 종료시각이 해당 근로자의 자유에 맡겨져 있고, 근로자의 조건이나 업무 상태에 따라 근로시간의 장단이 결정되는 경우 사업장 밖 근로라 하더라도 사용자의 구체적인 지휘·감독이 미치는 경우에는 근로시간의 산정이 가능하므로 적용 대상에서 제외된다.

(3) 근로한 것으로 간주하는 시간을 규정할 것

근로시간을 산정하는 방법은 '소정근로시간으로 보는 경우', ' 업무수행에 통상 필요한 시간으로 보는 경우', '노·사가 서면합의한 시간으로 보는 경우' 로 구분한다.

1) 소정근로시간으로 보는 경우

소정근로시간은 법정근로시간(1일 8시간, 1주 40시간)의 범위 내에서 노·사가 근무하기로 정한 근로시간을 말한다. 근로시간은 취업규칙의 기재사항이므로 취업규칙을 작성·신고할 때 소정근로시간 및 대상근로 등을 명시하여야 한다.

2) 통상 필요한 시간으로 보는 경우

해당 업무를 수행하기 위하여 통상적으로 소정근로시간을 초과하여 근로할 필요가 있는 경우에는 그 업무의 수행에 통상 필요한 시간을 근로한 것으로 인정한다. 통상 필요한 시간은 통상적 상태에서 그 업무를 수행하기 위해 객관적으로 필요한 시간을 말한다.

통상 필요한 시간 중 법정근로시간을 초과하는 시간은 연장근로가 된다.

취업규칙을 통해 그 업무의 수행에 통상 필요한 시간을 산정하는 방법을 특정하는 것이 바람직하다.

3) 노·사가 서면 합의한 시간으로 보는 경우

해당 업무를 수행하기 위하여 통상적으로 소정근로시간을 초과하여 근로할 필요가 있는 경우에 사용자와 근로자대표가 서면합의한 시간을 그 시간을 업무수행에 통상 필요한 시간으로 인정한다.

합의는 서면으로 작성하여 권한 있는 노·사 당사자가 서명, 날인하여야 하며, 서면합의 서류는 근기법 제42조 및 시행령 제22조에 따라 서면합의한 날부터 3년간 보존하여야 한다. 서면합의로 정한 시간 중 법정근로시간을 초과하는 시간은 연장근로가 된다.

7. 사업장 밖 간주근로시간제와 연장·휴일·야간근로 및 휴일·휴가

특례를 인정하는 것은 근로시간의 산정에 관한 부분이므로 연장·휴일·야간근로가 발생한 경우 가산수당을 지급하여야 하고, 휴일·휴가는 출근율에 따라 별도로 부여하여야 한다. 사업장 밖 간주근로시간제를 도입한 경우에도 사용자는 근기법 제70조의 임산부와 연소자의 야간·휴일근로의 제한 규정, 제71조의 산후 1년 미만 여성근로자의 시간외근로 제외한 규정을 준수하여야 한다.

8. 사업장 밖 간주근로시간제의 도입 효과

(1) 적법하게 운영되는 경우

도입 요건을 충족하고 적법하게 운영되는 사업장 밖 간주근로시간제 하에서는 근로자가 ① 소정근로시간, ② 업무수행에 통상적으로 필요한 시간, ③ 노·사가 서면으로 합의한 시간 중 어느 하나의 간주근로시간을 근로한 것으로 본다. 본래 사용자는 근로시간 파악 의무가 있으나 근기법 제58조제1항 및 제2항의 적용 결과 근로시간 파악 의무가 면제된다는 점이다.

(2) 위법하게 운영되는 경우

사업장 밖 간주근로시간제가 법적 요건을 갖추지 못한 채 운영되면 근기법 제58조제1항 및 제2항(사업장 밖 간주근로시간제)이 아닌 같은 법 제50조(근로시간)가 적용되어 1일 8시간, 1주 40시간을 초과한 근로시간은 연장근로가 된다. 따라서, 실근로시간 여부에 따라 근로시간 위반이 될 수 있고, 실근로시간을 토대로 임금 등 근로조건이 적용된다.

2 사업장 밖 간주근로시간제의 활용 사례

1. 사업장 밖 간주근로시간제 도입배경

영화·방송 콘텐츠 제작 및 배급업체인 ○○미디어는 관리업무를 수행하는 소수의 직원들 외에는 대부분의 직원들이 주로 촬영 현장에서 근무하여 근로시간의 체계적인 관리 및 통제가 어렵다. 콘텐츠 제작 및 배급 업무를 담당하는 직원들은 주로 사업장 밖에 근무할 뿐만 아니라 근로의 양보다는 근로의 질에 의해 평가받는 업무이기에 근로시간을 직원의 자율에 맡기는 것이 효과적이기 때문이다.

2. 사업장 밖 간주근로시간제 도입

근로자대표와 서면합의를 거쳐 콘텐츠 제작 및 배급 업무 담당자를 대상으로 사업장 밖 간주근로시간제를 도입하여야 한다.

사용자와 근로자대표가 서면합의로 1일 10시간을 업무수행에 통상 필요한 시간으로 인정하기로 약정하고 직원이 사용자의 지시에 따라 휴일 또는 야간에 근무한 경우 가산수당을 지급하기로 한다.

3. 사업장 밖 간주근로시간제의 도입 효과

노·사간 합의를 통해 업무수행에 통상 필요한 시간을 정함에 있어 일정 부분 연장근로를 반영함으로써 연장근로에 대한 사업주와 근로자간 불필요한 오해를 해소할 필요가 있다.

직원들도 다음날의 업무일정에 따라 개인별로 출근시간을 조정하여 전날의 출장, 야간근로 이후 충분한 휴식을 취할 수 있게 된다.

적용가능 업종(직무)는 영화·방송 콘텐츠 제작 및 배급, 영업, A/S 등이 있다.

3 세일즈맨, 출장작업 등 사업장 밖의 근로시간

1. 사업장 밖 근로의 근로시간의 계산

근기법 제58조는 서비스 업무, 수금업무, 취재, 조사 등의 외근이나 출장 등의 사업장 밖의 근로에 있어서 그 실근로시간이 몇 시간인지 산정할 수 없는 것이 통상이므로 통상의 근로시간 즉 당해 일의 1일 8시간 근로가 아니라 1일 소정근로시간 근로한 것으로 취급한다는 원칙을 근기법의 본법의 조문에서 규정하고, 당해 업무를 수행하기 위하여 당해 사업장 밖 근로시간이 통상적으로 소정근로시간을 초과하여 근로할 필요가 있는 때에는 그 초과시간도 당해 일의 근로시간으로 간주하여 계산한다는 새로운 방법을 추가하여 규정하고 있다.

간주근로시간제는 근로시간 계산에 대한 특례일 뿐이므로 임금 지급단위, 임금 지급일, 연장근로 계산 등은 당해 사업장이 채택하고 있는 근로형태(정상적 근로시간제·탄력적근로시간제·선택적근로시간제) 등에 따라 각각 상이하다.

2. 「소정근로시간을 근로」한 것으로 보는 경우

근기법 제58조제1항의 「소정근로시간을 근로한 것으로 본다」는 규정의 적용을 받을 수 있기 위해서는 다음과 같은 요건을 전부 충족하는 경우이어야만 한다.

(1) 근로시간의 전부 또는 일부를 사업장 밖에서 근로한 경우

① **근기법 제58조의 규정이 적용되는 범위**: 근기법 제58조제1항에서는 「근로자가 출장 그 밖의 사유로 근로시간의 전부 또는 일부를 사업장 밖에서 근로하는 경우」라고 정하고 있어 본조가 적용되는 것은 근로시간의 전부 또는 일부를 사업장 밖에서 근로하는 경우에 한한다.

② **간주근로시간제가 적용되는 근로형태**: 간주근로시간제가 적용되는 사업장 밖의 근로는 상태적인 사업장 밖의 근로뿐만 아니라 출장 등과 같은 임시적인 사업장 밖의 근로도 포함한다. 근로시간의 산정 책임은 본래 사용자에게 과하여진 것이므로 이를 산정할 수 없기 때문에 시간외의 가산임금을 지급할 수 없다는 항변은 원칙적

으로 인정되지 않는 것이다. 그러나 사업장 밖에서의 근로에 대하여는 외근근로자의 성질상 근로시간인지 아닌지 구별할 수 없는 사정이 있어 근로시간의 파악의무를 이러한 경우에까지 관철하기는 무리이며 또한 실정에도 맞지 않아서 사업장 밖의 근로에 한하여는 근기법 제58조의 규정을 적용하여 사용자의 의무를 면제한 것으로 된다.

③ **옥외근로의 포함 여부**: 여기서 말하는 「사업장 밖에서 근로하는 경우」라는 것은 이른바 외근, 사외영업업무를 의미하는 것이며 반드시 옥외근로를 의미하는 것은 아니다. 건설공사 현장이나 벌목·조림 등의 임업현장 등과 같은 옥외근로라도 당해 공사현장이나 임업현장이 사업장이며 거기서 작업하는 한 옥외근로라 하더라도 그것은 장소적, 시간적, 업무내용적, 조직적으로 직접 사용자의 지휘·감독 아래 구속되며 조직화된 하나의 사업장 내의 근로로 되는 것이다. 결국 사용자의 구체적·현실적인 지휘·감독이 미치는 일정장소의 범위 내의 근로를 사업장 내의 근로라 하며, 그 장소적 구속을 떠나서 사용자의 구체적 지휘·감독이 미치지 않는 곳에 출장하여 행하는 근로를 사업장 밖의 근로라고 하는 것이다.

④ **근로시간의 전부 또는 일부의 포함 여부**: 근로시간의 전부 또는 일부를 사업장 밖에서 근로하는 경우뿐만 아니라 그 일부를 사업장 밖에서 근로하는 경우도 포함한다. 사업장 밖의 근로가 1일의 소정근로시간대의 일부를 이용하여 이루어진 경우에는 소정근로시간대에서의 사업장 내 근로를 포함하여 1일의 소정근로시간을 근로한 것이 된다.

최근의 판례로서 「근로자를 지방의 건설공사 현장에 출장시켜 방사능에 의한 검사나 유해인자의 측정 등 안전검사를 하게 하는 경우에는 그 공사현장에서의 공사진행과 검사와의 관계상 상당기간 현장에 체재하는 때에는 책임자를 두고 작업보고서를 제출시키며 그 '작업보고서' 에는 '작업현장명', '출근시간', '퇴근시간', '작업개시시간', '작업종료시간', '거래처인, 등 각 란을 만들어 현장책임자로 하여금 거래처로부터 압인을 받도록 되어 있는 경우에 위에 인정한 근로자의 통상의 경우와 지방현장에 출장했을 때의 작업형태의 비교, 출장작업의 실시상황, 출장근로자의 인원 수, 출장시간, 출장근로자 중에서 책임자를 지정하는 점, 사용자가 출장근로자로부터 근로시간 관계사항을 기재한 작업보고서를 제출시키고 있는 점 등을 판단하면… 근로자의 출장작업은 구속성을 가지며 위 출장작업이 구속성이 없는 소위 출장을 규정하고 있다고 보는 근기법 제58조 소정근로시간을 산정하기 어려운 경우에 해당한다고는 할 수 없다」라고 하고 있다. 이것은 마땅히 위의 관점에서 사업장 내외의 구분을 기술하고 있는 것이다.

(2) 근로시간의 산정이 어려운 경우

근기법 제58조의 적용을 규정하게 된 것은 본래 근로시간의 파악·산정의무가 사용자에게 있으므로 사용자는 최선의 노력을 다하여 파악해야 하는데 파악되지 못하였다 하여 위법근로의 결과에 대한 면책을 받을 수 없다.

그러나 사업장 밖에서 근로하는 경우에는 그 근로의 특수성 때문에 모든 경우에 그와 같은 근로시간의 산정의무를 인정한다는 것은 불가능하며 또 어려운 것을 강요하는 결과가 된다. 근기법 제58조는 사용자의 이와 같은 근로시간 파악책임을 전제로 규정한 것이기 때문에 본조의 적용을 받는 것은 외근근로의 특수성에서 그 근로시간의 산정이 어려운 경우에 한한다.

행정지침(고용노동부, 「유연근로시간제 가이드」)에서는 다음의 경우와 같이 사업장 밖에서 업무에 종사하는 경우라도 사용자의 직접적, 그리고 구체적인 지휘·감독이 미치고 있는 경우에는 근로시간의 산정이 가능하므로 근기법 제58조제1항의 적용이 없다고 예시하고 있다.

1) 여러 명이 그룹으로 사업장 밖에서 근로하더라도 그 구성원 중에 근로시간 관리를 하는 자가 있는 경우

이것은 일정지역에 한정해서 이른바 판로확장작전 등을 하기 위하여 다수 근로자가 상사의 직접적인 지휘·감독을 받아서 일정시간에 할당지역에 집중 방문하는 등으로 집단적·통일적으로 지시업무를 수행하는 경우 등을 말한다. 이러한 경우에는 설사 사업장 밖의 근로에 해당되더라도 상사인 관리·감독자의 구체적인 지휘·감독 아래에서 직접 감독받은 업무에 집단적·조직적으로 종사하는 것이므로 그 지휘·감독 아래에 있는 시간은 그 관리·감독자가 파악하여 근로시간의 산정이 가능하다.

따라서 이에 해당되는 것은 일정한 팀이나 그룹을 형성하는 등의 조직적 행동이 필요한 경우이며, 그 그룹조직에 대하여 일정한 지휘·감독자가 정하여져 있고 현장감독자나 작업책임자가 통솔하고 있어 사업장 밖의 근로현장에서 직접 노무지휘를 하는 경우이다.

따라서 일정한 자의 지휘·감독 아래에 있으며, 구체적 그리고 직접적으로 구속을 받아 조직적·집단적으로 업무에 종사하고 있다고 볼 수 있는 상태의 경우이다. 그러므로 「상사를 수행하여 출장」하든가 「관리·감독자와 동행」하는 방문활동의 경우에는 일정그룹으로서 조직적인 행동이 행하여지는 것이 아니므로 여기에 해당되지 아니한다. 오히려 이러한 경우는 상사나 관리·감독자의 활동과 일체 불가분의 상황에서 사업장 밖 활동에 임하고 있다고 볼 수 있으므로 상사의 활동이 사업장 밖 근로로서 근로시간 산정의 곤란성을 가진다고 할 수 있다.

2) 사업장 밖에서 업무를 수행하는 사람이 정보통신기기 등에 의하여 수시로 사용자의 지시를 받으면서 근로하고 있는 경우

정보통신기기의 「소지」를 문제삼는 것이 아니고 어디까지나 「정보통신기기 등에 의하여 수시로 사용자의 지시를 받으면서 근로하고 있는 경우」이어야 한다.

이러한 예에 해당되는 것은 장소적으로는 직접적인 지휘·감독 아래에 있지 아니하나 사실상으로는 직접적이고 구체적인 지휘·감독 아래에 있는 것과 동일한 경우이다. 이러한 사례는 이른바 원격조작으로 유도되고 있는 경우와 동일시되는 것이며, 무선을 장비한 자동차에 승무하여 사용자의 지시를 상시 받으면서 사업장 밖에서 순회나 방문업무에 종사하거나 휴대용 소형무선을 지참하고 지시를 받고 응답하면서 업무에 종사하는 경우이다. 이것은 끊임없이 시각을 다투는 정보의 수집, 송부 또는 긴급지시나 업무에 대비하는 등의 사업장 밖의 활동을 수행하는 직무 등이 이에 해당되는 경우가 많다고 생각된다.

3) 미리 회사로부터 방문처와 귀사시각 등 당일 업무를 구체적으로 지시받은 다음 사업장 밖에서 업무를 수행하는 경우

이것은 업무의 성질상 사업장 밖이지만 특별한 사용자의 지시로 방문처, 업무내용 및 취업시각, 귀사시각 등의 업무지시가 구체적으로 행해지고, 이른바 작업지시서에 의한 작업을 그대로 하여야 하는 경우와 동일하며, 이러한 별단의 지시에 의한 구체적 구속이 있는 때에는 근로시간의 산정이 가능한 현실의 지휘·감독 아래에 들어가 있다고 간된다.

판매회사에 세일즈맨, 은행 거래처 담당자 등일지라도 상사로부터 구체적으로 방문처 등을 지시받고, 또 그 내용, 스케줄이 이른바 작업예정표와 같이 정확하게 정하여져 있어 그 예정표대로 업무에 종사할 의무가 있으며, 지시된 시각에 방문처를 방문하여 소정업무에 종사하고 그 예정업무의 결과를 당일 중에 지시된 시각에 귀사하여 보고해야 되는 경우가 이에 해당된다.

출장에 있어 통상 필요한 시간을 산정할 경우 출장지로의 이동에 필요한 시간은 근로시간에 포함시키는 것이 원칙이나 출·퇴근에 갈음하여 출장지로 출근 또는 출장지에서 퇴근하는 경우는 제외할 수 있을 것이다. 다만, 장거리 출장의 경우 사업장이 소재하는 지역에서 출장지가 소재하는 지역까지의 이동시간은 근로시간에 포함시키는 것이 타당하다(2001.6.14, 근기 68207-1909).

(3) 영업결과보고의 의무화 또는 회사차량 이용시의 문제

1) 영업결과보고의 의무가 있는 경우

최근 영업근로자 등의 관리방법으로서 당일의 방문처에서의 거래협상이나 거래결과 등을 그 당일에 소속 부서장에게 보고하게 하는 동시에 익일의 영업전략을 연구하는 경우가 흔하다. 이와 같이 당일의 보고를 의무화하고 상사가 근로자의 귀사를 기다리는 경우, 근로시간의 산정이 가능하다고 하여 전기 규정의 적용을 받지 않는가라는 의문이 있다. 그러나 당일의 업무보고를 의무화하는 경우에도 방문처, 방문처에서의 교섭, 거래의 내용, 방문시각 등을 상사가 구체적으로 미리 지시를 하지 않고 또 귀사시각 그 밖에 근로시간의 지시도 하지 않으며, 당일의 업무실시 결과만을 보고시키고, 필요한 업무지시, 예컨대 업무의 방법, 상대방에게 접근하는 방법 등을 지시하고 있는 상황일 때에는 실시방법, 시간배분 등을 근로자의 재량에 일임하고 있는 경우로서 구체적인 구속성은 없으며 그 사업장 밖의 근로는 근로시간을 산정할 수 없는 경우에 해당한다고 해석된다.

2) 회사차량 이용의 경우

다음에 회사가 보유하는 자동차를 운전해서 세일즈, 조사, 취재활동에 종사하는 경우 회사를 나와서 또 회사에 되돌아올 때까지의 해당 근로자의 「자동차 운전」이라는 업무수행 전시간이 근로시간이 되는가라는 문제가 있다.

이 점에 대해서는 이른바 사업장 밖의 근로에 대한 근기법 제58조제1항(~로 본다)의 적용취지가 그 업무의 자유재량성과 단속성에 있다. 따라서 외근출장 중의 근로내용 그 자체가 근로자의 자유재량성을 인정하며 또한 방문처에서의 거래협상이나 판매취지 등의 내용 그 밖에 대기, 휴게, 면담시간 등이 특정 또는 지정되어 있지 아니하고 단속적이기 때문에 실근로시간의 산정이 어려운데서 유래하는 것이다. 자동차의 운전 자체가 근로의 목적(화물, 승객의 운전 등)이 아니고 사업장 밖의 근로의 편의상, 다른 교통기관 대신에 자동차가 제공된 것이라면 당연 외근영업근로성이 상실되지 아니하므로, 근로시간을 산정할 수 없는 경우에 해당한다고 해석된다. 그 운전업무의 목적이 화물이나 승객 등의 수송을 위해 운전자체가 목적이고 이러한 운전목적에 있어서 구체적 지휘·감독이 있는 사례이므로 여기에도 운전이 목적이 아니고 방문처의 교통기관으로서 편의제공이라는 운전내용 자체에 있어서 구체적 지시명령이 있다는 점이 포인트라고 할 것이다.

3) 영업·수금과 납품(상품적재트럭운전)겸무의 경우

통상 세일즈형태가 있는가 하면 코스·당일 방문처 등은 근로자본인의 재량에 위임되거나 매출확대를 위해 영업(경우에 따라서 신규영업)과 청구·수금활동을 하는 통상의 세일즈에 병행하여 트럭에 승무하여 납품할 상품을 적재하여 납품·배송도 겸하며 나아가 견본품을 싣고 신규영업지원을 행하는 영업패턴도 증가하고 있다. 이 경우에는 통상의 상품배송목적으로 트럭을 운전하여 입·출고주의에 따라 실근로시간을 파악하여 이에 따라 연장근로를 관리하여야 하나, 통상의 외근영업활동의 하나의 패턴으로서 「사업장 밖의 간주근로」인 때에는 근기법 제58조제1항에 따라 취급해야 하느냐의 문제가 있다.

이 경우에는 업무처리형태가 천차만별로서 일률적으로 판단하기는 어렵다. 취급 상품의 종류, 세일즈활동의 형태, 세일즈활동의 내용 예컨대 상품을 싣더라도 의사에게 약품에 대하여 의사와의 면전에 의한 설명, 영업을 하여야 하는 경우에는 대기시간이 길어지고 간주시간이 된다.

한편 가로에 설치되어있는 자동판매기에 상품을 보충하거나, 수금을 할 경우에는 세일즈활동이 아니므로 통상의 운반목적의 트럭운전과 동일하게 입·출고관리로서 근로시간의 파악이 필요한 것이다. 기업담당자의 관리사항(특히, 현금회수의 경우에는 단말기를 이용하여 보고나 관리, 입금절차의 규제 등), 영업의 종류(예컨대 견본품의 전시 즉시 판매하는가, 특정의 판매점, 판매대리점 방문이 중심인가), 당일의 귀사와 상품의 검수·재고처리의 상황(산업폐기물 취급절차, 온도관리의 엄격성 등) 등에 있어서 제반 사정을 종합적으로 판단하여 「간주근로」의 적용 유무를 판단하여야 한다.

4 통상 필요한 시간을 근로한 것으로 본다의 의의와 범위

1.「소정근로시간을 초과하여도 통상 필요한 시간을 근로한 것으로 본다」는 것은

당해 업무를 수행하기 위하여 통상적으로 소정근로시간을 초과하여 근로할 필요가 있는 경우에는 그 업무의 수행에 통상 필요한 시간을 근로한 것으로 본다(근기법 제58조제1항 단서). 예컨대 A/S 업무 수행에 통상 필요한 시간이 소정근로시간을 초과하는 경우라면 동법 제58조제2항에 의한 노사 서면합의가 없는 한 동법 제58조제1항 단서에 따라 그 업무의 수행에 통상 필요한 시간을 근로시간으로 보아야 할 것이다(2001.6.14, 근기 68207-1909).

소정근로시간을 초과하는 근로가 통상적으로 행해지는 경우, 즉 상태화한 연장근로에 대처하기 위하여 근기법에 명문의 규정을 둔 것이다. 당해 업무의 수행에 통상 필요한 시간이란 "평균인이 통상의 상태에서 그 업무를 수행하기 위해서 객관적으로 필요로 하는 시간"으로 정의된다. "객관적으로 필요한 시간"이란 경험칙상 평균치를 말한다.

① 여기에서 당해 업무는 사업장 밖에서 종사하는 업무를 의미하며, 간주 근로시간제로 근로시간이 산정되는 것은 사업장 밖에서 종사한 업무와 관련된 근로시간이다. 따라서 근로시간 전부를 사업장 밖에서 업무에 종사한 경우 "그 업무의 수행에 통상 필요한 시간"을 근로한 것으로 간주하지만 근로시간과 사업장 밖에서 종사한 업무와 관련된 "그 업무의 수행에 통상 필요한 시간"을 더하여 근로한 것으로 본다. 예컨대 사업장 밖에서 그 업무의 수행에 통상 필요한 시간이 6시간이라면 사업장 내에서 근로한 시간이 3시간인 날에는 9시간, 4시간인 날에는 10시간 근로한 것으로 간주한다.

② 그 업무의 수행에 통상 필요한 시간은 통상적 상태에서 그 업무를 수행하기 위해 객관적으로 필요한 시간을 의미한다. 즉, 사업장 밖에서의 업무에 관하여 근무일의 상황이나 종사하는 근로자 등에 따라 실제로 필요한 시간이 다를 수 있으므로 평균적으로 보아 당해 업무의 수행에 필요한 시간을 말한다. 예컨대 어느 사업

장 밖에서의 업무에 있어 8시간 30분이 필요한 경우도 있고 9시간 30분이 필요한 경우도 있으나 평균적으로 9시간이 걸린다면 당해 업무의 수행에 통상 필요한 시간은 9시간이다.

2. 근로자대표와의 서면합의로 정한 근로시간

① 근기법 제58조제1항 단서에도 불구하고 그 업무에 관하여 근로자대표와의 서면합의를 한 경우에는 그 합의에서 정하는 시간을 그 업무의 수행에 통상 필요한 시간으로 본다(근기법 제58조제2항). 사업장 밖에서의 업무수행에 어느 정도의 시간이 필요한가에 대하여는 업무의 실태를 가장 잘 알고 있는 노사간에 그 실태를 파악하여 협의한 다음 결정하는 것이 바람직하다.

노사합의에 의한 간주근로시간은 당해 업무를 수행하는데 통상 소정근로시간을 초과하여 근로할 필요가 있는 경우에만 허용되므로, 근로자대표와의 서면합의에서 정한 근로시간은 소정근로시간을 상회한다.

② 사업장 밖에서의 업무로서 근로시간을 산정하기 어려운 사항에 관하여 근로자대표와의 서면합의로 업무수행에 필요한 근로시간을 규정한 경우에는 「그 시간」을 「그 업무수행에 통상 필요한 시간」으로 간주한다. 사업장 밖에서의 업무수행에 필요한 시간이 취급상품, 담당지역 등에 따라 차이가 난다면 서면합의에는 각각의 시간 수를 규정할 수 있다.

③ 근로자대표와의 서면합의 시 근로자대표란 근로자과반수로 조직되어 있는 노동조합이 있는 경우에는 그 노동조합, 근로자과반수로 조직된 노동조합이 없는 경우에는 근로자의 과반수를 대표하는 자를 의미한다고 해석된다.

3. 구체적인 적용방법

근기법 제58조에 따른 구체적인 적용방법은 다음과 같다.

(1) 전 근로시간이 본조의 근로시간에 해당되는 경우

이 경우에는 당일의 업무 시작시각(오전 8시)에서 종료시각(오후 5시)까지의 시간 중 소정 휴게시간을 제외한 근로시간이 당일의 근로시간이 된다. 따라서 휴게시간이 1시간이라면 당일의 근로시간은 소정근로시간 8시간이 되며 이것을 당일의 근로시간으로 산정한다.

(2) 업무 시작시각 전의 근로시간이 본조에 해당하는 경우

이 경우에도 업무 시작시각보다 전에 근로에 종사한 것이지만 업무 시작시각 전의 근로시간이 본조에 해당하는 것이므로, 결국 당일은 소정근로시간 근로한 것으로 되어 당일의 통상 업무 시작시각에서 종료시각까지의 소정근로시간을 당일의 전근로시간으로 산정하는 것이 된다.

(3) 종료시각 후의 근로시간이 본조에 해당하는 경우

⑵의 경우와 마찬가지로 종료시각 후에 행한 근로라 하더라도 본조에 해당하는 사업장 밖의 근로이기 때문에 당일의 근로시간을 당일의 소정근로시간을 가지고 산정한다.

(4) 근로시간 도중에 본조에 해당하는 시간이 있는 경우

이것은 두 가지 형태의 경우가 있다.

첫째는, 당일의 업무 시작시각에서 종료시각까지 그 간에 본조에 해당하는 근로시간이 있는 경우로서 이는 업무시작에서 종료까지의 근로시간을 당일의 소정근로시간으로 산정한다.

둘째는, 본조에 해당하는 근로시간이 종료시각 이후까지 미치게 된 경우로서 다시 그 후에 통상근로시간을 산정할 수 있는 옥내 등에서의 근로시간이 있을 때이다. 예를 들어, 판매회사의 외무원이 회사에 출근 후 별도의 지시없이 자기 담당구역의 모집 업무에 종사한 후 본래는 그대로 귀가해도 될 것을 특별히 회사에 용건이 있어 사무소에 돌아가 소속 부서장의 지휘·감독 아래 업무에 종사한 것과 같은 경우이다. 이 경우에는 소정근로시간에 종료시각 후의 내근의 근로시간을 가한 것이 당일의 근로시간이 된다.

(5) 근로시간 도중에서부터 본조의 근로시간에 해당한 경우

이 경우에는 사업장 밖의 근로가 실제로는 종료시각 후에도 계속되었다 하더라도 그 근로는 본조의 근로시간에 해당하기 때문에 업무 시작시각에서 종료시각까지의 근로시간을 당일의 소정근로시간으로 산정하여 처리한다.

4. 세일즈수당 등의 대체

(1) 세일즈수당 등의 대체 여부

근기법 제58조제1항 및 제2항의 「간주규정」은 사용자의 직접적, 구체적 지휘·감독이 미치는 경우에는 해당하지 않으나 그에 따른 연장근로가 발생하는 경우에도 「세일즈수당」등이 거기에 대체될 수 있는지의 문제이다. 첫째는, 그 수당이 소정 「연장근로」에 대한 「대가」로서 지급되는 것이 명백하고, 둘째는, 실제로 연장근로의 가산임금을 계산하여 그 액의 합계가 세일즈수당의 액을 초과하면 그 초과액을 가산하여 지급해야 한다.

사용자는 근로계약을 체결할 때 근로자와 기본임금을 결정하고 이를 기초로 연장, 휴일, 야간근로수당 등 제수당을 가산하여 이를 합산·지급함이 원칙이다. 근로시간, 근로형태와 업무의 성질 등을 참작하여 계산의 편의와 직원의 근무의욕을 고취하는 뜻에서 근로자의 승낙하에 기본임금을 미리 산정하지 아니한 채 연장근로 등에 대한 제수당을 합한 금액을 월 급여액이나 일당 임금으로 정하거나 매월 일정액을 제수당으로 지급하는 내용의 이른바 포괄임금제에 의한 임금 지급계약을 체결하였다고 하더라도 단체협약이나 취업규칙에 비추어 근로자에게 불이익이 없고, 제반 사정에 비추어 정당하다고 인정될 때에는 그 계약은 유효하다(대법 1997.4.25, 95다4056). 행정해석(2004.10.19, 근로기준과-7485)은 「근로계약을 체결함에 있어서 근로의 형태나 업무의 성질상 법정근로시간을 초과한 연장·야간·휴일 근로 등이 포함되어 있는 경우에 계산의 편의를 위하여 노사당사자간 약정으로 일정 연장·야간·휴일근로시간 등을 미리 정한 후 이를 임금 및 수당으로 환산하여 고정적으로 지급토록 정하는 소위 포괄임금제는 제반 사정에 비추어 근로자에게 불이익이 없어야 할 것이다.

따라서 월급여액에 기본급과 제수당이 포함된 것으로 근로계약을 체결하는 경우에는 근로계약서상에 시간급 통상임금 및 연장·야간·휴일근로 시간과 함께 그에 따라 계산된 임금 및 수당액을 구체적으로 명시하고, 그와 함께 각종의 자격수당, 직책수당, 식대, 상여금 등의 금액도 별도로 명시하여 향후 예상되는 분쟁의 소지를 없애는 것이 바람직할 것이다.

다만 연차유급휴가에 대하여 미사용 연차유급휴가보상금을 월급여액속에 포함하여 미리 지급하는 근로계약을 체결하는 것은, 그 수당을 지급한 이후에도 해당 근로자가 연차휴가를 사용할 수 있도록 허용하는 경우에만 인정될 수 있을 것이며, 휴가 사용을 허용하지 아니하는 경우에는 근기법상 근로자에게 인정된 연차휴가를 청구·사용할 권리를 제한하는 것이 되어 인정될 수 없다」고 한다.

(2) 고정급 연장근로수당 인정 여부

1) 행정해석의 태도

현실로 근로시간 측정이 곤란하거나 일별로 변동이 심할 경우 노사간 약정에 따라 실제 연장근로시간에 관계없이 월별로 일정 시간분의 연장근로수당을 지급받기로 하고 해당 근로자가 일정기간 동안 아무런 이의 없이 동 수당을 수령해 온 경우, 제반 사정에 비추어 근로자에게 불이익이 없다고 인정될 때에는 이른바 포괄산정임금제로 보아 이를 무효라고 볼 수 없다는 것이 판례와 행정해석의 입장이다. 다만, 고정급 연장근로수당(고정 O/T수당)을 월 임금에 포함시켜 지급한다 하더라도, 노사당사자간에 월임금에 포함된 고정급 연장근로수당 금액을 명시하거나 연장근로시간(또는 그 상한)을 약정하여 시간급 임금의 산정(소위포괄역산) 및 연장근로수당의 계산이 가능하여야 할 것이다. 물론, 이 경우에 매일 매일의 실제 연장근로시간이 반드시 미리 정한 1일분 고정O/T수당과 일치하여야 하는 것은 아니며, 임금 지급시 실제로 근로한 연장근로시간에 기초한 법정수당과 노사간의 약정에 따라 기 수령한 고정 O/T수당을 비교하여 후자의 금액이 전자의 금액 이상이면 근기법 제56조에 따른 연장근로에 대한 가산임금이 지급된 것으로 볼 수 있을 것이다. 그러나, 고정O/T수당 금액을 명시하지 아니하거나 연장근로시간(또는 그 상한)이 명확하게 표시되지 아니하여 고정O/T수당 금액을 알 수 없는 경우에는 달리 볼 사정이 없는 한 근기법 제56조의 연장근로수당이 적법하게 지급된 것으로 보기 어려울 것이다(2011.1.14, 근로기준과-285; 2005.6.13, 근로기준과-3172).

2) 판례의 태도

판례(서울중앙지법 2018.2.13, 2017가단5061696)는 「통상적으로 사무직 근로자는 출퇴근 기록을 스스로 하지 않고 연장·야간·휴일근로에 대한 구체적인 근거를 남기지 않는 경우가 많고, 사용자도 시간 관리를 하지 않는 경우가 적지 않으며, 외국계 생명보험 회사의 특징상 과업 중심의 업무 문화가 일상화되어 있는 경우가 많으므로, 회사의 근로자들은 생산직 근로자와 달리 실근로시간 산정이 어렵다고 보인다. 월 20시간의 고정연장근로수당을 급여에 포함하여 지급하기로 합의한 점, 해당 노동조합의 조합원들도 이 사건 포괄임금합의의 내용인 고정연장근로에 대한 대가가 급여에 이미 포함되어 있음을 인식하고 있었다고 보이는 점 등을 종합하면, 해당 근로자들과 회사 사이에는 근로 내용과 근로 형태의 특수성 등을 고려하여 해당 근로자들의 동의에 따라 제 수당이 포함된 일정액을 월 급여로 지급하기로 하는 이른바 포괄임금계약이 체결되었다고 봄이 타당하다. 해당 포괄임금약정은 계약의 체결에 합리적인 이유가 있고, 그것이 근로자들에게 불리하다거나 여러 사정에 비추어 보아 부당한 것으로 인정되지 않으므로 유효하다고 판단된다」는 것이다.

5. 사업장 밖의 근로의 「간주」 적용의 근로자 등

사업장 밖의 근로란 업종별 변형근로시간제, 1주당 근로시간제 등과 같은 근로시간제도가 아니며, 근로시간의 「계산」에 관한 규정이다. 예를 들면, 세일즈맨이라 할지라도 긴급한 경우에는 1일 중 사업장 내의 근로를 명시하는 경우가 있으며 일정한 할당량을 달성한 세일즈맨은 그 달 말일까지 영업을 중단하고 사업장 내에서 보고서의 작성 등을 하고 있을 수도 있다. 또 통상적으로 영업관계의 일을 별도의 지시없이 행하고 있는 자라도 특별히 중요한 상대의 경우나 다른 종류의 영업인 경우에는 별도의 지시를 받아서 그대로 수행하여야 하는 때도 있고, 또는 근로시간을 관리하는 자와 행동을 같이 한다거나 휴대전화로 일일이 지시를 받는다거나 하는 경우도 생각할 수 있다. 그러므로 사업장 밖에서 일하는 근로자라고 하여 모두 소정근로시간 근로한 것으로 보아도 된다든가, 그 업종(예컨대 영업직 직원)이라고 해서 모두 통상 필요로 하는 근로시간을 근로한 것으로 간주하고 있는 예는 흔히 발견되나 그 취급은 타당하다고 할 수 없다. 따라서 노사합의을 하는 경우에도 일정의 근로자, 일정의 업종에 속하고 있는 자라면 그의 개별적인 근로의 내용을 전혀 고려하지 않고 당연히 간주규정을 적용하도록 규정할 것이 아니라 어디까지나 「근로시간을 산정하기 어려운 경우」에 대한 구체적 근로시간의 계산에 관해 협정을 할 필요가 있으므로 주의해야 할 것이다.

6. 사업장 밖의 근로에 있어서의 근로시간의 의의

① 사업장 밖의 근로의 경우에는 사업장을 거치지 않고 직접 목적지에 간다거나 목적지에서 직접 자택으로 직행하는 경우가 있다. 이 경우에 직행 또는 직귀에 요하는 시간이 근로시간이라고 할 수 있는가 하는 문제가 있다.

또 원거리(시외)출장의 경우에 비행기나 열차를 타고 있는 시간이 근로시간이 되는가라는 문제가 있다.

사업장 내에서의 근로인 경우에는 근로시간인가 아닌가는 비교적 명확하지만 사업장 밖의 근로의 경우 목적지에 가기까지의 시간은 어떻게 평가하는가는 매우 어려운 문제이다.

그러므로 먼저 통상의 출·퇴근시간을 생각해 보기로 한다. 출·퇴근시간이란, 근로자가 근로계약에 따라 사용자에게 제공하기로 승낙한 노동력을 사용자의 지휘·감독 아래에까지 지참하는 시간이다(민법상 변제는 원칙적으로 채권자의 현재의 주소에서 행한다는 지참채무의 원칙을 명백히 한 것이다).

따라서 출·퇴근시간에 대하여 부담할 의무가 있는 것은 근로자 개개인이므로 사용자의 임금 지급대상시간인 업무수행시간이 아닌 것은 분명하다.

② 다음에 사업장 밖의 근로에 있어서 목적지로 직행 또는 직귀하는 경우의 시간

인데 이것은 통상의 출·퇴근시간과는 달리 직행·직귀에 따라 시간적·장소적인 손실을 적게 하는 것을 목적으로 하고 있으며 업무명령에 따라 자택으로부터 목적지로, 목적지로부터 자택으로 가는 것이다. 이 경우에는 자택으로부터 직접 목적지를 향하여 한 걸음 내디딘 때부터의 행동이 사용자의 업무명령을 이행하고 있는 것이며, 사용자의 일반적·추상적 지배 아래에 들어간 자기노동력의 급부에 해당한다.

따라서 그것은 근로시간이라고 생각할 수가 있다. 다만, 사용자 측에서 보면 그 시간은 관리·산정할 수가 없기 때문에 「본다」라는 규정에 따라 처리하게 되는 것이다. 그러므로 원격지 출장의 경우, 비행기나 열차에 탑승하고 있는 시간에 대하여도 근로시간설, 출·퇴근시간설 등이 존재한다. 어느 것이든 일률적으로 근로시간으로 하는 것도 또, 일률적으로 출·퇴근시간으로 하는 것도 정확하지 않다고 생각한다.

이 시간에 대하여 여행시간 중에 음식·음주·수면하는 것 등이 완전히 자유라면 그것은 근로시간으로 하는 것은 적절치 않고, 한편 출·퇴근시간으로 하기에는 통상의 출·퇴근시간보다 현저하게 장시간이 되고 구속을 받고 있는 것도 틀림없기 때문에 적절치 않다.

③ 이렇게 생각할 때 출장 중의 여행시간은 자유롭게 이용할 수 있는 시간이라면 근로시간은 아니나 사용자의 구속을 받고 있는 시간이라 해야 할 것이다(휴게시간·구내 자유시간과 동종의 것으로 생각한다). 즉, 완전히 자유로운 시간은 아니고 사용자로부터 정해진 시간까지, 정해진 목적지에 도착하여, 정해진 용무를 수행하도록 의무화되고 있으며, 그 업무명령에 따라서 출장지를 향하여 여행하고 있는 시간이고 사용자의 구속을 받고 있는 시간이라는 것이다.

물론, 그 여행시간의 자유이용이 허용되지 않고 물품의 감시(단순한 휴대를 제외한다)나 간호, 서류의 작성 등을 명받은 경우에는 근로시간이라고 생각하여야 할 것이다. 따라서 이와 같이 근로시간이라고 생각되는 경우를 제외하고는 본래 근로시간이 되지 아니하므로 간주규정의 적용 여지는 없다.

5 영업수당, 외근수당 등의 취급

1. 세일즈담당, 외근자의 연장근로상당수당의 취급

근기법 제58조에 따른 간주근로시간제는 사업장 밖의 근로에 있어서 근로시간의 산정이 어려워 이것을 1일 소정근로시간 근로한 것으로 취급하였다. 이것은 근로자가 늦게까지 방문활동이나 조사에 종사하여 종료시각 후 귀사하더라도 1일 8시간 근로 한 것으로 간주하였다. 여기에 이러한 근로자는 내근으로 연장근로 한다던지 특별한 지시를 받은 경우가 아니라면 연장근로가 발생하지 아니하였으므로 여기에 내근자에 비하여 불이익한 면이 있고 실제로 몇시간인지 불명한 연장근로분으로 상당한 수당, 예컨대 영업수당, 세일즈수당, 외근수당, 운전수당 등으로 부르는 일정한 임금을 지급하여 이러한 근로에 보상하는 케이스가 많았다.

여기에 이러한 수당과 연장근로의 관계는 계산상 명확하게 산정되지 아니한 사업장 밖의 근로의 시간외에 있어서의 연장근로수당상당분의 수당으로 볼 수 있기 위해서는 이러한 수당이 외근, 외교노동이라는 특수한 근로에 대하여 특수근무수당으로서 성질을 가지고 지급하는 것도 아니고, 이러한 수당이 외출근로의 실비변상적인 것으로 교통비나 여비 등에 갈음하여 지급된 것도 아니고 연장근로 상당분이라고 하여도 소정근로시간외의 근로의 대가로서 지급되는지를 당사자간에 명백히 할 필요가 있다. 이러한 소정근로시간외의 근로의 대가로서의 영업수당 등의 명칭으로 지급하는 수당은 이른바 정액제 내지 고정제의 연장근로수당으로서의 성질을 가지고 있다.

이러한 정액제의 연장근로수당이 유효한지의 여부에 관하여 논란이 되어왔다.

예를 들어, 연장근로시간에 있어서 정액으로 지급되는 가산임금에 관하여도 실제의 연장근로수당액이 정액가산임금을 하회하고 있는 경우에는 적법하지만 계산상의 편의를 위하여 실제계산액이 정액가산임금을 상회하는 경우에도 정액만을 지급하는 경우에는 그 가산임금을 포기하는 계약부분은 강행법규인 근기법 제56조에 위반하므로 동법 제15조의 의하여 무효가 된다(대법 2016.8.24, 2015다253986).

또한 기본임금을 따로 정하지 않고 제수당을 미리 합산한 일정금액을 월급여액으로 정한 근로계약의 효력에 관하여여 판례(1999.5.28, 99다2881 ; 대법 1991.4.23, 89다카32118)는 「사용자는 근로계약을 체결함에 있어서 근로자에 대하여 기본임금을 결정하고 이를 기초로 제수당을 가산하여 지급함이 원칙이라 할 것이나 근로시간, 근로형태와 업무의 성질 등을 참작하여 계산의 편의와 직원의 근무의욕을 고취하는 뜻에서 기본임금을 미리 산정하지 아니한 채 제수당을 합한 금액을 월급여액이나 일당임금으로 정하거나 매월 일정액을 제수당으로 지급하는 내용의 이른바 포괄임금제에 의한 임금 지급계약을 체결한 경우에 그것이 근로자에게 불이익이 없고 제반 사정에 비추어 정당하다고 인정될 때에는 이를 무효라고 할 수 없다」라고 한다.

사용자와 근로자 사이에 기준 근로시간을 초과한 근로에 대하여 매월 일정액을 제 수당으로 지급한다는 내용의 포괄임금제에 의한 임금 지급계약이 체결된 경우 근로자가 포괄임금으로 지급받은 연장근로수당 또는 이에 갈음한 연장근로수당, 야간수당, 휴일수당 등에는 근기법에 따른 연장근로수당, 야간근로수당, 휴일근로수당이 모두 포함되어 있다고 볼 것이어서 근로자의 구체적인 연장근로시간 등을 인정하고 포괄임금으로 지급된 제 수당과 연장근로에 대한 근기법에 따른 수당과의 차액의 지급을 명한 원심에는 포괄임금제에 관한 법리오해의 위법이 있다고 한다(대법 2002.6.14, 2001다16958).

영업수당을 고정연장근로수당으로 하는 경우에는 ① 연장근로에 상당하는 대가이어야 하고 ② 실제로 발생한 연장근로(간주근로시간분은 제외)의 가산임금의 계산액에 비하여 당해 수당이 적을 때에는 가산하여야 하는 것은 명백하며 위의 요건을 충족하는 한 적법한 것이다. 이 경우의 취급에 있어서 그림의 ⓑ내지 ⓓ를 생각할 수 있으나 위의 요건을 충족한다면 적법하다.

판례도 세일즈업무종사자에게 기본 월급액의 17%에 상당하는 세일즈수당을 지급하였다면 1일 1시간분의 연장근로에 상당한다고 볼 수 있다던가 영업수당의 지급대상자나 지급방법 등 각 사실을 종합하여 살펴보면 영업수당의 법적성질은 연장근로수당으로 인정하는 것이 상당하다고 한다(일본히로시마지방재판소, 1998.3.27).

[그림 12-1] 외근수당과 연장근로수당과의 관계

외근수당

- ⓐ 사업장 밖의 근로로서의 특수근무의 대가
- ⓑ 간주근로시간에 있어서 구체적 연장근로시간은 발생하지 않는다고 상정한 추상적 연장근로의 대가
- ⓒ ⓑ를 포함한 외근근로로서 특별한 지시 등에 따라 발생한 구체적 연장근로시간○○시간분(또는 ○○만원)에 대한 대가
- ⓓ ⓑ를 포함하여 나아가 내근의 연장근로분을 포함하는 ○○시간분(또는 ○○만원분)에 대한 대가

2. 통상 필요한 연장근로시간분을 포함함 외근수당 등의 취급

근기법상 소정근로시간을 초과하여 연장근로를 한 세일즈, 외근 등의 사업장 밖 업무를 수행하는 일이 상태로 되어 있을 때에는 「통상소정근로시간」을 초과하여 근로하는 것이 필요한 경우에 있어서 연장근로시간을 포함하여 통상의 소정근로시간을 초과하는 시간을 「통상적으로 소정근로시간을 초과하여 근로할 필요가 있는 경우에는 그 업무의 수행에 통상 필요한 시간을 근로한 것으로 본다」(근기법 제58조 제1항 단서)하였으며 「당해 업무에 관하여 근로자대표와의 서면합의가 있는 때에는 그 합의에서 정하는 시간을 그 업무의 수행에 통상 필요한 시간으로 본다」(근기법 제58조제2항)고 하고 있으므로 노사간의 서면합의에 따라 이와 같은 경우에 소정근로시간을 초과하는 시간이 몇 시간인지 명백하게 정하고 있으므로 이러한 시간에 대하여 취업규칙 또는 법령에서 규정하는 가산임금을 지급하여야 한다.

더구나 앞으로는 노사합의에 의한 소정근로시간을 초과하는 간주시간을 정하는 경우에는 그 소정외근로시간에 대하여 당해시간은 통상 근로자 개인별로 산출된 가산임금 단가를 곱하여 가산임금을 개인별로 지급할 것이지만 종래의 영업수당, 세일즈수당, 외근수당과 같은 연장근로의 대가적 의미에서의 일괄적 임금을 지급할 필요는 없다.

6 출장, 외근 중의 근로시간, 휴일의 취급

1. 물품운반 자체가 목적인 열차 등에의 승차시간

출장시 열차로 왕복 중에 승차하고 있는 시간 등 여행 중의 시간이 근로시간이 되는가의 문제가 있다.

이 경우 물품, 현금, 유가증권, 귀금속, 기밀서류, 설계도 그 밖의 서류나 물품 등을 운반하는 자체가 출장 목적이며 운반물품 등을 무사히 지장 없이 송달하는 것이 출장용무인 경우에는 운반물품 등을 운반하는 것이 그 근로자의 업무이며, 여행 중에는 그 목적업무 자체를 수행 중인 시간이기 때문에 그 시간은 근로시간이 된다. 즉, 특별히 40시간 중 당해 운반물을 보관, 감시하지 않으면 안 될 때에는 교대자가 있어서 그 업무에서 해방되는 경우 이외에는 위 업무를 수행하고 있는 시간이기 때문에 근로시간이 된다.

다만, 휴대여행의 경우는 물품을 가방 등에 넣어 손에 들거나 몸에 소지하고 있으며 되기 때문에, 현금이나 유가증권 등의 휴대여행일 때에도 사회통념상 가방의 휴대이면 일반 출장여행과 동일하게 취급하므로 근로시간에 해당되지 않는다.

그러므로 행정해석(1992.4.11, 근기 01254-546)도「여행 중에 물품의 감시 등 별도의 지시가 있는 경우에는 근로시간이 되고 그 이외의 근로시간이 되지 않는다」라고 하고 있다.

2. 단순히 목적지까지 승차하고 있을 뿐인 여행시간

근로자가 열차, 항공기, 선박 등에 탑승하고 있을 때도 물품이나 승객의 감시, 관리(VIP의 경호와 특별한 환자 등의 감시, 간병의 직무 종사)등 승차 중에 해야 할 용무가 있을 경우는 원칙적으로 근로시간으로 보는 것에는 문제는 없다. 그러나 단순히 목적지에 가기 위해 승차하여 출장하는 경우 열차, 버스, 항공기, 선박 등에 의거 왕복 도상의 여행시간에 대하여는 문제가 있는 것이다.

이 경우에는 그 여행 중의 시간에 대하여 그 시간 중에 달성해야 할 별도의 용무를 명령받지 않았으나 일정한 시간까지 소정의 목적지에 도착해야 할 명령을 받고 있어 그를 위하여 일정의 열차, 항공기를 탑승하고 여행해야 한다는 구속 및 승차 중에는 마음대로 밖으로 나가 자유행동을 할 수 없다는 일정한 장소적 구속을 받는다.

이와 같이 구속은 사용자의 출장명령이라는 업무명령에 의해 생겨나는 것이 확실하나, 근기법상의 근로시간이라는 점으로 볼 때 이와 같은 구속시간은 근로시간이 아니다.

이 출장 등에서 출장 목적지까지 열차, 항공기, 선박 등에 탑승하고 있는 시간이 근로시간이 되느냐에 대한 문제에 관하여 이 시간을 출·퇴근시간과 동일시하는 견해, 시각지정의 경우에는 근로시간이 된다는 견해가 있으나 이러한 시간은 어느 쪽도 아닌 구속시간이면서 근로에 종사하지 않는 휴게시간과 유사한 시간이므로 근로시간으로는 보지 않는다고 풀이된다.

즉, 출장 중의「이동시간은 근로시간의 정도가 낮고, 이것이 실근무시간으로 인정되는 것은 곤란하다」(1992.4.11, 근기 01254-546). 그 시간이 교통기관으로부터 내려 자유롭게 행동할 수 없으므로 교통기관이라는 장소에서 목적지까지 구속된 시간이 되나 도착할 때까지 자든지, 식사를 하든지 독서를 하던 간에 자유이면서 그 내용에 대하여 특별한 지시가 없는 시간이므로 완전히 외출이 제한된 사업장에서의 휴게와 같은 휴게시간 중 구속도「사업장 내의 자유휴식을 하는 경우」와 같이 확실히 위법이라고는 할 수 없다.

열차, 항공기내 등과 같이 행동의 제약이 있더라도, 무엇보다 종사해야 하는 근로는 없고 자유롭게 휴게를 취할 수 있으므로 이것을 휴게시간과 같은 성질의 시간으로 취급할 수 있다.

한편 이것에 대해 출장지에 도착하기까지의 승차, 승선 중의 시간은 목적지에 도착하여 업무를 실시하기 위해 사용자로부터 지시받은 해당 업무 때문에 필요하게 된 시간이므로 휴게시간으로 간주되어서는 안된다는 반론도 있을 수 있으나, 이와 같은 시간 중의 재해는 업무수행 중의 재해로 간주, 산재보상책임을 부담한다. 그러나 업무수행성이라는 생각과 근로시간이라는 생각은 같다고 할 수 없다. 출장지의 호텔 및 여관에서 자고 있을 때에도 업무수행성은 있으나 그 시간은 구체적인 업무를 하지 않아 근로시간은 아니므로, 이와 같이 양자의 법적 개념은 다르므로 혼동해서는 안된다.

이것은 주야교대 근무자의 야간의 수면시간이 구속시간이나 근로시간은 아니며 휴게시간으로 인정되며 자동차운전기사의 페리호 승선시간은 근로시간이 아닌 휴식시간으로 여겨져 그 구체적인 취급은 「페리호 승선시간은 사용자의 일정의 지휘·감독을 받아 교통기관을 이용하는 출장과 같은 성격을 갖고 있으나 그 사이, 구체적인 근로제공(운전업무)이 행하여지지 않았으므로 그 승선시간 중의 임금, 수당 등에 대해서는 그 성격을 근거로 노사간에 결정해야 할 것이다」라고 하는 것도 구속시간(사생활 희생시간이므로 일당, 임금 지급의 대상이 됨)과 「근로시간」의 다른 점을 나타내고 있다.

페리호 안에서는 차량 적하는 선장이 책임을 지고 보관하고, 차량운전자는 차량의 감시를 필요로 하지 않고 일정설비가 있는 객실에서 자유롭게 행할 수 있으므로 하선 준비 때문에 필요로 하는 10분간을 제외한 페리호 항해시간 중의 시간은 차량운전기사에게는 휴게시간이다.

어느 쪽도 출장 중의 교통기관에 타고 있는 여행시간은 근로시간에 해당하지 않으며, 「간주근로시간」에도 해당되지 않으므로 근로시간에는 해당되지 아니한 시간이다.

여기에 취업시간 외의 여행이라도 여행시간은 근로시간이 되지 않는다. 한편 소정근로시간 중의 출장여행의 경우 여행시간은 근기법상의 근로시간은 되지 않더라도 일반의 사업장 밖의 근로와 동시하여, 당일의 소정근로시간 근로한 것으로 간주된다.

3. 열차 등의 승차시각, 종류 등을 특정한 출장명령

사용자가 근로자에게 출장을 명할 때 출장여행시 이용할 교통기관의 승차시간, 종류, 명칭 등을 지정해서 명령한 경우도 위 “2”의 경우와 같이 취급할 것인가라는 문제가 있다. 가령 사용자가 이와 같이 이용하는 교통수단을 지정했더라도 그것은 승차 중의 용무를 지시한 것이 아니다. 지정한 교통수단에 승차하고 있기만 하면 승차 중에 무엇을 하든 자유라고 하는 경우에는 구속시간이긴 하나「근로시간」에는 해당되지 않는다고 보는 것이다.

이에 대하여 최근의 일본 판결 중에는「학교교원이 졸업생 취업촉진을 위한 출장을 명령받아 미리 교장의 승인을 얻은 출장계획에 따라서 동경에서 14시부터 개최하는 회합에 출장하기 위해 9시 5분에서 13시 5분까지 신대법에서 동경까지 특급으로 여행한 시간인 바, 위는 일요일의 여행에 해당되어 이것이 휴일근로에 해당하는가 어떤가가 문제가 된다. 출장용무인 경우(예, 여행 중에 물품의 운반, 감시 등)에는 근로시간이라는 것은 틀림없으나 본건과 같이 출장지에서 해야 할 용무가 있어 출장할 때 단순히 승차하고 있는 시간에 대하여는 이것을 출·퇴근시간과 동시하여 근로시간이라고 보지 않은 견해, 혹은… 정액일당을 지급하고 있어 초과 근무수당을 지급할 필요가 없다고 하는 견해가 존재한다. 그렇기는 하나 위 여행시간은 학교 교원이 동경방면에서 취업촉진의 일에 종사하기 위해서는 절대적으로 필요한 시간이며 말하자면 직업개척의 직무에 당연 부수하는 직무라고 하는 바, 위 출장계획표 기재의 여행시간에 따라 여행하는 것에 대해서는 교장의 명시의 명령이 있었기 때문에 위 여행시간은 일요일의 근로가 된다고 본다」(일본 松江지방재판소, 1971.4.10)라는 이론이 제기되고 있다.

위 사건의 경우 당일 출장지인 동경에서 업무상의 회합이 행해지고 있으므로 당일의 근로가 휴일근로가 된다는 결론에는 찬성하나 지정열차에 타고 있는 시간이 위 지정에 따라「명시의 명령」으로서 근로시간이 된다는 견해는 타당하다고 볼 수 없다. 명시의 명령은「승차」라는 점에 있으며「승차 중의 업무 내지 행동」에 있는 것이 아니므로 이 승차 중의 시간을 가지고 근로시간이라고 하는 것은 타당하지 않다.

4. 사업장 밖의 근로의 연장근로

사업장 밖의 근로의 경우 모두 소정근로시간 근무한 것으로 간주하였으므로 연장근로는 있을 수 없고, 현실적으로 소정근로시간에 업무가 종료하지 않고 연장근로가 발생하고 있었다 할지라도 일체 연장근로수당은 지급하지 아니하여도 되었다. 그러나 사용자로서도 외근근로자의 근로의 실태에서 보아 도저히 소정근로시간 내에 업무가 종료되지 않는 경우에는 영업수당, 세일즈수당, 외근수당 등의 정액수당을 지급하여 이른바 연장근로수당분을 보충하고 있었던 것이 실정이라고 할 것이다(물론 이들 수당은 단지 연장근로수당분 뿐만 아니고 외근을 함으로써 지출하지 않을 수 없는 비용의 실비 변상분이나 외근이라는 정신적·육체적으로 부담이 무거운 업무에 대해 특수근무수당으로서의 의미가 있는 경우도 있다. 또 월정급여로 보충하는 것이 아니고 하계·동계의 상여금으로서 그 부분을 보충하는 기업도 발견된다).

5. 사업장 밖의 근로의 「간주효과」의 강행법규성

(1) 간주효과와 강행법규성

사업장 밖에서의 근로시 사용자가 근로시간을 산정하는 것이 어려운 경우에 관하여 근기법 제58조제1항에서는 「소정근로시간을 근로한 것으로 본다. 다만, 당해 업무를 수행하기 위하여 통상적으로 소정근로시간을 초과하여 근로할 필요가 있는 경우에는 그 업무의 수행에 통상 필요한 시간을 근로한 것으로 본다」고 규정하고 있다. 이 사업장 밖의 근로를 하는 경우 이러한 간주규정에 의한 산정에는 불복한다고 하여 이를 거부하고 일반근로자와 동일하게 실근로시간으로 계산해 달라고 주장하거나 자기기록에 의한 시간을 근로시간으로 인정해 달라고 하는 주장을 할 수 있는가 하는 문제가 있다.

사업장 밖의 근로의 경우에는 근로시간을 산정할 수 없으므로 간주근로시간제에 따른다. 사업장 밖의 근로의 간주근로시간제도는 동조에서 규정한 근로시간의 계산방법의 하나이며 동법상의 근로시간 산정상의 규정이다. 그러한 산정방법에 대하여 근로자가 동의하였다든가 또 근로자가 반대하였다든가 하는 것은 전혀 문제가 되지 않는 것이다.

(2) 사업장 밖의 근로시 상세한 메모나 보고서를 작성한 경우

또 근로자가 자기의 근로시간은 이러한 것이라고 상세한 메모나 보고서 등을 통해 자주적으로 신고한 경우에 어떻게 되는지에 대하여도 법률상 명백하게 「본다」고 규정하고 있고, 「본다」고 하는 것은 「추정」의 경우와 달리 반증을 허용치 않는다는 것으로서 반증을 아무리 제시한다 하더라도 그 법률적 효과는 번복할 수 없다는 규정이다. 실제로 근로한 시간이 많든 적든 1일 소정근로시간만 근로한 것으로 취급되는 것이다.

따라서 근로자 본인이 간주규정의 적용에 반대하고 자기의 사업장 밖의 근로의 근로시간에 대하여 메모 등의 기록을 첨부해서 사용자에게 신청하더라도 사용자로서는 이에 구속되지 않는 것이다. 이러한 간주근로시간제도를 활용해 특별한 업무에 관한 근로시간 산정의 특례를 입법화함으로써 근로시간 산정을 합리화하려고 하는 것이 근기법 제58조제1항의 제정 목적이다.

7 출장기간 중의 휴일의 취급

출장기간 중이라도 사용자의 지휘·감독 아래 노무를 제공하고 있는 기간임에는 변함이 없는 것으로서 사업장 내에서 근로하고 있는 경우와 마찬가지로 매주 적어도 1주일에 평균 1회 이상의 휴일을 주어야 하며 취업규칙에 정한 바에 따라 약정휴일이 있으면 약정휴일을 부여하여야 한다.

따라서 휴일을 포함한 기간 중에 출장을 명한 경우에는 통상 사업장 내에서의 경우와 마찬가지로 출장지에서도 휴일을 주도록 출장 스케줄을 작성해야 한다. 당해 휴일에 출장지에서 용무를 수행하도록 명하든지 그와 같은 스케줄을 승인하든지 하는 것은 휴일근로를 명령한 것이 된다(출장 중의 휴일의 회합 등에 대해 휴일근로가 된다 해서 초과근무수당의 지급을 명령한 케이스가 있다는 점에 유의할 필요가 있다).

그와 같은 경우에는 휴일근로에 미리 휴일의 대체조치를 취하는 등 적법하게 근로할 수 있도록 하여야 한다.

그러나 출장기간 중에는 사용자의 구속시간일지라도 그것은 추상적인 것이므로 그 기간 중의 휴일에 수행하여야 할 구체적인 용무나 업무를 명하고 있지 아니하며 출장지에서 휴식, 휴양에 그날을 충당할 수 있는 것이 가능한 경우에는 출장기간 중이지만 휴일에 해당되고 휴일근로는 되지 않는다.

그러므로 사용자는 출장기간 중에 휴일이 있더라도 휴일에 특정 용무를 명하지 아니한 스케줄을 편성하는 한 당해 일은 업무를 수행하지 아니하므로 이것을 휴일근로로 취급 할 필요는 없다. 행정해석(2002.9.25, 근기 68207-2955)은 「취업규칙 등에 별도의 규정이 없고 사용자의 특별한 지시없이 단순히 다음 목적지로 이동하기 위해 근로자가 임의로 휴일에 이동하였다 하여 이를 근기법 제56조의 가산임금 대상인 "휴일근로"로 보기 어렵다」고 한다.

8 휴일출장 여행시간은 휴일근로인가

휴일의 출장 중, 특히 휴일에 출발하여 1주간 출장업무를 수행하고 휴일에 귀사하는 장기출장의 경우에 2주간에 걸쳐 연속 근무한 결과가 되므로 이와 같은 경우를 둘러싼 휴일중의 출장여행은 휴일근로가 되는지의 여부이다.

휴일근로라는 것은 휴일에 근로가 행하여지는 것을 말하며, 휴일근로가 성립되기 위해서는 휴일에 근로시간이라고 인정되는 시간이 있어야 한다. 따라서 출장 중 휴일에 여행하는 경우는 그것이 근로시간이 되는지의 여부에 따라 당일이 휴일근로로 인정되는지 결정되는 것이다.

이 점에 대하여는 당해 휴일의 여행 중에 현금, 귀금속, 유가증권, 서류, 도면, 기계, 원료, 가축 등의 운반 자체와 함께 구체적 운반용무를 명령받은 경우(단순한 휴대여행은 제외한다)에는 그 운반용무를 하고 있는 시간이 전부 근로시간에 해당하여 휴일근로가 된다. 문제는 통상의 경우 즉, 일정시간까지 목적지에 도착하는 것이 목적이고 그 여행시간 중에는 다른 특별한 지시가 없어 교통기관에 승차 중 자기 마음대로 지내도 좋은 여행의 경우인 것이다.

여행시간은 근로시간이 아니지만 넓은 의미로서의 사용자의 구속 아래에 있는 시간이고, 그것은 사업장 내의 휴게시간과 유사한 「근로시간에 해당하지 않는 구속시간」이며 휴식시간으로서 휴게에 유사한 시간이기 때문에 휴일근로는 되지 않는다는 견해이다. 그러나 이러한 일요일 등의 휴일의 출장여행에 있어서도 당일자 업무상의 모임이 있어 여기에 출석하는 경우에는 당해 모임 등의 업무에 부수한 것이므로 교통기관에 승차하여 출장을 가더라도 당해 일요일은 휴일근로에 해당한다고 보아야 할 것이다.

행정해석은 그 이론적 근거에 대하여는 어느 것에 근거하였는지 명백하지 않지만 「출장 중의 휴일은 그 당일에 여행하는 등의 경우라 하더라도 여행 중에 물품의 감시 등 별도의 지시가 있는 경우 이외에는 휴일근로로서 취급하지 않아도 된다」라고 하여 출장 중 휴일의 여행시간에 대하여 그 여행시간 중에 해야 할 물품 감시 등의 구체적 용무를 명령(묵시적 명령도 포함)받지 않은 이상 휴일근로로 취급하지 않아도 무관하다고 되어 있다.

더욱이 휴일에 승차할 열차 등을 지정한 경우도 마찬가지라고 하는 것이 정당하다. 이 경우에 특명에 의거 근로시간이 된다고 하는 견해도 있으나 정당하다고는 할 수 없다.

9 통상보다도 장시간을 요하는 파견, 출·퇴근시간

1. 출장과 출·퇴근의 차이

(1) 출·퇴근의 근로시간 해당 여부

통상 근무지와는 다른 장소에 일시적·임시적으로 부임해서 근무할 것을 명령받은 경우 그 장소까지의 왕복 출·퇴근시간이 「근로시간」이 되는지 여부에 관하여 문제가 있다. 근로시간이란 사용자의 지휘·감독 아래에 있는 시간을 말한다. 일반적으로 출·퇴근시간은 아직 사용자의 지휘·감독 아래에 들어가지 않은, 말하자면 노동력제공을 위한 도상에 있는 시간이므로 노동력을 사용자가 수령할 수 있는 장소까지 제공하지 않은 단계의 것에 대하여는 근로시간이라고 할 까닭이 없으며, 따라서 출·퇴근시간은 근로시간에 해당되지 않는다.

(2) 출장시간의 근로시간 해당 여부

한편, 출장시간은 어떤 시간인가. 이것 또한 출장의 형태에 따라 각 개별적으로 근로시간인가 아닌가를 판단여야 한다. 특명에 따라 근무장소에 부임하는 경우가 가령 출장시간이라 하여도 자택을 나가서 자택에 돌아올 때까지가 출장이라고 생각된다.

일반적으로 그 시간은 합리적인 일정, 방법에 따르는 한 업무수행 중으로 취급되고 있으나 몇 시간 근로하였는지에 대한 분명한 파악·산정이 어려운 경우가 많아 그러한 때에는 법령상 1일 소정근로시간 근로한 것으로 보아야 한다고 되어 있다.

(3) 출장시간과 출·퇴근시간의 구분

① 그것이 소위 「출장인가」, 「출·퇴근인가」로 구분되는 요인은 첫째, 그 도상에서 재해가 발생한 경우 「출·퇴근재해」인가 「업무상 재해」인가 또는 업무상 외 재해인가의 문제이다. 둘째, 근기법 제58조의 「출장」에 해당하는가 아닌가라는 점이다. 셋째, 이것을 각 사업장에서 취급하는 문제 즉, 출장이라면 출장여비나 일당을 지급하는가에 있다.

「출장」이란 일반적으로 사업주의 포괄적 또는 개별적인 명령에 따라 특정의 용무를 다하기 위해 통상의 출·퇴근지를 떠나 용무지에 가서 용무를 다하고 돌아올 때까지의 일련의 과정을 포함하며, 출장인가 출·퇴근인가는 통상의 근무 장소에서의 거리, 교통기관, 명령의 내용, 종사하는 직무, 구속의 상태 등 실태에 맞게 판단해야 한다.

일반적으로 출장 도상의 재해가 업무수행 중의 것으로 취급되고 있는 것은 출장이 사업장을 나가 사업장에 돌아올 때까지의 사이, 또는 자택에서 직접출장지에 이르는 경우에는 집을 나가 집에 돌아올 때까지의 사이에 사용자에 대한 포괄적인 업무수행 책임을 지고 있어, 사용자의 지배를 받고 있기 때문이라고 생각된다.

포괄적인 책임을 지고 있다는 것은 구체적·개별적으로 일일이 사용자의 지시에 따른 작업을 하는 것이 아니고 일정한 용무의 처리방법에 대한 지시를 받고 그것을 가장 충실하게 실행하도록 자기 자신이 관리하여 그 용무수행에 임하고 일일이 사용자로부터 지휘·감독을 받지 않는 것이다. 이와 같이 책임을 지고 있으므로 집에서 직접 출장지에 갈 경우에는 집에서 나간 때로부터 사용자의 지배 아래에서 용무수행의 목적을 위해 자기 자신을 통제하면서 출장지에 가는 까닭에 그 시점으로부터 업무수행성이 인정되고 있는 것이다.

② 한편 「출·퇴근」은 일정한 업무 시작시각까지 사업장에 도착하는 것을 목적으로 하는 행위로서 그 이외에 아무런 구속을 받지 않는 행위인 것이다(그러나 사업장에의 도착을 목적으로 하는 행위라도 가령 사고현장의 복구공사 기타의 용무 때문에 일정한 조직을 구성하여 집단적으로 가는 경우라면 사용자의 명령에 구속되고 있어 현장에 가는 도상의 시간은 출장시간이 된다). 그래서 출·퇴근이란 사업장에 도착하기만 하면 되고, 그 후에야 비로소 사용자의 지휘·감독을 받아 근로에 종사하는 것이 된다. 출장과는 달리 일정의 포괄적 용무수행 책임을 지고 집에서 목적지를 향해 출발하는 것이 아니므로 이 점에서 출·퇴근은 출장행위와 구별되는 것이다.

2. 타지점, 공장 등에의 지원파견근무를 위한 출·퇴근시간

자기 회사 내의 타지점, 공장 등에 대한 지원파견근무는 출·퇴근시간의 문제를 고려할 때 파견근무지인 지점 등에서 통상의 업무 시작시각부터 종료시각까지 근로하므로 업무 시작시각까지 출근하지 않으면 지각으로 취급되고 종료시각을 초과하여 근무할 경우에는 연장근로로 취급하는 것이다(이 경우 출장취급을 하더라도 출·퇴근을 포함한 전시간이 출장근로시간이 아니고 적어도 지원파견근무지에서는 근로시간으로 산정되므로 그에 따른다).

파견지점까지의 소요시간은 통상의 출·퇴근시간보다 장시간을 요하는 것으로서 통상의 출·퇴근 범위 내의 사업장에 파견업무 때문에 일시적·임시적으로 가는 것이며 당해 근로장소도 지점, 공장 등 일정의 고정된 장소로서 당해 지점, 공장 등의 사용자인 지점장이나 공장장의 지휘·감독을 받고 있는 근로에 종사하는 것이다. 그러므로 객관적으로 볼 때는 통상근무지와 지원파견근무지의 두 사업장을 겸직으로 근무하는 경우와 마찬가지이기 때문에 그것은 두 곳의 사업장과 근로계약을 맺고 일하는 것과 사용자의 업무명령에 따라 근로장소를 변경하는 것과의 차이가 있다 하더라도 그 시간은 사회통념상 노동력을 제공하는 도상에 있는「출·퇴근」에 해당한다고 생각된다.

따라서 실제로 사용자의 지휘·감독 아래에 들어가는 것은 지점 등에 도착한 후의 일이고 출·퇴근시간 중은 아직 사용자의 지휘·감독 아래에 있지 않기 때문에 근로시간이 아니다. 그렇게 되면 가령 통상의 경우보다도 1시간 빠른 근무를 명령받음에도 불구하고 이 점에 대하여 전혀 고려하지 않는다면 이상하다는 생각이 당연히 발생하는 것이다.

이 점에 대하여는 출·퇴근이란 법률상으로는 근로계약에 따라 근로의 제공행위로서 채무의 내용인 급부를 실현하는 채무자의 행위이며 채무의 이행행위이다. 그러므로 민법 제473조에 의해「변제비용은 다른 의사표시가 없으면 채무자의 부담으로 한다. 그러나 채권자의 주소 이전 기타의 행위로 인하여 변제비용이 증가된 때에는 그 증가액은 채권자의 부담으로 한다」라고 정해 있어 일단 이 규정의 취지에 따라, 장시간 출·퇴근을 하도록 된 것은 사용자가 근로자로 하여금 노동력의 급부를 이행해야 할 장소를 변경한 것이기 때문에 그 증가비용은 사용자가 당연 부담해야 한다는 것이다.

또 이 규정은 당사자의 부담의 공평을 도모한 것이기 때문에 이와 같은 경우에는 그 취지에 따라 단순히 교통비의 부담으로 머물지 않고 근로자가 그 때문에 통상의 경우보다도 자유시간을 희생하는 것이기 때문에 가령 1시간 빠른 출근과 1시간 늦은 퇴근에 대해서는 어떤 수당, 예를 들어 지원근무수당, 파견수당 등의 지급으로서 보상한다는 것도 공평의 원칙에 합치되는 노무관리상의 취급방법의 하나라고 생각되는 것이다.

3. 사업장 내 근로와 사업장 밖의 근로의 혼합

(1) 통상 소정근로시간의 근로로 보는 경우

① **혼합시의 근로시간 산정의 문제점**: 사업장 밖에서 근로하는 외근근로자도 사업장 내에서 보고서 등을 작성한다거나 회의에 출석하기 위하여 사업장 내에서 근무하는 경우가 있다. 이 경우 사업장 밖의 근로로서 근로시간의 산정에 있어서 소정근로시간을 근로한 것으로 간주하는 적용의 허용범위가 문제되기도 한다.

② **일괄간주설과 별도간주설**: 그러나 대부분의 경우 원칙적인 간주시간인 「소정근로시간을 근로한 것으로 본다」라는 경우에는 사업장 내 근로와 사업장 밖의 근로를 아울러 행하고 있는 경우를 포함하여 「간주」의 적용이 있다는 견해(일괄간주설)가 있으나 근로시간의 산정이 가능한 사업장 내 근로는 실 근로시간에 따라 산정하고 근로시간의 산정이 어려운 사업장 밖 근로만을 소정근로시간으로 간주하는 견해(별도간주설)가 타당하다.

③ **행정해석의 태도**: 별도간주설은 고용노동부의 「유연근로시간제 가이드」(2018.6.26)에서 제시하고 있다. 일본 후생노동성의 행정해석은 당초 일괄간주설의 입장이었으나 이를 변경하여 별도간주설의 입장을 취하고 있다(후생노동성 基發 150号). 근로시간의 일부를 사업장 내에서 근로하는 경우에 근로시간의 산정을 어떻게 할 것인가에 대하여 「간주근로시간에 의한 근로시간 산정의 대상이 되는 것은 사업장 밖에서 업무에 종사하는 부분으로서 노사협정에 의하더라도 그 부분만을 협정하여야 한다. 사업장 내에서 근로한 시간에 대하여는 별도 파악하여야 한다」고 지도하고 있다. 다만, 이 경우 구체적 사정에 따라 실근로시간에 따른 계산

을 하여야 하는 때도 있다.

[그림 12-2] 사업장내근로인 경우와 사업장 밖 근로의 간주근로시간제의 적용

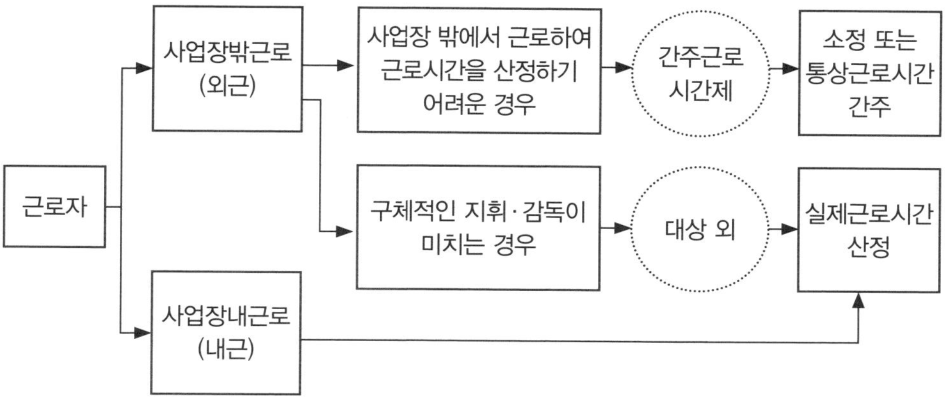

(2) 통상 근로시간을 초과하여 근로할 필요가 있는 경우

우선 간주되는 「당해 업무」의 해석상의 문제가 있다. 사업장 내 근로와 사업장 밖의 근로가 1근로일에 혼합해서 행하여지는 일이 있는데 그 경우에 통상의 소정 근로시간을 초과하여 근로할 필요가 있는 경우를 생각할 수 있다.

이 경우 행정해석에 의하면 「당해 업무수행에 통상 필요로 하는 시간을 근로한 것으로 간주되어 근로시간의 일부를 사업장 내에서 업무에 종사한 때에는 당해 사업장 내의 근로시간과 사업장 밖에서 업무수행에 필요로 하는 시간을 합한 시간만큼 근로한 것으로 간주」된다고 하고 있으며 행정해석에 사업장 내에서 근로한 시간을 사업장 밖의 근로시간에 가산하는 것으로 하고 있다.

4. 사업장 밖 근로에 있어서의 조합활동, 쟁의행위, 조퇴

(1) 조합활동의 경우

사업장 밖에서 근무하는 외근근로자가 외근시간 중 조합활동을 한 경우에 그 시

간분의 임금을 삭감할 수 있는가 하는 문제가 있다. 사업장 밖의 근로에 있어서도 그 외근근로자는 사용자의 추상적인 지휘·감독 아래에서 노동력을 제공하고 있는 것이므로 직무에 전념하여야 할 의무, 성실하게 근무할 의무가 있다. 따라서 현실적으로 사용자에 의한 지휘·감독이 미치지 않는 경우라 할지라도 직무전념의무, 성실의무에 반하는 행위는 허용되지 않는다. 방문개시 전에 휴식을 한다거나 일단 견책처분에 처하여진 후에도 주의를 무시하고 다방에 들어가는 행위 등을 거듭해서 행한 자에게 징계처분을 한 사례나 소정근로일에 근로하지 않거나 성실한 근로를 하지 않는 것이 분명하다면 해고도 허용된다고 한 것이다.

근로시간의 관리·산정 여부에 대한 문제와 근무시간 중의 근무태도를 주의 시키는가 안하는가는 전혀 별개의 문제이다.

사용자로서는 현실적으로 외근근로자의 근로시간의 관리·산정은 하지 않는다 할지라도 그 외근근로자의 거래상대방에 대한 접객태도가 열악한 경우, 근무시간 중 개인적인 일을 보거나 영화를 감상하고 있는 경우 등에는 주의시키는 것이 당연하다. 또 근무시간 중의 조합활동을 단체협약 등으로 인정하고 있는 경우를 제외하고는 근무시간 중의 조합활동을 허용하지 않으며, 중지하도록 주의시키며, 이에 대하여 징계처분을 할 수 있고 또 임금을 삭감하는 것도 생각할 수 있다(근무시간 중의 조합활동에 대하여 임금을 보장하는 것은 조합에 대한 경비원조가 되어 경우에 따라서는 지배개입으로서의 부당노동행위에 해당된다는 문제 가있다).

(2) 파업의 경우

① **쟁의권의 보장**: 사업장 밖의 근로의 경우에 어떤 외근근로자가 노동조합에 소속하여 파업을 행하는 경우 근로자에게는 쟁의권이 보장되고 있으므로 정당한 파업인 이상 사용자가 그 점에 대하여 주의를 주거나 징계처분 할 수 없음은 물론이다.

② **파업이 하루 종일 행해진 경우**: 또 파업이 하루 종일 행해진다면 그 외근근로자의 근로시간이 없는 것은 명백하여 당일은 사업장 밖의 근로에 해당되지 아니하므로 1일분의 임금을 삭감할 수 있다.

③ **부분파업이 행해진 경우**: 문제가 되는 것은 외근근로자의 근로시간대의 일부에 대해 파업을 하는 경우, 임금을 삭감할 수 있는가 하는 점이다. 파업은 근로자

가 사용자의 지휘·감독을 배제하고 근로의무를 면하는 행위이며, 파업에 대하여 임금보장을 하는 것은 경비원조, 지배개입으로서 부당노동행위를 구성하는 것이다. 따라서 사업장 밖의 근로의 경우에도 원칙적으로 임금삭감을 하여야 한다. 그러나 사업장 밖의 근로의 경우에는「소정근로시간을 근로한 것으로 본다」,「통상 필요로 하는 시간 근로한 것으로 본다」라는 규정을 허용치 않는 반증이 있는 것이며, 설사 파업을 행하고 있어도 출근만 하고 있다면, 임금삭감은 허용되지 않는다는 생각도 가능하지만 그러나 그 시간은「사업장 밖에서 노무에 종사한 경우」에 해당되지 않게 되어 간주규정의 적용요건을 결하게 되므로, 그러한 견해는 받아들일 수 없다.

또 파업의 경우에는 근무시간 중의 조합활동과 달라, 사용자의 지휘·감독권을 배제하여 작업시간 중의 노사관계는 정지되고 있다고 생각되므로, 근무시간 도중의 파업의 경우라 할지라도 그 파업시간의 산정이 가능한 경우에는 임금삭감을 하여야 한다. 따라서 노동조합이 근로시간 중에 파업을 지령한 때에, 사용자로서는 그 시간대가 근로시간이 아니므로 임금을 삭감하여도 된다.

④ **파업시간대를 명확히 지령하지 않은 경우**: 다음에 파업시간대를 노동조합이 명확하게 지령하고 있지 아니한 경우에는 사업장 밖의 근로로서 근로시간의 관리·산정이 곤란하고, 파업의 시간이 특정되지 아니하므로 시한파업의 경우에 파업시간의 지령 없는 파업지령은 정당성을 결한다고 하지 않을 수 없을 것이다.

이러한 경우에는 결국 노동조합이 파업을 하였다고 인정되는 시간을 정해서 임금을 삭감하게 될 것이다.

(3) 조퇴의 경우

외근근로자가 근무시간 도중에 건강이상으로, 또는 긴급한 용무가 생겨서 조퇴를 하는 경우에 임금삭감을 할 수 있는지의 여부이다(물론 지각, 조퇴, 결근의 경우에 임금삭감을 하지 않는 완전월급제인 기업의 경우는 문제가 되지 않는다).

사업장 밖의 근로인 경우에는 사용자의 근로시간의 산정이 어렵고 자택에서 직행하는 경우 설사 지각한 경우라 할지라도 휴게시간에 근무한다거나, 종료시각을 초과하여 근무함으로써 보충하는 것이 가능한 것이므로 그 점도 아울러 생각하여

「소정근로시간 근로한 것으로 본다」또는 「통상 필요로 하는 소정근로시간 근로한 것으로 본다」고 규정하고 있는데 이 점에서 문제가 되는 것이다. 예를 들면, 아침에는 업무의 시작시각까지 사업장에 출근하고 그 종료 후에 사업장 밖으로 외근하는 경우, 업무의 시작시각에 지각한 때에 사용자는 지각시간을 관리할 수 있으나, 직행·직귀와 같은 경우에는 관리할 수가 없으므로 모두 「본다」를 적용하게 된다고 할 수 있다.

그러나 이러한 경우에도 지각한 시간이란 「사업장 밖에서 노무에 종사한 경우」에는 해당되지 않으므로 그 시간은 간주의 요건에 해당하지 아니하며 임금삭감을 하는 것도 관계없다.

그것과의 대비로 생각할 때 근로자가 조퇴하고, 더구나 그 시각을 근로자 스스로가 지정해서 직무를 이탈하는 경우에는, 이미 사용자의 지휘·감독 아래에 있지 않고, 근로시간이라고 할 수 없으므로 동일하게 사업장 밖의 근로의 요건에는 해당하지 않게 된다고 할 것이다.

5. 외근근로자의 성실근무의무

사업장 밖의 근로로서, 그 근로시간이 간주되는 외근근로자인 경우에는 설사, 그 시간대에 현실적으로 근로하고 있지 아니한 경우라 할지라도 사업장 밖의 근로에 종사하고 있는 이상, 소정근로시간 또는 통상 필요로 하는 근로시간 근무한 것으로 간주된다.

그러므로 외근근로자로서는 항상 직접 출발·직접 귀가를 허용하고 있는 경우에는, 특히 근로자 본인의 재량성이 크며, 전혀 업무를 하고 있지 아니 하더라도 사용자가 이를 알지 못하는 경우가 많고, 소정근로시간 또는 통상 필요로 하는 근로시간 근로한 것으로 간주하게 되는 경우도 있다.

따라서 외근근로는 사업장 밖의 근로라는 점에서, 자유재량성이 강하기 때문에 성실근무의무나 직무전념의무가 보다 중요한다. 또 외근근로에 적합한 노무관리방식이 필요하므로 1근로일에 반드시 한 번은 사업장에 출근해서 보고하게 하는 관리체제로 하여 두는 것도 하나의 방법일 것이다. 예컨대, 업무시작시에 회합을 한다든가, 보고서를 매일 근무 종료시에 제출시킨다든가, 출근부에 반드시 자필서명하도록 한다든가, 타임카드에 출근·퇴근시각을 타각하도록 하는 등 여러가지 방법이 있다. 「시간 단축자주관리」의 풍조하에서는 이들 근로자에 대한 직무윤리의 교육이 중요한 과제가 될 것이다. 이것을 지키지 않는 한 결근으로 한다는 취급도 가능할 것이다.

6. 영업수당

종래부터 외근근로는 사업장 밖의 근로라고 하여 소정근로시간을 근로한 것으로 간주되었으므로, 연장근로는 발생할 여지가 없고(법내 연장근로가 발생할 여지도 없다), 또 연장근로수당으로서의 가산임금의 지급여지도 없었다. 그러나 외근근로자에게는 연장근로가 발생하지 않는 경우에도 현실적으로는 소정근로시간을 초과해서 근로하는 경우가 매우 많았기 때문에 영업수당, 세일즈수당, 외근수당, 운전수당 등의 일정한 정액수당을 주어 그 현실의 연장근로분을 보상해 왔다고 할 수 있다. 다만, 이러한 각종 수당은 단지, 연장근로수당이라고 평가할 수 있는 것이 아니며, ① 실비변상분 ② 특수근무수당 등으로 생각하는 경우도 많고, ③ 복합적인 성격을 아울러 가지고 있는 것이라고도 생각할 수 있다.

실비변상분이란, 외근근로자인 경우 외식을 하며, 다방에서 커피를 마시고, 교통기관을 이용하는 등 사업장 내에서 일하는 경우에 비하여 지출이 불가피한 경우가 많으므로, 이 비용을 보전하는 것으로서 수당을 지급한다는 것이다. 특수근무수당이란, 외근근로의 경우 대외절충이 많으므로 사업장 내근로자와 비교해서 정신적으로도 부담이 크고, 또 근로시간도 불규칙하므로 「특수한 근무」로서 지급된 것이다.

10 사업장 밖 근로의 취업규칙 · 서면합의

1. 사업장 밖 근로의 취업규칙의 규정방법

사업장 밖 근로에 있어서의 근로시간의 계산방법도 중요한 기업의 근로시간제도이므로 그 취급은 취업규칙에서 정하여야 하는 바, 이 경우의 취업구칙의 규정은 다음과 같이 작성할 수 있다. 출장, 외부영업 등으로 사업장 밖에서의 근로시간을 계산하기 어려운 경우를 대비하여 규정할 필요가 있다.

〈모 델 1〉

〈사업장 밖 근로의 취업규칙 규정 모델〉

제○조【사업장 밖의 근로 종사자의 근로시간】 ① 근로자가 근로시간의 전부 또는 일부를 사업장 밖에서 업무에 종사한 경우로서 근로시간을 산정하기 어려운 때에는 제○조의 근로시간을 근로한 것으로 본다.

② 제1항의 사업장 밖의 근로에 관하여 당해 사업장 밖의 업무를 수행하기 위하여 제○조에서 정하는 소정근로시간을 초과하여 근로하는 것이 필요하다고 인정하는 경우로서 근로자대표와의 노사합의서를 체결한 때에는 당해 합의서의 대상업무 및 대상근르자에 대하여는 그 합의서에서 정한 근로시간을 근로한 것으로 본다.

③ 제1항에서 정하는 경우에 근로자가 업무 시작시각 전 또는 종료시각 후에 사업장 내에서 근로할 때에는 사전에 상사의 승인을 받아야 한다. 이 경우에 그 사업장 내의 근로시간은 제1항의 간주시간에는 포함하지 않고 별도로 이를 가산한다.

제○조 ① 업무의 사정상 필요한 경우에는 출장 또는 사업장 밖에서의 근로를 명한다.

② 근무시간의 전부 또는 일부에 있어서 출장 또는 사업장 밖에서의 업무에 종사하여 그 근로시간을 산정하기가 어려운 경우에는 제○조의 소정근로시간을 근로한 것으로 간주한다. 다만, 그 업무를 수행하기 위하여 제○조의 소정근로시간을 초과해서 근로할 필요가 있다고 소속 부서장이 인정한 경우에는 통상적으로 그 업무수행에 필요한 시간을 근로한 것으로 간주한다.

③ 출장 또는 사업장 밖에서의 근로에 대한 제수당의 지급방법, 지급금액에 더해서는 따로 정하는 '출장 및 사업장의 근무관리규정' 에 의한다.

〈모 델 2〉
〈사업장 밖 근로의 간주근로시간제 규정 모델(고용노동부 표준취업규칙, 2019.3)
제○조【간주근로시간제】 ① 근로자가 출장, 파견 등의 이유로 근로시간의 일부 또는 전부를 사업장 밖에서 근로하여 근로시간을 산정하기 어려운 경우에는 1일 8시간 근로한 것으로 본다.
② 근로자가 출장, 파견 등의 업무를 수행하기 위하여 통상적으로 1일 8시간을 초과하여 근로할 필요가 있는 경우에는 1일 10시간을 근로한 것으로 본다. 다만, 근로자대표와 서면합의를 통하여 이를 달리 정할 수 있다.

2. 사업장 밖 근로의 서면합의

(1) 소정근로시간을 초과하는 시간의 서면합의

사업장 밖의 근로의 노사합의가 필요한 것은 소정근로시간에 업무를 수행하는 통상의 경우이다. 다만, 「당해 업무를 수행하기 위하여 통상적으로 소정근로시간을 초과하여 근로할 필요가 있는 경우에는 그 업무의 수행에 통상 필요한 시간을 근로한 것으로 본다」(근기법 제58조제1항 단서).

통상적으로 소정근로시간을 초과하여 근로할 필요가 있는 경우라고 하는 것은 업무의 실태를 가장 잘 알고 있는 노사간에 그 실태에 따라 협의하여 합리적이고 적정한 시간을 설정하여 협정하는 것이 필요하다. 근기법 제56조제2항에서는 「제1항 단서의 규정에 불구하고 당해 업무에 관하여 근로자대표와의 서면합의가 있는 때에는 그 합의에서 정하는 시간을 그 업무의 수행에 통상 필요한 시간으로 본다」고 규정하여, 서면합의에서 근로시간을 정하는 경우에는 당해 시간은 당해 업무의 수행에 통상 필요한 시간으로 간주되는 것이다.

(2) 사업장 밖의 근로의 서면합의사항과 협정모델

소정근로시간을 초과하여 근로할 필요가 있는 경우에는 그 업무의 수행에 통상 필요한 시간을 노사합의에서 정하는 경우, 당해 시간은 당해 업무의 수행에 통상 필요한 시간 근로한 것으로 간주하는 경우의 노사합의사항은 ① 대상업무와 대상근로자의 범위, ② 간주되는 근로시간, ③ 당해 협정의 유효기간 등이다. 간주시간의 노사합의모델을 들면 다음과 같다.

〈모 델 1〉

사업장 밖의 업무 종사자의 근로시간 취급에 관한 노사합의 모델

주식회사 한국과 한국노동조합은 근기법 제58조제2항의 규정에 따라 사업장 밖의 업무에 종사하는 근로자의 근로시간의 취급에 관하여 다음과 같이 협정한다.

제1조 【적용대상자의 범위】 이 협정에 의한 간주근로시간의 계산을 하는 대상업무 및 근로자의 범위는 다음 각 호와 같다.

1. 영업 수금·조사·섭외업무에 종사하는 자 중에서 근로시간의 전부 또는 일부를 사업장 밖에서 업무에 종사하는 자로서 실근로시간을 산정하기 어려운 때.
2. 출장명령에 따라 사업장 밖에서 근로시간의 전부 또는 일부를 근무하는 자로서 실근로시간을 산정하기 어려운 때

제2조 【간주근로시간】 제1조의 업무에 종사하는 경우의 근로시간의 계산은 다음과 같이 근로한 것으로 간주한다.

1. 제1조제1호에 해당하는 자의 당해 사업장 밖의 업무를 수행하기 위하여 통상 필요한 시간은 소정근로시간(1일 8시간)에 1일 2시간을 가산한 시간을 근로한 것으로 간주한다. 다만, 소정근로일에 예정 소정종료시각까지 귀사하라는 지시가 있는 날 및 제1조제1호에 해당하지 아니하는 업무에 종사하는 경우 등은 그러하지 아니하다.
2. 제1조제2호에 해당하는 자는 당해 일의 소정근로시간 근로한 것으로 간주한다. 다만, 일반적인 출장이 아니고 소정시간외에 구체적 업무에 따라 별도의 지시·명령이 있는 경우로서 그 소정시간외에 있어서 업무의 실근로시간을 산정하기 어려운 때에는 당해 일에 있어서 제1호에 정하는 가산시간은 가산한 시간을 근로한 것으로 간주한다.

제3조 【가산임금】 제2조의 간주근로시간의 가산임금 취급은 다음 각 호와 같다.

1. 제2조제1호에 정한 소정근로시간과 간주근로시간에 있어서는 급여규정 제○○조에 의한 가산임금의 지급대상시간이다.
2. 제1조제1호의 대상업무에 종사하는 자에 대하여도 당해 업무에 종사하는 경우(결근, 유급휴가, 특별휴가를 포함한다) 및 사업장 밖의 업무에 대하여서도 소정근로시간외에 있어서의 일정의 시간 및 업무를 지정하여 별도의 지시가 있어 실근로시간을 산정하는 경우에는 본 협정의 취급하는 바에 따라 통상의 근로시간으로 취급한다.

제4조 【휴일·야간의 사업장 밖 근로의 금지】 ① 근로자는 상사의 명령 또는 승인 없이는 휴일 및 야간근로에 제1조제1호에 해당하는 업무를 행하여서는 아니된다. 다만, 법정외 휴일에 상사의 명령 또는 승인을 얻어 당해 업무를 행하는 경우에는 제2조제1호의 근로시간의 계산방법을 적용한다.

② 법정휴일에 있어서는 휴일의 대체·변경조치를 행하지 아니하고 제1조제1호의 업무를 명령하는 경우에는 취업규칙 제○○조에서 정하는 휴일근로로 한다.

제5조 【휴게시간】 제1조 각 호의 업무에 종사하는 근로자는 취업규칙 제○○조에 따른 휴게시간을 부여하여야 한다.

제6조【공제 및 가산】 제1조제1호에 해당하는 업무에 종사하는 자가 명확하게 당해 업무에 일부 종사하는 경우에는 당해 시간에 상당하는 시간을 제2조제1호의 근로시간으로부터 공제하거나 또는 제1조제1호에 해당하는 업무를 행하는 자가 그 후 상사의 명령에 따라 사업장 내의 업무를 행하는 경우에는 당해 일의 합계시간이 제2조제1호의 시간을 초과하는 경우에는 당해 사업장 내의 근로시간을 가산하여야 한다.

제7조【적용제외】 제1조제1호의 업무에 종사하는 임신 중인 여성근로자는 본 협정의 간주근로시간을 적용하지 아니한다.

※ 이 점에 대하여 이론이 있으나 예를 들면, 법정의 제한내의 「1일에 2시간, 1주일에 6시간, 1년에 150시간을 초과하는 시간외의 근로를 시키지 못한다」(근기법 제69조)는 근기법의 제외한 내에 있어야 적법하기 때문이다.

제8조【협정의 유효기간】 본 협정의 유효기간은 2020년 10월 1일부터 2021년 9월 30일까지 1년간으로 한다. 다만, 유효기간 도중에 별도로 협정된 연장근로 협정이 실효하여 차기 협정이 체결된 경우에는 제2조의 제1호의 가신시간은 1일 1시간으로 하여 근로자는 그 범위 내에 근로한 것으로 본다(자동갱신조항을 설정할 수 있다).

2020년 9월 30일

주식회사 한국 대표이사 한국호 　　　　한국노동조합 위원장 배달호

〈모 델 2〉

사업장 밖 근로시간제 노사합의서 모델(고용노동부 「유연근로시간제 가이드」)

주식회사○○대표이사______와 ○○ 노동조합위원장______는 취업규칙 제○○조에 기초하여 근로자에 대하여 사업장 밖 근로를 시키는 경우의 근로시간 산정에 관하여 다음과 같이 합의한다.

제1조【대상의 범위】 이 합의서는 영업부, 판매부 등에 소속하는 사업으로 주로 사업장밖의 업무에 종사하는 자에게 적용한다.

제2조【인정근로시간】 제1조에 정한 직원이 통상 근로시간의 전부 또는 일부를 사업장밖에 있어서의 업무에 종사하고, 근로시간을 산정하기 어려운 경우에는 휴게시간을 제외하고 9시간을 근로한 것으로 본다.

제3조【휴게시간】 제1조에 정한 직원에 대해 취업규칙 제○○조에 정한 휴게시간을 적용한다. 다만, 업무에 따라서는 정해진 휴게시간에 휴게할 수 없는 경우는 별도의 시간대에 소정의 휴게를 부여하는 것으로 한다.

제4조【휴일근로】 제1조에 정한 직원이 특별한 지시에 따라 취업규칙 제○○조에 정한 휴일에 근무한 경우에는 회사는 취업규칙 제○조에 기초하여 휴일근로 가산수당을 지급한다. 다만, 출장 중인 경우에는 그러하지 아니하다.

제5조【야간근로】 제1조에 정한 직원이 특별한 지시에 따라 야간(22:00~06:00)에 근무한 경우에는 취업규칙 제○조에 기초하여 야간근로 가산수당을 지급한다.
제6조【연장근로】 제2조에 따라 근무로 인정된 시간 중 소정근로시간을 넘는 시간에 대해서는 취업규칙 제○조에서 정한 연장근로 가산수당을 지급한다.
제7조【시행일】 이 합의서의 유효기간은 20○○년 ○월 ○일부터 1년간으로 하되, 유효기간 만료 1개월 전까지 개정관련 별도 의견이 없는 경우에는 그후 1년간 자동갱신되는 것으로 하며, 그 이후에도 또한 같다.

20○○. . .

주식회사○○대표이사 (인) 근로자대표 (인)

3. 유효기간의 설정

사업장 밖의 근로에 있어서의 「통상 필요한 시간」의 간주에 관한 서면합의에 있어서는 당해 업무의 수행에 통상 필요로 하는 시간을 일반적으로 때에 따라 변할 수 있음에 따라 일정기간에 한하여 협정내용을 규정하는 것이 적당하므로 당해 협정에는 유효기간을 설정하는 것이 바람직하다.

4. 근로시간의 일부가 사업장 밖의 근로인 경우의 서면합의의 설정

「통상소정근로시간을 초과하여 근로하여야 할 필요가 있는 경우」의 간주시간을 서면합의하는 경우에 있어서 일부는 사업장 내 근로이고 일부는 사업장 밖의 근로의 경우, 당해 서면합의가 소정근로시간을 초과하는 것이 통상의 경우로서 초과시간분을 포함하여 서면합의하는 때 당해 서면합의에 있어서도 엄밀하게는 사업장 밖의 근로(간주시간)+사업장 내 근로(실산정시간)=소정시간외시간을 노사합의에서 규정하여야 한다.

사업장 내근로시간	사업장 밖 간주시간	합계간주시간
0시간	9시간	9시간
2시간이내	7시간	9시간
4시간이내	6시간	10시간
4시간초과	특별지시	간주시간이 적용되지 아니함

위와 같은 서면합의는 사업장 내 근로가 있는 경우 그 후 사업장 밖에서 통상 그 사업장 밖 업무를 처리하기 위해 평균적으로 어느 정도의 사업장 밖 근로시간이 필요하기 때문에 노사간에 서면합의하는 것이다. 여기에 이와 같이 사업장의 내외에 걸쳐 업무를 행하는 날에는 위와 같은 사업장 내 시간에 따라 어떤 종류의 사업장 밖의 근로시간을 서면합의하여야 하는가와 전1일의 사업장 밖의 근로로서의 서면합의시간을 정할 때 특히 사업장 내 근로가 상당 정도 있어 가산하는가는 「간주시간」과 이중계산되는 불합리가 생길 수 있으므로 조정규정을 규정하여야 할 것이다.

11 사업장 밖 근로의 Q&A(고용노동부 「유연근로시간제 가이드」)

Q1 사업장 밖 간주근로시간제 도입 시 취업규칙을 변경해야 하는가?

통상근로자와 비교하여 근무장소 외의 다른 근로조건에 변경이 없는 경우 사업장 밖 근로를 하게 될 근로자의 개별적 동의를 받아 실시하는 것으로 가능하며, 반드시 취업규칙을 변경할 필요는 없다. 다만, 통상근로자와 비교하여 근무장소 외에 근로시간 산정방법 및 임금·수당의 결정 및 계산방법을 달리하거나 별도의 성과평가, 인사관리, 교육·연수제도를 적용하는 등 다른 근로조건의 변경이 있다면 제도 운영 과정에서의 혼란을 방지하기 위해 취업규칙에 관련 내용을 명시하는 것이 필요하므로 취업규칙을 변경하는 것이 바람직하다.

Q2 근로자 개인별로 필요한 시간이 다를 경우에는 '통상적으로 필요한 근로시간'을 어떻게 산정하는가?

사업장 밖 간주근로시간제는 ① 소정근로시간, ② 당해 업무수행에 통상 필요한 시간, ③ 노·사 간 서면합의한 시간 중 어느 하나를 근로시간으로 인정하고 있다. 이 경우 업무수행에 통상적으로 필요한 시간이란 근로자 개인별 필요한 시간이 다르더라도 평균적인 사람이 통상적으로 업무를 수행함에 있어 필요한 시간이 되며, 취업규칙을 통해 그 업무의 수행에 통상 필요한 시간을 산정하는 방법을 특정하는 것이 바람직하다.

Q3 서면합의로 사업장 밖 간주근로시간제를 도입할 경우 서면합의의 내용은 무엇인가?

서면합의의 내용은 실제로 근로한 시간과 관계 없이 사용자와 근로자대표가 합의하여 '근로시간으로 간주하는 시간' 뿐이다.

다만, 운영 과정에서 혼란을 방지하기 위해 대상업무, 합의의 유효기간 등을 상세히 정하는 것이 바람직하다.

Q4 사업장 밖에서 근로하면 어느 경우에나 사업장 밖 간주근로시간제를 적용할 수 있는가?

사업장 밖 간주근로시간제는 근로가 사업장 밖에서 이루어질 뿐만 아니라 실제 근로시간을 계산하기 어려운 경우에 한정된다.

간주근로시간제가 적용되지 않는 경우

① 여러 명이 그룹으로 사업장 밖에서 근로하더라도 그 구성원 중 근로시간 관리를 하는 자가 있는 경우
② 사업장 밖에서 업무를 수행하는 사람이 정보통신기기 등에 의하여 수시로 사용자의 지시를 받으면서 근무하는 경우
③ 미리 회사로부터 방문처와 귀사 시간 등 당일 업무를 구체적으로 지시받은 다음 사업장 밖에서 업무를 수행하고 사업장에 돌아오는 경우

Q5 사업장 밖 근로와 사업장 내 근로가 혼재하는 경우 근로시간은 어떻게 산정하는가?

사업장 내·외에서 혼재하여 근로가 이루어지는 경우에는 각각의 시간을 합산하여 그날의 근로시간으로 본다. 예를 들어, 사업장 내에서 4시간을 근무하고 나머지는 사업장 밖에서 근무한 경우, 사업장 밖 근로가 5시간으로 인정되었다면 그날의 근로시간은 총 9시간이 되며, 이 경우 1일의 법정근로시간을 초과한 1시간은 연장근로가 되어 가산수당을 지급해야 한다.

Q6 사업장 밖 간주근로시간제를 도입한 경우 연장·야간·휴일 가산수당을 지급해야 하는가?

사업장 밖 간주근로시간제를 도입하더라도 간주한 근로시간에 연장·야간·휴일 근로가 포함되어 있다면 해당 시간에 대해서는 가산수당을 지급하여야 한다. 또한, 간주한 근로시간에 야간·휴일근로가 포함되어 있지 않더라도 사용자의 특별한 지시나 승인으로 실제 연장·야간·휴일근로가 발생하였다면 이러한 시간에 대해서는 가산수당을 지급하여야 한다.

Q7 사업장 밖 간주근로시간제를 도입한 경우 주휴일과 연차유급휴가는 어떻게 적용하는가?

근기법 제58조에 따라 근로시간 계산의 특례를 인정하는 것은 근로시간의 산정에 관한 부분이므로 유급주휴일, 연차유급휴가는 통상의 근로자들과 동일하게 적용된다.

Q8 외근업무 종사자의 경우 연차휴가 산정을 위한 출근율은 어떻게 계산해야 하는가?

외근업무의 특성상 소정근로일, 시업 및 종업시각, 소정근로시간 등에 관하여 노·사가 사전에 특정하지 않은 경우에 특별한 사정이 없는 한 연차유급휴가 산정을 위한 출근율 계산 시 개근한 것으로 보아야 한다(2003.3.13, 근기 68207-287).

관련 행정해석 (2003.3.13, 근기 68207-287)
외근업무의 특성상 소정근로일 시업 및 종업시각, 소정근로시간 등에 관하여 노·사가 사전에 특정하지 않은 경우 특별한 사정이 없는 한 연·월차유급휴가 산정을 위한 출근율 계산시 개근한 것으로 보아야 한다.

Q9 출장근무로 사업장 밖에서 근로하는 경우 근로시간 산정은 어떻게 해야 하는가?

근기법 제58조 특례 규정에 따라 특별한 사정이 없는 한 소정근로시간을 근로한 것으로 보며, 소정근로시간을 초과하여 근로할 필요가 있는 경우에는 그 업무수행에 통상 필요한 시간(노·사 서면합의에서 정하는 경우 그 정한 시간)을 근로한 것으로 본다. 이 경우 사업장 및 출장지가 소재하는 지역 간 이동에 통상 소요되는 시간을 포함하여 통상적으로 필요한 시간을 근로한 것으로 보나, 사용자의 지시에 의해 휴일에 출장업무를 수행하는 것이 명백한 경우가 아닌 단순히 휴일에 이동하는 경우라면 이를 휴일근로로 보기 어렵다.

관련 행정해석 (2002.8.9, 근기 68207-2675)

사업장 및 출장지가 소재하는 지역간 이동에 통상 소요되는 시간을 포함하여 출장근무 수행에 통상적으로 필요한 시간이 소정근로시간을 초과한 경우라면 그 필요한 시간을 근로한 것으로 보게 되므로 그 시간에 대하여 임금을 지급해야 한다.

한편, 사용자의 지시에 의해 휴일에 출장업무를 수행한 것이 명백한 경우에는 이를 휴일근로로 볼 수 있으나, 단순히 휴일에 이동하는 경우라면 휴일근로를 한 것으로 보기는 어렵다.

Q10 사업장 밖 근무 시 해당 업무가 원인이 되어 발생한 재해는 산업재해로 인정받을 수 있는가?

사업장 밖 근무라 하더라도 근로자가 수행하는 업무가 원인이 되어 발생한 재해는 근기법상 재해보상의 대상이 되거나 산재보험법상의 보험급여 대상이 될 수 있다.

제12장 재량근로의 간주시간의 취급을 둘러싼 문제

- 재량근로시간의 적정한 운용을 위하여 -

1 재량근로제도의 의의·취지 및 다른 제도와의 차이

1. 재량근로의 의의

재량근로시간제란 근기법 제58조제3항에 따라 업무의 성질에 비추어 업무수행의 수단, 시간배분의 결정 등에 관해 구체적인 지시를 하기가 곤란한 업무에 대해 사용자가 그 수행방법 등을 근로자의 재량에 맡기고 근로시간은 실제 근로시간 수에 관계없이 근로자대표와 서면합의로 정한 시간을 소정근로시간으로 간주하는 제도이다(2012.11.28, 근로개선정책과-6390).

기업의 기술개발 업무의 중요성이 증대되면서 기술개발만을 담당하는 근로자의 수가 증가하고 있다. 최근 기술혁신의 진전, 경제의 서비스화, 정보화 등에 따라 업무의 성질상 그 업무의 구체적인 수행에 있어서는 근로자의 재량에 위임할 필요가 있으므로 사용자의 구체적인 지휘·감독을 받지 아니하고 통상의 방법에 의한 근로시간의 산정이 적절치 아니한 업무가 증가하고 있는 실정에 대응하여 1997년 근기법 개정시에 도입한 것이다. 기술개발 업무는 극히 고도의 지적 작업이기 때문에 업무수행의 절차를 결정하거나 시간을 배분하는 문제를 사용자가 미리 결정하는 것이 불가능한 경우가 생긴다.

위와 같은 전문적 업무를 근기법에 정한 근로시간에 의해 규제한다는 것은 불가능할 뿐 아니라 비효율적이다. 또한 보수의 결정도 근로의 양에 의하는 것이 아니라 질이나 성과에 따라 결정됨으로써 종래의 통상적인 방법에 따라 근로시간을 산정하는 것이 부적절한 전문적 업무가 증가하고 있는데 대응하여 마련된 것이다. 재량근로의 간주시간제도는 재량근로자에 대해서는 근로의 양(시간)에 관계없이 근로의 질(내용) 내지 성과에 따라 보수가 결정되도록 한 것이라는 데 의미가 있다. 따라서 근기법은 이러한 재량근로에 대해서는 실제 근로한 시간에 관계없이 노사가 서면합의로 정한 시간을 근로시간으로 간주하는 제도를 두고 있다.

2. 재량근로제도의 취지

기업은 기술혁신, 서비스 경제화에 따라 고도의 전문 업무에 종사하거나 창의적 업무를 수행하는 근로자의 경우에는 노동수행방법에 있어서 근로자의 재량여지가 많고 그 보수도 근로시간(양)보다 근로의 질이나 성과에 따라 결정되는 것이 적절한 전문적 업무가 증가하고 있다. 연구개발업무, 정보처리시스템 분석, 설계업무, 기사의 취재, 편집업무 등 창의성의 발휘가 필요한 고도의 전문적 업무에 종사하는 자는 사용자의 구체적 지시에 따라 업무를 수행하는 것보다 근로자의 재량에 맡기는 것이 노사 쌍방을 위하여 바람직한 것이다. 종전의 근기법은 엄격하게 법정근로시간에 따라 이를 초과하는 근로가 행하여지는 경우에는 가산임금의 규정에 따라 근로시간의 길이에 비례하여 임금을 지급할 수밖에 없었다. 즉 종래에는 일단 법정근로시간을 초과하여 근로가 행해진 경우에 그 근로에 대해서는 가산임금의 규정에 따라 근로시간의 양에 비례한 임금산정이 이루어졌다.

근기법 개정에 따라 고도의 전문적인 재량근로종사자에 대해서는 종래와 같이 시간의 길이에 따라 임금 지급액을 결정하는 방식이 적절하지 않은 측면이 있다. 이와 같은 일률적인 규제를 수정하여 실제의 근로시간 수에 관계없이 일정한 근로시간을 근로한 것으로 간주하고 있다. 이에 따라 재량근로자에 대해서는 근로의 양(근로시간)에 관계없이 근로의 질(내용·성과) 내지 성과에 따라 보수가 결정되도록 한 것이다. 전문직근로자에 대하여 근로시간을 일일이 계산하고 연장근로 유무를 따져야 하기 때문에 근로자에게 재량의 여지도 없고 창의성도 발휘할 수 없었다. 근기법은 고도의 전문적·재량적 업무종사자에 대하여는 일률적 규제를 개정하여 그 적용대상 범위를 매우 엄격하게 한정하고 업무수행을 재량에 맡기되 근로시간 산정의 적정성을 도모하고, 근로자의 보수를 근로의 시간(양)보다 근로의 질(성과)

에 따라 책정할 수 있는 길을 열어 줄 필요가 있어 재량근로제를 도입한 것이다.

3. 재량근로제와 다른 제도와의 차이

(1) 재량근로에 대한 근로시간 간주와 선택적근로시간제의 차이

재량근로는 근로시간의 배분뿐 아니라 업무수행 방법까지 근로자의 재량에 맡기고, 실제 근로시간과 관계없이 노사간 서면합의한 시간을 근로시간으로 간주하는 제도이다. 반면, 선택적근로시간제는 업무수행 방법 등에 대해서는 사용자의 지시를 받으면서 시작과 종료시각(즉, 근로시간의 배분)만을 근로자가 자유롭게 결정하고 근로시간도 실제 근로한 시간이 정확히 계산된다. 또한 재량근로는 대통령령으로 정한 일정한 사업에 한정되는 반면, 선택적근로시간제는 노사간의 서면합의가 있는 경우 어떠한 업종에서나 실시할 수 있다.

구 분	재량근로시간 간주제	선택적근로시간제
근거조항	근기법 제58조제3항, 령 제31조	근기법 제52조
개념	근로시간 결정이 어려운 경우에 있어서 근로시간 결정에 관련된 개념	근로시간 배분과 관련된 개념
적용대상	근기법 시행령 제31조에서 정한 업무에 정한 업무 및 관련 고시	특정 업종의 제한 없이 다양한 업무에서 활용 가능
사용자의 지시 여부	업무수행 방법 자체가 근로자의 재량에 맡겨짐	출근한 시간 동안에는 사용자의 지시에 따라 업무 수행
근로시간	실제 근로한 시간과 관계없이 노사가 서면 합의한 시간을 근로시간으로 간주함	업무시작과 종료시각을 근로자가 자유롭게 결정하나, 총 근로시간은 정확히 계산됨

(2) 재량근로시간 간주와 재택근로의 차이

재량근로는 업무수행방법과 근로시간의 배분을 근로자의 재량에 맡기는 반면, 재택근로는 업무수행 방법에 대한 재량 여부와 관계없이 근무장소가 근로자의 주택인 경우를 말한다. 또한 재량근로는 근로장소에 대한 법적 제한은 없지만 실제 사업장에 나와서 근로하거나 출장 등의 형태를 취한다는 면에서 재택근로와 차이가 있다. 다만, 재량근로와 재택근로 모두 상당 부분 근로시간의 배분이나 휴게시간의 설정 등에 있어서는 근로자의 자유에 맡겨져 있다는 점에서는 그 성격이 유사하다.

(3) 재량근로시간 간주제와 탄력적근로시간제의 차이

구 분	재량근로시간 간주제	탄력적근로시간제
근거조항	근기법 제58조제3항, 동법 시행령 제31조	근기법 제51조
개 념	근로시간 결정에 관련된다	근로시간 배분과 관련된다
대 상	근기법 시행령, 관련 고시에서 정한 업무	특정 업종 제한 없다(연소자·임산부 제외)
운 영	업무수행 방법, 시간 배분에 대해 구체적 지시를 하지 않는다	단위기간(2주 또는 3개월 이내)
근로시간 제한·산정	서면합의에서 정한 근로시간	근로일 및 근로일별 근로시간
서면합의 주요 내용	– 업무수행방법은 근로자 재량에 맡김 – 근로시간 산정은 서면합의로 정한 바에 따름	– 대상 근로자의 범위 – 근로일 및 근로일별 근로시간 – 서면합의 유효기간

(4) 일반근로시간제와 재량근로시간간주제의 차이

구 분	일반 근로시간제도	재량근로시간간주제
근거조항	근기법 제50조	근기법 제58조
근무형태	정해진 시간 근무	자유로운 근무
도입절차	법률에 의해 정해짐	적용시 노사간 서면합의 필요
적용대상	– 일반 근로자	– 연봉 제한 없음 – 전문적 업무(연구개발, 디자이너, 취재·편집, 프로듀서 등) – 근기법 시행령 제31조 해당 근로자
제도내용	– 법정 근로시간 기준으로 임금 책정 – 초과근로 시 수당 지급 – 시간이 정해진 근무형태(단점) – 초과근로에 대한 보상 지급(장점)	– 합의된 근로시간 기준으로 임금 책정 – 휴일 및 야간근로 수당 지급 – 노동생산성 향상(장점) – 휴일, 야간근로 외 초과근로의 경우 수당이 지급되지 않음(단점)
연장근로수당	○	△
휴일 및 심야수당	○	○

2 간주규정의 적용을 받는 재량근로제 대상업무

재량근로제 대상 업무는 사용자가 주관적으로 판단하는 것이 아니라, '업무 성질' 상 객관적으로 근로자 재량에 맡길 필요가 있는 업무를 의미한다. 따라서, 전문적 또는 창의적 업무와 같이 업무 자체의 성질상 근로자가 자율적으로 업무수행 방법을 결정할 필요가 있는 업무가 이에 해당하며, 근로시간의 장단에 따라 성과를 측정하기 곤란한 업무가 대부분이다. 이러한 업무성질 때문에 사용자는 "업무의 수행수단 및 시간배분 등에 관해 구체적 지시를 하기 어려우며", 이러한 취지의 내용을 서면합의에 명시하여야 한다.

업무의 성질에 비추어 업무수행방법을 근로자의 재량에 위임할 필요가 있는 업무로서 사용자가 업무의 수행수단 및 시간배분 등에 관하여 근로자에게 구체적인 지시를 하는 것이 어려운 업무로서 대통령령으로 정하는 업무이어야 한다.

근기법 제58조제3항에서 "대통령령으로 정하는 업무"란 다음에 해당하는 업무를 말한다(동법시행령 제31조제1항).

① 신상품 또는 신기술의 연구개발이나 인문사회과학 또는 자연과학분야의 연구업무

② 정보처리시스템의 설계 또는 분석업무

③ 신문·방송 또는 출판사업에 있어서 기사의 취재·편성 또는 편집업무

④ 의복·실내장식·공업제품·광고 등의 디자인 또는 고안업무

⑤ 방송프로·영화 등의 제작사업에 있어서 프로듀서 또는 감독업무

⑥ 그 밖에 고용노동부장관이 정하는 업무

고용노동부「재량간주근로시간제 운영 가이드」(2019.7.31)에 따라 근기법 시행령 제31조 및 고용노동부 고시에서 규정한 업무의 범위는 다음과 같다.

1. 신상품 또는 신기술의 연구개발이나 인문사회과학과 자연과학 분야의 연구업무

① '신상품 또는 신기술의 연구개발' 은 재료, 제품, 생산·제조공정 등의 개발

또는 기술적 개선 등을 말하며, 제조업에서의 실물제품 뿐만 아니라 소프트웨어, 게임, 금융상품 등 무형의 제품의 연구개발 등을 포함한다.

② '인문사회과학 또는 자연과학 분야의 연구'는 대학 또는 공공·민간연구소 등에서 연구를 주된 업무로서 수행하는 것을 말한다.

대학의 (조)교수·강사, 연구원 등이 연구 업무와 함께 강의, 입시 사무 등을 함께 수행할 경우 업무의 절반 이상을 연구업무에 종사하여야 한다(주된 업무가 연구업무일 것).

2. 정보처리시스템의 설계 또는 분석업무

(1) "정보처리시스템의 분석 또는 설계 업무"는 아래의 업무를 말한다.

정보의 정리, 가공, 축적, 검색 등의 처리를 목적으로 컴퓨터 하드웨어, 소프트웨어, 통신 네트워크, 데이터를 처리하는 프로그램 등이 구성 요소로 조합된 체계를 말한다.

① 수요(needs)의 파악, 유저(user)의 업무 분석 등에 기반한 최적의 업무 처리 방법의 결정 및 그 방법에 적합한 기종 선정(예: 시스템 설계 및 분석, 시스템·응용소프트웨어 분석, 콘텐츠 분석 등)

② 입출력 설계, 처리 순서의 설계 등 애플리케이션·시스템의 설계, 기계 구성의 세부적인 결정, 소프트웨어의 결정 등(예: UI/UX 개발, 응용 소프트웨어 개발, 시스템 소프트웨어 개발, 임베디드 소프트웨어 개발 등)

③ 시스템 가동 후 시스템 평가, 문제점 발견, 그 해결을 위한 개선 등의 업무

(2) 정보처리시스템의 분석, 설계, 구현, 시험 및 기능개선 등 일련의 업무를 스스로의 재량으로 수행하는 프로그래머는 대상 업무에 해당하나, 타인의 구체적인 지시·설계에 따라 재량권이 없는 상태에서 단순히 프로그램의 작성만을 수행하는 프로그래머는 포함되지 않는다.

3. 신문·방송 또는 출판사업에 있어서의 기사의 취재·편성 또는 편집업무

(1) 신문 또는 출판 사업의 기사의 취재, 편성 또는 편집의 업무

① '취재, 편성 또는 편집의 업무'는 기사 내용에 관한 기획 및 입안, 기사의 취재, 원고 작성, 기사의 할당·레이아웃·내용 체크 등의 업무를 말한다. 신문 또는 출판 사업에서의 단순한 교정 업무는 포함되지 않는다.

② '신문·출판 사업'에는 신문, 정기간행물에 뉴스를 제공하는 뉴스 공급업도 포함되나, 신문·출판 사업이 아닌 사업에서 기사 취재·편집의 업무에 종사하는 자(예: 사보(私報) 편집자) 등은 포함되지 않는다.

(2) 방송 사업에서의 기사의 취재, 편성 또는 편집 업무

① '방송 사업에서의 취재의 업무'는 보도 프로그램, 다큐멘터리 등 방송 프로그램의 제작을 위해 행해지는 취재, 인터뷰 등의 업무를 말한다. 기술 인력(스태프)은 포함되지 않는다.

② '편성·편집 업무'는 위의 취재 대상 선정 등의 기획 및 취재로 얻은 것을 프로그램으로 구성하기 위한 편성 또는 편집을 말한다.

4. 의복·실내장식·공업제품·광고 등의 디자인 또는 고안업무

'디자인 또는 고안 업무'는 전문성·창의성이 필요한 업무를 말하는 것으로서, 고안된 디자인을 토대로 단순히 도면의 작성, 제품의 제작 등의 업무를 수행하는 자는 포함되지 않는다. 이 경우, '실내장식'에는 무대·세트 및 디스플레이 디자이너 등도 포함되며, '광고'에는 상품의 디스플레이 등 널리 선전을 목적으로 한 것도 포함한다.

5. 방송프로·영화 등의 제작사업에 있어서의 프로듀서 또는 감독업무

'프로듀서의 업무'는 제작 전반에 대해 책임을 지고 기획의 결정, 스태프의 선정, 예산 관리 등을 총괄하는 것을 말하며, '감독 업무'는 스태프를 통솔·지휘하여 현장에서 제작 작업을 총괄하는 것을 말한다. '방송 프로그램, 영화 등의 제작'에는, 비디오, 음반, 음악 테이프 등의 제작 및 연극, 콘서트, 쇼 등의 흥행 등이 포함된다.

6. 그 밖에 고용노동부장관이 정하는 업무

근기법 시행령 제31조제6호에서 '그 밖에 고용노동부장관이 정하는 업무'란 회계·법률사건·납세·법무·노무관리·특허·감정평가·금융투자분석·투자자산운용 등의 사무에 있어 타인의 위임·위촉을 받아 상담·조언·감정 또는 대행을 하는 업무를 말한다(2019.7.31, 고용노동부고시 제2019-36호).

소관 법령에 따른 공인회계사, 변호사, 세무사, 법무사, 공인노무사, 변리사, 감정평가사의 면허·자격증을 소지하고, 타인의 위임·위촉을 받아 상담·조언, 감정 또는 대행을 하는 업무를 말한다. 2019년 7월 31일 고용노동부 고시 개정으로 재량근로제의 대상 업무에 금융투자분석, 투자자산운용 등 2개 업무를 추가했다. 금융투자분석(애널리스트) 및 투자자산운용(펀드매니저)업무는 자본시장에서 산업 및 시장의 동향과 전망, 기업가치 분석, 고객자산 운용 등을 수행하는 업무로서 근로자가 자신만의 분석 전략·기법 등을 활용하여 자율적으로 업무수행방법(업무수행수단, 근로시간 배분 등)을 결정하는 등 업무의 성질상 근로자에게 상당한 재량이 보장되며, 근로의 양 보다는 질과 성과에 따라 보수의 상당 부분이 결정되는 재량근로제의 취지에 부합하는 전문적인 업무에 해당하기 때문이다. 공인회계사, 변호사, 세무사, 법무사, 공인노무사, 변리사, 감정평가사, 금융투자분석, 투자자산운용의 보조업무를 수행하거나 소관 법령에 따른 자격 및 면허·자격증 등이 없으면 포함되지 않는다.

위에 열거한 업무 외에 업무의 수행방법을 근로자 재량에 맡길 필요가 없는 업무에 관하여 구체적인 지시를 하지 않을 것을 노사 서면합의로 정하더라도 간주근로시간제의 적용을 받을 수 없다. 예를 들어 많은 사람이 프로젝트팀을 구성하여 개발업무를 행하는 경우로, 그 팀장의 관리 아래 업무수행, 시간배분이 이루어지고 있는 자나 프로젝트 내에서 업무에 부수하는 허드렛일, 청소 등만을 행하는 자, 연구개발 업무에 종사하는 자를 보조하는 조수, 프로그래머 등이 이에 해당한다. 또한 매뉴얼 등으로 노무제공방법을 사전에 지시하는 것은 배제된다. 다만 기본적 업무수행방법을 정하거나 진행상황의 보고를 요구하는 것은 기본적 노무지휘권의 행사이므로 허용된다고 보아야 한다(김형배, 「노동법」, 제26판, p.461).

3 재량근로의 간주근로시간의 설정과 운용

1. 재량근로의 도입요건

(1) 재량근로제 대상 업무에 해당할 것

근기법 시행령 제31조 및 고용노동부 고시에서 규정한 업무여야 한다. 이 부분은 2에서 해설하고 있다.

(2) 대상업무 수행방법에 있어 근로자의 재량성이 보장될 것

업무 성질에 내재하는 재량성으로 인하여 사용자가 근로자에게 업무의 수행 수단과 시간 배분에 관하여 구체적인 지시를 하지 않을 것이 필요하다. 이 부분은 4에서 해설하고 있다.

(3) 근로자대표와의 서면합의가 있을 것

1) 근로자대표

재량근로시간제를 도입하려면 사용자가 근로자대표와 소정의 내용을 서면합의를 통해 명시하여야 한다. 근기법에서 근로자대표와 관련된 규정은 동법 제24조의 정리해고시 협의, 제51조제2항의 3월 단위의 탄력적근로시간제 시행시 합의, 제52조의 선택적근로시간제 시행시 합의, 제55조의 공휴일 대체시 합의, 제57조에 의한 보상휴가 시행시 합의, 제58조의 사업장 밖 출장 근로시 근로시간간주 합의, 재량근로제 시행시 합의, 제59조의 특례사업연장근로시의 합의, 제62조의 유급휴가 대체시 합의 등이 있는데, 이 때의 근로자대표를 "당해 사업 또는 사업장에 근로자의 과반수로 조직된 노동조합이 있는 경우에는 그 노동조합이, 근로자의 과반수로 조직된 노동조합이 없는 경우에는 근로자의 과반수를 대표하는 자"로 정의하고 있다.

근기법에서 과반수 노동조합에 근로자대표성을 부여하는 것은 비록 근로자대표의 개념이 집단적 노사관계에서의 노동조합이나 노사협의회와는 달리 동법에서 창설적으로 규정한 것이라 하더라도 근로자의 과반수로 조직된 노동조합의 경우에는 실질적인 근로자대표로서의 지위를 지니고 있으므로 이를 근로자대표로 인정하고자 한 것이다.

그러나 이러한 과반수 노동조합이 없는 경우 근로자대표의 개념에 대하여는 동법에서 특별히 정한 바가 없어 문제될 수 있는데. 이때의 근로자대표란 적어도 근로자들의 자율적인 방식에 따라 선출된 대표를 의미하는 것으로 보아야 할 것이고, 따라서 회사에 따라 선임된다거나 소수의 근로자로 조직된 노동조합 등의 경우에는 대표성을 인정할 만한 구체적 과정이 없는 한 근로자대표로서의 자격을 갖는다고 볼 수 없다(1999.1.13, 근기 68207-94). 법은 이러한 집단적 동의에 의해 제도내용의 타당성을 확보하려고 한 것이다.

2) 서면합의

당해 서면합의에는 다음 사항을 명시하여야 한다.

(가) 대상업무(2의 해설참조)

재량근로의 도입이 인정되어 근로시간의 산정에 대하여 「간주근로시간제」의 적용이 되는 것은 소정의 업무에 해당하는 것으로 하려면 근기법 시행령 제31조제1항에서 규정하고 있는 대상업무 및 관련 고용노동부 고시(2019.7.31, 고용노동부고시 제2019-36호)에서 규정한 9개 업무에 종사하는 근로자로 한정된다. 각 사업장의 해당 업무 실태에 따라 재량근로로서 간주시간의 적용을 할 수 있으며, 근로자대표가 판단하여 그 대상이 되어야 할 업무를 노사간 합의하는 것이다. 그러므로 그 업무의 수행방법 등은 천차만별이므로 각 사업장에 있는 업무실태에 대해 숙지하고 있는 노사간에 있어서 그 업무의 수행수단 및 시간배분의 결정 등에 관한 구체적인 지시를 하지 않는 취지 및 구체적으로 몇 시간 근로로 간주할까의 「간주근로시간」을 협정하여 정하는 것을 요건으로 하고 있다.

(나) 사용자가 업무의 수행수단 및 시간배분 등을 근로자의 재량에 맡기고 근로자에게 구체적인 지시를 하지 아니한다는 내용

당해 업무의 성질상 그 수행방법을 근로자의 재량에 맡길 수 없음에도 당해 업무의 수행수단 및 시간배분의 결정 등에 관하여 구체적인 지시를 하지 않을 것을 노사간의 서면합의로 정하더라도 재량근로시간제의 적용을 받을 수 없다. 예컨대 많은 사람이 프로젝트팀을 구성하여 개발업무를 행하는 경우로 그 팀장의 관리 아래 업무수행, 시간배분이 이루어지고 있는 자나 프로젝트팀 내에서 업무에 부수하는 허드렛일, 청소 등만을 행하는 자, 연구개발업무에 종사하는 자를 보조하는 조수, 프로그래머 등이 이에 해당된다. 또한 매뉴얼 등으로 노무제공방법을 사전에 지시하는 것은 배제된다. 다만 기본적 업무수행방법을 정하거나 진행상황의 보고를 요구하는 것은 기본적 노무지휘권의 행사이므로 허용된다고 보아야 한다(김형배, 「노동법」, 제26판, p461).

(다) 근로시간의 산정은 당해 서면합의로 정하는 바에 따른다는 내용

① **근로시간 산정의 간주**: 근로시간의 산정은 당해 서면합의로 정하는 바에 따른다는 내용은 재량근로에 종사하는 근로자의 근로시간 산정은 노사간의 서면합의로 정한 시간을 근로한 것으로 간주되는 것이다. 간주규정의 의미는 반증을 들어 번복할 수 있는 추정규정이 아니라 절대적인 효과를 확정하는 것이기 때문에 실제의 근로시간의 장단에 따라 서면합의된 시간이 좌우되는 것이 아니다. 그러므로 서면합의에서 1일 9시간 근로한 것으로 정한 경우에는 현실적으로 12시간 근로를 한 경우이거나, 6시간 근로를 한 경우이거나 이에 불구하고 1일 9시간 근로한 것으로 간주하여 근로시간을 계산한다는 것이다.

노사합의시간은 1일 단위로 협정하는 것이 원칙이나 이러한 업무는 본래 월 단위의 시간으로 하는 것이 통상이므로 1일 단위로는 실무상 도입이 어려운 점이 있다. 그러므로 1일로 하더라도 1개월에 있어서의 간주시간(예컨대 1일 9시간·1개월 200시간)을 협정하는 것이 실무상의 어려움을 해소할 수 있다.

② **서면합의시 유의사항**: 노·사 간에 서면합의를 통해 재량근로시간제를 도입하더라도 취업규칙에 재량근로시간제도 도입에 관한 구체적인 내용들이 기재되는 것이 바람직하다. 또한 법적 의무사항은 아니지만 '서면합의 유효기간', '재량근로의 적용 중지' 등에 대해서도 합의하는 것이 바람직하다.

③ **서면합의 서류 보존**: 근기법 제42조 및 동법시행령 제22조에 따라 근로자대표와의 서면합의 서류는 서면합의한 날로부터 3년간 보존하여야 한다.

2. 연장·야간·휴일근로 등과의 관계

서면합의로 정한 간주근로시간은 법정근로시간 및 연장근로시간의 한도 내에서 정해져야 하며, 휴일·야간근로에 관한 규정은 그대로 적용된다. 따라서, 서면합의에서 정한 근로시간이 법정근로시간(1일 8시간, 1주 40시간)을 초과하는 경우 연장근로 가산수당을 지급하여야 하며, 휴일·야간근로가 노사합의로 정한 근무시간대에 포함되어 있거나 사용자의 지시·승인에 의해 이루어지는 경우에는 가산수당을 지급하여야 한다.

또한, 재량근로제 하에서도 휴일·휴가·휴게를 별도로 부여하여야 한다. 다만, 휴게시간은 제도를 적용 받는 근로자의 재량에 의하여 그 시간을 변경할 수 있다.

한편, 재량근로제를 도입한 경우에도 사용자는 근기법 상의 임산부와 연소자의 야간근로 및 휴일근로의 제한 규정, 산후 1년 미만 여성근로자의 시간외근로 제한 규정을 준수하여야 한다.

3. 재량근로제의 법적 효과

(1) 근로시간 계산의 특례 인정

적법하게 도입 운영되는 재량근로시간제 하에서는 서면합의에 명시된 간주근로시간을 근로한 것으로 본다. 따라서, ① 근로자가 더 많이 근로했다거나 ② 사용자가 더 적게 일했다고 반증을 제시해도 간주된 근로시간이 바뀌지 않는다.

(2) 적법하지 않은 재량근로제 도입·운영 시 효과

① 법령 등에서 정한 대상 업무에 해당되지 않거나 ② 근로자대표와의 서면합의가 없는 경우, ③ 서면합의의 필수기재 사항이 명시되어 있지 않은 경우에는 재량근로제 자체가 무효로 될 수 있다.

또한, 근로자의 업무수행 수단 등에 대한 사용자의 구체적인 지시가 상시·반복적으로 이루어져 제도의 취지를 훼손한다면, 해당 근로자에 대해 무효가 될 수 있다.

재량근로제가 무효가 되면, 근로시간에 관한 일반적인 규정(근기법 제50조 등)이 적용되어 법정근로시간(1일 8시간, 1주 40시간)을 초과한 근로시간은 연장근로가 된다. 이 경우 실제 근로한 시간에 따라 임금 및 법정수당을 계산·지급하여야 하며, 실근로시간을 기준으로 근로시간 규정 위반 여부를 판단하여야 한다.

4. 재량근로에서의 근로시간 산정의 특정과 산정방법

(1) 재량근로에서의 근로시간 산정의 특정

재량근로에 종사하는 근로자에 대해 근로시간의 산정은 근기법 제58조제3항에 따라 노사간의 서면합의로 정한 시간을 근로한 것으로 본다(간주)」는 것이다.

「간주」규정이므로 추정과는 달리 반증이 있더라도 뒤집히지 않는 절대적인 효과를 확정하는 것이므로, 실제의 근로시간의 길고 짧음에 관계없이 노사합의한 시간을 근로한 것으로 본다.

그러므로 서면합의에서 1일 9시간 근로한 것으로 간주규정을 설정하면 만약, 현실적으로 12시간 근로를 한다거나 반대로 6시간만을 근로했다 하더라도 1일 9시간 근로한 것으로 간주되어 근로시간이 계산된다.

(2) 재량근로에서의 근로시간 산정방법

노사간의 서면합의에서 재량근로에 해당하는 업무를 정해 해당 업무의 수행에 필요한 시간을 정한 경우에는 해당 업무에 종사한 근로자는 해당 서면합의에서 정하는 시간을 근로한 것으로 간주한다.

이 간주시간의 산정에서는 재량근로종사자 각각의 근로자에 대해 합의하여 정하는 것이 아니고 그 업무나 계 등을 단위로 하여 대충 이 정도의 시간을 근로하고 있다는 상태에서 간주근로시간을 정하는 데 있다. 일반적으로 이러한 재량업무에 종사하는 자는 그 직무나 업무수행시간에 큰 개인차가 있는 것이 특징이며 이것은 본인 자신의 자주적인 업무수행상의 판단을 존중하여 창의성이 필요로 하는 직무에 종사하는 자이다. 본래 개인적인 것이나 이것을 일정범위에 집단적 또는 업무별 등과 똑같은 시간 근로한 것으로 간주된다는 것이다. 또한 그 시간은 연장근로도 포함한 간주시간으로 법정내 시간이라도 지장 없다.

근로시간의 산정이라는 측면에서 보면 기본적으로 여러 가지 실제로 근로한 시간을 산정하는 것이 기본이나 재량근로의 특수성에서 노사의 의견이 일치하여 노사합의한 경우에는 당해 업무 전체 근로자에 대해 그 시간의 근로로 간주하여 그 범위 내 근로자 자신이 자주적인 관리를 하여 근로하는 특별한 취급을 인정한 것이 이 제도의 취지이며 또한 임금도 능력급, 업적급, 성과급 체계 등에서 정한 근로시간과 직무성과가 관계없는 것이 특징이다.

이와 같은 재량근로종사자는 그 업무의 성질상 업무의 실적(직무성과)과 근로시간에 대해 개인차가 발생하는 것은 확실하나 개개인의 근로시간의 취급에 대해 합리적인 방법이 필요하다. 결국 업무나 직장을 단위로 하여 서면합의라는 노사의 협정에 의해 근로시간이 정해지면 그것에 따라 근기법상의 근로시간을 계산한다는 것이다. 노사간 서면합의시 「간주시간」은 소정근로시간으로 하는 사례가 많은 것이 실정이다. 즉 간주시간이 있는 「대상업무」에 종사하는 근로자의 「근로시간으로 산정하는 시간」은 협정당사자인 노사의 자유이므로 근로시간과 직무성과가 연동되지 아니한 업무에서 그리고 사용자가 근로시간 배분 등에 있어서 구체적 지시가 없는 근로시간의 파악·산정의무가 면제되는 시간이다.

5. 서면합의가 체결되지 않는 경우의 재량근로의 취급

재량근로의 근로시간 산정의 방법으로서 간주시간제도란 근기법 제58조제3항에 따라 노사의 합의에 의한 서면합의가 요건이며 서면합의가 체결되지 않은 사업장의 재량적 근로의 근로시간 산정은 간주가 아닌 통상의 근로시간 산정방법을 취하지 않을 수 없다.

사업장 밖의 근로의 경우에는 근로시간 그 자체가 산정되지 않거나 어려운 경우여서 근로시간을 산정할 수 있으면 간주근로시간제라고 할 수 없다. 이 재량근로에 대해서는 기본적으로는 근로시간을 산정할 수 없다는 전제를 세우고 있어 어떻게 하여도 간주시간제에 반대다, 싫다 하는 근로자가 과반수를 넘으면 서면합의가 체결되지 않으므로 재량근로는 간주근로시간에 의해 산정되지 않고 객관적으로 파악되는 각 근로자마다의 근로시간을 파악하여 산정해야 한다. 한편 근로시간의 산정이 가능하다 하더라도 본래 재량근로란 사용자가 구체적인 지휘·감독을 하여 근로시간 관리를 하는 것이 곤란하거나 부적당한 경우로서, 해당 업무의 성질상 그 수행방법을 큰 폭으로 당해 업무에 종사하는 근로자에게 맡길 필요가 있는 경우에 적용될 수 있다. 그러나 재량근로에 대한 노사합의가 되지 않을 때, 사용자는 타임카드, 관리부 등에 의해 산정할 수 있고, 근로자의 자주신고제에 맡길 필요가 높다. 따라서 사용자로서는 근로시간의 길이나 배분 등을 포함하여 근로자 본인에게 대폭으로 맡길 수 없음에도 불구하고 노사합의에서 이를 정하더라도 재량근로제로서 근로한 것은 아니다. 이러한 경우에는 결과적으로 근로자가 신고하는 근로시간에 따라서 근로시간 계산을 하여 가산임금을 지급하여야 한다.

근로시간 관리나 규제가 사실상 될 수 없는 경우가 많음에도 노사합의가 되지 못하여 사용자는 결과만을 받아들여야 하는 한편, 법정의 근로시간을 초과하는 경우 그 시간을 초과하는 근로에 대해서, 2년 이하의 징역 또는 2,000만원 이하의 벌금이라는 형사책임을 부과(근기법 제110조제1호)하는 것은 책임주의원칙에서 보아도 불합리하다.

또한, 재량근로의 성질상, 개개인의 능력, 경험, 직무방법 등에 따라 대폭의 근로시간의 개인차가 발생하게 되어 같은 직무에 종사하고 같은 성과를 얻은 경우에도 개별 근로자마다 근로시간이라는 것은 큰 차가 발생하나 본래 자유재량적인 근로이므로 한 사람, 한 사람, 근로시간의 배분이나 업무수행에 대하여 사용자는 규제하기 어렵다. 그러므로 이와 같은 업무의 특수성을 감안하여 말하자면, 「동일노동, 동일근로시간의 원칙」적인 생각에 따라 개인차를 평준화하여 근로시간 관리를 하는 것이 꼭 부당하다고는 할 수 없다.

그러므로 결국 반대로, 서면합의 없이 원칙적인 근로시간의 산정을 한다고 하더라도 재량근로의 근로시간의 성질에서 보고, 사용자 측면에서 보면, 어떤 일정한 평균적 시간만을 가지고 산정할 수 없는 결과가 되어, 사용자가 일정한 근로시간을 가지고 적정한 노무관리를 할 수 없으므로, 그것에 이의가 없는 근로자는 그 취급에 따르게 되고, 이의가 있는 근로자와의 사이에는 어떤 근로시간이 적당한지에 대해 분쟁이 생길 것이다.

그러므로 이와 같은 노사분쟁을 피하기 위해서는 근로자의 과반수로 조직하는 노동조합 또는 과반수의 근로자대표자와의 서면합의라는 근로자집단의 의사에 합치하는 서면합의에 따를 수밖에 없다.

4 재량근로제 적용 대상근로자의 재량성 보장의 범위는 어디까지인가

1. 재량성 보장 범위의 일반 원칙

재량근로제 적용 대상 근로자의 재량성 보장 범위는 어디까지 인정되고 있는가의 문제이다(2019.7.31, 고용노동부 「재량간주근로제 운영 가이드」).

법령에서 정한 대상 업무를 수행함에 있어 ① 개별근로자에게 부여되는 ② 업무의 수행 수단 및 ③ 근로시간 배분의 재량에 대해 제도의 취지를 훼손할 정도의 "구체적인 지시"가 이루어졌는지 여부를 판단해야 한다.

즉, 업무지시가 '업무수행 수단이나 근로시간의 배분'에 관한 내용인지 여부, 지시의 주기 및 구체성의 정도, 근로자의 재량에 대한 제한이 합리적인지 여부, 근로자의 실질적인 재량권 행사 가능성, 근로자대표와의 합의내용 등을 종합적으로 고려하여 판단하여야 한다.

통상적인 근로관계 하에서의 업무지시는 업무의 내용, 방법, 시간, 장소에 대한 지시로 구체화되며, 재량근로제는 '업무수행 수단' 및 '근로시간의 배분'에 관해 '구체적 지시'를 하지 않도록 하고 있다. 따라서, 업무의 내용 및 취업할 장소 등에 대한 사용자의 지시는 원칙적으로 가능하다 할 것이다.

업무의 내용·목표·기한 등 기본적인 사항에 관한 지시, 일정 정도의 진행경과 확인, 업무 (중간)결과물에 대한 평가, 사업장의 질서·보안유지 등을 위한 지시는 가능하다.

'업무수행 방법(수단)'과 '근로시간의 배분'을 일률적으로 구분하기는 어려우나, (업무수행 수단) 업무진행(조사·분석·보고 등)에 있어 구체적인 방식·수단의 결정 및 변경(출장·회의 횟수, 투입할 자원의 양과 질 등) 등 (근로시간 배분) 매일의 근로할 시간, 과제 수행에 있어서의 시간의 배분·관리(세부 추진 일정의 결정·변경, 노동밀도 등), 업무부여 주기 등을 예로 들 수 있다.

[사례 1] 재량근로제를 적용받는 근로자에게 제품개발 방향의 수정, 기능의 변경·추가 등을 요청할 경우, 이를 업무수행 방법에 대한 구체적 업무지시로 볼 수 있는지?

☞ 업무의 수행 수단 및 시간 배분 등에 관한 것이 아닌, 업무의 목표 및 방향 등 기본적인 업무 내용에 관한 지시는 가능할 것이다.

2. 재량성 보장 범위의 세부 판단 기준

'업무수행 수단 및 시간의 배분' 에 있어서 근로자의 재량성 침해 여부는 개별 사례별로 여러 사정을 종합하여 판단하여야 할 것이므로, 특정 상황만을 기준으로 일률적으로 판단하거나 아래 예시한 일부 위반 사례에 해당한다 하여 곧바로 무효가 되는 것은 아니며, 대상 업무의 성질에 비추어 근로자의 재량을 제한하는 정도, 구체적이고 상시적인 지시인지 여부 등을 종합적으로 고려할 필요가 있다.

(1) 구체적 지시의 대상 등은 '조직' 단위가 아닌 '근로자' 기준으로 판단한다.

재량근로제 대상 업무에 해당하는지 여부와 구체적 업무지시의 여부는 '근로자' 기준으로 판단→부서 또는 팀 등의 조직 단위로 업무 수행의 재량권이 보장된다 하더라도 개별 근로자에게 재량이 없다면 인정될 수 없다.

이 경우, 대상 업무의 수행 여부는 개별근로자의 직함이나 직책이 아닌 실제 수행하는 업무를 기준으로 판단해야 한다. 법령 상 재량근로제 대상 업무를 수행하더라도 근로자에게 업무수행 방법 등에 있어 재량이 없다면 적법한 제도 운영으로 보기 어렵다.

[사례 2] 신상품을 개발하는 프로젝트 팀에 "팀 단위"로 업무수행 방법이나 시간배분 등에 관한 재량이 부여되어 있다면 팀장이 해당 팀원에게 구체적인 지시를 할 수 있는지?

☞ 근기법 제58조에 따른 재량근로제 대상 업무는 '근로자의 재량에 위임할 필요가 있는 업무'로 규정하고 있으므로 재량이 부여되었는지 여부는 '근로자' 기준으로 판단해야 한다. 따라서, 팀장(리더)는 업무의 협의·조정 및 진행상황 등을 관리하고, 실질적인 업무수행수단 및 시간 배분 등은 해당 팀원이 스스로의 재량에 따라 결정한다면 적법한 제도 운영으로 볼 수 있을 것이나, 비록, "팀 단위"로는 재량성이 확보되어 있다 하더라도, 소속 팀원의 업무수행 수단과 시간배분 등에 관해 팀장이 구체적인 지시를 한다면 해당 팀원에게는 재량근로제를 적용하기 어려울 것이다.

[사례 3] 업무수행 방법에 있어 재량을 위임받은 신상품개발팀 내에서 단순한 행정업무나 보조적인 업무를 수행하는 근로자에게도 재량근로제를 적용할 수 있는지?

☞ 재량근로제 대상 업무가 될 수 있는지 여부는 해당 근로자를 기준으로 판단해야 한다. 단순 행정업무 및 보조적인 업무는 근기법상 재량근로의 대상이 되는 업무가 아니므로 해당 업무를 수행하는 근로자는 재량근로제를 적용할 수 없을 것이다.

전문적 직무를 위한 단순 데이터·통계 분석·정리, 타인의 설계 및 지시 등에 따라 단순히 SW를 작성하는 프로그래머, 기자의 취재에 동행하는 기술 스태프 등, 출판 사업에서의 단순 교정, 고안된 디자인에 따른 단순한 도면 작성 및 제품 제작 등이 이에 해당한다.

(2) 업무 수행 수단 에 대한 구체적인 지시를 하지 않을 것

1) 기본원칙

원칙적으로 근로자는 업무수행의 방식·수단 등을 스스로의 재량에 따라 결정하여야 하며, 이에 대한 사용자의 구체적인 지시는 배제되어야 한다. 따라서, 필수적인 절차나 방식이 아님에도 매 단계마다 이를 지정하고 수행 여부를 확인하는 등 사실상 근로자의 재량을 제한하는 경우에는 적법한 제도 운영으로 보기 어려울 것이다.

업무수행 수단에 대한 구체적이고 상시적인 업무지시는 비록 그러한 내용 및 범위를 서면합의로 명시하거나 개별근로자의 동의를 얻었다고 하더라도 재량근로제의 취지에 반하는 것으로 허용될 수 없다.

2) 업무보고

일정 단계에서의 진행상황·경과 등을 보고하도록 하는 것은 근로자의 재량을 근본적으로 제한하는 것이 아니라면 허용될 수 있을 것이다. 또한, 제품 출시 및 신기술 개발, 연구 보고서의 완성 등이 임박한 단계에서 업무의 완성도 확보 등을 위해 별도의 보고 일정을 사전에 정하여 운영하는 것도 제도의 본질을 침해하지 않는 한 가능할 것이다. 다만, 이 경우에도 업무의 성격에 비추어 진행상황 등의 보고 주기가 지나치게 짧고, 보고 의무 불이행 시 징계 등 불이익 조치가 예정되어 있다면 근로자의 재량을 침해했다고 볼 수 있다.

한편, 유관 조직과의 일정 공유, 업무협조 등을 위해 근로자 스스로의 필요 및 결정으로 업무진행 상황·경과, 향후 계획 등을 보고하는 것도 가능할 것이다.

[사례 4] 프로젝트의 단위과제 완료 시마다 진행상황 등을 보고하도록 해도 되는지?

☞ 재량근로제 하에서도 업무의 기본적인 내용에 대한 지시 및 진행상황 점검 등을 위한 중간보고 등은 가능하므로, 프로젝트의 진행상황을 점검하기 위해 일정 주기 또는 단위과제 종료 시마다 진행경과 등을 보고하도록 하고, 필요 시 내용·목표·기한 변경 등 업무의 기본적인 내용에 대한 지시를 하는 것은 가능하다. 다만, 업무의 성격에 비추어 보고 주기를 지나치게 짧게 정하여 사실상 근로자의 재량권을 과도하게 제한하거나, 업무수행 수단이나 시간 배분 등에 대해 구체적인 지시를 한다면 근로자의 재량을 침해하는 것으로 볼 수 있을 것이다.

3) 회의참석 등

업무 진행상황 확인·공유, 조정·협의 등을 위해 근로자대표와 서면합의로 회의의 주기·횟수, 일정 등을 정해 참석토록 할 수 있으며, 서면합의에 정함이 없더라도 근로자 스스로 일정조정이 가능한 기간을 두고 업무의 목표 달성을 위해 필요한 회의에 참석토록 하는 것은 재량을 침해하였다고 보기 어렵다. 다만, 이 경우에도 지나치게 자주 회의에 참석토록 함으로써 업무수행 방법에 있어 근로자의 실질적인 재량을 침해할 수는 없을 것이다.

업무의 목표 달성을 위해 해당 근로자가 반드시 참석해야 할 합리적 이유가 있는지 여부, 회의 참석에 있어 근로자의 선택권이 있는지 여부 등도 종합적으로 고려해야 할 것이다.

[사례 4] 프로젝트의 단위과제 완료 시마다 진행상황 등을 보고하도록 해도 되는지?

☞ 재량근로제 하에서도 업무의 기본적인 내용에 대한 지시 및 진행상황 점검 등을 위한 중간보고 등은 가능하므로, 프로젝트의 진행상황을 점검하기 위해 일정 주기 또는 단위과제 종료 시마다 진행경과 등을 보고하도록 하고, 필요 시 내용·목표·기한 변경 등 업무의 기본적인 내용에 대한 지시를 하는 것은 가능하다. 다만, 업무의 성격에 비추어 보고 주기를 지나치게 짧게 정하여 사실상 근로자의 재량권을 과도하게 제한하거나, 업무수행 수단이나 시간 배분 등에 대해 구체적인 지시를 한다면 근로자의 재량을 침해하는 것으로 볼 수 있을 것이다.

[사례 5] 서면합의 시 매주 1~2회 일정한 시각을 지정하여 근로자의 회의참석 의무를 정할 수 있는지?

☞ 서면합의로 회의의 주기 및 횟수, 시각 등을 사전에 지정하여 최소한의 회의에 참석하도록 하는 것은 가능하다.

[사례 6] 제품의 중대한 결함 발생 등 긴급업무 발생 시 근로자 본인의 동의 하에 당일 회의 참석, 출장 등의 업무 지시(요청)을 할 수 있는지?

☞ 근로자의 회의참석, 출장 등의 지시는 근로자의 시간 배분을 침해하지 않는 범위 내에서 사전 충분한 시간을 두고 이루어지는 것이 바람직할 것이나, 제품의 중대한 결함, 대규모 리콜 등으로 신속한 기술적 분석·개선 등이 이루어지지 않는다면 정상적인 업무수행 등을 심각하게 저해하는 등 긴급성과 불가피성이 인정되는 경우에는 회의 참석 등 업무지시가 가능하다(다만, 이 경우에도 해당 근로자의 동의 등 적절한 조치를 병행하는 것이 바람직하다).

[사례 7] 재량근로제를 적용받고 있는 근로자가 스스로의 필요와 결정에 의해 회의를 소집하거나 참석하는 것이 가능한지?

☞ 재량근로제는 업무수행 수단 및 시간 배분 등에 관하여 근로자의 재량에 맡기도록 하고 있으므로 근로자가 스스로의 필요에 따라 회의 및 출장, 행사 참석 여부 등을 결정한다면, 이는 근로자에게 부여된 재량에 따라 이루어진 것이므로 가능할 것이다.

4) 출 장

업무의 완성을 위해 필요한 출장이나 외부회의, 행사 참석 등을 지시하는 것은 가능하다.

[사례 8] 외부 회의 및 행사 참석, 출장 등은 지시할 수 있는지?

☞ 업무의 원활한 진행, 결과물의 완성도 확보 등 업무수행 상 반드시 필요한 경우에는 외부 회의, 출장 등의 업무지시를 하는 것은 가능하다. 다만, 이 경우에도 해당 근로자가 회의 등에 참석하여야 할 합리적 이유가 없다고 판단한다면 이에 응하지 않을 수 있고, 이를 이유로 사용자는 근로자에게 불이익을 줄 수는 없다.

5) 복무관리 등

업무수행 방법과 직접적으로 관련이 없는 사업장 내 질서 유지, 시설 및 보안 관리에 관한 사항은 지시·감독이 가능하다.

[사례 9] 출근의무를 부여하거나 출·퇴근 시각을 등록하게 하는 것, 업무일지를 작성하여 매 단위과제 완성 이후 보고하도록 하는 것이 가능한지?

☞ 재량성은 '업무수행 수단이나 시간 배분에 대해 근로자에게 재량권을 부여'하는 것이 본질이므로, 이를 침해하지 않는 한 인정될 수 있을 것이다. 따라서, 출근시각을 정하지 않은 채 출근의무를 부여하거나, 출·퇴근 시각 등에 대한 구체적 지시·간섭 없이 장시간근로 예방 등 근로자의 건강권 보호, 연차휴가 산정 등을 위한 복무관리 목적으로 '출·퇴근 시각을 기록'하게 하는 것은 가능하며, 업무수행 과정의 기록·보존 등을 목적으로 업무의 완성 시점에 그 간의 업무일지 및 과정 관리 현황 등을 제출하게 하는 것은 업무 수행 수단이나 시간배분에 있어 재량성을 침해했다고 보기 어렵다.

(3) 근로시간 배분에 대한 구체적인 지시를 하지 않을 것

1) 소요시간 관리

업무의 단위과제가 어느 정도로 구체적 세부적인지를 고려하여 판단하되, 근로자의 시간배분에 대한 재량성을 침해할 정도로 단위 과제의 시간배분에 대해 간섭 또는 지시를 한다면 재량성을 인정하기 어렵다.

[사례 10] 근로자가 업무수행 예상시간을 사전에 Time Sheet에 입력하고, 관리자는 이를 기준으로 업무의 진행상황을 관리하는 것이 가능한지?

☞ 부여된 업무 및 세부 단위과제의 완성에 소요되는 '예상시간'만을 입력하도록 하고 근로자의 재량에 따라 시간 배분을 조정할 수 있도록 한다면 재량성이 인정될 수 있을 것이다. 다만, 이 경우에도 사용자가 Time Sheet에 입력된 시간을 기반으로 업무의 진행상황을 체크하고 일정 변경 등의 지시를 하거나, 다음 과제의 시간 배분을 조정하도록 간섭 또는 지시한다면 재량성을 침해한 것으로 볼 수 있다.

2) 업무부여 주기

개별 업무의 특성에 따라 다르므로 획일적인 기준을 가지고 판단하기는 어려우므로, 업무의 종류·성격, 해당 업무의 수행방법 등에 관해 보장되는 재량의 수준 등을 종합적으로 고려할 필요가 있다. 통상적으로 '주(週) 단위' 이상의 주기로 단위과제를 부여하는 것은 근로자의 재량을 침해했다고 보기 어려울 것이나, '일(日) 또는 시간 단위' 로 업무의 내용 등을 정하는 경우에는 당해 업무의 성질 등을 종합적으로 고려하여 재량성 침해 여부를 판단하여야 할 것이다.

[사례 11] 통상 1개월 정도가 소요되는 프로젝트에서, 원활한 과제 완성을 위해 업무를 매주 단위로 구분하여 부여하는 것이 가능한지?

☞ 통상 '주' 단위로 업무를 부여하면서 근로자가 주 단위 내에서 자율적으로 해당업무 수행을 위한 시간배분을 하도록 하고, 이에 대해 구체적 지시를 하지 않는다면 원칙적으로 시간배분에 있어서의 재량성이 인정된다고 할 것이다.

[사례 12] 근로자의 재량성을 침해하지 않을 정도의 주기로 업무를 부여하더라도 매일 업무결과를 작성하여 보고하도록 하는 것이 가능한지?

☞ '일 단위'로 업무를 부여하거나 매일 업무결과를 작성하여 보고하도록 한다면, 실질적으로 시간 배분에 있어 재량의 여지가 없을 가능성이 높아 일(日) 단위로 업무의 완성이 이루어지는 등의 특별한 경우가 아니면 인정하기 어렵다.

[사례 13] 언론사에서 기사를 취재하고 편집하는 업무에 대해 매일 취재의 내용, 기한 등을 정하여 지시하는 경우 근로자의 재량성을 침해하는 것은 아닌지?

☞ 근로시간 배분의 재량성 여부는 업무의 성격 등을 종합적으로 고려하여 판단하여야 한다. 기사 취재·편집 업무의 경우에는 상황에 따라 매일 단위로 업무가 완성되는 특성 으로 인해 일 단위로 업무를 지시하는 것이 불가피하다. 따라서, 업무를 부여하는 주기가 일 단위로 이루어진다고 하더라도 세부적인 시간배분에 대한 구체적 지시가 없다면 재량성을 침해했다고 보기 어렵다.

3) 업무기한

업무수행에 통상 소요되는 기간에 미치지 못하는 기한을 정하여 업무를 부여한 경우에는, 실질적으로 근로자에게 시간 배분에 관한 재량이 보장된다고 보기 어렵다.

[사례 14] 업무수행에 통상 소요되는 기간에 미치지 못하는 기한을 정하여 업무를 완성하도록 하는 경우 재량성이 인정될 수 있는지?

☞ 재량근로시간제는 주12시간의 연장근로시간 상한 초과를 허용하는 제도가 아니라, 노사가 업무수행에 필요한 소정근로시간을 서면합의로 정하고 근로자가 세부 근로시간 배분을 결정할 수 있도록 하는 제도이다. 따라서, 서면합의로 정한 근로시간의 범위 내에서는 처리가 어려운 정도의 과도한 업무를 부여한 것이 명백한 경우에는 근로자가 근로시간 배분에 있어 재량을 발휘할 여지가 없으므로 인정될 수 없다.

4) 출근의무 등

근무할 장소를 지정하여 출근 의무를 부여하는 것은 가능하며, 출근일을 서면합의로 정한 경우에는 그에 따르면 될 것이다.

5) 출·퇴근 시각

업무시작·종료 시각을 엄격히 적용·관리하는 것은 근로자의 시간 배분에 관한 재량을 침해하는 것으로 볼 수 있다. 다만, 이 경우에도 사업장의 질서유지, 근로자의 안전 확보 등을 위해 불가피한 경우에는 한시적으로 출·퇴근 시각을 정하여 이에 따르도록 하는 것은 가능할 것이다.

[사례 15] 사업장의 설비·시스템 도입·교체 및 수리 등으로 전체 사업장 또는 특정 부서에서의 근로가 일시적으로 불가능할 경우, 출퇴근 시각을 정해 지키도록 할 수 있는지?

☞ 재량근로제 하에서도 근로계약관계 상의 기본적인 지휘·명령권과 시설관리권 등에 따라 이루어지는 일시적이고 불가피한 지시는 가능하다 할 것이다. 따라서, 사업장 시설관리 및 보안유지, 안전확보 등 불가피한 사유로 한시적으로 출·퇴근시각을 정하여 엄격히 적용·관리하는 것은 근로자의 재량을 침해했다고 보기 어렵다.

6) 근무시간대 지정

업무의 완성을 위해 필요한 경우 근로자대표와의 서면합의로 특정 시간대를 정하여 운영하는 것은 가능할 것이다. 이 경우 업무상 필요한 회의, 보고 등은 그 시간대에 이루어지는 것이 바람직할 것이다. 다만, 이 경우에도 사실상 출·퇴근 시간을 정하는 것과 같이 근로시간대를 지나치게 넓게 설정·배치한다면 근로자의 시간 배분에 관한 재량을 침해한 것으로 볼 수 있을 것이다.

재량근로제 하에서의 재량성 보장 여부는 제도의 취지를 훼손할 정도의 지시나 간섭이 이루어졌는지 여부로 판단하되, 개별 사례별로 업무의 성질, 지시의 내용 및 구체성·반복성, 합리적 이유의 존재 여부, 재량을 제한하는 정도 등을 종합적으로 고려할 필요가 있다.

[참고] 사례별 업무지시 가능 여부 판단

〈업무보고 등〉

○ 업무의 목표 · 내용 · 기한 등 기본적인 내용에 대한 지시 .... (O)
○ 일정 단계에서 진행경과 확인, 정보공유 등을 위한 업무보고 지시 .... (O)
○ 업무의 완성이 임박한 단계에서 완성도 확보를 위한 보고 지시 .... (O)
○ 업무의 성질에 비추어 보고 주기가 지나치게 짧고,
　보고 불이행 시 징계 등 불이익 조치가 있는 경우 .... (X)

〈회의참석, 출장〉

○ 업무진행 상황 확인, 정보공유 등을 위한 회의참석 지시 .... (O)
○ 중대한 결함 발생 등 긴급업무 발생 시 회의참석 · 출장 등 지시 .... (O)
○ 업무의 완성을 위해 필요한 출장 · 외부회의 · 행사 등 참석 지시 .... (O)
○ 근로자 스스로 재량에 따른 회의 소집 · 참석, 출장 등 .... (O)
○ 근로자의 시간 배분을 사실상 제한할 정도의 빈번한 회의참석 지시 .... (X)

〈복무관리〉

○ 소정근로일 출근의무를 부여하고 이를 확인하는 경우 .... (O)
○ 장시간근로 차단 등 건강보호, 연차휴가 산정 등 복무관리 목적의 출 · 퇴근 기록 의무 부여 .... (O)
○ 출 · 퇴근 기록을 토대로 임금산정, 평가 반영 등 불이익 조치 .... (X)

〈업무부여 주기〉

○ 통상 1주 단위 이상으로 업무를 부여하거나, 일(日) 단위로 업무를 부여하더라도
　업무의 성질 등에 비추어 합리적 사유가 있는 경우 .... (O)
○ 통상 소요되는 기간에 미치지 못하는 완료기한을 정하는 등 과도한 업무 부여 .... (X)

〈출 · 퇴근 시각 등〉

○ 사업장의 설비 · 시스템 도입 · 교체 및 수리, 사고 발생(위험)에 따른 안전확보 등의 사유로
　한시적으로 출 · 퇴근 시각을 정하여 엄격히 적용 · 관리하는 경우 .... (O)
○ 재량근로에서 통상적인 시업 · 종업 시각을 엄격히 적용 · 관리하는 경우 .... (X)
○ 서면합의로 업무의 완성을 위해 필요한 근무시간대를 정하는 경우 .... (O)
○ 사실상 출 · 퇴근 시각을 정하는 것과 같이 필요 근무시간대를 지나치게 넓게
　설정 · 배치하는 경우 .... (X)

5 재량근로의 간주근로시간의 운용상의 유의사항

1. 서면합의시의 유의사항

(1) 서면합의의 내용과 효력

재량근로의 간주근로시간제를 도입할 경우, 서면합의는 ① 근기법 시행령 제31조에서 정한 재량근로의 대상업무 중에서 그 기업에서 행하는 업무를 정하는 것(대상업무)

② 그 업무의 수행수단 및 시간배분 등에 관하여 구체적인 지시를 하지 아니한다는 것(재량근로의 보증)

③ 근로시간의 산정은 당해 서면합의로 정하는 바에 따른다는 내용(간주근로시간)을 정하는 것이 중심이 된다.

그러므로 서면합의로 정한 업무에 종사하는 근로자의 근로시간 산정에 대해서는 그 서면합의로 정한 근로시간을 근로한 것으로 간주된다. 따라서 실제의 업무 시작시각과 종료시각에 관계없이 그 업무에 대하여 1일 9시간 근로라고 서면합의하면, 9시간 근로한 것으로 간주하는 것이 되어, 이것은 반증하더라도 번복되지 않는다.

당일에 실제로 근무한 근로시간이 많거나 적어도 간주시간의 근로로 보아, 이 때문에 1일 9시간이라고 간주시간을 정한 것이면 10시간 근로하더라도 9시간으로 간주되며, 반대로 4시간만 근무하였어도, 1일의 근로시간을 9시간 근로한 것으로 간주된다.

재량근로의 간주근로시간제란 이와 같이, 근로에 종사하는 자에 대하여 근기법상의 근로시간 계산방법에 대해 규정하고 있으므로, 객관적인 요건이 구비되어 있으면 적법하다. 재량근로는 개별 근로자와의 사이에 근로계약으로 정해야만 하는 것이 아니고 공법상의 사용자에게 부과되는 근로시간의 파악, 산정의무에 관한 규정이 적용된다.

(2) 서면합의와 개별근로자의 동의

따라서 개개의 근로자의 동의의 유무라는 것은 문제되지 않는다. 물론, 간주되는 근로시간이 몇 시간일까 하는 것은 개개의 근로자간의 근로조건의 내용이 되므로, 이것은 근기법 제58조제3항에 의해 근기법상 허용되어 있는 근로시간 계산방법의 하나로서 서면합의로 정한 내용이 근로조건의 내용이 되어, 이것은 근기법이 일방적으로 사용자의 국가에 대한 의무로서 공법상 정해져 있는 동시에, 한편으로 근기법 제15조 등에 따라 사법상으로 근로조건 내용을 이룬다는 양면적 성격에 따른 것이다. 그러므로 양면적인 효력을 명백히 하기 위해서는 서면합의만이 아닌, 그 내용을 취업규칙으로라도 정할 필요가 있다.

여기서 재량근로종사자는 그 업무의 성질상 자기자신의 생각이 확실한 개성이 강한 사람이나, 창조성이 요구되는 직무에 종사하는 근로자도 많다. 그러므로 근로시간이 비교적 개인차가 생기기 쉬운 특징도 있으므로 이것들을 가미하여, 여러 가지 직무에 대해 일반적이고, 평균적으로 같은 직무에 종사하는 자에 대해 같은 정도의 근로시간이 소요될 것이라 하는 전제하에 그 시간을 서면합의에 의해 정하여 「간주계산」할 필요가 있다. 또한 직무성과는 근로시간의 길이에 비례되는 것이 아니므로 성과급 임금체계를 도입하여 근로시간은 「소정근로시간의 근로」를 한 것으로 정하는 것이 일반적이므로 재량근로의 본래의 취지에 따른 것이다.

(3) 서면합의시의 근로시간의 설정방법

재량근로의 업무특수성과 서면합의에 따른 간주근로시간에 의해 계산의 묘미가 있고, 그 때문에 서면합의에 있어서 근로시간의 설정에 대해 다음과 같이 규정하는 방법이 있다.(다만 근로시간과 업무의 처리결과는 반드시 일치하는 것은 아니므로 업무나 시기 등과 근로시간의 관계를 중시하여 설정하는 것이 적당하다고 볼 수 없다).

① 재량근로의 업무별 근로시간 설정
② 재량근로의 내용에 따른 시기별 근로시간 설정
③ 재량근로에 종사하는 자의 직위 등에 따른 근로시간 설정
④ 컴퓨터 프로그램 개발 등의 경우와 같이 일정기간에 집중된 장시간의 간주근

로시간 설정과 비수기의 근로시간을 구별하여 설정(임금체계상의 연구필요)하는 등의 모든 점에 유의하여 서면합의를 할 필요가 있다.

또한 서면합의의 체결 당사자는 재량근로종사자나 그의 대표자가 아닌 당해 사업 또는 사업장에 근로자의 과반수로 조직된 노동조합이 있는 경우에는 그 노동조합, 근로자의 과반수로 조직된 노동조합이 없는 경우에는 근로자의 과반수를 대표하는 자(근로자대표)가 행하므로, 재량근로의 간주근로시간제에 관한 서면합의의 체결에 대해서 재량근로의 간주근로시간제 대상근로자의 의견을 들을 기회가 확보되는 것이 바람직한 것이다.

2. 월 단위의 재량근로의 간주시간의 설정은 할 수 없을까

재량근로의 간주근로시간 설정에서는 실무상으로는 월급제도와 맞춘 1개월 단위의 간주근로시간의 설정이 바람직하다고 생각한다. 그러므로 재량근로에 대해 서면합의에서 정한 시간은 1일 근로시간만이 아닌 1개월의 근로시간도 가능한가라는 의문이 있을 수 있다. 근기법에서는 1일 또는 1월에 한한다는 제한규정은 없으나 원칙적으로 1일당 근로시간을 서면합의한 것으로 보는 것이 타당하다. 한편, 근기법상으로 그 근로시간의 산정에 대해서는 서면합의로 정한 시간을 근로한 것으로 본다는 규정을 정한 경우에 대해 근로자를 해당 업무에 종사시킬 경우 해당 근로자는 근기법 제58조제3항에서 정하는 바에 따라 그 서면합의에서 정한 시간 근로했다고 간주하는데 있다. 서면합의에서 정하는 시간이 「1일당 근로시간이어야 한다」. 최악의 경우 서면합의에서 정한 시간을 근로한 것으로 간주하여 서면합의에서 1개월당 시간을 협정하여도 위법이라고는 할 수 없다. 또 최소한 1일 단위와 함께 1개월 단위의 근로시간을 서면합의하는 것도 가능한 것이다.

재량근로종사자는 거의 모든 사람이 월급근로자로 생각되나, 실무상으로는 연장근로시간을 포함한 노사합의시간인 경우에는, 재량근로의 성질상, 그 업무를 매달 계속하기 때문에 매달 같은 시간의 연장근로로 간주되어 매월 일정금액의 연장근로에 대한 가산임금(일반적으로 재량근로수당 등)을 지급하는 것이 타당하다고 해석하고 있다. 근로일수가 달마다 달라지는 것에 따라 매월 지급하는 간주연장근로수당으로서의 「재량근로종사수당」등도 월에 따라 다르게 지급하는 것은 재량근로종사자에 대한 취급으로서는 번거로워서 기업에서는 매월 같은 수당으로 하는 편이 다루기 쉽고 실무적이다.

그러므로 「1일 단위로 협정한다」는 요건을 만족시키면서 이 문제를 해결하기 위해 예를 들면, 1일 간주시간을 연장근로 분을 포함 「8시간 30분」으로 하고 월간 간주시간을 달의 근로일수에 관계없이 최대 근로일수 달에 합치어 「195시간」으로 하고 「월간 20시간」을 연장근로시간으로 해서 매달 20시간분(1일 단위시간의 간주시간×1개월 계산에 따른 가장 많은 달의 최대 근로시간 이상으로 한다)의 연장근로에 대한 가산임금을 지급하는 취지의 서면합의를 위법이라고는 말할 수 없다.

또한, 1일 단위 간주시간과 월 단위 간주시간에 대하여 반드시 최대근로일수의 달로 하지 않고 표준적 간주시간으로 서면합의에서 정하였다면 위법은 아닐 것이다.

위와 같이 「1일 단위」 간주시간 협정을 월 단위로, 매월 동일금액의 연장근로에 대한 가산임금(재량근로수당)을 지급한다고 하는 실무상의 요청을 충족시키는 것이 가능할 것이다.

이 간주시간의 서면합의는 사업장 밖의 근로와는 다르게 통상 전일업무 전부가 재량적 근로에 종사하게 되는 것이 원칙이며, 이 업무는 그 성질상 창조적이라는 것이 매일 같은 시간에 일어나지 않는다는 것이 특징이기 때문에, 월 단위로 평준화한 협정방식이 합리적이라고도 생각된다.

또한 재량근로의 노사합의시간은 법정근로시간내로 1일 8시간이라는 노사합의로 하고 1일 단위로는 연장근로는 발생하지 않는다는 노사합의로 하면서도 별도 소정외 근로시간을 포함한 월간 간주시간을 협정하여 매월 일정의 연장근로수당이 없고 정액성의 연장근로수당이라는 것을 설정한다는 것도 위법은 아닐 것이다. 역시, 예를 들면 1개월 단위로도 법정시간을 초과하는 연장근로로 간주하여 노사합의를 한 경우에는 그 법정시간을 초과하는 시간외 간주시간에 대하여 시간외 서면합의도 필요한다.

3. 재량근로자가 결근이나 대상 외의 다른 업무에 종사했을 경우

재량근로종사자의 근로시간 산정에 대하여 간주규정이 적용되는 것은 「업무의 성질에 비추어 업무수행방법을 근로자의 재량에 위임할 필요가 있는 업무로서 대통령령으로 정하는 업무는 사용자가 근로자대표와 서면합의로 정한 시간을 근로한 것으로 본다」고 규정에서도 명백하듯이 근로자를 「업무의 성질에 비추어 업무수행방법을 근로자의 재량에 위임할 필요가 있는 업무」이므로, 해당 업무(재량근로)에 근무를 하지 않을 때는 간주규정이 적용되지 않는다.

재량근로에 종사하지 않은 경우란

① 결근 등 때문에 해당 재량근로에 종사하지 않았을 경우

② 해당 업무(재량근로) 이외의 업무에 종사하는 경우(예를 들면, 다른 일반의 사무노동, 출장, 노동조합활동, 개인용무외출 등)이다. 따라서 이러한 경우에는 「간주규정」의 적용은 없고, 통상의 취업규칙의 결정에 따른 일반근로자와 같은 근로시간 산정 등의 적용을 받게 된다.

아무리 노사합의규정에 따른 재량근로자라 하여도, 위와 같이 「해당 업무에 종사하지 않았다」는 경우에는 대상이 되지 않는다. 이 때문에 재량근로자가 결근한 경우는 당연히 「결근」으로서 취업규칙상의 적용을 받고, 결근이면서도 당일은 출근한 것으로 인정되거나 서면합의에서 규정한 근로시간의 근로로 인정되는 경우는 없다.

또한 재량근로자가 서면합의에서 정해진 대상 재량업무 이외의 업무를 하였을 때에도 간주규정의 적용을 받지 않고, 일반의 업무 시작시각에서 종료시각까지를 근로한 것으로 하여 실근로시간을 산정한다.

그런데 서면합의나 취업규칙에는 다음과 같은 규정을 정해 둘 필요가 있다. 「재량근로의 대상업무에 기재된 자가 해당 업무에 종사하지 않은 날(결근 포함) 및 출장 그 밖에 재량근로의 적용이 어려울 경우에는 서면합의에서 결정한 간주시간은 적용하지 않는다」.

4. 재량근로종사자의 근무관리나 직장질서를 둘러싼 문제

(1) 근무관리의 준수

재량근로는 「업무의 성질에 비추어 업무수행방법을 근로자의 재량에 위임할 필요가 있는 업무」로서 「사용자가 업무의 수행수단 및 시간배분 등에 관하여 근로자에게 구체적인 지시를 하지 아니한다는 내용」을 해당 서면합의에서 정할 필요가 있다. 이에 따라 사용자의 근기법상의 「근로시간 파악·산정의무」는 면제된다. 여기서 근무관리나 직장규율의 유지 등의 관계를 명백히 하지 않으면 구체적인 근로시간 등에 대하여 지휘·감독권한을 행사하지 않는 것으로 되어 문제가 발생한다. 그러므로 재량근로자가 근로시간의 배분 등이나 업무수행수단 등에 대해 자기 재량을 가지고 자주적으로 결정하더라도, 업무의 방법이나 업무를 행하는 것에 대한 시간배분을 자주적으로 행하여도 좋다는 것이지 무엇이든지 멋대로 행하여도 좋다는 것이 아니며 규정된 취업규칙이나 직장질서를 지켜서 근무해야 할 의무가 있다. 근로자의 기본적 의무인 근로의무, 이에 따른 출근의무나 입장·퇴장시에 타각하는 타임레코더(직장의 입장 퇴장 관리의 목적이지, 근로시간의 파악이 목적은 아니다)에 타각하거나 출근 확인을 위하여 출근부에 도장을 찍거나 하는 근무상의 관리를 회사가 정한 경우에는 이에 따라야 한다.

(2) 직장질서의 준수

재량근로시간제가 도입되더라도 업무의 진행상황, 연구개발 등의 성과를 체크하기 위해 보고의무를 부과하고 보고일을 정해 정기보고 시키거나, 업무의 내용, 목적 등에 대한 지시나 지도를 받는 일들도 업무수행의 구체적 수단의 지시가 아니기 때문에 문제가 생기지는 않는다.

그 밖에, 재량근로자라 하여도 업무상, 직장규율이나 시설관리상, 안전·보건측면 등에 대한 각종의 규제, 규율을 받아야 하며 사용자가 정한 규칙·규정 등의 준수의무가 면제되는 것은 아니다.

(3) 재량근로 대상 업무의 중지 또는 변경 명령

재량근로제는 재량근로 대상 업무가 업무상의 필요성이 없다면 연구개발 그 밖에 업무 자체의 중지를 명하든지 변경을 명하는 것도 업무의 목적에 관한 것이므로 이러한 것은 관리상의 지시명령으로서 행할 수 있다. 재량근로는 근로자의 권리가 아니고 근로시간제도이기 때문이다.

(4) 재량근로와 선택적 근로시간제 적용상의 구분

다음으로 재량근로는 그 업무의 수행수단이나 시간배분의 결정에 관해 본인의 자유재량에 맡기고 지시, 명령을 하지 않는 것이 요건이지만 선택적근로시간제의 근로자와는 다르기 때문에 업무시작·종료시각의 취업규칙을 일단 적용하는 것에는 지장이 없다.

그러나 지각, 조퇴를 했다고 해서 보수에서 공제하거나 그 외의 불이익을 부과하는 일은 「간주」시간의 성질과 모순되기 때문에 할 수 없다.

그 밖에, 업무상의 필요가 있다면 연구개발 그 밖에 업무자체의 중지를 명령하거나 변경을 명하는 일도 업무의 목적에 관한 것이기 때문에 문제는 없고, 이처럼 관리상의 지시명령을 사용자가 행할 수 있다. 재량근로는 근로자의 권리는 아니고 근로시간제도이기 때문이다.

(5) 노동조합 활동

또한 근무 중의 노동조합활동에 대하여서도 재량근로종사자이기 때문에 자유라 할 수 없고, 재량근로종사자도 근무 중에는 성실근무의무와 직무전념의무를 부담한다.

5. 재량근로와 업무시작·종료시각 등의 적용 여부

재량근로제는 업무의 수행수단이나 근로시간의 배분의 결정에 관하여 본인의 자유재량에 맡겨 사용자의 지시·명령을 받지 아니할 것을 요건으로 하므로 선택적 근로시간제의 적용근로자와 달리 업무시작·종료시각에 관한 취업규칙의 규정의 적용을 거부할 수 있다.

6. 서면합의서상 시간 수가 법정근로시간 수를 초과하는 경우와 가산 임금

서면합의에서 정한 근로시간 수가 법정근로시간 수를 초과하는 경우에는 연장근로에 관한 약정이 병행적으로 체결되어야 하고, 그에 대한 가산임금이 지급되어야 한다. 근기법상의 가산임금률에 대해서는 임금과 간주근로시간의 대응 여부에 따라 상이한 결론에 이르게 된다. 예를 들면 소정근로시간이 8시간이고, 간주근로시간이 10시간인 경우에 대하여 그 임금형태로서는 다음과 같은 세 가지 유형이 상정될 수 있다.

① 임금이 10시간에 대응하는 경우: 이 경우에는 이미 소정 연장근로의 2시간분의 임금이 지급되었으므로 2시간분에 대하여 가산임금은 1시간 당 통상임금의 50%이므로 2시간에 대해서는 100%의 가산임금만 지급하면 된다.

② 임금이 8시간에 대응하는 경우: 이 경우에는 소정 연장근로인 2시간분에 대해서는 임금이 지급되지 아니하였으므로 2시간분의 임금과 가산임금 100%를 지급하여야 한다.

③ 임금이 8시간의 근로와 2시간분의 연장근로에 대응하는 경우: 이 경우에는 소정 연장근로에 대하여 가산임금까지 이미 지급된 경우이므로 다시 연장근로의 가산임금을 지급할 필요가 없게 된다.

6 재량근로의 취업규칙 · 노사합의

1. 재량근로의 취업규칙

재량근로의 간주근로시간제도에 있어서도 사업장의 근로시간에 관하여 정하는 것이므로 취업규칙으로 규정할 필요가 있다. 이 경우 ① 재량근로에 있어서 간주근로시간제를 채택하는 취지를 정하고, ② 간주근로시간제의 경우에 있어서의 구체적 근로시간의 내용, ③ 업무수행수단 및 시간배분 등을 근로자의 재량에 맡기고 이 점에 관하여 취업규칙을 적용하지 아니하는 규정을 할 필요가 있다.

취업규칙에서 정하는 것은 근기법상의 재량근로의 효력요건이 아니므로 근로자 개인에 대한 근로계약상의 의무를 설정하는 데 있으며 이를 위해 단순히 노사합의로서의 효력은 없는 것이더라도 근로시간의 산정에 관한 사항이므로 반드시 취업규칙에서 규정할 필요가 있다.

〈모델 1〉

재량근로시간제 취업규칙 모델 (고용노동부 「재량간주근로시간제운영 가이드」, 2019.7.31)

제○조【재량근로시간제 적용】 ① 재량근로시간제는 노·사 합의로 정하는 대상근로자에게 적용한다.

② 제1항에 따라 재량근로시간제가 적용되는 근로자(이하 "재량근로자"라 한다)에 대해서는 제○조에서 정하는 근로시간에도 불구하고 사용자와 근로자대표가 서면합의에서 정하는 근로시간을 근로한 것으로 본다.

③ 제2항의 노·사 합의에서 정하는 간주근로시간이 제○조에서 정한 근로시간을 초과하는 부분에 대해서는 통상임금의 100분의 50 이상의 가산수당을 지급한다.

④ 재량근로 적용을 받는 근로자는 구체적인 시간 배분을 자율로 결정하는 것으로 한다.

⑤ 재량근로자의 휴게, 휴일, 휴가는 제○조에서 정한 바에 의하되 휴게시간은 재량근로자의 자율에 의하여 시간변경이 가능한 것으로 한다.

⑥ 재량근로자의 휴일 또는 야간근로가 미리 소속 부서장의 허가를 얻어 이루어지는 경우에는 근기법에서 정하는 바에 따라 가산수당을 지급한다.

사용자	근로자대표

2. 재량근로의 서면합의

(1) 서면합의하여야 할 사항

재량근로에 있어서의 서면합의는 사업장 밖의 근로에 있어서의 간주근로시간협정과 동일하게 당해 사업 또는 사업장에 근로자의 과반수로 조직된 노동조합이 있는 경우에는 그 노동조합, 근로자의 과반수로 조직된 노동조합이 없는 경우에는 근로자의 과반수를 대표하는 자(근로자대표)와 서면합의로 정한 시간을 근로한 것으로 본다. 근로자대표와의 서면합의하여야 할 사항은 ① 재량근로의 대상업무(근기법 시행령 제31조제1항의 대상업무 중), ② 업무수행수단 및 시간배분 등에 관하여 근로자에게 구체적인 지시를 하지 아니한다는 내용, ③ 근로시간의 산정은 당해 서면합의로 정하는 바에 따른다는 내용 등의 세 가지 사항이 중심이 된다.

이 서면합의는 단체협약에 의한 경우를 제외하고는 서면합의의 유효기간을 정할 필요(근기법 시행령 제31조제2항)는 사업 장 밖의 근로와 동일한 것이다.

(2) 서면합의(노사합의)의 내용

재량근로의 간주근로시간에 있어서의 서면합의의 구체적 모델은 다음과 같다.

〈모델 1〉

재량근로시간제 노사합의서 모델(고용노동부 2019.7.31, 「재량간주근로시간제운영가이드」)

주식회사 ○○ 대표이사 ○○○와 근로자대표 ○○○는 근기법 제58조제3항에 기반하여 재량근로시간제에 관하여 다음과 같이 합의한다.

제1조 【적용 대상업무 및 근로자】 본 합의는 각 호에서 제시하는 업무에 종사하는 근로자에게 적용한다. 사용자가 대상 업무를 수행할 근로자를 신규로 채용하는 경우에는 해당 근로자 본인이 수행할 업무가 재량근로시간제 대상 업무에 해당된다는 것을 알 수 있도록 채용공고 또는 근로계약서 등 적절한 수단을 통하여 고시한다(채용공고 예시: 본 채용공고 중 ○○○ 직무에 채용되는 경우 근기법 제58조제3항에 따른 재량근로제에 의하여 근로시간의 배분 등은 근로자의 재량에 의하고, 1일 ○시간(1주 ○시간)을 근로한 것으로 간주합니다.)

1. 본사 연구소에서 신상품 또는 신기술의 연구개발 업무에 종사하는 근로자
2. 본사 부속 정보처리센터에서 정보처리시스템의 설계 또는 분석의 업무에 종사하는 근로자

제2조【업무의 수행방법】 ① 제1조에서 정한 근로자에 대해서는 원칙적으로 그 업무수행의 방법 및 시간 배분의 결정 등을 본인에 위임하고 회사 측은 구체적 지시를 하지 않는다. 다만, 연구과제의 선택 등 종사할 기본적인 업무 내용을 지시하거나 일정 단계에서 보고할 의무를 지울 수 있다.

② 이 조 제1항에도 불구하고, 업무 수행의 방법 및 시간 배분과 직접 관련이 없는 직장 질서 또는 회사 내 시설 관리 상의 지시는 할 수 있다.

제3조【근로시간의 산정】 제1조에서 정한 근로자는 취업규칙 제○조에서 정하는 근로시간에 관계 없이 1일 ○시간(간주근로시간) 근로한 것으로 본다.

제4조【연장근로수당】 제3조의 간주근로시간이 근기법 제50조에서 정한 근로시간을 초과하는 부분에 대해서는 가산수당을 지급한다.

제5조【휴일 및 야간근로】 ① 제1조에서 정한 근로자가 회사에 출근하는 날에는 입 · 퇴실 시에 ID카드에 의한 시간을 기록해야 한다.

② 제1조에서 정한 근로자가 휴일 또는 야간(22:00~06:00)의 근로가 미리 소속 부서장의 허가를 얻어 이루어지는 경우 회사는 취업규칙 제○조의 정한 바에 따라 가산수당을 지급한다.

③ 전항에 따른 허가를 받고서 휴일 또는 야간에 업무를 행한 경우 회사는 취업규칙 제○조의 정한 바에 따라 가산수당을 지급한다.

제6조【휴게, 휴일 및 휴가】 제1조에서 정한 근로자의 휴게, 휴일 및 휴가는 취업규칙에서 정하는 바에 따른다. 다만 휴게시간은 해당 근로자의 재량에 의하여 시간을 변경할 수 있다.

제7조【유효기간】 이 합의서의 유효기간은 ○○○○년 ○월 ○일부터 1년간으로 하되, 유효기간 만료 1개월 전까지 개정 관련 별도 의견이 없는 경우에는 그 후 1년간 자동갱신되는 것으로 하며 그 이후에도 또한 같다.

※업무보고 주기, 정기회의, 필요근무시간대 등을 서면합의로 정할 수 있음

20○○. . .

주식회사 ○○ 대표이사 (인) 근로자대표 (인)

〈모델 2〉

재량근로종사자의 근로시간 산정에 관한 서면합의서 모델

주식회사 ○○과 ○○노동조합은 근기법 제58조제3항의 규정에 따라 재량근로종사자의 근로시간의 처리에 관하여 다음과 같이 협정한다.

제1조【적용대상업무】 본 협정에서 정하는 재량근로의 대상업무 종사자의 범위는 다음 각 호와 같다.

1. 연구소의 연구개발업무 종사자
2. 본사 소속의 신상품, 신기술, 신기획 등의 연구개발업무 종사자
3. 설계개발부문의 신규설계개발업무 종사자

4. 시스템개발부문의 프로그램 이용기술 등의 개발업무 종사자
5. 정보개발부문의 디자인, 광고의 고안, 디자이너 등의 업무 종사자

제2조【재량업무 종사자의 근로시간 산정】 다음 각 호에 게기한 업무 종사자의 근로시간은 다음과 같다.

1. 제1호 해당자의 소정근로일의 1일 근로시간은 9시간 근로한 것으로 본다.
2. 제2호 해당자의 소정근로일의 1일 근로시간은 10시간 근로한 것으로 본다.
3. 제3호 해당자의 소정근로일의 1일 근로시간은 10시간 근로한 것으로 본다. (이하 생략)

① 제1항 각 호에서 정하는 시간은 취업규칙의 소정근로시간(1일 8시간)을 초과하는 시간은 임금규정 제○조에서 정하는 바에 따라 연장근로수당을 지급한다.

제3조【재량의 범위와 직장규율 등】 ① 회사는 본 협정 적용대상 업무에 종사하는 근로자(제1조에 게기하는 대상자에 한한다)에 대하여 당해 업무의 성질상 업무의 수행수단 및 시간배분 등에 관하여 근로자 본인의 재량에 위임하고 그 결정에 관하여 구체적인 지시를 하지 아니한다. 다만, 업무내용, 직장규율, 질서 및 근무관리상의 지시 등은 그러하지 아니한다.

② 재량근로 종사자는 근무시간 중에는 직무에 전념하여야 하며, 소속 부서장의 허가 없이 업무이외의 일을 행하거나 사용외출 등을 하여서는 아니된다.

제4조【임산부 특례】 본 협정에 의한 근로시간의 산정은 임산부인 근로자에게는 적용하지 아니한다. 다만, 근기법 제61조제4호에 의한 관리·감독업무 또는 기밀을 취급하는 자 및 전문직 해당자에 대하여는 그러하지 아니한다.

제5조【적용제외 등】 ① 제1조에 게기하는 자가 당해 업무에 종사하지 아니한 날(휴가, 결근 등을 포함한다) 및 출장 그 밖에 제1조 및 제2조에 따라 취급하기 어려운 경우에는 본 협정을 적용하지 아니한다.

② 본 협정에 의한 간주시간은 휴게시간, 야간근로 및 근기법 제55조에 의한 주휴일에는 적용하지 아니한다.

③ 근로자는 제2항에 있어서는 취업규칙을 준수하여야 하며 소속 부서장의 명령 또는 승인을 얻지 아니하고 휴일근로(약정휴일을 포함한다) 또는 야간근로를 행하여서는 아니된다.

제6조【유효기간】 본 협정의 유효기간은 2020년 11월 1일부터 2022년 10월 31일 까지 2년간으로 한다.

제7조【자동경신】 본 협정의 유효기간 만료 1개월전까지 노사간의 이의가 없을 때에는 동일한 조건으로 2년간 경신 체결한 것으로 한다.

2020년 10월 31일

주식회사○○○○	노동조합
대표이사○○○ (인)	위원장○○○ (인)

〈모델 3〉

재량근로의 간주근로시간제의 협정모델

주식회사 ○○과 ○○노동조합은 근기법 제58조제3항의 규정에 따라 재량근로에 관하여 다음과 같이 협정한다.

제1조【대상 근로자】 이 협정은 다음 각 호에 게기하는 근로자(이하"대상근로자"라 한다)에게 적용한다.

1. 본사 연구소 소속의 신상품 또는 신기술의 연구개발업무에 종사하는 근로자
2. 본사 부속 사무처리센터 소속 정보처리시스템 분석 또는 설계업무에 종사하는 근로자

제2조【재량근로의 원칙】 대상 근로자에 대하여는 원칙으로 회사는 업무의 수행수단 및 시간배분 등에 관하여 구체적인 지시를 하지 않아야 한다.

제3조【근로시간의 취급】 대상 근로자가 소정근로일에 근무하는 경우에는 소정근로시간외에 1일 2시간 연장근로한 것으로 간주한다.

제4조【휴게·휴일】대상 근로자의 휴게, 휴일은 취업규칙이 정하는 바에 따른다.

제5조【휴일근로】 ① 대상 근로자가 휴일에 출근하는 경우에는 휴일 근로규정의 범위 내에서 사전에 소속 부서장에 신청하여 허가를 얻지 않으면 아니된다.

② 대상 근로자의 휴일근로에 있어서는 특별한 지시가 없는 한 8시간 근로한 것으로 간주한다.

③ 대상 근로자의 휴일근로에 대하여는 임금규정 제○조의 규정에 따라 가산임금을 지급한다.

제6조【유효기간】 협정의 유효기간은 2020년 11월 1일부터 2021년 10월 31일까지 1년간으로 한다.

2020년 10월 31일

주식회사 ○○ 대표이사 한 국 호 (인)

○○ 노동조합위원장 배 달 호 (인)

7 파견근로자나 전출자 등에게도 재량근로제는 적용되는가

1. 파견근로자의 경우

파견근로자는 근로자파견계약의 정함에 따라 사용사업주의 지휘·감독을 받아 사용사업주에게 노무를 제공하고 있고, 전출근로자도 전출계약에 따라 전출처 사용자와 고용관계가 발생하여 전출처사업장의 근로자와 동일한 입장에서 전출처사업장에 취업하고 있다. 여기에 파견근로자나 전출근로자가 근로하는 업무가 재량근로의 경우에 있어서 이러한 자에게도 적용이 될 것인가의 문제가 있다.

이 경우 파견과 전출은 법률관계가 다르다. 파견근로의 경우 법률관계는

① 파견사업주와 파견근로자간에는 고용관계가 있고

② 파견사업주와 사용사업주간에는 근로자파견계약이 체결되어 그 계약에 따라 파견사업주가 사용사업주에게 근로자를 파견하고

③ 사용사업주는 파견근로자에 대하여 지휘·감독을 행한다는 점에 있다.

이 점에 있어서 파견법 제34조의 근기법의 적용에 관한 특례가 규정되고 있는데 동조 제1항 단서에 의하면 「… 제58조의 규정의 적용에 있어서는 사용사업주를 사용자로 본다」고 규정하여 파견근로자에 있어서도 재량근로제를 적용한다.

그러나 파견근로자의 경우에는 ① 파견사업주의 사업장의 노사합의에 따라 재량근로제의 소정의 사항을 정하고 ② 파견사업주에 있어서의 노사합의의 내용을 대상근로자에 관한 단체협약, 취업규칙 또는 개별근로계약에 구체화하여 ③ 사용사업주와 파견사업주간의 근로자파견계약에 있어서의 재량근로제를 적용한다고 규정한다면 사용사업주에 있어서의 파견근로자에 대하여 재량근로제를 적용하는 것이 가능하다. 이 경우 사용사업주의 근로자와 같이 재량근로에 종사하는 경우에는 양 회사(파견사업주 업체와 사용사업주 업체) 일치시킬 필요가 있다.

2. 전출의 경우

기업간 인사이동의 한 형태인 전출에 있어서도 당초 전출회사 및 전출처회사 쌍

방과 각각 근로계약관계 있으므로 그 적용이 문제된다. 근로시간 등 취업관리에 관한 규정은 지휘·감독에 관한 사항이므로 이 점에 있어서는 노무지휘권을 가지고 있는 전출처 회사의 취업규칙이 적용되는 것이 원칙이다. 전출의 경우에는 근로자파견의 경우와 달리 전출근로자는 전출처사업장과도 고용관계가 있으므로 전출처사업장의 근로자와 같이 전출처사업장이 정하고 있는 재량근로제를 적용받게 된다.

8 재량근로에 있어서 근로시간의 파악은 필요한가

1. 근로시간 파악의무의 면제와 출·퇴근시각 파악의 모순

간주근로시간제는 법정근로시간을 초과할 수 있으므로 근로자대표와의 서면합의(노사합의)에 정하여 「근로시간 근로한 것으로 본다」는 것이므로 근로시간의 파악·산정의무는 없다.

재량근로에 있어서는 「업무의 수행수단 및 시간배분 등에 관하여 근로자에게 구체적인 지시를 하지 아니한다는 내용」을 정하는 것이 필요하므로 사용자가 근로시간을 관리하면 재량근로의 요건을 결여한 것으로 본다.

따라서 사용자의 근기법상의 「근로시간 파악·산정의무」는 면제받게 된다. 사용자는 근로시간의 적정한 파악을 행하는 대상근로자는 이른바 관리·감독자 및 간주근로시간제가 적용되는 근로자(재량근로자 및 사업장 밖의 근로자)는 제외하고 있으므로 사용자는 근로시간 파악·산정의무는 면제받게 된다. 그러나 어느 시간대에 어느 정도의 시간 회사에 머무르거나 노무를 제공할 수 있는 상태에 있는가 등을 명확히 하기 위하여 출·퇴근시각 또는 입·퇴실시각의 기록 등을 하게 할 수 있다. 이른바 타임카드 또는 출근부 등에 따라 파악 할 수 있다. 이러한 근로시간의 파악은 어디까지나 근로자의 건강·복지대책을 위해 근로시간의 상황을 파악하는데 그친다면 근로시간 관리·가산임금 지급을 위한 근로시간의 파악에 있는 것이 아니므로 서로 모순되지 아니한다.

2. 재량근로종사자의 과로사방지 대책과 건강·복지대책에 있어서의 근무상황 파악

재량근로종사자에 있어서는 구체적인 실근로시간을 파악하는 것은 아니므로 「재량근로시간」이나 「출·퇴근시각 또는 입·퇴실시각」의 기록 등에 따라 파악된 근무상황에 따라 사용자가 건강·복지 확보대책을 강구해야 할 것이다. 이른바 과로사·과로자살이 재량근로에 있어서 문제되고 있으므로 대상근로자에 있어서는 사용자는 업무의 수행수단 및 시간배분 등에 관하여 근로자에게 구체적인 지시를 하지 아니하고 대폭적으로 근로자의 재량에 따르도록 근로자에게 구체적인 지시를 하지 아니한다는 것이다. 사용자는 이를 위해 당해 대상근로자에게 근로자의 생명, 신체 및 건강을 위험으로부터 보호할 의무(이른바 안전배려의무)를 면하는 것은 아니므로 유의할 필요가 있다.

사용자는 재량근로제 적용에 있어서 근로자의 출·퇴근시각 또는 입·퇴실 시각의 기록 등에 따라 대상 근로자의 근로시간 등의 근로상황을 파악해야 할 것이다. 또 대상 근로자의 신고와 소속 부서장에 의한 정기적인 상담, 청취 등에 기초하여 대상 근로자의 건강상태를 파악하는 것이 바람직하다. ① 파악한 대상 근로자의 근무상황·건강상태에 따라 대상(代償)휴일과 특별휴가를 부여하거나, ② 건강진단을 실시하거나 ③ 배치전환을 할 것, ④ 너무 무리하게 일하는 것을 방지하는 관점에서 연차유급휴가를 취득하도록 할 것, ⑤ 심신의 건강 문제에 대한 상담창구를 설치할 것을 권장할 필요가 있다. 재량근로자의 건강확보를 위한 배려는 중요하지만 그 때문에 근로시간을 엄격히 관리시키도록 하는 것은 재량근로제의 본래의 취지에 어긋나므로 신중하게 접근할 필요가 있다.

9 재량근로시간제의 법적 효과

1. 근로시간의 간주

재량근로시간제의 도입 요건을 충족하고 적법하게 운영되는 경우라면 근로자가 서면합의에 명시된 간주근로시간을 근로한 것으로 본다. 재량근로시간 간주제의 기본적 효과는 근로자가 실제로 근로한 시간에 관계없이 노사 간의 서면합의로 정하여진 시간을 근로한 것으로 보는 것이다. 따라서 8시간 간주근로의 경우 근로자가 실제로 근로한 시간 수를 들어 반증하더라도 간주시간의 효과를 번복할 수 없다. 예컨대 근로자가 실제로 9시간을 근로했음을 반증하더라도 9시간의 임금지급청구권은 인정되지 않는다. 그러나 노사간의 서면합의로 법정근로시간을 초과하는 간주근로시간 수를 정한 경우에는 연장근로에 관한 가산임금이 지급되어야 한다.

2. 연장·휴일·야간근로·휴게시간 등의 간주시간 적용 여부

(1) 근로시간 계산의 간주

재량근로종사자에 대한 「간주」규정이 적용된 것은 근로시간의 산정에 관한 근기법 제50조의 근로시간이다. 연장·휴일·야간근로나 휴게시간에 관한 규정은 그대로 적용되고 이러한 사항에 대해서까지 간주취급이 되는 것은 아니다. 따라서 근기법에서 규정한 대로 휴게시간을 근로시간 도중에 주어야 하고 또한 야간근로에 대해서도 간주취급의 대상은 되지 아니한다. 서면합의에서 정한 간주근로시간이 법정근로시간을 초과하는 경우에는 연장근로 가산수당을 지급하여야 한다.

(2) 휴게시간과 휴일의 적용 여부

재량근로에 대해서는 근로시간의 배분은 근로자 본인의 자주결정에 따라야 하기 때문에 휴게시간 등을 취업규칙이나 서면합의로 결정해 둔다면 현실의 취득은 본인에게 맡겨져 있다. 휴일에 대해서도 「간주」규정의 적용은 없기 때문에 근기법에서 규정한 대로 부여하여야 한다. 재량근로라 해서 근로자 본인이 멋대로 휴일을 자기편의대로 변경하는 일 등은 허용될 수 없고, 이것들은 모두 사용자의 명령이나 승인에 따라야 한다. 이 점을 명백하게 하기 위해 업무명령에 따르지 않고 자의적으로 행한 휴일근로나 야간근로는 인정하지 아니한다라는 취지의 금지조항을 서면합의나 취업규칙 중에서 기재해 두는 것도 필요하다. 재량근로시간제가 적용되는 기간 동안 근로자가 소정근로일에 출근한 것으로 보고 휴일·휴가를 부여하여야 한다.

(3) 야간근로의 적용 여부

야간근로(오후 10시부터 오전 6시까지)에 있어서 재량근로시간의 간주규정의 적용은 없다. 야간근로를 할 때에는 예컨대 간주시간내에서도 야간근로가산수당(제56조)을 지급할 의무가 사용자에 발생한다. 그러나 근로시간이란 측면에서 사용자의 파악·산정의무를 면제하려는 것이지만 야간근로도 근로시간의 일종이므로 오후 10시부터 익일 오전 6시까지의 근로에 있어서는 사용자의 파악의무가 있다고 하더라도 불합리한 것은 아니다.

야간근로나 휴일근로에 대한 사용자의 대응으로서는 야간시간대나 휴일시간대의 근로시간을 파악한 후 이를 중심으로 간주시간 중에 그 시간을 파악한다는 것은 모순이다.

이를 위해 결국 「재량근로자에게는 휴일근로 및 야간근로를 금지한다」는 조항을 취업규칙이나 노사합의에 기재하여 이에 해당하는 근로에 있어서는 재량근로대상자에 대하여도 이를 행하지 않도록 금지할 필요가 있다.

그 위에 「업무상 필요가 있는 경우에는 소속 부서장에게 사전에 신청·허가·승낙을 받아야 한다」등으로 하여 실적보고를 요구하도록 관리할 필요가 있다.

한편 근로자도 이러한 절차를 준수하여 적정한 근로시간의 배분을 위해 노력하고 휴일이나 야간근로의 간주규정이 적용되지 아니한다는 취지를 이해하여야 한다. 근로자로서는 자기 건강을 스스로 확보하여야 할 의무가 있으며 민사배상 문제가 발생한 경우에는 근로자는 이러한 자기책임부분을 태만히 한 때에는 과실상계 문제가 있다.

이처럼 재량근로는 무엇이든지 자유재량이라고 잘못된 생각을 가진 자가 없게끔

근무관리 및 노무관리에 대한 주의와 근로자에 대한 지도교육이 중요하다.

(4) 임산부 · 연소자의 적용 여부

재량근로시간제를 도입한 경우라도 사용자는 근기법 제70조의 임산부와 연소자의 야간근로 및 휴일근로의 제한 규정, 제71조의 산후 1년 미만 여성 근로자의 연장근로 제한 규정을 적용하여야 한다.

3. 요건을 흠결한 재량근로의 법적 효과

그러나 서면합의에도 불구하고 사용자가 재량근로종사자에 대하여 업무수행방법에 대해 구체적인 지시를 하고 출·퇴근시간을 통제한다면 이는 재량근로제로 볼 수 없다. 재량근로시간제가 법적 요건을 갖추지 못한 채 운영되거나, 특정 근로자에 대하여 그 업무의 수행 수단, 시간 배분 등에 관하여 구체적인 지시를 하는 등 재량근로의 본질을 벗어나게 되면, 근기법 제58조제3항이 아닌 같은 법 제50조(근로시간)가 적용되어 1일 8시간, 1주 40시간을 초과한 근로시간은 연장근로가 된다. 따라서, 실근로시간 여부에 따라 근로시간 위반이 될 수 있고, 실근로시간을 토대로 임금 등 근로조건이 적용된다(2012.11.28, 근로개선정책과-6390).

10 재량근로시간제에 관한 Q&A(고용노동부 「재량간주근로시간제 운영 가이드」)

Q1 재량근로제 도입 시 근로자대표와 체결하는 서면합의에는 어떤 내용이 포함되어야 하는가?

근기법 제58조제3항 각 호에서는 재량근로시간제 도입을 위한 근로자대표와의 서면합의 사항으로 ① 대상 업무, ② 사용자가 업무의 수행 수단 및 시간 배분 등에 관해 근로자에게 구체적 지시를 하지 아니한다는 내용, ③ 근로시간의 산정은 서면합의로 정하는 바에 따른다는 내용을 규정하도록 되어 있다. 한편, 근로시간 산정 방식 등 서면합의 내용을 변경해야 하는 경우에도 변경된 내용으로 새로운 서면합의를 진행하여야 한다.

Q2 재량근로제 하에서 시업 · 종업 시각을 엄격히 적용·관리하는 것이 가능한가?

근로시간에 대한 직접적이고 구체적인 제한이므로, 원칙적으로 근로자의 시간 배분에 관한 재량을 침해하는 것으로 볼 수 있다.

Q3 재량근로제 하에서 특정 시간대를 설정하여 근무하게 할 수 있는가?

업무수행 상 합리적인 이유가 있는 경우 근로자대표와의 서면합의로 특정 시간대를 정하여 근무하도록 하는 것은 원칙적으로 근로자의 재량을 침해했다고 보기 어렵다. 다만, 특정 시간대를 지나치게 넓게 설정하여 사실상 출·퇴근 시각을 정하는 등 시간 배분에 관한 재량을 침해한 것으로 볼 수 있다면, 제도의 취지에 반하는 것으로 볼 수 있을 것이다.

Q4 재량근로제 하에서 소정근로일에 출근 의무를 부여할 수 있는가?

재량근로제 하에서도 업무수행 수단 및 시간 배분과 관련이 없는 업무의 내용, 취업할 장소 등에 대한 사용자의 지시는 원칙적으로 가능하므로, 취업규칙 등에 따른 소정근로일에 출근 의무를 부여하는 것은 가능하다. 다만, 이 경우에도 통상근로자에게 적용되는 시업·종업 시각을 지정하여 준수하도록 의무화할 경우 재량성을 침해한 것으로 볼 수 있을 것이다.

한편, 근로자대표와의 서면합의 시 출근일 등을 정한 경우에는 이에 따르면 될 것이며, 소정근로일의 출근 여부까지 근로자의 재량에 맡기는 내용을 규정하였다면 근로자가 출근하지 않더라도 결근으로 처리할 수 없다.

Q5 재량근로제 하에서 연차휴가 산정을 위한 출근 여부는 어떻게 확인하는가?

근로자대표와의 서면합의에서 소정근로일에 출근하기로 정했다면, 연차휴가 산정 등 복무관리를 위한 출·퇴근기록 관리는 가능하므로, 이에 따라 출근율을 산정하면 될 것이다. 다만, 서면합의 시 출근 여부까지 근로자의 재량에 맡기기로 하였다면 소정근로일 전체를 출근한 것으로 보아야 하므로, 이에 따라 휴일·휴가 등을 부여하여야 한다.

Q6 서면합의에서 정하는 간주근로시간은 1일 또는 1주의 근로시간뿐만 아니라 이를 초과한 기간으로도 정할 수 있는가? (예: 1개월에 174시간 등)

재량근로제 하에서도 서면합의로 정하는 시간은 근기법에서 규정하고 있는 법정근로시간 및 연장근로시간의 범위를 벗어날 수 없으므로, 서면합의로 정하는 간주근로시간은 1일 또는 1주 단위로 정해야 한다.

Q7 재량근로제 하에서 연장 · 야간 · 휴일근로에 대한 가산수당의 지급 기준은?

서면합의로 정한 간주근로시간은 법정근로시간(1주 40시간) 및 연장근로시간의 한도(1주 12시간) 내에서 정해져야 하며, 이 경우 법정근로시간을 초과한 시간에 대해서는 가산수당을 지급해야 한다. 또한, 사용자의 지시나 승인을 얻어 야간이나 휴일에 근로가 이루어졌다면, 이러한 시간에 대해서는 가산수당을 지급해야 한다.

Q8 재량근로제를 적용받는 근로자가 스스로의 결정에 의해 휴일 등에 근로하는 경우 보조적인 성격의 금품 등을 지급하는 것이 가능한가?

사용자와 근로자대표간 서면합의로 근로자의 재량에 의한 휴일근로 등에 대해 교통비, 식비 등을 보조하는 차원에서 일정 수준의 금품 등을 지급하기로 정하는 것은 가능할 것이다. 다만, 그러한 서면합의가 사실상 근로자의 휴일근로 등을 강제하거나, 사용자의 가산수당 지급의무를 회피할 목적으로 이루어진 것이라면 적법한 제도 운영으로 볼 수 없다.

Q9 재량근로제 하에서도 서면합의로 일정 기간의 범위 내에서 근로가능한 시간의 총량을 제한하는 것이 가능한가?

재량근로제 하에서도 복무관리 등을 위한 근로자의 출·퇴근 기록은 가능하다 할 것이므로, 이러한 기록 등을 토대로 사용자와 근로자대표간 서면합의로 근로자의 건강권 보호 등의 목적으로 시간의 총량을 제한하고, 이를 초과하는 경우에는 추가적인 근로를 제한하는 내용을 정하는 것은 가능할 것이다.

(예시) 서면합의에 '출입시각을 토대로 1주 ○○시간 이상 사업장 내에 체류하는 경우 추가 근로를 제한하는 방법(PC-OFF, 시스템접속 차단 등) 및 절차 등'을 설정하는 경우

Q10 근로자의 건강권 보호 등을 위해 야간근로시간대의 일정 시간에 대해 근로를 제한할 수 있는가? (예: 매일 00:00~6:00 근로 금지)

근로자의 시간 배분에 관한 재량을 제한하지 않는 범위 내에서 근로자의 건강권 보호, 사업장 보안 등의 목적으로 근로자대표와의 서면합의로 야간 및 휴일의 일정 시간대에 근로를 제한하는 것은 가능하다.

Q11 재량근로제를 적용받고 있는 근로자에 대해 사용자가 적격 여부 등을 판단하여 제도 적용을 배제하는 것이 가능한가?

재량근로제는 근로자대표와의 서면합의를 요건으로 하고 있는 만큼, 사용자의 일방적인 판단 및 결정에 따라 대상 근로자의 제도 적용을 배제하지 못하며, 근로자대표와의 서면합의로 대상 업무(근로자)의 범위를 조정해야 할 것이다. 다만, 서면합의 시 재량근로제의 적용 중지에 관한 기준 및 절차 등을 정하고, 이에 따라 사용자와 근로자간 합의에 따라 제도 적용을 중지하는 것은 가능하다(예: 근로자의 신청 및 사용자의 승인 등).

제4부

휴게시간의 취급방법

- 제13장 휴게시간의 취급 · 관리를 둘러싼 문제
- 제14장 휴게시간 중의 유인물 배포 · 노동조합활동 · 정치활동을 둘러싼 문제
- 제15장 근로시간 및 휴게시간의 특례

제13장 휴게시간의 취급·관리를 둘러싼 문제

- 휴게시간을 둘러싼 분규를 방지하기 위하여 -

1 휴게시간에 대한 판단기준

1. 휴게시간이란 무엇인가

(1) 휴게시간의 의의

휴게시간이란 근로시간 도중에 사용자의 지휘·감독으로부터 해방되어 근로자가 자유로이 이용할 수 있는 시간을 말한다(대법 2019.7.25, 2018도16228; 대법 2018.6.28, 2013다28926). 근기법에서는 휴게시간에 대한 별도의 정의를 하고 있지는 않으나, 같은법 제50조제1항·제2항에서는 근로시간에서 휴게시간을 제외한다고 규정하고 있다. 근기법 제54조제2항에서는 휴게시간은 근로자가 자유롭게 이용할 수 있다고 규정하고 있다. 휴게시간이란 근로자가 작업시간 도중에 실제로 작업에 종사하지 않은 대기시간이나 휴식, 수면시간 등으로 실질적인 사용자의 지휘·감독 없이 근로자의 자유로운 이용이 보장된 시간이다(대법 2019.7.25, 2018도16228; 대법 2018.6.28, 2013다28926; 대법 2017.12.5, 2014다74254; 대법 2006.11.23, 2006다41990). 휴게시간은 근로시간과 분리되어 근로자의 자유에 맡겨지는 휴식과 재충전을 위한 시간이라 할 것이다. 휴게시간은 근로시간이 아니며, 그러므로 현실의 작업에 종사하고 있지 않지만 사용자로부터 언제 취업명령이 있을지 모르는 상태에 있는 대기시간과도 다르다. 즉, 휴게시간이란 휴게시간·대기시간 등 명칭 여하에 불구하고 근로자가 사용자의 지휘·감독으로부터 벗어나 자유롭게 사용할 수 있는 시간을 말한다(2013.3.19, 근로개선정책과-1773).

(2) 근기법 제54조의 규정내용

근기법 제54조는 휴게시간에 관하여「① 사용자는 근로시간이 4시간인 경우에는 30분 이상, 8시간인 경우에는 1시간 이상의 휴게시간을 근로시간 도중에 주어야 한다. ② 휴게시간은 근로자가 자유롭게 이용할 수 있다」고 규정하고 근기법 제110조제1호에서는 사용자가 같은 법 제54조를 위반하는 경우에는 2년 이하의 징역 또는 2천만 원 이하의 벌금에 처한다고 규정하고 있다.

(3) 휴게시간의 취지

이와 같이 법률에서 근로시간에 따른 휴게시간의 최저기준과 그 기준 위반에 대하여 벌칙까지 부과하고 있는 것은, 근로자에게 충분한 휴게시간을 보장하여 계속적 근로로 인한 육체적·정신적 피로를 회복하게 함으로써 근로자의 건강을 보호하고 작업 능률을 증진시키며 재해를 방지하려는 데 그 목적이 있다(법제처 2015.3.27, 안건번호 15-0068).

2. 대기시간과 휴게시간

(1) 대기시간이 근로시간인지의 판단기준

근로자가 작업시간 도중에 실제로 작업에 종사하지 않는 대기시간이나 휴식, 수면시간 등이라 하더라도 그것이 휴게시간으로 근로자에게 자유로운 이용이 보장된 것이 아니고 실질적으로 사용자의 지휘·감독 아래에 놓여 있는 시간이라면 이를 당연히 근로시간에 포함시켜야 한다(대법 2018.6.28, 2013다28926; 대법 2017.12.5, 2014다74254; 대법 2006.11.23, 2006다41990; 대법 1992.4.14, 91다20548; 2008.8.7, 근로조건지도과-3076).

근기법 제50조제3항은 대기시간의 근로시간 해당 여부에 관하여「제1항 및 제2항에 따른 근로시간을 산정함에 있어 작업을 위하여 근로자가 사용자의 지휘·감독 아래에 있는 대기시간 등은 근로시간으로 본다」고 규정하고 있다. 대기시간을 근로시간으로 본다는 제50조제3항에 따라 노사의 다툼은 휴게시간 등이 사용자의 지휘·감독 아래에 있는 근기법상의 대기시간인지 여부가 문제된다. 대기시간과 휴게시간의 공통점은 모두 출근한 상태에서 근로시간에 직접 연결되어 있다는 점이고, 그 차이점은 대기시간은 사용자의 지시가 있으면 바로 작업에 종사해야 하는 시간으로서 그 작업상의 지휘·감독 아래 놓여 있다. 반면에 휴게시간은 사용자의 작업상의 지휘·감독에서 이탈하여(근로의무에서 벗어나) 근로자가 자유롭게 이용할 수 있는 시간이다. 따라서 양자의 구별은 그 시간을 근로자가 자유롭게 이용할 수 있는지의 여부에 있다.

(2) 대기시간이 근로시간인지의 대법원 판례의 태도

대법원 판례는 대기시간이 근로시간에 해당하는지 여부에 관하여 다음과 같이 판단기준을 제시하고 있다.

「근로계약에서 정한 휴식시간이나 대기시간이 근로시간에 속하는지 휴게시간에 속하는지는 특정 업종이나 업무의 종류에 따라 일률적으로 판단할 것이 아니다. 이는 근로계약의 내용이나 해당 사업장에 적용되는 취업규칙과 단체협약의 규정, 근로자가 제공하는 업무 내용과 해당 사업장의 구체적 업무 방식, 휴게 중인 근로자에 대한 사용자의 간섭이나 감독 여부, 자유롭게 이용할 수 있는 휴게 장소의 구비 여부, 그 밖에 근로자의 실질적 휴식이 방해되었다거나 사용자의 지휘·감독을 인정할 만한 사정이 있는지와 그 정도 등 여러 사정을 종합하여 개별사안에 따라 구체적으로 판단하여야 한다」(대법 2019.7.25, 2018도16228; 대법 2018.7.12, 2013다60807; 대법 2018.6.28, 2013다28926; 대법 2017.12.5, 2014다74254). 휴게시간과 대기시간의 구분은 사용자의 지휘·감독을 벗어나 자유로운 이용에 있는지 여부이다(근기법 제54조제2항). 위 2018년도 두 사건에서 대법원 판례는 버스운전기사들의 버스 운행 사이에 대기시간이 근로시간에 산정되는지 여부에 관하여 '대기시간이 다소 불규칙하기는 했으나 다음 운행 버스의 출발시각이 배차표에 미리 정해져 있었으므로, 운전기사들이 이를 휴식을 위한 시간으로 활용하는 데 큰 어려움이 없었을 것' 이라는 데 있다. 결국 휴게시간인지, 대기시간인지 여부는 사업장의 개별사안에 따라 구체적으로 판단해야 할 것이다. 2019년도 대법원 판례는 시내버스 운전근로자가 버스운행을 위하여 대기하는 동안 사용자가 대기시간 활용에 관하여 간섭하거나 감독한 정황이 없이 대기시간을 자유롭게 휴식시간으로 활용할 수 있었던 것으로 보이고, 운전근로자가 주당 52시간을 초과하여 59.5시간을 근로하였다는 근기법 위반 사실이 합리적 의심 없이 증명되었다고 할 수 없다는 이유로 근기법 위반이 아니라고 판단한 사건이다.

(3) 대기시간을 근로시간으로 판단한 구체적 사례

① 근로자가 출근해 근로태세를 갖추고 있었으나 작업지시가 없어 대기한 시간(대법 1965.2.4, 64누162)

② 버스기사들의 버스 운행 사이 대기시간 중에는 사용자의 지휘·감독이 미치지 않고 근로자의 자유로운 이용이 보장된 시간(휴게시간)도 포함되어 있으므로, 대기시간 전부를 근로시간으로 볼 수는 없다(대법 2018.6.28, 2013다28926)

③ 버스 운전기사들의 운행 전·후의 각 30분 및 대기시간의 일부(서울고법 2014.11.26, 2013나1551).

④ 우편물 운송차량의 운전기사가 격일제로 근무하는 도중에 수면·식사 등을 하는 시간대(대법 1993.5.27, 92다24509)

⑤ 작업 도중에 정전·기계고장·원료공급 중단 등으로 인한 대기시간

⑥ 식당·호텔 등의 접객원이 근무장소에서 고객을 기다리는 시간

⑦ 사립초등학교에서 근무하는 교사가 수업시간 중간 중간에 쉬는 시간

⑧ 점포 안에서 휴식을 취하다 손님이 오면 곧바로 응대하는 시간

⑨ 격일제 형식으로 근무하는 아파트 경비원들의 근로시간

24시간 동안 일한 후 24시간을 쉬는 격일제 형식으로 근무하는 아파트 경비원들이 사용자의 지휘·명령으로부터 완전히 해방되어 휴게시간 등의 자유로운 이용이 보장된 형식으로 주어진 것이 아니라면 이를 근로시간에서 제외할 수 없다(대법 2006.11.23, 2006다41990).

⑩ 아동복지센터 직원들이 아동들과 함께 잠을 자는 밤시간(서울행정법원 2015.5.8, 2014구합59207).

⑪ 당해 회사의 단체협약이나 취업규칙 등에서 대기시간의 전부 또는 일부에 대하여 근로시간에 포함한다는 특약이 있는 경우(2000.10.25, 근기 68027-3298).

3. 손이 빈 시간과 휴게시간

「손이 빈 시간」이라고 하는 것 중에는 「대기시간」도 있고 「휴게시간」으로 불리는 것도 있어 일정하지 않다. 일반적으로는 대기시간보다 더욱 직무에서의 해방의 정도가 높은 것을 말하는 경향이 있어 여기에서도 그런 의미로 기술하기로 한다.

이른바 「손이 빈 시간」중에도 그 시간이 직무에서 완전히 해방되어 근로자가 자유롭게 이용할 수 있도록 보장된 시간이라면 휴게시간으로 인정된다. 손이 빈 시간이라고 생각되는 것이라도 근기법 제54조에서는 근로시간이 4시간인 경우에는 30분 이상, 8시간인 경우에는 1시간 이상의 휴게시간을 근로시간 도중에 주어야 한다고 규정하고, 일단 그 시간에는 근로가 불필요하다고 하면서도 소속 부서장이 필요하다고 인정하면 근무를 명할 수 있게 되어 있다. 이것은 완전히 직무에서 해방되어 자유롭게 이용할 수 있는 시간이 아니므로 휴게시간으로는 인정되지 않는다. 이와 같이 손이 빈 시간이라고 하는 것 중에도 구체적인 경우에 따라 그 실태를 보아 근로에서 해방되고 있는 것이 권리로서 보장되고 있는지를 판단하여 휴게시간인가 근로시간인가를 판단하여야 한다.

또 그것은 휴식을 주목적으로 하는 것이므로 그 목적을 달성할 수 없는 것은 포함되지 않는다.

4. 학원 강사의 매 50분 강의 후의 10분의 휴식시간

학원 강사의 경우 매 50분 강의마다 10분씩 단속적으로 휴식시간을 부여하는 형태로 보이는 바, 이러한 휴식시간이 근무시간과 명백히 구분될 뿐만 아니라 근로자가 사전에 휴식시간임을 알고 있고 그 시간 중에는 사용자의 지휘·감독 하에서 벗어나 자유롭게 이용할 수 있다면 근기법 제53조의 휴게시간으로 볼 수 있을 것이다. 그러나 동 휴게시간이 다음 강의를 위한 준비시간으로 정해져 있고 이를 소홀히 할 경우 제재가 가해지는 등 사용자의 지휘·감독 아래에서 벗어난 시간으로 볼 수 없다면 이는 근로시간으로 보아야 할 것이다(2002.8.9, 근기 68207-2676).

사립학교교원의 수업시간 사이의 휴게시간에 대하여도 그것이 자유롭게 이용할 수 있는 시간이라면 근기법상의 휴게시간이라고하고 있다.

그러나 현실수업의 실태에서 볼 때 휴식의 목적을 달성할 수 있는 실정은 되지 못하고 다음 수업의 준비와 학생의 상담지도에 충당되고 있는 때에는 휴게시간이라 부른다 하더라도 휴게시간에 해당되지 않는다.

5. 저녁식사·휴게 등의 관행적 휴식시간과 휴게시간

근기법상 휴게시간이 되기 위해서는 근로자가 근로를 이탈하여 자유롭게 이용할 것이 권리로서 보장된 시간이어야 한다. 직장에서의 권리로서 보장된 것이 아니고 근로자가 자기 자유롭게 근무의 틈을 이용하여 휴식을 하는 시간이 있었다 하더라도 그것이 사용자로부터 인정되지 않은 자의에 의한 직무로부터의 이탈행위이므로 휴게시간이 되지는 않는다.

따라서 사용자로부터 휴게시간을 법에 위반하여 적법하게 부여하지 않고 있는 회사에서 근로자가 자기의사로 독자적으로 휴게한 것에 대하여 휴게시간이 법 위반인 때에는 사용자로 하여금 이를 시정시켜야 하며 그에 앞서 자기 독자적으로 적당한 시기에 적당한 시간, 휴게를 취하는 것은 허용되지 않는다고 하고 있다. 근로에서 해방되는 것이 완전 보장된 시간이라고 한다면 반드시 명문의 취업규칙 또는 근로계약에 정하여지지 않아도 되며(다만, 휴게시간은 취업규칙의 필요적 기재사항이므로 그 규정을 결하는 것은 법 위반이 됨은 별도로 하고) 직장의 불문율적인 관행으로 사실상 근로시간 도중에 근로에서 해방을 보장한 시간이 발생하고 또 승인하기에 이르렀다면 그 시간은 관행으로서 근로조건의 하나로 확립된 것이 되므로(민법상의 사실인 관습) 휴게시간에 해당된다. 이와 같이 관행에 의한 휴게시간은 그와 같은 사실이 회사내에서 하나의 제도로서 확립된 상태에 있고 노사가 다같이 당연한 것으로 인정함으로써 비로소 노동관습으로 성립되는 것이다. 이 점에 관하여 판례를 보면 「야간전송업무의 16시간근무에 종사하는 우체국 직원이 정규로 정한 휴식(휴게)시간 이외에 야식휴식, 입욕휴식, 조기휴식이 직장관행으로서 인정되고 있다고 주장한 사건에 관하여 법원은 이것은 사용자가 승인하지 않은 소속 부서장이 정한 소정 복무표 이외의 것으로서 법적 근거가 없어 정당한 휴식으로서 정착할 종류의 것이 아니다」(일본동경지재 1973.7.12)라고 한 것이 있다.

2 근로시간과 휴게시간 구분 판단기준

1. 일반적 기준

① '근로시간' 이란 근로자가 사용자의 지휘·감독 아래 근로계약상의 근로를 제공하는 시간을 말하는 것으로 명칭 여하를 불문하고 근로자가 그 노동력을 사용자의 처분 아래에 두고 있는 경우에는 근로시간으로 인정한다(대법 2016.8.24, 2014다5098; 대법 2006.1123, 2006다41990; 대법 1993.5.27, 92다24509).

작업을 위하여 근로자가 사용자의 지휘·감독 아래에 있는 대기시간 등은 근로시간으로 인정한다(근기법 제53조제3항).

② '휴게시간' 이란 근로자가 근로시간의 도중에 사용자의 지휘·명령으로부터 완전히 벗어나 자유로운 이용이 보장된 시간을 말한다(대법 2006.11.23, 2006다41990; 대법 1992.4.14, 91다20548). 휴게시간에는 임금을 지급하지 아니하나 근로계약 및 취업규칙 등에 휴게시간을 유급으로 정한 때에는 그에 따른다.

2. 구체적 판단사례

근로시간과 휴게시간의 구분은 원칙적으로 구체적인 근로실태, 단체협약, 취업규칙 등을 종합적으로 고려하여 판단하여야 한다(이 부분의 해설은 고용노동부 「감시·단속적 근로자의 근로·휴게시간 구분에 관한 가이드라인」(2016.10.4, 근로기준정책과-6165)을 참고하여 최근 대법원 판례 등을 추가한 것이다).

(1) 근로시간으로 인정되는 경우

1) 근로계약 등에 근로시간으로 규정되어 있으며 실제 업무를 수행하는 경우

예컨대 근로계약서, 취업규칙 등에 근로시간이 명시되어 있으며, 경비 등 본연의 업무를 수행하는 경우 등이다.

2) 업무를 수행하지 않으나, 근로계약 등에 근로시간으로 규정되어 있는 경우

예컨대 취침·휴게시간이라 하더라도 단체협약, 근로계약서, 취업규칙 등에 전부 또는 일부를 근로시간으로 규정되어 있는 경우 등이다. 행정해석은 「단체협약·취업규칙·근로계약 등에서 시업시각(출근시간)과 종업시각(퇴근시간)을 정하고 작업량이 없는 시간(24:30부터 익일 05:00까지)을 별도로 정하여 "취침시간으로서 휴게시간으로 본다"고 규정하면서 실제로 취침시간을 부여하였다면 동 취침시간은 근로시간으로 볼 수 없다. 다만 단체협약·취업규칙·근로계약 등에서 취침시간의 일부 또는 전부에 대하여 근로시간에 포함한다는 특약이 있는 경우에는 그에 따라야 할 것이다」(2000.9.25, 근기 68207-2917)라고 한다.

3) 근로계약 등에 근로시간으로 규정되어 있지 않더라도 근로시간으로 인정되는 경우

(가) 업무 수행의 책임이 부과되거나 업무수행이 강제되는 시간

예컨대 근로계약서, 취업규칙 등에 휴게시간으로 규정되어 있으나, 실제 자유롭게 이용할 수 없고 순찰 및 정비 등 업무 수행이 강제되는 시간 또는 조기출근을 하지 않을 시 임금감액이나 제재가 있는 시간 등이다.

행정해석은 「부수업무시간을 근로자가 자유롭게 이용할 수 없고, 실제로 업무수행 또는 부수되는 근로를 제공하는 시간이라면 이를 휴게시간으로 볼 수 없다」(2004.5.27, 근로기준과-2651) 또한 「시업시각 이전에 조기출근토록 하여 시업에 지장이 없도록 하는 것을 근로시간으로 인정하여 임금이 지급되어야 할 것인가 여부는 조기출근을 하지 않을 경우 임금을 감액하거나 복무 위반으로 제재를 가하는 권리의무관계라면 근로시간에 해당될 것이나 그렇지 않다면 근로시간에 해당되지 않는다」(1988.8.30, 근기 01254-13305)고 한다.

(나) 휴게시간 도중 돌발상황 수습을 위해 대응한 시간

예컨대 휴게시간 도중 갑작스럽게 화재가 발생하여 화재 진압을 위해 대응한 시간 또는 야간 휴게시간 도중 학교에 무단으로 외부인이 침입하여 이에 대응한 시간 등이다. 돌발상황에 대응한 시간은 예측가능성, 발생의 빈도, 업무의 강도 등을 고려하여 판단할 필요가 있다. 휴게시간 중 일시적·간헐적으로 발생될 것이 예측되고 그 업무가 휴게시간의 취지를 훼손하지 않는 범위에서 간단히 처리할 수 있는 정도라면 돌발상황에 대응한 시간으로 보지 않는다.

(다) 제재나 감시·감독 등에 의해 근무장소에서 강제로 대기하는 시간

예컨대 근로계약 등에 휴게시간으로 규정되어 있으나, 특정 근무장소를 벗어날 수 없고 근무장소를 벗어날 시 임금감액이나 제재 등 규정이 있는 등 대기가 강제되는 시간 또는 근로계약 등에 근무장소에서 야간 휴게시간에 수면을 취하다 적발 시 책임자 조치에 따른다는 규정이 있거나 실제 수면을 취하지 못하도록 감시·감독이 이루어지는 시간 등이다.

① 행정해석은 「아파트 경비원으로 근무하는 근로자에 대하여 근로계약 등으로 일정 휴게시간을 부여하면서 동 휴게시간에 대하여는 근무 장소를 벗어나지 않는 것을 전제로 하는 경우, 노사당사자 간에 근로계약으로 휴게시간을 설정하였지만 휴게시간 중에 근무장소를 벗어나지 않도록 강제하는 방법을 취하고 있어 실질적으로는 근로시간 및 휴게시간의 구분이 명확히 이루어지지 않은 채 사용자의 지휘·감독하에 놓여있는 형태가 될 것이므로 근로자에게 자유로운 이용이 보장된 휴게시간으로 보기는 어려울 것이다」(2007.10.24, 임금근로시간정책팀-3208)라고 한다.

② 판례는 「사용자의 지휘·명령으로부터 완전히 해방되어 아파트 관리원들의 자유로운 이용이 보장된 식사시간 및 수면시간이 주어진 것으로 인정되는 경우에 한하여 그 시간만을 실제 근로시간에서 제외하였어야 할 것이다」(대법 2006.11.23, 2006다41990)라고 한다.

(라) 업무와 관련된 교육·회의시간

예컨대 업무와 관련되어 의무적으로 참여해야 하는 교육시간 또는 작업시간 전 작업지시 및 작업조 편성 등과 관련한 회의시간 등이다.

행정해석은 「근로자에 대하여 업무와 관련이 있고 생산성 향상과 관련되는 전 근로자에 대한 의무적 교육은 근로시간으로 볼 수 있으나, 업무와 관련이 없는 개인의 교양·취미 등의 교육이나 국가의 홍보사항의 교육은 근무시간으로 볼 수 없다(1988.3.18, 근기 01254-4100)」고 한다.

판례는 「작업시작 전에 갖는 취업회의 내용인 보안교육이나 작업지시 및 작업조의 편성은 갱내 교대근무를 위한 필요불가결한 것으로서 사용자의 지휘·감독에 의한 구속 아래에 행해질 수밖에 없으므로 실근로시간에 포함된다(대법 1993.9.28,

93다3363)」고 한다.

(2) 휴게시간으로 인정되는 경우

① 근로자가 사전에 휴게시간을 알고 있으며, 휴게 중에는 근로행위로부터 완전히 이탈하여 자유롭게 이용할 수 있는 시간

② 근무장소에서 쉬더라도 근로자가 스스로 휴게장소로 선택한 경우

③ 일정 구역을 벗어날 수 없는 등 다소 장소적 제약이 있더라도 사용자의 지휘·감독에서 벗어나 자유로운 이용이 가능한 시간

④ 긴급상황 발생에 대비하여 비상연락체계를 유지하는 상태에 불과하고 사용자의 지휘·감독에서 벗어나 자유롭게 쉴 수 있는 시간

⑤ 근로자가 자유롭게 이용하는 식사시간 또는 아침 체조시간 등이다.

판례는 「지역이동교통 단속원들이 식사시간에 단속 장소를 이탈하는 것도 허용된 것으로 보일 뿐만 아니라 식사시간 중에 단속을 했다고 하더라도 이를 국가의 지시에 따라 이뤄진 것이라고 인정할 만한 증거가 없으며 휴게시간에 자율적으로 업무를 수행한 경우라고 한다면 이를 대기시간이라고 볼 수 없는바 근로시간에 포함시킬 수 없다(대법 2016.9.23, 2013다206757)」는 것이다.

행정해석은 「사용자가 근로자의 휴게장소를 동일 근무 장소(경비초소 등)로 특정하는 경우에는 근로 및 휴게(휴식)의 구분이 곤란하므로 이를 휴게(휴식)시간으로 볼 수 없는 것이 원칙이나, 근로자가 직접 선택하는 경우에는 이를 인정할 수 있다(2007.11.26, 임금근로시간정책팀-3468)」는 것이다. 또한 근무시간 외에는 자유롭게 휴식을 취하는 대기시간(휴게시간)을 정하여 근무하며 대기시간과 근무시간의 구분이 명백하고, 근로자가 사전에 대기시간을 알고 있으며, 그 대기시간 중에는 사업장 밖으로 나갈 수는 없지만, 사용자의 지휘·감독을 벗어나 자유롭게 이용할 수 있다면 이는 휴게시간으로 인정할 수 있다(2000.10.25, 근기 68207 -3298).

아침체조시간이 근로자에게 자율성이 부여되어 불참으로 인한 불이익이 없고 실제로 오전 8시를 넘겨 20~30분 정도 지각을 하여도 8시 출근으로 인정해주고 있는 경우라면 달리 볼 사정이 없는 한 오전 7시 45분부터 시작되는 아침체조시간을 사용자의 지휘·감독 아래 있는 시간으로 볼 수는 없다(2011.4.26, 근로개선정책과-994).

3 휴게시간의 길이와 위치의 결정방법

1. 휴게시간의 길이

근기법 제54조에서는 근로시간이 4시간을 초과할 때에 적어도 30분 이상을, 8시간을 초과할 때에는 적어도 1시간 이상의 휴게시간을 근로시간도중에 주어야 한다고 규정하여 3단계의 기준을 정하고 있다.

① 1일의 근로시간이 4시간 미만의 단시간일 때에는 휴게시간을 주지 않아도 된다.

② 4시간 이상 8시간 미만일 때에는 30분 이상의 휴게시간을 주어야 한다.

③ 8시간 이상일 때에는 1시간 이상을 휴게시간으로 주어야 한다.

근기법 제54조의 규정에 의하면 법정 휴게시간은 8시간근로의 원칙형인 경우에 1시간이면 된다. 실제로 휴게시간은 식사시간을 겸하고 있기도 하다. 8시간을 초과하는 근로에 대하여는 그것이 16시간 격일근무와 같이 장시간인 경우에 8시간 단위로 2회(1시간씩)의 휴게시간을 주어야 한다. 법이 규제하는 휴게시간의 길이는 최단의 시간이며, 최장시간은 규제되고 있지 않다. 그러므로 여관·상점 등 영업시간이 길고 1일의 업무의 분주한 시간과 한가한 시간의 차이가 현저한 곳에서는 한산한 시간대에 긴 휴게시간이 주어질 수 있게 된다. 이른바 브레이크 타임제로서 근무시간 중 작업량이 현저히 적거나 없는 시간을 이용하여 법이 정한 휴게시간 이상의 장시간을 휴식케 하는 제도(호텔업인 경우 보통 14: 00~17: 00)로서 근기법에서는 휴게시간의 최저시간만을 명시할 뿐 그 밖에 상한적 규제가 명시된 바 없으므로 이를 위법으로 보기 어렵다(1992.8.11, 근기 01254-1344).

그런데 8시간을 대폭 초과할 때에는 어떻게 되는가, 위 규정에서 보는 바와 같이 4시간 이상을 초과하지 않는 한 1시간 이상을 근로시간 도중에 주기만 하면 법상으로는 그 이상은 줄 의무가 없다. 그러나 법에 정한 것은 최저기준이므로 노무관리상 필요가 있으면 그에 따라 적정하게 주어야 할 것임은 두말할 것도 없다. 우리나라 기업의 실정으로는 휴게시간과 식사시간을 따로 구분치 않고 휴게시간과 식사시간을 겸하고 있는 것이 보통이며 식사시간을 휴게시간으로 하는 것도 물론 무방하다. 당해 사업장 취업규칙상 식사시간과 휴게시간을 별도로 설치한 규정이 없다면 소정 휴게시간을 식사시간으로 사용케 하는 것은 무방하다(1969.3.26, 기준 1455.9-33714). 예컨대 작업 도중에 1시간의 식사시간을 부여하면 별도의 휴게시간을 주지 않아도 된다(대법 1994.3.8, 93다32408). 또 법률상으로는 1일의 실근로시간이 4시간을 초과하지 않는 한 휴게시간은 1분도 줄 의무가 없으나 행정지도상에서는 이때에도 근로시간 도중에 주도록 지도하고 있다.

2. 휴게시간의 위치

휴게시간을 언제 주느냐 하는 것은 노무관리상 중요한 문제로서 근로능률, 피로도 그 밖에 과학적인 자료에 따라 설정하는 것이 필요하다. 근기법은 「근로시간 도중에 주어야 한다」라고 되어 있다.

따라서 근로시간 도중이라면 어떤 위치에 두어도(언제 주어도) 좋고, 그것은 근로계약, 취업규칙, 단체협약 등에서 자유롭게 정하도록 위임하고 있다.

또 법률상으로 휴게시간은 30분 내지 1시간 정도를 계속해서 주어야 한다는 요구하고 있지 않으며 휴게시간의 합계가 30분 내지 1시간 이상이면 충분하다고 되어 있다. 작업의 성질 또는 사업장의 근로조건 등에 비추어 사회통념상 필요하고도 타당성이 있다고 일반적으로 인정되는 범위 내에서 휴게제도 본래의 취지에 어긋나지 않는 한 휴게시간을 분할하여 주어도 무방하다(1992.6.25, 근기 01254-884; 1992.8.11, 근기 01254-1344).

이 점에 대해서는 각 사업장의 실태에 따라서 가령 오전 10분, 정오 40분, 오후 10분 정도로 적의분할해서 주면 별 관계가 없을 것이다. 그렇다고 하더라도 휴게시간은 근로조건의 명시(근기법 제17조·동법시행령 제8조제1항제2호)나 취업규칙의 작성(근기법 제93조)에 있어 필요적인 기재사항이므로, 한 번 정한 휴게시간의 위치, 시간을 사용자의 의사대로 그날그날에 따라 또 사람에 따라 적당히 변경해서 주어도 된다는 뜻은 아니다. 한 번 설정한 휴게시간을 아무렇게나 사용자 마음대로 변경하는 것은 근로조건의 안정성을 침해하는 것이다. 따라서 이와 같은 경우에는 취업규칙에서 정한 바에 따라, 그의 변경을 하여야 한다.

3. 휴게시간의 세분화

휴게시간은 원칙적으로 일시에 주어야 되는 것인지, 세분하여 줄 수 있는지의 여부가 있다. 근기법 제54조에 사용자는 근로시간이 4시간인 경우에는 30분이상, 8시간 경우에는 1시간이상의 휴게시간을 근로시간 도중에 주어야 한다고 규정하고 있다. 따라서 근로시간과 명백히 구분하여 휴게시간을 분할하여 부여하더라도 작업의 성질, 근로여건 등에 비추어 사회통념상 합리성이 있고 휴게제도의 취지를 벗어나지 않는 한 이를 법 위반으로 볼 수 없다(2002.12.3 근기 68207-3307).

4. 사용자의 휴게시간 변경권한과 근로자의 거부권

사용자 휴게시간을 변경할 수 있는지와 이를 근로자가 거부할 수 있는지에 대하여 근기법 제54조제1항은 "사용자는 근로시간이 4시간인 경우에는 30분 이상, 8시간인 경우에는 1시간 이상의 휴게시간을 근로시간 도중에 주어야 한다"고 규정하고 있다.

근기법에 따라 휴게시간을 보장하면서 사용자가 직무의 특수성이나 민원업무처리 등을 위하여 필요하다고 인정될 때는 휴게시간을 조정할 수 있도록 규정한 취업규칙에 의거 각 사업장별로 필요한 인원에 대하여 교대로 당초의 휴게시간을 변경하여 근무토록 하더라도 이를 위법이라 보기는 어려울 것이다.

한편, 근로자가 휴게시간을 변경하여 근무토록 한 사용자의 지시에 위반하여 당초의 휴게시간에 휴게하고 근로시간에 근무한 경우, 사용자가 그와 같은 근로제공을 거부하지 아니하고 수령하였다면 사용자의 정당한 업무지시를 이행하지 아니한데 대한 징계 여부는 별론으로 하더라도 그 시간에 대한 임금을 지급하지 아니할 수는 없다. 다만, 사용자의 휴게시간 변경 근무지시에 대하여 근로자가 노동조합의 지시를 이유로 이행하지 아니한 것이 노조법상의 정당한 쟁의행위에 해당하는 경우라면 형사면책·민사면책·징계면책을 받을 수 있다(2004.5.12, 근로기준과-2328).

4 휴게시간의 이용방법

1. 휴게시간 이용의 제한

근기법 제54조제2항은 「휴게시간은 근로자가 자유롭게 이용할 수 있다」라고 규정하고 있다.

휴게시간은 근로자가 권리로서 직무로부터 떠나는 것을 보장받은 시간이며, 직무를 수행할 의무가 전혀 없는 시간이다. 즉, 본래 근로자가 노동력을 사용자에게 매도하지 않은 시간이므로 근로자가 휴게시간을 자유롭게 이용할 수 있는(시간사용상의 의미로)것임은 법령의 규정으로서 명문화되었을 뿐만 아니라 당연한 것이다.

그러나 한편으로는, 휴게시간은 업무 시작시각에서 종료시각에 이르는 도중의 시간 즉, 근로시간과 근로시간 사이에 존재하여 직무에서 떠나 휴식하면서 피로를 회복하기 위한 시간이며, 다음 직무에 대비하여 쉬고 있는 시간으로서 당일의 직무가 완전히 끝나 직무에서 해방되는 퇴근 후의 시간과는 그 성질을 달리하는 것이다.

휴게시간 중에는 근로자는 아직도 완전히 사용자의 구속으로부터 해방된 것은 아니고 근로의무를 지지 않은 자유사용시간이긴 하나 여전히 사용자의 구속 아래에 있는 시간이며 다음과 같은 제약을 받는다.

① 휴게시간은 근로시간 도중에 있어서 휴게 후에는 다시 완전한 형태의 근로를 제공할 의무가 계속되는 시간이며, 이 점에서 다음 직무에 지장을 주는 행위는 금지된다.

② 휴게시간은 통상 사업장의 시설내에서 휴식을 취하며 휴게의 이용수단은 기업시설 등을 사용하고 휴게시간 중이라 하더라도 사용자로서는 기계설비 등의 생산설비에 대하여 그 유지관리를 할 권한이 있다. 그러므로 근로자로서는 사용자의 이들 구내 건물, 설비 및 휴게시설 등의 물적관리권에 따르지 않으면 안된다.

③ 휴게시간은 원칙적으로 사업장의 근로자 전원에 대하여 일제히 주어야만 한다는 것이 법률상 의무로 되어 있지 않으나 실제적으로 많은 근로자가 일제히 휴게시간을 이용하게 되는 까닭에, 전원이 충분히 휴게시간을 이용하고 완전히 휴식을

취하도록 하여야 한다.

이것은 사용자가 다수의 근로자를 일정한 직장질서에 따라 관리할 권한을 근거로 완전 유효한 이용을 할 수 있도록 조정하고 규율하지 않으면, 혼란을 초래하여 근로능률에 영향을 미치는 결과가 되기 때문이다. 휴게시간에 대해서는 전술한 세 가지 방면에서의 제약은 당연히 인정된다. 따라서 (가) 근로시간 도중에 있다는 관점에서 소위 「근로규율상」의 제약 – 휴게시간 중에 음주 등을 하여 다음 직무에 지장이 있게 되는 행위의 금지, (나) 건물, 설비 등의 관리에 근거하는 소위 「기업시설관리상」의 제약 – 시설을 더럽힌다든지 회의장을 무단으로 사용하든지 하는 행위의 금지, (다) 다수의 근로자에게 완전한 휴식을 준다는 관점에서 소위 「기업질서유지상」의 제약 – 휴게시간 중에 큰소리를 내고, 다른 근로자의 휴게시간을 방해하며, 고스톱·도박 등의 질서문란행위의 금지 등은 당연한 조치로써 이와 같은 관점에서 휴게시간의 이용제한은 유효하며 근기법 제53조제2항의 「휴게시간 자유이용의 원칙」에 위반되지 않는다.

자유이용이라 할지라도 근로 내지 사용자의 취업명령으로부터 해방되어 있을 뿐, 휴게시간은 업무의 시작시각부터 종료시각에 이르는 동안의 일부이므로, 건물이나 시설 등의 관리상 필요한 규제에 따라야하고, 기업질서를 침해하거나 동료 근로자의 자유로운 휴게를 방해하는 일 등은 금지된다. 즉, 휴게시간은 근로할 의무가 없는 시간이긴 하지만 작업의 시작으로부터 종료까지 제한된 시간 중 일부이므로 사업장의 직장규율과 시설관리상의 제약을 받으며 다음 작업의 계속을 위하여 어느 정도의 범위 내에서 사용자의 제약을 받는 것(예컨대, 외출을 어느 정도 제한하거나 휴게시간의 이용장소와 이용방법을 어느 정도 제한하는 것)은 부득이 한 것이다. 근기법 제54조제2항에 따라 근로자에게 휴게시간의 자유로운 이용이 인정된다고 하더라도 그 이용 장소와 방법에 있어 일체의 제약이 없는 무제한의 자유가 인정되는 것은 아니라고 할 것이다(법제처 2016.8.19, 안건번호-0432).

이상과 같은 구속 내지 제한은 ① 사용자의 물적 관리권 즉 건물설비 등의 유지·보전 및 휴게시설을 관리하는데 필요한 제한, ② 인적인 관리권 즉 직장의 질서유지에 필요한 제한, ③ 휴게시간의 성질에 따른 행동의 제한 등 3가지 형태로 존재한다.

2. 사유(社有) 차량에 의한 외출 중의 휴게시간과 차량의 감시의무

휴게시간은 "앞"에서 설명한 바와 같이 근로자가 자유롭게 이용할 수 있도록 하여야 한다. 이것을 휴게시간 자유이용의 원칙이라 한다.

그러므로 먼저 특히 자동차운전자 등에게서 일어나는 차량감시와 같은 경우에는 도난방지 등 때문에 차량을 관리하고, 감시하는 일이 휴게시간이라 할 것인가 아닌가의 문제가 일어난다(만일, 보관관리를 태만히 해서 차량을 도난당하게 되면 분실사고에 대하여도 차의 소유주인 회사에서 피해자에 대한 교통사고손해배상의 책임이 생긴다).

근로시간이란 사용자의 지휘·감독 아래 업무에 종사하고 있는 시간(실작업시간) 및 대기하고 있는 시간을 말하는 것이며, 어느 경우이든 휴게시간인지 아닌지의 구별은 그 구속성의 정도가 포인트가 되는 것이다. 그러므로 그 구속성의 강약 등에 장소, 직무내용적인 면도 아울러 판단하여야 한다.

첫째, 장소적 구속에 대하여 생각해 보면, 그 차량의 감시의무라는 것이 일정한 장소에 머물러야 하는 것인가 아닌가가 문제된다.

예를 들어 일정한 주차장에 주차시키고 가끔 감시하는 정도이고 후에는 어디로 가든 상관없는 것이라면 장소적 구속이란 점은 문제가 없으나 일정한 주차장이 없을 때에는 노상에 주차시켜 방치하는 것은 금지되어 차량에 머물지 않으면 안 되거나, 차량을 상시 감시하고 있지 않으면 안 될 경우에는 장소적 구속을 받고 있는 것으로 된다.

둘째, 직무내용적인 구속이란 점이다. 그 차량감시방법에 대하여 엄격한 규정이 있어 그것을 태만히 할 경우에는 제재 등의 불이익처분의 대상이 되어 구속력이 강하다. 따라서 근로시간성도 강하게 되나 그것이 단순히 훈시적인 것으로 될 수 있는 대로 감시를 잘 하라는 정도여서 근로자의 재량에 맡기고 있는 것이라면, 법적 구속력은 인정될 수 없어 근로시간이라고는 할 수없다(이 경우의 자동차 도난, 손상에 대하여는 근로자은 원칙적으로 책임을 지지 않고 중과실이 있을 때만 책임을 진다. 단, 차에서 떠날 때 열쇠로 잠그는 것은 운전자로서 마땅히 할 일이며 사용자의 명령 여부에 따를 일은 아니다). 그러므로 구체적인 관리감시의 실태여하에 따라 책임의 한계를 정해야만 한다.

따라서 사회통념상 차량의 감시의무라 하더라도 주차장소가 잘못되든지 차량의 문을 잠그는 것을 잊는다든지, 주차방법을 위반하든지, 차량에서 멀리 떨어져 전혀 관리책임을 방기하든지(예를 들어 휴게시간 중에 경마장에서 마권을 사서 경주를 구경하는 등) 하는 것을 금지하는 것으로서, 실제로는 그 이상의 감시책임을 지우지 않는 근로에서 해방된 경우에는 휴게시간에 해당하여 이 정도의 구속은 자유이용의 원칙에 위반되지 않는다.

5 여객자동차 및 화물자동차 운수종사자 휴게시간 보장

1. 운수종사자 휴게시간 보장내용 및 취지

(1) 운수종사자 휴게시간 보장내용

여객자동차 및 화물자동차 운수종사자의 안전운행을 확보하기 위하여 여객자동차 및 화물자동차 운수종사자의 연속운전시간을 제한하고 휴게시간을 확보하도록 여객자동차운수사업법 및 화물자동차운수사업법이 개정되었다. 여객자동차운수사업법 제21조제11항은「운송사업자는 운수종사자에게 안전운전에 필요한 충분한 휴식시간을 보장하여야 한다. 이 경우 운송수단별 휴식시간에 관한 사항은 국토교통부령으로 정한다」고 규정하고 이를 위반한 경우에는 1천만원 이하의 과태료를 부과하고 면허 또는 등록을 취소하여야 한다고 규정하고 있다.

(2) 운수종사자 휴게시간 보장 취지

여객자동차 및 화물자동차 운수종사자의 휴게시간 보장 취지는 다음과 같다.

첫째, 주행 중 졸음운전으로 인한 교통사고 및 인명피해가 끊이지 않고 발생하고 있고, 그 원인 중 하나로 운수종사자의 부족한 휴식시간이 지적되고 있으므로, 현행「여객자동차운수사업법시행규칙」에서 규정하고 있는 운송사업자의 운수종사자 휴식시간 보장을 법률에 명시하여 졸음운전으로 인한 교통사고를 줄이려는 것이다. 운송사업주가 휴식시간을 준수하지 아니하고 운행하는 행위에 대하여는 벌칙을 부과하고 면허 또는 등록을 취소할 수 있도록 하였다.

둘째, 운송사업자는 운수종사자의 휴식시간 보장내역을 시·도지사에게 매월 보고하도록 한다. 즉 전월 각 운수종사자에 대한 휴식시간 보장 내역을 매월 보고하여야 한다.

셋째, 시·도가 운수종사자의 휴식을 보장하기 위한 시설을 설치·개선하는 경우 국가는 이에 대하여 지원할 수 있는 근거를 마련하려는 것이다.

(3) 여객자동차운수사업법 시행규칙 세부 내용

여객자동차운수사업법 시행규칙을 개정(국토교통부령 제526호, 2018.6.22 개정시행)하여 동 규칙 제44조의6에서는 운수종사자의 휴식시간을 보장하였다.

> **제44조의6 【운수종사자의 휴식시간 보장】** ① 시내버스운송사업자, 농어촌버스운송사업자 및 마을버스운송사업자는 운수종사자에게 기점부터 종점(종점에서 휴식시간 없이 회차하는 경우에는 기점)까지 1회 운행 종료 후 10분 이상의 휴식시간을 보장하여야 한다. 다만, 기점부터 종점(종점에서 휴식시간 없이 회차하는 경우에는 기점)까지의 운행시간이 2시간 이상인 경우에는 운행 종료 후 15분 이상의 휴식시간, 4시간 이상인 경우에는 운행 종료 후 30분 이상의 휴식시간을 보장하여야 한다.
> ② 제1항에도 불구하고 마을버스운송사업자는 출퇴근 등에 따른 교통수요 변동 및 운행지역·노선별 특성을 고려하여 시·도 또는 시·군·구 조례로 정하는 바에 따라 휴식시간을 탄력적으로 정할 수 있다. 이 경우 제1항 단서에 상응하는 휴식시간을 보장하여야 한다.
> ③ 시외버스운송사업자 및 전세버스운송사업자는 운수종사자에게 다음 각 호의 구분에 따라 휴식시간을 보장하여야 한다.
> 1. 기점부터 종점(종점에서 휴식시간 없이 회차하는 경우에는 기점)까지 1회 운행 종료 후 또는 운행기록증 상의 목적지 도착 후 15분 이상의 휴식시간을 보장할 것
> 2. 운수종사자가 휴식시간 없이 2시간 연속 운전한 경우에는 휴게소 등에서 15분 이상의 휴식시간을 보장할 것. 다만, 천재지변, 교통사고, 차량고장 또는 극심한 교통정체 등의 사유로 휴게소 진입이 불가능한 경우 등 연장운행이 필요한 경우에는 1시간까지 연장운행을 하게 할 수 있으며, 운행 후 30분 이상의 휴식시간을 보장할 것
>
> ④ 노선 여객자동차운송사업자 및 전세버스운송사업자는 운수종사자의 출근 후 첫 운행 시작 시간이 이전 퇴근 전 마지막 운행 종료 시간으로부터 8시간(광역급행형 및 직행좌석형 시내버스운송사업자의 경우는 10시간) 이상이 되도록 해야 한다. [본조신설 2018.2.12]

(4) 화물자동차운수사업법 시행규칙 세부 내용

또한 화물자동차운수사업법 시행규칙을 개정(국토교통부령 제385호, 2017.1.6 개정시행)하여 동 규칙 제21조에 제23호를 다음과 같이 신설하였다.

> 23. 휴게시간 없이 4시간 연속 운전한 운수종사자에게 30분 이상의 휴게시간을 보장할 것. 다만, 다음 각 목의 어느 하나에 해당하는 경우에는 1시간까지 연장운행을 하게 할 수 있으며 운행 후 45분 이상의 휴게시간을 보장하여야 한다.

가. 운송사업자 소유의 다른 화물자동차가 교통사고, 차량고장 등의 사유로 운행이 불가능하여 이를 일시적으로 대체하기 위하여 수송력 공급이 긴급히 필요한 경우 나. 천재지변이나 이에 준하는 비상사태로 인하여 수송력 공급을 긴급히 증가할 필요가 있는 경우

또한 동 규칙 제22조제6호를 다음과 같이 신설하였다.

6. 휴게시간 없이 4시간 연속운전한 후에는 30분 이상의 휴게시간을 가질 것. 다만, 제21조제23호 각 목의 어느 하나에 해당하는 경우에는 1시간까지 연장운행을 할 수 있으며 운행 후 45분 이상의 휴게시간을 가져야 한다.

제14장 휴게시간 중의 유인물 배포·노동조합활동·정치활동을 둘러싼 문제

- 적법하고도 효율적인 활동을 위하여 -

1 휴게시간 중의 유인물 배포

① 근기법 제54조제2항은 휴게시간의 자유이용을 규정하고 있으나, 사용자는 '직장의 질서를 유지하며 환경을 정비하기 위하여 시설관리권 및 인사권에 의거하여 회사 구내에서의 근로자의 행동에 관하여 필요한도의 제한을 행할 수 있으므로' 일정한 절차, 내용을 정하여 휴게시간 중의 문서배포 등의 규제를 함은 휴게제도 본래의 목적을 해치는 것이 아니다.

우리나라의 노동조합은 기업내 노조가 대부분이며, 따라서 기업내의 조합활동이 중심이 된다. 그러나 근로시간 중은 원칙적으로 조합활동이 금지되어 있으므로 휴게시간이나 시작 전·종료 후의 구내 자유시간에만 유인물 배포에 의한 교육선전활동을 할 수 있으며, 휴게시간이라 하더라도 회사의 관리권과의 조화를 도모하여 일정한 장소·방법·태양 안에서 허용된다. 한편 회사 측에서도 업무상 필요가 있는 경우에는 규제할 수 있다.

② 회사가 취업규칙에서 유인물의 배포에 관하여 회사의 사전 승인을 얻도록 하고 있다고 할지라도 노동조합의 정당한 업무를 위한 행위나 근로자들의 근로조건의 유지·향상이나 복지 증진을 위한 정당한 행위까지 금지할 수는 없다. 유인물 배포 행위가 정당한가 아닌가는 회사의 승인 여부만을 가지고 판단할 것은 아니고, 그 유인물의 내용, 매수, 배포의 시기, 대상, 방법, 이로 인한 기업이나 업무에의 영향 등을 기준으로 노동조합의 정당한 업무를 위한 행위로 볼 수 있는지를 살펴본 다음 판단하여야 한다(대법 2017.8.18, 2017두227325; 2011.9.8, 2009두14682; 대

법 1997.12.23, 96누11778).

③ 유인물의 배포가 노동조합 활동의 일환으로 이루어진 것이라 하더라도 그것이 기업이나 사용자의 임원 등에 대한 신용이나 명예를 훼손하거나 실추시키는 등 기업의 영업이익이나 개인의 신체적, 정신적, 인격적 자유를 침해하는 것이라면 원칙적으로 정당성은 부정된다(대법 1992.3.13, 91누5020). 그리고 회사의 승인 또는 노조의 수권이나 승인도 없이 심야에 유인물을 배포한 경우에는 정당하다고 할 수 없다(대법 1994.12.23, 94누3001).

④ 한편 노동조합활동으로 이루어진 선전방송이나 배포된 문서에 기재되어 있는 문언에 따라 타인의 인격·신용·명예 등이 훼손 또는 실추되거나 그렇게 될 염려가 있고, 또 선전방송이나 문서에 기재되어 있는 사실관계의 일부가 허위이거나 표현에 다소 과장되거나 왜곡된 점이 있다고 하더라도, 선전방송이나 문서를 배포한 목적이 타인의 권리나 이익을 침해하려는 것이 아니라 노동조합원들의 단결이나 근로조건의 유지·개선과 근로자의 복지증진 기타 경제적, 사회적 지위의 향상을 도모하기 위한 것이고, 또 선전방송이나 문서의 내용이 전체적으로 보아 진실한 것이라면, 그와 같은 행위는 노동조합의 정당한 활동범위에 속하는 것으로 보아야 한다. 그리고 이러한 법리는 사용자가 징계사유로 삼은 근로자의 행위가 선전방송이나 유인물의 배포인 경우 행위의 정당성 여부를 판단함에 있어서도 마찬가지로 적용된다(대법 2017.8.18, 2017다227325; 대법 2016.12.29, 2015두38917; 대법 2011.2.24, 2008다29123).

⑤ 조합원들에게 회사의 임금체계에 대한 문자메시지를 발송하거나 유인물로 배포된 문서에 타인의 인격, 신용, 명예를 훼손하는 내용이 있다 하더라도 그 문서를 배포한 목적이 조합원들의 단결이나 근로조건의 유지 개선과 근로자의 복지증진 기타 경제적, 사회적 지위의 향상을 도모하기 위한 것으로서 그 문서의 내용이 전체적으로 보아 진실한 것이라면 이는 노동조합의 정당한 활동범위에 속한다(대법 2013.5.23, 2012두28490).

⑥ 조합은 회사 임원실, 사무실, 응접실 등 특히 회사의 기밀을 보전하여야 할 장소나 또는 특히 미관을 존중하여야 할 장소에서 전단 등의 배포는 삼가해야 한

다. 또 식당 등 근로자 및 고객이나 방문객이 자유로 출입할 수 있는 장소는 그 시설의 목적을 생각하여 그 목적을 해치지 아니하는 방법으로 전단 등의 배포행위를 행하도록 주의하여야 한다.

⑦ 조합이 유인물·현수막·벽보 등 선전물을 사용자의 승낙 없이 사업장 시설에 선전물을 부착하였더라도 사용자의 시설관리권의 침해 정도와 조합활동으로서의 필요성 등 모든 사정을 고려하여 정당성 여부를 판단하여야 한다. 즉, 부착한 시설의 성질, 부착된 범위, 선전물의 형상·문언·매수·첨부방법 등을 종합하여 부착할 필요성이 있고, 또 시설관리상의 실질적 지장을 초래하지 않은 경우에는 정당성을 인정해야 한다.

⑧ 해당 근로자들이 정당한 노동조합활동과 관련된 유인물을 배포하기 위하여 해당 기숙사 현관까지 나아간 행위는 그 행위의 동기나 목적, 수단이나 방법, 보호이익과 침해이익, 경위 등에 비추어 사회상규에 위배되지 않는 정당행위로서 위법성이 조각된다고 봄이 타당하다(대법 2015.8.27, 2013도10003).

2 휴게시간 중의 노동조합활동

1. 휴게시간 중의 노동조합활동의 허용

근로자가 노동조합활동을 하는 것은 자유이지만 이와 같은 조합활동이 기업시설 내에서 행하여지거나 근무시간 중에 행해진 경우에는 사용자는 장소적 및 시간적 측면에 있어서 제약을 가할 수 있는 것이다.

예컨대 휴게시간은 취업시간이 아니고 근로자가 자유롭게 이용할 수 있는 시간이기 때문에(근기법 제54조) 조합활동도 자유롭게 할 수 있는 것이 원칙이다.

2. 휴게시간 중의 조합활동에 관한 판례의 태도

이와 관련하여 판례(대법 1991.11.12, 91누4164) 중에서 휴게시간 중 유인물 배포에 대한 「다른 근로자의 취업에 나쁜 영향을 미치거나 휴게시간의 자유로운 이용을 방해하거나 구체적으로 직장질서를 문란하게 하는 것이 아닌 한 허가를 얻지 아니하였다는 이유만으로 정당성을 잃는다고 할 수 없다」고 한다. 기업시설내에서 조합활동을 하는 것이 업무상의 지장을 초래하는 경우에 시설이용을 금지하는 조치를 취하는 경우나, 시설이용에 대하여 허가제나 신고제로 하는 것 등은 부당하다고 할 수는 없다. 문제는 이로 인하여 노사분규가 발생하지 않도록 단체협약이나 노사간의 협정으로 시설이용방법의 내용을 구체적으로 정해야 한다는 것이다.

3. 취업규칙에 의한 조합활동의 전면적 금지와 부당노동행위 위반 여부

취업규칙 등으로 휴게시간 중의 조합활동을 전면적으로 금지한 경우에는 문제가 있다. 근로자가 조합활동을 하는 것은 자유이고 사용자는 원칙적인 제약을 가할 수는 없는 것이므로 업무상 지장이 발생하는 것도 아닌데 휴게시간 중의 조합활동을 전면적으로 금지하는 것은 타당성이 없고 경우에 따라서는 노조법 제81조와의 관계에서 부당노동행위에 해당된다고 볼 수 있을 것이다.

3 휴게시간 중의 정치활동

① 기업 내에서의 정치활동은 사내적 이해의 대립, 이데올로기의 반목을 초래하여 직장의 규율을 문란케 하고, 작업능률을 저하시키며, 노무제공에 지장을 가져오는 결과를 초래할 우려가 있기 때문에 원칙적으로 금지될 수 있으나 제반 사정에 비추어 기업질서를 문란하지 아니하는 특별한 사정이 있을 때에는 허용되는 경우도 있다. 다만, 취업규칙은 사용자까지도 구속하기 때문에 회사 측이 휴게시간 중에 근로자에게 정치활동을 하면서, 근로자 측의 정치활동만을 금지하는 것은 허용되지 아니한다.

② 취업시간 중에 아무 근거 없이 정치적 활동의 일환으로 기업내에서 선전문·신문 등을 배포하거나 서명운동을 하는 경우에는 기업시설의 관리와 근로자들의 자유로운 휴게시간의 이용을 방해함으로써 경영 전체의 작업능률을 저하시킬 수 있다는 점에서 징계사유가 될 수 있다(대법 1992.6.23, 92누4253). 직장규율 위반과 관련하여 사업장 내에서 전단, 유인물부착, 배포, 서명활동 등 정치활동의 규제가 문제되고 있다. 구체적으로는 근로자가 이러한 정치활동의 금지규정이나 허가제에 위반한 경우의 징계처분의 효력이 문제된다. 이 점에 있어서 추상적 위험설은 사업장 내 정치활동은 직장규율이나 시설관리를 방해하거나 종업원간의 대립을 초래하는 등 기업질서를 문란하게 할 우려가 있으므로 취업규칙에 의한 일반적 규제는 유효하다고 해석하는 견해와 구체적 위험설은 표현의 자유(헌법 제21조)나 휴게시간 자유이용의 원칙(근기법 제54조)을 중시하여 직장규율이나 시설관리에 지장을 발생할 수 있는 구체적 위험이 있는 경우에 이러한 규제를 적용해야 한다는 견해가 대립하고 있다. 판례는 추상적 위험설에 입각하고 있으나 다수설은 구체적 위험설에 입각하고 있다.

③ 정치활동이 기업질서를 문란하게 한다는 특별한 사정이 있는 경우 이외에는 함부로 규제할 수 없을 것이다. 특별한 사정을 당해 활동의 태양·목적·내용·경위 등에 비추어 실질적으로 판단하여 그러한 일이 없는 경우에는 함부로 직장규율 위반이라고 판단할 수 없을 것이다.

4 휴게시간 중의 종교활동 · 판매활동 · 휴게시간 중의 사고

1. 종교활동

종교활동도 직장내에서 행해지는 것이라면 근로자 상호간의 대립을 초래할 수 있으므로 정치활동과 마찬가지로 생각할 수 있다. 그러므로 휴게시간 중의 종교활동을 일률적으로 금지 내지 허가제로 하여 이 규제에 위반하는 경우에는 징계처분을 하는 것도 가능하다.

2. 판매활동

판매활동은 직장 내에서 행해지는 경우에 근로자 상호간에 금전 문제가 발생하고 그 결과 대립이 발생할 수 있다. 이런 의미에서 판매활동도 휴게시간 중의 판매활동의 허가제로 하여 이 규제를 위반할 경우에는 징계처분을 하는 것도 가능하다.

3. 휴게시간 중의 사고

휴게시간 중의 사고로 부상, 질병, 사망하는 경우 이것을 업무상 재해로 볼 수 있느냐의 문제이다. 산재보험법 제5조제1호는「'업무상의 재해' 란 업무상의 사유에 따른 근로자의 부상·질병·장해 또는 사망을 말한다」고 정의하고 있다. 다만 업무와 재해 사이에 상당 인과관계가 없는 경우에는 그러하지 아니하다(산재보험법 제37조제1항 단서). 산재보험법 제37조제1항제1호마목에 의하면「휴게시간 중 사업주의 지배관리하에 있다고 볼 수 있는 행위로 발생한 사고」를 업무상의 재해로 인정하고 있다.

제15장 근로시간 및 휴게시간의 특례

- 적법한 특례제도의 활용을 위하여 -

1 근로시간 및 휴게시간의 특례의 의의

근기법은 1주 40시간, 1일 8시간근로(근기법 제50조제1항) 및 근로시간이 4시간인 경우에는 30분 이상, 8시간인 경우에는 1시간 이상의 휴게시간을 근로시간 도중에 주도록 규정하고 있다(동법 제54조제1항). 근기법 제59조는 동법 제53조제1항은 당사자 간의 합의시 1주 12시간을 한도로 한 연장근로의 제한 및 동법 제54조의 휴게시간의 규제에 대한 예외를 인정한 것이다.

근기법 제59조에 의한 근로시간 및 휴게시간 특례제도란 사업의 성격 내지 업무의 특성을 감안할 때 연장근로 시간 및 휴게시간을 엄격하게 적용할 경우 공중생활의 불편을 초래할 수 있거나 사업 목적 달성이 어려운 사업에 대해 사용자는 근로자대표와 서면합의를 한 때에는 근기법상 연장근로 제한시간(주12시간)을 초과하여 연장근로를 하게 하거나, 휴게시간을 변경할 수 있는 것을 말한다(2015.8.20, 근로기준정책과-3842; 2014.1.3, 근로개선정책과-62). 이 특례제도는 연장근로의 한도를 적용받지 않으므로 근로자대표와 서면합의를 통해 제도를 도입한 경우 사실상 무제한적인 장시간 노동이 가능해 근로자의 건강과 안전은 물론 공중의 생명까지 위협하는 요인이 될 수 있다. 이에 따라 근로시간 및 휴게시간의 특례적용업종을 대폭 축소하고 특례제도를 도입한 경우에도 근로일 종료 후 다음 근로일 개시 전까지 최소 11시간의 연속 휴식시간 부여를 의무화하여 과도한 장시간 근로를 방지함으로써 근로자의 기본적인 근로조건을 보장하려는 것이다.

2 근로시간 및 휴게시간의 특례요건

1. 근로시간 및 휴게의 특례가 인정되는 사업

법 제59조【근로시간 및 휴게시간의 특례】 ①「통계법」제22조제1항에 따라 통계청장이 고시하는 산업에 관한 표준의 중분류 또는 소분류 중 다음 각 호의 어느 하나에 해당하는 사업에 대하여 사용자가 근로자대표와 서면으로 합의한 경우에는 제53조제1항에 따른 주(週) 12시간을 초과하여 연장근로를 하게 하거나 제54조에 따른 휴게시간을 변경할 수 있다.
1. 육상운송 및 파이프라인 운송업. 다만,「여객자동차 운수사업법」제3조제1항제1호에 따른 노선(路線)여객자동차운송사업은 제외한다.
2. 수상운송업
3. 항공운송업
4. 기타 운송관련 서비스업
5. 보건업

② 제1항의 경우 사용자는 근로일 종료 후 다음 근로일 개시 전까지 근로자에게 연속하여 11시간 이상의 휴식시간을 주어야 한다.

(1) 특례가 인정되는 사업

① 육상운송업 및 파이프라인 운송업(다만,「여객자동차 운수사업법」제3조제1항제1호에 따른 노선(路線)여객자동차운송사업은 제외한다.), ② 수상운송업, ③ 항공운송업, ④ 기타 운송관련 서비스업, ⑤ 보건업.

근로일 종료 후 다음 근로일 개시 전까지 최소 11시간의 연속휴식시간 부여를 의무화하여 과도한 장시간 근로를 방지함으로써 근로자의 기본적인 근로조건을 보장하려는 것이다.

종전에는 근로자대표와 서면합의를 하면 연장근로의 한도(1주 12시간)가 적용되지 않아 장시간 근로의 주요 원인으로 지적되어 온 특례업종이 기존 26개 업종에서 5개 업종으로 축소된다.

특례존치(5개)	특례제외(21개)
① 육상운송업(「여객자동차운수사업법」의 노선여객자동차운송사업제외), ② 수상운송업, ③ 항공운송업, ④ 기타운송관련 서비스업, ⑤ 보건업	① 보관 및 창고업, ② 자동차 및 부품판매업, ③ 도매 및 상품중개업, ④ 소매업, ⑤ 금융업, ⑥ 보험 및 연금업, ⑦ 금융 및 보험 관련 서비스업, ⑧ 우편업, ⑨ 전기통신업, ⑩ 교육서비스업, ⑪ 연구개발업, ⑫ 시장조사 및 여론조사업, ⑬ 광고업, ⑭ 숙박업, ⑮ 음식점 및 주점업, ⑯ 영상·오디오 기록물 제작 및 배급업, ⑰ 방송업, ⑱ 건물·산업설비 청소 및 방제서비스업, ⑲ 하수·폐수 및 분뇨처리업, ⑳ 사회복지서비스업, ㉑ 미용·욕탕 및 유사서비스업

(2) 특례 적용대상 사업에 대한 판단기준

① 근기법 제59조는 그 적용대상을 근로자 개개인의 업무와 관련된 내용이 아니라 사용자가 운영하는 사업의 내용과 관계되는 것이다(서울행법 2013.2.21, 2012고정4007). 동조에 해당되는 적용대상을 '사업' 으로 하고 있다.

② 근로시간 등의 특례적용 사업에 해당하는지 여부에 대하여는 기본적으로 통계법 제22조제1항에 따라 통계청장이 고시하는 사업에 관한 표준인 「한국표준산업분류」에 따른 산업의 정의 및 분류 등에 의하여 판단하고, 산업분류는 사업체에서 수행하는 주된 산업활동의 특성(산출물, 원재료, 제조공정 및 방법, 기능 및 용도, 제공하는 서비스 및 제공방법 등)에 따라 분류하여야 할 것이다(2015.8.20, 근로기준정책과-3842).

③ 하나의 사업에 수 개의 사업장이 있는 경우 각 사업의 조직·인사·회계·노무관리 등이 완전히 분리돼 독자적으로 사업 경영이 이뤄진다면 각 사업장별로 적용하되 그러한 독립성이 없으면 사업 전체를 적용단위로 보아야 한다(2011.1.27, 근로기준과-481).

3. 근로자대표와의 서면합의

(1) 서면합의에 개별근로자의 동의를 받아야 하는지 여부

특례 적용 사업에 해당되어야 할 뿐만 아니라 연장근로를 확대하거나, 휴게시간을 변경하기 위해서는 사용자는 근로자대표와 서면합의를 하여야 한다(서울행법 2013.2.21, 2012고정4007). 이 때 서면합의는 연장근로시간 및 휴게시간의 특례가 인정되기 위한 필요요건이지만 그 자체로서 해당 근로자의 근로의무가 당연히 발생하는 것은 아니므로 동조에 의한 연장근로를 실시하거나 휴게시간을 변경하기 위해서는 다시 해당 근로자의 동의를 받아야 한다는 견해(김유성, 「노동법 I」, p.167)가 있으나 이에 찬성할 수 없다. 근로자대표와의 서면합의는 근로시간의 틀을 정한 것이므로 사용자는 이 합의에 근거하여 업무상 필요에 따라 연장근로를 명할 수 있고, 근로자는 이 명령이 권리남용에 해당하거나 근로자에게 부득이한 사유가 없는 이상 이에 따를 의무(연장근로의무)가 있다고 보아야 할 것이다(임종률, 「노동법」, 17판, p.452).

(2) 소급합의의 유효성 여부 및 서면합의의 효력발생시기

사용자가 근로자대표와 서면합의하면서 이 합의를 소급적용한다고 규정할 경우 이의 유효성 여부이다. 공익적 사업의 근로시간 및 휴게시간 특례적용을 위한 근로자대표와의 서면합의는 특례제도 도입을 위한 절차적 필수요건이므로 서면합의 효력은 노사간에 합의한 이후부터 발생한 것으로 보아야 할 것이다(2015.8.20, 근로기준정책과-3842).

4. 연속 휴식시간 11시간 보장

개정 근기법상 존치되는 5개 특례 업종에 대해서도 근로일 종료 후 다음 근로일 개시 전까지 근로자에게 연속하여 11시간 이상의 휴식시간을 주어야 한다(근기법 제59조제2항). 연속휴식시간제란 근로시간의 길이 그 자체를 제한하는 전방규제형 방식이 아니라 근로자가 하루의 근로를 종료한 이후 다시 근로를 재개하기까지 최소한의 휴식시간을 보장함으로써 역으로 근로시간의 최대한도를 제한하는 후방규제형 근로시간 규제 방식이다. 근기법상 연속휴식제도는 EU지침 및 독일 근기법 및 청소년근로보호법 상 최소휴식제도(성인근로자는 최소한 11시간, 청소년은 12시간)에서 도입된 것이다. 이와 같은 보완장치 마련을 통해 장시간근로로부터 근로자의 휴식권과 건강권 확보가 가능하도록 하였다. 그러나 특례업종에 해당되더라도 특례제도를 도입하지 않으면 연속 11시간 휴식보장은 적용되지 않는다.

[참고] 연속휴식시간제 해석 기준(고용노동부)

1. 입법 취지 및 관련 규정

2018.3.20. 근기법 개정으로 근로시간 규정 적용이 제외되는 특례적용 업종이 26개에서 5개로 대폭 축소(제59조제1항)되고, 5개 특례적용 업종도 근로자의 휴식권 보장을 위해 특례적용을 받기로 하였다면 근로일 종료 후 다음 근로일 개시 전까지 11시간 이상의 연속휴식시간 부여하도록 의무화(제59조제2항)하였다.

2. 제59조제2항의 조문 해석

근기법 제59조(근로시간 및 휴게시간의 특례) ② 제1항의 경우 사용자는 근로일 종료 후 다음 근로일 개시 전까지 근로자에게 연속하여 11시간 이상의 휴식 시간을 주어야 한다.

(1) '제1항의 경우'에 해당

① 근로시간 특례유지 업종(5개)

동법 제59조의 근로시간 특례업종에 해당하는 사업장이어야 한다.

근로시간 특례업종 해당 여부는 통계청 고시 "한국표준산업분류표"를 기준으로 업종을 확인한다.

② 근로자 대표와의 서면합의

근로시간의 제한을 받지 않는 특례제도를 적용하려면 '근로자대표와 서면합의'가 있어야 한다. 특례업종에 해당되어도 특례를 적용받기로 한 서면합의가 없으면 근로시간 특례를 동비한 것이 아니다. 묵시적 동의나 관행 등이 있더라도 법상 특례제도 도입으로 볼 수 없고, 서면합의 이전으로 근로시간 특례효력이 소급되지 않는다.

③ 특례를 적용받기로 한 근로자만 해당

원칙적으로 근로자대표와 서면합의서에 도입하기로 명시된 근로자 모두에게 적용한다. 근로자 일부에게만 도입하는 경우에는 적용 대상 직종·부서 등을 알 수 있도록 명확히 규정해야 한다.

다만, 실제 법 적용에 있어서는 근무의 계획상 연장근로가 주 12시간을 초과하도록 수립되어 있거나, 실제 연장근로가 주 12시간을 초과할 경우에 11시간 이상의 휴식 시간을 부여하여야 한다. 만약 특례적용에 합의하였더라도 연장근로시간이 주 12시간을 초과하지 않았다면 연속휴식시간 규정이 적용되지 않는다.

특례제도 적용 대상이 아닌 근로자는 연속휴식시간 의무가 없다.

(2) '근로일 종료 후 다음 근로일 개시 전'까지 사이에 부여

① 「근로일 종료」란 '해당 근로일의 근로가 종료된 때'를 의미한다.

해당 근로일의 근로가 이어져 다음날로 넘어가더라도 계속된 근로는 해당 근로가 종료될 때까지는 해당 근로일의 근로로 보아야 한다. 다만, '해당 근로일의 근로'가 다음 날 소정근로시간대까지 계속되는 경우에는 다음 날 시업 시각 이후의 근로는 '해당 근로일 근로'의 연장으로는 볼 수 없다.

② 「다음 근로일 개시」는 '해당 근로일의 종료 후 익일 소정근로의무를 이행하기 위해 근무를 시작한 때'로 봄이 타당하다. 해당 근로일 종료 후 익일 근로 시작전에 발생한 일시 근로는 원칙적으로 해당 근로일의 근로로 보되, 일시근로를 위해 출근한 시각, 출근사유 등의 사실관계를 종합하여 개별 사례별로 판단한다.

③ 근로자가 연속휴식시간 11시간 내에 출근한 경우, 사용자는 명시적으로 노무수령을 거부하고 근로자에게 휴식을 부여하여야 한다.

(3) '연속 11시간 이상' 부여

'연속'은 끊이지 않고 이어지는 것을 말하므로, 휴식시간 도중에 사용자가 일시근로를 시켰다면 휴식이 단절되어 연속된 것으로 볼 수 없으므로 일시 근로가 종료된 이후 다시 기산하여 11시간 이상을 연속하여 휴식을 부여해야 한다.

3. 행정지도 및 근로감독 방향

① 행정지도: 근무의 계획상 연장근로가 주 12시간을 초과하도록 수립되어 있거나, 실제 연장근로가 주 12시간을 초과한 근로자를 대상으로 한정하여 연속휴가시간 규정을 적용하도록 지도한다. 사업장 방문 및 감독 시 특례도입 서면 합의 내용을 확인하여, 불필요하게 특례적용을 받고 있는 직종이 있는 경우에는 특례적용 최소화의 취지에 따라 특례적용 대상에서 제외하도록 지도한다.

② 근로감독: 근무의 계획상 연장근로가 주 12시간을 초과하도록 수립되어 있거나, 실제 연장근로가 주 12시간을 초과하였음에도 연속휴식시간을 부여하지 않은 사업장의 경우 연속휴식시간을 부여하는 근로의 계획을 세우도록 시정지시하고, 이에 따르지 않을 경우 처벌한다.

5. 근로시간 및 휴게시간의 특례를 받은 사업의 구체적 사례

① 철도공사는 운수업에 해당한다는 사례(2004.1.9, 근로기준과-228)

② 응급의료정보센터는 의료 및 위생사업에 해당한다는 사례(2011.1.27, 근로기준과-481)

③ 항공기 청소 서비스, 항공화물 하역 등 운송관련 서비스업은 운송업에 해당한다는 사례(2014.1.3, 근로개선정책과-62)

④ 대한적십자혈액원은 의료 및 위생사업에 해당한다는 사례(2015.8.20, 근로기준정책과-3842) 등이 있다.

3 근로시간 및 휴게시간의 특례 효과

1. 특례연장근로 허용 및 가산임금의 지급 여부

근기법 제59조가 적용되면 사용자는 동법 제53조제1항에 따른 주 12시간을 초과하여 근로자를 연장근로하게 할 수 있다. 다만, 이 경우에도 1주 12시간의 통상연장근로시간뿐만 아니라 이를 초과하는 특례사업연장근로시간에 대하여도 연장근로시간에 대해서는 당연히 근기법 제56조가 적용되므로 가산임금이 지급되어야 한다.

2. 노사간의 서면합의로 휴게시간을 축소·폐지할 수 있는지 여부

운수업 등 특례업종에서 휴게시간을 변경할 수 있도록 한 것은 휴게시간의 최저기준은 유지하되 공중의 편의 또는 근로자의 업무특성을 고려해 휴게시간의 간격이나 시간대를 변경할 수 있다는 제한적인 의미로 이해해야 하며 이를 벗어나 휴게시간을 법률에서 정한 기준보다 줄이거나 전혀 주지 않도록 변경할 수 있다는 의미는 아니다(법제처 2015.3.27, 안건번호 15-0068).

3. 근기법 제59조의 법정 요건을 갖추지 못한 경우의 법적 효력

근기법 제59조제1항을 위반하여 휴게시간을 줄이거나 주 12시간을 초과하는 연장근로를 약속하는 것은 효력이 없고 휴게에 관한 근기법 제54조를 위반하거나 연장근로 제한에 관한 근기법 제53조를 위반하면 해당 법조항 위반 시의 벌칙에 처한다. 그러나 근기법 제59조제2항을 위반하여 근로일간 휴식시간을 연속 11시간 보장하지 못한 경우에는 벌칙(2년 이하 징역 또는 2천만원 이하 벌금)이 부과된다(근기법 제110조제1호).

4 근로시간 및 휴게시간 특례 노사합의 모델

근로시간 및 휴게시간의 특례가 적용되는 사업에 있어서 연장근로를 확대하거나, 휴게시간을 변경하기 위해서 사용자는 근로자대표와 서면합의를 하여야 한다. 이 경우 서면합의는 연장근로시간 및 휴게시간의 특례가 실시될 수 있는 효력요건이다.

〈근로시간 및 휴게특례 노사합의모델〉

주식회사 ○○ 대표이사_____와 ○○노동조합위원장_____은 취업규칙 제00조에 기초하여 근로자에 대하여 근로시간 및 휴게의 특례에 관하여 다음과 같이 합의한다.

제1조【대상의 범위】 이 합의서는 항공운송업에 종사하는 근로자에게 적용한다.

제2조【연장근로시간의 산정】 제1조에서 정한 직원의 연장근로시간은 취업규칙 제00조에 불구하고 1일 0시간으로 한다.

제3조【연속휴식시간의 보장】 특례적용 근로자에 대해서는 근로일 종료 후 다음 근로일 개시 전까지 근로자에게 연속하여 11시간 이상의 휴식시간을 주어야 한다.

제4조【휴게시간 변경】 특례적용 근로자의 휴게시간은 취업규칙 제00조에 불구하고 해당 노사간의 협의로 변경할 수 있다.

제5조【연장·휴일 및 야간근로】 ① 특례적용 근로자가 연장·휴일 또는 야간(22:00~06:00)에 업무를 행하는 경우에는 미리 소속 부서장의 승인을 받아야 한다.

② 제1항에 따른 승인을 받고 연장·휴일 또는 야간에 업무를 행한 경우는 회사는 취업규칙이 정한 바에 따라 가산수당을 지급한다.

제6조【근태관리】 ① 특례적용근로자는 출근 및 퇴근시 소정의 타임카드를 이용하여야 한다.

② 휴가·결근에 관한 절차는 취업규칙이 정한 바에 따른다.

제7조【시행일】 이 합의서의 유효기간은 2020년 1월 1일부터 1년간으로 하되 유효기간 만료 1개월 전까지 개정관련 별도 의견이 없는 경우 그 후 1년간 자동갱신되는 것으로 하며, 그 이후에도 또한 같다.

2020년 1월 1일

대표이사 (인) 근로자대표 (인)

5 근로시간 및 휴게시간 특례에 관한 Q&A

Q1 상시 근로자 300인 이상 사업장 중 근로시간 특례업종에서 제외되는 21개 업종은 주 52시간이 2019.7.1부터 적용된다고 알고 있다. 특례 제외 21개 업종에 해당하나 특례제도를 도입하지 않은 사업장도 2019.7.1부터 52시간을 적용받는가?

개정 근기법 부칙 제1조제2항제1호는 「제59조의 개정규정에 따라 근로시간 및 휴게시간의 특례를 적용받지 않게 되는 업종의 경우 2019년 7월 1일」이라고 규정하고 있으므로, 상시 근로자 300인 이상이면서 특례제외 업종 21개에 해당하면 실제 특례제도를 도입하고 있었는지 여부와 관계없이 1주 최대 52시간 근로는 2019.7.1부터 적용된다(법제처 2018.10.1, 안건번호 법제처 18-0408). 그 이유는 다음과 같다.

① 먼저 법의 해석에 있어서는 법령에 사용된 문언의 의미에 충실하게 해석하는 것을 원칙으로 하고 법령의 문언 자체가 비교적 명확한 개념으로 구성되어 있다면 다른 해석방법은 제한될 수밖에 없다(대법 2009.4.23, 2006다81035).

② 그런데 개정 근기법 부칙 제1조제2항제1호에서는 같은 법 제59조 개정규정에 따라 근로시간의 특례를 적용받지 않게 된 업종에 대해 같은 법 제2조제1항의 개정규정을 2019년 7월 1일부터 시행하도록 규정하여 그 "업종의 종류"를 기준으로 시행일을 적용하고 있을 뿐이고, 해당 업종의 사업장이 개정 근기법 시행 전에 실제로 연장근로시간 한도를 초과해서 근로하고 있던 경우만 한정해 2019년 7월 1일부터 시행한다거나 반대로 연장근로시간 한도의 특례를 적용하지 않은 사업장에 대해서는 구 근기법 제59조에 따른 특례업종이 아닌 업종(이하 "일반업종"이라 함)의 사업장과 동일하게 2018년 7월 1일부터 시행한다는 예외규정을 두고 있지 않으므로 구 근기법에 따른 연장근로한도 특례 적용대상 업종의 경우 실제 특례를 적용하였는지 여부와 상관없이 개정 근기법의 시행일을 적용해야 함이 문언상 명백하다.

③ 한편 개정 근기법 부칙 제1조제2항에서는 1주 최대 근로시간 단축으로 인한

중소기업의 경영상 부담 등을 고려하여 같은 법 제2조제1항 개정규정의 시행일을 사업(장) 규모별로 달리 정하고 있는데(의안번호 제2000028호로 발의된 근기법 일부개정법률안 검토보고서 등 참조), 이 사안의 사업장은 일반업종과 비교할 때 개정 근기법 제2조제1항 개정규정의 시행에 따른 기업 부담 등의 영향이 다르지 않으므로 일반업종에 적용하는 시행일인 2018년 7월 1일을 이 사안의 사업장에도 동일하게 적용하는 것이 개정 근기법의 입법 취지에 부합한다는 의견이 있다.

그러나 개정 근기법 부칙 제1조제2항의 시행일 규정은 사업(장)의 "규모" 및 "업종"을 기준으로 일률적으로 구분하고 있을 뿐이므로 그 업종이 실제로 구 근기법 제59조에 따라 특례를 적용하고 있었는지 여부를 따져서 개정 근기법 제2조제1항 개정규정의 시행이 개별 사업장에 미치는 실질적인 부담 여부 등까지 고려해 시행일을 정한 것으로 유추·확대해석하는 것은 타당하지 않기 때문이다.

Q2 상시 근로자 300이상이면서 특례업종에서 제외되는 업종의 사업장은 2019.6.30까지 근로시간 특례가 유지된다는 의미인가?

개정 근기법 제59조에 따라 사업장 규모와 관계없이 특례 유지업종 5개를 제외하고는 2018.7.1부터 특례업종에서 제외된다. 그러나, 주 52시간 단축과 관련해서는 개정법 부칙에서 특례제외업종의 경우 300인 이상이라 하더라도 2018.7.1이 아니라 2019.7.1부터 적용토록 하고 있다.

따라서, 21개 업종 중 300인 이상 사업장은 2018.7.1부터 2019.6.30까지 1주 최대 68시간(또는 60시간)까지 근로는 가능하고, 2019.7.1부터 1주 52시간이 적용된다. 즉, 2019.6.30까지 근로시간이 무제한 허용되는 근로시간 특례가 유지된다는 의미는 아니다.

〈주 최대 근로시간〉

시기 업종 및 규모		2018.6.30	2018.7.1~ 2019.6.30	2019.7.1~ 2019.12.31	2020.1.1~ 2021.6.30	2021.7.1~
특례 제외 21개	300인 이상	제한없음	68시간 (60시간)	52시간	52시간	52시간
	50~299인	제한없음	68시간 (60시간)	68시간 (60시간)	52시간	52시간
	5~49인	제한없음	68시간 (60시간)	68시간 (60시간)	68시간 (60시간)	52시간
특례유지 5개		제한없음	제한없음	제한없음	제한없음	제한없음

Q3 하나의 사업에 특례업종과 아닌 업종(근로시간 적용 업종)을 같이 수행하는 경우, 특례업종에 해당하는지는 어떻게 판단하는가?

하나의 사업장에 특례업종을 포함하여 여러 업종이 혼재되어 있는 경우라면 '주된 업종'에 따라 적용 여부를 결정한다. 주된 업종은 사업의 목적과 주된 사업영역이 무엇인지에 따라 판단하되, 직종별 근로자수, 분야별 매출액 등을 종합적으로 고려하여야 한다.

예컨대 일부는 '화물운송업'(유지업종)에 해당하지만 대다수 근로자 분포나 매출액, 사업목적 등을 고려할 때 주된 업종이 '도매업'(제외업종)이라면 해당 사업장은 근로시간 특례를 적용할 수 없다.

Q4 근로시간 특례를 적용할 수 있는 기준은 사업장의 업종 기준인지, 아니면 근로자의 담당업무 기준인가?

근기법 제59조는 일부 '사업'에 대하여 근로시간 및 휴게시간의 특례를 규정하고 있고, 근로자 직무별로 적용 여부를 규정하고 있지 아니하므로 근기법 제59조 각 호의 하나에 해당하는 사업은 근로자의 직무에 관계 없이 소속 근로자 전체를 대상으로 특례규정이 적용 가능하다. 또한, 근로자대표와의 서면합의를 통하여 일부 직무의 근로자만 적용하는 것도 가능하다.

(사례) 수상운송업 사업장에서 직접 운송 업무에 종사하지 않는 사무직 근로자에게 특례 적용하지 않을 수 있는지 여부

주된 사업이 수상운송업인 경우 그 사업장 전체 근로자가 특례 적용대상이 되나, 근로자대표와 서면합의를 통하여 운송종사자만을 대상으로 근로시간 특례를 적용하고, 사무직 근로자는 특례를 적용하지 않을 수 있다.

Q5 사업장이 제59조의 근로시간 특례에 해당하는 업종인지 어떻게 알 수 있는가?

해당 사업장의 주된 업종이 통계청 고시 "한국표준산업분류표"를 기준으로 어느 업종에 해당하는지 확인하여야 한다.

* 사업자 등록증 예시: 업태 (기타 운송관련 서비스업), 종목 (선박 임대)

* 통계청: https://kssc.kostat.go.kr (통계분류포털) → 경제부문 → 한국표준산업분류 → 분류검색 → 검색(종목 등을 입력)

중분류		소분류		세분류	세세분류
코드	업종명	코드	업종명		
37	하수, 폐수및분뇨처리업			2개	4개
45	자동차및부품판매업			5개	9개
46	도매및상품중개업			26개	96개
47	소매업			30개	79개
49	육상운송업			6개	17개
50	수상운송업			4개	8개
51	항공운송업			2개	2개
		521	보관및창고업	1개	5개
		529	기타운송관련서비스업	5개	16개
55	숙박업			2개	7개
56	음식점및주점업			7개	22개
59	영상·오디오제작및배급업			5개	10개
60	방송업			3개	5개
		611	우편업	1개	1개

중분류		소분류		세분류	세세분류
코드	업종명	코드	업종명		
		612	전기통신업	3개	4개
64	금융업			6개	14개
65	보험및연금업			5개	9개
66	금융및보험관련서비스업			4개	9개
70	연구개발업			4개	9개
		713	광고업	2개	5개
		714	시장조사및여론사업	1개	1개
		742	건물·산업설비청소방제업	2개	3개
85	교육서비스업			17개	33개
86	보건업			4개	13개
87	사회복지서비스업			5개	12개
		961	미용·욕탕및유사서비스업	2개	7개
18개		8개		154개	400개

* 음영은 특례 유지 업종임

Q6 근로시간 특례 도입 사업장은 '근로일 종료 후 다음 근로일 개시 전' 연속하여 11시간 이상의 휴식 시간을 주어야 하는데 '근로일 종료'는 어떻게 판단하는가?

연속휴식시간 부여의 취지가 근로와 다음 근로 사이에 최소한의 휴식권을 보장하기 위한 것임을 고려할 때, 11시간 연속 휴식시간 부여 시 '근로일 종료' 란 '해당 근로일의 근로가 종료된 때' 를 의미하는 것으로 해석하는 것이 타당하다.

현행 행정해석도 1일의 근로가 익일로 넘어가더라도, 다음날의 근무 개시 시간 전까지는 당일의 연장근로로 보는 등 근로일을 역일에 의한 24시간으로 해석하지 않고 있다. 만약 근로일을 역일에 의한 24시간(00:00부터 24:00까지)으로 보고, 근로일 종료를 24:00로 해석한다면 다음 근로일 개시는 00:00이 되고, 이는 근로일 종료와 다음 근로일 개시가 같은 시점을 의미하므로 그 사이에 연속 휴식시간을 부여할 수 있는 시간이 없게 된다. 따라서 근로자대표와 서면합의를 통해 특례제도를 도입한 경우 해당 근로일의 근로가 종료된 때부터 다음 근로일의 근무개시 시간 전까지 11시간의 연속휴식시간을 부여하면 된다.

(예시) 근로시간 특례를 도입한 사업장의 교대제 근로자가 4.1. 새벽 02:00에 퇴근하였다면, 같은 날 13:00까지 휴식시간을 부여하여야 한다.

Q7 특례 유지 업종은 모두 11시간 연속 휴식시간을 부여해야 하는가?

근기법 제59조제2항의 연속 11시간 휴식 부여는 근로자대표와 서면합의로 적법하게 근로시간 특례를 도입한 사업장의 근로자에게 2018.9.1부터 적용된다.

따라서 특례업종 사업장이더라도 특례제도를 도입하지 않았다면 연속 11시간의 휴식시간을 주어야 하는 것은 아니다.

(예시1) 항공운송업 사업장으로 근로시간 특례 유지 업종에 해당하지만 특례는 도입하지 않은 경우에도 근로자에게 연속 11시간 휴식을 주어야 하는지 여부 ☞ 근로시간 특례를 도입한 경우에는 전 근로자에게 연속 11시간 휴식시간을 주어야 특례를 도입하지 않은 경우에는 연속 11시간 휴식부여가 적용되지 않음 (1주 최대 52시간이 적용)

(예시2) 수상운송업 사업장에서 근로자대표와 서면합의로 '운전직'만 특례를 도입한 경우 사무직도 연속 11시간 휴식을 주어야 하는지 여부 ☞ 운전직만 특례를 도입한 경우 운전직은 연속 11시간 휴식을 주어야 하지만, 특례를 도입하지 않은 사무직은 연속 휴식부여가 적용되지 않음 (사무직 등은 1주 최대 52시간 적용)

Q8 특례 유지 업종 5개에 해당하는 사업장이며, 2018.7.1 전부터 특례를 도입하고 있다. 2018.9.1 이후에 연속휴식 보장이 추가되었는데 근로시간 특례를 계속 적용하려면 근로자대표와 서면 합의를 다시 해야 하는가?

근기법 제59조제2항에 따른 연속 11시간 이상 휴식 부여는 근로시간 특례적용 근로자의 휴식권을 보장하기 위하여 사업주에게 부여된 의무이다. 법 개정 이전에 근로자대표와 서면 합의를 통해 근로시간 특례를 적용하고 있었다면 법 개정을 이유로 다시 합의할 필요는 없다. 다만, 취업규칙을 변경하는 경우에는 변경 절차를 준수하여야 한다.

Q9 1주 52시간 시행시기가 2018.7.1인 공공기관이지만, 근로시간 특례 제외 업종에 해당할 경우 1주 52시간이 적용되는 시기는 언제인가?

표준산업분류표상 국가, 공공기관의 업종 중 규제와 집행 사무를 수행하는 기관은 공공행정 기관에 해당하나, 특정 산업 활동을 수행하는 정부기관은 특정 산업에 따르도록 한다.

일반 행정에 관한 규제와 집행 사무를 제외한 운수, 통신, 교육, 보건, 제조, 유통 및 금융 등의 특정 사업을 운영하는 정부기관은 그 산업 활동에 따라 해당 특정 산업에 각각 분류(표준산업분류표 해설서, 공공 행정 등)된다. 따라서 공공기관 중 특례에서 제외되는 21개 업종에 해당하는 교육, 금융 등의 기관은 2019.7.1에 주 52시간이 적용된다(근기법 부칙 제2조제1항제7호).

따라서, 2018.7.1~2019.6.30까지는 주 최대 68시간(또는 60시간)이 적용된다.

제5부

연장근로 · 휴일의 취급방법

- 제16장 연장근로를 둘러싼 문제
- 제17장 휴일을 둘러싼 문제
- 제18장 휴일대체 · 대휴를 둘러싼 문제
- 제19장 근로시간, 휴게, 휴일의 적용제외자를 둘러싼 문제

제16장 연장근로를 둘러싼 문제

- 연장근로의 올바른 취급을 위하여 -

1 연장근로의 의의

1. 연장근로의 의의

근기법이 규제하는 연장근로란 1주 40시간 또는 1일 8시간을 초과하는 근로를 말한다. 이것을 「법정시간외근로」라고 한다. 이에 대하여 근로계약상의 소정근로시간을 초과하는 근로를 「법내초과근로」 또는 「소정시간외근로」라고 한다. 예컨대 업무시작·종료시각이 오전 9시~오후 5시(휴게시간 오후 12시~오후 1시)로 정한 회사는 오후 5시~오후 6시의 근로를 「법내초과근로」 또는 「소정시간외근로」라고 하고, 오후 6시 이후의 근로를 「연장근로」 또는 「법정시간외근로」라고 한다. 일반적으로 연장근로라고 할 때 그 의미가 반드시 명백·확실한 것은 아니다. 행정해석에서 말하는 연장근로는 그 의미가 명백·확실하여 근기법에서 규정하는 법정근로시간을 초과하는 연장근로로서 실근로시간을 의미한다.

그러나 일반기업에서 연장근로라고 말할 경우에는 반드시 근기법상의 연장근로만을 말하는 것은 아니다. 그 기업에서 정한 근로시간을 초과하는 근로, 즉 소정근로시간을 초과하는 근로까지도 연장근로라고 할 때가 있으며 또는 실근로시간이 아닌 개인적인 사적외출까지도 사용자의 승인이 있는 것을 포함하는 등 근기법상의 연장근로와는 그 개념을 달리한다.

그러므로 근기법상의 「법정연장근로」와 기업에서 정한 취업규칙·단체협약상의 소정근로시간을 초과할 때의 「법내초과근로」와는 구별되어야 한다. 후자인 법내초과근로(소정근로시간을 초과하더라도 법정근로시간을 초과하지 아니한 경우)를 이른바

「법내초과근로」 또는 「법내잔업」등으로 부른다.

이점을 명백히 하기 위하여 다음과 같이 도시한다.

[그림 17-1] 법정연장근로와 법내초과근로(1일 단위의 경우)

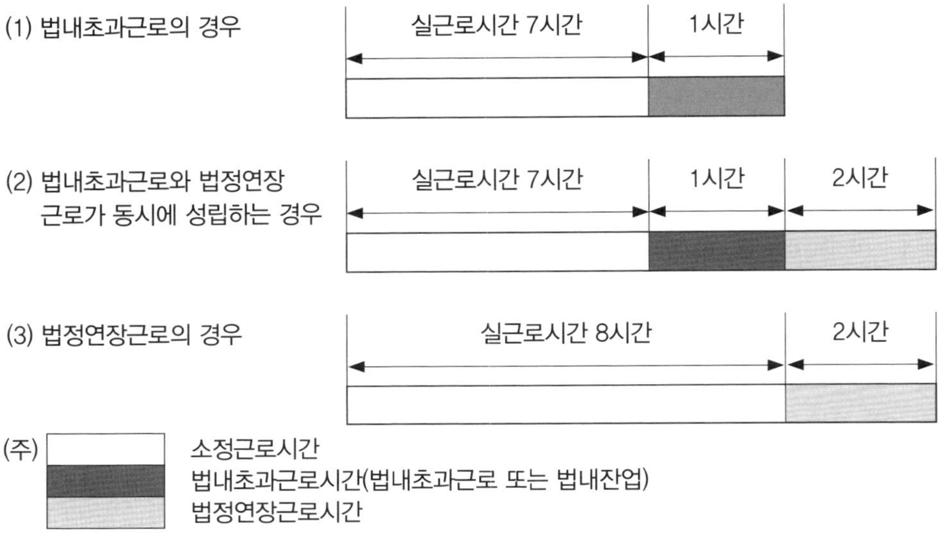

2. 사적인 용무로 인한 외출시의 연장근로

근기법은 형식근로시간주의를 채택하지 아니하고 실질근로시간주의를 채택하고 있다. 법정연장근로가 성립하기 위해서는 소정근로시간 중의 사용외출시간이나 조합활동시간 또는 쟁의행위시간(임금의 지급 여부를 불문한다. 지급하더라도 경비원조로서의 부당노동행위로 취급되지 아니한다. 노조법 제81조제4호 단서) 등 실제로 사용자의 지휘·감독 아래 있지 않는 시간이 있을 때에는 이 시간을 제외하고 근로시간을 산정하여 그것이 전술한 법정근로시간으로서 1일 8시간을 초과하는 경우라야 한다.

한편, 법내초과근로는 어떤 경우에 그것이 성립하는지를 회사가 독자적으로 정할 수 있으므로 전적으로 이에 따라 산정하여도 된다(다만, 법률상 근로시간에 해당되는 것은 모두 산입하여야 한다). 따라서 근로시간 중에 사적인 용무로 행한 외출, 조합활동, 단체교섭이 있었을 때에는 그 시간 수를 소정근로시간 수에 산입한다는 규정이 있거나 허가를 얻어 사용 외출한 시간을 근로한 것으로 통산한다는 등의 사내 규정이 있는 경우 또는 관행상 산입하고 있는 경우 등의 회사내 취급에 따라 법정 연장근로의 취급은 각각 다른 것이다. 이 관계를 도시하면 다음과 같다.

[그림 17-2] 사용외출 등이 있는 경우의 연장근로의 성립여부(1일 단위의 경우)

① 법내초과근로는 성립하지만 법정연장근로는 성립하지 아니한 경우

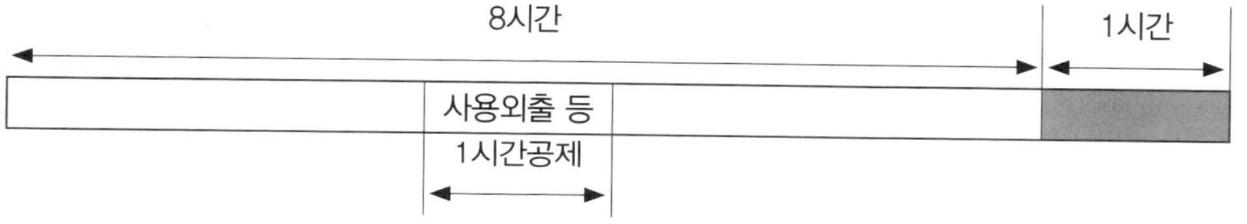

법정근로시간 = 9시간 − 1시간 = 8시간
소정근로시간 = 8시간 + 1시간 = 9시간
〈비고〉 사용외출 등의 시간을 사용자가 근로한 것으로 보지 아니한 경우

② 법내초과근로와 법정연장근로가 성립하는 경우

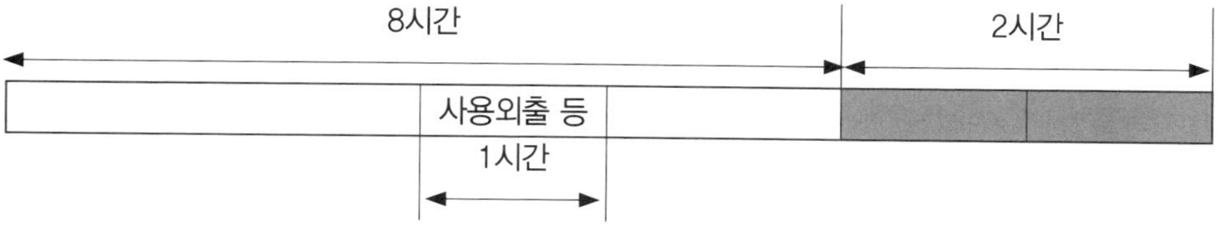

법정근로시간 = 10시간 − 1시간 = 9시간
소정근로시간 = 8시간 + 2시간 = 10시간

(주) □ 소정근로시간
■ 초과근로시간

2 연장근로의 적법요건

1. 연장근로의 적법요건

사용자가 근로자에 대하여 연장근로를 업무명령으로서 명령할 경우에 그 연장근로명령이 적법하기 위해서는 ① 법률로서 허용되어 있을 것, ② 명령받은 근로자로서는 그 근로가 의무적인 것일 것 등의 두 요건이 필요하며 ①의 요건은 형사법(근기법)상의 요건이라 하며, ②의 요건은 민사법(사법)상의 요건이라 한다.

그리고 어떠한 경우에 위 요건의 충족이 필요한가를 1일 단위의 근로시간에 관하여 구체적으로 말하면 다음과 같다.

① **1일의 소정근로시간이 8시간 미만인 경우에 1일 8시간이 될 때까지의 소정연장근로를 시킬 때**: 이 경우에는 민사법상의 요건만 충족하면 된다. 무엇이 민사법상의 충족요건인가는 "3"을 참조할 것

② **1일 소정근로시간이 8시간 미만인 경우에도, 1일 8시간을 초과하여 또는 1주 40시간을 초과하는 연장근로를 시킬 때**: 이 경우에는 민사법상의 요건과 형사법상의 요건(근기법상의 요건)의 양쪽 요건을 충족해야 한다. 무엇이 근기법상의 요건인지는 "2"를 참조할 것

③ **1일 소정근로시간이 8시간으로 그 시간을 초과하여 근로시킬 때**: 위의 ②의 경우와 마찬가지로 민사법상의 요건, 근기법상의 요건, 양쪽의 충족이 필요하다.

위에서 서술한 것을 다음과 같이 간단하게 나타낼 수 있다.

- 소정연장근로의 적법요건 = 민사법(사법)상 요건
- 법정연장근로의 적법요건 = 민사법상 요건 + 형사법(근기법)상 요건

2. 연장근로가 허용되는 공법(근기법)상의 요건

근기법은 근로시간에 대하여 이른바 주 52시간 근로제의 원칙을 규정하고 있다. 또한 휴일은 주휴제의 원칙을 정하여 주1회의 유급휴일을 부여하여야 하며 이를 위반하는 연장근로를 금지하고 있다.

그러나 사업장에서는 이와 같은 주 52시간 근로의 원칙에 의해서는 아무래도 실시할 수 없는 임시적·돌발적인 근로가 생기는 것을 부정할 수 없다.

그러므로 근기법은 연장근로를 일정의 경우에만 허용하는 것으로서 본래는 금지된 근로이며 위반하면 형사벌이 과해지는 것이지만, 그것을 근로자의 건강과 복지에 유해하지 않는 범위 내에서 허용하는 것으로 하여 일정의 요건을 충족한 경우에는 형사상의 면책을 주어 공법(근기법)상 적법한 근로로서 용인하고 있다.

임시적·예외적으로 허용된 근기법상의 연장근로의 적법성의 요건은 다음과 같다.

① **당사자간의 합의에 따른 경우**: 원칙적으로 사용자와 개별근로자간의 개별적 합의가 있어야 하나 그 사업장의 근로자의 과반수로 조직하는 노동조합이 있는 경우에는 그 조합, 없는 경우에는 과반수 근로자대표자와 사용자 사이에 서면에 의한 협정도 단체협약에 준하여 허용된다고 해석된다.

② **특별사유 등의 경우**: 재해, 그 밖에 불가피한 사유가 발생하여 그 때문에 근로시간을 연장할 필요가 있을 경우에는 사전에 고용노동부장관의 인가(사태급박시는 사후에 승인)를 받은 경우(법 제53조제4항)와 근로자의 동의를 받은 경우의 두 가지 경우에 한해서 또한 각기의 소정요건을 충족한 경우에만 비로소 인정되는 것이다. 더욱 위의 어느 경우에도 50퍼센트 이상의 가산임금의 지급이 필요하며(법 제56조) 또 임산부, 연소자(만 18세 미만)에 대하여는 특별한 제한이 과해져 있다(근기법 제70조·제71조).

3. 연장 근로가 허용되는 사법(민사법)상의 요건

연장근로가 적법으로 허용되는 제2의 요건은 사법(민사법)상의 요건이다. 아무리 공법상 인정되는 근로라 하더라도 근로자가 그와 같은 연장근로의 의무를 지고 있지 않다면 사용자는 근로자에게 이를 업무상으로 명령할 수는 없다. 그러므로 어떠한 경우에 근로자가 연장근로의무를 지게 되는가라는 점에 관하여 다음과 같은 세 가지 설이 있다.

(1) 취업규칙만으로 가능하다는 견해

취업규칙이나 단체협약은 근로계약의 내용을 이룬 것이며, 취업규칙에 「회사는 업무사정에 따라 근로자에게 연장근로를 명하는 일이 있다」라는 규정이 있으면, 이에 의거 근로자를 구속하게 되는 것이므로 취업규칙에 정한 연장근로의무가 구체화되고 개개의 근로자는 이에 구속되어 구체적인 연장근로의무를 지게 된다는 것이다.

(2) 근로자 본인의 동의를 요하나 근로자가 정당한 이유없이 이를 거부할 수 없다는 견해

이 설은 연장근로를 해야 할 일시가 이미 몇월 몇일 또는 매주 수요일이라는 식으로 근로계약 등에서 규정된 경우라면 별도이나 단순히 「업무사정으로 연장근로를 명할 수 있다」는 형식의 일반적·개괄적 연장근로규정에 그치고 있는 경우에는 그에 따른 사용자의 연장근로 명령에 절대적인 효력을 인정할 수 없다. 왜냐하면 일반적·개괄적 연장근로 명령은 근로자의 행동계획이나 생활설계를 파괴하는 것 같은 불이익을 강요하는 것이 되므로 이는 부당하다 할 것이고 근로자는 일단 사용자의 연장근로 업무명령을 거부할 수 있는 자유를 가지고 있다고 할 것이다.

그러나 그 거부의 자유도 절대적인 것은 아니다. 사용자가 업무상 긴급한 필요에서 연장근로를 명한 경우에 근로자가 취업시간 후 특별한 예정이 없고 연장근로를 하더라도 자기 생활에 거의 불이익을 받을 사유가 없는데도, 연장근로를 거부하는 것은 이른바 권리남용이며 위법으로서 허용되지 않는 것이다.

(3) 근로자 본인의 동의가 없으면 불가능하다는 견해

이 설은 연장근로에 대하여 단체협약·취업규칙·근로계약 등 어떠한 형식을 가지고 결정하더라도 근로자에게 그 의무를 발생하게 할 수는 없다. 다만, 사용자로부터 구체적인 일시, 장소 등을 지정하여 연장근로에 종사해달라는 요청이 있는 경우에 개개의 근로자가 자유의사에 따라 개별적인 명시, 혹은 묵시의 합의를 했다면 그로 인해 근로자의 이익이 침해되는 것이 아니므로, 그 경우에 한하여 사법상의 근로의무가 발생한다고 할 것이다(그렇다면 실무상 어떻게 취급해야 하는가의 문제가 있다). 그러나 이들 사법상의 요건은 근로자가 연장근로명령에 따르지 않을 때, 업무명령 위반으로서 징계처분을 할 수 있는가 어떤가 하는 경우에 문제가 되는 것으로서 이와 같은 요건을 충족하지 않은 근로라고 하여도 근기법상 위법이 되는 것은 아니다. 즉, 근기법은 「의무없는 근로」를 금지하는 것이 아니고 어디까지나 "1일 8시간을 초과하는 근로"를 금지하여 그의 위반에는 형벌을 과하고 있다.

3 연장근로에 대한 당사자 간의 합의 방법

1. 연장근로의 의의 및 유형

연장근로란 근기법이 정하고 있는 법정기준시간 또는 변형기준시간을 초과하는 근로를 말한다. 근기법이 정하고 있는 연장근로의 유형에는 업무의 일시적 증가와 같이 사업운영상 통상적으로 예상할 수 있는 상황에서 인정되는 연장근로(통상연장근로), 30명 미만 사업장에 한시적으로 적용되는 특례(특례연장근로), 자연재해 그 밖에 특별한 사정이 있는 경우에 인정되는 연장근로(특별연장근로) 및 운수업 등 법정사업의 경우에 특례적으로 인정되는 연장근로(특례사업연장근로)가 있다.

한편 유해 또는 위험한 작업에 종사하는 근로자와 임신 중인 여성의 경우 연장근로가 금지되며, 18세 미만의 연소자나 출산 후 1년이 경과하지 않은 여성에 대해서는 특칙이 있다. 한편, 연장근로 등 근로자의 건강에 특히 유해할 수 있는 근로에 대한 가산임금제가 규정되어 있다. 즉, 사용자는 연장근로에 대해서는 통상임금의 50% 이상을 가산한 임금을 지급하여야 한다(근기법 제56조).

2. 당사자간 합의의 의의

근기법 제53조제1항의 「당사자간의 합의」란 원칙적으로 사용자와 근로자의 합의를 의미하고, 개별 근로자의 연장근로에 대한 합의권을 박탈하거나 제한하지 아니하는 범위 내에서는 단체협약에 의한 합의도 가능하다(대법 1993.12.21, 93누5796). 그 이유는 개별근로자의 근로조건 결정의 자유가 존중되어야 하기 때문이다. 그러므로 연장근로는 근로의 내용이 공익적 목적이 있는 경우라도 관련 규정에 따라 개별 근로자의 합의하에 실시되어야 하고 연장근로에 동의하지 않는 근로자에게 이를 강제할 수 없다(2015.5.6, 근로기준정책과-1911).

3. 포괄적 합의와 개별적 합의 효력

개별 근로자가 회사에 채용된 때 연장근로 여부를 회사 방침에 일임하는 근로계약을 체결하는 포괄적 합의의 효력을 인정할 것인지의 여부에 관하여 포괄적 합의설과 개별적 합의설의 견해가 대립하고 있다. 판례(대법 1995.2.10, 94다19228; 2006.6.23, 98다54650)는 「개별근로자와의 연장근로에 대한 합의는 연장근로를 할 때마다 그때 그때 할 필요는 없고 근로계약 등으로 미리 이를 약정하는 것도 가능하다. 또한 이 때의 연장근로계약에서 특별히 기간을 정하지 아니한 경우에는 그 근로계약은 기간의 약정이 없는 것으로서 이와 같은 경우 매년 당사자가 근로계약을 새로이 갱신하여야 하는 것은 아니므로 근로자가 위 근로계약을 해지하지 아니한 이상 연장근로계약에 관한 합의의 효력은 유효하다」고 하여 포괄적 합의를 인정하고 있다. 행정해석(2013.12.13, 근로개선정책과-7771)도 판례와 같이 「여기서 당사자 간의 합의란 원칙적으로 사용자와 근로자와의 개별적 합의를 의미한다고 할 것이고, 이와 같은 개별 근로자와의 연장근로에 관한 합의는 연장근로를 할 때마다 할 필요는 없고 근로계약 등으로 미리 약정하는 것도 가능할 것이다」라고 한다. 판례와 행정해석은 포괄적 합의설의 입장을 유지하고 있다.

연장근로를 사용자의 결정에 맡기는 포괄적 합의도 유효한 것으로 보는 견해(임종률, 「노동법」, 제17판, p.447)와 사용자의 편의에 따른 연장근로의 포괄적 합의를 인정한 판례의 태도는 근로자의 보호를 위해 연장근로의 예외적 적용을 규정하고 있는 근기법의 기본취지에 부합하지 않는다고 판단된다는 견해(김형배, 「노동법」, 제26판, p.447)가 있다. 이 견해를 따르더라도 납품기한을 맞춰야 하는 등 특별한 사정이 발생하여 연장근로에 대한 업무상 필요성이 인정되는 경우에는 근로자의 연장근로의무를 인정할 수 있을 것이라고 한다. 결국 포괄적 합의의 유효성 여부는 객관적 사안과 관련하여 신의칙에 따라 판례와 행정해석을 존중하여 판단할 수밖에 없다고 생각된다.

4. 당사자간 합의의 방식

당사자 사의의 합의는 서면으로 작성하여야 한다는 견해가 있다(김형배, 「노동법」, 제26판, p.452). 근기법 제17조가 준용되어야 하기 때문이다. 당해 합의서면에는 연장근로사유·연장근로일수·연장근로업무의 종류 등이 기재되어 있어야 한다는 것이다. 그러나 근기법은 합의와 형식·내용·시기에 대해 정하지 않고 있다. 그러므로 구두 합의도 그 효력을 부정하기 어렵다(임종률, 「노동법」, 제17판, p.447; 하갑래, 「노동법총서」, p.150).

5. 노사합의로 일정한 연장근로시간 또는 휴일근로시간을 간주하기로 합의한 경우(보장시간제약정)의 취급방법

근무형태나 근무환경의 특성 등을 감안하여 노사 간에 실제의 연장근로시간 또는 휴일근로시간과 관계없이 일정 시간을 연장근로시간 또는 휴일근로시간으로 간주하기로 합의하였다면 사용자로서는 근로자의 실제 연장근로시간 또는 휴일근로시간이 위 합의한 시간에 미달함을 이유로 근로시간을 다투는 것이 허용되지 않는다. 따라서 이러한 합의가 있는 경우 근기법상 통상임금을 기초로 구 근기법 제56조가 정한 기준에 따라 연장근로수당 또는 휴일근로수당을 산정할 때에는 실제의 연장근로시간 또는 휴일근로시간이 위 합의한 시간에 미달하더라도 합의한 시간을 기준으로 삼아야 한다는 것이다. 이 사건은 회사가 노동조합과 사이에 실제 근로시간과 상관없이 연장근로수당은 월 110시간분을, 휴일근로수당은 월 20시간분을 고정적으로 지급하기로 약정(보장시간제 약정)한 사실을 인정한 다음, 상여금 등을 포함하여 재산정한 통상시급을 기초로 회사가 근로자들에게 근기법에 따라 지급하여야 할 연장근로수당과 휴일근로수당을 산정하면서, 보장시간제 약정이 존재하던 기간 동안에는 ① 연장근로시간은 보장시간제 약정에 따라 월 110시간을, ② 휴일근로시간은 실제 휴일근로시간이 보장시간제 약정에 따른 월 20시간에 미달하는 경우라면 월 20시간을 각 기준으로 삼았다는 원심의 판단에는 연장근로수당과 휴일근로수당에 관한 법리를 오해한 위법이 없다는 것이다(대법 2019.8.14, 2018다244631; 대법 2016.8.24, 2015다253986; 대법 2011.9.8, 2011다37797; 대법 2007.11.29, 2006다81523).

4 연장근로 해당 여부

1. 근로자의 자발적인 잔업을 방치하여 둔 경우의 연장근로 여부

(1) 자발적인 잔업과 연장근로

① **묵시적 명령 허용 여부와 묵시적인 명령이 인정될 수 있는 요건**: 우리나라 직장에서 사용자인 소속 부서장이 연장근로명령을 하지 않더라도 근로자가 직장에 남아 소정근로시간을 초과하여 근로하는 경우가 있다. 본래 근로자는 사용자로부터의 업무명령 없이 소정근로시간을 초과하여 근로할 의무는 없다. 사용자의 적극적 업무명령이 없더라도 근로자가 자신의 형편이나 희망에 따라 자발적으로 소정근로시간 종료 후에 남아서 근로하고 있을 경우, 직장의 상사 즉, 근로자를 지휘·감독하는 권한이 있는 자나 그를 대신하여 관리를 행하는 자가 그 근로를 알면서도 연장근로를 중지시키지 않고 방치하고 있었을 경우에는 그 자발적인 근로를 용인하여 그 근로의 결과를 기업에 귀속시키게 되는 것이므로 사용자가 묵시적으로 연장근로를 명한 것으로 인정되어 근로시간으로 취급한 것인가의 문제가 있다. 이 점에 관해서는 사용자의 연장근로 명령은 일정한 형식에 따라야 할 특별한 요청이 있는 것이 아니므로 명시적인 명령뿐만 아니라 묵시적인 명령도 인정될 수 있다. 묵시적인 명령이 인정되려면 단순히 근로자가 직장에 남아 잔업한다는 사실로서 판단하는 것이 아니고 해당 업무가 객관적으로 잔업을 할 필요가 있는 상황이 있어야 한다는데 있다(서울중앙지법 2014.1.7, 2013가525885).

② **사용자의 연장근로 중지 명령**: 따라서 근로자의 자발적 연장근로를 회사가 근로시간으로서 인정하지 아니하려면, 즉시 사용자 측에서 그 근로를 중지시켜 노무의 제공을 거부하고 근로자를 작업장에서 떠나도록 하여야 한다. 이와 같이 사용자의 중지명령에도 불구하고 명령을 어기고 고의로 근로자가 근로를 계속할 경우 그 근로는 사용자의 지휘·명령에 따르지 아니하는 근로이기 때문에 표면상 노무의 제공으로 보이더라도 채무의 내용(민법 제390조)에 해당되지 아니하는(사용자에 뜻에 위반되는) 근로이며 사용자의 지휘·명령을 배제한 강행취업과 동일하므로 근로시

간에 해당하지 아니한다(조합의 출장 거부투쟁인 경우의 사용자의 출장명령을 거부한 내근의 강행과 같은 경우와 마찬가지이므로, 사용자의 뜻에 어긋나는 대항수단으로서의 취업 강행과 동일하게 취급한다).

(2) 자주적 근로시간의 도입과 연장근로시간의 취급

근기법의 개정에 따라 선택적근로시간제나 사업장 밖 근로의 간주시간 설정, 재량근로의 설정, 제3차, 제4차 산업이나 화이트칼라, 연구개발, 영업조사, 기획입안형 업무 등 각종 자기 재량성을 가진 업무형태나 근무형태가 많아짐에 따라 이에 대응하여 근로시간의 자주성을 존중하는 근로시간제의 설정이 요청된다.

이것은 최근 업무나 연장근로시간의 관리상 소속 부서장의 명령에 따라 행하는 방식에서 업무의 자주관리제의 방향으로 이행하고 있다. 업무처리를 소속 부서장의 명령에 따라 행하는 것이 아니고 자기 스스로 자주적·자발적으로 계획하고 입안하며 실행하는 등 일정하게 허용된 자기재량의 범위 내에서 자주적·계획적으로 행하는 풍조가 확산되는 것에도 합치되는 취급이다. 연장근로 관리나 근로시간 파악 등을 어떠한 방법으로 행할 것인가에 대해 근기법상 규정하지 아니하므로 기업의 자유로서 근로자의 출·퇴근 관리 등을 어떠한 방법으로 행할 것인가는 경영관리권의 범위에 속한다.

한편, 사용자는 근기법상 의무로서 근로시간의 파악 산정의무가 있으며 이에 따라 근로자의 연장근로시간 등을 파악·산정할 필요성이 있다. 근로시간의 파악·산정·관리는 경영관리상의 사항이지만 타임레코더나 연장근로명령부 등에 의한 구속이 없이 잔업 자주신고제로 하여도 화이트칼라 업무인 경우에는 자주성이 충분히 담보된 적정한 운영이라면 근로시간의 파악·산정방법으로서 불합리한 것이 아니고 일반적으로 허용되는 방법이다.

(3) 「자기신고제」의 적정한 운용과 위반시의 취급

그러나 「자기신고제」에 있어서도 사용자의 근로시간 관리의무가 면제되는 것은 아니므로 일부 사업장에서 자기신고제(근로자가 자기의 근로시간을 자주적으로 신고함에 따라 근로시간을 파악하는 것)의 부적정한 운용에 따라 근로시간의 파악이 애매해 그 결과 가산임금의 부지급이나 과중한 장시간 근로문제가 생길 수도 있으므로 이러한 일이 발생하지 않도록 특별히 유의하여야 한다.

그러므로 「자주신고제」는 근로자가 자발적으로 적정하게 신고하도록 보장되어야 하며 실태조사와 괴리되지 않도록 관리할 것이 그 요건으로 인정되고 있다. 그 결과 자기신고제도에 따른 연장근로에 있어서는 자발적인 업무계속에 따라 소속 부서장이 중지할 것을 요구하지 않는 한 연장근로에 대한 가산임금 지급의무가 생긴다는 결과적인 것이 아니고(이렇게 생각하면 장시간근로를 조장하여 근로자의 자기책임의식이 박약해지고 자주성을 부정하는 것은 아니다), 객관설에 따라 사용자의 인용의사와 함께 판단하여야 한다. 즉, 단순히 결과적으로 회사에 남아 연장근로를 했다는 사실이 아니고 업무상 부득이한 사유가 있어 회사에 남아 근로를 행했는지가 문제이다.

근로자 본인이 신고하고 소속 부서장이 연장근로를 알고 방치했다는 사실로부터 연장근로가 인정되는 것이 아니고 「연장근로를 할 수밖에 없었다」는 객관적 사실이 있다면 소속 부서장이 중지를 명령할 수 없고 그 근로를 용인하여 근로의 결과를 수용할 수밖에 없다고 인정되고 특별한 사정이 없는 한 묵시의 연장근로의 업무명령이 있다고 해석하는 것이 묵시의 의사표시라고 생각할 수 있다. 묵시의 연장근로명령에 있어서는 위와 같은 사안의 상황에 따라 케이스 바이 케이스로 판단되어야 할 것이다.

2. 사용자의 부지 중에 자발적으로 연장근로를 한 경우

(1) 묵시적 연장근로 지시가 있었다고 인정되는 경우

근로자가 취업시간 외에 사용자의 연장근로의 명령이 없는데도 근로를 하였으며 사용자가 실제로 근로한 사실을 몰랐을 경우일지라도, '객관적으로 근로의 내용으로 보아 근로가 지시되었다' 고 인정될 경우에는 묵시의 지시가 있었던 것으로 해석되므로 근로시간이 되며, 따라서 연장근로가 성립한다. 이와 같은 묵시적인 지시가 있었다고 인정되는 경우는 다음과 같다.

① 사용자가 포괄적으로 어떤 직무를 명하였을 경우(예를 들어, 회사의 업무로서 실시되고 있는 야구부 등의 감독을 명하였을 경우 등)에 있어서 그 직무의 성질상 연장근

로를 하지 아니하면 안 될 필요가 예견될 때

② 사용자가 구체적으로 어떤 일을 명하였을 경우에 있어서 그 일의 성질상 당연히 연장근로가 필요할 때

③ 당일의 일의 상황, 내용으로 보아 객관적으로 연장근로가 필요하였을 때

④ 그 근로가 사용자의 종래의 관례, 동종 사안에 관한 취급 등으로 보아 연장근로로서 승인하고 있다고 인정되는 업무에 속하고 있을 때

⑤ 근로자가 사전에 담당하고 있는 직무의 수행상 당일 중에 완성하여야 하는 등 연장근로가 필요하다고 판단하였던 바, 그것이 판단 착오에 의한 근로일지라도 그렇게 판단하였음에 상당한 이유가 있을 때(그렇게 생각하였던 것도 무리가 아니라고 여겨질 때)

이와 같은 경우에는 설사 사용자의 명시적 지시가 없었다 할지라도 근로시간으로 취급되어야 한다. 사용자가 이와 같은 묵시적 지시에 해당하는 연장근로의 발생을 방지하기 위해서는 미리 포괄적 지시를 하여 그 판단을 본인의 자유재량에 맡기는 것이 아니라 '반드시 소속 부서장의 허가 또는 승인을 얻을 것' 이라고 규정하여 '자기재량' 을 금지하고, 연장근로의 필요성이 예견될 경우에는 근로자로서는 그 사실을 명령자인 소속 부서장에게 보고하여 그 지시를 기다리게 하여 그 운용에 철저를 기하는 것이 바람직하다.

예컨대 「연장근로 신청허가제」나 「연장근로시간 자주기록제도」, 연장근로한도시간의 설정에 있어서 이것을 초과하는 경우의 「신청허가제」 등의 방법을 예시할 수 있다. 그러나 자기신고제(근로자가 자기의 근로시간을 자주적으로 신고토록 하여 근로시간을 파악하는 것)라 하더라도 사용자의 근로시간의 관리의무가 면제되는 것은 아니므로 자기신고제의 부적정한 운용으로 근로시간 파악이 애매하여 그 결과 가산임금의 미지불이나 과중한 장시간 근로가 발생할 수 있으므로 행정지도는 물론이고 사용자의 각별한 주의가 요구된다.

(2) 성과제근로자가 임의로 연장근로한 경우

사용자와 성과제근로자의 합의에 따라 연장근로가 이루어진 것이 아니라, 사용자의 요구와 관계없이 성과제근로자가 채권회수 성과를 높여 성과수당을 더 받기

위하여 자기의 의사에 따라 연장근로를 했을 뿐 아니라, 사용자의 채권회수 독려가 단순히 성과를 높이라는 독려일 뿐 명시적으로 근로자들에게 연장근로를 요구한 것은 아니라면, 달리 볼 사정이 없는 한 사용자가 근기법 제56조에 의한 연장근로 가산수당을 지급할 의무는 없다(2005.8.22, 근로기준과-4380).

(3) 택시기사가 배차시간을 임의로 초과 운행한 경우

근기법상 근로시간이란 근로자가 사용자의 지휘·감독하에 근로계약상의 근로를 제공하는 시간을 말하는 바, 택시영업의 특성으로 인하여 사용자의 직접적인 지휘·감독 및 근로시간 산정이 곤란한 경우에는 노사당사자가(근로계약, 취업규칙, 단체협약 등으로) 정하는 시간을 근로시간으로 볼 수 있을 것이다. 중재재정(단체협약과 동일한 효력을 가짐)으로 정하여진 배차시간(차량 출고시부터 입고시까지의 시간)을 초과하여 근로자가 임의로 운행하는 시간에 대하여 사용자가 초과근로시간으로 인정하지 않음을 사전에 고지하고, 임의운행을 한 근로자에게도 초과근로시간으로 인정하지 않음을 통지하는 등 노무수령을 사후에 추인하였다고 보기도 어려울 경우에는(업무지시 불이행 등에 대한 징계 또는 임의운행으로 인해 사용자가 입은 손해배상을 청구하는 것 등은 별론으로 함) 임의 운행시간에 대하여는 사용자의 지휘·감독하에 근로계약상의 근로를 제공한 근기법상의 근로시간으로 보기는 어려울 것이다. 다만, 사용자는 근로자가 배차시간(입고시간)을 지키기 위하여 노력했음에도 불구하고 그 전에 승차한 손님으로 인하여 운행을 계속한 시간까지 '정상적인 승무' 로 보지 아니하여서는 안 될 것이며, 그 시간은 근로시간으로 보아야 할 것이다(2004.4.24, 근로기준과-2573). 또한 택시운전기사가 근기법과 취업규칙에 근거한 회사의 근로시간 준수 지시를 따르지 않고 차량 입고를 지연하며, 회사의 승인 없이 초과근무를 하여 부당 이득을 얻었다면 이에 대한 정직 징계처분은 정당하다(서울고법 2008.11.21, 2008누11879).

(4) 사용자의 승인없이 실제로 연장근로한 경우

사용자가 출·퇴근시간을 기록하는 장치 또는 제도가 없는 경우 근로자가 스마트폰 어플을 활용하여 기록한 것도 진정한 출·퇴근시간으로 인정될 수 있는지 여부이다. 현실적으로 연장근로가 필요함에도 사용자 측이 싫어하기 때문에 사실상 연장근로신청을 포기하는 분위기가 있는 직장이라면 연장근로에 대해 사전에 사용자의 승인을 받지 않았다거나 연장근로신청을 하지 않았다고 하더라도 실제로 행한 연장근로시간에 대해서는 사용자는 그에 상당한 임금을 지급해야 한다. 다만 해당 근로자들이 출근시간보다 빨리 출근한 경우에는 사용자의 요구에 의해 출근시간보다 빨리 출근했다는 사실에 대한 입증이 없는 이상 그 시간만큼 연장근로를 한 것으로 인정할 수는 없고, 퇴근시간이 30분 이내로 늦어진 경우에도 퇴근준비를 위한 시간일 수 있다는 사정을 고려해 연장근로를 한 것으로 인정하지는 않는다는 것이다(서울중앙지법 2014.1.7, 2013가소5258885). 원심 판결은 스마트폰 어플을 이용하여 야간근로시간을 측정한 뒤 이를 기초로 임금을 청구한 사건이다. 어플에 기록된 시간을 근로자들의 실제 야간근로시간으로 인정하였으나 항소심(서울중앙지법 2015.8.26, 2014나9327)은 야간근로 등을 증명하여야 하는 측은 근로자들인데 근로자들이 제시한 위 어플의 기재 및 관련 증인의 증언만으로는 야간근로를 입증하지 못하였다고 보고 임금청구를 기각하였다. 항소심 판결은 「증인의 증언만으로 해당 근로자들이 실제로 별지 미지급 연장근로수당과 야간근로수당 내역 해당란 기재와 같이 연장근로 내지 야간근로를 하였음을 인정하기 부족하고, 달리 이를 인정할 증거가 없으므로 해당 근로자들의 위 주장은 더 나아가 살필 것 없이 이유 없다」는 것이다. 대법원(대법 2015.8.26, 2015다236538)에서 확정되었다.

(5) 사용자가 지시한 작업이 근무시간 내에 할 수 없다고 인정되는 시간

사용자가 구체적으로 지시한 작업이 객관적으로 보아 정규의 근무시간 내에서는 할 수 없다고 인정되는 경우와 같이 초과근무의 묵시적인 지시에 의해 법정근로시간을 초과하여 근무한 경우에는 연장근로가 된다(1950.9.14, 일본후생노동성기발 2983).

3. 연장근로는 근로자의 권리인지 여부

연장근로는 소정 내지 법정근로시간을 초과하는 근로로서 「의무」가 있는지가 문제된다. 근로자에게는 연장근로에 대한 권리가 당연히 존재하는 것은 아니다.

또한 특정의 근로자만을 연장근로 대상에서 제외하여 차별한 것은 위자료(민법 제750조)를 지급해야 하고 그 근로자가 조합원임을 이유로 차별한 것은 부당노동행위(노조법 제81조제1호)의 대상이 될 가능성이 높다. 판례(대법 2006.9.8, 2006도388)는 근로자가 연장근로를 희망할 경우 회사에서 반드시 이를 허용해야 할 의무는 없지만 특정 근로자가 파업에 참가하였거나 노조활동에 적극적이라는 이유로 해당 근로자에게 연장근로를 거부하는 것은 해당 근로자에게 경제적 내지 업무상의 불이익을 주는 행위로서 부당노동행위에 해당될 수 있다고 판시하였다.

4. 자발적인 잔업에의 대응

근로자의 자발적인 잔업을 방치할 경우에는 많은 금액의 가산임금이 발생할 가능성이 있다. 종업시각 후에 자발적인 잔업을 하더라도 사용자가 명시적인 잔업금지명령이 없으면 연장근로시간에 해당하여 근기법 제56조의 가산임금의 지급대상이 될 가능성이 높다. 가산임금의 발생 억제를 위해서는 근로자가 필요없는 잔업을 계속할 수 없도록 명시적으로 금지하거나 소속 부서장의 승인이 없으면 허용하지 않는다고 명확히 할 필요가 있다.

5 통상연장근로와 연장근로시간 산정 기준

1. 통상연장근로(근기법 제53조제1항)의 의의 및 합의 방법

(1) 연장근로의 의의

근기법 제52조제1항은 「당사자 간에 합의하면 1주 간에 12시간을 한도로 제50조의 근로시간을 연장할 수 있다」고 규정하고 있다.

당사자간의 합의란 원칙적으로 사용자와 근로자간의 개별적 합의를 말하고 개별 근로자의 연장근로에 관한 합의권을 박탈하거나 제한하지 아니하는 범위에서는 단체협약에 의한 합의도 가능하다(대법 2006.6.23, 98다54650; 대법 1995.2.10, 94다19228; 대법 1993.12.21, 93누5796).

(2) 연장근로 합의 방법

문제는 단체협약, 취업규칙 또는 근로계약에서 일반적·포괄적 동의도 인정되므로 사용자는 이를 근거로 근로자에 대해 연장근로명령권을 가지는가에 대하여 견해의 대립이 있다. 일반적·포괄적 동의설에 의하면 단체협약 또는 근로계약에서 연장근로의무를 규정하고 있는 이상 개개 근로자를 구속하여 연장근로 의무가 구체화된다고 본다. 행정해석(2013.12.13, 근로개선정책과-7771)도 판례와 같은 입장이다. 이에 대해 개별적 합의설에 따르면 이러한 규정과는 별도로 사용자는 연장근로에 대해 그때마다 근로자 개인과 합의를 하여야 한다는 견해도 있다. 판례에서 제시한 이유와 같이 일반적·포괄적 동의설이 타당하다고 본다.

개별근로자와의 연장근로에 대한 합의방식은 연장근로를 할 때마다 그때그때 할 필요는 없고, 근로계약 등으로 미리 이를 약정하는 것도 가능하다. 또한 이때의 연장근로계약에서 특별히 기간을 정하지 아니한 경우에는 그 근로계약은 기간의 약정이 없는 것으로서 매년 당사자가 근로계약을 새로이 경신하여야 하는 것은 아니므로 근로자가 근로계약을 해지하지 아니하는 이상 연장근로에 관한 합의의 효력은 그대로 유효하다(대법 1995.2.10, 94다 19228).

근로자대표와 사용자 간의 합의는 개별근로자의 구체적·명시적 반대가 없는 한 가능하다고 보아야 한다.

(3) 1일 또는 1주 최장 근로시간

근기법 제52조제1항의 연장근로는 1주일에 12시간을 한도로 하여 1주일에 총 52시간까지 근로를 할 수 있다고만 할 뿐 1일의 최장근로시간에 대해서는 명문의 규정이 없다. 당사자간의 합의없이 근로를 시킬 경우에 벌칙이 적용됨은 물론이고, 취업규칙 등에서 사용자가 일방적으로 정한 연장근로에 관한 규정은 사법상의 효력을 인정할 수 없다.

또한 근기법 제50조제1항에 위반하는 근로시간을 정한 근로계약은 그 자체로서는 처벌의 대상이 되지 않으나 그 부분은 동법 제15조에 따라 무효가 된다.

2. 연장근로시간을 산정하는 일반적 기준

(1) 1주에 최장 근로할 수 있는 시간 한도

종전 행정해석과 판례(대법[전원합의체] 2018.6.21, 2011다112391)는 연장근로와 휴일근로를 구분하여, 휴일(일반적으로 토요일, 일요일)에 근로한 경우 연장근로에 포함하지 않는다는 것이다. 따라서 1주 최대 근로시간은 법정근로시간 40시간, 연장근로 12시간, 휴일근로 16시간(사업장에 따라 휴일이 1일인 경우 8시간)이 가능하여 총 68시간(60시간) 근로가 가능했다.

(2) 개정 근기법상 1주에 최장 근로할 수 있는 시간

휴일근로를 포함하여 1주 최대 연장근로를 12시간으로 제한하는 금번 근기법 개정에 따라 법정근로시간 40시간, 연장근로 한도 12시간으로 1주 최대 근로시간은 52시간이며 기업규모별 시행시기 이후에 1주 52시간을 초과하여 근로한 경우 근기법 위반이 발생하여 2년 이하 징역 또는 2천만원 이하 벌금이 부과된다.

▲ 300인 이상: 2018.7.1(특례업종에서 제외된 21개 업종은 2019.7.1부터 시행)
▲ 50~300인 미만: 2020.1.1, ▲ 5~50인 미만: 2021.7.1

18세 미만 연소근로자의 근로시간 단축에 따라 1주 최대 46시간에서 40시간으로 제한된다(1주 법정시간 35시간 + 연장근로 한도 5시간).

5인 미만 사업장에 대해서는 근기법의 일부 규정만을 적용한다. 주 40시간 근로와 1주 8시간 근로와 주12시간을 초과하지 못한다.

(3) 다양한 근로형태별 연장근로시간을 산정하는 일반적 기준

다양한 근로형태가 있는데 1주가 '월요일부터 일요일까지' 인 사업장에서 연장근로시간을 산정하는 일반적 기준은 근기법은 '1주는 휴일을 포함한 7일' (근기법 제2조제1항제7호)로 정의하여 휴일근로를 포함한 연장근로가 1주간 12시간(총 근로 52시간)을 초과할 수 없다. 여기서 '연장근로' 는 실 근로시간을 기준으로 1일 기준 8시간, 1주 기준 40시간을 초과하는 시간을 말하며, 소정근로일과 휴일을 구분하지 않는다. 1주 40시간은 실근로시간을 말하는 것으로 1주 중의 유급휴가일은 실근로시간에 포함되지 않는다. 휴일은 근로자의 소정근로일이 아니므로 휴일근로를 위해서는 근로자와의 합의가 필요하며 연장근로 포함 여부와 관계없이 근기법 제56조제2항에 따른 휴일근로 가산수당을 지급해야 한다.

(4) 연장근로시간 산정과 위반 여부 사례

(사례1) 회사와 운전근로자들이 격일 17시간을 근무시간으로 합의하였다는 점을 근거로 운전근로자의 실제 근로시간이 1일 8.5시간, 주당 59.5시간이라고 판단하여 주당 52시간을 초과함으로서 근기법을 위반하였다고 할 수 있는가?

근로자가 법정근로시간인 주 52시간을 초과했는지 여부는 노사가 합의한 근무시간이 아닌 실제 일한 시간을 기준으로 따져야 한다. 근로자의 실제 근무시간을 기준으로 사용자가 근기법을 위반했는지 판단해야 한다는 것이다. 주52시간 초과근무 여부는 실제 근로시간에 따라야 한다. 예컨대 시내버스 운전근로자가 버스 운행을 위하여 대기하는 동안 사용자가 대기시간 활용에 대하여 간섭하거나 감독한 정황이 없어 대기시간을 자유롭게 휴식시간으로 활용할 수 있었던 것으로 보이고, 운전근로자가 주당 52시간을 초과하여 59.5시간을 근로하였다는 공소사실이 합리적 의심의 여지 없이 증명되었다고 할 수 없다는 이유로 근기법 제53조제1항을 위반하지 않았다는 것이다(대법 2019.7.25, 2018도16228). 이 판례는 통상 주유와 세차는 첫차 운행 전이나 막차 운행 뒤에 했고 청소에도 몇 분 정도밖에 걸리지 않았다고 지적했다. 근로자가 대기시간을 자유롭게 사용할 수 있었던 만큼 근로시간에 포함해선 안 된다는 설명이다. 이어 회사가 격일 17시간을 근무시간으로 합의한 건 임금 보장과 임금 산정 편의를 위해 설정한 기준에 불과하다는 것이다.

(사례2) 연장근로시간 위반 여부 등을 판단하는 '1주'는 월~일 등 특정 단위 기간의 7일을 의미하는지, 아니면 임의로 정한 7일을 의미하는가?

근기법은 근로시간을 산정하는 '1주'의 기산점에 대해 별도로 규정하지 않으므로 노사가 협의하여 내부규정, 취업규칙, 단체협약 등으로 정할 수 있다.

특별한 정함이 없다면 사업장에서 노무관리·근로시간·급여산정 등을 위해 사실상 산정단위로 적용하고 있는 기간이 될 것이다.

1주 연장근로한도 위반 여부 등도 사업장에서 적용하는 단위기간별로 판단한다.

〈산정 예〉

항 목	1주							2주						
요 일	월	화	수	목	금	토	일(휴)	월	화	수	목	금	토	일(휴)
실근로시간 (연장근로시간)	8 (0)	8 (0)	8 (0)	10 (2)	10 (2)	8 (0)	–	10 (2)	10 (2)	8 (0)	8 (0)	8 (0)	–	–
1주 총 근로시간 (연장근로시간)	52 (12)							44 (4)						

* 산정단위(월~일) 내 연장근로 12시간 이내이므로 위반 없음

* 임의의 7일(목~수)간 연장한도 12시간 초과하였더라도 위반으로 보지 않음

(사례3) 주중 명절 3일(월~수) 동안 매일 8시간씩 휴일근로를 하였다면, 이 3일의 휴일근로도 연장근로시간에 포함되는가?

1일 8시간, 1주 40시간을 초과하지 않았다면 연장근로시간은 없다.

〈산정 예〉

항 목	1주						
요 일	월 (휴)	화 (휴)	수 (휴)	목	금	토	일 (휴)
실근로시간 (연장근로시간)	8 (0)	8 (0)	8 (0)	8 (0)	8 (0)	–	–
1주 총 근로시간 (연장근로시간)	40 (0)						

* 월~수 근로는 법정 근로시간(40시간) 내 휴일근로에 해당, 연장근로는 아님 → 법 제56조 제2항에 따른 휴일근로 가산수당 지급해야함

(사례4) 토요일이 무급휴무일인 사업장에서 '화~금'(일 8시간)과 토요일 8시간 근로를 한 경우, 토요일 근무가 연장근로시간에 포함되는가?

실근로시간이 1주 40시간, 1일 8시간을 초과해야 연장근로에 해당하며 무급휴무일인 토요일에 근로하였더라도 1주 40시간, 1일 8시간을 초과하지 않았다면 연장근로에 해당하지 않고, 가산임금이 발생하지 않는다.

한편, 무급휴무일은 근로자의 소정근로일이 아니므로 휴무일에 근로자를 근로시키기 위해서는 근로자와의 합의가 필요하다.

토요일의 법적 성격

1. 법정근로시간이 1주 40시간이라고 하여 당연히 토요일이 휴일로 되는 것은 아니며 토요일을 소정근로일에서 제외하더라도 그날을 반드시 유급으로 하여야 하는 것은 아니다.
2. 근기법 제55조에서 사용자는 1주일에 평균 1회 이상의 유급휴일을 주도록 규정하고 있으므로 1주일 중 소정근로일이 5일(통상 월~금요일)인 경우 법상 유급휴일을 1일(통상 일요일)이고 나머지 1일(통상 토요일)은 노사가 별도로 정하지 않는 이상 무급휴무일이다.
3. 이 경우 토요일에 근로를 시키는 경우 휴일근로수당은 발생하지 않으며 주 52시간을 초과하였거나 1일 8시간을 초과한 경우 연장근로수당만 발생한다.

〈산정 예1〉 * 월요일에 휴일이 있어 월요일에 근로를 하지 않은 경우

항 목	1주						
요 일	월 (휴)	화	수	목	금	토	일 (휴)

항 목	1주						
실근로시간 (연장근로시간)	–	8 (0)	8 (0)	8 (0)	8 (0)	8 (0)	–
1주 총 근로시간 (연장근로시간)	40 (0)						

* 토요일 근로는 법정 근로시간(40시간) 내 근로에 해당

〈산정 예2〉 * 월~금 40시간을 채우고 토요일에 근로한 경우

항 목	1주						
요 일	월 (휴)	화	수	목	금	토	일 (휴)
실근로시간 (연장근로시간)	8 (0)	8 (0)	8 (0)	8 (0)	8 (0)	8 (0)	–
1주 총 근로시간 (연장근로시간)	48 (8)						

* 토요일 근로는 법정 근로시간(40시간)을 초과하였으므로 연장근로에 해당

(사례5) 1일 15시간씩 1주에 3일 근무하여 1주 근로시간이 45시간이므로 주 52시간을 초과하지 않는데 근로시간 위반인가?

근기법은 1주 연장근로시간이 12시간을 초과할 수 없도록 규정(제53조제1항)하고 있으므로, 1주 총 근로시간이 52시간 이내더라도 1주 연장근로시간이 12시간을 초과하면 법 위반에 해당한다.

〈산정 예〉

항 목	1주						
요 일	월 (휴)	화	수	목	금	토	일 (휴)
실근로시간 (연장근로시간)	15 (7)	–	15 (7)	–	15 (7)	–	–
1주 총 근로시간 (연장근로시간)	45 (21)						

* 1일 8시간을 초과하는 7시간은 연장근로에 해당, 3일간 연장근로 합계 21시간으로 1주 연장 한도 12시간을 초과

(사례6) 월~금(5일)에 10시간을 연장근로한 후, 일요일에 휴일근로 8시간을 추가하였다면 연장근로시간 한도 위반한 것인가?

법 개정 이전의 행정해석은 연장근로와 휴일근로를 구분하여, 휴일(일반적으로 토요일, 일요일)근로는 연장근로에 포함하지 않아 법정근로시간 40시간, 연장근로 12시간, 휴일근로 16시간(사업장에 따라 휴일이 1일인 경우 8시간)이 가능하여 총 68시간(60시간) 근로가 가능하였으나 금번 법 개정을 통해 휴일근로를 포함하여 1주 최대 연장근로를 12시간으로 제한하여 1주 최대 근로시간은 법정근로시간 40시간, 연장근로 한도 12시간을 합한 52시간이다.

아울러, 현장의 연착륙을 위해 사업장 규모에 따라 근로시간 단축적용시점을 달리 정하고 있다.

▲ 300인 이상: 2018.7.1(특례업종에서 제외된 21개 업종은 2019.7.1부터 시행),

▲ 50~300인 미만: 2020.1.1, ▲ 5~50인 미만: 2021.7.1

개정된 근기법에 따르면 아래 사례의 경우 주휴일 8시간 근로가 1주 40시간을 초과하는 연장근로에 해당되어 주의 연장근로 합계는 18시간으로 법 제53조제1항 위반이다.

다만, 사업장 규모에 따라 근로시간 단축 적용시기가 다르므로 사례와 같이 근로한 경우에도 시점에 따라 법 위반 여부 판단이 달라진다.

* 예시: 200인 규모의 사업장의 경우 근로시간 단축 적용시기는 2020.1.1이므로 사례와 같이 근로한 시점이 2018.9월이면 개정법 적용 이전이므로 법 위반이 아니다.

〈산정 예〉

항 목	1주						
요 일	월 (휴)	화	수	목	금	토	일 (휴)
실근로시간 (연장근로시간)	10 (2)	10 (2)	10 (2)	10 (2)	10 (2)	–	8 (8)
1주 총 근로시간 (연장근로시간)	58 (18)						

* 주 중 1일 8시간 초과 2시간씩 연장 (5×2 = 10), 일요일 1주 40시간 초과 8시간 연장

(사례7) '월~금'에 12시간 연장근로한 후, '일요일'근로가 불가피하여 근로자와 사전 합의로 '휴일 대체'하여 일요일에 근로하였다면 일요일 근로시간도 연장근로에 포함되는가?

사전에 근로자와 합의하여 당초 휴일에 근로를 하고 다른 날에 휴일을 부여하는 '휴일대체' 를 하였다면, 당초의 휴일은 통상의 근로일이 되고 대체한 날이 휴일이 된다.

다음 주의 특정한 날과 대체하였더라도 당초 휴일의 근로는 '통상의 근로' 가 되고 1주 12시간을 초과하였으므로 근기법 제53조제1항의 규정에 위반된다.

또한, 당초 휴일은 통상의 근로이므로 '휴일 가산수당' 은 발생하지 않지만, 이때도 주 40시간을 초과한 시간은 '연장 가산수당' 은 발생한다.

〈산정 예〉 * (휴일 대체) 1주 일요일 ↔ 2주 수요일

항 목	1주							2주						
요 일	월	화	수	목	금	토	일 (평일)	월	화	수	목	금	토	일 (평일)
실근로시간 (연장근로시간)	10 (2)	10 (2)	10 (2)	11 (3)	11 (3)	–	8 (8)	10 (2)	10 (2)	–	10 (2)	10 (2)	–	–
1주 총 근로시간 (연장근로시간)	60 (20)							40 (8)						

* 주 중 1일 8시간 초과 2~3시간씩 연장 (12시간), 일요일 1주 40시간 초과 8시간 연장 → 따라서 1주차에 연장근로는 총 20시간이므로 근기법 제53조제1항의 규정 위반이 되며, 법 위반과 별개로 20시간에 대한 연장근로 수당 지급의무가 발생한다.

(사례8) 취업규칙에 1주 소정근로시간을 1일 7시간, 주 35시간으로 규정하고 있는 사업장에서 35시간 외에 13시간을 추가로 근로하였다면 근로시간 위반에 해당하는가?

'연장근로' 는 1일 8시간, 주 40시간을 초과하는 시간을 말하므로, 당사자 사이에 약정한 근로시간인 7시간을 초과하더라도 1일 8시간, 1주 40시간을 초과하지 않으면 연장근로에는 해당하지 않는다. 사례에서 35시간 외에 13시간을 추가로 근로하였다면 총 근로시간 48시간을 근로하였으므로 특정 일에 8시간, 특정 주에 40시간을 초과한 경우에는 법정근로시간을 초과했으므로 초과된 시간은 연장근로에 해당되고 연장된 시간에 대하여는 통상임금의 100분의 50 이상을 가산임금으로 지급하여야 한다(근기법 제56조제1항).

3. 탄력적·선택적근로시간제 하의 연장근로(근기법 제53조제2항)

당사자 간에 합의하면 1주 간에 12시간을 한도로 제51조의 근로시간(탄력적 근로시간제)을 연장할 수 있고, 제53조(선택적근로시간제) 제2호의 정산기간을 평균하여 1주 간에 12시간을 초과하지 아니하는 범위에서 제53조의 근로시간을 연장할 수 있다(근기법 제53조제2항). 연장된 시간에 대하여는 연장근로로서 통상임금의 100분의 50 이상을 가산임금으로 지급하여야 한다(근기법 제56조제1항).

6 특례연장근로(근기법 제53조제3항)

1. 관련 규정

근기법 제53조제3항은 「상시 30명 미만의 근로자를 사용하는 사용자는 다음 각 호에 대하여 근로자대표와 서면으로 합의한 경우 제1항 또는 제2항에 따라 연장된 근로시간에 더하여 1주 간에 8시간을 초과하지 아니하는 범위에서 근로시간을 연장할 수 있다.

1. 제1항 또는 제2항에 따라 연장된 근로시간을 초과할 필요가 있는 사유 및 그 기간
2. 대상 근로자의 범위」라고 규정하고 있다.

근기법 제53조제6항은 「제3항은 15세 이상 18세 미만의 근로자에 대하여는 적용하지 아니한다」고 규정하고 있다.

근기법 제53조제3항 및 제6항은 2021.7.1부터 2022.12.31까지 유효한 특례연장근로로서 한시규정이다.

2. 근기법 제53조제3항의 특례연장근로 허용의 입법취지

근로자의 소득 감소 및 중소기업의 경영상 부담 등을 고려하여 기업규모별로 근로시간의 단축을 단계적으로 시행하나, 30인 미만 사업장의 경우 사업장의 영세성을 추가적으로 고려하여 근로시간 단축에 따른 충분한 준비시간을 부여하기 위한 취지에서 1주 8시간의 범위 안에서 근로자대표와의 서면합의 시 특례연장근로를 허용하고 있다. 종래 현실적으로 1주 68시간까지 시행되고 있었던 근로시간이 52시간으로 단축되면 장시간근로가 보편화되었던 영세기업에서는 새로운 근로자채용의 필요 등 사업운영상의 어려움이 발생하게 되므로 이에 대비하기 위한 과도적 대책이 필요하게 된다. 개정 근기법 제53조제3항이 신설된 것도 그 대비책의 일환으로 마련된 것이다.

3. 특례연장근로의 허용 내용

(1) 특례연장근로 허용의 기준

(가) 대상: 상시 근로자 수 30인 미만 사업장

상시 근로자 수가 30인 미만 영세사업장에서 근로자대표와 서면합의로 특별연장근로를 적용하던 중이라도 상시 근로자 수가 30인 이상이 되었다면 그 시점부터 특별연장근로는 허용되지 아니한다.

(나) 범 위

특례연장근로가 되는 1주 8시간 범위 내에서 특례연장근로가 허용된다. 특례연장근로제도는 2021.7.1부터 2022.12.31까지 한시적으로 적용한다.

(2) 특례연장근로의 요건

근로자대표와 서면합의해야 하며 합의할 사항은 ①연장된 근로시간을 초과할 필요가 있는 사유 및 그 기간과 ②대상 근로자의 범위이다.

(3) 특례연장근로의 적용제외

다만, 18세 미만 연소근로자는 특례연장근로가 적용되지 아니한다. 적용제외 취지는 연소근로자의 건강을 보호하고 의무교육에 지장이 없도록 근로시간을 제한하고 있다.

7 특별연장근로(근기법 제53조제4항)

1. 특별연장근로의 의의

(1) 특별연장근로의 개념

특별연장근로란 사용자는 특별한 사정이 있으면 고용노동부장관의 인가와 근로자의 동의를 얻어 연장근로시간의 한도인 1주에 12시간을 넘어 연장근로를 할 수 있는 것을 말한다(근기법 제53조제4항).

(2) 특별연장근로의 취지

근기법상 근로시간은 근로자와 합의하면 1주에 12시간을 한도로 연장할 수 있지만(근기법 제53조제1항), 1주에 12시간을 초과하는 연장근로는 근로자가 동의를 하더라도 허용되지 않는다. 그러나 자연재해, 재난 등의 사고가 발생하여 이를 수습하기 위해 불가피하게 이러한 법정한도시간을 넘어서 연장근로를 해야만 하는 경우가 있을 수 있다. 이러한 불가피한 경우에 고용노동부장관의 인가 또는 사후 승인이라는 요건을 거쳐 1주 12시간을 초과하여 근로할 수 있도록 한 것이다. 이를 응급연장근로 또는 인가연장근로라고 부른다.

(3) 관련 규정

근기법 제53조제4항 본문은 「사용자는 특별한 사정이 있으면 고용노동부장관의 인가와 근로자의 동의를 받아 제1항과 제2항의 근로시간을 연장할 수 있다. 다만, 사태가 급박하여 고용노동부장관의 인가를 받을 시간이 없는 경우에는 사후에 지체없이 승인을 받아야 한다」고 규정하고 있다. 이것은 근기법 제53조제1항의 1주 40시간, 1일 8시간제와 1주 12시간의 연장근로 및 동조 제2항의 탄력적 근로시간제와 선택적근로시간제의 연장시간에 대한 예외규정이다.

2. 특별연장근로의 인가요건

(1) 특별한 사정

1) 특별한 사정의 의의와 범위

「특별한 사정」이란 천재·지변 그 밖에 이에 준하는 재해와 긴급·불가피한 사고로서 업무운영상 통상적으로 예상할 수 없는 것을 말하며, 역시 8시간근로의 보호입법적 취지에서 엄격하게 해석하여야 한다. 통상적인 사업 운영상 예상할 수 없어서 미리 이에 대한 대책을 강구하기 어려운 사태로서, 사업 또는 사업장에서 자연재해, 재난및안전관리기본법상의 재난 또는 이에 준하는 사고가 발생하여 이의 수습을 위하여 연장근로가 불가피한 경우를 말한다(근기법시행규칙 제9조제2항).

근기법 제54조제4항의 「특별한 사정」이 있는 경우로 규정하면서 동법 시행규칙 제9조에 ① 자연재해 ② 재난및안전관리기본법에 따른 재난 ③ 이에 준하는 사고가 발생한 경우로 세부 규정을 하고 있다.

이때 「이에 준하는 사고」란 예컨대 사업의 운영을 불가능하게 하는 돌발적인 기계의 고장, 보일러의 파열, 그 밖에 인명이나 공익의 침해를 가져올 위험한 사태 등이 이에 속한다. 그러나 단순히 업무량이 증가한 경우이거나 또는 통상적으로 예상할 수 있는 부분적인 기계고장은 이에 해당되지 않는다. 이 경우에 연장근로는 필요한 한도 내에 국한되어야 한다. 그러므로 재해의 사후처리는 이에 해당하나 복구작업은 그러하지 아니하고, 또 공장화재의 경우에 소화작업은 이에 해당하나 평상시의 생산수준을 회복하기 위한 근로는 그러하지 않다.

재난및안전관리기본법 제3조제1호의 재난의 범위

제3조【정의】 이 법에서 사용하는 용어의 뜻은 다음과 같다.

1. "재난"이란 국민의 생명·신체·재산과 국가에 피해를 주거나 줄 수 있는 것으로서 다음 각 목의 것을 말한다.

가. 자연재난: 태풍, 홍수, 호우(豪雨), 강풍, 풍랑, 해일(海溢), 대설, 낙뢰, 가뭄, 지진, 황사(黃砂), 조류(藻類) 대발생, 조수(潮水), 화산활동, 소행성·유성체 등 자연우주물체의 추락·충돌, 그 밖에 이에 준하는 자연현상으로 인하여 발생하는 재해

> 나. 사회재난: 화재·붕괴·폭발·교통사고(항공사고 및 해상사고를 포함한다)·화생방사고·환경오염사고 등으로 인하여 발생하는 대통령령으로 정하는 규모 이상의 피해와 에너지·통신·교통·금융·의료·수도 등 국가기반체계(이하 "국가기반체계"라 한다)의 마비, 「감염병의예방및관리에관한법률」에 따른 감염병 또는 「가축전염병예방법」에 따른 가축전염병의 확산, 「미세먼지저감및관리에관한특별법」에 따른 미세먼지 등으로 인한 피해

2) 수습을 위하여 연장근로가 불가피한 경우

이러한 연장근로는 그 수습을 위하여 연장근로가 불가피한 경우에만 허용되어야 하며, 공장의 화재·수해 등에 있어 소화작업·방수작업 그 밖에 사후처리를 위한 작업 등은 필요한 한도에 들어가나 복구를 위한 작업은 포함되지 않는다.

3) 「근기법 제53조제1항과 제2항의 근로시간」의 의미

연장의 대상이 되는 「근기법 제53조제1항과 제2항의 근로시간」이란 법정기준시간인 1일 8시간과 1주 40시간뿐만 아니라 당사자간의 합의가 있을 때에는 1주 52시간도 포함되며 탄력적 근로시간제와 선택적근로시간제에 있어서 당사자간의 합의에 의한 연장시간까지 포함하는 것이다.

4) 특별연장근로 인가사유 확대(고용노동부 2019.12.11 주52시간제 보완대책)

현 재해·재난 및 이에 준하는 사고 수습을 위한 경우 외에 인가사유가 추가 확대되었다.

① 인명의 보호 및 안전의 확보를 위해 필요한 경우

응급환자 구조·치료, 교통사고 후 2차사고 예방을 위한 도로 수습 등

② 시설·설비의 갑작스러운 장애·고장 등 돌발적인 상황의 발생으로 이를 수습하기 위해 긴급한 대처가 필요한 경우

갑작스러운 기계고장, 대학 등의 합격자 발표 오류 수습, 버스운행 중 갑작스러운 교통정체로 불가피한 연장근로 등

③ 통상적이지 않은 업무량의 대폭적 증가가 발생하고, 단기간 내에 이를 처리하

지 않으면 사업에 중대한 지장이나 손해가 초래되는 경우

원청의 갑작스러운 주문에 따른 촉박한 납기일, 대량 리콜사태, 악천후로 인해 지연된 공기(工期) 보완, 마감이 임박한 회계처리업무 등

④ 「소재·부품전문기업 등의 육성에 관한 특별조치법」 제2조제1호 및 제1호의2에 따른 소재·부품과 소재·부품 생산설비의 연구개발 및 그 밖에 연구개발을 하는 경우로서 고용노동부장관이 국가경쟁력 강화 및 국민경제의 발전을 위하여 필요하다고 인정하는 경우

소재·부품·장비 특별법 개정안 상의 "특화선도기업"이 "핵심전략기술"을 개발하기 위해 필요한 경우, 수출규제 등으로 인해 신속한 국산화가 필요한 연구개발 등

(2) 고용노동부장관의 사전 인가 또는 사후 승인

1) 고용노동부장관의 사전 인가

특별연장근로를 하기 위해서는 원칙적으로 고용노동부장관의 인가를 받아야 한다. 특별연장근로 인가제도 적용지침(고용노동부 2018.7.23. 지침)은 다음과 같다.

인가(승인) 대상 판단 기준 및 사례

'자연재해, 「재난및안전관리기본법」에 따른 재난, 이에 준하는 사고가 발생하여 이를 수습하기 위한 연장근로를 피할 수 없는 경우'에 해당하는지 여부

가. 판단기준

① 재난 등 사고가 발생하였거나 발생이 임박하였고, ② 이러한 사고를 수습하기 위한 범위 내에서,
③ 다른 근로자로 대체가 어려워 연장근로가 불가피한 경우에 한하여 인가 및 승인 가능
- 사안의 긴급성과 연장근로 불가피성에 대해 개별 사안별로 종합적으로 판단

나. 인정되는 사례

① 재난 등 사고가 발생한 경우
○ 폭설·폭우 등 자연재난이 사업장에 발생하여 이를 수습하는 경우
 * 예시: 폭설에 의한 제설, 폭우로 인한 붕괴 예방활동 및 수습 등
○ 감염병, 전염병 등이 발생하여, 질병 등의 확산을 예방하거나 수습하기 위한 활동
 * 예시: AI·구제역 발생시 통제 및 방역활동, 메르스 등의 감염병에 따른 통제 등
○ 화재, 폭발, 환경오염사고 등의 사회재난
 * 예시: 화재 진화 및 복구, 화학물질 유출에 따른 확산방지 활동 등
○ 방송·통신 기능 마비 사태 발생 시 긴급 대응 및 복구

* 예시: 지상파방송사의 방송시설 피해로 인한 방송재난 긴급대처 및 장애복구, 이동통신사 통신 두절시 긴급 대처 및 장애 복구, 사이버 공격에 대한 대응 등. 단, 방송·통신장애 예방을 위한 일반적·일상적 활동은 해당되지 않음

○ 상하수도관 폭발 등으로 인한 긴급 복구 / 도로 범람 등의 수습

○ 국민생활과 직결되어 사회 전반에 제공되는 시스템 장애 복구

* 예시: 계좌이체 및 카드결재 장애 발생, 사이버 공격, 금융·의료정보·기간산업·국방시스템 등의 장애 발생

산업안전보건법의 중대재해 또는 중대산업사고 수습 및 추가 재해 예방활동

② 재난 등 사고발생이 임박하여 이를 예방하는 경우도 포함

태풍 등 자연재해가 임박하여 이를 예방하기 위한 피난, 구조활동 등

* 예시: 태풍 등에 대비한 선박의 피항, 인명 대피 및 구조 등

○ 감염병 발생과 유행 방지를 위한 긴급 예방활동 및 백신 공급

○ 지진, 폭설·폭우 등의 자연재난, 민방공 경보, 대형 폭발 등의 사회적 재난 발생 및 발생 임박에 따른 재난방송

– 신속·정확한 상황 전파 및 대피안내, 재난확산방지를 위한 방송

○ 해외 현장의 내전 등으로 인한 긴급 보호 조치 및 대피

○ 국가 사이버 위기 경보 발령에 따른 국가·공공기관의 보안관제 비상근무

– 국가기관(국정원)의 국가 사이버 경보 발령에 따른 비상근무는 국가정보시스템의 긴급장애 대응 및 피해확산 방지를 위한 조치이므로 '사회재난 또는 이에 준하는 사고'의 수습에 해당

– 다만, 일부 정보시스템의 장애가 발생하기 시작한 '주의' 이상으로 긴급한 대처가 필요한 경우만 해당

* DDos 공격, 랜섬웨어 확산 및 변종 출현, 北 핵실험 등

다. 불인정 사례

① 평상시 수행업무 및 사전 예방업무

○ 평소 사고 등에 대비하는 업무로 긴급성이 없는 경우

○ 일상적으로 수행하는 보안관제서비스* 업무

* (보안관제서비스) 정보자산 보호와 정보보호시스템을 운영하며, 각종 사이버 침입에 대비해 실시간 모니터링과 예방에 대응하는 서비스

○ 해상 순찰업무, 해양폐기물 수거 및 배출 / 평상시 도로관리, 로드킬 처리 등 / 미세먼지 저감활동 등

○ 일반적인 예방백신 생산 및 예방접종 프로그램 수행

○ 일반상황에 대비하는 재난 상황실의 모니터링 업무, 시스템 관리

② 사전 예정된 업무, 정기적 수행업무

○ 플랜트 등의 정기보수(셧다운)·안전점검 집중 근무

○ 발전 등 중요설비 건설 및 시운전, 일반 정비

○ 대형 전산프로그램 설계

○ 철도 등 교통관련 시설 및 차량 관리, 명절 등 수요 급증기의 수송활동

③ 재난 등 사고의 복구와 직접 관련이 없는 업무
- ○ 재난 복구와 직접적 관계가 없는 단순 제설작업, 수리, 청소 등
- ○ 사업장내의 단순한 전산 오류 복구, 시스템 교체 등 재난으로 보기 어려운 업무
- ○ 대피나 중요 상황을 알리기 위한 재난방송외의 단순 사후 보도
- ○ 그 외 재난에 해당하지 않는 일반 활동
  * 예시: 병원의 응급환자 수술, 주문량 증가 등

〈참고〉 최근 5년간 특별연장근로인가건수(고용노동부 2019.11.18 발표)

구 분	2015	2016	2017	2018	2019
신 청	9	13	22	270	826
승 인	6	4	15	204	787

* 일본수출규제(신청 20건, 인가20건) 및 아프리카 돼지열병(신청 88건, 인가81건) 포함

2) 사태가 급박한 경우의 사후 승인 및 대휴명령

① 사태가 급박하여 고용노동부장관의 사후 승인을 받는 경우: 다만, 사태가 급박하여 고용노동부장관의 인가를 얻을 시간이 없는 경우에는 사후에 지체없이 승인을 받아야 한다(근기법 제53조제4항 단서). 고용노동부장관의 사전인가를 받지 않고 연장근로를 할 수 있는 경우는 극히 예외적인 경우로서 예기치 못한 사태가 발생하여 갑자기 연장근로를 할 수밖에 없는 불가피한 사정이 있는 때이다. 예컨대 급박한 위험을 제거하는 경우와 같이 그 작업을 뒤로 미룰 수 없는 상황으로서 화재·폭발·홍수사태, 갑작스런 눈사태로 인한 하역작업 등을 그 예로 들 수 있다. 그러나 숙직 또는 일직의 근무로서 계속적인 업무를 하게 된 때에는 인가 또는 승인의 대상이 되지 않는다고 해석된다.

② 고용노동부장관의 대휴명령: 고용노동부장관은 근기법 제53조제4항에 따른 근로시간의 연장이 부적당하다고 인정할 경우에는 그 후 연장시간에 상당하는 휴게시간이나 휴일을 줄 것을 명할 수 있다(근기법 제53조제5항). 대휴명령에 위반하면 벌칙이 적용된다(근기법 제110조제2호).

(3) 근로자의 동의

특별한 사정이 있는 경우로서 주 12시간을 초과하여 특별한 경우의 연장근로를 시키기 위해서는 근로자의 동의서를 첨부하여 고용노동부장관의 인가를 받아야 한다. 이러한 근로자의 동의는 개별 근로자 본인의 동의를 말한다. 근로자가 근로계약상의 이행의무를 지기 위해서는 근로계약, 취업규칙 또는 단체협약에 이에 대한 명시 또는 묵시의 약정이 전제가 되어야 한다. 그러나 근로관계는 노사간의 계속적이고 협동적인 신뢰관계를 바탕으로 하는 것이므로, 노사간의 신의칙을 기초로 하여 근로자의 근로의무가 인정되는 경우가 있을 것이다(김형배, 「노동법」, 제26판, p.441; 임종률, 「노동법」, 제17판, p.451).

(4) 근로시간 연장(승인) 신청절차

사용자는 근기법 제53조제4항의 규정에 따라 근로시간을 연장하고자 하는 경우 또는 연장한 경우에는 근로시간 연장인가(승인)신청서에 근로자의 동의서 사본을 첨부하여 관할 지방고용노동관서의 장에게 제출하여야 한다(근기법 시행규칙 제9조제1항). 관할 지방고용노동관서의 장이 근로시간 연장 인가 또는 승인 신청을 받은 날부터 3일 이내에 신청을 반려하거나 별지 제6호 서식의 근로시간 연장 인가 또는 승인서를 신청인에게 내주어야 한다. 다만 부득이한 사유로 본문의 처리기간을 준수하지 못하는 경우에는 신청인에게 그 사유와 예상되는 처리기간을 알려주고 처리기간을 연장할 수 있다(동법시행규칙 제9조제3항).

3. 특별연장근로의 효과

(1) 법정연장근로시간 초과 허용

특별한 사정이 있는 경우 사용자는 고용노동부장관의 사전인가 또는 사후 승인과 근로자의 동의를 받아 1주에 12시간의 연장근로의 한도를 초과하여 연장근로를 시킬 수 있다. 이 때 연장근로를 시킬 수 있는 한도는 정해지지는 않았지만 연장근로의 원인이 된 특별한 사정에 필요한 범위를 벗어나지 않아야 할 것이다.

(2) 가산임금의 지급

특별연장근로 인가제도는 1주 12시간의 연장근로 한도를 초과하여 연장근로를 시킬 수 있는 제도이며 연장근로에 따른 연장근로·야간근로·휴일근로 가산수당(근기법 제56조), 휴게시간(동법 제54조), 유급주휴(동법 제55조제1항) 등은 모두 적용된다. 이러한 연장근로의 경우에도 근기법 제56조에 따라 소정의 임금과 가산수당이 지급되어야 할 것이다.

4. 취업규칙의 규정례

특별사정에 의한 연장근로에 관한 취업규칙의 규정례는 다음과 같다.

제○조【특별사정 등의 연자근로】 ① 회사는 재해 등의 특별한 사정이 있는 경우에는 근기법 제53조제4항의 규정에 의한 고용노동부장관의 인가와 근로자의 동의를 받아 제○조에서 정한 소정근로시간 외에 연장근로를 명할 수 있다.
② 회사는 사태가 급박하여 고용노동부장관의 인가를 받은 시간이 없는 경우에는 사후에 지체없이 승인을 받아야 한다.

8 연장근로 명령의 거부

1. 연장근로명령의 정당성과 근로자의 거부

(1) 공법상의 요건과 사법상의 요건

근로자가 사용자의 연장근로명령을 거부한 경우에 그 거부가 정당한 것인지의 여부 즉, 업무명령 위반으로 징계처분의 대상이 되는가 아닌가에 대하여는 우선 그 연장근로명령 자체가 정당한 것이어야 한다. 이 연장근로명령 등의 업무명령으로 정당하기 위해서는 공법(근기법)상의 요건과 사법(민사법)상의 요건, 양쪽을 충족하여야 한다.

그러므로 취업규칙이나 근로계약상 「회사는 업무의 사정에 따라 근로자에게 연장근로를 명할 수 있다」라는 소위 일반적·개괄적 규정이 있으면 사용자는 위 규정의 법 규범적인 효력에 따라 근로자에게 구체적인 일시, 업무 등을 지정하여 연장근로를 명할 수 있는가 하는 점에 대하여는 판례, 학설이 나뉘고 있다.

(2) 연장근로명령의 정당성의 요건과 위반시의 징계처분

그러므로 위의 각 견해는 학설로서는 성립되어도, 현실적으로 기업에서의 실무상의 취급시에 이와 같은 일반적·개괄적인 취업규칙 등의 규정에 의거 그에 바탕하는 구체적인 연장근로명령이 유효하게 근로자에게 의무를 발생시키고 그 거부에 대하여 징계처분을 행하기 위해서는 다음과 같은 요건이 충족되어야 한다.

① 연장근로를 필요로 하는 업무상의 필요성이 충분히 존재할 것

② 업무명령이 근로자의 건강침해나 근로자의 생활설계를 부당하게 침해하는 등 근로자에게 부당한 권리침해가 생기지 않도록 절차, 배려 등이 이루어질 것(예컨대 통학이나 교육의 수강, 보육, 질병자의 보호 등)

③ 근로자가 구체적인 연장근로명령에 따를 수 없는 이유를 말하고 거부할 때에는 그 거부이유의 정당성이 있을 것 등의 3가지 요건충족이 필요하다.

따라서 이와 같은 3가지 요건이 충족되면 근로자의 연장근로의 정당한 업무명령

으로서 그 효력이 발생하는 것이다.

이와 같은 경우에 근로자가 객관적이고 정당한 이유없이 위 연장근로명령을 거부하는 것은 정당한 업무명령 위반이 되어 징계처분을 받게 되는 것이다.

2. 연장근로의 업무명령과 근로자의 사적사용의 우선권

사법상의 연장근로명령의 요건에 대해서는 판례, 학설상 4가지 설이 있는데, 사용자로서는 매일 되풀이되는 실제 업무이므로 학설이 대립하고 있다고 해서 속수무책으로 있을 수만은 없다. 실무상 사용자의 업무명령과 근로자의 연장근로 거부의 취급에 대해서는, 사용자 측의 연장근로의 필요성과 업무명령을 내린 시기 및 근로자 측의 거부사유와 위 명령의 수행으로 입어야 할 불이익의 정도 등을 비교해서 구체적 사례마다 판단하여야 한다. 그러므로 실무상 하나의 취급기준이 되는 것은 사용자가 연장근로명령을 내린 시기, 명령의 내용과 근로계약상의 신의칙에 근거하는 근로자의 생활설계 변경의무의 이행 상황이다. 아래에서는 이 점에 대하여 실제로 기업내에서 취급하는 기준에 대하여 검토해 보기로 한다.

(1) 연장근로명령을 미리 일자와 시간을 지정해서 명한 경우

사용자가 미리 일자와 시간을 지정하여 근로자에게 연장근로를 명령한 경우에는 근로자로서는 미리 자기의 생활설계를 변경하여 지장이 없도록 할 수 있는 것이므로 이 경우의 연장근로명령의 거부는 업무명령의 위반으로 취급하여도 무방하다. 다만, 명령 후 즉시 그 지정일의 연장근로명령에는 따를 수 없는 정당사유가 있음을 신고한 경우에는, 사용자 측에도 그 변경처리를 하는 시간적 여유가 있으므로, 그 신고가 정당하다고 인정하면 명령을 철회해야 한다. 이 경우, 근로자가 연장근로명령을 받을 당시 따를 수 없다는 뜻의 신고를 하지 않고 당일이나 또는 그 시간에 임박해 신고한 경우에는 그 사유가 진실로 부득이하다고 인정되는 경우를 제외하고 사용자는 명령을 철회할 필요가 없다. 그와 같은 거부는 업무에 지장을 주는 것으로 징계처분의 대상이 된다.

(2) 전일(적어도 전일의 근로시간 종료 전)에 명한 경우

이 경우에는 전기 "(1)"의 경우만큼 근로자는 생활설계 변경의 시간적 여유는 없으나 그래도 근로자는 당일에 명령받은 경우와는 달라서 어느 정도 그 명령에 대처하기 위한 생활설계 변경의 여지가 있다. 또 사용자로서도 명령 후 즉시 근로자가 그에 따를 수 없다는 뜻의 신고가 있는 경우에는 그에 따라야 할 조치를 취할 여유가 있다. 그러므로 명령 후 즉시 근로자로부터 생활설계의 변경이 곤란해서 명령에 따를 수 없다는 뜻의 신고가 있을 때는 그것이 진실이며 객관적으로 본다 하더라도 변경곤란 내지 변경에 따른 불이익이 사회통념상 상당한 것으로 인정될 경우에는 즉시 사용자도 그 명령을 철회할 필요가 있다.

그러나 근로자로부터 명령에 따를 수 없다는 신고가 없고 특별한 이의가 없을 때는 사용자는 승낙한 것으로 하고, 다음날의 예정을 세우는 것이 통상이며 연장근로 당일의 종료시각(연장근로개시) 직전이 되어서 따를 수 없다는 신고를 하든지 그대로 아무 신고절차가 없이 퇴근하여 연장근로를 거부했을 때는 원칙적으로 업무명령 위반으로 취급해도 무방하다.

(3) 당일에 명령한 경우

사용자가 당일이 되어 명령한 경우에는 그에 대하여 즉시 근로자로부터 따를 수 없다는 신고가 있을 때에는 그 신고이유가 당일에도 변경할 수 있는 경우(친구와의 약속으로 용이하게 변경 할 수 있으며 변경해도 별 지장이 없는 경우) 및 업무상 필요성이 중대한 경우에는 우리나라의 고용관행상 근로자에게 그 생활설계를 변경할 것을 요구할 수 있다. 그러나 그와 같은 변경이 곤란하고 또 업무상의 필요성이 경미한 경우에는 사용자는 명령을 철회할 필요가 있다. 이 경우에도 연장근로의 명령을 받았으면서도 특별한 이의를 제기하지 않고 있다가(묵시의 승인) 종료시각이 임박해서 거부하거나 그대로 퇴근한 자에 대하여는 업무명령 위반이 성립된다.

(4) 종료시각에 임박해서 명령한 경우

이 경우에는 근로자가 생활을 변경할 여유가 없는 명령이므로 업무상 필요성이나 사전에 연장근로가 예측되었는가 아닌가를 검토하여, 그와 같은 경우가 아니라면 업무와 근로자의 사생활상의 필요를 조화있게 해결해서 원칙적으로 근로자의 사정을 고려하는 쪽으로 처리하여야 한다. 따라서 업무상의 지장과 필요성이 경미한 경우에는 근로자의 자유의사에 따라 그대로 남아서 연장근로에 따르는 자에게만 연장근로명령을 하고 그 밖의 자에 대해서는 철회할 필요가 있다. 다만, 기업으로서는 업무상 필요성이 강하고, 그것이 긴급 중대한 때이며 사전에 연장근로가 예측되었음에도 불구하고 기업사회통념으로 보아 정당한 이유라고 인정할 수 없는 이유로 근로자가 연장근로 등을 거부하는 것은 근로자의 권리남용이 되며 사용자가 업무명령에 따르도록 설득해도 이에 따르지 않고 또 기업의 사정을 알면서도 명령을 거부하는 것은 징계처분의 대상이 될 수 있다.

3. 조합활동, 정치활동을 이유로 하는 연장근로명령의 거부

(1) 조합활동과 연장근로의무

우리나라 노동조합 조직형태는 기업별 조합이 대부분이며, 기업내에 있어서의 조합활동이 주된 조합활동이기 때문에 조합원이나 비조합원이 기업내에 체재하는 휴게시간 중이나 종료 직후는 중요한 조합활동의 기회가 된다. 게다가 근로시간 중의 조합활동은 원칙적으로 사용자의 승인이 있어야 하며 “조합활동은 시간외에”라는 원칙이 존재하고 있기 때문에 취업시간 전후는 특히 일반조합원이나 비조합원인 근로자에 대한 정보선전활동상 중요한 의미를 갖고 있다. 노동조합 조합원의 근무시간 중의 노조활동은 원칙적으로 근로자의 근로제공의무와 배치되는 것이므로 허용되는 것이 아니다(대법 1996.2.23, 94누9177).

따라서 조합임원 등에 대하여는 조합활동과 연장근로의무와를 비교하여, 조합활동 쪽의 비중이 더 무거운 경우에는 원칙적으로 조합임원 등이 조합활동을 이유로 연장근로명령을 거부하는 것이 정당사유에 기인한 거부에 해당하여 업무명령 위반으로는 되지 않는다.

따라서 근로자에게 가장 엄격한 근로의무의 발생을 인정하는 견해를 취한다 하더라도 근로자는 어떠한 경우라도 연장근로명령에 따라야만 한다는 강제는 없고,

정당한 이유가 있으면 거부할 수 있다는 것은 말할 나위도 없다. 가령 단체협약에서 연장근로가 협정되어 있으면 개개의 근로자에게 연장근로의무가 있다는 점을 승인한다고 하여도 조합임원으로서 조합용무 때문에 연장근로를 할 수 없었던 것으로 근로자는 정당한 조합활동을 희생하면서까지 연장근로에 협력할 필요는 없다고 하였으나 이는 연장근로명령과 조합활동을 조화시킨 일례이다. 또한 조합임원일지라도 역시 근로자며 취업목적을 위하여 고용되고 있는 것이므로 업무상의 지장이나 필요성을 무시하고 모든 시간외에는 조합활동이 우선한다고 할 수 없고 조화적으로 해석하여야 한다.

(2) 정치활동과 연장근로의무

정치활동을 이유로 한 연장근로명령의 거부에 대하여는, 정치활동은 일반국민으로서의 입장에 근거한 것이고 노동조합활동 같은 특별한 기업내에서의 근로관계 당사자라는 지위에 착안하여 사용자에게 어떠한 보장을 하도록 정한 바가 없으므로 조합활동과 정치활동을 동일시할 수는 없다. 정치활동에 대하여 사용자에게 그 보장을 요구하고 주장할 수 있는 것은 근기법 제10조의 공민권의 행사 및 공의 직무의 집행에 해당하는 경우뿐이다. 이들「공민권의 행사 또는 공의 직무집행에 해당하는 것은 국회의원 기타의 선거권, 피선거권을 행사하며(서울민사지법 1993.1.19, 91가합19495)」또한「국회의원, 기타의 의원, 노동위원회 또는 법령에 근거를 둔 공의 직무를 집행하기 위한 것에 한한다(1991.1.12, 근기 01254-10093)」라고 하여 일반적인 정치활동은 동법상의 공민권 행사에는 해당하지 않는다. 이 때문에 일반적인 정치활동은 통상근로자의 사적 사용과 동일시되어 일반적인 판단기준에 따라서 취급한다.

4. 법내초과근로 경우의 연장근로명령 거부

근기법에 정하는 근로시간보다 짧은 소정근로시간을 정하고 있는 경우, 그 소정근로시간(예를 들어 1일 7시간)을 초과하여 법정근로시간(1일 8시간)에 이를 때까지 근로하는 것을「법내초과근로」 또는「법내연장근로」라 부르고 있다.

이와 같은 법내초과근로의 임금 지급의무는 법정근로시간을 초과하는 연장근로를 명하는 경우의 임금 지급의무보다 그 요건이 완화되고 있는가라는 문제가 있다.

이 점에 대하여 소위 법내초과근로는「1일의 근로시간이 8시간을 초과하지 않는 한, 근기법 제55조에 근거한 가산임금의 지급의무는 없다」(대법 1991.6.28, 90다카14758)라고 하였으며 또한 법정 최저근로조건을 초과하는 것은 아니고 오히려 법정내근로이기 때문에 법정외근로의 경우보다도 근로조건으로서는 근로자에게 유리한 것으로 되어 있다.

그러나 사법(민사법)상의 계약근로시간인 소정근로시간을 초과하는 근로이기 때문에 제약외근로인 것임에는 틀림이 없다.

그러므로 근로자의 이와 같은 연장근로의무의 존부, 즉 거부가 업무명령 위반이 되는가 아닌가의 판단에 있어서는 법내초과근로든 법외연장근로이든 간에 소정연장근로라는 점에서는 원칙적으로 법적 평가는 같은 것이라고 할 수 있다.

근기법 제50조 등에 규정되어 있는 근로시간은 근로조건의 최저기준을 제시한 것이며 협약이 있는가 없는가는 원래 형사벌을 면할 수 있는가 아닌가의 측면에서 의미를 갖는데 불과하고 연장근로의무의 유무는 기준근로시간을 초과하는 초과근로인가 또는 소위 법내초과근로인가에 따라 다르게 해석할 성질의 문제는 아니다. 그러나 근로자의 거부이유의 정당성을 판단하는 데는 법내초과근로의 경우에는 최저 근로조건 기준인 1일 8시간보다도 적은 법내근로이므로 근로자의 거부이유의 범위가 법정 연장근로의 경우에 비해서 일반적으로 좁고, 거부가 권리남용이 되는 경우도 많을 것이다.

그것은 본래 근로시간의 단축이라는 근로자보호, 근로조건의 향상이라는 목적을 위해서 사용자가 그 단축으로 해서 받는 직접적 손실 내지 이익의 상실분을 부담하면서도 법률상으로는 1일 8시간까지 근로시킬 수 있는데도 불구하고 그 이하로 소정시간을 정하여 근로자의 이익을 도모한다는 노무관리상의 취급(물론 노동조합운동의 성과)에 따라 노사 이익의 조화와 균형을 기한다는 점에서 위 근로자의 명령응낙의무의 범위와 한계를 발견할 수 있기 때문이다.

그러므로 실제적으로는 연장근로 거부의 정당성의 범위는 법내초과근로 쪽이 협소하고 정당화할 수 있는 거부 이유도 고려할 것이 요구된다고 할 것이다.

법정내 휴일인 대체휴일의 출근명령을 축제준비 등을 이유로 거부한 근로자에 대하여 이와 같은 휴일 출근의무의 발생은 단체협약 등에 규정이 있는 경우에는 근로자 개개의 동의는 필요하지 않다.

또한 연장근로명령에 대하여 그때마다의 근로자의 동의는 필요하지 않다고 하여 「단체협약에서 부득이한 사유가 있는 경우에 근로자에게 연장 또는 휴일근로를 시킬 수 있다는 취지」의 규정이 있고 취업규칙에도 같은 취지의 규정이 있는 경우 연장근로를 명령받음으로 인해 근로자는 연장근로의무가 있다. 판례는「근로계약에서 특별히 기간을 정하지 아니한 경우에는 그 근로계약은 기간의 약정이 없는 것으로서 이와 같은 경우 매년 당사자가 근로계약을 새로이 경신하여야 하는 것은 아니므로 근로자가 근로계약을 해지하지 아니한 이상 연장근로에 관한 합의의 효력은 그대로 유효하다」고 한다(대법 1995.2.10, 94다19228).

9 지각상당분과 연장근로시간과의 상계

근로자가 지각하는 경우 당해 근로일자에 연장근로를 할 때는 연장근로시간에서 지각시간을 공제하여도 근기법상 적법한가의 문제가 있다.

근기법 제50조제2항은 「1일의 근로시간은 휴게시간을 제외하고 8시간을 초과할 수 없다」고 규정하고 있는바 이것은 당해일의 근로시간이 실제로 8시간을 초과 하는가의 문제로 법정근로시간인 8시간을 초과하는 경우에는 그 초과된 근로시간에 대하여는 근기법 제56조제1항의 규정에 따라 가산임금으로서 연장근로수당이 지급되는 것이다.

취업규칙이나 단체협약에서 「근로자가 업무의 시작시각에 지각하는 경우 당해 일자에 연장근로를 할 때는 지각시간 상당분을 연장근로시간의 계산상 공제할 수 있다」는 취지를 규정하는 것이 필요하다. 이에 관한 행정해석은 「업무의 시작시간이 정해져 있음에도 근로자가 이를 준수하지 않고 지각을 하는 경우, 당사자간에 당일의 업무시작 및 종료시간을 변경하지 않았다면 회사의 입장에서는 지각으로 인하여 근로를 제공하지 못한 시간에 대한 임금을 공제할 수 있고, 또한 단체협약이나 취업규칙 등에서 규정한 바에 따라 근무성적 불량 등에 대한 제재조치를 취할 수는 있다(2000.10.13, 근기 68207-3181)」고 한다.

10 여성과 연소자의 근로시간 및 시간외근로 제한

1. 여성과 연소자에 공통되는 규제

(1) 규제내용

근기법은 제70조에서 「① 사용자는 18세 이상의 여성을 오후 10시부터 오전 6시까지의 시간 및 휴일에 근로시키려면 그 근로자의 동의를 받아야 한다.

② 사용자는 임산부와 18세 미만자를 오후 10시부터 오전 6시까지의 시간 및 휴일에 근로시키지 못한다. 다만 다음 각 호의 어느 하나에 해당하는 경우로서 고용노동부장관의 인가를 받으면 그러하지 아니하다.

1. 18세 미만자의 동의가 있는 경우
2. 산후 1년이 경과되지 아니한 여성의 동의가 있는 경우
3. 임신 중의 여성이 명시적으로 청구하는 경우

③ 사용자는 제2항의 경우 고용노동부장관의 인가를 받기 이전에 근로자의 건강 및 모성을 보호하기 위하여 그 시행 여부와 방법 등에 관하여 그 사업 또는 사업장의 근로자대표와 성실하게 협의하여야 한다」고 규정하여 야간근로와 휴일근로를 임산부, 18세 미만자에 대하여는 원칙적으로 금지하고 있다.

야간근로에는 숙직근무도 포함된다고 볼 수 없을 것이며 휴일은 근기법상의 휴일 즉, 법정휴일과 약정휴일도 포함된다고 할 것이다. 그러나 이러한 법정휴일 외에 회사가 자체적으로 취업규칙·단체협약 등에서 임의로 정하여 실시하는 휴일도 법정휴일과 마찬가지로 근기법 제56조의 휴일근로에 포함된다. 그러므로 휴일에 근로를 시켜도 1일 8시간(연소자의 경우 1일 7시간)을 넘지 아니하면(다만, 1주간의 제한범위 내에서) 당일은 법상의 휴일근로는 될지라도 연장근로는 되지 아니한다.

(2) 근로자대표와의 협의

사용자는 인가를 받기 전에 근로자의 건강 및 모성 보호를 위해 시행 여부 및 방법 등에 대해 근로자대표와 성실하게 협의하여야 한다. 이 규정 위반시 500만원 이

하의 벌금에 처할 수 없어 이는 훈시적이거나 선언적 규정이 아닌 강행규정이다. 근기법에서 요구하는 것은 합의가 아닌 협의이므로 근로자대표와 견해가 다르다 하더라도 협의를 거쳤으면 유효하다. 주요 협의 사항은 야간·휴일근로 업무 범위, 실시 필요성, 근로자 보호방안, 작업 형태 등 근무조 편성 등이며 인가 대상자가 발생할 때마다 협의할 필요는 없으나 업무내용, 근로방법 등 근무형태와 작업환경에 변동이 있어 야간 및 휴일 근로에 영향을 미칠 경우에는 새로이 협의하여야 한다.

(3) 야간근로 · 휴일근로 인가요건 및 인가관리 업무처리 기준

1) 야간근로 · 휴일근로 인가요건

근기법 제70조제2항에 따른 임산부 및 18세 미만자의 야간근로·휴일근로 인가 대상은 법 제69조 및 제71조의 근로시간의 준수가 가능하다고 인정되고 다음 어느 하나에 해당하는 사유의 야간근로 또는 휴일근로에 한한다(2019.9.1, 고용노동부훈령 제291호, 근로감독관집무규정 제71조제1항).

① 교대제 실시로 인하여 야간근로가 불가피할 것

② 운송·방송 등 일상생활에 필수적인 공익사업에 해당하여 야간근로 또는 휴일근로가 불가피할 것

③ 업종의 특성상 야간에 가동(영업)하지 아니하면 사업의 계속적인 영위가 곤란하여 야간근로가 불가피할 것

④ 일시적인 주문량 증가 등으로 야간근로 또는 휴일근로가 불가피할 것

⑤ 그 밖에 위의 어느 하나에 준하는 사유가 발생할 것

(4) 야간근로·휴일근로 인가관리업무처리 기준

근로감독관집무규정 제1항에도 불구하고 18세 미만자의 심야시간(24시~익일 6시) 근로는 생계곤란 등으로 불가피하고 사업장 근무실태 및 업무강도를 연소근로자가 감내할 수 있다고 판단되는 경우에 한하여 인가할 수 있다(근로감독관집무규정 제71조제2항). 또한 임산부 및 18세 미만인 자에 대한 야간·휴일근로인가는 근기법시행규칙 별지 제12호서식에 인가종류, 근로자의 성명, 생년월일, 근무부서 및

업무, 인가기간, 근로시간(18세 미만자의 야간근로의 경우) 등을 표시한 "인가자 현황"을 첨부하여 발급하여야 한다. 다만, 임신근로자에 대한 야간 및 휴일근로 인가 시 인가대상 임신근로자에게 야간·휴일근로의 명시적인 청구 여부, 모성보호 협의 및 임신근로자의 야간·휴일근로 필요성 등을 직접 확인해야 한다(근로감독관집무규정 제71조제3항).

2. 여성만에 대한 규제

근기법은 제71조에서 「사용자는 산후 1년이 경과되지 아니한 여성에 대하여는 단체협약이 있는 경우라도 1일에 2시간, 1주일에 6시간, 1년에 150시간을 초과하는 연장근로를 시키지 못한다」고 규정하여 산후 1년이 경과되지 아니한 여성근로자에 대한 연장근무를 제한하고 있다. 즉, 산후 1년이 경과되지 아니한 근로자인 경우 후기하는 '3'에 의해서(15세 이상 18세 미만인 자의 근로시간제한 동법 제70조) 근로시간의 제한을 받는 외에 제70조에 의한 특별규제를 아울러 받게 된다.

따라서 동법 제50조의 규정은 산후 1년이 경과되지 아니한 여성근로자에게도 적용되지만 동법 제53조제1항(연장근로)의 예외규정은 적용되지 않고, 제71조의 규정이 적용되게 된다. 이 규정은 「1일」, 「1주」 또는 「1년」의 연장근로의 각 최고한도를 규정한 것이다.

3. 연소자에 대한 규제

(1) 연소자에 대한 근로시간 규제내용

근기법은 제69조에서 「15세 이상 18세 미만인 자의 근로시간은 1일에 7시간 1주일에 35시간을 초과하지 못한다. 다만, 당사자 사이의 합의에 따라 1일에 1시간, 1주일에 5시간을 한도로 연장할 수 있다」고 규정하여 18세 미만 연소자의 1주 최대 근로시간은 40시간(1주 법정근로시간 35시간+연장근로시간 5시간)으로 단축되었다. 1일 시간은 종전과 같지만 1주 35시간과 연장근로 5시간을 초과할 수 없도록 축소하였다.

(2) 연소자에 대한 최대근로시간 단축 이유

성인 근로자의 1주 법정근로시간은 40시간으로 통상 주 5일근무를 하고 있으나 종전에는 15세 이상 18세 미만인 연소근로자의 법정 근로시간은 1일 7시간 1주 40시간으로 규정되어 주 6일 근무를 할 수 있게 되는 문제가 있어 연소근로자의 보호를 위해 법정근로시간을 단축할 필요가 있었다.

(3) 연소자에 대한 근로시간의 특례 내용

만18세 미만의 연소자에 대한 근로시간의 특별제한을 요약하면 다음과 같다.

① 연소자에 있어서 연장근로(1일 1시간, 1주 5시간)를 엄격하게 제한한다.

② 탄력적 근로시간제(제50조제3항) 및 선택적근로시간제(제51조제1호)를 적용하지 아니한다.

③ 휴일근로의 금지

④ 야간근로의 금지

(4) 연소근로자의 연장 및 휴일근로 가산할증률 기준

① **1일 7시간, 1주 35시간 초과할 경우**: 토요일이 무급휴무일인 경우 1일 7시간씩 월요일부터 금요일까지(5일) 근무 후 토요일 5시간 근무할 경우 연장근로에 해당되어 통상임금의 50퍼센트를 가산하여 지급해야 한다.

② **유급휴일에 7시간을 근무할 경우**: 연소근로자가 7시간 이내 휴일근로를 하면 통상임금의 50퍼센트를 가산하여 지급해야 한다.

(5) 연소근로자의 연장 및 휴일근로 가산할증률 산정 사례

① 연소근로자가 1주 40시간 근로계약을 체결한 후 월요일부터 금요일까지 7시간씩 근로한 후 토요일에 5시간 근로하는 경우 연장수당을 받을 수 있는가?

연소근로자는 1주 법정 근로시간 35시간과 5시간의 범위 내에서 연장근로가 가능하다. 월요일부터 금요일까지 1일 7시간 근로하여 1주 35시간을 근로하였다면 토요일 근로 5시간은 연장근로에 해당하여 통상임금의 50퍼센트 연장근로수당을 받을 수 있다. 다만, 휴일·야간근로의 경우에는 고용노동부장관의 인가를 받아야 한다. 근기법 제70조(야간근로와 휴일근로의 제한) 제2항은 「사용자는 임산부와 18세 미만자를 오후 10시부터 오전 6시까지의 시간 및 휴일에 근로시키지 못한다. 다만, 18세 미만자의 동의가 있는 경우 고용노동부장관의 인가를 받으면 야간근로와 휴일근로를 할 수 있다」고 규정하고 있다.

② 연소근로자가 같은 장소에서 18세 이상 근로자와 동일하게 월요일부터 금요일에 40시간을 근무하고, 일요일에 8시간 근로를 할 수 있는가? 위법이라면 가산수당은 어떻게 되는가?

연소근로자는 1주 법정근로시간 35시간 외에 연장근로 5시간을 초과할 수 없으므로 40시간을 초과한 근로는 근기법 제69조 위반이다. 다만, 법 제69조 위반과는 별개로 연소근로자가 일요일 8시간을 근로한 경우라면 휴일근로에 대하여 50퍼센트 가산하여 지급해야 한다. 휴일근로 가산수당은 18세 이상 근로자와 동일하게 1일 8시간 이내는 50퍼센트, 8시간을 초과한 근로는 100퍼센트 가산하여야 한다(근기법 제56조제2항).

〈산정 예〉 일요일이 휴일인 경우

항 목	1주						
요 일	월	화	수	목	금	토	일 (휴)
실근로시간 (연장근로시간)	8 (1)	8 (1)	8 (1)	8 (1)	8 (1)	–	8 (8)
1주 총 근로시간 (연장근로시간)	48 (13)						

월요일부터 금요일까지 1일 7시간을 초과한 1시간씩은 연장근로(5일×1시간=5시간)이고, 1주 35시간을 초과한 일요일 8시간은 휴일근로이자 연장근로에 해당한다(연장근로 13시간=5시간+8시간).

제17장 휴일을 둘러싼 문제

- 휴일에 관련된 분규방지를 위하여 -

1 휴일은 어떤 날이며 휴가와 휴게와의 차이는 어떤 것인가

1. 휴일의 의의

「휴일」이란 근로계약상 근로자의 근로의무가 없는 날로서 소정근로일이 아니다(대법 2019.10.18, 2018다239110). 사용자는 원칙적으로 휴일에 근로자에게 취업을 요구할 권리가 없다. 근로자는 휴일에는 근로의무를 부담하지 아니한다. 근로에서 해방된 날이므로 사용자가 설사 근로를 명하여도 원칙적으로 이에 따라야 할 의무가 없고 취업규칙 등에 정한 바에 따라 업무상의 필요가 있는 경우를 제외하고는 이를 거부하여도 채무불이행의 책임을 지지 않는다.

(1) 법정휴일과 약정휴일

휴일에는 유급휴일과 무급휴일이 있고 법정휴일과 약정휴일이 있다. 법정휴일은 근기법이 규제하는 휴일로 사용자가 근로자에게 반드시 부여해야 하는 휴일로서 근기법 제55조에 따라 1주일간 소정근로일수를 개근한 경우에 부여하는 주휴일, 「근로자의날에관한법률」에 의한 매년 5월 1일(근로자의 날)과 대통령령으로 정하는 휴일(관공서의 공휴일(일요일은 제외한다) 및 대체공휴일)을 의미하고 해당 일자에 근로한다면 이것을 「법정휴일근로」라고 한다. 약정휴일은 관공서의 공휴일이 아닌 국경일 또는 회사창립기념일 등으로 근로자에게 당연히 휴일로 부여되는 것이 아니라 단체협약이나 취업규칙이 정하는 바에 따라 특정한 날을 유급휴일 또는 무급휴일로 할 수 있다(2014.6.13, 근로개선정책과-3361). 이것을 「약정휴일근로」 또는

「소정휴일근로」라고 한다.

[그림 17-1] 법정휴일근로와 약정휴일근로

① 약정휴일근로가 성립하는 경우(근기법상 적법)

(일)	월	화	수	목	금	(토)
휴	출	출	출	출	출	출

② 약정휴일근로와 법정휴일근로가 함께 성립하는 경우

(일)	월	화	수	목	금	(토)
휴	출	출	출	출	출	출

③ 법정휴일근로가 성립하는 경우

(일)	월	화	수	목	금	토
출	출	출	출	출	출	출

(주) ( ) 법정휴일과 회사가 독자적으로 정한 소정의 휴일을 구별할 필요는 없다.
출 출근한 근로일

(2) 가산수당의 지급대상인 휴일의 범위

판례(대법 2019.8.14, 2016다9704, 2016다9711; 대법 1991.5.14, 90다14089)는 「근기법 제56조에 따른 "휴일근로"는 제55조의 주휴일근로 뿐만 아니라 단체협약이나 취업규칙에 정하여진 약정휴일 등의 근로도 가리키는 것이라고 보는 것이 상당하다」고 하였다. 가산수당은 법정휴일이든 약정휴일이든 똑같이 가산임금이 지급된다. 그리고 휴일로 정하였는지 여부는 단체협약이나 취업규칙 등에 있는 휴일 관련 규정의 문언과 그러한 규정을 두게 된 경위, 해당 사업장의 근로시간에 관한 규율체계와 관행, 근로제공이 이루어진 경우 실제로 지급된 임금의 명목과 지급금액, 지급액의 산정 방식 등을 종합적으로 고려하여 판단하여야 한다(대법 2019.8.14, 2016다9704, 2016다9711).

(3) 휴일과 휴무일의 구별

휴일이란 근로의무가 없는 날로서 소정근로일에서 제외된다. 법적으로 의무적으로 유급으로 부여해야 하는 휴일에는 근기법 제55조에 규정된 주휴일(주1회 이상 부여), 관공서의 공휴일(일요일은 제외한다) 및 대체공휴일과 근로자의 날(근로자의날제정에관한법률)이 있다. 이러한 휴일에 근로를 하게 되면 임금 외에 가산임금 50%를 추가로 지급해야 한다(휴일근로가산수당).

휴무일은 교대제 근로에 있어서 '비번일'과 같이 소정근로일에 포함되지 않아 근로의무가 없는 날이다. 휴무일에 대해서는 별도 정함이 없는 한 무급으로 처리하는 것이 원칙이다. 휴무일에 근로를 하게 되면 그 날의 근로에 대한 임금 100%만 지급하면 되며 휴일근로가산수당은 발생하지 않는다. 다만, 휴무일 근로가 1일 또는 1주 법정근로시간을 초과하여 이루어진 경우에는 연장근로가산수당을 지급해야 한다.

(4) 주 5일근무제 채택시의 휴일과 휴무일

주 40시간제하에서 주 5일근무제를 채택한 경우 주휴일과 법정공휴일을 제외한 나머지 휴무일에 대하여 휴일로 한다는 명시적인 약정이 없는 한, 휴일이 아닌 휴무일이며 휴무일에 근로한 것은 휴일근로가 아닌 통상의 근로에 해당된다. 그러나 노사 당사자간에 휴무하는 토요일을 휴일로 한다는 명시적인 약정이 있는 경우라면 그날에 근로한 것은 휴일근로에 해당된다. 즉, 토요일을 '휴일'로 할 것인지 아니면 단순히 근로의무가 면제된 '무급휴무일'로 할 것인지는 노사가 정하는 바에 따른다. 노사간에 토요일을 휴무로 정했다면 달리 볼 사정이 없는 한 해당 일에 근무해 주 40시간을 초과해 근로했을 경우 연장근로수당을 지급해야 할 것이다(2013.11.26, 근로개선정책과-7212).

2. 휴일과 휴가의 차이

(1) 휴일의 의의

휴일과 유사한 것으로 「휴가」가 있는데 휴가는 근무일에 근로할 의무가 없고 근로에서 해방된다는 점에서는 휴일과 동일하나 휴일과 다른 것은 휴가는 근로자가 근로의무가 있는 날에 이것을 전제로 개별적으로 근로의무를 면제받은 날이라는 점에서 휴일과 다르다.

(2) 휴일과 휴가의 차이

근기법상 휴가는 "근로제공 의무의 면제일"로서 면제할 "소정근로일이 있을 것"을 전제로 하고 있으므로 토요일에 연차휴가를 가더라도 당일 유급인정 금액은 '근로를 제공하였더라면 지급받을 수 있었던' 소정 근로시간분의 임금을 지급하면 된다.

반면, 휴일은 '근로제공 의무가 없는 날'로서 법정 유급휴일인 근로자의 날이나 관공서의 공휴일이 토요일(4시간 근로일)이라 하더라도 유급인정금액은 '당해 사업(장)의 통상의 1일 근로'에 대한 임금으로 보아야 할 것이나, 매달 고정급을 받는 월급제 근로자의 경우 월의 장단이나 휴일 수에 관계없이 일정금액을 받기로 정해진 자이므로 유급휴일을 인정하더라도 월 고정금액외에 추가로 임금을 지급할 의무는 없을 것이다(2005.3.3, 근로기준과-1186).

대법원은 「1주일 평균 1회 이상의 유급휴일이란 소정의 근로일수를 개근한 자에 대하여 주는 유급휴일을 말한다고 하는 근기법 시행령 제30조의 규정이 사용자는 근로자에게 1주일에 평균 1회 이상의 유급휴일을 주어야 한다는 근기법 제55조의 규정에 저촉되어 무효라 할 수 없고, 근기법 제60조제6항의 연차유급휴가일 산정에 있어서는 업무상 부상 또는 질병으로 휴업한 기간도 출근한 것으로 본다는 규정이 동법 제55조의 유급휴일의 경우에도 적용된다고 할 수 없다」(대법 1979.10.16, 79다1489)고 판시하고 있다.

또한 휴일은 사용자 자신이 적극적으로 일정기간 중에서 일정일수를 근로의무가 없는 날로 정하여 근로자에게 주어야 할 의무를 가지는데 대하여 휴가는 근로자가 지정하거나 청구하는데 따라 사용자가 부여(근로의무면제 효과가 발생한다)하는 것인 점에서 상이하다.

3. 휴일과 휴게의 차이

「휴게」란 휴일·휴가와 더불어 근로자가 근로에서 해방되는 권리로서 보장되었다는 점에서는 동일하나 당일의 근로시간 도중에 주어야 하는 것이며, 휴일·휴가와 같이 사용자의 구속에서 완전히 이탈하고 있는 것이 아니다. 휴게는 사용자의 구속 아래 근로로부터 해방된 시간이므로 사용자로부터 일정한 관리상의 구속을 받는 경우가 많다. 또한 휴일·휴가는 1일을 단위로 하여 부여되는 것이지만 휴게는 시간 또는 분을 단위로 하여 주어지는 점이 상이하다. 휴일은 근로의무가 없는 날이므로 사용자가 근로자를 구속하는 것은 허용되지 않는다.

행정해석도 병원의 견습간호원의 학과강습 및 실습이 의사회 주최로 그 병원의 휴일에 행하여진 사례에서 그 수강을 사용자가 의무화한 때에는 휴일이 아니라고 하여 이를 분명히 하였다.

이와 마찬가지의 예로서 원자재의 입고작업이 있다하여 기숙근로자를 이에 종사하게 하거나 휴일에 기능훈련, 안전·보건교육의 수강을 의무화한다든가 하는 등은 휴일을 준 것이 되지 아니하고 휴일근로가 된다.

「쟁의행위로 인하여 정상적인 근로를 할 수 없다고 하더라도 쟁의기간을 제외한 나머지 근로일수에 대한 출근율에 따라 근기법상의 주휴, 연차유급휴가 등은 주어야 할 것이다. 다만, 쟁의행위기간이 주의 전부, 월의 전부, 연의 전부가 될 때에는 휴일 또는 휴가제도의 취지에 비추어 볼 때 휴일 또는 휴가를 주지 아니하여도 무방하다」(1988.5.17, 근기 01254-7310)고 한다.

2 휴일의 부여원칙

1. 휴일 특정의 원칙

휴일에 대하여 근기법은 주휴제 원칙을 택하고 매주 적어도 1회는 주어야 한다고 규정하고 있다. 그런데 이 주휴제에 있어서 어느 날을 휴일로 해야되는가는 법에 규정한 바 없고 당사자의 자유에 일임된다. 이때 어느 날이 휴일인가는 근로자로서는 그 생활설계상 중요한 문제인 동시에 근로의무를 이행할 당사자의 입장으로도 계약상 휴일을 특정한다는 것은 중대한 이해관계가 있다. 따라서 어느 날이 휴일인가는 미리 근로자에게 주지시켜야하고 근로조건상으로도 당연히 요청된다. 그러므로 근기법은 제17조, 제93조에서 근로계약 체결시 명시할 근로조건으로서 「휴일에 관한 사항」을 제시하였고 또 취업규칙의 필요적 기재사항(근기법 제93조제1호)으로서 역시 동일한 것을 규정하고 있다.

그러나 동 조항의 해석상으로는 단지 휴일일수만을 정하여 규정, 명시하면 된다고 보고 있다. 이 점에 관하여는 일수를 정하는 것만으로 부족하고 구체적으로 어느 날이 휴일인가(예, 매주 일요일, 수요일 등)를 특정하지 않으면 실제 휴일을 정한 것으로 되지 않을 뿐 아니라 법정 근로조건이 보장되는가 어떤가를 담보하는 취업규칙의 기능을 다할 수 없다는 유력한 반대의견도 있다.

그러나 근기법(제93조제1호)은 근로시간에 대하여 「근로시간」이라 하지 않고 특별히 「업무의 시작·종료시각」등 구체적인 표현을 하고 있는데 반하여 휴일에 대하여는 단지 「휴일」이라하고 있을 뿐이므로 이것을 가지고 구체적인 특정을 하지 않으면 위법하다고 하는 것은 근거가 희박하다. 또 근기법 제55조의 문리상으로도 휴일의 횟수(일수)만을 정하라는 것일 뿐 휴일을 특정하라는 것으로는 해석되지 않는다. 따라서 법상으로는 취업규칙 등에 휴일을 특정하지 않더라도 위반이라고 할 수 없다. 그러나 휴일을 특정하지 않으면 그 본래의 목적인 피로 회복, 법정 근로조건 준수의 보장, 건전한 시민생활 확보 등의 취지에 위배될 것이므로 휴일의 적절한 배치 및 그 특정은 중요한 의의를 가진다. 그러므로 근로감독에서도 법이 그 특정을 요구하고 있지 않으나 법의 취지에 따라 가능한 한 특정하도록 지도하고 있다.

2. 일제휴일과 개인별휴일

근기법은 휴게와 마찬가지로 휴일에 관하여도 일제히 주어야 하는가, 개인별로 주어야 하는가의 여부에 대하여 아무런 규정이 없다. 따라서 사업장전체가 휴업하여 전체 근로자가 일시에 휴일을 취하는 방법도 좋을 것이고, 또 근로자 개인별로 또는 각 부문별로 휴일을 취하는 방법도 상관없다. 휴일이 가장 잘 확보되고 또 외관상으로도 분명하게 되는 것은 역시 일제히 실시하는 휴일방법이다. 상점가, 동업조합 등에서 한 사업장만의 휴일이 사실상 곤란하며 근로면에서도 교대휴일이 어려운 경우에는 상점가의 일제휴업, 휴일제가 채택되고 있다.

이와는 달리 운수사업, 병원 등과 같이 사업을 1일 휴업하여 일제히 휴일을 주기가 곤란하거나 부적당한 때에는 근로자별로 교대로 휴일을 주고 있다. 특히, 최근에는 24시간 연중무휴서비스제가 증가하고 있으므로, 이러한 사업체에서는 개인별 교대휴일제가 채택되고 있다. 근기법상으로는 이 점에 대해 규정한 바가 없으므로 일제휴일제를 택하거나 개인별 교대휴일제를 택하거나 기업 자체에서 취업규칙으로 자유롭게 정할 수 있다.

3. 주휴 2일제의 경우 법상 주휴일의 자유선택

휴일은 법상으로 특정하지 아니하여도 상관없으나 행정지도상으로 매주 특정요일로 정하는 것이 바람직하다고 지도(1994.53.7, 근기 68207-761)하고 있다. 주휴 2일제를 택하였을 때 2일 중 어느 날이 법정휴일인가를 특정할 필요가 있는지가 문제된다. 즉, 그 2일은 법적 성격이 동일하므로 어느 날이 되던 결과적으로 1주일에 1회의 휴일이 주어진 것이므로 법상 위법이 아니다. 그러나 일요일을 법상의 휴일로 특정하고 토요일을 기업이 정한 휴일 또는 휴무일로 특정하였을 때 일요일에 근로시키면 토요일에 휴일을 주었다 하더라도 휴일근로가 되는가의 문제가 있다. 이때 설사 특정을 하였다 하더라도(오히려 특정한 것이 그 취지에 합치된다) 어느 것이나 모두 성격은 동일하므로 어느 날이든 1일의 휴일이 주어졌다면 법상의 휴일은 부여된 것이 된다. 즉, 1주일 중 결근한 날을 휴일로 하는 것을 인정되지 않고 있는 것과 이를 동일시할 수는 없다(결근은 근로일이며 처음부터 근로일이 아닌 휴일과는 법적 성격이 다르다).

그러므로 회사에서 정한 휴일과 법정휴일과의 구별이 취업규칙상으로는 필요가 없고 2일 모두 단지 휴일로 하여 두면 그 이상 특정은 필요하지 않다. 이러한 특정은 오히려 혼란만을 초래하기 쉬우므로 피하는 것이 좋을 것이다. 이와 같이 2일 모두 법정휴일과 동일하게 정하여 두면 그것은 선택채권이 되어 부여할 의무가 있는 사용자의 선택에 따라 그 중 하나가 법정휴일로서 지정된다. 그러나 사용자가 그 중 하루를 근로시킨 때에는 결국 그날을 휴일로 하는 것은 법적으로 불가능하므로 다른 1일이 자동적으로 법정휴일로서 특정되게 된다(민법 제385조의 불능으로 인한 선택채권의 특정의 원칙). 민법 제385조(불능으로 인한 선택채권의 특정)는「① 채권의 목적으로 선택할 수 개의 행위 중에 처음부터 불능한 것이나 또는 후에 이행 불능하게 된 것이 있으면 채권의 목적은 잔존한 것에 존재한다. ② 선택권 없는 당사자의 과실로 인하여 이행불능이 된 때에는 전항의 규정을 적용하지 아니하다」고 규정하고 있다.

4. 주휴일의 간격과「7일 근무 1일 휴일」시행방법의 정당성

근기법 제55조제1항에 사용자는 근로자에게 1주에 평균 1회 이상의 유급휴일을 주도록 규정하고 있는 바, 여기서 '1주'란 휴일을 포함한 7일의 기간을 의미하고, 그 기간 중 1일을 주휴일로 부여하면 되므로 주휴일간의 간격이 반드시 7일이 되어야 하는 것은 아니다.「7일 근무 1일 휴일」로 정한다면 일률적으로 반복되어 8일에 1일의 휴일을 부여하는 것은 근기법 제55조 위반으로 보아야 할 것이다. 그러나 주기적으로 부여되는 휴일 외에 별도의 유급휴일을 추가로 부여하여 7일에 평균 1일 이상의 휴일이 부여된다면 동법동조 위반으로 보기는 어렵다(2005.5.30, 근로기준과-2916).

5. 휴일근로

휴일근로라 할 때에도 연장근로의 경우와 같이 근기법상(제55조)의 휴일에 근로시킨 때에는 근기법상의 휴일근로에 해당된다. 그러나 일반기업의 경우는 반드시 근기법상의 휴일근로에 해당되는 경우만이 아니고 기업에서 독자적으로 정한 근기법을 상회하는 회사 소정의 약정휴일(제헌절·회사창립기념일), 토·일요일의 휴일의 주휴2일제 채용의 경우에 토요일에 근로한 것까지도 포함하여 휴일근로라고 부르고 있다. 그러므로 휴일근로의 경우에도 근기법상의 주휴일근로 및 근로자의날제정에관한법률에 의한 근로자의 날, 관공서의공휴일에관한규정에 의한 공휴일에 해당하는 법정휴일근로와 기업에서 독자적으로 정하는 근기법상의 주휴일외의 휴일에 근로하는 경우의 약정휴일근로(이른바 법내휴일근로 또는 사내휴일근로)의 두 가지 의미가 있으므로 이 점을 구별하여야 한다.

3 휴일의 위로여행, 운동회 등

1. 산재보험법상의 업무상 재해 인정기준

휴일에 회사전체나 직장별로 위로여행이나 운동회 등의 레크리에이션이나 스포츠활동 등을 행하는 경우 그 날이 휴일근로인지의 여부가 문제될 수 있다.

이것이 근로시간인가 아닌가의 문제에 앞서 업무상의 재해인가 아닌가의 문제가 선행된다. 운동경기·야유회·등산대회 등 각종 행사에 근로자를 참여시키는 것이 사회통념상 노무관리 또는 사업 운영상 필요하다고 인정되는 경우로서 다음의 어느 하나에 해당하는 경우에 그 행사에 참가(행사 참가를 위한 준비·연습을 포함한다)하여 발생한 사고는 업무상 사고로 본다(산재보험법 시행령 제30조).

① 사업주가 행사에 참가한 근로자에 대하여 행사에 참가한 시간을 근무한 시간으로 인정하는 경우

② 사업주가 그 근로자에게 행사에 참가하도록 지시한 경우

③ 사전에 사업주의 승인을 받아 행사에 참가한 경우

④ 그 밖에 ①부터 ③까지의 규정에 준하는 경우로서 사업주가 그 근로자의 행사 참가를 통상적·관례적으로 인정한 경우

그런데 근기법상의 근로시간은 사용자의 지휘·감독 아래에서 근로에 종사하는 시간을 말하며, 그 근로는 이른바 실제작업 뿐만 아니라 작업을 위한 대기시간을 포함하여 근로자가 자기노동력의 사용처분을 사용자에게 위임한 상태를 말하는 것이다.

위에 기술한 재해보상에 있어서의 업무수행성의 판단은 그것이 사용자의 지휘·감독 아래에서 근로에 종사하고 있는 것인가 어떤가의 판단기준을 제시한 것이며, 업무상이 되면 원칙적으로 근기법상의 근로시간이나 휴일근로에 해당한다. 그러나 계산상으로는 「간주된 시간」이 될 때가 많다. 또 이 경우에도 그 근로자의 위로여행, 운동회, 등산대회, 사내대항시합 등에 단순하게 참가하는 일반근로자와 그 여행이나 대회 등 행사의 준비, 운영, 마무리 처리 등을 그의 직무로서 담당하는 담당직원의 경우와는 구별해서 생각하여야 한다.

먼저 그 행사에 참가하는 일반근로자에게 휴일근로가 되느냐, 안되느냐를 검토할 필요가 있다. 위로여행은 일반적으로는 그 이름대로 근로자의 휴양활동으로서 그것은 주로 복리후생의 목적을 가지는 것이나 사업 운영상 필요할 수도 있다.

2. 참가 강제 여부

다음은 참가 강제 문제인데 이런 종류의 행사에는 가능한 한 전원의 참가가 바람직하고 단순한 위로를 위한 1박여행 정도로는 전원이 사용자의 강제로 참가하여야 할 만한 성질의 것이라고는 생각되지 않는다. 그러므로 일반적으로 회사가 주최하고 전원의 참가가 요청되고 있는 것이라 하더라도 불참가자는 결근으로 취급한다든가, 불참가를 이유로 승급, 승격 등에 불이익 취급하는 등의 사정이 없는 한 업무 외로서 업무수행성은 인정되지 않을 것으로 생각된다. 행정해석에서도 위로여행 중 보트침몰사망에 관하여 업무외로 취급한 사례가 있다.

이것은 위로여행에만 한하지 않고 근로자간의 친목을 목적으로 하는 동일한 종류의 행사 예컨대 운동회, 사내대항시합 등에 있어서도 마찬가지이다.

따라서 이상을 전제로 하면 일반적으로 말하여 단순히 이들 행사에 참가하는 일반근로자은 원칙적으로 업무수행성이 부인되고 이에 참가하고 있는 시간도 근로시간으로 인정되지 않는다. 따라서 휴일근로가 되지 않는다. 그러나 이들 행사의 준비, 진행, 마무리 처리 등을 담당하는 담당자 등은 일반 참가근로자들과 동일하게 취급될 수는 없다. 근로자가 운동경기·야유회·등산대회 등 각종행사를 위한 준비연습 중에 발생한 사고이거나 행사의 기획·운영업무를 담당하고 있는 근로자가 그 행사의 기획·운영업무를 수행하던 중 발생한 사고는 이를 업무상 재해로 본다(산재보험법 시행령 제30조). 즉, 이들 담당자는 본래 그와 같은 행사의 담당을 임무로 하는 자, 예컨대 서무계, 총무계 등 직원이 그 직무로서 종사하는 경우와 근로자 중에서 임의로 희망자를 모집하여 이에 충당한 자거나 그 일에 정통한 자 등이 임의적 의사로 담당 수행하는 경우 등 두 가지가 있다.

전자는 자기 업무내용의 일환으로 이에 종사하는 것이고 사용자로부터의 업무명령에 기인된 것이 명백한데(명백한 것이므로 근로시간으로 볼 수 있다) 반하여 후자는 사용자의 명령에 기인한다는 업무명령성이 명백하다고 하기 어려운 경우가 많아 문제가 된다. 그리하여 임의로 선임된 간사 등의 경우는 자기 업무의 일환은 아니므로 당연히 업무명령성이 인정되지 아니하고 그 여행이나 운동회의 성질, 그 준비 및 운영의 실태 등을 보아 판단하여야 한다. 이 점에 있어 그것이 그 기업에 필요한 행사이고 사업주측에서 그 준비, 운영, 마무리처리 등의 업무가 필요하며 누군가에게 명하여 그것을 담당시키지 않으면 안 될 경우 그 선임을 본인의 동의를 얻어 간사 등의 담당자로 선정한 것이라도 직접 그 담당자가 그 행사를 위해 행한 행위와 동일하게 업무명령성이 인정된다. 따라서 이러한 자들에 대하여도 특별히 그 행사를 행한 경우에 있어서 업무상의 직접의 지휘·감독 아래에 있는 것은 근로시간이므로 그 행사일은 예외적으로 휴일근로가 될 수 있다.

4 관공서의 공휴일은 어떻게 취급되는가

1. 규정내용

종전에는 「관공서의공휴일에관한규정」에 의한 공휴일은 민간 기업의 법정 (유급) 휴일이 아니고 휴일의 부여 여부, 휴일의 유·무급 여부는 취업규칙, 단체협약 등 노사 당사자 사이의 약정에 따라 결정되었다. 2018년 3월 개정 근기법 제55조제2항에 의하면 「사용자는 근로자에게 대통령령으로 정하는 휴일을 유급으로 보장하여야 한다. 다만, 근로자대표와 서면으로 합의한 경우 특정한 근로일로 대체할 수 있다」고 규정하였고, 근기법 시행령 제30조제2항은 「법 제55조제2항에서 '대통령령으로 정하는 휴일' 은 「관공서의공휴일에관한규정」제2조의 공휴일(제1호 일요일은 제외한다) 및 제3조의 대체공휴일을 말한다」고 규정하여 관공서의 공휴일을 민간기업의 유급휴일로 의무화하였다.

2. 관공서의 공휴일을 민간 기업의 유급휴일로 의무화한 개정 이유

우리나라 관공서 등은 「관공서의공휴일에관한규정」에 따라 공휴일을 지정하고 있으나 민간기업의 경우에는 단체협약, 취업규칙 등에 따라 공휴일 휴무 여부가 다른 실정이었다. 이에 단체협약, 취업규칙 등에 공휴일 휴무규정이 없는 영세 중소기업 근로자는 명절 연휴와 같은 공휴일을 유급휴일로 보장받지 못해 휴일에 있어서도 불합리한 차별이 존재하였다. 따라서, 공휴일에 근로자가 차별 없이 휴식을 취할 수 있도록 공휴일을 근기법상 유급휴일로 보장하려는 것이다.

3. 규정 내용의 구체적 적용 방법

(1) 공휴일의 민간기업 유급휴일 적용기준

명절(설 추석), 국경일 등 관공서의 공휴일과 대체공휴일을 유급휴일로 의무화 (휴일 ±15일 추가)하였다. 대체공휴일이란 설·추석 연휴가 일요일이나 다른 공휴일과 겹칠 경우와 어린이날이 토요일 일요일이나 다른 공휴일과 겹칠 경우 겹치는 공휴일 다음의 첫번째 비공휴일을 휴일로 부여하는 제도를 말한다.

〈관공서의 공휴일에 관한 규정〉

<table>
<tr><td rowspan="3">공휴일</td><td colspan="2">일요일 ➔ 근기법 시행령 제30조제2항에서 제외</td></tr>
<tr><td>• 국경일 중 3·1절, 광복절, 개천절, 한글날 (제헌절 제외)
• 신정 • 설, 추석 연휴 3일 • 석가탄신일
• 크리스마스 • 어린이날 • 현충일</td><td>15일</td></tr>
<tr><td colspan="2">• 공직선거법 상 선거일
• 기타 수시 지정일(임시공휴일)</td></tr>
<tr><td>대체 공휴일</td><td colspan="2">설·추석 연휴 및 어린이날이 일요일 또는 다른 공휴일과 겹치면 다음 비공휴일을 공휴일로 정함 (어린이날은 토요일이 겹치는 경우도 포함)</td></tr>
</table>

(2) 관공서의공휴일에관한규정 제2조제1호의 "일요일"의 취급

근기법 제55조에 따라 주휴일을 부여하므로 관공서의 공휴일에서 일요일은 제외하였다. 사용자는 1주일에 평균 1회 이상의 유급휴일을 부여하여야 한다(근기법 제55조). 주휴일을 특정일에 부여하여야 한다고 정하고는 있지 않으므로 주휴일을 반드시 일요일에 부여해야 하는 것은 아니다. 다만, 주휴일 제도의 취지상 근로계약, 취업규칙 등에 매주 같은 요일을 주휴일로 정하여 정기적으로 부여하는 것이 바람직하다(2001.8.22, 여성고용지원과 68240-342).

(3) 시행시기

상시 사용근로자(규모)별로 3단계, 2년에 걸쳐 단계적으로 시행한다.

- 근로자 300인 이상 및 국가, 지자체, 공공기관: 2020.1.1.
- 근로자 30~300인 미만: 2021.1.1.
- 근로자 5~30인 미만: 2022.1.1.

4. 관공서의 공휴일 대체

(1) 휴일대체의 요건

근로자대표와 (사전에) 서면 합의하고, 교체할 다른 날을 특정하여 유급휴일로 부여해야 하며 개별 근로자의 동의를 요하지는 않는다.

휴일 대체의 요건은 첫째, 근로자대표와 서면 합의가 있어야 하고 둘째, 사전에 근로자에게 교체할 휴일을 특정하여 고지해야 한다(24시간 전).

여기서 근로자대표란 근로자의 과반수로 조직된 노동조합이 있는 경우에는 그 노동조합, 근로자의 과반수로 조직된 노동조합이 없는 경우에는 근로자의 과반수를 대표하는 자를 말한다(근기법 제24조제3항).

(2) 휴일대체근로와 휴일근로 가산수당 지급 여부

휴일대체 근로는 휴일근로 가산수당의 지급의무가 없다. 다만, 변경된 대체휴일에 근로한 경우에 휴일근로가산수당을 지급해야 한다. 휴일대체를 하는 경우 원래의 휴일은 통상의 근로일이 되고 그 날의 근로는 휴일근로가 아닌 통상의 근로가 되므로 휴일근로 가산수당이 지급되지 않는다(대법 2008.11.13, 2007다590).

(3) 휴일대체가 인정되지 않는 경우

① 대체 휴일을 특정하여 고지하지 않고, 임의로 사용토록 할 때

② 근로자의 날 (5.1)

'근로자의 날' 은 휴일 대체할 수 있는 규정이 없으므로 휴일 대체를 할 수 없다. 근기법 제57조에서 동법 제56조의 연장·휴일·야간근로에 대하여 보상휴가제를 실시할 수 있다고 규정하고 있을 뿐 근로자의 날을 제외하고 있지 않으므로 근로자의 날은 보상휴가를 실시할 수 있다(2007.11.13, 임금근로시간정책팀-3356).

(4) 휴일대체 근로 시 근로시간 초과

휴일대체 근무의 경우에도 근기법 제53조제1항에 의한 주 52시간 한도는 준수해야 한다. 휴일대체를 하였다면, 원래의 휴일은 통상의 근로일이 되므로 그 날의

근로도 휴일근로가 아닌 통상의 근로가 된다. 따라서, 휴일대체 근로시간을 포함하여 주 52시간 범위 내에서 근로가 가능하다.

(5) 구체적 적용 사례

근로시간 산정 단위기간이 월요일부터 일요일(7일)인 사업장에서 월요일부터 금요일(5일) 8시간씩 근무하고, 토요일에 12시간을 근무하여 총 52시간을 근무한 근로자의 경우, 주휴일인 일요일에 휴일 대체를 통해 추가근로가 가능한지 여부이다.

주 52시간(연장근로 한도 12시간)을 근무한 상태에서 휴일대체를 통해 주휴일인 일요일에 8시간 근로한다면 일요일 근무가 통상근로가 되며, 법정근로시간인 월요일부터 금요일(5일) 40시간과 토요일 연장근로 12시간을 포함하여 최대 52시간 한도를 사용한 상황에서 일요일 8시간의 연장근로가 추가되어 연장근로한도 12시간을 초과하므로 근기법 위반에 해당된다.

5. 대체공휴일

대체공휴일제도란 「관공서의공휴일에관한규정」에 따라 설·추석 연휴 및 어린이날이 다른 공휴일(어린이날의 경우 토요일 포함)과 겹칠 경우 중첩되는 공휴일 다음 첫 번째 비공휴일을 공휴일로 운영하는 제도를 말한다.

종전에는 공휴일은 「관공서의공휴일에관한규정」에 규정된 날로서 관공서가 쉬는 날을 의미하며 단체협약 등으로 위 공휴일을 휴일로 명시한 경우에 한해 약정휴일에 해당된다(2014.8.27, 근로개선정책과-4792). 그러나 「관공서의공휴일에관한규정」(2013.11.5, 개정시행)의 개정에 따라 대체공휴일제가 도입되었다. 명절과 가정을 중시하는 국민적 정서를 고려하고 휴식을 통한 재충전의 기회를 제공하기 위하여 설날 연휴 또는 추석 연휴가 다른 공휴일과 겹치는 경우에는 연휴 다음의 첫 번째 비공휴일을 공휴일로 하고, 어린이날이 토요일 또는 다른 공휴일과 겹치는 경우에는 어린이날 다음의 첫 번째 비공휴일을 공휴일로 하는 대체공휴일제를 도입하여 매년 일정 수준 이상의 공휴일을 보장하려는 것이다. 따라서 「관공서의공휴일에관한규정」에 따른 공휴일을 약정휴일로 정하고 있는 경우 원래의 공휴일은 약정휴일에 해당한다고 볼 수 있다(2014.6.13, 근로개선정책과-3361).

2017년도의 경우 추석 전날(10월 3일)은 개천절로서 「관공서의공휴일에관한규정」 제3조의 대체공휴일이 적용되어 추석 공휴일 다음의 첫 번째 비공휴일(10월 6일)은 대체공휴일에 해당한다.

[그림 18-1] 대체공휴일제 적용시 늘어나는 연휴 기간(예: 2017년 10월 추석 연휴)

1	2	③	4	5	⑥	7	8	9
일	월	화	수	목	금	토	일	월
		개천절 ←— 추석 연휴 —→			대체 공휴일			한글날

5 약정휴일은 어떻게 취급되는가

1. 약정휴일의 개념과 법적 성질

주휴일·근로자의 날·관공서의 공휴일 등 외에 회사가 창립일을 기념하기 위하여 독자적으로 창립기념일을 정한 휴일이 있다. 이 휴일을 약정휴일 또는 법정외휴일이라 부르고 법정휴일과 구별하고 있다. 이에 해당되는 것으로 회사 또는 노조 창립기념일, 지방문화축제일 등이 있다. 이러한 약정휴일은 법 기준을 상회하는 회사독자의 휴일이므로 노사당사자(취업규칙으로 정할 때에는 사용자)가 자유롭게 결정할 수 있다. 물론 과거의 노동관행에 반하거나 일방적으로 불이익하게 변경하는 것은 근로조건을 정한 취업규칙의 불리한 변경으로 근로자 과반수의 동의가 있어야 하지만 새로이 약정휴일을 설정, 휴일을 증가시키는 때에는 자유롭게 정할 수 있다(다만, 근로자 과반수의 의견을 받아 취업규칙을 변경하여야 한다).

2. 약정휴일의 설정과 취업규칙

(1) 약정휴일의 설정과 약정휴일로 설정하였는지 여부의 판단기준

1) 약정휴일의 설정

약정휴일의 설정은 단체협약, 취업규칙 및 개별근로계약에 의해서 설정할 수 있다. 약정휴일은 근로계약 내용이 되는 사항이므로 근로계약 체결시 명시하여야 할 근로조건의 내용에 포함되는 것은 물론 취업규칙의 필요적 기재사항이다(근기법 제93조제1호). 약정휴일이 설정되는지 여부 또는 어떤 날이 약정휴일인지 여부 등에 관해서 분쟁이 발생한 때에는 약정휴일을 설정하고 있는 단체협약조항이나 취업규칙조항의 해석에 따라 해결해야 할 것이다.

약정휴일의 설정 등을 둘러싸고 노사 간에 분쟁이 발생한 때에는 당해 약정휴일의 설정근거가 된 단체협약 또는 취업규칙의 조항을, 관련되는 법령 내용, 당해 조항의 성립 경위 특히 노사교섭 내용, 그 때까지의 노사 관행 등의 사정을 감안해서 해석하고 그 의미를 확정함으로써 다툼을 해결하게 된다.

2) 약정휴일로 설정하였는지의 판단기준

약정휴일로 정하였는지 여부는 단체협약이나 취업규칙 등에 있는 휴일 관련 규정의 문언과 그러한 규정을 두게 된 경위, 해당 사업장의 근로시간에 관한 규율체계와 관행, 근로제공이 이루어진 경우 실제로 지급된 임금의 명목과 지급금액, 지급액의 산정 방식 등을 종합적으로 고려하여 판단하여야 한다(대법 2019.8.14, 2016다9704·9711).

(2) 약정휴일의 설정과 취업규칙

이렇게 사용자가 약정휴일을 정한 때에 그날은 휴일이므로 근로의무가 발생하지 않는다. 또 취업규칙상의 휴일에 해당하므로 취업규칙상의 필요적 기재사항으로서 변경절차를 취하여 신고하여야 한다. 이 약정휴일은 근기법에 근거한 것이 아니므로 휴일근로시의 가산임금을 제외하고 근기법 적용은 없다. 따라서 역일휴일제의 원칙의 구속도 받지 않고 또한 특별조건이나 유보조항을 두어 휴일로 한 경우도 그 조건이 불법, 부당하지 않는 한 무방하다. 그러나 약정휴일에 근로를 명받은 근로자가 근로한 때에는 휴일근로에 해당하며, 가산임금은 근기법 제56조에 따라 지급하여야 한다.

3. 약정휴일의 특정과 배치

(1) 약정휴일의 특정

근기법 제55조의 법정휴일도 사용자는 이를 특정할 의무를 지지 아니하는 이상 동 조항의 규제 밖에 놓여있는 약정휴일의 특정도 요구되지 않는다. 다만 약정휴일을 이러한 방법으로 부여하려면 부여일수나 요건을 동시에 취업규칙에 규정하여야 한다. 이러한 규정이 없는데도 약정휴일이라고 하여 근로자를 근로시키지 않으면 그것은 휴일이 아니고 근기법 제46조의 휴업에 해당된다고 판단될 가능성이 있다.

(2) 약정휴일의 배치

약정휴일은 근기법 제55조의 주휴제의 적용이 없으므로 약정휴일을 어떻게 배치하는가는 당사자의 자유이다. 약정휴일의 설정은 주의 근로시간을 감소시키는 방향으로 작용하므로 그 배치가 근기법 제50조의 근로시간 규제의 제약을 받는 일은 없을 것이다. 단체협약이나 취업규칙에 약정휴일의 배치에 관한 규정이 있는 경우에는 그에 따라야 한다.

4. 약정휴일과 근로의무

약정휴일을 취업규칙 등에서 특정한 때에는 당해 휴일의 법적 성질이 근로의무가 없는 날이라고 할지라도 근로자는 근로의무를 지지 아니한다. 약정휴일이 근로의무가 없는 날인 때에는 사용자의 일방적 의사로 근로의무를 당해 일자로 설정하는 것은 당연히 할 수 없다. 사용자는 당해 휴일에 근로자에게 근로의무를 지게 하기 위해서는 어떤 형태로든 그 동의를 받아야 한다. 따라서 당해 약정휴일에 근로자를 근로시키려고 하는 사용자는 약정휴일의 대체 또는 약정휴일의 휴일근로조치를 강구하여야 한다.

5. 약정휴일의 대체 · 대휴

(1) 약정휴일의 대체

1) 약정휴일의 사전대체

약정휴일에는 근로자는 근로계약상 근로의무가 없는 날이므로 법정휴일의 대체와 기본적으로는 같은 이유로 약정휴일의 사전대체에는 근로계약상의 근거(즉 개별근로계약이나 단체협약 또는 취업규칙에 약정휴일의 대체근거가 되는 조항)가 있어야 한다. 또한 약정휴일의 대체는 휴일에 관한 사항으로서 취업규칙의 필요적 기재사항(근기법 제93조제1호)이라고 해석하여야 한다. 이러한 조항에서 규정되어야 할 휴일대체의 요건은 법정휴일의 대체에 관해서 요구되는 요건과 기본적으로 동일하다.

약정휴일의 대체가 적법하게 행해지면 당해 휴일은 근로일이 되며 대체된 근로일은 약정휴일이 된다. 근로일로 된 휴일에 출근을 거부한 근로자는 직장규율위반 등을 이유로 징계처분이 과해질 가능성이 있다.

2) 약정휴일의 사후대체

법정휴일에 대해서는 근기법 제55조 등의 규제가 미치게 되므로 사후적으로 휴일을 대체하는 것은 허용되지 아니한다. 이에 대하여 약정휴일의 경우에는 근기법 제56조제2항의 규제를 제외하고는 다른 규제를 받지 아니하므로 사전대체뿐만 아니라 사후대체도 가능하다고 생각된다. 그러나 사후대체도 대체에 지나지 아니하므로 그 실시에는 근로계약상의 근거(단체협약, 취업규칙의 근거조항 또는 개별 동의)가 필요하다. 사후대체가 적법하게 행해지면 약정휴일에 이미 행해진 근로는 통상의 근로일의 근로로서의 취급을 받게 된다. 법정휴일이든 약정휴일이든 휴일이므로 근기법 제56조제2항의 가산임금을 지급하여야 한다. 따라서 약정휴일의 사후대체가 행해진 때에는 가산임금의 지급의무는 당연히 발생한다.

(2) 약정휴일의 대휴

약정휴일근로가 행해진 때에는 이에 대한 보상으로서 대휴가 부여되는 경우가 있다. 이 대휴를 둘러싼 문제에 관해서는 법정휴일의 대체에 관한 내용이 원칙적으로 그대로 적용된다.

6. 약정휴일과 근기법상 휴일의 중복

주휴일로 정해진 일요일과 약정휴일사유에 해당하는 연말, 창립기념일 등이 중복될 때 그날은 법정휴일인가 약정휴일인가라는 문제가 있다. 이때에는 공법상 국가에 대한 의무로서 사용자에게 의무화되고 있는 근기법상의 휴일이 강행법규로서 우선한다. 다만 「관공서의공휴일에관한규정」 제3조에 의한 대체공휴일은 법정휴일에 해당된다(근기법 제55조제2항).

행정해석(2005.3.3, 근로기준과-1186; 1987.3.3, 근기 01254-3396)에 의하면 「근

기법 제55조에 의한 주휴일과 그 밖에 유급휴일이 중복되었을 경우에는 취업규칙, 단체협약 등에 별단의 규정이 없는 한 하나의 휴일로 인정하여야 한다」고 하고, 「단체협약으로 정한 유급휴일(제헌절)과 근기법 제55조에 따라 유급휴일이 중복된 경우, 당해 단체협약 당사자간에 두 가지 유급휴일수당을 각각 지급하기로 하는 특약이 없으면 이를 따로 지급치 아니하여도 무방할 것이다」(1978.12.14, 법무 811-27540)라고 한다. 단체협약에 따른 약정 유급휴일(예: 노조창립일 등)과 주휴일(법정 유급휴일)이 겹치는 경우 그에 대한 유급임금을 중복 지급하여야 하는지 여부에 대하여서는 그 중 1일에 대해서만 지급하더라도 근기법 위반으로 볼 수는 없을 것이다. 나아가, 약정휴가기간과 주휴일, 약정휴가기간과 유급시간(약정휴일)이 중복될 때에도 휴가기간이 연장되거나 급여가 중복되는 것은 아니며, 근로자에게 유리한 내용이 적용된다고 할 것이다. 주휴일 부여요건을 충족하였으나, 주휴일 발생일 이전에 각각 근로관계가 종료된 경우에는 주휴일 청구권은 발생하지 않는다고 할 것이다(2005.3.3, 근로기준과-1186).

그러므로 약정휴일에 관하여 설령 당일에 대한 효력발생조건이나 유보조항이 정하여져 있는 때, 역일 단위의 휴일을 주지 않았을 때, 그날 근로에 대한 가산임금이 법 기준보다 저액으로 된 때 등이면 이들은 당일이 근기법상의 휴일이 되므로 위법이 된다.

6 교대제 · 격일제 · 비번근로자 및 기간제근로자의 주휴일

1. 교대제하의 주휴일

휴일의 부여단위는 하루(**역일상의 0시부터 오후 12시까지**)가 되어야 하며, 하루 이하의 분할 부여는 휴일이 되지 아니하지만, 3교대제의 작업을 하는 경우에는 예외적으로 계속 24시간 이상의 휴식을 주면 1일의 휴일이 된다. 휴일은 단체협약이나 취업규칙으로 특정되는 것이 보통인데 반드시 일요일일 필요는 없다. 24시간 격일제근로자의 경우 특별한 사정이 없는 한 1주간의 비번일 중 1일을 유급처리하는 경우라면 주휴일을 부여한 것으로 볼 수 있다(2002.8.8, 근기 68207- 2663). 주휴일에 대한 수당은 정상근로일의 소정근로시간을 기준으로 산정하면 된다. 1일 소정근로시간이 8시간인 경우 그 주의 실근로시간에 관계없이 소정근로시간 8시간에 대한 유급휴일 수당이 지급되어야 한다(2009.12.23, 근로기준과-5560). 판례(서울중앙지법 2014.8.14, 2013가합57899)는 일요일은 단체협약 휴일규정에 의한 유급주휴일에 해당하나 교대근무자들의 유급주휴일은 일요일로 고정되어 있지 않았던 점, 단체협약 휴일규정과 동일한 규정을 두고 있는 취업규칙에서 교대근무자에 대한 적용을 명시적으로 배제하고 있는 점, 개정 단체협약에서 교대근무자에 대하여 근로자의 날을 유급휴일임을 명시하는 규정을 신설한 점등에 비추어 볼 때 단체협약 휴일규정은 통상근무자들에게만 적용될 뿐, 교대근무자들에게는 적용되지 않는 것으로 해석함이 상당하다고 한다.

2. 비번근무자의 주휴일

판례(대법 1989.11.28, 89다카1145)는 「사용자는 근로자에 대하여 1주일에 평균 1회 이상의 유급휴일을 주어야 한다는 근기법 제55조의 규정은 매일 연속적으로 근로를 제공하는 경우에 한하지 않고 24시간 근로를 제공하고 24시간 휴무(非番)를 되풀이하는 이른바 격일제 근무의 경우에도 적용된다고 할 것이다」라고 하였다. 하루 근무(근무일)하는 격일제근무에 있어서의 비번일은 전날의 근무일에 정상적인 근무가 이루어지는 경우에 인정되는 휴무일로 전날의 정상적인 근무 여부와 관계없이 이루어지는 휴일과는 그 성격이 다르다. 따라서 근무일에 결근한 경우 익일의 비번일을 포함하여 1일의 결근이 아닌 2일의 결근으로 보는 것은 무방하다. 또한 이와 같은 법리로 연차휴가 등을 부여함에 있어서도 근무일과 익일의 휴무일을 함께 하여 2일의 휴가를 부여하는 것도 무방하다(1997.7.4, 근기 68207-880).

3. 격일제 근로자의 주휴일

(1) 격일제 근로자가 주휴일 전일에 근로를 개시하여 역일상 휴일까지 근로를 한 경우

이를 전일의 근로로 보아 휴일근로수당을 지급하지 않아도 무방하다. 따라서 격일제 근로자가 '근로자의 날' 전일에 근로를 개시하여 익일까지 근로를 하였더라도 그 익일의 시업시작 이전까지는 전일 근로의 연장으로 보아 휴일근로수당을 지급하지 않아도 무방하다. 다만, '근로자의 날'에 근로를 시작하여 익일까지 근로가 계속된 경우에는 그 익일의 시업시작 이전까지는 전일 근로의 연장으로 보아 휴일근로수당을 지급하여야 한다(2012.8.25, 근로개선정책과-4304).

(2) 격일제 근로시 및 3일 연속 24시간 근로하고 휴무하는 형태의 근기법 위반 여부

근기법 제59조 규정에 따른 특례업종 또는 법 제63조 규정에 따른 적용제외 근로자에 해당하지 않는 한, 24시간 격일제로 근로하거나 3일 연속해 1일 24시간을 근로하고 휴무하는 형태는 법정근로시간 및 연장근로한도인 주 52시간을 초과하므로 근기법 위반에 해당된다(2012.10.21, 근로개선정책과-5140).

4. 기간제근로자의 주휴일

근기법 제55조제1항에 따른 주휴일은 연속된 근로에서의 피로회복 등을 위한 것으로서 유급휴일의 특별규정이 적용되기 위하여는 평상적인 근로관계, 즉 근로자가 근로를 제공하여 왔고 또한 계속적인 근로제공이 예정되어 있는 상태가 전제되어 있어야 한다(대법 2013.11.28, 2011다39946). 근기법 제55조 및 동법시행령 제

30조에 따른 유급휴일 부여조건은 1주간의 소정근로를 개근한 자가 '다음 주의 근로가 예정되어 있는 경우' 인지 '근로관계를 유지한 경우' 인지에 대한 해석이 전제되어야 한다. 기간제근로자가 1주간의 근로계약으로 소정근로일수를 개근하고 퇴사하여 계속근로하지 못한 경우에는 평상적 근로관계에 있지 않으므로 주휴일이 발생하는 것으로 보기 어렵다(2015.12.7, 근로기준정책과-6551).

7 「만근 초과 근로일」 근로는 근기법상 가산수당이 지급되어야 하는 휴일근로인지 여부

버스 운전기사가 매달 정해진 근무일수를 다 채우고 추가로 근무한 이른바 '만근 초과 근무일'은 휴일근로에 해당하는지 여부이다. 버스 운전근로자들이 월간 근무일수 15일(만근)초과일이 휴일임을 전제로 이러한 휴일의 근로 중 1일 8시간을 넘은 부분에 대한 휴일근로 가산수당을 청구하였는 바 그 청구가 정당한지 여부이다. 버스 운전근로자들에게 적용되는 급여조견표상 '연장', '야간' 외에 '휴일' 항목이 별도로 있고, 각 수당 항목별로 월간 근무일수 15일을 기준으로 산정한 시급을 기초로 하여 월간 근무일수에 따라 지급되는 수당액이 기재되어 있다. 그리고 위 각 급여조견표의 휴일수당 란에는 월간 근무일수 15일을 초과하여 근무하는 날마다 8시간분 기본급의 50%를 가산하여 지급하는 것으로 기재되어 있으며, 급여명세서에도 휴업수당을 연장수당, 야간수당과 별도로 명시하였고, 실제로 버스 운전근로자들은 월근근무일수 15일(만근일)을 초과하여 근무한 날마다 8시간의 기본급의 50%에 해당하는 휴일수당을 지급받아 왔고, 이러한 휴일수당을 각 급여조견표와 급여명세서의 위 기재에도 불구하고 연장근로에 따른 가산수당을 정한 것으로 볼 만한 다른 특별한 사정이 확인되지 않는다. 운수회사는 설날, 추석 등 명시적으로 유급휴일로 정한 날의 근로에 대해서도 이러한 휴일수당과 동일하게 1일 8시간에 대해서만 휴일근로에 대한 가산수당을 지급하여 왔던 사정들을 종합하여 볼 때 버스운전근로자의 사업장(운수회사)에서는 만근 초과근로일을 '휴일'로 정하고 있다고 봄이 타당하고 따라서 버스 운전근로자들의 만근 초과근로일 근로는 근기법상 가산수당이 지급되어야 하는 휴일의 근로로 보아야 한다(대법 2019.8.14, 2016다9704 · 2016다9711).

8 휴일근로시간이 연장근로시간에 포함되는가

1. 포함 여부의 중요성

최근까지 휴일근로를 둘러싸고 노사간에 분쟁 및 갈등이 지속되고 있고 핵심 쟁점은 휴일 외 다른 날의 근로시간이 1주 40시간을 넘은 경우 휴일에 한 근로시간은 모두 휴일근로시간임과 동시에 연장근로시간에 해당하는지의 여부였지만 2018년 3월 근기법 개정에 따라 입법적으로 해결되었다. 휴일근로의 가산수당 할증률과 관련하여 중복 할증 여부에 대한 해석 및 다툼이 다수 사업장에서 노사 간 소송으로 확대되는 등 막대한 사회적 비용을 초래하고 산업현장에서 혼란이 발생했다. 이러한 혼란을 방지하고 휴일근로의 억제효과와 근로자의 임금감소 및 사업주의 비용 증가 등을 종합적으로 고려하여 휴일근로시 가산수당 할증률을 명확히 규정하였다(근기법 제56조).

휴일근로가 연장근로시간에 포함될 경우 ① 중복할증 산정 여부이고 ② 또한 휴일근로가 연장근로시간에 산입된 경우 근기법 제53조 위반 문제가 발생한다.

휴일근로는 연장근로와 함께 장시간 근로의 주요원인으로 지적되어 왔고 이는 노사 모두에게 유인효과가 컸기 때문이다. 즉, 근로자 측은 휴일근로의 가산임금을 통한 소득보전의 효과가, 사용자 측은 새로운 신규인력의 충원보다는 숙련된 기존 근로자의 연장근로를 통해 비용절감의 효과가 있기 때문이다.

2. 1주 근로시간 한도에 휴일근로시간이 포함되는지 여부에 관한 판례·행정해석의 태도

(1) 판례의 태도

1) 하급심 판례

① 휴일 8시간 이내의 근로가 연장근로에 해당한다고 본 판례: 최근 하급심 판례(서울고법 2011.11.18, 2009나74153; 서울고법 2012.11.9, 2010나50290)는 휴일 외 다

른 날의 근로시간이 1주 40시간을 넘은 경우 휴일에 한 근로시간은 모두 휴일근로시간임과 동시에 연장근로시간에 해당하므로 그 근로시간에 대하여는 모두 휴일근로수당과 연장근로수당을 중첩적으로 지급하여야 한다고 하여, 사용자에게 100%의 가산임금을 지급토록 했다. 하급심 판례에 따를 경우 연장근로시간이 엄격히 제한되어 근기법상 허용되는 1주 12시간 외에 추가적인 연장근로(휴일근로)를 할 수 없다.

② **휴일 8시간 이내의 근로가 연장근로에 해당하지 않는다고 본 판례**: 판례(서울고법 2012.2.3, 2010나23410; 부산고법 2016.2.4, 2015나21908)는 1주의 근로시간을 40시간으로 제한하는 근기법 제50조제1항 및 1주의 근로시간을 12시간으로 제한하는 제53조제1항을 해석함에 있어서 위 "1주간"의 의미를 휴일을 제외한 근로일로 제한해야 한다는 입장이다.

2) 대법원 판례

대법원[전원합의체] 판결(대법 2018.6.21, 2011다112391)은 휴일근로시간은 근기법 제50조제1항의 1주간 기준근로시간 및 제53조제1항의 1주간 연장근로시간 12시간에 포함되지 않는다면서 휴일근로에 따른 가산임금과 연장근로에 따른 가산임금은 중복하여 지급될 수 없다고 판시하였다. 판례는 「구 근기법과 근기법 시행령 규정의 내용과 체계 및 취지, 법률 규정의 제·개정 연혁과 이를 통해 알 수 있는 입법 취지 및 목적, 근로관계 당사자들의 인식과 기존 노동관행 등을 종합적으로 고려하면, 휴일근로시간은 구 근기법 제50조제1항의 '1주 간 기준근로시간 40시간' 및 제53조제1항의 '1주 간 연장근로시간 12시간'에 포함되지 않는다고 봄이 타당하다. 결국 구 근기법상 휴일근로시간은 1주 간 기준근로시간 및 1주 간 연장근로시간에 포함되지 않는다고 보아야 하므로, 당연한 논리적 귀결로 휴일근로에 따른 가산임금과 연장근로에 따른 가산임금은 중복하여 지급될 수 없다」는 것이다.

(2) 행정해석의 태도

행정해석(2015.12.10, 근로기준정책과-3713; 2000.9.19, 근기 68207-2855)은

「근기법 제50조에 의한 1주 40시간, 1일 8시간의 근로시간 한도는 원칙적으로 1주간 또는 1일의 법정기준 근로시간을 의미한다. 동법 제53조제1항의 "1주간에 12시간을 한도로 제50조의 근로시간을 연장할 수 있다"는 규정에서의 연장근로시간에는 휴일근로시간이 포함되지 아니한다. 또한 행정해석(2002.10.28, 근기 68207-3125)은 「휴일에 법정근로시간 8시간을 초과한 경우에는 그 초과된 시간에 대하여 휴일근로가산수당 이외에 연장근로수당도 지급하여야 하며, 이 경우 초과된 시간은 1주 12시간 연장근로시간에 포함된다」라고 한다. 판례도 「고용노동부 행정해석에 기초하여 휴일근로가 연장근로에 포함되지 않는다는 전제에서 휴일근로로 인해 1주 간 연장근로 한도가 초과되었다는 등의 별다른 이의제기 없이 오랜 기간 휴일근로가 이루어져 왔다」고 판시하고 있다. 이 판결은 2018.7.1 이전의 사건에 대하여 휴일근로를 연장근로에 포함하지 않고 중복할증을 인정하지 않았다는 점이다. 2018.7.1부터 근기법 제56조제2항에 따라 중복할증문제를 입법적으로 해결하였다.

3. 근기법의 규정내용

근기법 제2조제1항제7호에서 '1주란 휴일을 포함한 7일을 말한다' 고 신설하여 1주의 개념과 범위를 명확히 하였다. 1주가 7일임을 명시하여 주 최대 근로시간은 52시간(법정근로시간 40시간+연장근로시간 12시간)으로 단축하고 근로자의 소득 감소 및 중소기업의 경영상 부담 등을 고려하여 상시 근로자 수에 따라 기업규모별로 단계적으로 시행하도록 하였다. 또한, 근기법 제56조제2항에서 휴일근로의 가산수당 할증률은 8시간 이내의 휴일근로에 대해 통상임금의 50%를, 8시간 초과 휴일근로는 100%를 가산 지급하도록 명확히 함으로써 휴일근로의 가산수당 할증률과 관련한 논란을 입법적으로 해결하였다.

9 휴일근로의 할증률에 관한 Q&A

Q1 월요일부터 금요일까지 8시간씩 근로한 후 주휴일 10시간을 근로한 경우, 주휴일 10시간분의 가산수당 산정 방법은?

근기법 개정에 따라 연장근로에도 불구하고, 휴일근로에 대하여는 1일 8시간 이내에 대해서 50퍼센트 가산, 8시간 초과분에 대해서는 100퍼센트 가산하여 지급하면 된다. 월요일부터 금요일까지 주 40시간을 근무하여 주휴일 10시간이 연장근로이자 휴일근로라 하더라도 근기법 제56조제2항에 따라 8시간에 대하여는 통상임금의 50퍼센트, 2시간에 대하여는 통상임금의 100퍼센트 가산하여 지급하여야 한다.

Q2 단시간 근로자가 월요일부터 금요일까지 6시간씩 근로한 후, 주휴일 10시간을 근로한 경우, 주휴일 10시간분의 가산수당 산정 방법은?

단시간근로자의 휴일근로 가산임금에 대하여 「기간제및단시간근로자보호등에관한법률」에는 규정한 바 없으므로 근기법 제56조제2항을 따라야 한다. 따라서, 단시간근로자도 주휴일 8시간에 대하여는 통상임금의 50퍼센트, 2시간에 대하여는 통상임금의 100퍼센트 가산하여 지급하여야 한다.

Q3 무급휴무일인 토요일에 10시간 근로한 경우에도 제56조제2항에 따른 '휴일근로 가산임금'이 적용되는가?

근기법 제56조제2항은 휴일근로에 대한 가산임금 지급율을 정한 것이므로 법정휴일과 약정휴일의 근로에는 적용되지만, 휴무일이나 비번일 등 휴일이 아닌 날은 적용되지 않는다.

제18장 휴일대체 · 대휴를 둘러싼 문제

- 휴일대체 · 대휴를 둘러싼 분규 방지를 위하여 -

1 휴일의 대체의 의의와 요건

1. 휴일대체란 무엇인가

휴일이 취업규칙 등에 미리 특정되고 있는 때에도 업무형편상 그 휴일에 근로시켜야 할 경우가 생긴다. 이때 그 휴일, 예컨대 일요일에 근로시키는 데는 여러가지 방법이 있을 수 있으나 휴일근로의 방법에 의하지 아니하고 근로시키는 방법이 휴일의 대체이다. 「휴일의 대체」란 취업규칙 등에 미리 휴일로 특정되어 있는 날 즉, 근로의무가 없는 날을 다른 근로일과 교체하여 휴일을 근로일로 하고 다른 근로일을 휴일로 하여 「근로의무가 없는 날」로 하는 조치를 말한다(2013.1.30, 근로개선정책과-875; 2006.7.21, 임금근로시간정책팀-1815). 예를 들면 일요일을 휴일로 정하여 놓고 있는 회사에서 일요일에 근로시킬 필요가 생긴 때 그 전 주의 소정근로일인 목요일을 휴일로 하고 그 목요일 대신에 일요일(다음주)에 근로시킨다는 것(휴일을 당긴다)을 미리 지정하여 실시하는 것이다. 이와 같이 대체조치를 한 때에 종전의 휴일은 소정근로일로 변하는 것이므로 그날의 근로는 당연히 휴일근로로 되지 아니하고 적법한 소정근로일의 근로가 된다. 그러므로 대체된 근로일로 된 대체근로일에 결근한 자에 대하여 임금을 공제하여도 위법이 아니다.

2. 휴일의 대체조치에 필요한 요건

적법한 대체조치를 하기 위해서는 다음의 요건을 모두 충족하여야 한다.

(1) 취업규칙 등으로 휴일대체조치를 미리 정한다

판례(대법 2000.9.22, 99다7367; 대법 2008.11.13, 2007다590)에서는 「근기법 제55조에 의한 유급주휴는 반드시 1주 1일씩 실시하여야 하며 그 지정된 날짜를 변경하고자 할 때에는 미리 취업규칙이나 단체협약에 규정하고 그에 따라 실시하거나 또는 근로자의 동의를 얻은 경우 미리 근로자에게 교체할 휴일을 특정하여 고지하면 달리 보아야 할 사정이 없는 한 적법한 휴일대체이며 적법한 휴일대체인 경우에는 원래의 휴일은 통상의 근로일이 되고 그 날의 근로는 휴일근로가 아닌 통상근로가 되므로 사용자는 근로자에게 휴일근로수당을 지급할 의무를 지지 않는다」고 판시하였다. 행정해석(2006.7.21, 임금근로시간정책팀-1815)도 같은 해석을 하고 있다. 또 「취업규칙에서 매 일요일을 휴일로 한다는 원칙적 규정을 하였더라도 정전일 등 휴일대체가 필요한 때에 휴일을 대체한다고 규정하여 대체한 때에는 그 일요일은 근로일이 되고 휴일근로가 되지 않는다」고 하여 대체의 요건으로서 그 대체규정을 정하여 둘 것을 필요적인 것으로 하였다. 근로계약, 취업규칙, 단체협약 등에서 대체규정을 정한 바 없이 사용자가 일방적으로 휴일을 근로일로 하여 통상일과 동일하게 근로시키는 것은 법률상의 근거가 없는 즉, 근로계약상 의무 없는 근로를 명하는 것이 된다. 따라서 이는 민사상 무효로서 근로자는 이에 따라야할 의무가 없고, 사용자의 근로명령에 따르지 않은 것이 위법이 되지 않는다.

(2) 대체사유와 절차를 정한다

취업규칙 등에 정하는 대체규정의 내용이 단지 「업무상 필요한 사정에 따라 휴일을 다른 근로일로 대체할 수 있다」는 식의 추상적·일반적 규정으로 충분할 것인가, 아니면 더 구체적으로 그 사유를 열거 명시하고 대체절차에 대하여도 정해야 되는가가 문제이다.

행정해석(1979.7.6, 법무 811-16173) 「취업규칙에서 정한 주휴일의 대체는 대체방법을 미리 규정하고 예측할 수 있는 사유로 근로자에게 사전 통지한 경우 가능하다」고 하고 있다.

(3) 대체할 날을 특정한다

예컨대 다음주의 일요일과 목요일을 대체한다는 식으로 약정휴일과 대체할 날을 구체적으로 지정하여야 한다. 왜냐하면 미리 약정휴일을 근로일로 하고 그 대신 소정근로일을 휴일인 근로의무가 없는 날로 하여 두지 않으면 휴일대체가 되지 않기 때문이다. 이 점에 관한 행정해석도 「취업규칙에서 휴일을 특정하였다고 하더라도 별도로 휴일대체가 필요한 경우 휴일을 대체할 수 있다는 규정을 하여 두고, 미리 대체할 날을 특정하면 이에 의해서 대체한 때에는 당해 휴일은 근로일로 되고 휴일에 근로시킨 것으로 되지 아니한다」고 하여 이 점을 명백히 하고 있다. 후술하는 이른바 대휴와의 차이는 미리 특정한 날을 지정해서 휴일과 근로일과를 교환하고 있는가 어떤가라는 점에 있다.

(4) 적어도 전일근무종료시간 전에 특정하여 주지시킨다

휴일은 미리 근로의무가 없는 날로 정하여져 있으므로 당일을 통상의 근로일로 하고 그 대신 통상의 근로일을 휴일로 하도록 미리 대체시켜 두기 위해서는 그것이 근로자들에게 주지, 인식되어 있어야만 그 대체의 효력이 근로자에게 미치게 되는 것이다. 그렇다면 몇 일전까지 주지시켜야 되는가. 이 점에 있어서 적어도 휴일을 늦추는 경우에는 대체되는 약정휴일의 전날 이전에 예고되어야 한다. 행정해석(1978.4.8, 법무 811-18759)은 「다른날로 대체하는 경우에는 적어도 24시간 이전에 전 근로자에게 주지시켜야 할 것이다」라고 한다. 여기서 전날 이전이란 적어도 전날의 근무시간 종료 시까지라고 본다. 휴일을 늦추는 경우가 인정되므로 그 반대로 휴일을 앞당기는 경우도 역시 인정된다. 휴일을 앞당긴다는 것은 약정휴일을 그 휴일 이전시기로 당겨서 주는 것을 말한다. 예를 들면, 매 일요일을 휴일로 하고 있는 경우에 내주의 일요일과 금주의 목요일과를 대체하여 금주의 목요일을 휴일로 하고 내주 일요일을 근로일로 하는 등 휴일을 약정휴일 이전에 주는 방법이다. 물론 이때에도 위에서 명시한 4가지 요건을 충족하여야 적법하다. 이때의 주지시기는 앞당기는 날의 전일이 된다. 앞의 사례에 있어서는 금주의 목요일의 전일 즉, 금주 수요일의 근무종료 시간전에 예고하여 실시하여야 한다. 이렇게 하여 원래 휴일이었던 날(대체조치)에 근로시킨다 하더라도 그것은 당연히 가산임금 지급 대상이 되지 않는다.

1) 휴일의 앞당김

수	목	금	토	일	월	화	수	목	금	토
근로일	근로일	근로일	근로일	휴일	근로일	근로일	근로일	근로일	근로일	근로일

휴일로 된다 ◀——▶ 근로일로 된다

2) 휴일의 늦춤

수	목	금	토	일	월	화	수	목	금	토
근로일	근로일	근로일	근로일	휴일	근로일	근로일	근로일	근로일	근로일	근로일

근로일로 된다 ◀——▶ 휴일로 된다

3. 취업규칙상 명문규정이 없는 휴일의 대체

고용노동부의 행정해석은 전기 2의 (1)에 기술한 견해에 따르고 있으나 판례상으로는 본인의 동의 또는 묵시의 지시에 의한 휴일의 대체를 인정하고 있다. 즉, 「근기법에는 휴일을 미리 특정하여야 한다는 규정이나 그 대체를 금지한 규정이 없고 또 주휴제의 원칙규정은 훈시규정이므로 미리 특정요일을 휴일로 한다는 휴일특정의 이익은 근로자의 동의를 얻었다 하더라도 상실시킬 수 없는 이익이라고는 할 수 없으므로 사용자는 휴일대체의 규정이 없었다 하더라도 적어도 개개인의 동의를 얻은 때에는 휴일대체를 할 수 있는 것으로 해석한다」고 하여 본인의 동의를 얻은 대체를 인정한 것이 있다. 법상으로는 그 특정을 필수요건으로 하지 않는다. 행정해석(1987.4.22., 근기 01254-6536)은 「휴일근로일의 변경은 단체협약, 취업규칙 등에 규정하거나 노사협의회 등에서 결정함이 바람직하다」고 한다.

4. 유급휴일 대체시의 가산임금 지급 여부

근기법 제55조제1항의 주휴일과 동조 제2항의 관공서의 공휴일 및 대체공휴일과 단체협약이나 취업규칙 등으로 정한 휴일(약정휴일)을 다른 날로 변경(대체)하고자 하는 경우, 단체협약이나 취업규칙 등에 관한 요건과 절차 등을 정하고 있을 때에는 그에 따라야 할 것이나 그와 같은 정함이 없는 경우에는 노사간의 합의가 있어야 할 것이다. 이 경우 관공서의 공휴일과 대체공휴일의 대체시에는 근로자과반수 대표자와 서면으로 합의하여야 한다(근기법 제55조제2항).

따라서 근로자의 동의를 휴일대체의 요건으로 단체협약에 규정하고 있음에도 근로자의 동의없이 휴일을 다른 날로 대체하는 것은 휴일대체의 효력이 없으므로 당초의 휴일에 근로한 경우에는 근기법 제56조 소정의 휴일근로수당을 지급하여야 하나, 근로자의 동의가 있었거나 있었다고 볼 수 있는 경우에는 별도의 휴일근로수당을 지급할 필요가 없을 것이다.

다만 '근로자의 날'은 법률로서 특정한 날을 유급휴일로 정하고 있으므로 다른 날로 대체할 수 없으며, 다른 날로 대체하였더라도 근로자의 날에 근로한 경우에는 근기법 제56조에 의한 휴일근로수당을 지급하여야 한다. 휴일대체에 관하여 근로자의 동의가 있었는지 여부에 대하여는 사업장에서 휴일대체를 위해 부서별로 작성하는 근무스케줄 작성행위에 개별 근로자가 참여하였다면 개별 근로자의 명시적 의사표시가 없었다 하더라도 휴일대체에 대한 동의가 있었던 것으로 볼 수 있을 것이다(2004.2.19, 근로기준과-829).

5. 유급휴일 중복에 따른 휴일 부여방법

유급휴일과 주휴일이 중복될 경우 취업규칙 또는 단체협약 등에 별도의 정함이 없는 한 근로자에게 유리한 하나의 휴일만 인정하면 될 것이며, 근로자의 날은 「근로자의날제정에관한법률」에 따라 소정 근로일의 개근 여부와 관계없이 부여되는 유급휴일이므로 근로자의 날과 주휴가 중복될 경우 1주 간의 소정 근로일을 개근하지 못한 근로자에 대해서는 근로자의 날인 유급휴일이 부여되어야 할 것이다 (2005.8.17, 근로기준과-4267).

6. 사업장 전체 또는 부분적 휴일대체의 실시는 가능한가

휴일의 대체는 사업장 전체가 아니라 근로자 개개인에 실시하더라도 적법이며 개별 근로자별, 과별, 또는 작업장별로 행하더라도 상관없다. 본래 휴일은 반드시 '사업장 일제 부여'를 하는 것이 아니므로, 근로자 개개인에 관하여 매주 1일 부여하는 것이므로, 연중무휴나 24시간 연속 조업하는 회사에서는 근로자 개개인에게 교대로 휴일을 부여하여도 무방하다.

7. 약정휴일의 대체

회사에서 임의로 규정하고 있는 약정휴일은 근기법상의 「주휴일」은 아니다. 약정휴일을 유급휴일로 하느냐의 여부는 노사의 자유에 맡겨져 있는 날이다. 단체협약이나 취업규칙에서 휴일로 인정하고 있지 아니하면 이날 근로를 시키더라도 근기법상의 휴일근로에 해당되지 아니한다.

따라서 이들 휴일의 대체에 관하여 근기법 제93조제1호의 기재사항으로 "휴일"이 명시되어 있고 주휴일과 약정휴일을 구별하고 있지 아니하므로 취업규칙에 휴일의 대체절차를 규정할 필요가 있다.

8. 대체휴일의 근로자지정제

(1) 주휴일 또는 약정휴일의 경우

대휴와 비슷한 것으로 휴일대체일의 근로자지정제가 있다. 휴일의 대체는 미리 휴일과 근로일의 대체에 따라 휴일과 어떤 근로일을 특정하여 사전에 휴일과 근로일을 변경하는 조치이므로 이 경우 「휴일은 반드시 특정할 것을 요구하는 것은 아니므로」 본래 대체휴일로 하는 날은 사전에 특정하여야 하나 그 특정(지정)권한을 근로자에게 부여하여 어느 날로 대체 변경할 것인가를 근로자의 지정에 맡기는 것이다. 대휴와의 차이는 대휴는 휴일근로의 대상 내지 대체로서의 휴일을 부여한 것이며, 대체휴일의 근로자지정제는 어디까지나 사전의 휴일의 이동에 의한 교환적인 변경으로 근로자의 일정기간의 대체휴일의 지정이라는 형식으로 휴일의 이동(변경)을 행하는 것이다. 「다음 주의 일요일의 휴일은 일정한 기간 내에서 다른 근로일과 대체 변경하고 대체휴일은 그 범위 내에서 근로자가 지정하는 날로 한다」고 하는 합의에 있다. 이 경우 근로자의 대체 휴일의 지정은 사전에 행하는 것이 바람직하지만 소정기간 내에서 사후에 지정하더라도 사전에 휴일대체(변경)로서 명시하여 행하는 한 유효한 것이다.

(2) 관공서의 공휴일의 경우

사용자는 근로자에게 대통령령으로 정하는 휴일을 유급으로 보장하여야 한다. 다만 근로자대표와 서면으로 합의한 경우 특정한 근로일로 대체할 수 있다(근기법 제56조제2항). 동 조항에서 말하는 대통령령으로 정하는 휴일이 바로 「관공서의공휴일에관한규정」 제2조에 따른 공휴일과 제3조에 따른 대체공휴일이다. 사용자가 근로자대표와 서면으로 합의한 경우에는 특정한 근로일로 대체할 수 있으며 이 경우에 서면합의서에 근로자에게 대체휴일을 지정할 수 있도록 대체휴일의 근로자지정제를 도입할 수 있다.

9. 취업규칙의 규정례

휴일의 대체와 대휴의 취업규칙의 규정은 다음과 같이 정할 수 있다.

제○조 【휴일의 대체】 ① 회사는 업무상의 필요성이 있는 경우 제○조의 휴일을 다른 근로일과 대체할 수 있다.
② 제1항의 경우, 회사는 대체의 통지를 대상으로 하는 휴일 또는 근로일의 전일까지 하여야 한다.
제○조(대휴) ① 제○조의 휴일에 있어서 휴일근로를 한 근로자에 대하여 회사의 업무상의 판단에 따라 대휴를 부여할 수 있다.
② 제1항의 대휴를 부여한 경우 휴일근로에 대하여는 근기법 소정의 가산임금을 지급한다.

2 휴일대체의 효과

1. 적법한 휴일대체의 효과

① 휴일대체요건을 충족하는 휴일대체의 효과는 대체의 대상이 된 휴일은 이미 근기법 제55조제1항에서 말하는 「휴일」이 아니고 「근로일」로 되며(즉 근로의무가 설정된다), 대체된 근로일이 동조의 휴일이 된다(근로의무가 없는 날이 된다). 적법하게 행해진 휴일대체는 단순히 근로계약상의 효과가 있을 뿐만 아니라 근기법상의 효과도 있다. 이상과 같은 휴일대체의 효과에서 다음과 같은 효과가 파생한다.

② 먼저, 대체로 인하여 근로일이 된 휴일에 대해서 근로자는 근로의무를 진다(다만 대체한 결과 연장근로로 되는 부분은 별도의 근거가 필요하다). 그리고 근로일이 된 휴일에 근로자가 근로의무를 이해하여야 할 근무형태, 구체적으로는 업무시작, 종료시각, 휴게는 대체된 날의 그것에 의한다는 것이 취업규칙의 합리적인 해석이라고 할 것이다.

③ 휴일대체로 인해서 휴일인 날에 근로의무를 지게 되는 결과, 근로자가 취업규칙 등에서 규정하는 정당한 사유 없이 그 날에 노무를 제공하지 아니한 때에는 사용자는 취업규칙 등 소정의 기준에 따라서 계산된 근로하지 아니하는 부분에 상당하는 금액을 임금에서 공제할 수 있다. 또한 이 노무의 부제공이 취업규칙에 정한 징계사유(예컨대 직장규율 위반, 업무상의 지휘명령 위반 등)에 해당될 때에는 근로자는 징계처분을 받을 수도 있다. 다만 사용자의 일방적 의사에 의한 휴일대체인 경우에는 근로자의 근로하지 않는 것이 징계사유에 해당된다고 할 경우에도 사용자는 근로하지 않게 된 근로자의 개인적 사정을 고려해서 징계권을 행사하는가 아닌가를 결정할 것, 또 행사하는 경우에도 이러한 사정을 고려해서 처분 내용을 결정할 것 등이 요청된다.

근로자가 실제로 해당 근로일에 노무를 제공한 경우에는, 취업규칙 등에 정하는 바에 따라 그 근로에 대한 임금이 지급되어야 한다. 특히 2개의 임금계산 기간에 걸쳐서 휴일대체가 행하여진 때에는 근로일로 된 휴일이 속하는 기간의 소정근로일수가 증가하므로 증가된 소정근로일수에 대응하는 임금을 지급하지 않으면 임금

전액지급의 원칙 위반의 문제가 생긴다. 휴일대체로 근로일로 된 휴일은, 이미 근기법 제55조제1항의 휴일이 아니므로 해당 일의 근로는 제55조제1항의 휴일근로가 되지 않고 당연히 제56조 소정의 가산임금 지급대상도 아니다(대법 2008.11.13, 2007다590).

④ 대체된 근로일은 근기법 제55조제1항의 휴일로 된다. 따라서 해당 일에는 근로의무가 없으므로 적법한 휴일의 재대체 또는 휴일근로명령이 없는 한 근로자는 사용자에게 노무제공의무를 지지 아니한다. 이 휴일에 임금이 지급되는가는 본래의 휴일에 관해서 취업규칙 등에 정하는 바에 따른다.

⑤ 이 휴일대체에서는 대체일인 근로일의 시업, 종업시각에 관한 취업규칙 등의 규정이 당해 휴일에 적용된다.

2. 위법한 휴일대체의 효과

휴일대체가 그 유효요건을 충족하지 않고 행해진 위법한 것인 때에는 그 대체는 효력이 생기지 아니한다. 그 결과 첫째, 대체의 대상이 된 휴일은 근기법 제55조제1항에서 말하는 휴일이 된다. 그러므로 사용자는 해당일에 출근을 거부한 근로자에 대하여 직장규율 위반 등을 이유로 징계처분을 할 수 없다. 사용자의 휴일대체에 따라서 출근한 근로자는 휴일근로를 행한 것이 되므로(근로자의 출근사실을 가지고 대체에 대한 개별적 동의라고 당연히 해석되는 것은 아니다), 사용자는 제55조 등 소정의 요건이 충족되지 아니하면 근기법 위반의 책임을 지게 되고, 제56조에 정하는 가산임금을 근로자에게 지급하여야 한다. 둘째, 대체된 날은 근로일이므로 그날 출근한 근로자의 노무이행을 휴일대체로 해당 일이 휴일로 되었다는 이유로 사용자가 거부하더라도 민법 제538조(채권자 귀책사유로 인한 이행불능)에 의하여 근로자는 임금청구권을 상실하지 아니한다.

셋째, 근로자들에게 적법하게 대체휴일(특정휴일을 근로일로 하고, 대신 통상의 근로일을 휴일로 대체하는 것을 말한다)을 특정하여 고지하지 아니한 이상 근로자들이 7일 이상을 연속하여 근무한 경우 7일째 되는 날은 주휴일로 간주하여 그 날의 근로는 휴일근로일수에 산입하여야 한다(대구지법 2019.4.18, 2014가합203094).

3 대휴란 무엇인가

1. 대휴의 의의 및 유형

대휴와 휴일대체는 법률상 상이하다. 휴일대체는 미리 휴일과 다른 근로일의 대체조치를 취한 것을 말하며, 대휴는 대체와 달리 미리 휴일과 다른 근로일을 대체하여 두지 아니하고 실제 휴일에 근로시킨 후 휴일근로의 대상으로서 다른 근로일을 휴일로서 쉬게 하는 것을 말한다. 예를 들면, 약정휴일인 일요일에 근로시킨 후 그 대신 수요일을 휴일로 한다든가 또는 일요일에 근로시키고 후일 적당한 날 휴일을 주는 경우 등이다. 이런 대휴에는 다음 2개의 유형이 있다.

① 휴일근로에 대한 대가적인 대상조치로서의 휴일을 부여하는 경우

② 연장근로의 대가적인 연장근로시간이 일정한 시간에 달할 때에 대상조치로서의 휴일을 부여하는 경우

또 일부 기업에서는 이 대휴를 실제로 대휴로서 취급하지 아니하고 그 대휴청구권을 유보하여 두며 질병 결근에 사용하거나 이것들을 모아서 대휴케 함으로써 연차유급휴가와 동일한 기능을 하게 하여 이것을 연도 종료시에 수당으로 지급하는 사례도 있다.

2. 대휴는 반드시 주어야 하는가

'대휴' 제도는 법률상 인정된 것이 아니며 개별 회사에서 취업규칙 등으로 별도로 규정하여 실시하고 있는 제도이다. 따라서 이와 같은 대휴제도를 설정하느냐는 기업의 자유이다. 즉, 이 점에 관하여 법률상으로는 '휴일근로' 에 관하여는 근기법상에 규정되어 있는 '가산임금' 을 지급하고 있기만 하면 그 이상으로 대신의 휴일을 주어야만 하는 대휴부여의무는 없는 것이다. 대휴제도는 각 기업에서 취업규칙, 단체협약 등으로 정한 경우에 인정되는 것이므로 이러한 규정이 없다면 근로자에게 사용자에 대한 대휴청구권이 발생되지 아니한다. 그러므로 대휴는 그 발생요건, 취득절차는 반드시 취업규칙에 정하는 것이 바람직하다.

3. 사용자는 일방적으로 대휴일을 지정할 수 있는가

대휴에 있어서 후일 사용자가 부여한 대휴일의 법적 성질은 어떠한가, 이 대휴일은 본래 근로의무가 있는 근로일이므로 그 소정근로일의 근로의무를 면제하여 휴일로 하는 것이다. 그러므로 이 대휴일은 그 날의 근로의무를 면제하는 채권자인 사용자의 의사표시가 있는 날이며, 이른바 지정휴일과 동일한 성질의 것이다. 그 대휴일은 근로의무가 있는 소정근로일에 있어서 그 날의 근로의무를 면제하여 근로하지 않아도 된다는 채무(노무제공채무)의 면제는 민법 제506조의 규정상 사용자(채권자)가 채무자의 의사에 불구하고 일방적으로 할 수 있는 단독행위이므로 유효하다.

이 점은 근로자에게 대휴청구권이 있는 경우 즉, 근로자가 지정권을 가지는 경우와 상이하다. 이러한 근무의무면제는 사용자의 일방적 의사표시로 할 수 있는 단독행위이므로 일방적 지정도 유효하다. 휴일의 법적효력은 근무의무의 면제에 있으므로 이것은 근로자에게 어떠한 불이익을 부여하는 것이 아님을 고려하여 사용자는 근로자의 동의가 없더라도 휴일을 지정할 수 있다. 판례(대법 2008.11.13, 2007다590)는「(가) 단체협약에 휴일대체에 관한 근거규정을 두고 있고, (나) 교수회관측에서 일방적으로 휴일근무를 할 근로자 및 그 근무 공휴일을 대신할 통상의 근로일을 지정하는 대신, 근로자들이 자율적으로 그 다음 달 공휴일에 근로할 일정수의 근로자를 그 이전 달에 미리 정하고 있고, (다) 그 공휴일 대신 쉬는 날을 근로자 본인이 정하여 이를 스케줄 표에 표시하도록 하였다면, 휴일대체근무에 대한 근로자들의 동의를 받은 것으로 보아야 할 것이어서 결국 적법한 휴일대체로 인정할 수 있는 모든 요건을 갖추었다」고 한다. 이 판결은「'본래 휴일대체라는 제도를 두게 된 취지가 사용자 측의 영업 여건상 휴일에 근로자로 하여금 근무하도록 할 수밖에 없는 사정이 있을 경우에, 휴일에 근무하고 그 대신 통상의 근로일을 휴일로 하는 것이 근로자들의 사정에 따라 불이익하게 작용할 수도 있어서 미리 단체협약 등에 그러한 규정을 두거나 근로자의 동의를 받도록 하는 것' 이므로 공휴일로 정해진 날에도 일정 수의 근로자가 근로할 수밖에 없었던 것이 근로자들에게 특별한 희생이 될 수도 있다는 점 등은 휴일대체에 대한 근로자의 동의 여부를 확인하거나 휴일대체가 적법한지 여부를 판단하는 데 장애가 되는 사유가 될 수 없다」며 원심을 파기하였다.

행정해석(2013.1.30, 근로개선정책과-875)은 「주휴일을 대체하려는 경우에는 반드시 1주 1일씩 실시하여야 하며, 그 지정된 날짜를 변경하고자 할 때에는 미리 취업규칙이나 단체협약에 그 절차를 규정하고 있다면 그에 따라 실시할 수 있다. 다만, 휴일의 사전대체를 하고자 할 때 사용자는 그러한 사유를 밝히면서 이러한 사실을 적어도 24시간 이전에 근로자에게 통보하는 등 사전에 근로자와의 충분한 의견 수렴 절차를 거치는 것이 바람직하다」고 한다. 근기법 제55조의 주휴일과 단체협약이나 취업규칙 등으로 정한 휴일(약정휴일)을 다른 날로 변경(대체)하고자 하는 경우, 단체협약이나 취업규칙 등에 그에 관한 요건과 절차 등을 정하고 있을 때에는 그에 따라야 할 것이나 그와 같은 정함이 없는 경우에는 노사간의 합의가 있어야 한다는 입장이다.

근로자의 자발적 동의, 즉 적법한 휴일대체의 절차를 거친 경우에는 원래의 휴일은 통상의 근로일이 되어 통상임금이 지급되며 휴일근로수당을 별도로 지급하지 않아도 무방하다.

4. 근로자는 일방적으로 대휴를 할 수 있는가

근로자가 일방적으로 대휴를 취할 수 있는가. 대휴제도는 법률상 인정된 것이 아니므로 취업규칙 등으로 정하였을 때 비로소 이를 청구할 수 있는 권리이다. 대휴는 본래 소정근로일에 쉬는 것이므로 근로자가 대휴를 취하기 위해서는 사용자의 허가나 승인이 필요하다. 그러나 취업규칙 등에 「원칙적으로 근로자가 희망하는 날 대휴를 사용할 수 있다」고 정하고 있으면 근로자는 사용자에게 자기의 희망일을 대휴일로 정하여 청구할 수 있다. 이러한 근로자의 대휴청구권리를 대휴청구권이라고 한다. 이것은 근기법에 규정이 있는 것이 아니고 취업규칙 등에 의한 근로계약에 따라서 비로소 인정되는 것이다. 그러나 일방적 지정만으로는 성립된다고 할 수 없으므로 연차유급휴가 등과는 달리 근로자의 형성권은 아니고 사용자의 허가나 승인이 필요하다고 할 것이다.

5. 대휴일의 임금, 가산임금

대휴란 근로의무가 있는 근로일에 쉬게 하는 것으로서 근로의무의 면제는 사용자가 일방적으로 할 수 있는 것이나 근로계약은 유상·쌍무계약이므로 대휴일로 된 소정근로일의 임금이 어떻게 되는가의 문제가 있다. 이 점에 관하여 실제상은 각 사업장에서 정한 바에 따라 당일의 임금을 지급하기도 하고 안하기도 하는데 법률상의 견해를 대별하여 보면 다음과 같다.

① 근로자 측의 채권인 임금청구권은 소멸되지 않고 근로자는 대휴일 당일의 임금전액을 청구할 권리가 있다.

② 현실적으로 근로하고 있지 아니하므로 근로자는 임금전액을 청구할 수 없다. 그러나 당일 근로자가 취업하지 않은 것은 사용자의 일방적 의무면제에 의한 것으로서 근기법 제46조의 사용자의 귀책사유에 의한 휴업이므로 사용자는 평균임금을 100분의 70이상 지급하여야 한다.

③ 당일은 현실적으로 취업하지 않았으므로 대상으로서의 휴일은 아니고 노워크·노페이 원칙에 따라 임금청구권이 없다.

④ 당일은 휴일이므로 당일의 임금청구권은 피대체휴일의 가산임금도 같이 발생하지 아니한다. 이 문제는 대휴일제도가 있는 사업장의 노사간의 합의에 위임되어 있으나, 그 합의나 취급제도가 근기법에 위반하는 경우에는 그 부분은 무효가 된다.

이 문제에서는 대휴일에 임금을 지급하지 않은데 대하여 근로자가 동의하거나 또는 이의가 없었다면 문제가 없으나 당일분의 임금을 청구하거나 또는 임금 지급이 없으면 취업하지 않겠다고 한 경우 과연 어떻게 할 것인지 문제가 된다.

위 ①의 견해에서 사용자의 채무면제 효과는 사용자의 채권이고 또 노동력의 사용처분권에 대응하는 노동력제공의무의 면제일 뿐 근로자의 채권인 임금청구권은 여전히 소멸되지 않고 존속하고 있는 것이 된다.

그러나 근로계약은 계속적 급부계약이며 인격과 일체가 된 노동력을 그 급부대상으로 하는 것이고, 휴일은 근로자의 건강복지를 위하여 생긴 제도이다. 이 점은 대휴일 때에도 그 목적에 변함이 없는 것이므로(법정휴일과 동일목적취지) 이 견해와 같이 형식적으로 단정하기에는 문제가 있을 수 있다.

또 ②의 견해에서 당일은 사실상 휴일로서의 기능을 갖는 것이며 특정휴일에 대한 대상으로서의 휴일임을 생각할 때 사용자의 귀책사유에 의한 휴업이라고 평가하기는 곤란하다. ③의 견해도 사용자의 일방적 의사표시만 가지고 임금부지급으로 처리할 수 있을지 의문이다.

그러므로 위의 어느 견해도 완전하지는 않다. 원칙적인 견지에서 보면 대휴일이라 하더라도 그날의 휴업이 휴일로서 휴업이며, 이 휴일은 본래의 휴일인 약정휴일의 휴일근로에 대한 보상이라는 점 등을 생각할 때 당일의 임금 지급은 취업규칙 등에 특별한 합의규정이 있으면 당사자간 합의로서 유효하다고 본다(근기법상으로는 위 ①~③의 어느 견해에 따르든 당사자의 합의에 의한다면 위법으로는 되지 않는다). 그러나 이러한 규정이 없는 때에는 당일의 임금은 그 대상조치에 따른 것이므로 지급하는 것이 타당하다고 생각된다.

따라서 이미 행한 휴일근로의 임금은 실제로는 대휴에 따라 통상임금부분이 상계되는 형식이 되므로 그 결과 휴일근로의 가산임금부분 즉, 0.5분만 사용자가 지급하면 되는 것으로 본다. 또한 이와 같은 임금상의 취급을 받게 되는 대휴제도를 근로자가 승인하여 대휴일을 지정하고 사용자에게 통고한 후 쉬었을 때에는 당연히 근로자의 승낙이 있었으므로 위와 같이 취급하는 것은 적법하다고 할 것이다.

6. 대휴부여와 근기법 위반 여부

대휴에 있어서 약정휴일의 근로는 어디까지나 휴일근로이며 후일 대휴를 주었다고 해서 이미 행 한 휴일근로가 평일근로의 성격으로 변하는 것은 아니다. 그런데 대휴제도에서 약정휴일의 근로 후에 대휴를 부여한 경우 그 대휴일이 법률상의 휴일의 요건(취업의무로부터의 완전해방일)을 완전 충족한다면 대휴일을 법률상의 휴일로 취급하여도 상관없는가의 문제가 생긴다.

즉, 그 약정휴일의 근로가 휴일근로에 해당됨은 당연하다고 하면 대휴를 취한 날을 새로운 휴일로 볼 수는 없는 것인가의 문제이다.

이 점 근기법상으로는 휴일을 반드시 특정하도록 요구하고 있지는 않으므로 약정휴일 이외에 임시로 휴일을 주는 것은 무관하며 이 휴일도 역시 약정휴일의 요건을 충족하는 한 법상의 휴일에 해당하는 것으로 된다.

그런데 그날이 임시의 휴일이 되기 위해서는 원래 근로일이며 근로자가 취업을 청구할 수 있는 날이어야 하므로 취업규칙상의 근거가 없는 한 일방적으로 휴일로 할 수 없고 이를 휴일로 하려 한다면 근로자의 동의가 필요하다.

근로자가 대휴일을 휴일로 하는데 동의한 때에는 그날을 휴일로 취급할 수 있다고 할 것이다. 물론 이 동의에는 묵시의 동의도 포함된다. 이 경우 근기법상 휴일근로 위반은 성립되지 아니하나 휴일근로시의 가산임금은 지급되어야 한다.

7. 휴일대체명령과 대휴의 취득 요구

취업규칙의 규정에 따라 휴일대체를 하는 경우에 근로자가 휴일대체를 거부하고 대휴를 요구할 수 있더라도 회사는 그러한 요구에 따라야 할 의무는 없다. 근로자는 50%의 가산임금을 취득하기 위해 대휴 취득을 요구할 수 있다고 생각하나 취업규칙에 있는 휴일대체명령권에 관한 조항에서 규정한 대로 동 조항에 의하여 사용자가 정당한 업무명령에 의하여 휴일대체를 행한 이상 근로자는 이에 따라야 할 의무가 있다. 근로자는 휴일대체를 거부하고 대휴를 선택할 자유가 있는 것은 아니다.

4 휴일의 대체와 대휴의 차이

1. 휴일의 대체의 의의

휴일의 대체란 특정된 휴일을 근로일로 하고 대신 통상의 근로일을 휴일로 대체할 수 있는 제도를 말한다. 단체협약, 취업규칙 등에서 정하고 있거나 근로자의 동의를 얻은 경우 실시할 수 있다(2013.1.20, 근로개선정책과-875). 예컨대, 전주의 금요일로 앞당기거나 혹은 그 주의 화요일로 미루는 식으로 하여 사전에 교환하여 근로일을 휴일로 하고 휴일을 근로일로 하는 것을 말한다. 휴일의 대체는 갑자기 작업수주량이 증가하거나 일시적 업무상의 필요에 따라 주휴일로 정해진 특정일을 근로일로 변경하고 그 전후에 근로일을 휴일로 변경하는 것을 말한다.

2. 대휴의 의의

대휴는 휴일대체처럼 사전에 휴일과 다른 근로일을 대체하는 조치를 하지 아니하고 실제로 휴일에 근로를 시킨 후에 휴일근로의 대상으로 통상 근로일을 휴일로 부여하는 것을 말한다. 대휴는 대상적인 휴일의 부여와 임금정산(충당)의 취급이다. 휴일대체의 경우는 대체되는 당초의 휴일의 근로는 휴일근로가 아니나 대휴의 경우는 후일 휴일을 부여하더라도 실제 휴일에 근로하는 경우라면 휴일근로에는 변함이 없으므로 휴일에 근로를 시킨 경우에는 가산임금 지급의무가 있다. 근기법상 휴일근로에 대해서는 가산수당을 지급하는 것으로 법적 의무를 다한다는 점을 고려할 때 '대휴'는 노사합의에 기초해 휴일근로에 대한 가산임금지급과는 별도로 근로자에게 실제 휴일사용을 보장함으로써 근로자에게 충분한 휴식을 부여하기 위한 제도로 이해되고 있다.

3. 휴일의 대체와 휴일인지 여부 판단기준

휴일의 사전대체인지 대휴인지 여부는 첫째, 휴일근로와 관련해 노사합의로 운영하는 제도 또는 관행적으로 운영되고 있는 제도가 무엇인지, 둘째, 휴일을 사전에 변경하였는지 여부에 따라 구분될 수 있다고 판단된다. 휴일의 대체는 근로자와의 합의하여 휴일을 바꾼 것이므로 원래의 휴일에 근무를 하더라도 휴일근로가산수당(50%)을 지급하지 않아도 무방하지만, 대휴는 사용자의 지시에 의하여 휴일에 근무하고 이에 대한 은혜적인 대상(代償)으로 다른 근무일에 쉬는 것이므로 휴일근로에 대하여 가산수당(50%)을 추가로 지급해야 한다(서울지법 2005.12.28, 2004가단273036).

[그림19-1] 휴일의 대체와 대휴의 차이

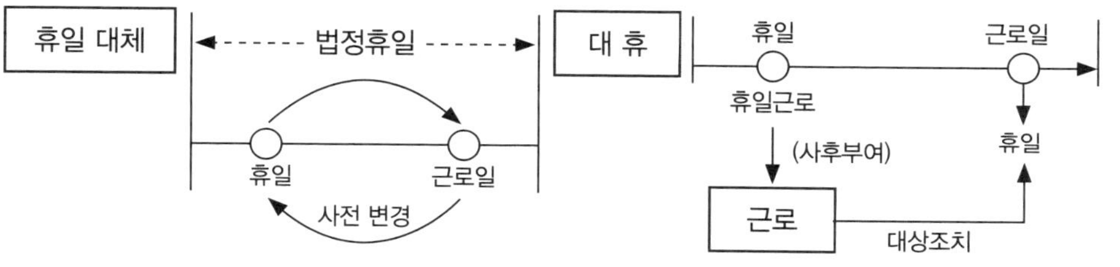

〈휴일의 대체와 대휴〉

구 분	휴일의 대체	대 휴
정 의	미리 휴일로 정해진 날을 근로일로 하고 이에 갈음하여 다른 근로일을 휴일로 한다.	휴일근로나 장시간의 시간외근로를 시킨 경우에 그 대상조치로서 통상의 근로일에 근로의무를 면제한다.
행사 조건	① 취업규칙에 휴일의 대체에 관한 규정을 한다. ② 대체일을 특정한다. ③ 늦어도 전일까지 본인에게 통지한다.	특별히 없다.
휴일의 지정	미리 사용자가와 근로자가 결정한다.	사용자가 지정하거나 또는 근로자가 신청한다.
임금 취급	휴일 출근일에 통상의 임금을 지급하고 가산임금 지급은 필요없다.	휴일출근에 대하여 가산임금 지급이 필요하다.

5 휴일의 대체와 보상휴가제의 차이

1. 휴일의 대체와 보상휴가제의 의의

(1) 휴일의 대체

휴일의 대체란 취업규칙 등에 미리 휴일로 특정되어 있는 날을 다른 근로일과 교체하여 휴일을 근로일로 하고 다른 근로일을 휴일로 하는 조치를 말한다. 즉 근로의무 없는 날을 근로일로 하고 근로의무 있는 근로일을 휴일로 하는 것을 말한다. 휴일의 대체는 갑작스런 작업수주량의 증가 또는 일시적인 업무상 필요에 따라 취업규칙이나 근로계약에서 특정일을 근로일로 변경하고 그 전·후에 근로일을 휴일로 변경하는 것을 말한다.

(2) 보상휴가제

이에 대하여 보상휴가제란 사용자는 근로자대표와의 서면합의에 따라 근기법 제56조에 따른 연장근로·야간근로 및 휴일근로에 대하여 임금을 지급하는 것을 갈음하여 휴가를 줄 수 있는 제도를 말한다(근기법 제57조). 보상휴가란 임금에 갈음하여 지급하는 휴가를 말한다. 보상휴가제를 도입하는 취지는 근로자와 사용자로 하여금 임금과 휴가에 대한 선택의 폭을 확대하고 실 근로시간 단축에 기여하는 데 있다. 보상휴가제는 1주 40시간을 초과하거나 휴일근로 또는 야간근로를 할 경우에 근로자에게 소정의 임금과 가산임금을 지급하고 있는데 노동현장에서는 연장·휴일·야간근로를 행함으로써 임금과 가산임금의 수입을 올리려는 현실적 상황은 사용자에게 큰 부담이 되었다. 보상휴가제는 이러한 임금 지급 실태에서 오는 사용주의 부담을 완화하기 위하여 마련된 것이다.

2. 휴일의 대체와 보상휴가제의 차이

〈휴일의 대체와 보상휴가제의 차이〉

구 분	휴일의 대체	보상휴가제
적용 대상	"휴일근무"에만 대체 적용이 가능하다	휴일근무 뿐 아니라 연장근무 및 야간근무에도 적용이 가능하다
도입 요건	규정상 합의 후, 사전에 통지한다. 다만 공휴일은 2021.1.1 이후부터는 근로자대표와의 서면합의가 필수이다.	근로자대표와의 서면 합의가 필수요건이다.
적용 방식	원래 휴일이 도래되기 앞서 최소 24시간 전에 변경되는 휴일을 특정하여 사전 대체해야 한다.(※7.15(일) 대신에 7.20(수)을 휴일로 대체한다)	근로자가 미리 연장·야간·휴일근무를 하고, 사후에 보상휴가제 활용이 가능하다.
대체 방식	주휴일의 경우, 해당 주휴일의 전주·그주·다음주에는 대체를 해야 한다. 누적하여 적치 사용할 수 없다(※7.20(일)의 대체휴일은 7.13~7.27 사이에 대체되어야 하고, 쌓아 두었다가 나중에 사용할 수 없다)	서면 합의서에 따라 적치 또는 누적하여 추후 근로자가 사용하고 싶을 때 자유롭게 사용할 수 있다. 다만 퇴직 시, 남아있는 휴가는 수당으로 보상해야 한다.
보상 기준	휴일과 근로일을 1:1로 대체할 수 있다. 다만, 1주 40시간을 넘긴 상태라면, 연장근무가 되므로 50% 가산수당을 지급해야 한다.	수당 가산율을 반영하여 '시간' 단위로 휴가를 부여하여야 한다. 휴일 8시간 근무 시, 150%를 적용하여 12시간(1.5일)을 휴가로 보상해야 한다. 휴일 4시간 근무 시, 150% 적용하여 6시간을 휴가로 보상해야 한다. 평일 20시~24시까지 4시간 근무 시, 20시~22시까지는 150%(2시간×150%=3시간) 22시~24시까지는 200%(2시간×200%=4시간)가 적용되어 7시간을 휴가로 보상해야 한다.
근로시간 포함 여부	주당 근로시간 한도인 52시간에 포함된다.	주당 근로시간 한도인 52시간에 포함된다.

제19장 근로시간, 휴게, 휴일의 적용제외자를 둘러싼 문제

- 관리직을 둘러싼 분규방지를 위하여 -

1 근로시간 · 휴게 · 휴일의 적용 제외자

1. 근로시간·휴일·휴게의 적용제외사업 및 근로자

사업의 성질이나 업무의 종류 또는 근로자의 사업장에서 차지하는 지위로 보아 1주일 40시간제나 1일 8시간 근로의 원칙, 주휴제를 일률적으로 엄격하게 벌칙을 적용하는 것이 적당하지 아니하거나 그 필요성이 적은 경우도 있다. 그러므로 이러한 자에게 근기법은 근로시간, 휴게 및 휴일에 관한 규정은 그 적용을 제외하고 있다.

근기법 제63조는 다음과 같이 적용제외 근로자의 종류를 정하고 있다.

> **제63조 【적용의 제외】** 이 장과 제5장에서 정한 근로시간, 휴게와 휴일에 관한 규정은 다음의 어느 하나에 해당하는 근로자에 대하여는 적용하지 아니한다.
> 1. 토지의 경작·개간, 식물의 재식·재배·채취사업 그 밖의 농림사업
> 2. 동물의 사육, 수산 동식물의 채포, 양식사업 그 밖의 축산·양잠·수산사업
> 3. 감시 또는 단속적으로 근로에 종사하는 자로서 사용자가 고용노동부장관의 승인을 받은 자
> 4. 대통령령으로 정하는 업무에 종사하는 근로자

이러한 적용 제외를 둔 취지는 사업이나 업무의 특수성에서 기업 내에서의 근로자의 지위, 직종 내지 태양(態樣) 등에 따라서는 근기법상의 근로시간 등에 관한 법적 규제를 적용하는 것이 부적당하다는데 착안하고 있는 것이다. 그러나 이 규정이 사용자의 이익에 중점을 둔 예외규정이 아님을 주의하여야 한다.

2. 근기법 제63조제1호 및 제2호의 적용제외 사업에서 근로계약 체결 시 초과근로수당 지급을 약정한 경우

근기법 제63조제1호 및 제2호의 식물재배업, 축산·양잠·수산사업 등은 원칙적으로 연장 및 휴일근로시 통상임금 상당의 근무수당을 지급하지 않아도 된다.

근기법 제63조제2호의 사업에 종사하는 근로자에 대해서는 근로시간과 휴일 등에 관한 근기법상의 규제가 적용되지 않도록 되어 있더라도 사용자의 취업규칙 등에 초과근로에 관해 통상임금 범위 내의 수당을 지급하기로 하는 취지의 규정을 두었다면 근기법 제63조의 규정에도 불구하고 취업규칙 등에 정한 바에 따라 초과근로에 대한 수당을 지급하기로 한 것으로 보아야 한다. 이는 동법 제63조제1호의 사업에서도 마찬가지로 적용된다(대법 2009.12.10, 2009다51158).

이 판결은 “당사자 사이에 약정한 정규 근로시간을 초과하는 근로에 대해 근기법에서 정한 할증된 수당을 지급할 의무가 없더라도 근로계약서에는 근로시간을 오전 7시30분부터 오후 4시30분까지로 정하고 매월 이에 따른 기본급 약 78만원을 지급하되 매일 평균 2시간의 초과근로를 하고 이에 대해서는 연장근로수당을 별도로 지급받기로 명시했다. 이는 당사자들 사이에서 초과근로시 정규근로시간에 대한 통상임금 상당의 수당을 지급하기로 하는 근로계약이 체결된 것으로 보아야 한다”는 것이다.

2 감시 · 단속적근로와 고용노동부장관의 승인 기준

1. 감시적근로와 고용노동부장관의 승인

(1) 감시적근로자의 의의

근기법 제63조의 적용을 받는 감시적근로자란 통상의 근로와 비교하여 근로밀도가 낮고 정신적 긴장이나 육체적 피로도가 현저하게 낮은 근로자로서 근기법 제4장과 제5장에서 정하는 근로시간, 휴게, 휴일의 적용을 제외하고 있다.

또한 이들에 대한 근로시간 등의 규정을 적용하지 않더라도 근기법의 노동보호법적 취지에 역행되지 않기 때문이다.

(2) 고용노동부장관의 승인 취지

감시적·단속적 근로에 종사하는 근로자의 경우 어떠한 직종과 업무의 성질이 감시적·단속적 업무인가는 그 태양이 천차만별이며 일반근로자와 명확히 구별할 객관적 기준이 없고, 근로조건에 영향을 주기 때문에 그 판단은 근로자 보호의 견지에서 사용자의 주관적 자의에 맡길 수 없고 근로관계를 감독하는 행정관청(고용노동부장관)의 판단에 따르도록(승인을 받게 하는 행위) 규정하고 있다. 감시적 근로자는 그 근로형태가 통상의 근로자들에 비하여 상대적으로 노동강도가 낮고 육체적 피로나 정신적 긴장이 적다고 볼 수 있는 점을 고려한 것이다(대구지법 2019.8.29, 2018구합25044). 위와 같은 예외를 허용하더라도 과중한 근로로 인해 근로자가 적절한 휴식을 취하지 못하는 것을 방지하기 위해 휴일근로 관련 규정을 둔 취지에 어긋나지 않는다는 점을 고려한 것이다(법제처 2016.8.19, 안건번호-0432).

감시적 근로자에 대한 고용노동부장관의 근로시간·휴게·휴일에 관한 적용제외 승인이 없으면 근기법상 해당 규정이 모두 적용된다.

(3) 감시 · 단속적 근로자의 근로조건이 근기법 제4장과 제5장의 근로시간 휴게와 휴일에 관한 기준 중 전부 또는 일부를 따르고 있는 경우

감시·단속적 근로자의 근로조건이 근기법 제4장과 제5장에서 정한 근로시간, 휴일, 휴게에 관한 기준 중 전부 또는 일부를 따르고 있는 경우에도 근기법 제63조제3호에 따른 고용노동부장관의 적용제외 승인대상이 될 수 있다(법제처 2016.11.29, 안건번호 16-0349).

(4) 감시적근로자의 적용사례

① 경비계장의 업무 중 출근부의 관리 및 물품의 계량 등의 업무는 부수적 업무로서 이에 종사하는 시간이 1일 총 근무시간 중 극히 일부시간에 불과하고 경비계장은 총 근무시간 중 대부분의 시간 동안 경비실에서 비교적 작업강도가 낮다고 볼 수 있는 경비원들에 대한 관리·감독 등 경비업무에 종사하였다면 그의 주된 업무는 경비원들을 관리·감독하는 경비업무 전반의 총괄로 감시적 근로에 해당하는 경비직 직원에 해당한다(대법 1993.7.27, 92다46462).

② 야간경비원이 1일 6시간 정도 화재예방과 외곽 순찰(일 평균 6회 순찰, 1회 순찰시 20분정도 소요) 등의 감시업무를 수행하고 나머지 시간은 대기하거나 휴식하여 이는 감시를 본래의 내용으로 하는 것으로 신체 또는 정신적 긴장이 적은 감시적 근로에 해당한다(대법 1999.5.28, 99다2881).

③ 한국도로공사의 보안직사원은 별정직 보안원과 2인 1조를 이루어 고속도로 정기순찰, 교통사고 처리와 교통사고원인자부담금 부과징수 및 사고기록카드 작성, 고장차량 편의제공, 제한차량 호송 등의 업무는 감시하는 것을 본래의 업무로 하여 상태로서 신체 또는 정신적 긴장이 적은 감시적 근로에 해당한다(대법 1996.11.22, 96다30571; 대법 1996.12.23, 96다39042). 그러므로 보안직사원이 1일 8시간, 1주 40시간을 초과하여 1일 24시간 격일제로 근무하였다고 하더라도 이에 대하여는 근기법 또는 위 취업규칙의 연장 및 휴일근로에 관한 규정들을 적용할 수 없을 것이다.

④ 양수발전소의 경비업무를 맡고 있는 근로자들은 「감시적 근로종사자」 적용제외 승인의 대상에 해당하지 않는다(대구지법 2019.8.29, 2018구합25044). 이 판례는 근로자들은 지정된 곳에서 일일 감시업무를 지속적으로 수행하는 것이 아니라 약 2시간의 시간 간격으로 이동거리가 짧게는 60m, 길게는 330m에 이르는 감시장소를 지속적으로 옮겨 감시업무를 수행하기 때문에 감시업무의 강도가 낮거나 휴식

을 취하기가 쉽지 않은 점, 국가중요시설인 발전소의 순찰 및 감시활동을 주된 활동으로 하면서도 출입인원, 차량통제, 물품반출·입 등의 업무를 반복적으로 수행해야 하는 입초근무는 상당한 육체적 피로를 동반하는 점, 모니터링 업무를 수행하는 경우 모니터링 1대에 30개의 CCTV화면을 확인하여 출입자 현황 등을 전산 입력해야 하므로 고도의 정신적 긴장이 요구되는 점, 다른 지방고용노동청이 위 근로자들과 유사한 방식으로 근무하는 항만, 발전소 등 경비근로자들에 대하여 감시적 근로종사자 적용 제외 승인신청을 불승인하거나 승인처분을 취소하였던 점 등을 종합하여 乙등 위 근로자들은 정신적·육체적 피로가 적지 않는 업무를 수행하였다고 보아야 하므로 근기법 제63조제3호, 근기법 시행규칙 제10조제2항에서 정한 감시적 근로종사자 적용 제외 승인의 대상에 해당되지 않는다는 것이다.

(5) 적용제외 승인기준

근로감독관집무규정(2019.8.30. 개정, 2019.9.1. 시행 고용노동부훈령 제291호) 제68조제1항은 감시적 근로에 종사하는 자의 적용제외 승인은 다음의 기준을 모두 갖춘 때에 한한다.

1. 수위 · 경비원 · 물품감시원 또는 계수기감시원 등과 같이 심신의 피로가 적은 노무에 종사하는 경우. 다만, 감시적 업무이기는 하나 잠시도 감시를 소홀히 할 수 없는 고도의 정신적 긴장이 요구되는 경우는 제외한다.
2. 감시적인 업무가 본래의 업무이나 불규칙적으로 단시간동안 타업무를 수행하는 경우. 다만, 감시적 업무라도 타 업무를 반복하여 수행하거나 겸직하는 경우는 제외한다.
3. 사업주의 지배 아래에 있는 1일 근로시간이 12시간 이내인 경우 또는 다음 각 목의 어느 하나에 해당하는 격일제(24시간 교대) 근무의 경우
   가. 수면시간 또는 근로자가 자유롭게 이용할 수 있는 휴게시간이 8시간 이상 확보되어 있는 경우
   나. 가목의 요건이 확보되지 아니하더라도 공동주택(「주택법시행령」 제2조제1항 및「 건축법시행령」 별표 1 제2호 가목부터 라목까지 규정하고 있는 아파트, 연립주택, 다세대주택, 기숙사) 경비원에 있어서는 당사자간의 합의가 있고 다음날 24시간의 휴무가 보장되어 있는 경우
4. 근로자가 자유로이 이용할 수 있는 별도의 수면시설 또는 휴게시설이 마련되어 있는 경우
5. 근로자가 감시적 근로자로서 근로시간, 휴게, 휴일에 관한 규정의 적용이 제외된다는 것을 알 수 있도록 근로계약서, 확인서 등에서 명시하고 있는 경우

(6) 적용제외 승인 신청시 근로자 동의 여부

업무의 성질상 감시·단속적 근로자에 해당하고, 근기법 제63조제3호에서 규정한 고용노동부장관의 승인을 받으면 동법 제4장 및 제5장의 근로시간, 휴일, 휴게에 관한 규정이 적용되지 아니하는 것이고, 그 적용제외의 승인신청에 노동조합 또는 근로자의 동의를 요하는 것은 아니라고 할 것이다(대법 1996.11.22, 96다30571).

(7) 적용제외 승인 효력 시기 및 승인의 효력

1) 적용제외 승인 효력 시기

아파트 경비원이 감시적 근로에 종사하는 근로자에 해당되더라도 감시적 근로종사자에 대한 적용제외를 승인한 이후부터 근로시간 등의 규정을 적용하지 않을 수 있으므로 근로자로부터 근로시간 적용제외 등에 대한 동의서 등을 제출받았다 하여 적용제외 승인의 효력이 승인일 이전으로 소급된다고 보기는 어렵다(2014.9.2, 근로개선정책과-4886).

2) 승인의 효력

고용노동부장관의 승인은 적용제외의 효력요건이다. 고용노동부장관의 승인을 얻지 아니한 경우에는 객관적으로 근기법 제63조제3호의 감시·단속적 근로자에 해당하더라도 적용제외가 인정되지 아니한다. 이러한 경우에는 근로시간이 법정근로시간을 초과하면 가산임금을 지급하여야 한다.

사용자가 감시 또는 단속적 근로에 종사하는 근로자에 대해 고용노동부장관으로부터 근기법 제4장과 제5장에서 정한 근로시간, 휴게와 휴일에 관한 규정의 적용을 제외하는 승인을 받았다면 위 회사는 승인받은 근로자에 대하여는 제수당의 지급의무가 없다(대법 1996.12.6, 95다40908).

2. 단속적근로와 고용노동부장관의 승인

(1) 단속적 근로자의 의의

단속적 근로자란 "근로의 제공이 간헐적으로 이루어지기 때문에 휴게시간이나 대기시간이 많아 노동력의 밀도가 낮고 육체적인 피로나 정신적인 긴장이 적은 업무에 종사하는 자"를 의미한다. 이에 해당하기 위해서는 종사하는 업무의 성질, 근로제공의 형태, 실근로시간과 휴게시간 또는 대기시간의 비율, 충분한 휴게시간 및 시설의 제공 여부, 지급받는 임금의 액수 등의 제반 사정을 참작하여 법정근로시간과 휴게 및 휴일에 관한 일반 규정의 적용을 배제하는 것이 합리적이라고 판단되는 경우라야 할 것이다(서울행법 2003.6.12, 2002구합29050; 2011.6.9, 근로개선정책과-1603).

(2) 단속적근로자 적용사례

① 예컨대 법원청소업무 종사자는 간헐적으로 근로를 제공하고 있다고 볼 수 없으므로 단속적 근로자에 해당하지 않는다(서울행법 2003.6.12, 2002구합29050).

② 장애인 학생들의 생활지도를 하는 생활지도원은 단속적 근로자가 아니다(2011.6.9, 근로개선정책과-1603).

③ 공영주차장의 주차관리원의 주 업무가 주차 차량의 입·출차시간기록, 요금징수, 주차 차량 보호 등의 업무를 수행하고 있다면 감시·단속적 근로에 종사하는 해당 근로자가 아니다(2012.8.27, 근로개선정책과-4335).

(3) 적용제외 승인기준

근로감독관집무규정(2019.9.1, 고용노동부훈령 제291호) 제68조제2항은 「단속적 근로에 종사하는 자의 적용제외 승인은 다음 각 호의 기준을 모두 갖춘 때에 한한다」고 규정하고 있다.

1. 평소의 업무는 한가하지만 기계고장 수리 등 돌발적인 사고발생에 대비하여 간헐적 · 단속적으로 근로가 이루어져 휴게시간이나 대기시간이 많은 업무인 경우
2. 실 근로시간이 8시간 이내이면서 전체 근무시간의 절반 이하인 업무의 경우. 다만, 격일제(24시간 교대) 근무인 경우에는 이에 대한 당사자간 합의가 있고, 실 근로시간이 전체 근무시간의 절반 이하이면서 다음날 24시간의 휴무가 보장되어야 한다.
3. 대기시간에 근로자가 자유로이 이용할 수 있는 별도의 수면시설 또는 휴게시설이 마련되어 있는 경우
4. 근로자가 단속적 근로자로서 근로시간, 휴게, 휴일에 관한 규정의 적용이 제외된다는 것을 알 수 있도록 근로계약서, 확인서 등에서 명시하고 있는 경우

(4) 근로감독관(감독관이라 약칭) 승인 관리업무 처리 기준

(가) 근로감독관집무규정 제68조제1항 및 제2항의 근로시간은 일정기간(주 또는 월 등)의 평균적 개념으로 산정한다.

(나) 감독관은 감시적 또는 단속적 근로종사자에 대한 적용제외 승인 신청서를 접수한 때에는 승인대상 사업장에 현지 출장하여 근로조건의 실태를 확인하는 등 승인기준에 합당한지를 조사하여야 한다. 다만, 신청서 등 관련서류를 검토한 결과 승인기준에 미달하는 것이 명백하거나 사용자가 동일하고 신청서 접수일 이전 1년 이내에 승인 대상 사업장에 현지 출장조사를 실시한 경우에는 현지 출장조사를 생략할 수 있다.

(다) 감시적 · 단속적 근로에 종사하는 자에 대한 적용제외 승인기간은 근로감독관집무규정 제67조제2호에도 불구하고 결재일 이전으로 소급할 수 있다. 다만, 신청일 이전으로 소급하여서는 아니된다.

3 근로시간 · 휴게 · 휴일의 적용제외 및 적용 규정

1. 적용제외규정

근기법 제63조는 감시·단속적 근로종사자에게는 근로시간(제50조), 휴게(제54조), 휴일(제55조)에 관한 규정만 적용제외하고 있으므로, 연장근로 및 휴일근로에 대하여는 이와 연계된 규정인 동법 제56조에 의한 가산임금(연장근로와 휴일근로에 대한 가산수당 포함)은 적용되지 아니한다. 야간근로(오후 10시부터 오전 6시까지의 근로)는 근로시간과는 구별하여 사용하는 개념이며 야간근로로 인한 피로에 대해서는 일반근로자와 같이 보호가 필요하므로 근기법 제56조에 따라 야간근로수당을 지급해야 한다(법제처 2015.7.9, 안건번호 15-0344).

2. 적용규정

다른 법령에서 정하고 있는 휴일(예컨대 근로자의 날)이나 근로시간에 관한 규정(예컨대 산업안전보건법 제46조)은 적용이 배제되지 않는다(2005.2.4, 근로기준과-669). 근로자의 날은 「근로자의날제정에관한법률」에 의해 특정한 날을 기념하여 규정하고 있으므로 근기법 제63조의 적용제외 근로자에게도 유급휴일로 보장하고 있다(2007.11.13, 임금근로시간정책팀-3356). 주휴일과 「관공서의공휴일에관한규정」 제2조에 따른 공휴일과 제3조에 따른 대체공휴일은 근기법 제55조에 의한 휴일이므로 적용된다고 해석된다. 그리고 근기법 제4장과 제5장에서 정하고 있는 것이라도 근로시간, 휴게와 휴일을 제외한 것 예를 들어 야간근로에 관련된 규정(야간근로에 대한 가산임금을 정한 근기법 제56조의 부분이나 연소자와 임산부에 대한 야간근로의 특칙을 정한 동법 제70조), 연차휴가(동법 제60조와 제61조)와 각종 모성보호를 위한 휴가(생리휴가, 출산전후휴가, 난임치료휴가)·육아휴직(남녀고용평등법 제19조)·육아시간(근기법 제75조) 등은 적용된다(2010.1.5, 근로기준과-27). 그러나 「단속적으로 근로에 종사하는 자」로 승인을 받은 자에게 근로계약상 무급휴게시간을 부여할 수 있다(법제처 2014.4.14, 안건번호 14-0060).

4 감시적·단속적 근로자의 적용 제외와 관련된 쟁점사례

1. 적용제외 승인신청과 근로자의 동의 여부

근기법 제63조제3호에 의한 감시적·단속적 근로자는 감시적 근로의 경우 승인요건 해당 여부는 관할 지방노동관서에서 사업장별 구체적인 근로실태를 검토하여 판단할 사항인 것이지 당해 근로자의 동의를 얻을 필요가 있는 것은 아니다(2000.10.25, 근기 68207-3297).

감시적·단속적 근로에 종사하는 자에 대한 적용제외는 근기법 제63조제3호에 의거 고용노동부장관의 승인을 받은 경우에 연장근로수당, 휴일근로수당은 지급하지 않아도 되나, 야간근로에 대한 가산임금은 지급하여야 한다.

2. 적용제외 승인 후 근로자 수 및 근로조건이 변경된 경우

(1) 적용제외 승인 후 근로자 수가 증가된 경우

「근기법 제63조제3호의 규정에 의한 감시 또는 단속적 근로에 종사하는 자에 대한 근로시간 등의 적용제외 승인은 근로형태에 따른 근로자 수를 대상으로 하고 있으므로 승인 당시의 근로형태 및 업무성질, 근로자 수가 변경되지 않는 한, 동 승인의 효력은 계속 유효하나 종전에 승인 받은 근로자수보다 동일 업무에 종사하는 근로자 수가 증가되었다면 증가된 근로자에 대하여는 별도로 고용노동부장관의 승인을 받아야 할 것이다」(2000.10.25, 근기 68207-3297).

(2) 적용제외 승인 후 근로조건이 변경된 경우

「감시·단속적 근로에 대한 적용제외 승인을 받은 후에 근로조건이 변경되어 감시·단속적 근로에 해당하지 않게 된 근로자의 경우에는 그 시점부터 승인의 효력이 상실되고, 따라서 당해 근로자에게는 근기법상의 근로시간·휴일·휴게에 관한 조항이 적용된다」(1997.11.19, 근기 68207-1569).

(3) 적용제외승인 후 교대제형태가 변경된 경우

감시·단속적 근로시 특정한 형태의 교대제를 금지하는 규정은 근기법에 없다. 따라서 기존 3조2교제(주간 12시간, 야간 12시간, 휴무)에서 2조2교제에 의한 1일 12시간 근무형태(주간 12시간, 야간 12시간)로 변경 운영하더라도 감시·단속적 근로 승인요건을 갖추면 승인받을 수 있다. 따라서 감시·단속적 근로의 요건을 갖추어 승인을 받은 경우라면 그 요건을 충족하는 범위 내에서 교대제 형태를 변경했더라도 다시 승인받아야 할 의무는 없다(2001.8.6, 근기 68207-2505). 또한 24시간 격일제에서 일근제(08:00~17:00)로 변경됨에 따라 더 이상 감시·단속적 근로가 아닌 경우나 감시·단속적 근로라도 추가적인 요건이 요구되는 경우에는 기존 승인의 효력이 상실될 것이나, 근로형태의 변경없이 단순히 근로시간만 조정되고 기존 승인요건에 추가되는 요건도 없는 경우에는 기존 승인의 효력이 상실된다고 볼 수 없다. 다만, 교대제의 변경을 위해서는 근기법 제94조에 따른 취업규칙 변경절차를 거쳐야 할 것이다(2002.2.14, 근기 68207-589).

(4) 영업의 양도·양수로 아파트 위탁관리업체가 변경된 경우의 적용제외 승인 효력의 승계

아파트 위탁관리업체가 변경됐다면 근로조건 결정권한을 가진 사용자가 변경된 것이므로 감시·단속적 근로 종사자에 대한 적용제외 승인을 새롭게 받아야 하는 것이 원칙이다. 다만, 아파트 위탁관리업체가 변경되면서 새로운 위탁관리업체가 종전 위탁관리업체 소속 근로자의 고용을 승계하고, 승계 이후 회사의 사업종료, 감시·단속적 근로 종사자의 종사업무·근로형태 및 승인근로자 수가 변경되지 않는 등 사업을 포괄적으로 양도·양수한 경우라면 새로운 위탁업체에 감시·단속적 근로 종사자에 대한 적용제외인가 효력이 승계되는 것으로 볼 수도 있을 것이다(2014.12.18, 근로개선정책과-7375).

(5) 파견근로자의 경우 적용제외 승인신청의 주체

파견근로자의 경우 근기법상 근로시간·휴게·휴일에 관한 규정 및 같은법 제63

조 규정의 적용에 있어서는 파견법 제34조제1항에 따라 사용사업주를 사용자로 보고 있고, 파견대상이 되는 업무에 종사하는 자가 '감시·단속적 근로에 종사하는 자'에 해당되어 승인 요건에 부합되는지 여부도 그 업무를 수행하고 있는 장소에서 판단되어져야 하므로 '근로시간 등의 적용제외 승인 신청'의 사용자는 사용사업주로 보아야 할 것이다(2010.6.30, 근로기준과-1557).

(6) 적용제외 승인 이후 생긴 현장이 감시·단속적 근로자 적용제외 승인을 받은 것으로 볼 수 있는지 여부

이와 같은 감시·단속적 근로 적용제외 승인은 직무의 특수성 등을 고려하여 근기법상 보호되는 근로시간 등의 규제에 대한 예외를 인정하여 그 적용을 배제하는 것으로서 이에 대하여는 고용노동부장관의 승인을 얻어야 한다.

감시·단속적 근로 적용제외 승인은 「근로감독관집무규정」 제68조에 정한 요건을 충족한 경우에 승인하는 것으로서 대상 근로자가 해당 근무지에서 수행하는 업무종류 및 업무강도, 근로형태 등을 토대로 승인기준 부합 여부를 결정하게 된다. 따라서, 사업장에서 감시·단속적 근로 적용제외 승인을 받은 경우 근로형태 및 근무지 등이 승인 당시와 동일하다면 승인 근로자수 범위 내에서 그 효력이 계속 유효하다고 볼 수 있으나, 근로형태가 동일하더라도 종전 승인 근무지가 아닌 장소까지 승인효력이 유지되거나 이전된다고 보기는 어려울 것이다(2016.3.22, 근로기준정책과-2027).

(7) 근로 개시 전 감시·단속적 근로자 적용제외 승인 가능 여부

감시·단속적 근로자에 대한 근로시간 등 적용제외 승인 관련 근로 개시 전이라도 적용제외 승인이 가능한지 여부이다.

감시·단속적 근로자가 실제 근로를 개시하기 전이라도 근로감독관 집무규정 제68조에 따른 승인기준을 모두 충족하는 경우에는 승인이 가능하나, 승인기간은 결재일 이전으로 소급할 수 없다. 다만, 근로 중이거나 근로를 예정하고 있는 근로자가 전혀 없어 근로자를 통해 담당업무, 근로조건 및 실태 등을 확인할 수 없는 등 승인기준 중 일부라도 충족 여부가 불분명한 경우에는 불승인하여야 하고, 승인일 이후 감시·단속적 근로자의 근로형태가 변경되는 등 승인기준에 미달하게 된 때에는 승인을 취소하여야 한다.

적용제외 승인은 감시·단속적 근로자의 근로조건(근로시간·휴게·휴일)을 제한하므로 신중을 기하여야 할 것으로 승인기준 충족 여부를 면밀히 판단하기 위해 채용예정 근로자에게 담당업무, 근로조건 및 실태 등을 확인하여야 한다.

아울러, 감시·단속적 근로자의 근로 개시 전 승인 건에 대해서는 실제 근로를 개시한 날로부터 1개월 이내에 승인기준 충족 여부를 재확인하여 적용제외 승인 처분에 대한 노·사간 다툼을 방지할 필요가 있다.

예컨대 부산시교육청이 '공공부문 정규직 전환'의 일환으로 기존 용역업체 소속 감시·단속적 근로자를 직접 고용하는 것이 명백하고, 기존 용역업체에서 적용제외 승인을 받은 근로자를 대상으로 사용자 변경에 따라 새로이 승인을 신청하는 사정 등을 고려하면 감시·단속적 근로자가 근로를 개시하기 전이라도 근로감독관 집무규정 제68조에 따른 승인기준을 모두 충족한다면 승인이 가능하다 할 것이다 (2018.12.28, 근로기준정책과-8684).

5 관리·감독자의 적용제외

근기법 제63조제4호는 「대통령령으로 정하는 업무에 종사하는 근로자」로 규정하고, 근기법 시행령 제34조는 법 제63조제4호에서 대통령령으로 정하는 업무에 종사하는 근로자란 「사업의 종류에 관계없이 관리·감독 업무 또는 기밀을 취급하는 업무에 종사하는 근로자를 말한다」라고 규정하여 적용제외 근로자의 종류를 정하고 있다.

문제는 '관리·감독업무에 종사하는 근로자' (여기서는 약칭 '관리감독자' 로 한다)란 어떠한 범위까지 포함할 수 있는가 하는 점인데, 그 적용제외의 취지에 따라 한정하여 해석하는 것이 바람직할 것이다.

[그림 20-1] 적용제외의 관리감독자

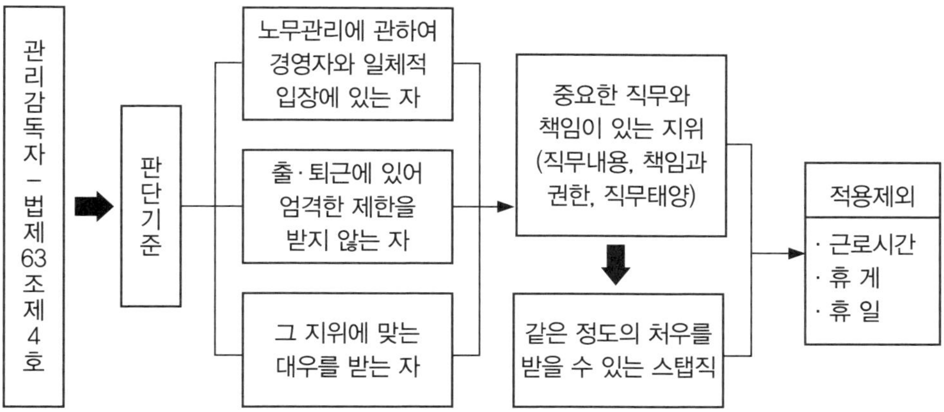

근기법 제63조제4호 및 동법시행령 제34조에서 규정하는 관리·감독자란 일반적으로 과장, 부장, 공장장 등 근로조건의 결정 그 밖에 노무관리에 있어서 경영자와 일체적인 입장에 있는 자로서 명칭에 불구하고 실태에 따라 출·퇴근 등에 있어서 엄격한 제한을 받지 아니하거나 특별수당을 지급받고 있는지 여부를 종합해서 판단하여야 할 것이다.

1. 원 칙

근기법에서 규정하는 근로시간, 휴게, 휴일 등의 근로조건은 최저기준을 정하고 있으므로 이 규제를 받지 아니하고 관리감독자로서 근로하는 경우에는 법소정의 가산임금을 지급하지 아니하더라도 무방하다. 해당 근로자에게 공통되는 기본원칙이 있는 바, 기업의 인사관리상 또는 영업정책상의 필요 등에서 임명되어 직제상의 관리감독책임을 맡고 있는 관리감독자로서의 예외적 취급이 인정되고 있다.

최근 서비스잔업 문제로부터 발단이 된 마트, 체인점이 전국에 산재되어 있고 다점포로 운영하는 소매업, 음식점 등의 점포에 있어서의 관리감독자 범위가 노사간의 새로운 쟁점이 되고 있다.

2. 적용제외의 취지

이러한 직제상의 관리감독 책임자 중 근로시간, 휴게, 휴일 등에 관한 규제를 벗어난 활동이 요청되어 중요한 직무와 책임을 가지고 현실의 근무형태도 근로시간 등의 규제를 받지 아니하는 입장에 있는 자에 한하여 관리·감독자로서 근기법 제63조에 따라 적용제외가 인정되더라도 근로자보호법으로서의 근기법의 취지에 어긋나지 않는다는 것이다.

3. 판례와 행정해석의 판단기준

(1) 판례의 태도

판례(대법 1988.4.25, 86다카1124)는 이라크에서 관리과장의 직을, 사우디아라비아에서 자재차장의 직을 맡으면서 출퇴근의 엄격한 통제를 받지 않고 현장소장을 보필하여 타 근로자들을 감독하고 관리하는 업무를 수행한 경우 관리·감독업무에 종사하는 자에 해당한다는 것이다. 또 다른 판례(대법 1989.2.28, 88다카2974)는「회사의 감독이나 관리의 지위에 있는 자로서 기업경영자와 일체를 이루는 입장에 있고 자기의 근로시간에 대한 자유재량권을 가지고 있어서 근기법 제63조에서 정한 근무시간·휴게와 휴일에 관한 규정이 적용되지 아니하는 자라면 시간외근무(평일의 법내 잔업시간을 포함한다)나 휴일근무에 대하여 통상임금 상당의 근무수당을 지급받을 수 없다」라고 판시한 것이다.

이 판례는 한국자동차보험주식회사의 간부들 중 지점장, 본부부장, 본부과장 등의 직책(1, 2급)으로 근무한 직원들은「감독이나 관리의 지위에 있는 자」로서 근로시간, 휴게, 휴일에 관한 규정이 적용되지 아니하나 지점과장, 지점장대리는 3급 직원에 불과하여 소속 지점장의 지휘·감독을 받았으므로 감독이나 관리의 지위에 있는 자라고 할 수 없다는 것이다. 판례의 '기업경영자와 일체적인 입장에 있는 자' 를 기업 전체의 운영에 대한 관여를 필요로 한다고 오해하고 있는 경향이 있다. 기업경영자는 관리자에게 기업조직의 부문마다의 관리를 분담시키면서 이들을 연계 통합하고 있는 것으로, 담당하는 조직부분에 대하여 경영자의 신분으로서 경영자를 대신하여 관리하는 입장에 있는 것이 '기업경영자와 일체적인 입장' 이라고 생각해야 한다. 동 판례는 그 판단기준으로 ① 노무관리방침의 결정에 참여하거나 노무관리상의 지휘권한을 가지느냐의 여부, ② 자기의 근로에 대하여 자유재량권을 가지고 출·퇴근 등에 엄격한 제한을 받지 않는가의 여부, ③ 그 지위에 따른 특별수당을 받고 있는지의 여부를 들고 있다.

(2) 행정해석의 태도

행정해석(2015.12.10, 근로기준정책과-3713)은「근기법 제63조제4호 및 동법시행령 제34조에서 규정한 관리·감독업무에 종사하는 근로자란 사업의 종류에 관계없이 일반적으로 근로조건의 결정, 그 밖에 노무관리에 있어서 사업주와 일체적인 입장에 있는 자」를 말한다. 관리·감독업무에 해당하는지 판단기준은「① 직무내용이 적어도 어떤 부문 전체의 총괄적인 입장에 있는지 여부, ② 사업장 내 형식적인 직책에 불구하고 노무관리 방침 결정에 참여하거나 노무관리상의 지휘·감독 권한을 가지고 있는지 여부, ③ 출·퇴근 등에 있어서 엄격한 제한을 받는지 여부, 자신의 근로에 대하여 자유재량권을 가지고 있는지 여부, ④ 그 지위에 따른 특별수당을 받고 있는지 여부 등을 종합적으로 검토하여 직무내용, 책임과 권한, 근무실태 등에 따라 구체적으로 판단하여야 한다」라고 한다.

4. 구체적인 적용사례

① 매장 점장을 관리·감독자로 본 사례(2000.3.14, 근기 68207-742)

② 아파트 관리소장을 관리·감독자로 본 사례(2005.5.9, 근로기준과-2528)

③ 건설공사 현장소장을 관리·감독자로 본 사례(2004.9.17, 근로기준과-4983)

④ 전자제품 도·소매업 지점장을 관리·감독자로 본 사례(2015.12.10, 근로기준정책과-6667)

5. 관리감독자성이 부정되는 경우의 관리감독수당 등의 취급

(1) 관리감독자성이 부정되는 경우

근기법 제63조제4호의 관리감독자로서 기업 내에서 대우받는 것이 행정관청의 판단에 의한 시정지시나 법원에서 동조의 관리감독자에 해당되지 아니한다고 판결한 때 해당 근로자에 대하여 지금까지의 연장근로나 휴일근로의 대가적인 의미도 포함하여 관리감독수당을 지급하고 있을 때의 취급이 문제된다. 명시 또는 묵시의 합의 내지 취업규칙 등에 의한 제도적 취급으로서 관리감독수당 등의 전부 또는 일부가 연장근로시 가산임금의 취급으로 지급된 것일 때에는 정액제의 연장근로수당으로서 유효하며 실제 근로시간에 대한 가산임금이 정액수당액을 초과할 때는 그 초과분을 청구할 수 있다.

(2) 관리감독수당 등의 취급

그러므로 현재 기업으로서는 관리감독자에 해당된다고 판단하여 연장·휴일근로 등의 적용이 제외된다고 주장하는 경우에도 만일의 경우를 예상하여 「직책수당의 ○○만원은 연장·휴일·야간근로 시의 가산임금 상당액이다」는 취지의 규정을 둘 필요가 있다. 기업으로서는 법률상의 관리감독자라고 주장하기 어려운 「관리직」에게는 직책수당에 일정시간분의 연장수당 등을 포함하는 것을 명확히 하고 이를 초과하는 부분은 별도 지급한다는 취지를 규정할 필요가 있다. 그러므로 적어도 취업규칙 또는 임금규정 중에 「제○조(직책수당의 지급)」로 하여 「제○조의 직책수당을 지급받는 자는 연장·휴일근로의 가산임금을 지급하지 아니한다」고 규정하여 가산임금의 지급대상자와 구별할 수 있다. 이 점에서 관리감독자로서 직책수당을 지급받은 자가 재판 등에서 관리감독자성이 부정되는 경우에 예비적인 주장으로서 직책수당이 연장근로수당을 대체하여 지급한 것이므로 미불 연장근로수당에 충당한다고 주장할 수 있을 것이다.

6. 관리감독자에 대한 야간근로가산임금 문제

근기법 제63조 본문은 「이 장(제4장)과 제5장에서 정한 근로시간, 휴게와 휴일에 관한 규정」은 「적용하지 아니한다」고 규정하므로 근로시간과 별도의 야간근로 관계규정(근기법 제56조)은 적용이 배제되지 아니한다. 근기법 제63조에 따라 근로시간 등의 적용제외를 받는 자라도 심야의 야간근로시간대에 근로하는 경우에는 근기법 제56조에서 정하는 야간근로가산임금을 포함해서 소정임금을 약정한 것이 명확한 경우에는 별도의 야간근로가산임금을 지급할 필요는 없다. 그리고 관리감독자 등의 직책수당 중에 이러한 임금도 포함하여 약정한 경우에는 그 범위 내에서 별도의 야간근로가산임금을 지급할 필요는 없다.

7. 분쟁예방 노무관리 대책

첫째, 관리직의 실태를 처우·권한·시간 관리면에서 근기법상의 관리·감독자의 실질을 가질 수 있도록 제규정을 정비·운용한다.

둘째, 관리직에 대하여는 일반 근로자의 근로시간·휴일·휴게규정의 적용제외(다른 처우의 내용)를 명시한다.

셋째, 관리직 수당 중에 야간근로수당의 할증분으로 간주될 수 있는 수당 상당액을 포함하여 이러한 간주 부분을 특정하여 명문화한다.

넷째, 관리·감독직에 해당되는지 다툼이 있는 중간관리직의 계장직급에 대하여는 관리직 수당이 잔업 등의 기준외 임금으로 간주되는 때를 명문화한다.

6 기밀취급 업무 종사자의 적용제외

1. 적용제외 근거와 적용제외 내용

근기법 제63조제4호는 「대통령령으로 정하는 업무에 종사하는 근로자」는 동법 제4장과 제5장의 근로시간, 휴게 및 휴일을 적용되지 않는다고 규정하고 있다. 근기법 시행령 제34조는 법 제63조제4호에서 대통령령으로 정하는 업무에 종사하는 근로자란 「사업의 종류에 관계없이 관리·감독 업무 또는 기밀을 취급하는 업무에 종사하는 근로자를 말한다」고 규정하여 기밀 취급 업무 종사자에게는 근기법 제4장과 제5장의 근로시간, 휴게, 휴일에 관한 규정을 적용하지 아니한다고 하여 적용제외자임을 명확히 하였다.

2. 기밀사무를 취급하는 자의 범위

'기밀사무를 취급하는 자' 란 비서, 그 밖에 그 직무가 사업의 기밀사무를 취급하고 그 지위가 경영자 또는 관리·감독적 지위에 있는 자의 활동과 일체불가분의 관계에 있으며 출·퇴근 등에 엄밀한 제한을 받지 않는 자를 의미하는 것으로 반드시 기업의 비밀서류 등 취급하는 자를 가리키는 것은 아니다(2017.10.17, 근로기준정책과-6366; 2015.8.12, 근로기준정책과-3713). 비서라고 하더라도 주로 사무실 내에서 비서실장 등의 지휘·감독하에 비서의 사무에 종사하는 자의 경우 다소 기밀사항을 취급하는 일이 있어도 원칙적으로 여기서 말하는 기밀사무 취급자에는 해당하지 않고, 당해 비서실장·계장·주임 정도가 이에 해당하는 자로 인정되는 것이다. 어떤 자가 이에 해당하는가는 관리·감독자의 경우와 동일하게 직무내용과 근로시간 관리라는 두 기준에 따라 각 기업의 실태에 따라 판단하여야 한다.

제6부

법정·약정휴가·휴가대체·사용촉진의 취급

- 제20장 연차유급휴가를 둘러싼 문제
- 제21장 연차유급휴가 대체를 둘러싼 문제
- 제22장 연차유급휴가의 사용촉진을 둘러싼 문제
- 제23장 보상휴가제를 둘러싼 문제
- 제24장 생리휴가의 취급을 둘러싼 문제
- 제25장 출산전후휴가의 취급을 둘러싼 문제
- 제26장 배우자출산휴가·난임치료휴가·가족돌봄휴가의 취급을 둘러싼 문제
- 제27장 근로시간 단축 청구권

제20장 연차유급휴가를 둘러싼 문제

- 휴가의 올바른 취급과 관리를 위하여 -

1 법정휴가와 약정휴가의 종류와 법적 취급의 차이

1. 휴가의 의의와 종류

휴가란 근로일(근로의무가 있는 근로일)에 대하여 그 근로의무의 면제를 얻은 날을 말한다. 이와 같은 휴가를 근로자가 취할 수 있는 법적 근거에 관하여서는 법률상 근로자에게 반드시 부여하여야 한다고 정하고 있는 것(법정휴가)과 취업규칙·단체협약의 규정에 따라 비로소 성립하는 것(약정휴가)으로 구별하고 있다.

구 분	휴가의 명칭	발생 요건	일 수	근 거
법정휴가	연차유급휴가	① 1월간 개근 ② 연간 80퍼센트 이상 출근	1일 15일	근기법 제60조
	생리휴가	여성인 근로자	월 1일	근기법 제73조
	출산전후휴가	① 임신 중의 여성 ② 출산 후의 여성	90일(산후 45일 이상 확보)	근기법 제74조
	배우자 출산휴가	배우자가 출산한 근로자	10일(유급)	남녀고용평등법 제18조의2
	난임치료 휴가	① 인공수정 ② 체외수정	3일(최초 1일 유급)	남녀고용평등법 제18조의3
	가족돌봄휴가	가족의 질병·사고, 노령, 자녀 양육	10일(무급)	남녀고용평등법 제22조의2

구 분	휴가의 명칭	발생 요건	일 수	근 거
약정휴가	회사유급휴가	법정유급휴가에 준하여 부여	소정 일수	취업규칙
	경조휴가	취업규칙 등에 정하는 결혼, 장의 등	소정 일수	상 동
	병가휴가	취업규칙 등에 정하는 업무상·업무외 상병	소정 일수	상 동
	특별휴가	취업규칙 등에 정하는 특별한 사유	소정 일수	상 동
	육아휴가	취업규칙 등에 정하는 육아 등의 사유	소정 일수	상 동
	기타 휴가	취업규칙 등에 정하는 기타의 휴가 사유	소정 일수	상 동

이 「법정휴가」와 「약정휴가」의 구별에 대하여는 발생요건이나 법률상의 효과가 상이하다.

2. 법정유급휴가와 약정휴가의 법적 효력의 차이

휴가에는 법률로 부여의무가 규정되어 있는 법정휴가와 법정휴가 이외에 취업규칙 등의 규정에 의거하여 노사간에서 자유롭게 설정한 휴가인 약정휴가가 있다. 이 구별에 관하여 그 법적 성질, 법률상의 취급 등에 있어서 큰 차이가 있다. 특히 연차유급휴가에 있어서는 법적인 효력의 차이가 현저하므로 이 점을 충분히 이해할 필요가 있다.

법정휴가는 원칙적으로 근로자가 행한 휴가를 얻고 싶다는 취지의 의사표시에 따라 성립하므로(다만, 사용자에게 시기변경권이 있다), 사용자의 승인을 요하지 아니하며(승인은 사용자의 시기 변경권의 불행사의 의사표시가 된다), 휴가의 이용목적을 기재할 필요가 없다. 또한 휴가청구절차에 관하여 '2일 전까지 문서로서 행할 것' 등도 훈시규정을 두는 것은 무방하지만 그 이외의 강제적 방법이나 환가방법은 인정되지 아니하고 무효가 된다.

한편, 약정휴가는 근로자의 청구를 사용자가 승인한 때에만 가능하다는 취지로 규정하여도 무방하다. 회사의 업무가 폭주하여 이를 거부하더라도 위법은 아니다 또한 지각조퇴를 보충하기 위하여 이것을 시간 단위로 분할하는 것도 가능하며 사용기간을 1년에 한정하여 이월을 인정하지 아니하여도 근기법 제49조의 시효의 적용이 없으므로 무방하다.

이와 같이 '법정휴가'와 '약정휴가'는 그 취급에 있어 구별이 있으므로 노사 당사자는 이를 주의하여야 한다. 일상 직장에서 문제되고 있는 사항을 항목별로 정리하면 다음 표와 같다.

3. 법정연차유급휴가와 약정연차유급휴가는 어느 쪽이 우선하는가

회사에서 근기법에 규정되어 있는 기준을 상회하여 연차유급휴가(약정연차유급휴가)를 부여하는 경우, 근로자로부터 연차유급휴가청구가 있었을 때 어느 쪽의 연차유급휴가를 우선 지급하느냐에 문제가 있다.

본래는 근로자가 법정연차유급휴가분이나 약정연차유급휴가분을 구별하여 취득할 수 있으나, 실제로는 같은 연차유급휴가이므로 어느 쪽을 사용하는가를 구별하여 지정함은 인정되지 아니한다.

구 분 / 문제항목	법정연차휴가	약정유급휴가
(1) 부여근거 (자유로 언제라도 휴가를 취득할 수 있는가)	근기법 (근로자가 희망하는 시기에 부여하여야 한다. 다만 행사연도말에 휴가 사용촉진을 할 수 있다)	취업규칙 등 (청구시기, 청구절차 등 근로자의 휴가취득에 제한을 설정할 수 있다)
(2) 휴가성립 (휴가취득에 사용자의 승인이 필요한가)	근로자의 지정 (근로자가 희망일자를 특정하여 회사에 통보함에 따라 연차휴가가 성립하며 사용자의 승인을 필요로 하지 아니한다. 다만, 청구시기에 휴가를 부여하면 사업의 운영에 막대한 지장이 있는 경우에는 사용자는 시기변경권이 있다)	근로자의 청구 (사용자의 승인에 따라 휴가가 성립한다는 취지를 약정할 수 있다)

구 분 문제항목	법정연차휴가	약정유급휴가
(3) 취득사유의 기입 (휴가 취득 목적을 신고하여야 하는가)	연차휴가는 근로자가 자유로 이용할 수 있으므로 취득 목적을 신고하지 아니하면 부여하지 아니한다는 취급은 위법이다. 다만, 임의로 취득목적을 신고하는 것은 허용된다.	이용목적의 신고가 요구된다는 취지의 약정은 유효하다. 또는 목적에 따라 부여 요건이나 휴가 일수의 장단 등을 정하여도 유효하다.
(4) 절차의 제한 "2일 전까지 문서로 소속 부서장에게 신고하여야 한다"는 휴가 취득 절차의 제한은 필요한가	훈시적인 규정으로 설정하는 것은 허용되나 취득 절차를 준수하지 아니할 때에는 일체 휴가를 인정하지 아니한다는 취급은 위법하다. 다만, 당일 이후의 신고(사후대체)에 있어서의 제한은 적법하다.	휴가 취득 절차를 정하고 이 절차에 의하지 아니하는 휴가를 인정하지 아니한다는 취지의 제한은 적법하다.
(5) 단순한 성수기·비수기라는 이유에 의한 제한 (단순히 바쁘므로 다른 날에 가는 것은 좋다는 이유로 취득을 거부할 수 있는가)	사업 운영에 막대한 지장이 있다는 객관적 이유가 있으면 제한이 허용되나 단순히 바쁘다는 이유로 한 거부는 위법하다. 다만, 근로자에게 변경 방법을 신고토록 한 것은 적법하나 근로자가 이에 응하는가의 여부는 자유이다.	취업규칙상 명백하게 그 취지를 정하여 부여 조건으로 하는 경우나 합리적 이유가 있는 경우라면 단순히 바쁘다는 업무상의 이유에 의한 부여 거부라도 정당하다.
(6) 시간 단위분할 (지각, 조퇴의 대체 등 1일 이하의 분할은 가능한가)	법정 휴가는 1일 근무일을 단위로 하므로 그 이하의 분할은 인정되지 아니한다. 다만, 반일 단위로 노사간 합의에 의하여 휴가를 인정하여도 위법은 아니다.	시간 단위, 반일 단위의 분할 부여 등 자유롭게 그 부여 단위를 약정할 수 있다.
(7) 행사기간 중의 매수 (당해연도내에 취득할 수 있는 휴가를 매수할 수 있는가)	1년간의 행사기간이 있으므로 그 기간 중에 매수한다면 위법 무효이다. 다만, 1년간 행사기간의 경과 시 미사용분의 수당 지급은 적법하다.	미취득 분의 잔여 휴가 분을 매수하더라도 적법하며 제한은 없다. 다만, 근로시간 단축 취지에 비추어 바람직한 것은 아니다.
(8) 유효기간의 제한 (유효기간을 법상 행사기간보다 단축하여도 좋은가)	근기법 제60조에 따라 1년간 행사할 수 있으므로 1년간은 유효하므로 이월 제한은 위법하다	당해연도 중에 취득하지 아니한 휴가는 소멸한 것으로 하는 이월 금지는 유효하다.

근로자 측에서 어느 쪽을 취득하든지 지장이 없을 때는 연차유급휴가 부여의무를 지고 있는 채무자인 회사 측에서 연차유급휴가를 부여할 때 변제충당의 지정을 할 수 있으며(민법 제476조), 양 당사자가 다같이 충당의 지정을 하지 아니하였을 때는 결국 법정충당(민법 제477조)의 규정에 따라 충당하게 된다.

법정충당인 경우는 「채무전부의 이행기가 도래하였거나 도래하지 아니한 것이 있으면 채무자에게 변제이익이 많은 채무의 변제에 충당한다」라고 규정되어 있으므로(민법 제477조제2호), 채무자인 회사에게 있어서 부여(변제) 이익이 많은 법정연차유급휴가부터 먼저 충당하게 되므로 결국 법정연차 유급휴가의 취득이 우선한다.

5. 재고용자, 임시직 등 기간제근로자의 연차휴가의 취급

(1)「계속근로」인지 또는「계속근로의 중단」인지 여부

연차휴가청구권의 발생요건으로서 근기법 제60조에는 「1년간 계속근로」하고 80퍼센트 이상 출근할 것을 제1의 요건으로 하고 있으며, 계속근로년수가 1년 미만인 근로자에 대하여는 1월간 개근할 것을 요건으로 하고 있다. 「3년 이상 계속근로한 근로자에 대하여는 1년을 초과하는 계속근로연수 2년에 대하여 1일을 가산한 유급휴가를 주어야 한다」고 하여 계속근로연수에 따른 휴가일수의 체증방식을 규정하고 있다. 그러므로 정년퇴직 후 촉탁 등의 신분으로 재고용한 경우나 일용근로자 또는 2개월 등 단기의 근로계약을 경신하고 있는 임시나 시간제근로자 등의 경우에는 이것을 「계속근로」로 보느냐, 「계속근로의 중단」으로 보아 갱신할 때마다 별개의 근무가 개시되는 것으로 보느냐에 따라 이들 근로자의 연차휴가청구권의 발생 여부가 문제된다.

(2) 근기법 제60조제1항의「계속근로」의 의의

근기법 제60조제1항의 「계속근로」라고 하는 것은 근로자가 동일한 사용자와 근로관계를 계속하고 있는 상태를 말한다.

근로관계가 계속되고 있는가 아닌가는 단순히 근로계약이 갱신되어 별개의 것으로 되어 있는가 아닌가라는 형식적인 점이 아니고 사용자가 근로자를 지휘·감독 아래 근로에 종사시킨다고 하는 실질적인 관계가 계속되고 있는지의 여부의 관점에서 판단하여야 한다.

즉, 형식적으로는 근로계약이 종료된(해고, 퇴직 등) 경우라도 그 후 동일한 사용자와 근로자의 사이에 다시 근로계약을 체결하고 이어서 같은 사용자에게 근로자가 그 노동력을 제공하여 그 대가로서의 임금을 받고 있는 관계가 인정된다면 실질적으로는 종전의 근로관계가 중단되지 않고 계속하고 있는 것으로 판단된다.

따라서 「계속근로」인가 아닌가는 형식면을 중시할 것이 아니라 실질에 착안해서 판단하여야 한다.

근기법 제60조가 연차휴가청구권의 발생과 휴가일수의 가산요건에 「계속근로」를 든 것은 연차휴가라고 하는 것이 해당 근로자의 그 기업에 대한 연공적인 기여의 보상이란 점을 고려한 것으로 생각된다. 기업에 대한 연공이란 관점에서 생각하면 제약면에서 형식적으로는 별개의 계약이 체결된 것이라 하더라도 그 기업에 대한 연공적인 기여는 계속하고 있는 것이기 때문에 이러한 점에서 생각할 때 「계속근로」인가 아닌가는 실질적으로 판단해야 할 것임을 알 수 있게 된다.

이때 실질적으로 보아 근무가 계속되고 있는지 아닌지는 구체적인 사안과 그 근무실태에 따라 여러가지 측면에서 종합적인 검토가 있어야 할 것이다. 이상의 점으로 보아 정년퇴직자가 촉탁 등의 명칭으로 계속해서 같은 회사의 근로자인 지위를 보유하는 경우에는 퇴직과 재고용과의 사이에 상당한 기간이 있으며 사회보험상의 자격상실 등 근로관계가 단절되고 있다고 인정되는 경우를 제외하고는 원칙적으로 단순히 기업내에서의 신분변경에 지나지 않고, 직무내용에 약간의 변경이 있다 하더라도 사용종속관계에는 영향이 없어 당연히 「계속근로」한 것으로 보는 것이다(대법 2014.3.13, 2011다95519).

따라서 휴가일수도 퇴직 전의 것이 계속하여 이월되므로 종전의 근로연수를 통산해서 휴가일수가 가산되어 발생하게 된다. 재고용의 경우에 근기법 제60조의 계속근로년수의 계산에 있어서는 그간 형식적인 해고를 했더라도 실질적으로는 근로관계가 계속하고 있는 한 근로연수를 통산한다. 해고와 재채용과의 사이에 상당기간이 있어 근로관계가 단절되어 있다고 인정하는 경우에는 이에 해당되지 않는다.

해고를 통고할 때에 퇴직금이 지급되었는지 아닌지는 연차유급휴가의 기초가 되는 계속근로연수의 계산에 관한 한 직접적인 관계는 없다. 또 계속근로 취급에 관하여 계속근로란 근로계약의 존속기간, 즉 재적기간을 말한다. 계속근로인가 아닌가는 근로실태에 따라서 실질적으로 판단하여야 한다.

(3) 계속근로에 포함되는 경우

다음의 경우에는 계속근로에 포함한다. 이 경우 실질적으로 근로관계가 계속되고 있는 한 근로연수에 통산한다.

① 정년퇴직한 퇴직자를 계속 촉탁으로서 재채용하고 있는 경우. 단, 퇴직과 재채용 사이에 상당기간이 있어 객관적으로 근로관계가 단절되고 있다고 인정되는 경우에는 예외이다. 사업주는 고령자인 정년퇴직자를 재고용함에 있어 당사자간의 합의에 따라 근로자퇴직급여보장법에 의한 퇴직금과 근기법 제60조에 따른 연차유급휴가일수 계산을 위한 계속근로기간 산정에 있어 종전의 근로기간을 제외할 수 있으며 임금의 결정을 종전과 달리할 수 있다(고령자고용촉진법 제21조제2항).

② 근기법 제35조(예고해고의 적응제외) 각 호에 해당하는 자 일지라도 그 실태로 보아 계속 사용되고 있다고 인정되는 경우

③ 임시공이 일정 월마다 근로계약이 갱신되고 1년 이상에 이르고 있는 경우로서 그 실태로 보아 계속 사용되고 있다고 인정되는 경우

④ 재적형의 전출을 한 경우

⑤ 휴직 중이던 자가 복직된 경우

⑥ 기간제 근로계약기간 중간에 일부 단절기간 또는 예외사유가 있는 때의 전후의 근로기간을 합산한 경우

기간제법 제4조의 입법취지를 고려할 때 반복하여 체결된 기간제 근로계약 사이에 기간제법에서 정하는 예외사유에 해당하는 기간이 존재하더라도, 계약체결의 경위와 당사자의 의사, 근로계약 사이의 시간적 단절 여부, 업무내용 및 근로조건의 유사성 등에 비춰 예외사유에 해당하는 기간 전후의 근로관계가 단절 없이 계속되었다고 평가되는 경우에는 예외사유에 해당하는 기간을 제외한 전후의 근로기간을 합산해 기간제법 제4조가 규정하는 계속근로한 총기간을 산정하는 것이 타당하

다(대법 2018.6.19, 2017두54975).

⑦ 임시공, 단시간근로자 등을 정규근로자로 전환케 한 경우

⑧ 회사가 해산되어 근로자의 대우 등을 포함하여 권리와 의무관계가 신회사에 포괄승계된 경우

⑨ 전원 해고하고 소정 퇴직금을 지급한 후 다시 그 일부를 재채용하였으나 사업의 실체는 인원을 축소하였을 뿐 종전과 변함이 없이 사업을 계속하고 있는 경우 등을 들 수 있다.

6. 병가 사용시 약정휴가보다 연차유급휴가를 먼저 사용하도록 한 경우

회사는 취업규칙에 유급병가규정을 두고 있으며 개인적 사정으로 인한 직원의 부상 또는 질병시 가료를 요한다는 의사의 진단이 있을 경우 연차휴가를 소진한 후에 병가를 쓰도록 규정하고 있는 바, 병가사용시 연차휴가를 먼저 사용하도록 하는 것이 근기법 위반인지 여부가 문제된다.

근기법 제60조제1항에 따라 사용자는 1년간 80퍼센트 이상 출근한 근로자에게 15일의 유급휴가를 부여하고, 같은 조 제5항에 의거 근로자가 청구한 시기에 이를 사용하도록 하여야 한다. 연차휴가의 사용과 관련 사용자는 근기법 제61조에 의한 연차휴가의 사용촉진 및 같은 법 제62조에 따른 유급휴가의 대체가 아닌 경우 특정시기를 지정하여 근로자에게 휴가를 사용하도록 할 수 없다. 병가는 근기법에 규정되어 있지 않으므로 병가 사용에 대하여는 단체협약 및 취업규칙 등에 규정되어 있는 경우 그에 따라 처리하면 되며, 근로자가 업무외 질병 등으로 병가 사용시 연차휴가를 먼저 사용하도록 하는 것은 노사 약정에 따른 것으로 법 위반으로 단정하기는 어렵다. 다만, 근로자 신청 없이 다음해 발생할 연차휴가를 병가 사용 시 의무적으로 우선 사용하도록 하는 것은 연차휴가 발생 여부가 불확정적이고 근로자의 정신적·육체적 휴양기회 제공 등을 위한 연차휴가의 취지에 반할 수 있으며 향후 발생할 연차휴가의 시기지정권을 침해할 우려가 있는 점 등을 고려해 볼 때 근기법 위반의 소지가 있다(2014.7.18, 근로개선정책과-4027).

2 연차유급휴가의 일수 증가와 발생요건

1. 연차유급휴가의 부여일수와 발생요건의 변경

연차유급휴가의 발생요건은 「1년간 계속근무」로 되어 있었고 고용 후의 초년도의 발생요건은 「1개월간」의 계속 근무를 기초로 하고 1년간 연차유급휴가의 최저 부여일수는 15일이다. 고용 후 3년 경과시부터 1년 초과 후 2년마다 가산 연차유급휴가를 1일씩 증가(최고 25일 부여까지)한다.

근기법 제60조제1항은 「사용자는 1년간 80퍼센트 이상 출근한 근로자에게 15일의 유급휴가를 주어야 한다」고 규정하고, 동조 제2항은 「사용자는 계속하여 근로한 기간이 1년 미만인 근로자에게 1개월 개근시 1일의 유급휴가를 주어야 한다」고 규정하고, 동조 제4항에서 「사용자는 3년 이상 계속근로 한 근로자에게는 제1항에 따른 휴가에 최초 1년을 초과하는 계속근로년수 매 2년에 대하여 1일을 가산한 유급휴가를 주어야 한다. 이 경우 가산휴가를 포함한 총 휴가일수는 25일을 한도로 한다」고 규정하였다.

그러므로 연차유급휴가일의 증가에 있어서 최초년도의 발생요건으로서 계속근무요건을 1년 또는 1개월로 단축하고 그 위에 3년 경과시부터 가산 연차유급휴가일수는 증가된다.

2. 연차휴가의 계산 방법

근기법 제60조제1항은 「사용자는 1년간 80퍼센트 이상 출근한 근로자에 게는 15일의 유급휴가를 주어야 한다」고 규정하여 80퍼센트 이상 출근인가 80퍼센트 미만인가에 따라 출근율을 휴가취득의 요건으로 하고 있다. 여기에 법률상의 출근율의 계산에 있어서 출근한 것으로 간주되는 날, 전 근로일에서 제외되는 날을 명확히 할 필요가 있다.

연차유급휴가 등의 부여시 소정근로일수 및 출근여부 판단기준에 관한 행정해석(2007.10.25, 임금근로시간정책팀-3228)은 이미 2 -4에서 기술한 바와 같다.

근기법 제60조의 적용에 있어서 각 회사에 따라 정·개근수당, 무사고수당, 만근수당의 지급요건이나 상여금 등의 사정에 있어서 이러한 약정수당의 지급조건은 노사당사자가 자율적으로 정할 수 있으므로 이것은 회사가 자유롭게 정하더라도 본조의 구속이 미치는 것은 아니다. 연차휴가나 유급휴일, 약정휴가 등을 사용한 날을 결근과 같이 처리할 수 는 없으나 예컨대 만근수당 지급요건으로서 월 근무일수가 22일 이상인지 여부를 판단함에 있어서 동 휴가 사용일 등을 실제 근무일과 같이 볼 것인지는 그러한 사항을 정한 임금협정이나 단체협약의 취지, 당사자의 의사, 그간의 관행 등을 종합적으로 고려하여 판단하여야 할 것이다(2003.10.2, 근기 68207-1268). 그러나 연차유급휴가의 억제효과가 있도록 취급하는 것은 부적당하다는데 유의하여야 한다.

또한 휴직기간에 있어서는 근로의무가 면제되는 기간이므로 휴직발령 된 자가 연차유급휴가를 청구할 때에는 근로의무가 없는 날에 있어서 연차유급휴가를 청구할 여지가 없으므로 이러한 휴직자는 연차유급휴가청구권을 행사할 수 없다. 다만, 휴직처분 발령전의 사상병의 결근과는 균형문제가 있다.

3. 80퍼센트 이상의 출근율과 계속근무자의 증가일수

근기법 제60조제1항은 「사용자는 1년간 80퍼센트 이상 출근한 근로자에게 15일의 유급휴가를 주어야 한다」고 규정하고 있다. 연차유급휴가의 발생요건이 80퍼센트 이상의 출근을 요건으로 하고 있으므로 근속요건에 있어서 「당해 고용일부터 기산하여 1년간 계속근무」한 경우 당해 기간의 출근율이 80퍼센트 이상인 경우에는 15일의 연차유급휴가가 발생한다.

또한 그 후 계속근무에 따라 일수의 증가기간이 변경되어 「사용자는 3년 이상 계속해서 근로한 근로자에게는 제1항에 따른 휴가에 최초 1년을 초과하는 계속근로연수 매 2년에 대하여 1일을 가산한 유급휴가를 주어야 한다. 이 경우 가산휴가를 포함한 총휴가일수는 25일을 한도로 한다」고 하여 최장일수는 25일이 되었다. 그 계속근무와 그 기간 중의 전근로일이 80퍼센트 이상의 출근요건인가 하는 문제가 있으나 당해 연도의 연차휴가청구권이 발생하는 것은 전년도에 있어서 80퍼센트 이상의 출근을 하지 아니하면 당해 연도의 연차휴가는 물론이고 근속가산휴가도 발생하지 않는 것이다.

이에 따라 ① 입사 후 1년간 출근율이 80퍼센트 미만인 경우에 발생할 수 있는 연차휴가는 하루도 없다. 다만 1년간에 있어서 매월 개근한 달에는 1일의 휴가가 발생한다.

② 입사 후 2년간은 80퍼센트 이상 출근하였으나 3년째 출근율이 80퍼센트 미만인 경우에는 4년째 되는 연도에는 기본연차유급휴가 15일이나 근속가산연차유급휴가 1일이나 모두 발생하지 아니한다.

③ 예컨대 출·퇴근 도상의 교통사고로 요양 중인 경우에는 업무상 재해로서 근로일이 영으로 되는 경우라도 15일의 연차휴가는 발생한다. 전년도에 근로일이 있는 것을 전제로 한 근기법 제60조의 해석상 80퍼센트 이상의 출근이라는 법정요건을 충족하지 아니하므로 연차유급휴가의 청구권은 발생하지 아니한다는 것이 고용노동부 행정해석(2007.10.25, 임금근로시간정책팀-3228)이었으나 대법원 판례(대법 2017.5.17, 2014다232296)와 같은 입장으로 그 견해를 변경(2019.4.25, 임금근로시간과-30)하였다. 근로자가 업무상 재해 등의 사정으로 말미암아 연차휴가를 사용할 해당 연도에 전혀 출근하지 못한 경우라도 이미 부여받은 연차휴가를 사용하지 않은 데 대한 연차휴가수당은 청구할 수 있다는 것이다.

3 연차유급휴가 부여시 소정근로일수 및 출근 여부 판단기준

1. 출근율의 산정

(1) 1년간 80퍼센트 이상 출근의 의미

근기법 및 동법시행령은 주휴일, 연차유급휴가를 부여하는 기준으로 소정근로일수의 개근 또는 80퍼센트 이상의 출근율을 요구하고 있다. 근기법 제60조제1항에서 규정한 '1년간 80퍼센트 이상 출근'이란 1년의 총일수에서 휴일을 제외한 일수 즉, 전근로일을 80퍼센트 이상 출근한 것을 말한다. 여기에서 기준이 되는 '소정근로일'은 법령·단체협약·취업규칙에 의하며, 주휴일·공민권행사를 위한 휴일 등은 물론 단체협약이나 취업규칙 등에서 정한 근로의무가 없는 휴일은 유급·무급을 불문하고 소정근로일에서 제외된다. 그러나 근로자가 약정휴일에 취업하여도 그 날은 근로일에 포함되지 않는다. 소정근로일에는 근로할 의무가 있으므로 출근하여야 한다.

(2) 1년간 80퍼센트 이상 출근하였는지 여부

근로자가 1년간 80퍼센트 이상 출근하였는지 여부는 1년간의 총 역일(曆日)에서 법령, 단체협약, 취업규칙 등에 의하여 근로의무가 없는 날로 정하여진 날을 제외한 나머지 일수, 즉 연간 근로의무가 있는 일수(연간소정근로일수)를 기준으로 그 중 근로자가 현실적으로 근로를 제공한 날이 얼마인지를 비율적으로 따져 판단하여야 하고, 연간소정근로일수는 본래 사용자와 근로자 사이에 평상적인 근로관계, 즉 근로자가 사용자에게 근로를 제공하여 왔고 또한 계속적인 근로제공이 예정되어 있는 상태를 전제로 한 것이다(대법 2013.12.26, 2011다4629). 즉, 출근율이란 소정근로일수에 대한 출근일수의 비율을 말한다(대법 2014.3.13, 2011다95519).

(3) 출근율 산정과 근로하지 않는 날의 처리

① 출근으로 보는 경우: 근로자가 업무상의 부상 또는 질병으로 휴업한 기간과

출산전후의 여성이 근기법 제74조의 규정에 의하여 휴업한 기간 및 남녀고용평등법 제19조제1항에 따른 육아휴직으로 휴업한 기간은 출근한 것으로 본다(근기법 제60조제6항). 예비군훈련(향토예비군훈련법 제10조), 민방위훈련·동원(민방위기본법 제23조)기간, 공민권의 행사나 공의 직무집행(공직선거법 제6조의2)기간, 생리휴가(근기법 제73조)기간도 출근한 것으로 산정된다.

② 결근으로 보는 경우: 무단결근기간, 위법한 파업기간, 징계로서 정직이나 직위해제기간 등이다.

$$\text{출근율(\%)} = \frac{\text{연간출근일(근무일)수}}{\text{연간소정근로일수}} \times 100$$

2. 연차휴가 산정을 위한 출근율 계산시의 산정방법

(1) 정직기간, 강제휴직기간의 처리

정직 등의 징계를 받은 근로자는 징계기간 중 근로자의 신분을 보유하면서도 근로의무가 면제되므로 사용자는 취업규칙에서 근로자의 정직기간을 소정근로일수에 포함시키되 그 기간 중 근로의무가 면제되었다는 점을 참작하여 연차유급휴가 부여에 필요한 출근일수에는 포함되지 않는 것으로 규정할 수도 있고, 이러한 취업규칙의 규정이 근기법 제60조에 반하여 근로자에게 불리한 것이라고 보기는 어렵다(대법 2008.10.9, 2005다41666).

근로자의 정직, 직위해제 기간을 연차유급휴가 부여에 필요한 출근일수에서 제외한 취업규칙이 근기법 제60조를 위반한 것은 아니다.

행정해석(2009.9.1, 근로기준과-3296)은 대법원 판례에 따라 사용자의 귀책사유로 인한 휴업기간과 적법한 쟁의행위기간, 육아휴직기간은 사용자의 귀책사유가 있거나 근로자의 정당한 권리 행사 등 특별한 사유가 있는데 반해, 사용자가 정당한 사유로 징계한 정직기간은 그에 준하는 특별한 사유로 보기 어려우므로 연차유급휴가를 산정하기 위한 소정근로일수 및 출근 여부에 대한 판단은 대법원판례의 입장과 같이 근로자의 귀책사유로 인한 징계기간은 소정근로일수에 포함하여 결근

처리하여야 한다. 다만, 이를 다투어 확정된 부당징계기간에 한하여 소정근로일수에서 제외하고 나머지 기간에 비례하여 연차유급휴가를 부여하는 것이 타당하다는 것이다. 또한 근로제공이 금지된 정직기간 중에는 연차유급휴가를 사용할 수 없다(2011.9.20, 근로개선정책과-3105).

(2) 파업기간의 처리

근기법 제60조는 소정근로일수의 출근율에 따라 연차유급휴가를 부여하도록 규정하고 있으나 적법한 쟁의행위기간을 소정근로일수에 포함하여야 하는지 여부 등에 관하여 명문의 규정을 두고 있지 않다. 행정해석에 따르면 출근율 산정은 적법한 쟁의행위기간을 소정근로일수에서 제외한 '나머지 소정근로일수' 에 대한 출근율에 따라 산출된 일수가 80퍼센트 이상이면 연차유급휴가를 부여하되, 연차유급휴가일수는 '당해 사업장의 연간 총 소정근로일수에 대한 출근일수의 비율' 을 곱하여 산정하면 된다(2013.7.30, 근로개선정책과-4449; 2013.4.18, 근로개선정책과-2402)고 한다. 판례(대법 2013.12.26, 2011다4629)는 「근로자가 정당한 쟁의행위를 하거나 육아휴직을 하여 현실적으로 근로를 제공하지 아니한 경우, 쟁의행위 등은 헌법이나 법률에 의하여 보장된 근로자의 정당한 권리행사이고 그 권리행사에 의하여 쟁의행위 등 기간 동안 근로관계가 정지됨으로써 근로자는 근로의무가 없으며, 쟁의행위 등을 이유로 근로자를 부당하거나 불리하게 처우하는 것이 법률상 금지되어 있으므로, 근로자가 본래 연간 소정근로일수에 포함되었던 쟁의행위 등 기간 동안 근로를 제공하지 아니하였다 하더라도 이를 두고 근로자가 결근한 것으로 볼 수는 없다. 그런데 다른 한편 그 기간동안 근로자가 현실적으로 근로를 제공한 바가 없고, 근기법, 노조법 등 관련 법령에서 그 기간 동안 근로자가 '출근한 것으로 본다' 는 규정을 두고 있지도 아니하므로, 이를 두고 근로자가 출근한 것으로 의제할 수도 없다. 따라서 이러한 경우에는 헌법과 관련 법률에 따라 쟁의행위 등 근로자의 정당한 권리행사를 보장하고, 아울러 근로자에게 정신적·육체적 휴양의 기회를 제공하고 문화적 생활의 향상을 기하려는 연차유급휴가 제도의 취지를 살리는 한편, 연차유급휴가가 1년간의 근로에 대한 대가로서의 성질을 갖고 있고 현실적인 근로의 제공이 없었던 쟁의행위 등 기간에는 원칙적으로 근로에 대한 대가를 부여할 의무가 없는 점 등을 종합적으로 고려할 때, 연간 소정근로일수에서 쟁의행위 등 기간이 차지하는 일수를 제외한 나머지 일수를 기준으로 근로자의 출근율을 산정하여 연차유급휴가 취득 요건의 충족 여부를 판단하되, 그 요건이 충족된 경우에는 본래 평상적인 근로관계에서 80퍼센트의 출근율을 충족하였을 경우 산출되었을 연차유급휴가일수에 대하여 '연간 소정근로일수에서 쟁의행위 등 기간이 차지하는 일수를 제외한 나머지 일수'를 '연간 소정근로일수'로 나눈 비율을 곱하여 산출된 연차유급휴가일수를 근로자에게 부여함이 합리적이라 할 것이다」(대법 2013.12.26, 2011다4629)라고 판시했다. 예컨대 '소정근로일'이 200일인 근로자가 받을 수 있는 연차유급휴가일수가 15일이라고 할 때, 합법적인 파업을 100일간 하고 나머지 100일 중 80일간만 정상적인 출근을 했다면, 연차유급휴가를 받을 수는 있지만 실제 받는 연차유급휴가일수는 15일에 200분의 80을 곱한 6일이 된다.

$$15\text{일(연차유급휴가일수)} \times \frac{80\text{일(연간출근일수)}}{200\text{일(연간소정근로일수)}} = 6\text{일}$$

(3) 직장폐쇄기간의 처리

① 적법한 직장폐쇄의 경우: 사용자의 적법한 직장폐쇄로 인하여 근로자가 출근하지 못한 기간은 원칙적으로 연차휴가일수 산정을 위한 연간 소정근로일수에서 제외되어야 한다(대법 2017.7.11, 2013도7896). 다만 노동조합의 쟁의행위에 대한 방어수단으로서 사용자의 적법한 직장폐쇄가 이루어진 경우, 이러한 적법한 직장폐쇄 중 근로자가 위법한 쟁의행위에 참가한 기간은 근로자의 귀책으로 근로를 제공하지 않은 기간에 해당하므로, 연간 소정근로일수에 포함시키되 결근한 것으로 처리하여야 할 것이다(대법 2019.2.14, 2015다66052).

② 위법한 직장폐쇄의 경우: 이와 달리 사용자의 위법한 직장폐쇄로 인하여 근로자가 출근하지 못한 기간을 근로자에 대하여 불리하게 고려할 수는 없으므로 원칙적으로 그 기간은 연간 소정근로일수 및 출근일수에 모두 산입되는 것으로 보는 것이 타당하다.

③ **위법한 직장폐쇄기간 중 쟁의행위에 참가한 경우**: 위법한 직장폐쇄가 없었다고 하더라도 쟁의행위에 참가하여 근로를 제공하지 않았을 것임이 명백한지는 쟁의행위에 이른 경위 및 원인, 직장폐쇄 사유와의 관계, 해당 근로자의 쟁의행위에서의 지위 및 역할, 실제 이루어진 쟁의행위에 참가한 근로자의 수 등 제반 사정을 참작하여 신중하게 판단하여야 하고, 그 증명책임은 사용자에게 있다(대법 2019.2.14, 2015다66052; 대법 2014.3.13, 2011다95519; 대법 2012.9.27, 2010다99279; 대법 2013.12.26, 2011다4629).

(4) 노동조합전임자의 전임기간의 처리

① **연차휴가권리의 발생 여부**: 근로제공의무가 면제되고 사용자의 임금지급의무도 면제된다는 점에서 휴직상태에 있는 근로자와 유사하다(대법 2003.9.2, 2003다4815, 4822, 4839). 이러한 노조전임자 제도가 단체협약 또는 사용자의 동의에 근거한 것으로 근로자의 단결권 유지·강화를 위해 필요할 뿐만 아니라 사용자의 노무관리업무를 대행하는 성격 역시 일부 가지는 점 등을 고려하면, 노조전임기간 동안 현실적으로 근로를 제공하지 않았다고 하더라도 결근한 것으로 볼 수 없고, 다른 한편「노조법」등 관련 법령에서 출근한 것으로 간주한다는 규정 역시 두고 있지 않으므로 출근한 것으로 의제할 수도 없다. 결국 근로제공의무가 면제되는 노조전임기간은 연차휴가일수 산정을 위한 연간 소정근로일수에서 제외함이 타당하다. 다만 노조전임기간이 연차휴가 취득 기준이 되는 연간 총근로일 전부를 차지하고 있는 경우라면, 단체협약 등에서 달리 정하지 않는 한 이러한 노조전임기간에 대하여는 연차휴가에 관한 권리가 발생하지 않는다고 할 것이다(대법 2019.2.14, 2015다66052).

② **실질 소정근로일수의 취급**: 그리고 위와 같이 연간 소정근로일수에서 노조전임기간 등이 차지하는 일수를 제외한 후 나머지 일수(실질 소정근로일수)만을 기준으로 근로자의 출근율을 산정하여 연차휴가 취득 요건의 충족 여부를 판단하게 되는 경우, 연차휴가 제도의 취지, 연차휴가가 가지는 1년간의 근로에 대한 대가로서의 성질, 연간 소정근로일수에서 제외하지 않고 결근으로 처리할 때 인정되는 연차휴가일수와의 불균형 등을 고려하면, 해당 근로자의 출근일수가 연간 소정근로일수

의 8할을 밑도는 경우에 한하여, 본래 평상적인 근로관계에서 8할의 출근율을 충족할 경우 산출되었을 연차휴가일수에 대하여 실질 소정근로일수를 연간 소정근로일수로 나눈 비율을 곱하여 산출된 연차휴가일수를 근로자에게 부여함이 합리적이다(대법 2019.2.14, 2015다66052; 대법 2013.12.26, 2011다4629).

③ **단체협약에서 정한 경우의 취급**: 이러한 법리는 단체협약에서 정한 연차휴가와 관련하여 연차휴가 취득을 위한 출근율과 실질 소정근로일수를 기준으로 한 연차휴가일수를 산정할 때에도 다른 정함이 없는 한 마찬가지로 적용된다(대법 2019.2.14, 2015다66052).

(5) 해고기간 동안 임금청구시 연차유급휴가수당의 산입 여부

근로자가 부당해고로 인하여 지급받지 못한 임금이 연차휴가수당인 경우에도 해당 근로자의 연간 소정근로일수와 출근일수를 고려하여 근기법 제60조제1항의 요건을 충족하면 연차유급휴가가 부여되는 것을 전제로 연차휴가수당을 지급하여야 한다. 또한 이를 산정하기 위한 연간 소정근로일수와 출근일수를 계산함에 있어서 사용자의 부당해고로 인하여 근로자가 출근하지 못한 기간을 근로자에 대하여 불리하게 고려할 수는 없으므로 그 기간은 연간 소정근로일수 및 출근일수에 모두 산입되는 것으로 보는 것이 타당하다. 설령 부당해고기간이 연간 총 근로일수 전부를 차지하고 있는 경우에도 달리 볼 수는 없다(대법 2014.3.13, 2011다95519). 이 판례는 부당해고기간 중의 연차휴가수당 등의 지급을 구하는 사안에서, 근기법에서 규정하는 연차 유급휴가제도는 근로자에 대해 휴일 외에도 매년 일정 일수의 휴가를 유급으로 보장하고자 하는 제도임에 비추어 사용자의 귀책사유에 의하여 근로자가 출근하지 못한 기간에 대하여 출근율을 계산함에 있어서 근로자에 대하여 불리하게 고려할 수는 없고, 사용자의 부당해고로 인하여 근로자가 출근하지 못한 기간은 전체 소정근로일수 및 출근일수에 모두 산입되는 것으로 보아야 하므로 모두 출근율(출근일수/소정근로일수)이 80% 이상이어서 연차휴가수당의 지급대상이 된다는 것이다.

(6) 업무상 재해로 인한 요양기간 동안 연차유급휴가수당의 지급 여부

근기법 제60조제6항제1호는 출근율을 계산할 때 근로자가 업무상의 부상 또는 질병(업무상 재해)으로 휴업한 기간은 출근한 것으로 간주하도록 규정하고 있다. 이는 근로자가 업무상 재해 때문에 근로를 제공할 수 없었음에도 업무상 재해가 없었을 경우보다 적은 연차휴가를 부여받는 불이익을 방지하려는 데에 그 취지가 있다. 그러므로 근로자가 업무상 재해로 휴업한 기간은 장단(長短)을 불문하고 소정근로일수와 출근일수에 모두 포함시켜 출근율을 계산하여야 한다. 설령 그 기간이 1년 전체에 걸치거나 소정근로일 수 전부를 차지한다고 하더라도, 이와 달리 볼 아무런 근거나 이유가 없다(대법 2017.5.17, 2014다232296, 2014다232302; 2019.4.25, 임금근로시간과-30).

나아가 근로자가 연차휴가에 관한 권리를 취득한 후 1년 이내에 연차휴가를 사용하지 아니하거나 1년이 지나기 전에 퇴직하는 등의 사유로 인하여 더 이상 연차휴가를 사용하지 못하게 될 경우에는 사용자에게 그 연차휴가일수에 상응하는 임금인 연차휴가수당을 청구할 수 있다(대법 2000.12.22, 99다10806; 대법 2005.5.27, 2003다48549, 48556). 한편 연차휴가를 사용할 권리 혹은 연차휴가수당 청구권은 근로자가 전년도에 출근율을 충족하면서 근로를 제공하면 당연히 발생하는 것으로서, 연차휴가를 사용할 해당연도가 아니라 그 전년도 1년간의 근로에 대한 대가에 해당한다(대법 2017.5.17, 2014다232296, 2014다232302; 대법 2011.10.13, 2009다86246; 대법 2014.3.13, 2011다95519).

따라서 근로자가 업무상 재해 등의 사정으로 말미암아 연차휴가를 사용할 해당연도에 전혀 출근하지 못한 경우라 하더라도, 이미 부여받은 연차휴가를 사용하지 않은데 따른 연차휴가수당은 청구할 수 있다. 이러한 연차휴가수당의 청구를 제한하는 내용의 단체협약이나 취업규칙은 근기법에서 정하는 기준에 미치지 못하는 근로조건을 정한 것으로서, 효력이 없다고 보아야 한다(대법 2017.5.17, 2014다232296, 2014다232302; 대법 1993.5.27, 92다24509; 2019.4.25, 임금근로시간과-30).

4 연차유급휴가 부여시 소정근로일 수 및 출근 일수 포함 여부

출근일수와 소정근로일수의 산정(2007.10.25, 임금근로시간정책팀-3228)

구 분	소정근로일수 포함여부	출근일 포함여부	비 고
근기법에 의한 주휴일	×	×	
근로자의 날	×	×	
취업규칙 또는 단체협약 등에 의한 약정휴일	×	×	
정직기간	○	×	2009.9.1, 근로기준과-3296
부당정직기간	×	×	
사용자의 귀책사유로 인한 휴업기간	×	×	
적법한 쟁의행위기간	×	×	
불법파업기간	○	×	2004.12.13, 근로기준과-6657
남녀고용평등법에 의한 육아휴직기간	○	○	근기법 제60조제6항
기타 이상의 기간에 준하여 해석할 수 있는 날 또는 기간	×	×	
업무상재해로 인한 휴업기간	○	○	
출산전후휴가	○	○	
예비군훈련기간	○	○	
민방위훈련 또는 동원기간	○	○	
공민권행사를 위한 휴무일	○	○	
연차유급휴가, 생리휴가	○	○	
기타 이상의 기간에 준하여 해석할 수 있는 날 또는 기간	○	○	

5 육아휴직을 한 근로자의 연차휴가일수 산정방법

근기법 제60조제6항제3호는「남녀고용평등법 제19조제1항에 따른 육아휴직으로 휴직한 기간」을 연차유급휴가기간 산정시 출근한 것으로 본다고 규정하였다. 근기법 부칙 제2조는 제60조제6항제3호의 개정규정은「이 법 시행 후 최초로 육아휴직을 신청하는 근로자부터 적용한다」고 규정하였다.

개정 전에는 육아휴직 후 복직 시 쓸 수 있는 연차유급휴가는 휴직 전 출근기간에 비례하여 산정하였으므로 육아휴직을 1년간 사용한 경우 복직 후 쓸 수 있는 연차유급휴가가 아예 없게 된다. 그러나 개정 후에는 육아휴직 후 복직 시 쓸 수 있는 연차유급휴가일수는 휴직 전 출근기간과 육아휴직기간을 합한 1년 간의 출근율에 따라 산정하여야 한다. 근속년수에 따라 15일 이상 25일 한도로 연차유급휴가 사용이 가능하다.

근기법 부칙 제2조에는「이 법 시행 후 육아휴직을 신청하는 근로자부터 적용」한다고 규정하였으나, 법 취지를 고려하여 육아휴직 개시일이 2018.5.29. 이후라면 적용된다.

1. 육아휴직으로 휴업한 기간을 출근한 것으로 보는 개정법의 적용대상

개정 근기법 시행 후 육아휴직을 '시작한 경우' 부터 적용 가능한 것으로 해석하여야 한다. 근로기준 부칙 제2조에는 '이 법 시행 후 육아휴직을 신청한 경우부터 적용' 한다고 규정되어 있으나, 육아휴직의 신청은 객관적으로 확인이 어려운 경우가 있을 수 있다.

* 남녀고용평등법 시행령에서 육아휴직 신청방법을 정하고 있으나(육아휴직 개시 30일전 신청서면 작성·제출) 이는 훈시규정이고, 노사 합의가 이루어진 경우 신청서 작성이 필수요건은 아니므로, 신청일 자체를 확인하기 곤란하다.

육아휴직자의 연차유급휴가를 최대한 보장하기 위한 개정법의 취지를 고려하여, 육아휴직 개시일이 개정법 시행(2018.5.29) 이후라면 개정법을 적용하는 것으로 근로자에게 유리하게 해석할 필요가 있다.

2. 노사가 단체협약이나 취업규칙으로 정한 육아휴직에 대한 개정법 적용 여부

개정 근기법 제60조제6항제3호에는 '남녀고용평등법 제19조제1항에 따른 육아휴직' 으로 휴업한 기간을 연차유급휴가일수 산정 시 출근한 것으로 본다고 하고 있으므로, 취업규칙 또는 단체협약 등에 의해 1년을 초과하여 사용하는 육아휴직 기간까지 개정법에 따라 출근이 간주되는 것은 아니다.

1년이 넘는 기간을 육아휴직으로 사용하고 복직한 경우 취업규칙이나 단체협약에서 특별히 정함이 없다면, '고용보험법 제70조' 에 따라 육아휴직 급여를 수급한 기간을 연차유급휴가일수 산정 시 출근한 것으로 본다.

「고용보험법」 제70조는 '남녀고용평등법 제19조에 따른 육아휴직' 을 부여받은 경우 육아휴직급여를 지급하도록 규정하고 있기 때문이다.

다만, 노사간 합의(취업규칙, 단체협약 등)에 의해 근로자에게 유리하게 정한 경우에는 유리한 조건 우선의 원칙에 따라 그에 따르면 된다.

3. 개정 근기법 시행 전 육아휴직을 분할 사용한 경우 법 시행 이후에 사용한 육아휴직 시 연차휴가 처리 방법

육아휴직을 분할 사용하여 두 번째 육아휴직 개시일이 이 법 시행일 이후인 경우, 두 번째 육아휴직이 남녀고용평등법 제19조에 따른 육아휴직에 해당하면, 두 번째 육아휴직 기간은 복귀 후 연차유급휴가일수 산정 시 출근한 것으로 간주하여야 한다.

육아휴직 분할 사용은 별건의 육아휴직이므로, 분할 사용하여 두 번째 육아휴직 개시일이 2018.5.29. 이후라면 두 번째 육아휴직 기간은 복귀 후 연차유급휴가일수 산정 시 출근한 것으로 간주하여야 한다.

6 근로자의 연차휴가 시기지정권

1. 근로자에게 연차유급휴가 시기지정권이 있는가

근로자가 연차휴가를 청구하면 사용자의 승인없이 휴가를 사용할 수 있는가의 문제이다. 연차유급휴가의 시기지정권이란 근로자가 휴가의 시기를 지정하는 권리를 말한다. 근기법상의 연차휴가는 어떠한 경우에 성립되는가라는 문제에 대하여 종전부터 학설, 판례상의 견해는 대립이 있었으나, 1997년 3월 28일의 대법원판결(대법 1997.3.28, 96누4220)에서는 실무상의 취급을 둘러싼 결정에 있어서 중요한 기준을 제시하였다.

위 판결은 「근기법 제60조의 규정에 의하면 연차유급휴가는 근로자의 청구가 있는 시기에 주어야 하고 다만, 근로자의 청구한 시기에 유급휴가를 주는 것이 사업운영에 막대한 지장이 있는 경우에는 사용자가 그 시기를 변경할 수 있다. 연차유급휴가는 1년간 행사하지 아니한 때에는 사용자의 귀책사유로 사용하지 못한 경우가 아닌 한 소멸된다. 연차휴가권이 근기법상의 성립요건을 충족하는 경우에 당연히 발생하는 것이라고 하여도 이와 같이 발생한 휴가권을 구체화하려면 근로자가 자신에게 맡겨진 시기지정권(時期指定權)을 행사하여 어떤 휴가를, 언제부터 언제까지 사용할 것인지에 관하여 특정하여야 할 것이다. 근로자가 이와 같은 특정을 하지 아니한 채 시기지정권을 행사하더라도 이는 적법한 시기지정이라고 할 수 없어 그 효력이 발생할 수 없다 할 것이고, 이와 같은 경우에는 적법한 휴가시기지정이 있음을 전제로 하는 사용자의 시기변경권(時期變更權)의 행사도 필요하지 않다 할 것이다」라고 하였다.

즉, 연차유급휴가(법정)는 근로자의 사용자에 대한 시기의 지정(휴가를 얻을 날을 정해서 통고한다)에 의해 「사용자의 시기변경권의 행사를 해제조건」으로 하여 발생한다.

2. 시기지정권은 어떻게 행사하는가

그러므로 연차유급휴가일을 정하여 사용자에게 통고하면 그날로부터 지정휴가일의 전일에 이르기까지에 사용자로부터 「사업 운영에 막대한 지장이 있는 사유가 생겨, 그날을 휴가일로 할 수 없으므로 다른 날로 변경해 주기 바란다」는 시기변경권의 행사가 없는 한, 그대로 쉬어도 되며 당일은 적법한 휴가로서 성립되는 것이다. 이와 같이 근로자로서는 사용자로부터 승인을 얻지 않아도 자기가 희망하는 날을 정해서 휴가통고만 하면 된다. 그러나 당일에 이르는 사이에 사용자로부터 시기변경권의 행사요건을 충족하는 사실이 발생한 경우에 그 시기변경권을 행사할 염려가 있고 그와 같은 변경권의 행사가 있는 경우에는 성립한 연차휴가의 효력이 소멸하여 당일은 휴가를 사용할 수 없게 되는 것이다.

위에서 본 대법원판결에 의하면 「원심이 인정한 사실관계라면 근로자의 위에서 본 연차휴가 신청은 근로자가 연차휴가를 언제부터 언제까지 사용할 것인지에 관하여 특정되어 있지 아니하여 적법한 시기지정이라고 할 수 없어 그 효력이 발생할 수 없다. 따라서 근로자가 부적법한 연차휴가신청을 한 다음 회사의 승인도 없이 회사에 출근하지 아니한 것은 무단결근이라고 할 것임에도 원심이 이와 달리 근로자의 이와 같은 연차휴가 신청이 적법한 것으로서 그 효력이 발생한다고 보아 위와 같이 판단하였으니 원심은 근기법상의 연차휴가권 및 그 시기지정권에 관한 법리를 그르친 위법을 저질렀다 할 것이므로 이 점을 지적하는 논지는 이유 있다」고 하여 파기환송한 사건이다. 사용자의 정당한 시기변경권의 행사에 의한 것이라면 근로자의 일방적인 휴가는 무단결근으로 할 수 있다(1968.8.14, 기준 1455.9-7666).

연차유급휴가는 근로자의 지정에 따라 희망일의 연차휴가는 성립되지만 어디까지나 「사용자로부터 적법한 시기변경권의 행사를 해제조건」으로 하여 성립한다고 하는 조건부인 것이다.

해제조건이라고 하는 것은 민법 제147조제2항에 의거 「해제조건 있는 법률행위는 조건이 성취한 때로부터 그 효력을 잃는다」는 것이므로, 사용자로부터 위의 시기변경권의 행사가 있으면 일단 성립된 연차휴가도 그 효력을 상실한다.

그러므로 단순히 연차휴가일을 통지한 것만으로는 근로자의 경우 안심이 안된다. 이 때문에 당일 연차휴가를 사용해도 된다는 사용자의 「승인」을 받아두는 것이 바람직하다. 사용자의 「승인」은 「사용자에 의한 시기변경권의 불행사의 의사표시가 된다」. 그러므로 이와 같은 승인을 얻어 두면, 사용자는 시기변경권을 행사할 수 없게 되고 근로자는 연차휴가가 확정되어 안심하고 해당일에 휴가를 취득할 수가 있다. 즉, 근로자의 통지만으로는, 아직 연차휴가일로 확정되지 않아 안심할 수 없다. 따라서 장기여행 등을 미리 계획할 때에는 역시 사용자의 승인을 얻어 두는 것이 필요한 것이다. 이 관계를 표시하면 [그림 21-1]과 다음과 같다.

또한 근로자 측의 시기지정권에 있어서도 사회통념상 정당하다고 인정되는 범위를 일탈하여 행사한 경우에는 권리남용으로 무효가 된다. 이 점에 관하여 판례는 심야택시운전기사가 심야승무를 거부하기 위해 연차휴가를 취득한 사안에서 「승무제도는 심야에 있어서의 택시부족을 해소하고 근로시간 단축에 있어서의 사회적·정책적 요청에 따른 것이므로 인가된 야간전용차량을 가동하기 위해 이것을 실시해야 할 필요성이 너무 높고 심야승무를 거부하기 위해 행하는 연차휴가의 시기지정은 권리남용으로서 무효이다」라고 판단하고 있다(日本東京高裁 1999.4.20).

[그림 20-1] 연차유급휴가통지와 사용자의 승인

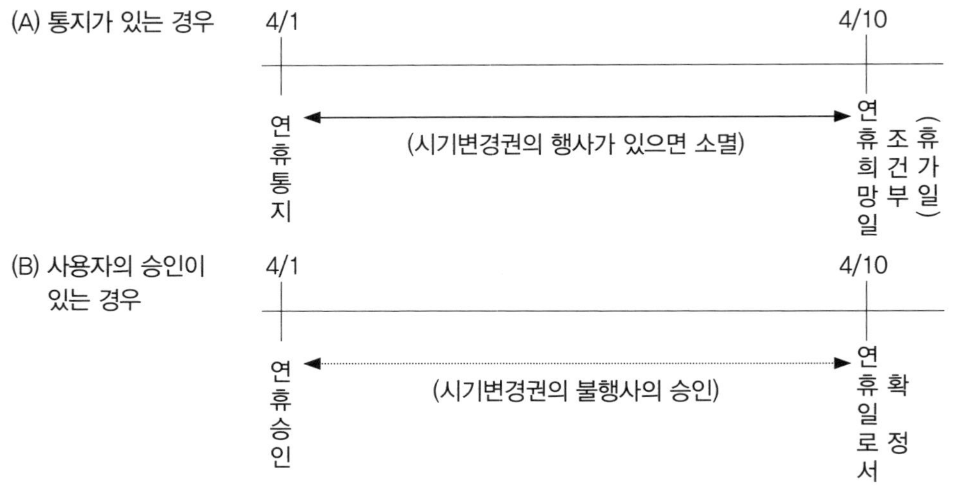

3. 질병 결근, 지각, 조퇴 등을 위한 휴가대체는 자유인가

질병 등의 사유로 인한 결근을, 후일 연차휴가로 대체할 수 있는가라는 문제가 있다. 후일 연차휴가대체청구권은 근로자의 당연한 권리가 아니고 취업규칙에 따라 비로소 대체가 인정된다.

「연차유급휴가를 청구하는 경우, 근로자는 미리 시기를 지정하여 이것을 사용자에게 통지할 것을 필요로 하며, 근로자가 임의로 지각 그 밖의 사정으로 근무하지 못한 날을 유급휴가로 대체할 수는 없다고 할 것이지만 근로자의 신고에 따라 지각, 그 밖의 사정으로 제대로 근무하지 못한 출근일을 사용자가 연차유급휴가로 대체한 경우에는, 그 출근일은 미리 결정된 휴가와 마찬가지로 업무의 시작시각 시점부터 휴가가 된다」.

또한 이와 같은 대체를 인정한다는 취업규칙상의 명문규정이 없어도 그와 같은 관행이 있다면 그에 따라야 함은 말할 나위도 없다.

한편, 지각이나 조퇴라는 1일 중 일부의 시간을 연차휴가로 대체할 수 있는지에 대하여는 「연간 지각 3회를 결근 1일로 취급하여 1년간 개근치 못한 근로자에게 익년도 연차유급휴가를 주지 않는다는 취업규칙의 규정은 근기법에 위반된다」는 행정해석(1979.5.15, 법무 811-11418: 1982.6.17, 근기 1445-16469: 1985.7.19, 근기 01254-13207)에 따라 연차유급휴가는 근로일을 단위로 하기 때문에 그 이하로 분할해서 줄 수는 없다. 그러므로 법정휴가는 지각이나 조퇴에 대체해서 시간단위로 분할하여 취득할 수는 없다. 그러나 회사에서 법령보다 상회하게 부여한 약정휴가분에 대하여는 이와 같은 제한이 없으므로 시간 단위로 분할해도 관계가 없다고 할 것이다.

4. 연차휴가일의 「1근로일」이란 무엇인가

근기법 제60조제1항은 「사용자는 1년간 80퍼센트 이상 출근한 근로자에게 15일의 유급휴가를 주어야 한다」고 규정하고 동조 제2항은 「사용자는 계속하여 근로한 기간이 1년 미만인 근로자 또는 1년간 80퍼센트 미만 출근한 근로자에게 1개월 개근시 1일의 유급휴가를 주어야 한다」고 규정하고 있다. 연차휴가의 단위는 연차휴가의 목적이 근로자의 휴양의 확보라는 점에 있으므로 부여 단위에 있어서 최소단위는 결국 「근로일」 단위여야 할 것이다. 당해 「근로일」은 원칙적으로 역일 계산에 의하여야 하므로 당일 오전 0시부터 오후 12시까지로 역일에 의하여 계산되므로 역일 24시간을 의미한다.

연차휴가일 단위의 「1근로일」은 근로시간의 「1일」의 취급과는 다르다. 1근무 16시간 격일근무나 1근무 24시간의 1주야 교대근무에서 1근무가 2역일에 걸쳐있는 경우에도 역일원칙은 적용된다. 「1근무의 휴가는 2근무일의 연차휴가가 된다」는 것이므로 이에 따라 오전 0시까지 근무를 1회 휴가에 있어서의 연차휴가를 취득하기 위해서는 원칙적으로 2근로일의 연차휴가를 취득하게 된다. 물론 이 경우의 연차휴가수당도 당연히 2근로일분의 임금을 지급하여야 한다.

이에 따라 연차휴가의 「근로일」은 원칙적으로 「역일제」에 따라야 하지만 1일 8시간의 소정근로시간이 2역일에 걸쳐있는 경우에는 이 원칙을 적용하는 것이 현저히 불합리한 결과가 될 수 있다. 당해 근무시간을 포함하여 계속 24시간을 1근로일로 한다. 여기에 8시간 3교대제근무의 경우 제3조(반)에 있어서는 2역일에 걸친 교대제로서 주간에서 야간까지 오후 9시 30분에 출근하여 익일의 오전 6시까지의 근무로서 실근무 7시간 30분의 근무를 매일 실시하는 야간근무의 경우 등이 있다.

이러한 경우에는 역일제의 적용은 불합리하므로 「근무시간을 포함하여 계속 24시간을 1근로일로 취급하여도 무방하다」는 것이다.

근로시간에 있어서는 2역일에 걸치는 계속근무는 1근무일로서 전일(업무의 시작시각이 속하는 날)의 근로시간으로 취급하는데 대하여 연차휴가에 있어서는 당해 근무시간을 포함하여 임의의 24시간을 「근로일」로 하는 것은 전자의 「1일」은 근로시간의 길이로 계산한 것을 기준으로 하므로 임의의 24시간으로 하면 규제의 목적을 달성하기 어려운 것이며 후자의 연차휴가의 「근로일」의 경우에는 사용자가 근로자에게 부여하는 휴식시간을 단위로 하는 것이므로 그 목적을 달성할 수 있어 비교적 넓게 예외를 인정할 수 있다고 생각된다.

5. 당일에 통고된 연차휴가의 취급

연차유급휴가는 근로자의 의사표시만으로 사용자에 대한 근로의무의 면제라는 법적 효과가 발생하며 사용자의 승낙행위는 필요로 하지 않는다.

그러나 당일 날 바로 휴가를 취득하겠다는 통고를 할 때에는 문제가 된다.

즉, 법정연차휴가라는 것은 「1근로일」 단위로 주어지는 것이다. 근로일이란 원칙적으로 역일 계산에 의하게 되며 오전 0시부터 오후 12시까지의 24시간을 1근로일의 휴가로 하게 된다(그림 21-2 참조). 그러므로 1주야 교대근무와 같이 2역일에 걸치는 근무의 연차휴가일 때에는 2근로일의 휴가로서 취급되고 있다. 따라서 휴가일 당일의 아침에 이르러 휴가를 가겠다고 통고한 경우에는 당일의 업무 시작시각 이전이라 하더라도 이미 당일의 1근로일은 진행하고 있어 사전통고가 아니라 사후의 휴가청구가 된다. 즉, 시기가 늦어진 휴가청구로 취급되어 법적으로는 사후의 휴가대체청구가 된다. 이것을 어떻게 취급할 것인가는 사후 대체를 회사에서 인정하고 있는가 아닌가에 따라 달라진다. 일반적으로 기업사회에서는 이러한 사후 취득도 인정하는 것이 관행이라고 할 수 있다.

[그림 20-2] 당일의 휴가 청구와 연차유급휴가의 취급

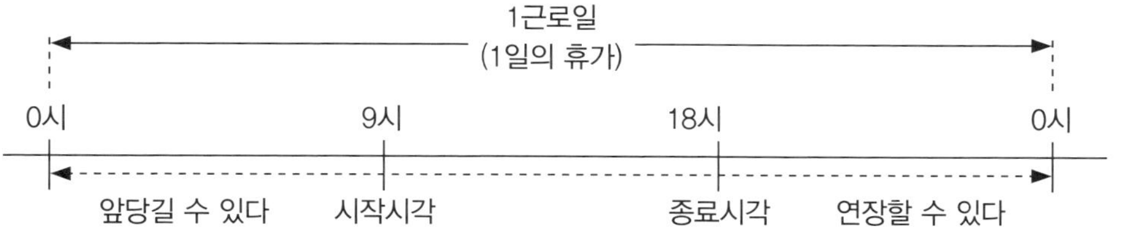

(당일의 청구는 근로일 개시 후의 청구이다)

7 사용자의 연차휴가 시기변경권

1. 시기변경권의 의의

① 사용자의 시기변경권이란 근로자가 청구한 시기에 연차유급휴가를 주는 것이 사업 운영상에 막대한 지장이 있는 경우에는 사용자가 그 시기를 변경할 수 있는 권리를 말한다.

② 사용자가 예상할 수 없는 사업상의 손실이나 곤란을 겪을 염려가 있으므로 이에 대한 예외를 인정하여 근로자가 청구한 시기에 휴가를 주는 것이 사업 운영에 막대한 지장이 있을 때에는 사용자가 그 시기를 다른 시기로 변경할 수 있도록 할 필요가 있다.

③ 따라서 사용자의 시기변경권은 근로자가 지정한 시기에 연차휴가를 주는 것을 단순히 거부하는 권리로서 보장되는데 그치지 않고 적극적으로 근로자로 하여금 다른 연차휴가시기로 변경하여 지정할 수 있도록 하는 책무를 부여함으로써 연차휴가시기를 확정 시키려고 하는데 그 의미가 있다.

2. 시기변경권 행사의 요건

(1) 근로자의 적법한 시기지정권의 행사가 있는 경우

연차휴가권이 근기법상의 성립요건을 충족하는 경우에 발생하는 것이라 하더라도 그와 같이 발생한 연차휴가권을 구체화하려면 근로자가 자신에게 맡겨진 시기지정권을 행사해 어떤 휴가를 언제부터 언제까지 사용할 것인지에 관해 특정하여야 한다. 근로자가 이와 같은 특정을 하지 않는 채 시기지정권을 행사하더라도 이는 적법한 시기지정이라고 할 수 없다(대법 1997.3.25, 96다4930). 연차휴가의 시기지정권을 행사하는 방법은 취업규칙에 정한 바가 있으면 그에 따르면 된다. 취업규칙에 이에 관한 정함이 없는 경우에는 문서 또는 구두로도 청구할 수 있다.

(2) 사업 운영에 막대한 지장이 있는 경우와 판단기준

1) 사업 운영에 막대한 지장이 있는 경우

사용자는 근로자의 청구가 있는 시기에 연차유급휴가를 부여하여야 하나, "사업 운영에 막대한 지장"이 있는 경우에는 시기변경권을 행사할 수 있다.

① "사업 운영에 막대한 지장이 있는 경우"란 근로자가 지정한 시기에 연차휴가를 실시함으로써 말미암아 그가 담당하고 있는 업무가 바로 그때 시행되지 않게 될 경우 그 시점에서의 업무상황으로 미루어보아 그 근로자가 소속한 사업장의 업무능률이나 성과가 평상시보다 현저하게 저하되어 상당한 영업상의 손실이 초래될 것으로 염려되거나 그러한 개연성이 엿보이는 사정이 있는 경우를 말한다.

② 막대한 지장이 있는지 여부의 판단기준은 기업의 규모, 유급휴가청구권자의 직장에서의 배치와 담당하는 업무의 내용·성질, 작업의 바쁜 정도, 대행자의 배치 난이도, 같은 시기에 휴가를 청구하는 자의 인원 수 등의 제반 사정을 고려하여 제도의 취지에 반하지 않도록 합리적으로 결정하여야 한다. 그 개연성이 인정되는 사정만으로 족하나, 근로자가 입게 되는 불이익이 최소한에 그치도록 합리적인 기간 내에서 시기변경권을 행사하여야 할 것이다.

③ 이러한 사정이 있는지 판단기준은 구체적인 근로자의 담당업무와 관련된 범위 내에서 해당 근로자가 소속한 사업장 단위를 기준으로 하여 그 사업장의 평상시의 업무운영과 비교하여 합리적으로 판단하여야 한다.

④ 사용자가 시기변경권을 행사하였으나 근로자가 이를 무시하고 그가 지정한 시기에 연차휴가를 실시하였는데 실제로는 그 연차휴가기간 중 사업이 정상적으로 운영되었다고 하더라도 사용자가 시기변경권을 부적합하게 행사하였던 것이라고 단정할 수는 없다.

⑤ "사업 운영에 막대한 지장"이 있는지 여부는 사용자가 시기변경권을 행사하는 시점에서 객관적으로 판단되어야 한다.

⑥ 사업운영에 막대한 지장이 있다는 점에 대한 입증책임은 사용자에게 있다(서울고법 2013.5.31, 2012누28522). 연차휴가 사용은 근로자가 청구한 시기에 주는 것이 원칙이고 예외적으로 사용자에게 시기변경권을 허용한 것이기 때문이다.

2) "사업 운영에 막대한 지장이 있다"라고 판단할 수 있는 기준

(가) 업무량의 증대

① 근로자가 연차휴가를 실시하는 것은 사업장 내에서 통상 예견되는 일이고 평상시에도 늘 행하여지는 것이므로, 어떤 근로자가 연차휴가를 실시함으로써 작업인원이 감소되어 남은 근로자들의 업무량이 상대적으로 증가한 것만으로는 "사업 운영에 막대한 지장이 있는 경우"라고 할 수 없다.

② "사업 운영에 막대한 지장이 있는 경우"로서 "업무량의 증대"란, 예를 들면 관련업체의 파업 등 쟁의행위로 인하여 근로자가 소속한 사업장의 업무량이 폭주하게 되는 등 돌발적인 사태가 발생하여 근로자의 업무량이 평상시보다 현저하게 증가된 경우에 국한되어야 한다. 일시에 다수의 신청이 있거나 감기 등으로 다수 결근하고 있거나, 잔여인원을 가지고 대체하기 어려운 중대한 업무가 있을 때 등의 사업의 정상적 운영에 지장이 생기는 경우가 아니면 안된다.

③ 사용자가 이와 같은 업무량의 이상적인 증대를 사전에 예측할 수 있는 경우에는 근로자의 시기지정이 상당기간 이전에 된 경우에 있어서는 사용자는 근로자의 시기지정의 시점에서 시기변경권을 행사할 수 있지만 일단 시기지정의 의사를 수락하여 시기변경권의 행사를 포기한 이후에는 이러한 업무량의 증대를 이유로 시기변경권을 할 수 없다.

④ 근로자가 시기를 지정한 후에 업무량이 증대할 가능성이 명백하게 된 경우에는 그 예측가능한 시점에서 합리적인 기간내에 시기변경권을 행사하여야 한다.

(나) 사용자의 대체근무자 확보의무

① 사용자는 근로자의 연차휴가의 실시 등에 따라 사업장에 통상적으로 생기는 작업인원의 결원을 예상하여 이를 보충하기 위한 대체근무자를 확보할 의무를 당연히 부담한다.

② 어떤 근로자가 연차휴가를 실시함으로써 그 근로자의 근무를 대신하여 할 수 있는 대체 근무자의 확보를 제대로 하지 아니함으로써 연차휴가일에 작업수행에 필요한 최소한의 작업인원에 결원이 생겨 발생하는 사업 운영의 차질은 "사업 운

영에 막대한 지장이 있는 경우"로 볼 수 없다.

(다) 근로자의 담당업무의 성질

근로자가 담당하는 업무의 성질상 그 업무가 특정한 시기에 그 근로자에 따라 실시되지 않으면 안되는 경우에 그 근로자가 그 특정시기와 겹쳐 연차휴가시기를 지정하게 되면 다른 사람이 그 업무를 대신하여 할 수도 없을 것이므로 "사업 운영에 막대한 지장이 있는 경우"에 해당될 수 있다.

(라) 다수근로자의 시기지정

① 동시에 다수의 근로자가 연휴시기를 지정하여 통상적인 범위의 대체근로자를 충원하고도 작업수행에 필요한 최소한의 인원이 모자라는 경우에는 사용자는 그 중 일부의 근로자가 지정한 연휴시기를 변경할 수 있을 것이다.

② 이 경우 시기변경을 할 대상자는 근로자들의 시기지정 순서나 이유 등 여러가지 사정을 합리적으로 판단하여 사용자의 재량에 따라 선별하여야 한다.

(마) 연차휴가의 이용목적

① 연차휴가의 이용목적은 근로자가 자유롭게 결정할 수 있으므로 다수히 연차휴가의 이용목적이 당초 청구기재사실과 다르다 하더라도 이것을 이유로 하여 사용자가 시기변경을 할 수 있는 사유가 되는 것은 아니다.

② 연차휴가신고서에 이용목적을 기재하도록 한 것은 일시에 다수의 근로자로부터 동일시기에 휴가를 청구 받았을 경우 이용목적의 중대성, 긴급성의 정도에 따라 시기변경권 행사의 대상자를 선정하는 것은 합리성과 필요성이 존재하므로 이러한 목적으로 이용목적의 기재를 요구하는 것은 적법한 일이다.

3. 시기변경의 형식

사용자가 연차휴가시기를 변경하는 형식에는 아무런 제한이 없으므로 반드시 서면으로 하여야 하는 것은 아니고 구두로도 할 수 있다. 어느 경우라도 사용자의 변경의사가 명확하게 근로자에게 전달되어야만 시기변경의 효력이 생긴다.

4. 시기변경의 내용상 한계

① 사용자는 시기변경권을 행사함에 있어서 근로자가 지정한 시기와는 다른 시기를 특정하여 통지할 의무나 그렇게 할 수 있는 권리도 없다. 단순히 근로자의 시기지정을 불승인 또는 허가하지 않는다는 정도의 의사를 전달하기만 하면 된다.

② 사용자는 근로자에게 시기변경을 하는 이유를 고지할 의무가 있다고 할 것이다. 근로자는 사용자가 시기변경을 한 이유를 참작하여 그 후에 재차 시기지정권을 행사하여 다른 연차휴가시기를 얻게 된다.

5. 시기변경권은 언제라도 행사할 수 있는가

① 사용자의 시기변경권은 언제까지 행사할 수 있느냐에 관하여 판례 해석상으로는 그 시기에 제한이 없다. 근로자가 연차휴가일로서 희망하고 있는 날의 전일의 근무시간 종료전까지 시기를 변경할 수 있다. 사용자는 원칙적으로 근로자로부터 시기지정의 청구가 있는 때로부터 그 지정된 시기에 이르기까지 사이에 시기를 변경할 수 있다.

② 근로자에게 연차휴가를 얻지 않으며 안 될 돌발적인 사태가 갑자기 생겨 미처 사용자가 시기변경을 할 시간적인 여유없이 시기지정을 한 경우에는 근로자가 연차휴가를 실시한 이후에라도 시기변경을 할 수 있다.

③ 근로자에 따라 지정된 휴가일자 이전에 시기변경을 하는 경우에도 사용자가 시기변경을 할 만한 충분한 시간을 지나서도 시기변경을 하지 않거나 휴가일자 직전에 시기변경을 하는 등 부당하게 시기변경을 지연할 경우에는 시기변경의 효력이 없다.

④ 사용자가 시기변경을 하게 되면 다른 시기에 연차휴가를 얻는 것이 어렵거나 불가능 한 때에는 사용자는 시기변경권을 행사할 수 없다고 할 것이다.

6. 시기변경의 포기

사용자가 근로자의 시기지정을 확정적으로 승인한다는 통지를 한 경우에는 사용자로서 시기변경권을 행사하지 않겠다는 뜻을 표명한 것이므로 그 후에는 근로자의 동의를 얻는 등 특별한 사유가 없는 한 이를 사용자 임의로 취소하거나 철회하는 것은 허용되지 아니한다.

7. 시기변경의 철회

사용자가 근로자의 연차휴가 청구를 불승인 또는 불허가한다고 통지하여 시기변경을 하였다면 그 후에 근로자의 동의를 얻지 않는 한 이를 철회할 수 없다.

8. 시기변경과 그 시기의 특징

사용자가 근로자의 연차휴가청구 시기를 변경할 수 있다는 것은 사용자가 그 시기를 변경하여 이를 특정할 수 있다고 해석할 수 없으며 근로자가 지정하는 시기와 다른 시기를 제시하여 다시 근로자가 이를 청구 할 수 있다는 의미이다.

9. 시기변경권 행사의 효과

① **적법한 시기변경권 행사**: 사용자가 적법하게 시기변경권을 행사하였음에도 불구하고 근로자가 일방적으로 연차휴가를 사용한 경우에 사용자는 그 근로자에 대해 결근 처리할 수 있으며(1986.8.14, 기준 1455.9 -7666) 결근일수에 따른 징계처분을 할 수 있다.

② **위법한 시기변경권 행사**: 사용자가 위법하게 시기변경권을 행사하여 근로자의 연차휴가 사용을 결근으로 처리하거나 징계 등 불이익 처분을 한다면 이는 사용자의 위법행위로 무효가 될 것이다. 또한 사용자의 연차휴가 시기변경권 행사가 위법한 경우에는 근기법 제60조제5항을 위반한 것이므로 근기법 제110조제1호에 따른 처벌 대상이 될 수 있다.

10. 시기변경권의 행사와 시기변경신청의 이용

근로자가 바쁜 때에 휴가청구를 하였을 때 소속 부서장이 분주하기 때문에 휴가

시기를 다른 날로 하지 않겠느냐고 근로자에게 부탁하는 것은 되도록 다른 날로 하여 달라는 희망의 표명(表明)이며 법률적으로 시기변경권의 행사는 아니며 회사의 근로자에 대한 시기변경권의 신청이 되기 때문에 지장이 없다. 이 회사의 신청에 근로자가 응하여 다른 날로 연차휴가를 변경함은 합의에 의한 변경이기 때문에 문제는 없다.

8 연차휴가의「시기변경권」과「시기변경의 청구」와의 차이

1. 연차휴가의 시기변경권의 의의 및 사업운영에 막대한 지장이 있는 사례

법정연차휴가는 근로자의 휴가 사용의 청구로서 성립하고, 사용자는「사업 운영에 막대한 지장이 있는 경우」가 아닌 한 그 지정된 날 휴가를 주어야 한다.

이와 같은 휴가청구권의 행사와 사용자의 사업 운영상의 필요성과의 조화를 기하기 위하여 근기법 제60조제5항 단서에서「사업 운영에 막대한 지장이 있는 경우에 사용자는 그 시기를 변경할 수 있다」고 규정하여 사용자가 근로자의 청구가 있는 휴가를 그 청구한 대로 주지 자고 이를 변경하여 줄 수 있는 권리를 인정하였다. 이를「시기변경권」이라고 부른다. 사용자에게 인정된 이 시기변경권은 근로자가 희망하는 대로 휴가를 주는 것이 그 휴가청구권의 기본원칙이라는 점에서 어떠한 경우에나 행사할 수 있는 것은 아니다. 그것은「사업 운영에 막대한 지장이 있는 경우」에 한하여 인정된다.

그러므로「사업 운영에 막대한 지장이 있는 경우」란 어떤 경우를 말하는가가 문제되는데, 이 점에 대한 판단기준에 관하여「개별적·구체적·객관적으로 판단하여야 한다」고 하여 일률적으로 결정하는 것이 아닌 구체적 사정에 따라 개별적·객관적으로 판단하여야 할 것이다.

다수의 근로자가 직장에 근무함으로서 전문적인 기술을 요구하는 분업이 유기적으로 결합하여 조직된 기업에 있어서는 근로자 중의 어떤 자가 부득이한 사유로 그 직장에서의 노무를 제공할 수 없는 사태가 발생한 때에는 이에 대체되는 근로자를 그 직장에 배치하는 것은 사업이 정상 운영되고 있는 한 경영자가 상시 배려할 사항이며 그와 같은 대행자의 배치로 인한 작업성과에 다소의 차이 또한 고려하여야 할 사항이다. 여기서 말하는 연차유급휴가 부여가 사업의 정상운영에 막대한 지장이 있는 경우란 그 기업의 규모, 휴가청구권자의 직장에 있어서의 배치, 그 담당직무내용, 성질, 작업의 성수기와 비수기, 대행자 배치의 난이, 시기를 같이하여 유급휴가를 청구하는 자의 인원수 등 제반 사정을 고려하여 제도의 취지에 반하지 않도록 합리적으로 결정하여야 한다. 현재 기업에서 관행적으로 실시하고 있다 하더라도 단순히 바쁘다는 사유만을 가지고 시기변경권이 있다고 할 수는 없다. 근로자 중의 누군가가 유급휴가를 사용한다는 것은 사업 운영상 본래 예정되고 있다는 것을 고려하면서 제반 사정을 종합 판단하여 그 결과 상당히 분주하다는 것만으로는 사업 운영에 막대한 지장이 있는 경우라고는 할 수 없다.

2. 사업 운영에 막대한 지장이 있는 사례

그러므로 시기변경권의 행사가 인정될 수 있는 「사업 운영의 막대한 지장이 있는 경우」란 어떤 때인가를 구체적으로 검토할 필요가 있다.

구체적으로 사용자가 그 청구에 대하여 휴가부여를 거부할 수 있는 사유는 단순히 바쁘다는 사정으로 판단하는 것이 아니고 일시에 다수의 청구가 있거나, 감기 등으로 다수가 결근하고 있다든지 타인으로는 대체시킬 수 없는 중대한 업무가 있을 때 등 사업의 정상운영에 지장이 생기는 경우가 아니면 안된다. 예컨대 다른 연차휴가취득자가 많아서 철도우편 등의 복무조정이 어려운 경우, 그리고 마찬가지로 휴가 등의 결근이 많아 허용인원을 초과하므로 보충조치가 어려운 우체업무종사자의 경우, 기말시험당일 학교장의 불승인에도 불구하고 연차휴가를 취한 교사의 경우 근무할당에 의한 근무체제가 갖추어진 사업장에서 통상의 배치로서는 대체근무자의 확보가 어려운 경우, 등에 대하여 모두 「사업의 정상운영을 방해하는 사유」가 있다고 하여 사용자의 시기변경권 행사를 정당하다고 인정하고 있다.

예를 들면,

① 단순히 분주하다는 것만으로는 해당되지 않는다. 예를 들어 그 날은 특히 대량의 원재료가 입하될 것이 예정되어 그날 중에 처리하여야 한다든가 또는 그날은 다수의 거래처에서 견본품을 가지러 온다든가 월말정리일이 되었다든가 또는 특별히 분주할 만한 구체적 이유가 있는 때라야만 된다.

② 이미 다른 근로자로부터 연차휴가의 청구가 있어서 승인한 바 있고, 다른 동시휴가의 인원수로 보아 대체인원을 확보하기 어려운 때에는 이에 해당된다.

③ 다른 근로자의 결근이 예상되어 대체자의 확보가 곤란하고 그 때문에 사업의

정상운영에 지장을 가져올 염려가 있을 때에는 해당된다.

④ 당일 그 근로자가 없으면 처리 불가능한 용무가 있을 때(정기건강진단일의 보건관리자, 세무서의 조사가 있는 경우의 경리사무 담당자, 외국인 내방시의 통역)에는 해당된다.

⑤ 해당 근무일에 출장이나 교육연수 등 특별한 업무가 미리 명령되고 있는 경우에는 해당된다.

3. 시기변경의 신청

다음에 이 시기 변경권의 행사와 상이 한 것으로서 「시기변경의 신청」이 있다.

「시기변경의 신청」이란 시기변경권의 행사 요건은 갖추고 있으나 당일은 업무량이 증가하여 소속 부서장이 바쁘므로 휴가청구일을 다른 날로 대체하여줄 수 없느냐고 근로자에게 요청하는 것을 말한다. 즉, 이것은 소속 부서장이 가능한 한 다른 날로 하여 주었으면 하고 근로자에게 의뢰 또는 희망하는 것을 말하며 단순한 시기변경의 요청으로써 이에 대하여 근로자가 다른 날로 변경하는데 동의하면 근로자의 승낙에 의한 변경으로서 유효하다. 그러므로 시기변경의 신청은 자유롭게 요청할 수 있다.

그러나 근로자가 이에 따르지 아니하였을 때에는 그대로 그날이 연차휴가일이 된다.

그에 따르지 아니하였다 하여 결근으로 할 수는 없다. 사용자로부터의 시기변경권 행사의 통고에 따르지 않고 휴가를 취한 자는 결근으로 되나 이 경우에는 결근이 되지 않는다는 점이 상이하다. 따라서 인사고과상 불이익취급은 허용되지 아니한다.

9 연차유급휴가 시기변경권 행사의 요건인 사업 운영에 막대한 지장이 있는 경우의 적용사례

1. 사업 운영에 막대한 지장이 있는 경우

근기법에 의하면 근로자의 연차유급휴가의 시기지정에 대하여 사용자는 「사업 운영에 막대한 지장이 있는 경우」에는 그 시기변경권을 행사할 수 있다(근기법 제61조제5항). 연차유급휴가에 관한 문제는 이 시기변경권 행사의 요건인 「사업 운영에 막대한 지장이 있는 경우」의 판단기준이며 특히 거기에서의 「사업」의 의의이다. 결국 어떤 단위의 사업이든지 업무의 정상운영에 막대한 지장이 있는가를 판단하여야 하는가가 문제된다.

일제휴가투쟁이 연차휴가권의 행사로 인정될 것인가 아닌가라는 문제에 관하여 사업 운영에 막대한 지장이 있는 경우에 해당되는가 아닌가는 그 근로자가 소속하는 사업장을 단위로 하여 판단하여야 할 것이다.

2. 막대한 지장이 있는 경우인지의 판단기준

또 「사업 운영에 막대한 지장이 있는 정우」인지의 여부를 어떤 방법으로 판단할 것인가는 그 기업의 규모, 연차휴가청구권의 직장에서의 배치, 담당하는 작업의 내용, 성수기와 비수기를 같이하여 청구하는 자의 인원수 등 제반 사정을 고려하여야 할 것이다. 이에 관하여 「근로자가 담당하는 업무의 성질, 남은 근로자들의 업무량, 사용자의 대체근로자의 확보 여부, 다른 근로자들의 연차휴가신청 여부 등을 종합적으로 고려」할 것이 판단의 기준이 되고 있다(서울고법 2019.4.4, 2018누87171). 그러나 실제 문제로서는 업무의 어느 단위에 착안하여 「사업 운영에 막대한 지장이 있는 경우」에 해당하는가의 여부를 결정하는 것은 대단히 어려운 일이다. 그리하여 이 점을 좀 더 자세히 검토하는 것이 필요하다.

여기에서는 다음과 같은 유형으로 분류하여 살펴보고자 한다.

3. 사업 운영에 막대한 지장이 있는 경우의 유형

(1) 개개인 업무의 저해에 착안한 예

우선 근로자의 담당업무를 단위로 판단하여야 할 것이다. 「어떤 특정의 업무 즉, 각 근로자의 담당업무를 단위로 하여 판단하여야 한다」고 한다.

(2) 직장(○○부,○○계)의 업무 저해를 문제로 삼은 예

제2유형에는 직장에 착안하여 그 업무가 저해되었는가 아닌가에 따라 판단하고 있는 예를 살펴본다. 여기서 말하는 직장이란 실제로는 부 또는 계에 해당하는 것으로서 부 또는 계의 업무가 저해되었는가 아닌가를 판단하여야 할 것이다. 그러나 이러한 사례로서 공장 제조4과의 한 계와 제조1과 가스계에 소속하는 2인의 근로자의 연차휴가가 문제될 수 있다. 각각에 소속되는 계의 사업 운영에 지장을 초래하는가 아닌가에 따라 판단하여 그들 직장의 요원이 결원이 되었고 또 다른 직장으로부터의 충원은 생각할 수 없는 것이므로 시기변경권 행사는 적법하다고 판단하고 있다.

(3) 사업장의 업무 저해를 문제삼은 예

제3의 유형으로는 사업장을 단위로 하여야 한다고 하면서 실제로는 계 내지 업무의 단위로서 판단하고 있다고 해석되는 것으로 여기서 말하는 업무란 그 근로자가 담당하는 업무를 포함한 일정범위 내지 일정단위의 업무라고도 할 수 있다. 또 하나의 사례는 사업 운영의 막대한 지장이 있는 경우 문제의 연차휴가청구일에 관하여 청구자(2인)가 소속하는 전보과 통신계, 배달계의 업무수행이 확보되었는가 어떤가를 판단하고 있다. 각각 통신계의 업무의 예정인원과 배달계의 「외근배달」 담당업무의 예정인원이 결원이 되게 되므로 사업의 정상운영에 지장이 된다고 판단하고 있다.

(4) 「과」 단위로 업무저해를 판단한 예

제4의 유형에는 사업전체 내지 사업장 단위에서 판단한다고 하면서도 실제적으로는 몇 개의 계 내지 업무를 통합하고 있는 과단위로 판단한다. 113명의 인원이 있는 우편과에서 각 요일마다의 업무량을 고려하여 결무허용인원이 정하여져 있었다. 그리고 동 과의 연차휴가처리의 실무로서는 주휴일을 취하는 자, 계획연차휴가를 취하는 자, 특별휴가를 취하는 자, 병휴가 되는 자 등을 넣어서 이 결무허용인원을 초과하는가 어떤가에 따라 연차휴가에 대한 시기변경권의 행사 여부를 정하고 있었다.

(5) 사업장 전체에서의 업무저해를 판단한 예

제5유형에는 사업장 전체로서 판단한다는 입장이다. 실제 사례도 그와 같은 판단을 한다는 해석이다. 학교전체의 수업계획에 지장이 있었는가 없었는가에 따라 판단하여야 할 것이며 그와 같은 지장은 인정되지 않는다고 하였다. 개개의 근로자의 업무단위가 아니고 사업장 단위에서 판단할 것이라고 기술한 후 이 경우에는 26학급 중 8학급의 수업담당자가 일제히 수업을 휴무하게 되는데 자습이 효과적으로 되게 하기 위하여 사전에 준비를 하고 있었으므로 학업의 정상운영은 저해되지 않고 있다고 하는 한편 물리담당교원의 기말고사의 감독을 결무하게 된 연차휴가 청구에 관하여는 학교전체의 기말고사업무의 정상운영을 방해한다고 판단하였다.

4. 판례의 전체적 경향

판례는 전체적 경향으로 사업장단위 내지 사업전체로서 판단한다고 하면서 계, 반, 과 등의 근로자가 담당하는 업무를 포함한 일정단위의 업무의 정상운영을 방해하는 경우에 해당하는가의 여부를 판단하고 있다. 그 근로자의 연차휴가 취득으로 마무리 지어야 할 업무의 수행에 지장이 생기는가, 그와 같은 업무를 원활하게 수행하기 위한 대행자를 확보하지 못하는가, 그 대행자를 어느 범위에서 조달할 것인가 또 조달하는데 어느 정도의 노력을 할 것인가 등을 고려하여야 할 것이다. 근기법상의 「사업 운영에 막대한 지장이 있는 경우」라는 문언에 나타나있는 실질적인 내용은 근로자의 연차휴가권과 업무운영과의 조정문제이다.

즉, 근기법상 근로자가 희망하는 시기에 연차휴가를 실현시키는 것을 기본으로

하면서 사용자의 이익을 감안하고 그것과의 조정을 도모한다는 취지이다. 따라서 사업이라는 표현에는 그 개인의 업무가 아닌 보다 넓게 생각한다는 의미가 들어가 있는 것으로 생각한다.

이를테면 개인의 업무를 포함한 상당범위의 업무 운영을 전체적으로 본 후 개별적인 지장은 사용자에게 수인케 한다. 그러나 이와 같은 상당범위의 단위업무의 필요인원을 결하여 전체적인 중요한 지장을 주는 경우는 고려치 않을 수 없다. 그러나 그때에도 연차휴가제도를 전제로 한 인원의 조정은 예정되고 있을 것이며 이 인원조정의 범위는 그 단위업무 뿐 아니라 그와 밀접한 관련을 가지는 업무를 통괄하는 것보다 넓은 조직단위에서 행하는 것으로 생각한다. 근로자가 업무계통별 또는 제품공정별로 배치된 업무계열 편성 단위를 사업이라고 해석할 것이고 최소의 업무구성 단위인 계, 반, 과 등을 기준으로 할 것은 아니다.

서울행정법원 판례(2018.7.6, 2017구합8170)에 의하면 연차휴가시기변경권에 의하여 연차휴가가 허용되지 않은 근로자의 이틀 간 무단 결근에 대해 행한 징계처분은 정당하다는 것이다. 이 사건은 「취업규칙은 휴가가 업무에 지장이 있거나 집단으로 실시해 업무방해가 예상될 때에는 휴가 실시 시기를 변경할 수 있도록 규정하고 있다. 회사는 징검다리 연휴인 2017년 5월 2일과 4일 가전제품 수리요청이 급증할 것으로 예상해 연차휴가 실시를 일정 부분 제한하기로 한 것이다.

또 당시 회사는 연차휴가를 쓸 수 밖에 없는 불가피한 사정이 있는 수리기사에 한해 휴가 사용을 승인했고, 해당 근로자 외에도 연차휴가가 반려된 수리기사가 있었다. 해당 근로자가 제출한 모친의 진료내역에 따르더라도 해당 근로자의 모친은 5월 2일 병원진료를 받은 적이 없다.

해당 근로자가 연차휴가 신청을 반려받았음에도 무단으로 결근한 점, 회사 측의 연락을 일절 받지 않은 점 등을 감안하면 이틀 간 무단 결근한 근로자에게 회사가 24일간의 정직 처분을 내린 것은 정당하다」는 것이다.

이 사건에 대한 항소심 판결(서울고법 2019.4.4, 2018누57171)은 근로자패소부분을 취소하여 근로자 승소판결을 내린 것이다. 판례는 「사용자는 근로자가 청구한 시기에 휴가를 주는 것이 사업 운영에 막대한 지장이 있는 경우를 제외하고는 근로자가 청구한 시기에 근로자에게 연차휴가를 부여하여야 한다. 여기서 '사업 운영에 막대한 지장이 있는 경우'란 근로자가 지정한 시기에 휴가를 준다면 그 사업장의 업무 능률이나 성과가 평상시보다 현저하게 저하되어 상당한 영업상의 불이익을 가져올 것이 염려되거나 그러한 개연성이 엿보이는 사정이 있는 경우를 말한다. 이를 판단할 때에는 근로자가 담당하는 업무의 성질, 남은 근로자들의 업무량, 사용자의 대체 근로자 확보 여부, 다른 근로자들의 연차휴가 신청 여부 등을 종합적으로 고려하여야 한다」고 판시하였다. 판례는 근로자가 연차휴가신청일(2017.5.2.과 2017.5.4)에 연차휴가를 사용하더라도 회사의 사업운영에 막대한 지장이 있다고 인정되지 아니하므로, 그 연차휴가신청을 허가하지 않은 회사의 행위를 근기법이나 취업규칙에 따른 정당한 시기변경권의 행사라 볼 수 없다. 따라서 회사가 근로자의 연차휴가신청을 승인하지 않았다는 사정만으로 근로자가 2017.5.2과 2017.5.4에 무단결근하였다고 볼 수 없어 근로자에 대한 징계사유로 삼을 수 없다. 결국, 이 사건 징계는 그 징계사유가 인정되지 않아 위법하다.

① 사용자는 근로자가 지정한 시기에 휴가를 준다면 그 사업장의 업무 능률이나 성과가 평상시보다 현저하게 저하되어 상당한 영업상의 불이익을 가져올 것이 염려되거나 그러한 개연성이 엿보이는 사정이 있는 경우에 한하여 그 연차휴가의 시기를 변경할 수 있다. 단순히 해당 근로자가 연차휴가를 사용함으로써 근로 인력이 감소되어 남은 근로자들의 업무량이 상대적으로 많아진다는 일반적 가능성만으로 시기변경권이 인정되지 않는다. 해당 근로자가 연차휴가를 신청한 2017.5.2과 2017.5.4이 업무폭증이 예상되는 극성수기도 아니고, 해당 근로자 이외에 다른 근로자들이 집단으로 연차휴가를 신청하여 근로 인력이 현저하게 감소된 기간도 아니었다.

② 해당 근로자의 연차휴가신청일은 해당 근로자가 외근직 가전제품 수리기사로서 본격적인 업무를 시작하기 전이므로 다른 외근직 가전제품 수리기사들만으로도 업무를 처리하더라도 업무가 평상시보다 현저하게 저하되는 상황은 아니었다.

③ 회사는 다른 외근직 가전제품 수리기사 2명에 대하여 2017.5.4. 연차휴가를 승인하였다.

④ 5월의 징검다리 연휴는 연초부터 예상된 기간이었는데, 만일 해당 근로자의 연차휴가신청일이 포함된 기간 중 평소보다 물량이 현저히 많아질 것이라 예상된다면 회사는 대체인력 확보 등 다른 수단을 마련할 수 있었다.

⑤ 근기법 제60조제5항과 회사의 취업규칙은 「근로자에게 연차휴가를 신청하면서 그 사유를 구체적으로 기재하여야 할 것을 요구하고 있지 않다」고 판시하였다.

10 연차휴가의 환가는 어떤 경우에 유효한가

1. 연차휴가의 환가

「연차유급휴가의 환가」란 근기법 제60조제1항 또는 제2항의 규정에 따라 근로자에게 발생한 일정 일수의 연차유급휴가청구권을 노사간의 합의에 따라 일정의 금전을 대가로 지급함으로써 그 지급한 만큼의 일수를 감소시키는 것을 말한다.

즉, 사용자가 일정의 금전을 가지고 연차휴가청구권을 환가하여, 그 일수분 만큼 근로자의 연차휴가를 경감해서 부여하지 않는 것을 말한다.

이와 같은 연차휴가의 환가는 적법한 것인가. 연차유급휴가의 본질에 대하여 연차휴가는 하나의 임금 지급형태라고 하는 소위 보수설의 입장을 취하면 연차휴가청구권은 임금청구권과 휴가청구권으로 구성되는 이중청구권이라고 보는 결과 임금을 가지고 휴가에 대신하는 것이 가능하다는 생각도 있을 수 있으나 근기법상으로는 그와 같은 견해를 취할 수 없다.

즉, 연차휴가청구권은 헌법 제34조의 인간다운 생활을 영위하기 위한 하나의 권리인 동시에 근로자의 심신의 피로를 회복시켜, 노동력의 유지·배양 및 향상을 그 목적으로 하기 때문에 실제로 휴가를 주어야 한다. 휴가를 금전으로 대신하는 것은 근로자의 휴가권이 실현되지 못하고 심신의 피로회복이란 목적도 달성하지 못하기 때문이다. 연차휴가권이 유효하게 존속하는 동안의 연차휴가의 환가는 근기법 위반으로서 허용될 수 없다(대법 1995.6.29, 94다18553).

따라서 휴가를 현실로 주는 것이 아니고, 이를 돈으로 급부하는 것은 근기법의 목적에 반하는 동시에 근기법에서 실제로 「휴가를 주지 않으면 안된다」는 사용자의 의무를 저버리는 것이기 때문에 그와 같은 금전급부의 방법을 취하여 현실적으로 휴가를 주지 않는 행위는 위법으로서 허용되지 않는다.

2. 연차휴가 환가의 위법 유형

① 사용자가 근기법 제60조제1항 또는 제2항에 따른 휴가일수를 금전으로 대체 지급함으로써 이를 감소시켜, 근로자가 현실적으로 법정일수의 휴가를 얻을 수 없도록 한 경우

② 연차휴가를 금전으로 대체 지급할 것을 예약시켜 그와 같은 예약이 있는 것을 이유로 근로자로부터 연차휴가의 청구가 있는 경우에 그것이 법정휴가일수내의 것인데도 불구하고 현실적으로 휴가를 주지 않은 경우 등은 모두 위법이다.

행정해석도 「연차유급휴가의 환가를 예약하고, 이에 근거하여 법 제60조의 규정에 따라 청구할 수 있는 연차유급휴가의 일수를 감하거나 청구한 일수를 주지 않는 것은 법 제60조의 위반이 되는 것이다」라고 하여 위의 두 가지의 경우가 위반이 된다는 것을 지적하고 있다. 법취지상 금전으로의 대체지급은 인정할 수 없으나 이미 노사합의 등으로 휴가를 취하지 아니하였다면 이에 대한 소정의 수당을 지급하여야 할 것이다(1969.12.1, 기준 1455.9-14291).

3. 연차휴가 환가의 적법 유형

(1) 법정일수를 초과하는 부분의 휴가일수

이 경우의 연차휴가청구권은 법 규정에 따라 발생되는 것이 아니고 근로계약·취업규칙 또는 단체협약에 근거해서 발생되는 것(약정휴가)이다. 이들 법의 최저기준을 상회하는 연차휴가일수에 대하여는 어떻게 취급해야할 것인가 하는 것도 그 청구권의 발생근거인 근로계약·취업규칙 또는 단체협약의 정하는 바에 따라야 할 것이다. 당해 근로계약 등에서 법정일수를 초과하는 부분의 휴가일수를 환가한다는 뜻의 규정이 있으면 그에 따른 환가를 하더라도 근기법 위반은 되지 않는다. 행정해석도 「법 제60조에 정해진 유급휴가일수 이상의 일수를 노사간에 협약하고 있을 때에는 그 초과일수분의 환가 또는 자동적 연장 등을 모두 노사상호간에 협약한 대로 이행하여도 무방한가」라는 질의에 대하여 질의된 견해와 동일하다고 회답하여, 이 취지를 명백히 하고 있다.

(2) 시효에 따라 소멸한 휴가일수

연차휴가청구권은 1년간의 소멸시효에 해당되는데(근기법 제60조제7항) 그 동안에 시효가 중단되지 않으면 1년간으로 소멸된다. 채무자인 사용자가 시효를 원용하면 연차휴가청구권은 그대로 소멸하는데 위 소멸분의 연차휴가를 금전으로 대체지급해도 근기법에는 저촉되지 않는다. 따라서 시효에 걸린 연차휴가일수 부분에 대하여 노사합의로 금전으로 대체 지급하더라도 문제는 없다. 다만, 금전으로 대체지급한 금액이 법정수당을 상회하는 고액일 때는 실질상 근로자로 하여금 연차휴가 취득을 주저케 하며 금전화 할 수 있는 유혹이 크므로 문제가 된다. 환가방법으로서 상여금에 가산하는 것도 시효소멸분이라면 위법은 아니다.

(3) 퇴직에 따라 소멸한 휴가일수

연차휴가청구권은 근로관계를 전제로 해서 인정하는 것이기 때문에 근로자의 퇴직이나 해고에 의해서 근로관계가 소멸하면 그에 따르는 연차휴가청구권도 소멸한다. 재직 당시 연차휴가를 청구할 겨를 없이 정년퇴직한 자의 휴가청구권은 소멸된다(1971.2.12, 근기 1455.9-1468). 이때 퇴직시에 소멸해서 행사할 수 없는 연차휴가 일수에 대하여는 이에 상응하는 임금인 연차휴가수당을 청구할 수 있다(대법 2018.6.28, 2016다48297; 대법 2017.5.17, 2012다232296, 232302).

4. 연차휴가의 취득을 개근수당이나 상여금 사정상 결근과 동시해도 되는가

개근수당의 지급이나 상여금의 산정, 사정에 있어서 연차유급휴가를 사용한 일수를 통상의 결근일과 동일하게 취급하는 것은 근기법상 주어진 연차휴가청구권이라는 정당한 권리를 행사하면 할수록 근로자에게 불이익하게 취급하는 것이 되며 사실상 근로자가 연차휴가를 얻는 것을 상당히 강하게 억제하는 결과가 된다.

그러나 근기법은 근로자로부터 일정일수의 연차휴가청구가 있을 때, 그 청구에 따라서 일정일수의 연차휴가를 주어야 하는 의무를 지우고 있을 뿐, 그 이상으로 사실상 근로자가 연차휴가를 청구하는 것을 주저하여 결과적으로 연차휴가청구권의 행사가 억제되고 있는 조치에 대하여서까지 근기법 위반으로서 처벌하지는 않는다.

따라서 이와 같은 제도는 바람직하지 않지만 형벌법규로서의 근기법 위반이라고 단정하지는 못한다.

형벌법규로서의 단속행정상의 관계에 있어서 사용자는 소정 일수의 연차휴가를 근로자의 청구에 따라 주기만 하면 되고 또 그것으로 의무를 다한 것이 된다. 그러므로 설령 사실상 실제 출근일수에 따라 상여금을 지급함으로써 근로자의 연차휴가청구가 강하게 억제된다 하더라도 그것을 가지고 근기법 위반이라 하여 사용자를 처벌할 수는 없다는 것이다.

행정해석(2004.3.20, 근로기준과-1378)에 의하면 「노사 당사자가 단체협약 등으로 매월 일정한 일수 이상 실제 근로한 자에게 수당(이른바 '만근수당' 등)을 지급키로 약정하였다면, 특정 월의 실근로일에 약정한 일수에 미달함을 이유로 수당을 지급하지 아니한다 하더라도 반드시 위법하다고 단정하기는 어려울 것이다」라고 한다.

그러나 근로자 대 사용자라는 사법상의 관계에서 과연 그와 같은 행위가 허용되는가라는 것은 별도로 고려하여야 한다. 근로계약이란 단지 상품의 매매와 같은 한 번만의 거래관계와는 달라서 계속해서 장기에 걸쳐 급부가 행하여지는 것이다. 즉, 사용자와 근로자와의 관계는 상호간의 인적요소에 착안한 계약관계이고 양자는 신뢰관계로 맺어있으며 또한 사용자의 지휘·명령과 근로자의 복종에 의거 전개된다고 하는 사용종속관계의 특징을 가지므로 이 점을 감안해서 각종의 근로자 보호규정이 설정되어 있다.

연차유급휴가제도도 이와 같은 근로자 보호규정의 하나로서 존재하고 있는 것이다. 최저근로조건인 연차휴가청구권에 대하여도 사용자와 근로자와의 관계를 고려한다면 사용자는 근로자의 정당한 권리를 가능한 한 존중하고, 그 완전한 행사에 협력해야 할 신의칙상의 의무가 있다. 그러나 개근수당이나 상여금의 조정에 있어서 연차휴가청구권의 행사를 결근과 동시하여 근로자에게 법률에서 주어진 정당한 권리의 행사를 사실상 억제하는 조치로 나아간다는 것은 위의 완전한 권리의 행사에 협력해야 할 신의성실의 의무에 반하여 근기법이 의도하는 연차휴가청구권의 유효적절한 활용을 방해하는 것이다. 이와 같은 법률상의 정당한 권리를 행사하면 할수록 개근수당의 지급이나 상여금 사정에서 불리하게 된다는 제도는 근기법의 의도 또는 취지에 반하는 것으로서 민법 제103조의 사회질서 위반으로 무효라는 견해도 유력하게 주장되고 있다.

이러한 불이익취급을 정하는 취업규칙 등의 규정은 연차유급휴가를 취득한데 따른 임금, 정·개근수당이나 상여금의 감액 정도에 따라서는 사회질서에 위반하는 것으로서 민법 제103조에 의하여 무효로 되는 경우도 있을 수 있다. 취업규칙 등의 명문상으로는 불이익취급이 명백하지 않아도 그 해석·운용상 불이익취급을 행하여 정·개근수당이나 상여금을 산정하고 있는 경우에도 마찬가지로 해석하여야 할 것이다.

11 교육연수기간이나 컨설팅프로그램 또는 교육프로그램 참가 중의 시기변경권 행사의 한계

1. 연수기간 중의 시기변경권 행사 여부

연수기간 중의 연차휴가취득과 시기변경권의 행사 여부가 문제가 될 수 있다. 연차휴가기간이 일상적인 일이 아니라 집합연수 등이 이전부터 예정되어 있던 특별한 업무기간에 맞추는 경우는, '사업운영에 막대한 지장이 있는' 경우에 해당하기 쉽다. 그러나 이 경우도 일체의 연차휴가 취득을 부정하는 것은 너무 경직된 것이다. 당해 연수 등의 내용·필요성, 참가자의 비대체성(본인이 참가하기 때문에 의미가 있는 것인지 아닌지), 연수기간 등을 고려해서 판단하여야 한다. 그러나 연수자체에 고도의 필요성이 있고, 참가가 비대체적인 경우에는, 사용자는 근로자가 연수일에 결석하더라도 예정된 지식, 기능의 습득에 부족이 없다는 사실이 인정되지 않는 한, 시기변경권을 행사할 수 있다.

2. 컨설팅프로그램(또는 교육프로그램) 참가를 이유로 한 시기변경권 행사 여부

해당 근로자의 연차휴가 신청이 회사의 컨설팅프로그램 또는 교육프로그램 참가를 이유로 취소되거나 반려되었다는 사정만으로는 회사가 해당 근로자들의 회사 정기주주총회 참석을 저지하기 위해 의도적으로 위 각 프로그램을 기획하여 해당 근로자들을 그 참석대상자로 선정하였다고 보기 어렵다. 회사의 위 연차휴가신청에 대한 취소 내지 반려는 불법행위에 해당하지 않는다. 또한 컨설팅프로그램 또는 교육프로그램이 회사의 정기주주총회와 무관하게 미리 계획되어 해당 근로자들 소속 지사를 포함한 다수 지사의 직원들을 대상으로 특정 시기에 실시된 사정 등을 고려하면, 회사의 시기변경권 행사가 위법하다거나 회사가 해당 근로자들의 주주총회 참석을 방해하기 위한 목적으로 시기변경권을 남용하였다고 보기 어렵다(대법 2015.3.12, 2014다65533).

12 연차유급휴가의 취급 방법

1. 토요일의 경우는 「0.5일」로 취급하여도 되는가

(1) 연차유급휴가의 부여 단위

연차유급휴가(**법정휴가**)는 1근로일을 단위로 하여야 하므로 그 이하로 분할하여 부여할 수는 없다. 연차휴가의 기본취지는 휴양이나 활력의 양성에 있으므로 분할의 최저단위는 1근로일이다. 즉, 1일 단위라야 하며 시간분할은 금지되고 있다.

그 이유는 근기법 제60조제1항은 「사용자는 1년간 80퍼센트 이상 출근한 근로자에게 15일의 유급휴가를 주어야 한다」고 규정하고 있고, 또한 연차휴가가 근로자의 휴양확보를 목적으로 하고 있다는 점을 감안할 때 법에서 「분할하여」라고 한 최소단위는 결국 「근로일」 단위를 말한다. 따라서 이 휴가의 목적과 규정의 문리상의 이유에서 분할금지의 원칙은 어디까지나 연차휴가일의 「부여 단위」에 관한 것이다.

「부여 단위」란 휴가를 주는 단위, 즉 현실적으로 쉬게 하는 시간의 단위를 말한다. 그러므로 분할금지의 원칙이란 근로자에게 휴가를 줄 때에는 적어도 1일 단위 이상의 휴가를 현실적으로 주어야 하며 반일 또는 시간 단위로 주는 것은 법률상의 휴가부여로서는 인정되지 않는 것이 된다.

그러므로 실제로 1일의 휴가를 주어 쉬게 한 때에 그것을 어떻게 휴가취득 계산상(장부기재상) 취급할 것인가 하는 것과는 별도이다. 실제 1일의 휴가를 주되 그 휴가에 대하여 통상임금 등으로 임금을 지급하고 있는 이상 휴가취득계산에서 이를 1시간 또는 0.5일 등으로 평가하여 취급할 것인가 어떤가는 법상의 문제는 아니다. 토요일의 경우에는 실제상 그날의 소정근로시간인 오전 8시 30분부터 12시 30분까지의 4시간의 휴가를 승인하면 그날은 결과적으로 1일 중 휴가를 한 것이 된다.

따라서 8시 30분부터 12시 30분의 휴가의 승인은 당일 오전 0시부터 오후12시까지 근로일의 휴가가 된다. 이러한 휴가부여의 단위가 되고 있는 "일" 개념은 일하기로 정한 단위 근무일을 의미한다. 따라서 토요일 휴가시에도 1일로 처리하는 것이 원칙이다. 그러나 노사당사자간 합의에 따라 4시간 근무일인 토요일을 0.5일로 정하여 운영한다 하더라도 근기법 위반문제는 발생하지 아니한다(2000.7.14, 근기 68207-2122).

(2) 약정휴가의 부여 단위

또 연차유급휴가의 부여에 있어서 법정휴가일수를 초과하여 단체협약, 취업규칙 등에 부여하는 규정이 있는 이른바 약정휴가의 경우에 법정휴가일수 초과분의 일정일수에 한하여 노사합의로 반일 단위의 휴가부여를 인정하는 것이 적법하다고 하는 견해도 있다.

2. 돌발적 용무발생시의 연차휴가의 취소

(1) 연차휴가일 당일에 돌발적인 용무가 발생한 경우

연차휴가일 당일에 돌발적인 용무가 발생하였을 때, 예를 들면 근기법(제53조제4항)상의 비상재해에 해당하는 사유라든가 또는 본래라면 시기변경권의 행사가 가능한 사업의 정상한 운영을 방해하는 사유가 발생한 경우에는 특히 실무상 연차휴가의 취소가 문제된다.

이때에는 당일이 되어서 사유가 발생하는 경우와 사전에 사유가 발생하여 당일의 연차휴가 부여가 곤란하게 되는 경우의 두 가지가 있다. 후자 즉 사전인 경우에도 이미 근로자의 연차휴가청구를 사용자가 인정하고 근로의무가 면제된 날로 되고 있는가, 또는 사전의 정상운영을 방해하는 사유가 생길 것을 해제조건으로 하고 있는가에 따라서 상이하나 어느 경우이든 일정요건을 충족하면 취소도 가능(휴일근로와 동일한가, 휴일근로 이상의 업무상의 긴급한 필요성이 필요한가 견해가 갈린다)하지만 문제는 이미 당일의 연차휴가가 개시되고 있는 오전 0시 이후에 취소사유가 발생한 때이다.

(2) 연차휴가일 당일에 근로자의 동의가 있는 경우

이때에 근로자의 연차휴가청구를 사용자가 인정했다면 이미 당일의 연차휴가는 시작되고 있으므로 당일은 근로의무가 없는 날로서 근로자가 자유롭게 이용할 수 있는 날이다. 그러므로 당일에 이르러 설령 위와 같은 사유가 발생하였다 하여도 일방적으로 연차유급휴가를 취소하여 근로자에게 출근을 명할 수는 없다. 왜냐하면 당일은 연차휴가로서 이미 진행되고 있으며 이를 일방적으로 취소하는 것은 당일의 연차휴가를 부여하지 않는 것으로 되어 동법(제60조) 위반이 되기 때문이다.

그러나 연차휴가일로서 당일의 시간이 진행 중이라 하더라도 근로자의 동의를 얻을 수만 있다면 당일의 연차휴가를 합의로 해제하여 출근을 명하는 것은 무방하다. 이때 연차휴가일이기는 하나 사용자로부터 동법(제60조제5항)에 해당하는 사유가 발생해 임시로 필요하여 출근해 달라는 요구가 있을 때 근로자로서는 이에 따라야 하는가의 문제가 생긴다.

이 점에 관하여는 그 출근요청사유와 연차휴가제도의 취지와의 양자를 비교하여 이를 거부하는 것이 근로자로서 권리남용이 된다고 인정될 때에는 근로자의 의무위반으로서 징계처분의 대상이 되지만 그러한 경우가 아니라면 이를 거부하여도 근로자의 의무위반이 아니다.

(3) 연차휴가일 당일 휴가취소에 불가피한 사정이 있는 경우

화재·폭발사고·인명구조 등의 긴급 중대사고나 그 근로자가 아니면 수리할 수 없는 고장이 생겼고 또 그 결과 중대한 손해를 주게 되는 경우 등에는 그 거부는 권리남용이 된다.

그러나 그 정도에 이르지 않은 경우 예를 들면 그 사유 자체는 해당사유가 되지만 다른 출근 근로자만으로도 다소의 지연은 되더라도 그에 대처할 수 있다고 예상되는 경우에는 권리남용이라고까지는 할 수 없다.

다음 연차휴가를 취소한 경우의 당일의 취급 문제인데 법정연차휴가의 경우에는 1일 이하로 분할하는 것은 금지되고 있으므로 당일전체(오전 0시부터 오후 12시까지의 24시간이 1일 휴가가 된다)가 휴가일이 아니었던 것으로 된다.

그리하여 당일은 출근일로 취급하여야 하나 임금관계에서는 적어도 사용자 측의 사유로 취소한 것이므로 당일 중간까지의 분(근로자가 그 시간까지 쉬었다)은 사용자의 귀책사유에 의한 휴업으로서 휴업수당이 지급되어야 한다.

또 약정휴가의 경우는 법률상의 제한이 없으므로 휴가의 시간분할을 인정하고 있다면 당일의 휴가시간분을 연차휴가로 취급하여도 된다.

3. 퇴직예정자의 연차휴가청구는 인정하지 않을 수 있는가

(1) 퇴직예정자의 연차휴가청구의 인정 여부

근로자가 연차휴가청구권을 가질 때에 해고되거나 임의퇴직한 때 연차휴가청구권은 어떻게 되는가의 문제가 있다. 특히 연차휴가의 잔여일수가 많을 때에 근로자에게 책임 없는 사유로 해고되거나 퇴직 전 업무가 폭주하여 사실상 연차휴가를 취할 수 없었던 경우 등에 문제가 된다. 연차유급휴가청구권은 법률상으로는 근로의무의 면제를 구할 권리를 뜻하는 것이므로 근로의무가 있는 날 즉, 근로일에만 인정되는 것이다. 따라서 근로자가 해고되거나 임의퇴직하여 근로계약관계가 종료하면 이미 사용자에게 근로의무의 면제를 요구한다는 것은 성립할 수 없게 되고 그 전제가 되는 사용자와 근로자의 법률관계도 소멸한 것이므로 근로관계의 존속을 전제로 하는 연차휴가청구권은 소멸한다.

해고의 예고와 연차휴가청구권과의 관계에 관하여 「연차유급휴가청구권은 해고기간 중 행사하지·않으면 소멸한다」고 해석하는 것이 타당할 것이다.

따라서 퇴직예정자의 경우에 연차휴가의 잔여일수가 있을 때 퇴직하면 행사할 수 없게 된다. 그러므로 근로자가 퇴직하려 할 때 퇴직일이 3월 31일인데 연차휴가 잔여일수가 20일 있는 경우에는 실제로는 3월 10일까지 출근하고 잔여는 연차휴가를 청구하는 경우를 흔히 발견한다.

이와 같이 퇴직원을 제출하고 퇴직이 예정되어 있는 근로자에 대하여는 연차휴가의 청구가 있어도 이를 부여하지 않아도 되는 것이 아니냐는 의견이 있고 또 실제 퇴직하는 근로자에게 연차휴가를 인정하지 않는 사례도 발견되고 있다.

그것은 연차휴가제도가 노동력의 유지·배양을 목적으로 마련된 것으로서 사직서를 제출하여 퇴직할 근로자에게는 그 기업과의 관계에서 노동력의 유지·배양이란 문제가 생길 여지가 없게 되므로 그 필요성도 없다는 소박한 생각과 또 퇴직 전에 잔여일수의 완전소화를 목적으로 한 연차휴가의 청구는 진실한 필요성에서가 아니고 이른바 연차휴가의 매각을 목적으로 하는 것과 동일시되므로 신의칙에 반한다는 것 뿐 아니라 연차휴가는 근속연수에 따라 가산된다는 점 등에서 보아 자기 회사에의 근속을 조건으로 하고 있고 퇴직을 전제로 한 청구는 연차휴가청구권의 남용이 된다는 이유에서 퇴직예정자에게는 이를 부여하지 않는다는 입장이다.

(2) 퇴직예정자의 연차휴가와 시기변경권

그러나 이러한 이유로 퇴직예정자에게 절대적으로 연차휴가를 주지 않는다고는 할 수 없다. 근기법에서 연차휴가는 원칙적으로 근로자가 희망하는 대로 주어야 하게 되어 있고 다만 예외적으로 사업의 정상적인 운영에 막대한 지장이 있는 경우에는 시기변경권을 행사하여 이를 거부할 수 있을 뿐이다. 그러나 시기변경권을 행사하기 위해서는 변경하여 줄 수 있는 여유일이 있어야만 하므로 퇴직예정자에게는 퇴직예정일을 지나서 시기변경권을 행사할 수는 없다. 따라서 이른바 퇴직일자를 당겨서 미리 제출한 사직원일 경우 연차휴가를 취득할 근로자에게 퇴직일을 지나서 시기변경권을 행사할 여지는 없다. 다만 사직원 제출 후 14일간은 종전대로 근무를 계속하여야 한다고 정하여져 있어 연차휴가의 취득이 결과적으로 제약을 받는 경우에는 위법은 아니다.

그러므로 회사로서는 이와 같이 하는 것이 노무관리상 지장이 있다면 전기한 권리남용, 신의칙 위반 등을 주장하여 본인을 설득하여 연차휴가를 청구하지 않게 하거나 퇴직시에 잔여일수를 환가하는 것으로 본인을 설득하는 방법밖에 없다. I.L.O의 「연차유급휴가에 관한 조약」(제52호)은 그 제6조에서 「휴가를 취함에 앞서 사용자의 귀책사유로 말미암아 해고된 자는 본 조약에 따라 당연히 받아야 할 휴가일수에 대하여 제3조에 정하여진 보수를 받도록 하여야 한다」고 규정하여 사용자의 귀책사유에 의한 해고의 경우는 연차휴가의 잔여일수를 환가할 것임을 규정함으로서 위 관계에 대한 조화를 도모하고 있다.

4. 연차휴가권의 소멸과 임금청구권의 문제

(1) 연차휴가권의 소멸과 연차유급휴가수당의 청구권

근로자가 연차유급휴가를 사용하지 아니하고 1년의 기간이 경과한 때에는 근로자의 유급휴가는 소멸한다(근기법 제60조제7항 본문).

근로자가 유급휴가를 사용하지 아니하고 계속근로한 근로자에게 그 휴가일수에 해당하는 임금을 더 지급해야 할 것인가의 문제가 있다. 유급휴가제도는 임금을 지급하면서 휴가를 주려는 것이므로, 휴가를 청구할 수 없게 되었다고 해서 당연히 임금청구권이 소멸되었다고 할 수 없다는 것이 판례(대법 1991.6.28, 90다카14758)의 입장이다.

연차유급휴가를 사용하기 전 근로관계가 종료된 경우 받을 수 있는 연차휴가수당의 범위문제이다. 유급(연차휴가수당)으로 연차휴가를 사용할 권리는 근로자가 1년간 소정의 근로를 마친 대가로 확정적으로 취득하는 것이므로, 근로자가 일단 연차유급휴가권을 취득한 후에 연차유급휴가를 사용하기 전에 퇴직 등의 사유로 근로관계가 종료된 경우, 근로관계의 존속을 전제로 하는 연차휴가를 사용할 권리는 소멸한다 할지라도 근로관계의 존속을 전제로 하지 않는 연차휴가수당을 청구할 권리는 그대로 잔존하는 것이어서, 근로자는 근로관계 종료시까지 사용하지 못한 연차휴가수당을 사용자에게 청구할 수 있는 것이다(대법 2005.5.27, 2003다48549-48556).

(2) 사용자의 연차유급휴가 사용촉진과 금전보상의무의 면제

휴가제도가 본래의 취지보다는 금전보전의 수단으로 이용되고 있는 실태를 개선할 필요가 있으므로 근기법은 휴가 사용률을 제고하기 위하여 사용자의 적극적인 사용촉진에도 불구하고 근로자가 휴가를 사용하지 않는 경우에 사용자의 금전보상의무를 면제하고 있다(동법 제60조).

사용자에게는 휴가기간을 지정할 수 있는 권한이 없다 하더라도 사용자가 연차유급휴가의 사용촉진을 권유했음에도 불구하고 근로자가 휴가권을 사용하지 않고 행사기간이 경과하게 되면 유급휴가권 자체가 소멸되고, 근로자의 노무제공의 수령을 거부하더라도 근기법 위반의 문제는 발생하지 아니한다.

5. 연차유급휴가 이용목적의 기재

연차유급휴가는 법정요건을 충족한 경우, 법률상 당연히 근로자에게 발생하는 권리라 하더라도 근로자는 언제부터 언제까지 며칠 간 연차휴가를 사용하겠다고 사용자에게 청구하여야 한다. 또 연차휴가를 근로자가 어떻게 이용하는가는 근로자의 자유이다. 근로자는 회사에 이용목적을 신고할 필요가 없고 회사도 파업 목적의 경우를 제외하고는 이용목적에 따라 그 취득을 좌우할 수 없다. 즉, 근로자가 연차휴가의 이용목적을 쓰지 않는다고 사용자가 연차휴가를 부여하지 아니한다는 것은 위법이 된다.

그러나 연차휴가청구서 등의 용지에 이용목적을 기재하도록 하고 있는 경우에 근로자는 거기에 기재해도 되고 안해도 상관없으며 이용목적에 따라 취급을 부당하게 변경하는 일이 없다면 기재란을 두어서 임의기재를 하게 하는 것 자체는 위법이 아니다.

일시에 다수근로자가 같은 시기를 희망하여 연차휴가청구를 한 경우 등에 이용목적의 중대성 · 긴급성의 정도에 따라서 시기변경권 행사의 대상자를 정하는 것은 합리성과 필요성이 있으며, 시기변경권의 행사에 있어서 휴가를 필요로 하는 사정도 고려하는 것은 타당하다고 할 것이므로 이러한 관점에서도 이용목적의 기재는 적법하다고 할 수 있다. 그러므로 이용목적의 기재란을 훈시적인 것으로서 정한다면 문제가 없으며 시기변경권 행사상 고려하는 것은 적법하다.

13 연차휴가기준일의 통일방법

1. 연차휴가 기준일의 통일

연차휴가청구권의 발생요건으로서는 1년간의 계속근무와 그 1년간의 80퍼센트 이상의 출근이다. 이 요건을 충족한 근로자에 대하여 최저 기본연차유급휴가 15일 및 근속 2년마다 1일을 가산한 일수의 가산연차유급휴가가 발생한다.

연차휴가의 발생요건으로서의 1년간의 계속근무란 입사당일(취로개시일)부터 기산해서 1년을 의미하며 최초의 기준일(1년간의 계속근무기간의 종료일의 익일)부터 적용된다.

그런데 다수근로자를 사용하는 기업에서는 각자의 입사일이 동일하지 아니한 경우도 당연히 있을 수 있다.

그러므로 이러한 기준일은 입사일의 상이함에 따라 각 근로자마다 차이가 생기므로 근로자 개개인의 연차휴가의 권리와 일수계산은 담당자로서도 대단한 사무량이 된다. 이때 일정한 마감일을 정하고 전근로자의 연차휴가를 통일적으로 취급할 수 있다면 사무처리가 용이하게 되는데 이 경우 어떻게 하면 법정요건을 충족하게 처리할 수 있는가.

그것은 「기준일에 계속근로 1년 미만인 근로자에 대해서는 사용자의 부담으로 잔여기간은 출근한 것으로 간주하고 연차휴가를 부여」하는 것이다.

이와 같이 「사용자가 계속 1년간의 기간만료 전에 근로자에 대하여 연차휴가를 부여하는 것은 상관이 없다」. 그러나 이와 같이 근속 1년 미만자에게 연차휴가의 부여하는 방법으로 기준일을 통일하는데 있어서 「기준일에 계속근로 1년 미만의 근로자에 대하여는 그때까지의 기간에 출근율이 80퍼센트 이상 된 자에게만 계속근로 1년이 경과한 것으로 간주해서 연차휴가를 부여」하는 것도 일견 무방한 것 같이 보이지만 이것은 그 대상이 된 근로자가 「근속 1년에 달하고 출근율이 80퍼센트 이상이 된 자가 연차휴가를 청구해도 이를 부여하지 아니하는 것이 되어 위법」이 되는 경우가 있다. 그러므로 잔여 1년에 달할 때까지는 전근로일을 출근한 것으로 취급하지 않으면 적법이 되지 아니한다. 이와 같이 이른바 1년분은 전도하는 방식에 따라 기준일이 통일될 수 있다.

사용자가 각 근로자의 취업일을 기준으로 하여 1년 단위로 각 근로자의 연차유급휴가일수를 정하지 아니하고 취업연도에는 취업일로부터 그 해의 12.31까지의 기간동안은 그 해의 출근정도에 따라 연차휴가일수를 월할로 산정하고 그 다음해부터는 일률적으로 매년 1. 1부터 12. 31까지 각 1년간을 기준으로 하여 연차휴가일수를 산정하여 왔다 하더라도 퇴직하던 해의 1년 미만의 근무기간에 대하여 다시 월할로 연차휴가를 할 권리가 당연히 발생한다고 할 수는 없다(대법 1991.8.13, 91다14437).

2. 회계연도 기준 적용시 개정 근기법에 따른 연차유급휴가 부여 방법

(1) 회계연도 기준 적용시 개정 근기법에 따른 연차유급휴가 부여 방법

연차유급휴가는 근로자별로 입사일을 기준으로 산정하는 것이 원칙이나, 판례와 행정해석은 노무관리 편의상 노사가 합의할 경우(취업규칙, 단체협약) 회계연도 기준으로 모든 근로자에게 일괄 부여하는 것도 허용하고 있다.

연도 중 입사자의 경우 다음연도에 대하여 발생하는 휴가일수는 전년도 근속기간에 비례하여 산정하면 된다.

근로자 퇴직 시 입사일을 기준으로 한 연차유급휴가일수보다 근무기간 중 회계연도를 기준으로 한 연차유급휴가일수가 적으면 부족한 일수만큼 수당으로 보상하여야 한다.

근기법 개정 이후에도 기존 산정방법에 따라 연차휴가를 부여하면서, 1년차에 1월 개근시 1일씩 발생한 휴가일수도 별도로 인정한다.

연도 중 입사자의 경우 다음 회계연도까지 발생하는 휴가일수: ① 다음 회계연도에 발생하는 연차휴가일수(15일 × 근속기간 총일수/365) + ② 입사일부터 1년간 1월 개근 시 1일씩 발생한 휴가일수

〈2019.7.1에 입사한 근로자의 회계연도(1.1~12.31)기준 연차휴가 산정 예시〉

발생시점 산정기준	2019.8	2019.9	2019.10	2019.11	2019.12	2020.1	2020.2	2020.3	2020.4	2020.5	2020.6	2020.7
제60조제1항						7.5일						
제60조제2항	1일	1일	1일	1일	1일	1일	1일	1일	1일	1일	1일	
누 계	1일	2일	3일	4일	5일	13.5일						18.5일

(2) 회계연도 기준 적용시 연차유급휴가 사용 및 미사용수당 지급 시기

사용자는 사업 운영에 막대한 지장을 초래하여 시기를 변경하지 않는 한 원칙적으로 근로자가 청구한 시기에 휴가를 주어야 하고, 근로자가 사용하지 않은 휴가에 대해서는 해당 휴가 발생일부터 1년이 종료한 다음 날(임금 지급일)에 미사용수당을 지급하여야 한다.

다만, 연차유급휴가를 회계연도 기준시점부터 1년 동안 사용하기로 합의(취업규칙, 단체협약)한 경우라면, 연도 중 입사자의 경우 입사일부터 월별 개근으로 1일씩 발생한 유급휴가도 다음 회계연도 개시시점부터 1년간 사용할 수 있는 것으로 보며, 미사용수당은 해당 회계연도 종료일 다음날(임금 지급일)에 지급하여야 한다.

14 사용자의 연차휴가 부여의 배려와 조정권한

사용자는 연차유급휴가를 근로자가 청구하는 시기에 주어야 한다. 다만, 근로자가 청구한 시기에 유급휴가를 주는 것이 사업의 운영에 막대한 지장이 있는 경우에 있어서는 그 시기를 변경할 수 있다(근기법 제60조제5항).

사용자의 부여의무와 시기변경권에 대응하는 사용자의 의무내용은 근로자가 그 권리로서 휴가를 누리는 것을 방해할 수 없다는 부작위(행위)를 기본으로 하는 것이다.

그렇다고 해서 근로자가 연차유급휴가의 시기지정에 대해 사용자의 어떠한 배려를 필요로 하지 않는다는 연차휴가권은 근기법이 근로자에게 특별히 인정한 권리며, 그 실효를 확보하기 위하여 형사처벌제도가 설치되어 있다(동법 제110조), 또한 휴가시기 선택권이 일차적으로 근로자에게 부여되어 있다는 것을 감안하면, 근기법의 취지는 사용자에 대하여 가능한 한 근로자가 지정한 시기에 휴가를 얻도록 상황에 맞는 배려를 하지 않고 시기변경권을 행사하는 것은, 근기법의 취지에 어긋난다고 볼 수 있다.

사용자에게 가능한 한 근로자가 지정한 시기에 연차휴가를 받게 배려하도록 노력해야 한다는 의무를 과한 것이라고 할 수 있다. 그러므로 당해 직장이 근무할당표에 의해 교대근무가 행해질 수 있는 경우라도 근무배정을 정하거나 또는 변경하는 것에 관하여 사용자의 권한이라 하더라도 근기법에 기초해서 연차휴가권 행사 전에는 결과적으로 제약을 받는 경우가 있는 것은 당연한 일이다. 근무배정에 의해서 사전에 정해진 근무예정일에 휴가를 얻을 수 있도록 상황에 맞는 배려를 하는 것이 요청된다는 점에 있어서는 차이점이 없이, 그 때문에 필요한 대체근무자의 확보, 근무배정의 변경이 가능한 상황에 있음에도 불구하고, 그 배려를 하지 않았다면 그것은 시기변경권 행사의 요건 존부의 판단에 있어서 고려되지 않으면 안된다.

이와 같은 전제로 보면 「근로자가 연차휴가의 시기지정을 한 날에 대해서도 대체근무자를 확보하는 것이 가능한 상황에서 그때에 예정되어 있던 직무는 특수기능을 필요로 하지 않는 경우에 한정되어 있음에도 불구하고 사용자는 근로자의 휴가

이용 목적이 현지집회에 참가하는 것이라고 추측하여 그 때문에 대체근무자를 확보할 때까지 근로자에게 연차휴가를 취득시키지 않는 것이라고 판단해서 배려를 하지 않는다」고 볼 것이며, 시기변경권을 행사한 것은 위법한 것이다. 또는「근로자가 연차휴가시기로서 지정한 날에 대해 미리 근로자의 대체를 신청한 직원이 있어서 그 직원이 근로자의 직무를 대행한다」는 것이 가능하고「근무할당을 변경해서 직원을 근로자의 대체근무자로서 배치하는 것이 용이하다는 것은 분명한 일이다. 그럼에도 불구하고 시기변경권을 행사한 것은 위법한 것이다」. 한편, 우체국 우편직원의 연차휴가청구에 대해 우편과장이 사전에 적립해둔 1일 결근 허용인원을 고려해서 시기변경권을 행사한 것은 적법하며, 유효하다.

철도우편차량에 승무해서 우편물의 구역분리, 짐싣기 받기 등의 업무에 종사하고 있는 직원에 대해 근무지정을 받은 승무일을 희망날짜로 하는 연차휴가 청구서를 제출한 일에 관해 당국은 당일을 인원배차상 연차휴가를 주는 것이 가능하지만 3명임에도 불구하고 17명의 연차휴가청구가 있어 복무순서가 어려워 그 날에는 연차휴가를 줄 수 없다고 표명하고 재차 줄 수 없다고 회답한 것에 대해 공항 재개항일을 맞이하여 과격파들에 의한 회사시설의 파괴활동에 준해서 특별재해 대책을 세운다는 긴박한 정세하에 있는 시기에 연차유급휴가시기지정에 대하여 소장은 대체근로자의 확보조치 등 근무배정을 변경하는 등의 방법은 특별한 사정이 있는 경우라고 보아야 할 것이다. 그리고 사용자의 배려정도에 대해서도「근무할당에 있어 근무예정일에 대해 연차휴가의 시기지정이 될 경우에는 사용자로서의 통상의 배려를 한다면 대체근무자를 확보해 근무할당을 변경하는 것이 객관적으로 가능한 상황에 있는가 아닌가에 대해서는 해당 사업장에 대해서는 연차휴가의 시기지정에 따른 근무할당의 변경이 어떤 방법에 의해 어느 정도 행해지고 있으나, 연차휴가의 시기지정에 대해 사용자가 종전 어떠한 대응자세를 해왔는가, 해당 사업장의 작업내용·성질, 결근 보충요원의 작업의 바쁨과 한가한 것에서 본다면, 다른 자에 의한 대체근무가 가능한가, 또 해당 연차휴가의 시기지정이 사용자가 대체근무자를 확보해 둘 수 있는 시간적 여유가 있는 시기에 있는 것인가 그 외에 해당 사업장에 있어 주휴제가 어떻게 적용되어 왔는가 등의 모든 점을 고려하여 판단하여야 것이다」.

위의 모든 점에 비추어 사용자가 통상의 배려를 하였다 하여도 대체근무자를 확보하기 위해서 배려했다고 보는 구체적 행위를 하지 않았다 하여도, 그 일로 하여 사용자가 행한 시기변경권의 행사가 위법이 되는 것은 아니라고 풀이하는 것이 상당하다.

또 사용자에게는 시기변경권의 행사에 있어 사업이나 업무계획, 다른 근로자의 휴가예정과의 관계, 공평 타당한 휴가 취득 등에 대해서는 사전의 조정을 할 필요가 있고, 직장관리와 연차휴가부여의무의 성질상 사용자에게는 그 권한이 있다고 풀이되어, 이러한 견지에서 시기변경권의 행사가 허용된다.

15 연차휴가의 자유이용의 원칙

① 연차유급휴가를 어떠한 목적으로 이용할 것인지를 근로자가 자유롭게 결정할 수 있다. 질병치료, 사회활동, 정치활동 등 그 이용목적에 제한이 없다. 근로자가 연차휴가시기를 지정하면서 표시한 이용목적과 다른 목적으로 이용할 수 있으나 연차휴가청구권상의 휴가 사용목적을 질병치료로 기재하였으나 실제는 질병치료는 구실에 불과하고 쟁의행위의 참가가 그 목적이었고, 이로 인하여 회사업무의 집행에 지장이 있을 경우에는 노동조합 및 노동관계조정법상 적법한 절차에 의한 쟁의행위가 아닌 불법쟁의행위 참가로서 법적 규제를 받을 수 있는 것은 다른 문제이다.

② 연차휴가를 사용할 것인지 여부도 근로자의 자유에 따라 결정되어야 한다. 따라서 사용자가 연차휴가근로수당의 지급을 면하기 위하여 반드시 근로자로 하여금 연차휴가를 실시하도록 강제할 수 없다.

16 일제휴가투쟁

① 노동조합이 요구관철의 수단으로 조합원의 다수가 일제히 연차휴가를 취득하게 하는 이른바 일제휴가투쟁은 사업의 정상적 운영의 저해목적을 위한 연차휴가의 이름을 빈 파업과 다를 바 없으므로 정당한 연차휴가로 인정될 수 없다(대법 1992.3.13, 91누10473). 연차휴가를 얻어 그것을 어떠한 목적으로도 이용할 수 있다는 연차휴가자유이용의 원칙과, 연차휴가 자체를 쟁의행위의 수단으로 이용할 수 있는가의 여부는 별문제이다.

② 근로자가 정당하게 연차휴가의 시기를 지정하여 휴가를 얻은 후 그 휴가 중에 노동조합의 지시에 따라 노동조합이 주도하는 조합활동에 참가하는 것은 연차휴가자유이용의 원칙에 비추어 위법하다고 할 수 없을 것이나, 이로 인하여 사업의 정상적 운영을 방해한 경우에는 위법한 것이다. 일반적으로 연차휴가를 어떻게 이용하느냐는 근로자의 자유이지만 그것이 조직적·집단적으로 요구관철의 수단으로 사용되어 사업의 정상적 운영을 방해하기 위해 이용될 수 있다면, 그 형식여하에 불구하고 쟁의행위가 된다(노동조합 및 노동관계조정법 제2조제6호).

따라서 3할 휴가투쟁과 같은 수단에 의한 연차휴가는 쟁의행위 목적의 이용으로서 정당한 연차휴가로는 인정될 수 없다.

③ 또한 연차휴가의 취득이유를 밝히게 할 필요도 없기 때문에 객관적으로 근로자의 조직적·집단적인 요구관철 수단으로 인정될 수 있는 연차휴가라면 쟁의행위로서 평가되므로 조합의 정식지령의 유무 등 주관적인 요건에 구애되지 아니한다.

그러나 때마침 파업일에 사전 휴가를 얻어 여행하고 있었던 조합원에 관하여 사용자는 연차휴가의 쟁의행위 이용을 인정하지 아니하고 부여하여도 근로자의 정당한 권리행사이기 때문에 부당노동행위의 의사가 없으므로 부당노동행위가 되지 아니한다. 그렇지만 쟁의행위는 사업의 정상적 운영을 저해하는 것이므로 파업일에 연차휴가를 신청한 조합원에 대하여서는 시간변경권의 행사사유가 되므로 다른 날로 변경하도록 사용자는 변경권을 행사할 수 있다.

④ 근로자가 연차휴가를 행사함에 있어서 휴가 자체가 목적이 아니라 회사 업무

의 정상적인 운영을 저해함으로써 그들의 주장을 관철할 목적으로 집단적으로 일제히 연차휴가를 같은 시기로 지정하는 것은 형식적으로는 연차휴가를 행사하려는 것이었다고 하더라도 실질적으로는 연차휴가를 빙자한 쟁의행위에 해당한다고 할 것이므로, 이러한 집단연차휴가는 정당한 휴가권의 행사라고 할 수 없다(대법 1991.1.29, 90도2852; 대법 1991.12.24, 91도2323; 대법 1992.3.13, 91누10473).

17 근로관계 종료로 연차유급휴가 및 연차유급휴가수당 청구권은 소멸하는가

1. 근로관계의 종료와 연차유급휴가

(1) 연차유급휴가청구권 · 수당 · 미사용수당의 개념

연차유급휴가의 청구자격이 발생하였음에도 불구하고 휴가를 취하기 전에 해고나 퇴직 등으로 고용관계가 종료하는 경우에 당해 휴가의 처분에 대하여 근기법 제60조에는 아무런 규정이 없으므로 견해의 대립이 있다. 연차휴가는 근로관계의 존재를 전제로 하는 것이므로 근로관계가 종료하면 연차휴가권은 당연히 소멸하나 잔여 연차휴가일수만큼 연차유급휴가미사용수당은 지급해야 한다(대법 2018.6.28, 2016다48297; 대법 2017.5.17, 2014다232296, 232302; 2013.7.19, 근로개선정책과-4218).

1) 연차유급휴가 청구권

연차유급휴가는 전년도에 계속 근로한 근로자에 대해 정신적·육체적 휴양을 통한 노동의 재생산 유지와 문화생활의 기회를 부여하기 위해 마련된 것이다. 따라서 사용자는 근로자가 전년도에 80퍼센트 이상 출근한 경우에는 15일의 연차유급휴가를 부여하여야 하고(근기법 제60조제1항), 근로자는 전년도의 출근율에 따라 연차유급휴가청구권이 발생한다.

2) 연차유급휴가수당 청구권

연차유급휴가수당청구권은 재직 근로자가 전년도 근로의 대가로 발생한 연차유급휴가를 사용할 경우 그 기간에 대하여 사용자에게 수당지급을 요청할 수 있는 권리이며, 이와 같이 지급되는 연차유급휴가수당은 임금에 해당한다(근기법 제60조제5항).

3) 연차유급휴가 미사용수당 청구권

연차유급휴가 미사용수당 청구권은 근로자가 전전년도의 근로의 대가로 발생한 연차유급휴가를 전년도에 사용하지 아니하고 근로를 제공한 경우 그 미사용 연차유급휴가일수에 해당하는 연차유급휴가 미사용수당을 사용자에 대하여 청구할 수 있는 권리로서 연차유급휴가청구권이 소멸된 날의 다음날에 발생한다(2013.7.19, 근로개선정책과-4218).

근로자가 일단 연차유급휴가권을 취득한 후에 연차유급휴가를 사용하기 전에 퇴직 등의 사유로 근로관계가 종료되는 경우 근로자가 이로 인해 사용하지 못하는 미사용 연차휴가일수에 해당하는 수당을 사용자에 대하여 청구할 수 있다(대법 2005.5.27, 2003다48549, 48556). 다만, 사용자가 근기법에 따른 연차유급휴가 사용촉진을 한 경우 연차유급휴가 미사용수당 청구권이 소멸된다(근기법 제61조).

2. 근로관계의 종료와 연차유급휴가 미사용

(1) 미사용 휴가일수에 상응하는 근로일수

연차유급휴가를 사용하지 아니하고 퇴직한 경우의 연차유급휴가수당 지급범위에 대하여 행정해석(2007.11.5, 임금근로시간정책팀-3295)을 판례와 동일하게 변경하였다. 다만, 퇴직함으로써 비로소 지급사유가 발생하는 연차유급휴가 미사용수당이 〈퇴직금 산정을 위한 평균임금 산정 기준임금〉에 포함되지 않는다는 해석은 현행대로 유지하고 있다. 판례는 「유급(연차휴가수당)으로 연차휴가를 사용할 권리는 근로자가 1년간 소정의 근로를 마친 대가로 확정적으로 취득하는 것이므로, 근로자가 일단 연차유급휴가를 사용하기 전에 퇴직 등의 사유로 근로관계가 종료된 경우, 근로관계의 존속을 전제로 하는 연차휴가를 사용할 권리는 소멸한다 할지라도 근로관계의 존속을 전제로 하지 않는 연차휴가수당을 청구할 권리는 그대로 잔존하는 것이어서 근로자는 근로관계 종료 시까지 사용하지 못한 연차휴가일수 전부에 상응하는 연차휴가수당을 사용자에게 청구할 수 있는 것이다」(대법 2005.5.27, 2003다48549·48556)고 한다.

(2) 미사용연차유급휴가수당 지급시기 및 지급범위

1) 연차유급휴가수당의 지급시기

재직근로자의 경우에는 해당 근로자가 연차유급휴가를 사용할 경우 연차유급휴가수당을 지급하며, 그 범위는 취업규칙이나 그 밖의 정하는 바에 의한 통상임금 또는 평균임금을 지급하여야 하며(근기법 제60조제5항), 그 지급시기는 연차유급휴가를 주기 전 또는 준 직후의 임금 지급일에 지급하여야 한다(근기법 시행령 제33조).

2) 연차유급휴가 미사용수당

① 근로자가 연차휴가에 관한 권리를 취득한 후 1년 이내에 연차휴가를 사용하지 아니하거나 1년이 지나기 전에 퇴직하는 등의 사유로 인하여 더 이상 연차휴가를 사용하지 못하게 될 경우에는 사용자에게 연차휴가일수에 상응하는 임금인 연차휴가수당을 청구할 수 있다. 한편 연차휴가를 사용할 권리 혹은 연차휴가수당 청구권은 근로자가 전년도에 출근율을 충족하면서 근로를 제공하면 당연히 발생하는 것으로서, 연차휴가를 사용할 해당 연도가 아니라 그 전년도 1년간의 근로에 대한 대가에 해당한다(대법 2017.5.17, 2014다232296, 2014다232302[병합]).

② 연차유급휴가 미사용수당은 연차유급휴가청구권이 소멸된 날의 다음날에 발생하며(대법 1995.6.30, 94다47155), 그 지급액은 취업규칙 등에서 정한 바에 따라 통상임금 또는 평균임금으로 지급하고, 별도의 규정이 없으면 통상임금으로 지급하되 휴가청구권이 있는 마지막 달의 통상임금으로 지급해야 한다(대법 2019.10.18, 2018다239110). 사용자가 연차유급휴가 미사용수당 전액을 지급기일에 지급하지 아니하였다면 근기법 위반죄가 성립한다(대법 2017.7.11, 2013도7896).

③ 퇴직근로자의 경우에는 퇴직 전년도(예: 2008년도) 출근율에 의하여 퇴직연도(예: 2009년)에 발생한 연차유급휴가청구권이 근로관계가 종료됨에 따라 발생하며 이 경우 사용자는 퇴직연도의 휴가 사용가능일수에 상관없이 미사용한 연차휴가일수에 대하여 퇴직일로부터 14일 이내에 취업규칙등에서 정하는 통상임금 또는 평

균임금을 지급하여야 한다.

④ 연차유급휴가 산정 기산일은 개별근로자의 입사일 등 실제로 근로제공을 개시한 날이 되는 것이 원칙이나, 노무관리의 편의상 단체협약·취업규칙 등에 의하여 전 근로자에 대하여 일률적으로 회계연도를 기준으로 연차유급휴가를 산정하는 경우 연차유급휴가 미사용수당청구권은 연차유급휴가 사용가능연도 다음 해의 첫날 발생한다.

⑤ 근로자가 적법한 쟁의행위로 인해 연차유급휴가를 1년간 행사하지 못한 경우에는 연차유급휴가 청구권은 소멸되나 연차유급휴가수당을 청구할 권리는 그대로 잔존하는 것이므로 사용하지 못한 연차유급휴가 일수에 상응하는 연차유급휴가미사용수당을 지급해야 할 것이다.

(3) 연차유급휴가 이월사용 가능 여부

근기법 제60조제7항에 따라 사용자의 귀책사유로 근로자가 연차유급휴가를 사용하지 못한 경우에는 휴가청구권 발생일로부터 1년이 지나더라도 휴가청구권은 소멸되지 않고 이월된다. 아울러 연차휴가청구권이 소멸된 미사용휴가에 대해 금전보상 대신 이월해서 사용하도록 한 당사자간의 합의는 가능하다 할 것이나 근로자의 의사에 반해 사용자가 일방적으로 강제할 수는 없다(2015.7.13, 근로기준정책과-3079; 2013.7.30, 근로개선정책과-4449). 사용자가 근로자의 동의 없이 일방적으로 연차휴가 이월 사용을 시행하는 것은 근로자의 연차휴가미사용수당 청구권을 제한하는 것이므로 허용되지 않으며, 이는 임금체불에 해당할 수 있다. 또한 당사자 간 합의로 특정시기까지 연차휴가를 이월 사용하도록 했으나, 사용자가 근로자의 동의 없이 일방적으로 그 기한을 추가·연장하는 것은 근로자의 의사에 반해 연차휴가미사용수당청구권을 제한하는 것이므로 허용되지 않는다.

3. 전년도 1년간의 근로를 마치기 전에 퇴직 등으로 근로관계가 종료된 경우

근기법 제60조제1항이 규정한 연차유급휴가는 1년간 80퍼센트 이상 출근한 근로자에게 부여되는 것으로, 근로자가 연차휴가에 관한 권리를 취득한 후 1년 이내에 연차휴가를 사용하지 아니하거나 1년이 지나기 전에 퇴직하는 등의 사유로 인하여 더 이상 연차휴가를 사용하지 못하게 될 경우에는 사용자에게 그 연차휴가 일수에 상응하는 임금인 연차휴가수당을 청구할 수 있다(대법 2017.5.17, 2012다232296, 232302). 다만 연차휴가를 사용할 권리는 다른 특별한 정함이 없는 한 그 전년도 1년간의 근로를 마친 다음날 발생한다고 보아야 하므로, 그 전에 퇴직 등으로 근로관계가 종료한 경우에는 연차휴가를 사용할 권리에 대한 보상으로서의 연차휴가수당도 청구할 수 없다고 보아야 한다(대법 2018.6.28, 2016다48297).

이 사건은 ① 의정부시 시설관리공단 상용직 고용내규는 가로환경미화원의 정년을 만 61세가 되는 해의 12월 말일로 정하고 있으므로, 다른 특별한 사정이 없는 한 해당 근로자 등은 만 61세가 되는 12.31. 정년에 도달하여 근로관계가 당연히 종료한다.

② 위 단체협약에서 정하고 있는 특별유급휴가는 정년퇴직하는 가로환경미화원에게 특별히 부여되는 유급휴가이므로 만 61세가 되는 가로환경미화원이 그 해에 정년퇴직하는 것을 전제로 주어지는 것이다. 따라서 해당 근로자 등이 만 61세가 되는 해의 12.31.까지 특별유급휴가를 사용하였다고 하여 그러한 사정만으로 이들의 퇴직일이 다음해 1.1.로 미루어진다고 볼 수 없다.

③ 그렇다면 만 61세가 되는 해의 12.31. 해당 근로자 등의 근로관계는 당연히 종료하였다고 보아야 하므로, 해당 근로자 등은 만 61세가 되는 해의 근로에 대한 대가로서의 연차휴가에 관한 권리를 취득할 수 없다는 것이다.

4. 연차유급휴가권의 소멸시효

① 연차유급휴가는 1년간 행사하지 아니한 때에는 소멸한다.

② 근로자의 청구시기는 근로자가 그 휴가를 청구할 지위를 얻게 된 뒤 즉 1년간의 근로를 마친 다음날로부터 1년 이내에 근로자가 이를 희망 또는 지정하는 시기에 주어야 한다(대법 1972.1.28, 71다1758).

③ 사용자의 귀책사유로 근로자가 유급휴가를 사용하지 못한 경우에는 1년 이후에도 유급휴가를 청구할 수 있다. 사용자의 귀책사유로 인하여 연차유급휴가권을 행사할 수 없는 기간만큼 연장된다.

근로자가 휴가시기를 지정하여 청구하였음에도 불구하고 휴가를 주지 않았다든지 또는 사용자의 귀책사유로 인한 휴업 등으로 말미암아 사실상 휴가청구를 할 수 없는 경우 등은 모두 포함된다.

18 1년 미만 근로자 등에 대한 연차휴가 보장 확대
(고용노동부 2018.5.11 가이드라인)

1. 검토 배경

그간 근기법 상 연차유급휴가일수는 근로자가 1년을 근로한 경우, 1년 미만 기간동안 부여받은 휴가일수를 포함하여 15일로 규정하고 있어 2년 미만 재직 근로자의 유급휴가 보장이 미흡하고, 육아휴직기간은 연차휴가 산정 시 출근한 것으로 보지 않아, 육아휴직 후 복직하더라도 연차유급휴가가 보장되지 않는 문제점이 존재하였다.

최근 근로자들의 유급휴가 보장을 확대하는 방향으로 법이 개정됨에 따라 그 시행에 앞서 현장 적용 시 발생되는 쟁점*에 대한 검토가 필요한 것이다.

근기법 개정으로 인한 연차유급휴가 적용시점, 연차유급휴가의 사용기간, 회계연도 계산시의 연차유급휴가 일수 산정 방법 등 쟁점이 되는 부분을 명확히 하여 현장에서 적용 과정상의 혼란을 줄이고 근로자의 연차유급휴가권이 보호될 수 있도록 하고자 한 것이다.

2. 1년 미만 근로자 등에 대한 연차휴가 보장 세부내용

(1) 개정법(제60조제3항 삭제) 적용 대상: 2017.5.30 이후 입사자

개정 「근기법」의 시행일은 2018.5.29.이므로 시행일 이후에 2년 차가 되는 근로자라면 개정법 적용대상이 된다. 그러므로 2017.5.30 입사자부터 개정법이 적용된다(2018.5.29 이후 입사자부터 적용되는 것이 아님).

예시 1) 2017.5.1 입사자의 경우 2년차가 되는 2018.5.1에는 제60조제3항이 삭제되기 전이므로 현행대로 1년차 때 1개월 개근 시 1일씩 발생한 휴가와 합하여 15일

예시 2) 2017.6.1 입사자의 경우 2년차가 되는 2018.6.1에는 개정법이 시행되어 제60조제3항이 삭제된 이후이므로 1년차 때 1개월 개근 시 1일씩 발생한 휴가와 별도로 1년차의 출근율 80% 이상 시 15일 휴가 부여

(2) 입사 1년차에 부여 받은 유급휴가 사용기간 및 미사용수당 지급 시기

입사 1년 차 때 매월 1일씩 발생한 유급휴가는 각 발생월로부터 1년간 사용 가능하다. 「근기법」 제60조제7항에 따라 연차유급휴가는 사용자의 귀책사유로 사용하지 못한 경우를 제외하고 1년간 행사하지 아니하면 소멸하기 때문이다.

발생월로부터 1년이 지나 유급휴가를 사용할 수 있는 기간이 종료되었다면 사용자는 사용기간이 종료된 다음날에(임금 지급일) 미사용수당을 지급하면 된다.

예시) 2018.4.1에 1일 휴가 발생 → 2019.3.31까지 사용가능
→ 미사용 시 2019.4.1(4월 급여)에 수당 지급

당사자 간 개별 합의로 지급일을 유예(민법상 변제기 유예의 합의)하지 않는 한 지급일을 넘겨 지급하는 경우 임금체불에 해당한다.

아직 사용기간이 남은 유급휴가에 대해 당해 회계연도 말일 등 특정 시점에 미사용수당으로 정산하는 것은 제60조제7항의 취지에 맞지 않으므로 허용되지 않는다.

1년 차에 매월 1일씩 발생한 유급휴가 중 일부를 2년 차에 사용한 경우 먼저 발생한 휴가부터 순차적으로 사용한 것으로 처리하여야 한다.

개근한 달 각각 발생하여 누적된 휴가 중 일부를 어떤 시점에 사용한 경우 사용자 또는 근로자가 특정 월에 발생한 휴가를 사용한 것으로 선택할 수 없다. 그 이유는 미사용수당 지급 시 혼선 및 당사자 간 분쟁을 방지하기 위한 것이다.

한편, 노사가 1년차 때 매월 1일씩 발생한 유급휴가를 2년차 종료 시점까지 사용할 수 있도록 합의(취업규칙, 단체협약 등)한 경우라면, 1년차 때 발생한 휴가의 미사용수당 지급시점은 2년차가 종료한 다음날(2년차 연차유급휴가 사용청구권이 소멸하는 다음날)에 발생한다.

노사 간 합의된 바에 따라 연차유급휴가 사용기간이 늘어나고 미사용수당도 빠짐없이 지급되므로 근로자에게 불리함은 없다.

(예시) 1년차에 대한 유급휴가를 2년차 종료시점까지 사용토록 합의한 경우
(2018.7.1 입사자, 2년간 개근 전제) → 26일(1년차에 대한 휴가 11일 + 2년차에 대한 휴가 15일)을 2020.6.30까지 사용 가능하고, 미사용수당은 2020.7.1(7월 급여)에 일괄 지급

2-1. 입사 후 1년간 출근율이 80% 미만일 경우 2년차에 발생하는 휴가일수

근기법 제60조제2항은 ① 계속근로기간 1년 미만으로 1개월 개근시 1일의 유급휴가를 부여하거나 ② 1년간 출근율 80% 미만인 경우 1개월 개근시 1일의 유급휴가를 부여*토록 하고 있다. 1년간 출근율 80% 이상을 충족하지 못한 근로자는 연차유급휴가가 부여되지 않는 문제를 해소하고자 2012.2.1. 개정한 것이다.

따라서 입사 후 1년간 출근율이 80% 미만인 경우 2년차에 발생하는 유급휴가일수는 1년차에 개근한 월수만큼 1일씩 계산하여 산정하며, 근기법 개정에 따라 1년차에 1개월 개근 시 1일씩 발생한 유급휴가일수도 별도로 인정된다.

(예시) 2018.1.1 입사하여 2018.1~5월까지는 개근하고 나머지 달에는 매월 10일씩 결근하여 1년차 출근율이 80% 미만인 경우
→ 2년차인 2019년까지 총 10일의 휴가 발생
(1년차에 1개월 개근 시 1일씩 발생한 휴가 5일 + 1년차 출근율 80% 미만에 따라 1년차 개근월수만큼 2년차에 부여하는 휴가 5일)

3. 개정 근기법 시행 후 근로계약기간이 1년인 기간제근로자가 1년간 출근율 80% 이상 충족 후 계약기간 만료 시 미사용수당 지급방법

판례(대법 2005.5.27, 2003다48556)는 근로계약기간을 1년으로 한 기간제근로자의 1년간 출근율 80% 이상이면 계약기간 만료 시 15일분의 연차휴가보상청구권이 발생한다는 입장이다.

법 개정에 따라 1년차 때 1개월 개근시 1일씩 발생하는 유급휴가도 별도로 인정되는 만큼, 개정법 시행 이후 1년 기간제근로자의 계약기간이 만료되는 경우에는 최대 26일분의 미사용수당을 지급하여야 한다.

4. 회계연도 기준 적용시 개정법에 따른 연차유급휴가 부여 방법

연차휴가는 근로자별로 입사일을 기준으로 산정하는 것이 원칙이나, 판례와 행정해석은 노무관리 편의상 노사가 합의할 경우(취업규칙, 단체협약) 회계연도 기준으로 모든 노동자에게 일괄 부여하는 것도 허용하고 있다.

연도 중 입사자의 경우 다음연도에 대하여 발생하는 휴가일수는 전년도 근속기간에 비례하여 산정하여야 한다. 근로자 퇴직 시 입사일을 기준으로 한 연차유급휴가일수보다 근무기간 중 회계연도를 기준으로 한 연차유급휴가일수가 적으면 부족한 일수만큼 수당으로 보상하여야 한다.

근기법 개정 이후에도 기존 산정방법에 따라 연차휴가를 부여하면서, 1년차에 1월 개근시 1일씩 발생한 휴가일수도 별도로 인정한다.

⇨ 연도 중 입사자의 경우 다음 회계연도까지 발생하는 휴가일수:

① 다음 회계연도에 발생하는 연차휴가일수(15일 × 근속기간 총일수/365) + ②입사일부터 1년간 1월 개근 시 1일씩 발생한 휴가일수

〈2019.7.1에 입사한 근로자의 회계연도(1.1~12.31)기준 연차휴가 산정 예시〉

발생시점 산정기준	2019. 8	2019. 9	2019. 10	2019. 11	2019. 12	2020. 1	2020. 2	2020. 3	2020. 4	2020. 5	2020. 6	2020. 7
제60조제1항						7.5일						
제60조제2항	1일	1일	1일	1일	1일	1일	1일	1일	1일	1일	1일	
누계	1일	2일	3일	4일	5일	13.5일						18.5일

4-1. 회계연도 기준 적용시 연차유급휴가 사용 및 미사용수당 지급 시기

사용자는 사업 운영에 막대한 지장을 초래하여 시기를 변경하지 않는 한 원칙적으로 근로자가 청구한 시기에 휴가를 주어야 하고, 근로자가 사용하지 않은 휴가에 대해서는 해당 휴가 발생일부터 1년이 종료한 다음 날(임금 지급일)에 미사용수당을 지급하여야 한다.

다만, 연차유급휴가를 회계연도 기준시점부터 1년 동안 사용하기로 합의(취업규칙, 단체협약)한 경우라면, 연도 중 입사자의 경우 입사일부터 월별 개근으로 1일씩 발생한 유급휴가도 다음 회계연도 개시시점부터 1년간 사용할 수 있는 것으로 보며, 미사용수당은 해당 회계연도 종료일 다음날(임금 지급일)에 지급하여야 한다.

19 1년차에 유급휴가를 사용하지 않은 근로자의 2년차 유급휴가일수 산정 방법(근기법 제60조제1항 및 제2항 등 관련)

2018년 5월 30일 이후 근로기간이 1년이 되는 근로자가 그 1년간 1일의 유급휴가도 사용하지 않고 100퍼센트 출근한 경우 근로기간이 1년 1일이 되는 해당 근로자에게 사용자가 근기법 제60조에 따라 유급휴가를 줄 때 15일의 유급휴가를 줘야 하는지, 아니면 26일의 유급휴가를 줘야 하는지 여부이다.

이 경우 사용자는 해당 근로자에게 26일의 유급휴가를 줘야 한다. 그 이유는 다음과 같다.

① 먼저 법의 해석에 있어서는 법령에 사용된 문언의 의미에 충실하게 해석하는 것을 원칙으로 하고 법령의 문언 자체가 비교적 명확한 개념으로 구성되어 있다면 다른 해석방법은 제한될 수밖에 없다(대법 2009.4.23, 2006다81035).

② 그런데 근기법 제60조에 따르면 사용자는 1년간 80퍼센트 이상 출근한 근로자에게 15일의 유급휴가를 줘야 하고(제1항) 그와 별도로 계속하여 근로한 기간이 1년 미만인 근로자에게는 1개월 개근 시 1일의 유급휴가를 줘야 하며(제2항) 이러한 유급휴가 기간에 대해 별도의 예외 규정을 두고 있지 않으므로 근기법 제60조제1항 및 제2항이 모두 적용된다. 이에 따르면 해당 근로자가 최초 1년간 80퍼센트 이상 출근한 것에 대해서 2년차에 15일의 유급휴가가, 최초 1년간 개근한 것에 대해서 총 11일의 유급휴가가 각각 주어진다. 그리고 이러한 휴가는 1년간 행사하지 않으면 소멸되도록 되어 있어(제7항) 해당 근로자의 근로기간이 2년차가 되는 시점인 1년 1일은 근로기간 1년차에 발생한 11일의 유급휴가를 사용할 수 있는 권리가 모두 유효한 시점에 해당하므로 근로기간 2년차에 발생하는 15일의 유급휴가와 합쳐서 사용자는 근로자에게 총 26일의 유급휴가를 주어야 한다.

③ 아울러 2017년 11월 28일 법률 제15108호로 개정되어 2018년 5월 29일 시행되기 전의 근기법 제60조제3항에서는 근로기간이 1년이 되지 않은 시점에서 사용한 유급휴가 일수를 다음해 유급휴가 일수에서 빼도록 규정하여 근로기간 최초 2년간은 합산해서 총 15일의 유급휴가만 부여하던 것을 근로기간 1년 초과 2

년 미만인 근로자의 휴식권을 보다 강하게 보장하기 위해 해당 규정을 삭제하여 근로기간 1년차에 최대 11일, 2년차에 15일의 유급휴가를 "각각" 받을 수 있게 하였다는 점(2017.11.28. 법률 제15108호로 개정된 근기법 개정이유·주요내용 및 2017년 1월 18일 의안번호 제2005159호로 발의된 근기법 일부개정법률안에 대한 환경노동위원회 전문위원 검토보고서 참조)도 이 사안을 해석할 때에 고려할 필요가 있다(법제처 2018.8.6, 안건번호 18-0404; 18-0403; 18-0245).

20 단시간근로자의 연차휴가의 취급

1. 단시간근로자의 연차휴가의 부여기준

단시간근로자의 연차휴가 취급에 대하여는 시간제고용의 내용과 그 종류가 다양하여 일률적으로 판단할 수는 없다. 통상 단시간근로제란 근로시간 수가 일반 근로자보다 적은 자를 지칭한다. 「단시간근로자란 1주 동안의 소정근로시간이 그 사업장에서 같은 종류의 업무에 종사하는 통상 근로자의 1주간의 소정근로시간에 비하여 짧은 근로자를 말한다」(근기법 제2조제1항제9호)를 단시간근로자(소위 파트타이머)로 취급하고 있다. 따라서 1일 6시간 정도, 1개월 18일 정도 소정근로하는 근로자는 단시간근로자인 것이다.

즉, 단시간근로자로 취급되는 근로자라 하더라도 1년간 계속근무하는 자에 대하여는 근기법 제60조의 정한 바에 따라 소정일수의 연차유급휴가를 부여하여야 한다. 이 경우의 「1년간 계속 근무하며 또한 1주간의 소정근로 시간이 15시간 이상인 자」란 다음과 같은 자를 말하는 것이다.

① 기간을 정하지 않은 근로계약에 따라 고용되어 있는 자로서 1년간 계속근무하고 있는 자

② 기간을 정하고 있는 근로계약에 따라 고용된 자로서 다음 요건을 충족하는 자

(가) 당해 고용기간이 갱신되어 실질적으로 근로관계가 계속되고 있다고 인정할 수 있을 것

(나) 1년간 계속 근무하고 있는 자일 것

따라서 단시간근로자로 칭하고 있어도 위의 기준에 해당하는 자에게는 근기법 제60조에 따라 반드시 연차휴가를 부여하여야 한다.

2. 「주5일·1일 4시간근로」의 단시간근로자에게도 15일의 연차유급휴가인가

연차휴가의 발생요건은 「1년간 80퍼센트 이상 출근한 근로자」이거나 「계속근무

연수가 1년 미만인 근로자」에 대하여는 1월간 개근하여야 한다(동법 제59조제1항 및 제2항). 사용자는 단시간근로자에 대하여 동법 제59조에 따른 연차유급휴가를 주어야 한다. 이 경우 유급휴가는 다음의 방식으로 계산한 시간 단위로 하며 1시간 미만은 1시간으로 본다(동법시행령 별표 1의2 제4호 나목).

$$\text{통상근로자의 연차휴가일수} \times \frac{\text{단시간근로자의 소정근로시간}}{\text{통상근로자의 소정근로시간}} \times 8$$

근기법을 적용하고 있는 사업장에서 일하는 통상근로자(판매원 등)의 근무시간은 1주 40시간, 1일 8시간인데, 단시간근로자는 1주간 1일 4시간씩 5일 근무하기로 하고 2018.7.1 판매원으로 취업하였다면 근기법에 따를 때 단시간근로자가 사용할 수 있는 연차휴가는 어떻게 되는가?

(1) 1년 근속 미만시 발생하는 휴가시간 수

통상근로자가 한달 동안 소정근로일수를 개근하였을 때 1일 연차유급휴가를 받게 되므로 단시간근로자도 이에 비례하여 휴가를 받을 수 있다.

$$1\text{일} \times \frac{20\text{시간}}{40\text{시간}} \times 8 \fallingdotseq 4\text{시간}$$

(2) 1년 근속 이후 발생하는 휴가시간 수

$$15\text{일} \times \frac{20\text{시간}}{40\text{시간}} \times 8 = 60\text{시간}$$

3. 단시간근로자 고용의 중단과 계속근로

단시간근로자의 근로가 근기법 제60조의 요건이 충족하는 경우에는 연차유급휴가권이 성립된다. 이 경우 단시간근로자의 소정근로일 또는 소정근로시간이 통상근로자의 소정근로일 또는 소정근로시간에 비하여 짧기 때문에, 통상근로자의 1

주 동안의 소정근로시간과 단시간근로자의 소정근로시간의 비율을 고려하여 구체적인 휴가일수를 정하도록 하고 있다. 즉, 「단시간근로자의 근로조건 결정기준」에 의하면 다음 식의 방식으로 계산된 시간 단위를 유급휴가로 부여하며, 이때 1시간 미만은 1시간으로 본다(근기법 시행령 (별표 2) 제4호나목).

$$\text{통상근로자의 연차휴가일수} \times \frac{\text{단시간근로자의 소정근로시간}}{\text{통상근로자의 소정근로시간}} \times 8$$

이에 관련해서 연차휴가제도의 요건인 「1년간 계속근로하며」라든가, 「3년 이상 계속근로」라고 하는 「계속근로」의 해석, 취급에 있어서 단시간근로자의 고용계약 갱신에 일정기간 공백이 있으면 계속근로가 중단되어 연차휴가의 발생요건을 결하는 것이 되는가 하는 의문이 생긴다. 이 점에 관하여 단시간근로자 등의 기간고용자에 대하여 「기간만료에 따른 고용종료와 재고용과의 사이에 상당기간의 공백이 있어 근로관계가 단절되고 있다고 인정되는 경우에는 계속근무에 해당하지 않는다」 할 것이다. 근기법 제60조에 정한 기준에 준해 휴가를 주는데 있어서는 동조 제1항에서 말하는 「계속근로」란 원칙적으로 동일 사업장에 근무하며 그 고용관계가 사회통념상 중단되지 않았다고 인정되는 경우를 말한다.

4. 상당한 기간 단절되고 있는 경우의 취급

문제는 「상당한 기간」 단절되고 있는 경우란 어느 정도인가라는 것인데 이것은 단순히 기간의 길이만으로는 정할 수 없고 재고용의 절차, 기간의 취지, 재고용의 확실성, 재고용의 실태 등을 종합적으로 판단하여야 한다. 회계연도내의 임용기간을 정한 때에는 수일의 기간을 중단하였을 뿐 재고용하고 있는데도 중단으로 볼 수 있는지 또는 며칠간이면 중단이라든가 하는 기간을 일률적으로 정할 수는 없고 그 실태에 따르게 된다. 통상은 급여를 매월 지급하는 것이 원칙이고(근기법 제43조), 근로자의 생활은 매월의 임금 지급에 의해 유지되는 것이며 또 근기법 제26조의 해고예고기간이 30일로 되어 있는 것으로 보아도 1개월간의 기간 중단이 있으면 사회통념상 단절이라고 말할 수 있을 것이다. 그러나 1개월이 아니면 절대로

「중단」이나 고용의 「단절」이 되지 않는가에 있어서는 여러가지의 견해가 있다. 민법 제660조의 취지에서 1개월간이면 충분하다는 견해 또는 연차휴가의 문제이기 때문에 1년간 계속 근무한 경우에는 15일의 휴가가 부여된 것이고 그 때문에 이에 상당하는 15일간이면 단절로 보아도 되지 않는가 라는 견해 등 여러가지 방식이 있다. 따라서 정설이란 것은 없고 하루라도 단절이 되는 경우가 있다. 1개월이라도 단절이라고 할 수 없는 경우도 있을 수 있다. 그러므로 실태와 당사자의 의사를 기준으로 해서 사회통념에 따라 종합적으로 판단하여야 한다. 특히, 계약이기 때문에 당사자 쌍방의 의사가 매우 큰 비중을 갖고 있으며, 당사자간의 근로관계가 단절되었다고 상호 명확히 인지하고 있는가, 계약갱신절차는 단순히 형식적인 것으로서 고용은 계속되고 있으며, 기간만료 후에도 당연히 고용관계가 지속되고 있다는 의사로 노사쌍방이 합의하고 있는가 하는 점도 중요한 것이다.

또 재고용 절차에 있어서도 다른 신규응모자와 같은가, 면접이나 선발을 하여 제출서류 등을 요구하는가, 재고용의 약속이나 관행은 있는가 등 재고용의 실태에도 따르게 된다.

(1) 계속하여 근로한 기간 1년 중 단시간근로한 근로자에 대하여 연차유급휴가를 부여하는지 여부

계속하여 근로한 기간 1년 중 한 달을 단시간근로(4주 동안을 평균하여 1주 동안의 소정근로시간이 15시간 미만)한 근로자에 대하여 연차유급휴가를 부여해야하는지의 문제가 있다.

근기법 제60조제1항의 연차유급휴가는 1년간 80퍼센트 이상을 출근한 근로자에게 15일의 유급휴가를 주어야 한다고 규정하고 있으며, 다만 같은 법 제18조제3항에 따라 4주 동안을 평균하여 1주 동안의 소정근로시간이 15시간 미만인 근로자에 대해서는 제60조를 적용하지 않는다고 규정하고 있다.

연차유급휴가의 발생요건으로 1년간 재직과 출근율 80% 이상일 것을 요건으로 정한 것은 근로자의 휴양의 필요성이 기본적으로는 상당기간 계속되는 근로의무의 이행과 불가분의 관계에 있는 점을 고려할 때(헌법재판소 2015.5.28, 2013헌마619), 주 소정근로시간이 15시간 미만인 기간이 일부(1개월) 포함되어 있더라도 1년 전체의 평균 주 소정근로시간이 주15시간 이상이고 출근율이 80%이상이라면 근기법 제60조제1항에 따른 연차유급휴가를 부여해야 할 것이다(2017.11.22, 근로기준정책과-7315).

(2) 4주 평균 1주 소정근로시간이 15시간 미만과 이상을 반복하는 경우, 단시간근로자의 연차유급휴가 부여일수는 며칠간인가

근기법 제60조제1항에 따라 1년간 총소정근로일의 80퍼센트 이상 출근한 근로자에게 15일의 연차휴가를 주어야 하고, 같은 법 제18조에 따라 4주 동안을 평균하여 1주 동안의 소정근로시간이 15시간 미만인 근로자에 대해서는 제60조를 적용하지 아니한다. 4주 평균 1주 소정근로시간이 15시간 미만과 이상을 반복하는 경우, 1주 소정근로시간이 15시간 미만인 기간이 포함되어 있더라도 1년 전체의 평균 주 소정근로시간이 주 15시간 이상이고, 총 소정근로일에 대한 출근율이 80퍼센트 이상이라면 법 제60조제1항에 따라 15일의 연차휴가를 부여함이 타당하다(2017.11.22, 근로기준정책과-7315). 다만, 주 15시간 이상인 기간이 80퍼센트 미만이라면 주 15시간 이상이면서 개근한 기간에 대해서만 비례하여 연차휴가를 산정하는 것이 타당하다.

21 파업과 연차휴가

1. 연차휴가와 파업목적의 이용

연차휴가의 이용목적에 대하여는 법률상의 제한이 없으므로 자유롭게 이를 이용할 수 있다. 취업규칙 등에 이용목적을 신고하게 하는 규정이 있는 것을 이유로 연차휴가를 주지 않는 것은 위법한 것으로서 허용되지 않는다. 연차휴가의 이용목적은 법이 관여하는 바가 없으며 휴가를 어떻게 이용하는가는 사용자의 간섭이 허용되지 않는 근로자의 자유에 속하는 것이라고 함이 법의 취지이다. 따라서 사용자는 이용목적 여하에 관여할 바가 아니고 사업 운영에 막대한 지장을 초래하지 않는 한 청구한 대로 휴가를 주어야 한다.

그러나 쟁의목적 이용에 관하여는 연차휴가제도의 입법취지 또는 그 본질에 반함으로 이를 제한할 수 있는 것이 아니냐 하는 문제가 있다.

이 점에 관하여 판례(대법 1992.3.13, 91누10473)는 「연차유급휴가는 … 그것이 어떤 목적으로 사용될 것인가는 근로자의 자유이고 정신적 또는 육체적으로 오히려 피로를 가져올 운동오락, 근로 등에 이용한다 하더라도 사용자가 이를 이유로 휴가취득을 거부할 수는 없다. 그러나 휴가라는 개념은 어디까지나 사용자가 노동력을 지배관리하는 것을 전제로 하는 것이며 사용자의 노동력의 지배관리 없는 곳에 휴가라는 것은 존재하지 않는다」. 그런데 「파업은 노동조합 그 밖에 근로자 단체의 통제하에 그 소속원이 집단적으로 노동력을 철수하여 결과적으로 사용자의 업무의 정상운영을 저해하는 것이 된다. 그러므로 휴가원을 제출하고 취업하지 않는 형식을 취한다 하더라도 그 수단의 실체는 파업이라고 평가된다면 법상 정당한 휴가로서의 취급을 받을 수는 없다」고 명확하게 판시하고 있다. 「소위 일제휴가투쟁이란 이들 근로자가 소속 사업장에서 그 사업의 정상운영의 저해를 목적으로 전원 일제히 휴가원을 제출하고 직장을 포기, 이탈한 것이라고 볼 때에는 그 실질은 연차휴가라는 이름을 빌린 파업에 불과한 것이다. 따라서 그 형식여하에 불구하고 본래의 연차휴가의 행사는 아니므로 이에 대한 사용자의 시기변경권의 행사도 있을 수 없고 일제휴가라는 명목하에 파업을 한 근로자에게 임금청구권이 발생하지 않는 것이다」고 하고 있다.

이와 같이 노동조합의 요구관철의 수단으로서 집단적으로 연차휴가청구권을 행사하여 「사업의 정상운영을 저해」하는 것은 파업목적의 휴가청구가 되는 것이며 그 목적으로 「사업의 정상운영을 저해하는 일정의 인원수가 휴가청구를 한 때」가 이에 해당하는 것이다.

따라서 노동쟁의가 발생하였을 때 그 사업장 근로자의 20퍼센트 또는 30퍼센트의 조합원이 조직적으로 휴가를 청구한 때나 일정한 직장에서 사업의 정상운영을 저해하기에 충분한 조합원들의 일제 휴가원이 제출된 때에는 위의 「일제휴가」에 해당하므로 파업목적의 연차휴가가 된다.

그것이 개별적이 아니고 일제히 즉 조직적·집단적으로 근로조건의 유지·개선을 요구·관철하기 위하여 업무의 정상 운영을 저해할 목적으로 해서 이를 이용한다면 그 형식에 불구하고 그것은 바로 쟁의행위로 평가되는 것이다. 30퍼센트의 휴가투쟁의 실태는 3일 중 1일씩을 조직적으로 일제휴가를 청구하게 하고 열차 운행을 혼란시켜 철도당국에 타격을 주려는 의도에서 행하여진 것으로 인정된다. 즉, 철도노조가 그 주장을 관철하기 위하여 조직적으로 업무의 정상운영을 저해할 것을 목적으로 하여 또 적어도 그것을 예지하고 행한 것인 이상 쟁의행위라고 하지 않을 수 없다.

이러한 경우의 휴가청구는 정당한 것이 아니므로 사용자는 이를 거부할 수 있고 그 거부에도 불구하고 연차휴가를 행사한다는 이유로 휴가를 취한 때에는 그것은 파업이므로 그날은 임금 지급에서 제외되게 된다.

2. 사전 제출한 조합원들의 파업당일의 휴가취급

(1) 파업과 근로계약과 연차휴가와의 관계

노동조합이 조합원에게 파업을 지령하여 파업에 돌입하였을 때 조합원 개인인 근로자와 회사와의 근로계약관계가 어떻게 되는가가 가장 기본적인 문제이다. 이 점에 관하여는 파업의 본질을 단체적인 근로계약의 정지라고 보는 설과 채무불이행의 조각이라고 보는 설이 있는데 이 중 어느 설에 따르는가에 따라 달라진다. 이

양설과 연차유급휴가와의 관계에서 문제의 초점은 ① 노동조합이 파업을 통고하고 조합원에게 지령하면 대상이 되고 있는 조합원의 근로계약은 본래 개별적인 것이기는 하나 근로자의 단결권 행사에 의거 단체의사에 구속되어 파업지령과 동시에 개개근로자의 노동력은 자동적으로 조합의 통제하에 들어가고 조합은 노동력의 독점으로 사용자와 대등한 입장에서 교섭하여 보다 나은 근로조건을 설정해 나가는 것이라고 해석하느냐의 여부와 ② 노동조합이 파업을 지령하더라도 조합원은 아직 자기의 노동력을 자유롭게 처분할 수 있으며 따라서 그것을 조합의 구속 아래에 두어 사용자에게 제공하지 않을 수도 있고 또는 조합규약으로 의무화하였다 하더라도 이에 위반하여 사용자에게 제공할 수도 있는 자유(조합의 통제 위반으로서의 제재대상이 되는 것은 별도로 하고)를 법률상 가지고 있다고 할 것인가 하는 점에 있다. 현재 이 점에 관하여 학설의 경향은 전자의 입장을 취하면서도 사전 취득한 연차휴가 취급에 있어서는 후자의 입장을 취하는 것처럼 이해되고 있어 혼란을 일으키고 있는 것 같다.

그렇다면 근기법상의 취급은 어떻게 되어 있는지 행정해석을 살펴보면 「근로자가 연차유급휴가를 쟁의행위에 이용할 목적으로 청구한 때에는 법의 취지에 맞지 않으므로 사용자는 근로자의 청구를 거부할 수 있다고 본다.

이미 연차휴가를 주도록 승인한 후에 근로자가 그날 행하여진 쟁의행위에 참가한 때에는 사용자는 그날을 연차휴가로 취급하지 않아도 위법은 아니다. 또 쟁의행위가 행하여진 후 쟁의행위에 참가한 근로자가 그날을 연차휴가로 대체하여줄 것을 청구한 때에는 사용자는 그 쟁의행위가 사업의 정상 운영을 방해하는지 여부에 관계없이 그 대체신청을 거부할 수 있다. 사용자가 근로자의 청구를 인정하여 그날을 연차유급휴가로 대체하여 쟁의행위가 행하여진 날에 근기법 소정의 연차유급휴가를 부여한 것으로 취급하여도 위법으로 취급하지 않는다.

행정해석의 입장은 전기의 「채무불이행 조각설」에 의거한 것으로 생각되는데 「그날 행하여진 쟁의행위에 참가한 경우」에는 「연차휴가로서 취급하지 않아도 된다」고 하는 반면, 「쟁의행위가 행하여진 날」을 연차휴가로 대체하여 「연차휴가를 부여한 것으로 하여도 위법으로는 취급하지 않는다」고도 하고 있다.

(2)「파업에 참가하였다」란 무슨 뜻인가

따라서 문제가 되는 것은 연차휴가로 취급하지 않아도 되는「쟁의행위에 참가」한 경우란 어떤 경우인가라는 것이 된다.

노동조합이 행하는 쟁의행위란 파업, 태업 그 밖에 노동조합이 그 주장을 관철할 것을 목적으로 하여 행하는 행위로서 업무의 정상적 운영을 저해하는 것을 말한다(노조법 제2조제6호). 이 경우의 파업(스트라이크)에 근로자가 참가하였다 함은 무엇을 말하는 것일까?

연차휴가의 취득은 근로자의 의사표시만으로 성립되고, 그 이용 이유를 말할 필요가 없는 것이므로 사용자로서는 근로자의 연차휴가가 파업목적을 가지고 있지 않은 것인가 그렇지 않으면 파업지령에 따라야 할 근로자가 연차휴가라는 방법을 가지고 노무의 제공을 하지 않는 것인가 하는 점이 불명확하다. 그러므로 단체적인 근로계약 정지설의 입장에 선다면 당일은 조합원의 근로의무가 정지되는 것이므로 설사 연차휴가를 미리 청구하였다 하더라도 그 법적 근거인 근로의무가 소멸하므로 연차휴가의 효력은 발생하지 않는 것이 된다.

또한 채무불이행 조각설의 입장을 취한다면 근로자가 파업 목적으로 휴가를 하였는지 사상병 결근인지 여부에 따라 그 취급이 달라지므로 본인의 의사가 어떠한 것이냐에 따라 문제가 된다.

그런데 연차휴가에 대하여 사용자는 그 이용목적을 가지고 연차휴가의 필요 여부를 판단할 수 없고 더구나 파업목적인가 아닌가를 물어 보는 것은 파업에 참가하느냐의 여부를 물어보는 것이 되어 지배개입의 부당노동행위가 문제된다.

그러므로 파업계획 결정 이전에 제출된 것은 파업불참가로 간주하고 그 후에 제출자는 당일이 파업예정일임을 알면서 휴가를 취하여 노무제공를 하지 않는다는 파업시와 동일한 노무부제공을(자기 의사에 따라) 하는 것이므로 일단 파업목적을 위한 휴가의 취득으로 간주하여 처리하고 만약 이에 대한 근로자의 이의가 있으면 객관적 판단에 의거하여 처리하는 것이 타당하다고 할 수 있다.

파업 당일의 연차휴가 취득자에 대하여 파업이 행하여지면 당일은 사업의 정상한 운영을 방해하는 것이 되므로 법상의 시기변경권을 행사하여 그 연차휴가를 변경처리 할 수밖에 없다. 다만, 노동조합이 파업참가자로서 그 성명을 회사에 통고한 자일 때에는 조합의 지령에 따라 노무제공의무가 소멸하므로 연차휴가의 여지가 없게 되고 만다. 이 경우에 근로자가 연차휴가취득을 하려고 한다면 노조에 신청하여 파업참가자에서 제외시킬 수밖에 없다.

3. 다른 사업장의 지원 피켓팅을 위한 연차휴가

다른 사업장의 파업지원을 위하여 연차휴가를 청구하고 피켓팅에 참가하였을 때 그 지원을 받는 사업장이 별개의 기업일 때에는 지원 근로자와 그 상대 사용자와는 대항적인 근로관계가 없으므로 여행이나 운동 등을 위하여 연차휴가를 취하는 통상의 휴가청구권 행사와 다를 바가 없어 휴가의 자유이용원칙이 그대로 적용된다. 동일 기업에 속하는 다른 사업장(지점, 공장 등)의 파업을 위하여 그 피켓팅 요원으로 참가하였을 때(흔히는 거점투쟁)에는 고용주가 동일하고 조합 대 사용자라는 동일 집단적 대항관계 아래에 있어서의 지원이므로 문제가 있다. 이 점에 관하여 여러가지 설이 있다.

제1설은, 피켓팅 그 자체가 쟁의행위는 아니므로 그를 위하여 연차휴가를 이용하는 것은 특별한 문제가 없다고 하고 또 그 목적을 위한 휴가는 규제대상이 되지 않는다는 설이다.

제2설은, 근기법은 사업장주의이므로 기업이 동일하다 하더라도 사업장이 상이하면 규제가 미치지 못한다는 설이다.

제3설은, 기업이 동일하다 함은 사업주 대 근로자 관계에서는 대항관계가 있으므로 휴가취득에 관하여 규제를 받는다고 하는 설이다.

휴가를 쟁의목적에 이용할 수 없다는 것은 휴가를 단순한 조합활동에 이용하는 때(예를 들면 휴가를 이용하여 집행위원회, 조합대회 등에 참가하는 것은 통상의 휴가청구권의 이용상 문제일 뿐 이와 같은 평상의 조합활동을 목적으로 한 휴가는 타 목적일 경우와 동일하다)와는 달리 정상적인 근로관계를 연차휴가를 취함으로써 일시적으로 파괴하고 근로관계의 주장을 관철하려고 하는 행위가 휴가제도의 법 취지와는 상치되기 때문이다. 따라서 휴가를 쟁의행위에 이용할 수 없다는 것은 휴가 자체가 쟁의행위의 수단이기 때문이다. 결국 근기법상 보장된 휴가권의 행사를 수단으로 하여

일제휴가투쟁이나 전체근로자의 30퍼센트의 일제휴가투쟁 또는 부분휴가투쟁과 같이 근로관계의 당사자가 그 주장을 관철하기 위하여 노동력의 부제공(즉, 파업)으로 업무의 정상운영의 저해라는 결과를 실현하고자 하는 경우를 말한다.

이러한 경우에는 휴가의 취득은 쟁의행위가 되므로 연차휴가를 이와 같은 목적에 이용하는 것은 그 실질은 휴가를 빙자한 파업에 불과하다. 따라서 그 형식여하에 불구하고 그것은 본래의 휴가권 행사는 아니다. 따라서 적법한 휴가청구권의 행사라고 인정할 수는 없다.

이러한 경우가 아니고 연차휴가를 이용하여 서명운동, 전단배포 등을 하는 것은 쟁의행위에는 해당되지 않는다. 따라서 이와 같은 조합활동 목적이나 쟁의목적의 휴가를 구별하는 것은 전기한 바와 같이 휴가의 취득 그 자체를 쟁의행위로 볼 것인가 아닌가 하는 점에서 이를 구하여야 한다.

피켓팅 목적으로 연차휴가를 청구하였다 하더라도 그것이 다른 지점, 다른 공장의 파업지원을 위한 것인 때에는 근로자의 소속 사업장에서는 정상적인 근로관계가 존속하고 있고 사용자의 노동력 지배관리를 단결력으로 배제하는 행위로 나오고 있지 아니하므로 이러한 정상적 근로관계가 계속되고 있을 때 다른 사업장의 지원목적으로 휴가를 취하였다 하더라도 그 휴가의 승낙 여부는 사용자가 결정하는 것이므로 그 사업장의 사용자는 통상의 휴가청구와 동일하게 취급하여야 한다.

그러나 이 피켓팅이 자기사업장을 대상으로 하게 되는 때에는 파업과 더불어 업무의 저해를 더욱 효과적인 것으로 하고 요구관철의 수단으로 하는 것이므로 파업 목적의 휴가와 동일시한다. 그런데 자기가 근무하는 사업장이 아니고 동일 고용주체인 동일기업의 다른 사업장에서의 파업일 때에는 동일조합의 구성원이 그 요구 관철의 거점으로서 투쟁하는 것이라 하더라도 근기법은 설사 동일기업이라도 사업장을 달리하고 있으면 그 적용단위가 상이하게 되므로 쟁의행위를 목적으로 하는 휴가인가 아닌가에 대하여도 위 적용단위를 기준으로 판단하여야 한다는 것이 된다. 파업 목적의 휴가가 정당하지 않다고 할 수 있는 것은 그 근로자의 소속사업장에서 이른바 일제휴가투쟁이 행해지고 있을 때에만 타당성이 있는 것이며 다른 사업의 쟁의행위에 휴가 중인 근로자가 참가하였는지의 여부는 그 연차유급휴가의 성립 여부에 영향을 주는 것이 아니다. 근기법상의 「사업의 정상적인 운영을 방해」하는가의 여부의 판단은 그 근로자가 소속하는 사업장을 기준으로 결정할 것이다.

따라서 전기 3설 중 제2설인 적용사업장을 단위로 하여 정상근로관계의 존속문제를 고려하는 설이 정당하다고 할 것이다. 휴가제도는 어디까지나 근기법상의 문제이고 휴가청구권 행사의 가부도 원칙적으로 근기법상으로 검토되어야 할 것이기 때문이다.

제3설과 같이 동법의 적용단위와는 별개로 널리 집단적인 노사의 대항관계하에서 이를 취급하고자 하는 것은 집단적 노사관계와 개별적 근로관계를 불필요하게 혼동시하고 있는 것으로서 타당하지 않은 것이다.

4. 파업예정일을 휴가일로 하는 연차휴가의 거부

조합원인 근로자가 조합의 파업예정일을 연차유급휴가로 청구한 때 당일이 파업예정일이라는 이유로 청구를 거부할 수 있는가 하는 것이 종종 문제된다.

연차휴가는 근로자의 지정만으로 성립하고 사용자의 승낙이 없으면 성립되지 않는다는 것은 아니다. 사용자가 근로자로부터의 휴가청구를 거부하고 이를 인정하지 않을 수 있는 것은 사업의 정상운영에 막대한 지장이 있는 사유가 있을 때라야만 하고 또 그 뜻을 그 근로자에게 통고한 때(시기변경권의 행사)에만 한한다.

따라서 사용자가 근로자의 연차휴가를 인정하지 않는다는 것은 어떤 경우이든 위 시기변경권의 행사에 해당되므로 사업의 정상운영에 막대한 지장이 있는 사유가 없으면 그것은 정당한 것으로 인정되지 않는다.

근기법이 적용되는 사업장에서 사실상 존재할 수 있는 연차휴가의 승인 또는 불승인은 법률상으로는 사용자에 의한 시기변경권의 불행사 또는 행사의 의사표시에 불과하다.

그러므로 시기변경권을 행사할 수 있는 사유가 없으면 근로자의 휴가를 부정할 수는 없다. 파업예정일에 해당한다는 것이 그 사유에 해당하는 경우에는 그날이 확정적으로 파업을 할 날로 판명되고 있는 때와 단순한 예정일에 그칠 뿐인 때와는 그 취급이 상이한다. 후자의 경우는 당일에 사업의 정상운영을 방해할 사유가 발생하게 될지 또는 그렇지 않을지 불분명하여 시기변경권의 행사사유에는 해당되지 아니하므로 청구한 대로 휴가를 인정하여야한다. 그러나 여기서 청구한 대로 인정하여야 한다는 것은 예정대로 당일 파업이 있어도 휴가로 취급하여야 한다는 뜻은 아니다.

근로자의 신청만으로 휴가가 성립한다고 하지만 그것은 연차휴가지정일의 전일의 근무시간 종료 전까지 사용자로부터의 시기변경권의 행사가 없다는 것을 조건으로 하여 성립하는 것이며 그 시간 안에 적법한 시기변경권의 행사가 있으면 일단 성립한 휴가도 효력이 소멸하고 만다.

근기법에 의한 근로자의 휴가의 시기지정의 효과는 사용자에 의한 적법한 시기변경권의 행사를 해제조건으로 하여 발생하는 것이다.

따라서 파업예정일이 파업확정일로 된 때에는 파업 자체의 성격으로 보아 그것은 시기변경권의 행사사유이기도 한「사업의 정상운영을 방해하는」사유가 있는 날로 되는 것이다. 그러므로 이 단계에서는 시기변경권을 행사할 수 있는 사유가 발생한 것이 되므로 그 이후에 이 시기변경권을 행사하여도 상관없다. 그러나 사용자가 사전 승인한 때에는 이 승인은 시기변경권을 행사하지 않는다라는 의사표시이므로 당일 파업이 없을 때에 한한다는 조건부인 경우를 제외하고는 근로자의 동의 없이 일방적으로 행사할 수 없다. 또한 조합에서 휴가취득자도 파업참가자로서 통고된 때에는 당일의 휴가를 파업을 위하여 사용한 것이 되므로 파업목적 이용에 해당되어 임금을 지급하지 않아야 한다.

다음 전자인 경우, 즉 파업을 행할 것이 확정된 날인 때에는 휴가취득의 의사표시가 있었더라도 원칙적으로 당일은 사업의 정상운영을 방해하는 사유가 있는 날이 되므로 시기변경권의 행사요건에 해당된다. 따라서 휴가의 취득요건을 결하는, 사용자의 노무지배로부터의 이탈이 된다. 그러므로 이때에는 시기변경권을 행사하여 파업 당일의 휴가를 인정하지 않는 것도 원칙적으로 정당시되게 된다.

그러나 취업규칙에「쟁의행위 중에는 연차유급휴가의 청구를 인정하지 않는다」라는 규정이 있다는 이유만으로 사업의 정상운영 저해 여부도 가리지 않고 일률적으로 인정하지 않는 것은 위법이다. 그것은 파업불참가자도 있고 부분파업, 지명파업도 있기 때문이다. 물론 위 취업규칙의 규정이 회사가 법정휴가보다 상회하는 약정휴가 부여의 요건으로서 명시하여 설정한 것인 때에는 무효라고 할 수 없다.

5. 파업기간 중에 포함된 약정유급휴가(특별휴가 또는 경조유급휴가)에 대한 임금청구권 발생 여부

① 관련 법률의 규정이나 단체협약·취업규칙·근로계약 등에 의하여 근로자에게 부여되는 유급휴가 역시 이를 규정한 규범적 목적에 비추어 보면 유급휴일과 마찬가지로 평상적인 근로관계를 당연히 전제하고 있는 것이다. 따라서 근로자가 유급휴가를 이용하여 파업에 참여하는 것은 평상적인 근로관계를 전제로 하는 유급휴가권의 행사라고 볼 수 없으므로 파업기간 중에 포함된 유급휴가에 대한 임금청구권 역시 발생하지 않는다(대법 2010.7.15, 2008다33399).

② 파업기간 중 경조유급휴가와 같이 사용자가 사실상 근로자의 노무제공을 수령할 수 없고 사용자의 근로제공의무의 면제행위를 행사할 수 없는 상태였다면 경조유급휴가와 같은 약정휴가 자체가 발생하지 아니한다(1999.12.15, 근기 68207-883).

6. 파업기간 중 하계휴가비의 지급 여부

甲 주식회사가 노동조합과 체결한 단체협약에서 '지급기준일 현재 재직 중인 근로자에 한하여 하계휴가비를 지급하되, 지급기준일 현재 휴직 중인 근로자에게는 하계휴가비를 지급하지 않는다' 라고 정하고 있는데, 근로자 乙이 하계휴가비 지급기준일에 파업에 참가한 사안에서 하계휴가비를 지급할 것인지의 여부이다. 근로자 乙은 파업으로 말미암아 甲 회사와 근로관계가 일시 정지되었을 뿐 근로관계 자체가 종료되었다고 할 수는 없으므로 단체협약에서 하계휴가비의 지급 대상으로 정한 '지급기준일 현재 재직 중인 근로자' 에 해당하고, 乙이 하계휴가비의 지급기준일에 파업에 참가하였다고 하여 단체협약상 하계휴가비의 지급 대상에서 제외되는 '지급기준일 현재 휴직 중인 근로자' 에 해당한다고 볼 수 없다(대법 2014.2.13, 2011다86387). 이 판례는 회사가 휴직 중인 근로자를 제외한 재직 근로자에게 연 1

회 하계휴가비를 지급하기로 단체협약을 맺은 경우, 휴가비 지급기준일에 파업에 참가한 근로자를 휴직에 준하는 것으로 보아 휴가비를 지급하지 않는 것은 부당하다는 것이다.

7. 노동조합 조합원에게만 하계휴가비와 상여금을 차별적으로 지급한 경우 부당노동행위에 해당하는지 여부

사용자가 조합원들에 대한 2008년 하계휴가비와 2008년 추석상여금은 출근율에 비례하여 일부만 지급한 반면, 직장폐쇄가 철회된 이후 신규로 채용된 근로자들에게는 근무기간이 채 4개월이 되지 않았음에도 그 휴가비나 상여금 전액을 지급한 점 등 사정을 종합하여 보면, 사용자의 위와 같은 행위는 노동조합 활동을 이유로 한 불이익취급의 부당노동행위에 해당한다(대법 2017.7.11, 2013도7896).

제21장 연차유급휴가 대체를 둘러싼 문제

- 연차휴가의 소화대책과 합리적 취급을 위하여 -

1 연차유급휴가 대체의 의의 및 취지

1. 의 의

연차유급휴가의 대체란 사용자가 근로자대표와의 서면합의에 따라 연차유급휴가일을 갈음하여 특정한 근로일에 근로자를 휴무시킬 수 있는 것을 집단적으로 결정하는 것을 말한다(근기법 제62조). 사용자는 근로자대표와의 서면합의를 통해 특정한 근무일을 휴무로 하고 대신 그만큼 연차휴가를 부여한 것으로 처리할 수 있도록 한 것이다.

2. 취 지

'연차유급휴가 대체제도'는 근로자대표와의 서면합의에 따라 그 기업 또는 사업장 전체에 걸쳐 유급휴가일을 특정근로일에 배정함으로써 근로자들을 휴무할 수 있도록 하는 일종의 집단적 성질을 가진 휴가실시제도이다. 이 제도는 해당 기업 또는 사업장의 운영계획과 관련하여 노동력의 수요·공급을 시기적으로 적절하게 조절하기 위한 경영합리화를 그 기본취지로 하여 도입된 것으로 판단된다(김형배, 「노동법」 제26판, p.488).

연차휴가의 대체제도는 근로자의 휴가 시기지정권의 예외로 사용자가 근로자대표와 합의하여 근로자들의 휴가를 지정·배치할 수 있게 한 것으로 일부 사업장에서 이른바 '하계휴가 계획'에 의하여 근로자들의 연차휴가일을 배치하는 것이나 징검다리 휴일을 연차휴가로 하거나 명절 전후의 근로일을 연차휴가로 대체하는 법적 근거가 된다(노동법실무연구회, 「근기법주해 Ⅲ」, p.212).

2 연차유급휴가 대체의 요건

1. 대체휴가 결정의 당사자인 근로자대표와의 서면합의

(1) 근로자대표의 의미

대체휴가 결정의 당사자인 근로자대표는 당해 사업 또는 사업장에 근로자의 과반수로 조직된 노동조합이 있는 경우에는 그 노동조합, 노동조합이 없는 경우에는 근로자 과반수를 대표하는 자로 해석하여야 할 것이다. 근기법 제62조는 "사용자는 근로자대표와의 서면합의에 따라 제60조의 규정에 의한 연차유급휴가일에 갈음하여 특정 근로일에 근로자를 휴무시킬 수 있다"고 규정하고 있는데, 위 법률 규정의 입법 취지에 비추어 볼 때 연차유급휴가를 특정한 근로일로 대체하기 위해서는 반드시 근로자대표와의 서면합의가 필수요건이다.

(2) 근로자 과반수의 개별적 서면 동의를 얻은 경우의 법적 효력

단지 근기법 제62조 규정만을 근거로 사용자가 근로자대표와의 서면합의 아닌 근로자 과반수의 개별적 서면동의를 받은 경우에는 법적 요건을 충족하지 못한 것으로 보아야 하므로 법정공휴일을 연차유급휴가로 대체할 수 없다(2019.5.29, 임금근로시간과-326).

근로자대표가 연차유급휴가를 토요일 휴무로 대체하는 것에 대해 서면합의를 하였다고 볼 증거가 없고, 회사에 근로자를 대표하는 자격이 있는 자가 존재하지 아니하여 서면합의를 할 수 없었다는 사정만으로는 연차유급휴가 대체의 서면합의 요건을 충족하였다고 할 수 없다(대법 2011.7.14, 2011다23149).

2. 서면합의에 규정해야 할 내용

서면합의에 규정해야 할 내용에 관하여, 특정한 근로일에 휴무하고 그 날을 휴가일에 갈음할 수 있다는 취지를 규정하면 족하고 그 특정 근로일의 구체적인 날짜나 적용 대상 근로자의 범위 등을 규정할 필요는 없다고 하는 견해도 있으나, 휴무시킬 수 있는 조건과 날짜를 명백히 정해야 한다고 보는 것이 일반적이다.

3. 연차유급휴가 대체방식 및 대체 가능한 특정근로일의 의미

(1) 연차유급휴가 대체방식

대체휴가제를 도입하는 방식과 관련하여 법상의 제한이 없기 때문에 사업장 전체가 아닌 각 반별, 부서별로 실시하는 것도 가능하다. 또한 연차휴가의 대체휴가제는 근로자의 시기지정권을 배제하는 것이기 때문에 서면합의시 대체일이 특정되어야 할 것이다(2004.10.12, 근로기준과-5454). 다만, 동 합의서는 향후 노사 간 합의가 있을 경우 연차유급휴가의 특정근로일 대체가 가능하다는 근거를 규정한 것으로서 해석함이 타당하며, 추후 특정근로일을 연차유급휴가로 대체해 휴무케 할 경우에는 노사 간에 별도 합의절차를 거쳐야 할 것이다(2011.9.19, 근로개선정책과-3099).

(2) 대체 가능한 특정 근로일의 의미

사용자는 근로자대표와의 서면합의에 따라 연차유급휴가일에 갈음하여 특정한 근로일에 근로자를 휴무시킬 수 있다(근기법 제62조). 여기서 특정한 근로일이란 근로의무가 있는 소정근로일 중의 특정일을 의미한다(2007.11.5, 임금근로시간정책팀-3295; 2003.12.23, 근기 68207-1642). 대체휴가일을 근로일로 한정한 이러한 규정내용과 취지 및 휴일의 의의 등을 고려하면 휴일을 대체휴가일로 정할 수는 없다(대법 2019.10.18, 2018다239110). 따라서 사용자는 법정휴일·휴가일뿐만 아니라 약정휴일·휴가일에는 근기법 제62조의 규정에 의한 휴가를 대체할 수 없다(2006.9.21, 임금근로시간정책팀-2820). 예컨대 일요일이 근기법 제55조에 의한 주휴일이라면 소정근로일이 아니므로 연차유급휴가를 대체할 수 없다.

4. 연차유급휴가 대체의 효과: 시기지정권·시기변경권의 배제

휴가 대체에 관한 서면합의가 이루어지면, 그 합의에서 정해진 바에 따라 연차휴가일을 갈음하여 특정한 근로일에 근로자를 휴무시킬 수 있다. 근로자는 이와 같이 갈음하게 된 휴가에 대하여는 시기지정권을 행사할 수 없고(시기지정권의 배제), 서면합의에서 정한 특정일에 휴가가 발생하여 사용자도 시기변경권을 행사할 수 없다(시기변경권의 배제). 그 결과 해당 휴가일에 근로자의 노무제공의무는 소멸하고, 연차휴가수당청구권을 행사하게 된다. 근로자가 시기지정권을 행사하더라도 사용자는 이에 응할 의무는 없다. 유급휴가의 대체에 관한 사용자와 근로자대표의 서면합의는 유급휴가일을 특정하는 효력을 가지므로 이에 반대하는 근로자에 대해서도 효력을 미친다고 보아야 한다는 견해가 타당하다(김형배, 「노동법」, 제26판, p.489).

3 연차유급휴가의 대체와 관련된 쟁점 사례

1. 취업규칙에 의한 연차유급휴가의 대체 가능 여부

연차휴가의 대체에 있어서 사용자가 근로자대표와의 서면합의서를 작성하지 아니하고 취업규칙 변경절차를 거쳐 취업규칙에 연차휴가 대체규정을 하였다면 동 대체조항의 효력이 인정될 수 있는지 여부가 문제된다.

사용자가 근로자에게 연차유급휴가일에 갈음하여 추석, 구정 등 특정 일에 휴무시킬 수 있기 위해서는 먼저 그 휴무를 시키는 날들이 취업규칙 등에 휴일이나 휴가로 정하여진 날이 아닌 근로일이어야 하고, 근로자대표와의 서면합의가 반드시 있어야 한다. 취업규칙이나 근로계약서에 그와 같은 내용을 규정한다 하더라도 그것만으로는 효력을 갖지 못한다는 점을 유의해야 한다(2008.12.29, 근로조건지도과-2364). 다만, 취업규칙의 제·개정을 통해 유급휴가대체를 하고자 할 때에는 사용자측의 개입이나 간섭이 배제된 상태에서 전 근로자의 자유로운 의사에 따라 서면동의를 거친 경우에 한하여 동법 제62조에 규정된 사용자와 근로자와의 별도 서면합의가 없이도 유급휴가대체가 가능하다고 보이나, 너무 많은 날들을 휴가일로 대체하는 것은 입법취지에 반한다(2006.8.25, 임금근로시간정책팀-2425).

결국 연차유급휴가 대체합의의 효력 인정 여부는 단순히 서면합의서를 작성하였는지가 중요한 문제가 아니라, 사용자측의 개입이나 간섭이 배제된 상태에서 전 근로자의 자유로운 의사에 의한 서면동의가 있었는지를 중심으로 판단하여야 할 것이다.

2. 연차유급휴가 대체를 개별근로계약으로 체결할 수 있는가

(1) 근로자 과반수의 개별적 서면 동의의 효력

근기법 제60조제5항에 따라 연차휴가는 근로자가 청구한 시기에 주어야 하며, 근로자가 청구한 시기에 휴가를 주는 것이 사업 운영에 막대한 지장이 있는 경우에 그 시기를 변경할 수 있다. 다만, 소위 징검다리 휴일 등 특정일에 개별 근로자의 의사와 관계없이 집단적인 휴가 사용을 통해 휴무하고자 할 때에는 같은 법 제

62조에 따라 사용자는 근로자대표와의 서면합의를 통한 연차휴가 대체제도를 통해 실시할 수 있다. 이 경우 근로자대표와의 서면합의가 아닌 근로자 과반수의 개별적 서면동의를 받은 경우에는 법적 요건을 충족하지 못한 것으로 보아야 한다(2019.5.29, 임금근로시간과-336; 2012.1.31, 근로개선정책과-997).

(2) 개별근로계약으로 체결할 수 있는가

또한 근로계약을 체결하면서 공휴일 중 약정휴일이 아닌 공휴일 등 특정일에 연차휴가를 사용하는 것으로 규정하는 것이 가능한가의 문제이다. 연차휴가는 근로자가 청구한 시기에 주어야 하나, 개별 근로자의 의사와 관계없이 근로자집단에 대하여 근로일 중 특정일에 연차휴가를 사용하는 것으로 보기 위해서는 근로계약서에 그에 관하여 규정하여 실시할 것이 아니라 근기법 제62조에 따라 연차휴가 대체제도를 활용해야 하며, 이를 위해서는 근로자대표와의 서면합의가 있어야 할 것이다(2015.6.23, 근로기준정책과-2694).

3. 재택근무기간 또는 병가기간에 연차휴가 사용을 의무화하는 회사규정의 근기법 위반 여부

(1) 재택근무기간의 경우

연차휴가의 사용과 관련 사용자는 근기법 제61조에 의한 연차휴가의 사용촉진 및 같은 법 제62조에 따른 유급휴가의 대체가 아닌 경우 특정시기를 지정하여 근로자에게 휴가를 사용하도록 할 수 없다.

회사규정으로 재택대기 발령기간에 의무적으로 연차유급휴가를 소진토록 하거나 소진한 것으로 간주하더라도 이는 효력이 없다. 한편, 근로자가 연차유급휴가를 사용하지 아니하고 근로를 제공한 경우 미사용 휴가일수에 대하여는 연차휴가근로수당을 지급하여야 할 것이다(2004.3.18, 근로기준과-1347).

(2) 병가기간의 경우

병가는 근기법에 규정되어 있지 않으므로 병가 사용에 대하여는 단체협약 및 취업규칙 등에 규정되어 있는 경우 그에 따라 처리하면 된다. 근로자가 업무외 질병 등으로 병가 사용시 연차휴가를 먼저 사용하도록 하는 것은 취업규칙상 유급병가기간에 따른 것으로 근기법 위반으로 단정하기는 어렵다. 다만, 근로자 신청 없이 다음해 발생할 연차휴가를 병가 사용 시 의무적으로 우선 사용하도록 하는 것은 연차휴가 발생 여부가 불확정적이고 근로자의 정신적·육체적 휴양기회 제공 등을 위한 연차휴가의 취지에 반할 수 있으며 향후 발생할 연차휴가의 시기지정권을 침해할 우려가 있는 점 등을 고려해 볼 때 근기법 위반의 소지가 있다(2014.7.18, 근로개선정책과-4027).

4 연차유급휴가 대체 노사합의 모델

사용자는 근로자대표와의 서면합의에 따라 연차유급휴가일을 갈음하여 특정한 근로일에 근로자를 휴무시킬 수 있다(근기법 제62조).

연차유급휴가 대체 노사합의 모델 (1)

○○주식회사와 ○○노동조합과는 연차유급휴가의 대체에 관하여 다음과 같이 협정을 체결한다.

제1조【연차유급휴가기간 중 대체휴가일수】 근로자가 가지는 각년도의 연차유급휴가 중 5일에 관하여는 근로자는 본 협정에 정하는 날에 대체 사용한다.

제2조【대체취득일수】 연차유급휴가의 대체취득의 기간 일수는 다음과 같다.

1기	4월 1일부터 9월 30일까지 3일간
2기	10월 1일부터 3월 31일까지 2일간

제3조【대상근로자】 본 협정의 대상이 되는 근로자는 각기의 '연차유급휴가 취득계획희망서' 를 각기의 휴가대상기간이 시작되는 2개월 전까지 소속과장에게 제출해야 한다.

제4조【소속 과장 및 총무부장의 업무처리】 ① 각 소속과장은 제3조에 의해 제출된 희망서를 참조하여 조정한 후에 각 개인별의 연차유급휴가 부여계획표를 작성하여 각기의 휴가대상기간이 시작되는 2주 전까지 총무부장에게 제출한다.

② 총무부장은 될 수 있는 대로 빠르게 제1항의 계획표를 노동조합 및 각 개인에게 배포한다.

제5조【소속 과장의 조정】 각 소속과장은 제3조제1항을 조정함에 있어서 특정한 날에 휴가희망자가 집중될 때는 원칙적으로 근속연수가 장기간인 근로자에게 우선적으로 부여하는 방향으로 조정한다.

제6조【적용제외】 본 협정은 매년 기준일(4월 1일) 현재까지는 연차유급휴가가 15일이 되지 아니하는 자에게 적용하지 아니한다.

제7조【휴가계획표의 변경】 회사는 업무수행상 부득이한 사유가 생길 때는 노동조합 또는 근로자 과반수 대표자의 동의를 얻은 후 발표한 휴가계획표를 변경할 수 있다.

연차유급휴가 대체 노사합의 모델 (2)

○○주식회사와 근로자대표는 취업규칙 제○조에서 정한 연차유급휴가의 대체에 관하여 다음과 같이 협정한다.

제1조【대상】 이 협정의 대상이 되는 유급휴가는 매년 회계연도 초에 발생한 연차유급휴가 중 6일간으로 한다.

제2조【대체시기】 이 협정에 따라 유급휴가를 부여할 시기는 다음과 같다.
1. 전사일제부여일: 8월 0일 – 0일(3일간)
2. 추석·설날 휴가기간 전후 2일간(각 부서에서 업무조정한 계획표에 따라 취득)
3. 개인별 부여: 교대유급으로서 1일

제3조【적용제외】 다음 각호의 어느 하나에 해당하는 자는 이 규정을 적용하지 아니한다.
1. 장기상병결근, 휴직 및 휴업 중인 자
2. 출산전후휴가중인 자
3. 육아휴직·가족돌봄휴직 중인 자
4. 임시·파트타임 종사자
5. 그 밖에 적용제외하는 것이 적당하다고 인정된 자

제4조【유효기간】 이 협정의 유효기간은 2020년 1월 1일부터 2020년 12월 31일까지로 한다. 다만 유효기간 만료일의 1개월 전까지 회사 또는 근로자대표로부터 신고가 없다면 향후 1년간 유효기간을 자동 연장하기로 한다.

제22장 연차유급휴가의 사용촉진을 둘러싼 문제

- 사용촉진의 유효적절한 행사방법을 위하여 -

1 사용자의 연차휴가 사용촉진의 의의와 법적 성격

1. 주 40시간제 개정과 연차휴가 사용촉진제도의 도입

연차휴가 사용촉진은 회사에서 휴가 사용기간이 만료되기 6개월 전에 근로자에게 사용하지 않은 연차휴가를 사용할 것을 요청하고 만일 근로자가 구체적인 휴가시기를 지정하지 않는 경우 회사가 시기를 지정하여 연차휴가를 사용하도록 촉진하는 제도이다. 사용자의 적극적인 사용권유에도 불구하고 근로자가 휴가를 사용하지 않는 경우 사용자의 금전보상의무를 면제하고 있다. 연차휴가 사용촉진으로 실근로시간이 단축되어 근로자의 삶의 질 향상 및 노동생산성을 높일 수 있게 된 것이다. 근기법 제61조는 연차유급휴가의 사용촉진에 관하여 다음과 같이 규정하고 있다.

제61조【연차유급휴가의 사용촉진】 사용자가 제60조제1항·제3항 및 제4항에 따른 연차휴가의 사용을 촉진하기 위하여 다음 각 호의 조치를 하였음에도 불구하고 근로자가 휴가를 사용하지 아니하여 제60조제7항본문에 따라 소멸된 경우에는 사용자는 그 사용하지 아니한 휴가에 대하여 보상할 의무가 없고, 제60조제7항단서에 따른 사용자의 귀책사유에 해당하지 아니하는 것으로 본다.

1. 제60조제7항본문에 따른 기간이 끝나기 6개월 전을 기준으로 10일 이내에 사용자가 근로자별로 사용하지 아니한 휴가 일수를 알려주고, 근로자가 그 사용 시기를 정하여 사용자에게 통보하도록 서면으로 촉구할 것
2. 제1호에 따른 촉구에도 불구하고 근로자가 촉구를 받은 때부터 10일 이내에 사용하지 아니한 휴가의 전부 또는 일부의 사용 시기를 정하여 사용자에게 통보하지 아니하면 제60조제7항본문에 따른 기간이 끝나기 2개월 전까지 사용자가 사용하지 아니한 휴가의 사용 시기를 정하여 근로자에게 서면으로 통보할 것

2. 개정이유

우리나라의 연차휴가 등 실제 사용일수는 8.8일로 법정기준 휴가일수의 40%에 불과하여 외국에 비해 휴가 사용률이 크게 저조하였다. 따라서 휴가제도가 본래의 취지보다는 금전보전의 수단으로 이용되고 있는 실태를 개선하여 휴가 사용률을 제고할 필요가 있었다. 기존 근기법하에서는 사용하지 않은 연차휴가의 경우 실제 근로를 하였다면 사용자의 명시적 노무수령의사 유무에 관계없이 사용자는 미사용휴가에 해당하는 수당을 지급해야 했지만, 개정법에서는 일정한 절차에 의한 사용자의 휴가 사용 촉구에도 불구하고 근로자가 휴가를 사용하지 않을 경우에는 사용자의 금전보상의무를 면제하되 사용자의 악용방지장치를 함께 마련하였다.

3. 연차휴가 사용촉진조치의 법적성격(당연적용 여부)

연차휴가 사용촉진 조치는 의무사항이 아니므로 사용자가 동 조항을 반드시 실시해야 할 의무가 있는 것은 아니다. 따라서 사용자가 동법에 의한 휴가 사용촉진 조치를 하지 아니하고, 근로자도 휴가 사용시기를 지정하지 아니하여 휴가를 사용하지 않았을 경우 사용자는 미사용 휴가에 대하여 연차휴가근로수당을 지급하여야

할 것이다(2004.1.7, 근로기준과-161).

연차유급휴가 사용촉진제도 자체만을 봤을 때 이 제도가 오로지 근로자에게만 유리한 제도라고 단정할 수 없다. 따라서 사용자는 근기법대로 연차유급휴가 사용촉진제도를 도입할 의무가 없으며, 연차유급휴가 사용촉진제도를 도입한 경우에도 사용촉진조치를 취할 의무가 없다. 근기법의 시행 이후 체결된 단체협약에서 연차유급휴가 사용촉진제도를 반영하지 않았다고 하더라도 그러한 단체협약이 근기법이 정하는 기준에 미치지 못하는 근로조건을 정한 것으로 무효라거나 근기법이 시행됨에 따라 연차유급휴가 사용촉진제도가 당연히 적용된다고 해석하기는 어렵다(대법 2015.10.29, 2012다71138).

2 연차휴가 사용촉진의 요건과 효과

1. 연차휴가 사용 시기지정 및 촉구

사용자의 금전보상의무가 면제되기 위해서는 일정한 연차휴가 사용촉진의 법적 요건을 구비하여야 한다. 사용자의 연차휴가 사용촉진조치는 2가지로서 하나는 휴가 사용 시기지정이고, 다른 하나는 휴가 사용 촉구이다. 연차휴가 사용촉진방안은 근로자의 실 근로시간을 단축하고 기업의 임금부담을 줄이는 방향으로 작용하게 될 것이나, 사용자가 이를 악용하여 그 권리를 남용할 경우를 감안하여 사용자가 연차유급휴가의 사용을 촉진하기 위해서는 다음의 요건을 갖추어야 한다.

① 연차유급휴가권의 소멸시효기간이 끝나기 6개월 전을 기준으로 10일 이내에 사용자가 근로자별로 사용하지 아니한 휴가일수를 알려주고, 근로자가 그 사용시기를 정하여 사용자에게 통보하도록 서면으로 촉구할 것

종전에는 연차휴가 사용촉진시기를 사용자가 1년간의 연차유급휴가 청구권 행사기간 3개월 전을 기준으로 하였으나 개정 근기법은 그 시기를 1년간의 연차유급휴가 청구권 행사기간 '3개월 전' 에서 '6개월 전' 으로 앞당겼다. 연차유급휴가 사용촉진조치를 취할 수 있는 시점이 앞당겨져 근로자가 연차휴가를 사용할 수 있는 범위가 넓어짐으로써 연차휴가의 활용이 촉진될 것으로 기대된다.

② 사용자의 서면촉구에도 불구하고 근로자가 촉구를 받은 때부터 10일 이내에 미사용 휴가의 전부 또는 일부의 사용시기를 정하여 사용자에게 통보하지 않은 경우에는 연차유급휴가권의 소멸시효기간이 끝나기 2개월 전까지 사용자가 미사용 휴가의 사용시기를 정하여 근로자에게 서면으로 통보하는 조치를 하여야 한다.

사용자의 이러한 조치에도 불구하고 근로자가 휴가를 사용하지 아니하여 연차유급휴가권이 소멸되면 사용자는 그 미사용 휴가에 대하여 보상할 의무(미사용 휴가일수에 대한 임금 지급의무)가 없으며, 소멸시효를 중단시키는 사유로서 사용자의 귀책사유에 해당하지도 아니하는 것으로 보아서 미사용 휴가일수를 다음 해로 이월하여 사용할 수도 없게 된다.

연차유급휴가 사용기간을 이월한 사유가 사용자의 귀책사유에 해당되지 않은 경

우에는 원칙적으로 연차유급휴가 청구권이 발생해 1년이 되는 날을 기준으로 6개월 전에 연차유급휴가 사용촉진을 하여야 한다(2013.9.6, 근로개선정책과-5225).

〈회계연도 기준 연차휴가 부여시 사용촉진〉

시기지정 요구	사용시기 지정	휴가시기 통보	휴가 사용	휴가 사용
(회 사)	(근로자)	(회 사)		

7.1　　7.10　　7.20　　11.1　　12.1　　12.31

연차유급휴가는 발생한 때로부터 1년간 사용할 수 있으므로 "연차휴가 사용기간 만료일 6월 전을 기준으로 10일 이내"란 연차휴가가 발생하여 1년이 되는 날을 기준으로 6개월 전부터 10일간을 의미한다.

회계연도 단위(1.1~12.31)로 연차휴가를 부여하는 경우에는 매년 7.1~7.10사이에 서면으로 시기지정을 요구해야 한다.

③ 사용자로 하여금 "서면"으로 촉구 또는 통보하도록 규정한 것은 휴가 사용촉진조치가 명확하게 이행하도록 하여 근로자의 권리보호를 보다 충실하게 하고 불명확한 조치로 인한 당사자간 분쟁을 방지하려는 취지로 볼 수 있다(2013.11.1, 근로개선정책과-6488).

2. 연차휴가 사용촉진과 근로자·사용자의 시기지정권·시기변경권

사용자의 휴가 사용촉진조치에 따라 근로자가 휴가 사용시기를 지정하거나 근로자가 지정하지 않아 사용자가 사용시기를 지정한 경우에는 휴가 사용기간이 얼마 남지 않은 상태에서 이루어지는 것이므로 동 권리의 행사는 제한을 받게 된다. 원칙적으로 그 지정한 시기를 변경할 수 없다. 그러므로 근로자는 그 지정한 시기에 휴가를 사용하여야 하고 이를 변경할 수 없으나 사용자가 승인한 경우 변경할 수 있다.

사용자는 근기법 제61조에 따라 근로자로부터 휴가 사용을 지정받은 때또는 근로자가 휴가시기를 지정하지 않아 사용자가 그 휴가시기를 지정한 경우에는 원칙적으로 그 지정된 시기를 변경할 수 없다. 다만 근기법 제61조에 따라 휴가시기가 지정되었더라도 사후에 그 시기에 휴가를 부여하는 것이 사업 운영에 막대한 지장을 초래하는 때에는 휴가시기를 조정하여 지정할 수 있다.

3. 연차휴가 사용촉진행위의 의사표시방법

사용자의 연차휴가 사용촉진조치에 의하여 근로자가 휴가 사용시기를 정하여 사용자에게 휴가 사용계획서를 제출하였다면 그 지정된 시기에 연차유급휴가를 사용하겠다는 의사표시로 볼 수 있을 것이므로 휴가를 청구한 것으로 볼 수 있다(2005.10.21, 임금근로시간정책팀-285). 사용자는 지정된 휴가일에 근로자가 출근한 경우 노무수령 거부의사를 명확히 표시하여야 하며, 명확한 노무수령 거부의사에도 불구하고 근로를 제공한 경우에는 연차휴가근로수당을 지급할 의무가 없다(2010.3.22, 근로기준과-351).

4. 노무수령 거부의사 유무에 대한 입증책임

그러나 근로자가 휴가 사용시기를 지정받고도 출근한 경우 사용자가 노무수령 거부의사를 명확히 표시하지 않았거나 근로자에 대하여 업무지시 등을 하여 근로자가 근로를 제공한 경우에는 휴가일 근로를 승낙한 것으로 보아야 하므로 연차휴가근로수당을 지급하여야 한다(2005.10.21, 임금근로시간정책팀-285).

노무수령 거부의사가 있었음에 대한 입증책임은 사용자와 근로자 중 어느 쪽에 있는지에 대하여 근기법은 직접 규정하고 있지 않다. 노무수령 거부의사 판단은 ① 업무수행 및 근태관리에 대한 지시 및 통제, ② 노무수령 거부의사 방법의 명확성, ③ 출근사유가 업무수행과 긴밀한 관련성이 있는지 등 구체적인 사실관계를 종합적으로 고려하여 명확한 노무수령 거부의사가 있었는지를 판단하여야 할 것이다(2010.3.22, 근로기준과-351).

5. 노무수령 거부의사 표시의 방법

① 노무수령 거부의사 표시 방법에 관하여서 근기법에 아무런 규정이 없으므로

사용자가 출근한 근로자에 대하여 구두 또는 문서 등의 방법으로 즉시 귀가할 것을 통지할 수 있다. 예컨대 연차휴가일에 해당 근로자의 책상위에 '노무수령 거부의사 통지서'를 올려놓거나, 컴퓨터를 켜면 '노무수령 거부의사 통지' 화면이 나타나도록 하여 해당 근로자가 사용자의 노무수령 거부의사를 인지할 수 있는 정도라면 달리 볼 사정이 없는 한 노무수령 거부의사를 표시한 것으로 볼 수 있다 (2010.3.22, 근로기준과-351).

② 이메일을 이용하여 사용자가 노무수령 거부의사를 해당 근로자에게 통지하는 방법이 적법한 노무수령 거부의사 방법이 될 수 있는가의 문제이다. 이메일의 경우 해당 근로자가 근기법 제61조제2호의 휴가 사용시기 통보기간(10일) 이내에 반드시 열람한다는 보장이 없고, 열람했다 하더라도 메일 내용을 정확하게 인지했는지 확인할 수 없어 근로자가 인지할 수 있는 정도의 의사표시 수준이라고 보기 어렵다 (2012.8.22, 근로개선정책과-4271).

6. 연차휴가 사용촉진의 효과

사용자가 연차휴가 사용촉진조치를 하면 근로자는 그 시기에 휴가를 사용해야 하고 만일 휴가를 사용하지 않아 근기법 제60조제7항에 따라 휴가가 소멸하더라도 사용자는 그 근로자에게 연차휴가근로수당을 지급할 의무를 면한다.

3 연차휴가 사용촉진에 관한 쟁점 사항

1. 연차휴가 사용촉진조치 대상 연차휴가

(1) 계속근로기간이 1년 미만인 근로자 또는 1년간 80퍼센트 미만 출근한 경우

연차유급휴가 사용촉진을 규정하고 있는 근기법 제61조는 동법 제60조제1항·제3항 및 제4항에 따른 유급휴가에 적용되므로 근기법 제60조제2항에 의해 「계속하여 근로한 기간이 1년 미만인 근로자 또는 1년간 80퍼센트 미만 출근한 근로자에게 1개월 개근시 부여하는 연차유급휴가」는 휴가 사용촉진조치의 대상이 아니다. 다만, 1년 이상 계속근로함으로써 발생하는 연차휴가에 대해서는 동 휴가에 1년 미만의 근속기간 중 발생하는 연차휴가가 포함되어 있더라도 그 전체 휴가일수에 대해서는 연차휴가 사용촉진조치를 할 수 있다(2004.12.10, 근로기준과-6641).

(2) 기간제근로자의 근로계약기간이 2년 미만인 경우

이 경우에도 사용자가 연차유급휴가 사용조치의 일환으로 연차휴가 시기지정·촉구 및 휴가 사용을 촉구해 휴가 지정일에 근로자가 연차휴가를 소진할 수 있는 경우라면 근기법에 의한 연차유급휴가 사용촉진조치가 이루어진 것으로 볼 수 있다(2014.9.2, 근로개선정책과-4885).

2. 연차휴가 사용촉진조치를 서면으로 하지 않고 사내 E-mail 또는 전자문서로 대체할 수 있는지 여부

(1) 사내전산망의 E-mail을 활용하여 통보하거나 사내 게시판에 공지할 수 있는가

'사내전산망의 E-mail을 활용하여 통보' 하거나 '근로자별 미사용 휴가일수를 게재한 공문을 사내 게시판에 게재' 하는 것은 그러한 방법이 근로자 개인별로 '서면' 촉구 또는 통보하는 것에 비하여 도달 여부의 확인 등이 불명확한 경우에는 인정되기 어렵다(2013.11.1, 근로개선정책과-6488; 2004.7.27, 근로기준과-3836).

근로자가 연차휴가 사용촉진조치에 따라 휴가 사용계획서를 제출하지 아니한 경우, 이에 대하여 사용자가 휴가 사용시기를 지정하여 문서로 통보하지 아니한 경우에는 동법에 의한 연차휴가 사용촉진조치가 이루어졌다고 볼 수 없으므로 미사용휴가에 대한 보상의무가 면제 되었다고 보기는 어렵다(2005.10.5, 임금근로시간정책팀-163).

(2) 전자문서로 통보할 수 있는가

기존의 '종이로 된 문서' 외에 전자문서로서 연차유급휴가 사용촉진이 가능하기 위해서는 회사가 전자결재체계를 완비하여 전자문서로 모든 업무의 기안, 결재, 시행과정이 이루어져 근로자 개인별로 명확하게 촉구 또는 통보되는 경우에 한하여 서면 촉구 또는 통보로 인정될 수 있다(2010.11.16, 근로기준과-1983).

전자결재체계를 갖춘 경우에 한하여 인트라넷을 통하여 연차유급휴가 사용촉진을 할 수 있다.

3. 특정 부서 또는 일부 휴가에 대해서만 휴가사용 촉진조치를 할 수 있는지 여부

(1) 직종, 부서별 또는 근로형태를 감안하여 다르게 할 수 있는지

근기법 제61조에 규정된 연차휴가 사용촉진조치는 동일한 사업 또는 사업장내의 모든 근로자를 대상으로 실시함이 바람직하나 직종 또는 근로형태 등을 감안하여 특정집단의 근로자에 대해서는 연차휴가 사용촉진조치의 적용을 제외할 수 있다. 근기법 제6조(균등한 처우)는 남녀의 성별, 국적, 신앙 또는 사회적 신분을 이유로 한 차별을 금지하고 있는 바, 이 경우는 동조 위반으로 보기는 어렵다(2004.1.26, 근로기준과-407).

(2) 일부 휴가에 대해서만 휴가사용 촉진조치를 할 수 있는지

미사용휴가일수 전부가 아닌 일부에 대해서만 사용촉진 조치를 하는 방식, 예컨대 15일의 잔여 연차휴가일수 중 10일에 대해서만 사용촉진을 하고 5일에 대해서는 통상 사용하는 방식대로 하더라도 무방하다.

4. 연차유급휴가 사용강요 금지규정이 있는 경우

단체협약으로 사용자의 근로자에 대한 연차유급휴가가 사용강요 금지와 미사용 연차유급휴가에 대한 금전보상을 규정하고 있을 경우에도 사용자는 근기법 제60조의 규정에 따른 휴가 사용촉진조치를 할 수 있을 것이나, 미사용 휴가일수에 대하여는 단체협약에 규정된 수당을 지급하여야 할 것인바, 이러한 사항들에 대하여 개정근기법을 전면적용하려면 노사합의에 의한 단체협약의 변경이 있어야 할 것이다(2003.10.30, 근기 68207-1408).

연차유급휴가 사용촉진조치는 사용자가 의무적으로 실시해야 할 강행규정이 아니므로 노사간에 단체협약으로 유급휴가 사용촉진조치를 하지 않기로 하는 내용을 정하는 것은 가능하다. 이와 같이 단체협약을 체결할 때에는 사용자는 근로자가 원하지 않는 경우에는 근기법상의 연차휴가 사용촉진을 할 수 없다.

5. 재택근무기간에 연차휴가 사용을 의무화하는 회사규정의 근기법 위반 여부

회사규정으로 재택대기발령기간에 의무적으로 연차유급휴가를 소진토록 하거나 소진한 것으로 간주하더라도 이는 효력이 없다. 한편, 근로자가 연차유급휴가를 사용치 아니하고 근로를 제공한 경우 미사용 휴가일수에 대하여는 연차휴가근로수당을 지급하여야 할 것이다(2004.3.18, 근로기준과-1347).

6. 단체협약으로 연차휴가 사용촉진조치의 금지 여부

근기법 제61조에 의한 연차휴가 사용촉진조치는 사용자가 노사간의 합의없이 임의로 행할 수 있는 것이다. 단체협약으로 사용자의 일방적인 연차휴가 사용촉진조치를 금지하거나 노사간의 합의 또는 협의를 전제로 하는 규정 등이 있는 경우에는 그에 따라야 할 것이지만 그러한 규정 등이 없는 경우에는 사용자는 근기법 제61조에 의거 임의로 연차휴가 사용촉진조치를 할 수 있다(2004.10.12, 근기 68207-5454).

7. 연차휴가 사용촉진 이후 근로자가 퇴직한 경우 휴가수당 지급 여부

사용자가 근기법 제61조에 의한 연차유급휴가 사용촉진조치의 일환으로 근로자에게 미사용휴가의 사용시기를 지정하여 통보하는 경우, 사용자가 지정한 휴가일에 근로자가 휴직이나 기타 사유로 노무제공의무가 면제되거나 정지되어 연차유급휴가를 사용할 수 없는 경우라면 동법에 의한 연차유급휴가 사용촉진조치가 이루어졌다고 보기는 어렵다. 사용자가 근로자에게 동법 제61조에 의한 연차유급휴가 사용촉진조치 이후 근로자가 휴가지정일 이전에 퇴직할 경우라면 정상적으로 사용촉진조치가 이루어졌다고 볼 수 없으므로 휴가 사용이 이루어지지 아니한 경우에는 미사용휴가에 대하여는 수당으로 지급하여야 할 것이다(2007.9.10, 임금근로시간정책팀-2888).

8. 연차유급휴가 사용촉진과 그 권장과의 관계

연차유급휴가 사용촉진제도를 활용하지 않는 기업에서는 연차유급휴가 미사용수당의 부담을 줄이기 위하여 근로자들에게 미사용 휴가의 사용을 권장할 필요성이 있다. 그러나 연차유급휴가의 사용은 근로자 스스로의 판단으로 신청해야 하므로, 사용자가 일방적으로 유급휴가의 사용을 강요할 수는 없다. 따라서 경영위기 때문에 집단 휴가를 사용하기로 근로자대표와 합의한 경우라도, 반드시 개별 근로자의 자발적인 신청이 필요하다.

제23장 보상휴가제를 둘러싼 문제

- 임금과 휴가의 선택을 촉진하기 위하여 -

1 보상휴가제 내용과 도입요건·부여기준

1. 보상휴가제의 의의와 취지

개정 근기법 제57조에 따라 「사용자는 근로자대표와의 서면합의에 따라 연장근로·야간근로 및 휴일근로에 대하여 임금을 지급하는 것에 갈음하여 휴가를 줄 수 있다」고 하고 있다. 보상휴가란 임금에 갈음하여 지급되는 휴가를 말한다. 보상휴가제의 취지는 근로자와 사용자의 임금과 휴가에 대한 선택의 폭을 넓혀 주고 실근로시간 단축에 기여하는 데 있다.

2. 노사 서면합의에 포함되어야 할 사항

근기법 제57조에는 노사서면합의로 보상휴가제를 도입할 수 있는 근거만 있으므로 세부적인 사항은 노사 서면합의에 따라 노사가 자율적으로 정할 수 있다.

첫째, 부여 방식에 있어서, ① 근로자의 청구에 의할 것인지 사용자가 일방적으로 지정할 것인지, ② 전 근로자에게 일률적으로 적용할 것인지 희망하는 근로자에 한하여 적용할 것인지 등이다.

둘째, 임금청구권에 있어서 휴가청구권과 임금청구권의 선택권을 인정할 것인지, 임금청구권을 배제하고 휴가청구권만 인정할 것인지 등이다.

셋째, 보상휴가 부여기준에 있어서 어느 정도의 기간 동안 연장·야간·휴일근로시간을 적치하여 언제까지 휴가로 사용할 수 있는지 등을 정한다.

따라서 노사서면합의에 의한 전 근로자에게 일률적으로 적용하고 휴가 사용권만 인정하기로 한 경우에는 개별근로자가 이에 불구하고 임금을 청구하더라도 사용자는 이에 따를 의무가 없으며, 근기법 제56조 위반 등의 법 위반 문제도 발생하지 않는다.

3. 보상휴가제 도입요건

(1) 근로자대표와의 서면합의

사용자와 근로자대표와의 서면합의가 있어야 하며, 동 요건을 갖추지 못하면 효력이 없다. 근로자대표는 근로자 과반수로 조직된 노동조합이 있으면 그 노동조합, 근로자 과반수로 조직된 노동조합이 없으면 근로자 과반수를 대표하는 자이며, 서면합의는 노사당사자가 서명한 문서의 형태로 작성되어야 한다.

서면합의 서류의 보존은 근기법 제42조 및 시행령 제2조에 따라 근로자대표와의 서면합의 서류는 서면합의한 날부터 3년간 보존하여야 한다.

(2) 노사 서면합의에 포함되어야 할 사항

근기법 제57조에는 노사서면합의로 보상휴가제를 도입할 수 있는 근거만 있으므로 세부적인 사항은 노사 서면합의에 따라 노사가 자율적으로 정할 수 있다.

첫째, 부여 방식에 있어서, ① 근로자의 청구에 의할 것인지 사용자가 일방적으로 지정할 것인지, ② 전 근로자에게 일률적으로 적용할 것인지 희망하는 근로자에 한하여 적용할 것인지 등이다.

둘째, 임금청구권에 있어서 휴가청구권과 임금청구권의 선택권을 인정할 것인지, 임금청구권을 배제하고 휴가청구권만 인정할 것인지 등이다.

셋째, 보상휴가 부여기준에 있어서 어느 정도의 기간 동안 연장·야간·휴일근로시간을 적치하여 언제까지 휴가로 사용할 수 있는지 등을 정한다.

따라서 노사서면합의에 의한 전 근로자에게 일률적으로 적용하고 휴가 사용권만 인정하기로 한 경우에는 개별근로자가 이에 불구하고 임금을 청구하더라도 사용자는 이에 따를 의무가 없으며, 근기법 제56조 위반 등의 법 위반 문제도 발생하지 않는다.

휴가 부여방식	보상휴가제를 전체 근로자에게 일률적으로 적용할 것인지, 희망하는 근로자에 한하여 적용할 것인지
임금 청구권	휴가청구권과 임금청구권을 선택적으로 인정할 것인지, 임금청구권을 배제하고 휴가청구권만 인정할 것인지
보상휴가 부여기준	보상휴가 대상을 연장·야간·휴일근로에 대한 가산임금을 포함한 전체 임금으로 할지, 가산임금만으로 할지

4. 보상휴가 부여기준

(1) 보상휴가의 부여기준

연장·야간·휴일근로에 대한 임금과 이에 갈음하여 부여하는 휴가 사이에는 동등한 가치가 있어야 하므로 근기법 제55조에 의한 가산임금까지 포함되어야 한다.

따라서 휴일근로를 2시간 한 경우 가산임금을 포함하면 총 3시간분의 임금이 지급되어야 하므로 3시간의 휴가가 발생한다. 연장·휴일·야간근로가 중복된 경우에는 각각의 가산임금을 포함하여 산정된 임금에 해당하는 휴가가 발생한다.

보상휴가제의 적용대상을 연장근로 등에 대한 가산임금을 포함한 전체 임금으로 할지, 가산임금 부분만 할지는 노사 서면합의로 정한 바에 따르면 된다. 다만, 소정근로시간 중에 발생한 야간근로에 대해 동 규정을 적용하는 것은 입법취지상 적절하지 않다.

(2) 보상휴가 산정방법

보상휴가제를 도입한 사업장의 근로자가 아래와 같이 근무하여 연장·야간·휴일근로가 발생한 경우

구 분	일	월	화	수	목	금	토	합계
출근시각	09시	09시	09시	09시	09시	09시	휴무	
퇴근시각	14시	18시	19시	18시	22시	18시	–	
휴게시간	12~13시	12~13시	12~13시	12~13시	12~13시 18~19시	12~13시	–	
소정근로	–	8시간	8시간	8시간	8시간	8시간		40시간

구 분	일	월	화	수	목	금	토	합계
연장근로	–	–	1시간	–	3시간	–	–	4시간
휴일근로	4시간	–	–	–	–	–	–	4시간

1) 보상휴가제 미실시의 경우

소정근로시간, 연장·야간·휴일근로시간 및 가산시간을 포함하여 총 52시간분의 임금을 지급하여야 한다.

* 소정근로 40시간+연장근로 4시간+연장가산 2시간+휴일근로 4시간+휴일가산 2시간

2) 연장·야간·휴일근로시간 및 가산시간에 대해 보상휴가제를 실시한 경우

소정근로 40시간은 임금으로 지급하고, 연장·야간·휴일근로시간과 가산시간을 합한 12시간은 유급휴가로 보상하여야 한다.

3) 연장·야간·휴일근로 가산시간에 대해서만 보상휴가제를 실시한 경우

40시간과 연장·야간·휴일근로 8시간을 합한 48시간은 임금으로 지급하고, 연장·야간·휴일근로 가산시간인 4시간은 유급휴가로 보상하여야 한다.

2 휴가를 사용하지 않을 경우 임금 지급 의무

보상휴가제는 임금 지급에 갈음하여 휴가를 부여하는 제도이므로 근로자가 휴가를 사용하지 않은 경우에는 그에 대한 임금이 지급되어야 한다.

보상휴가제는 연차유급휴가와는 달리 사용자가 휴가 사용촉진조치를 통해 임금 지급의무를 면제받을 수 없다.

보상휴가제에 의한 임금청구권은 휴가를 사용할 수 없게 된 날이 확정된 날의 다음날부터 행사할 수 있으며, 위반시에는 근기법 제57조 위반이 된다. 다만, 휴가를 사용할 수 없게 된 것이 확정된 날의 다음날부터 최초로 도래하는 임금정기지급일에 위 임금을 지급한 경우에는 법 위반으로 보지 아니한다.

휴가를 사용할 수 없게 된 것이 확정된 날은 노사간 서면합의에 정한 바에 따라 판단하며, 휴가를 전부 사용하지 못하고 퇴직한 경우에는 14일 이내에 잔여 휴가분에 대한 임금을 청산해야 한다.

〈보상휴가 산정례〉

<table>
<tr><th rowspan="2">구 분</th><th colspan="2">1. 보상휴가제 미실시</th><th colspan="2">2. 보상휴가제 실시
(연장근로 전체)</th><th colspan="2">3. 보상휴가제 실시
(할증부분만 실시)</th></tr>
<tr><th>근로시간</th><th>임 금</th><th>근로시간</th><th>임 금</th><th>근로시간</th><th>임 금</th></tr>
<tr><td>1일</td><td>8시간</td><td>8시간분</td><td>8시간</td><td>8시간분</td><td>8시간</td><td>8시간분</td></tr>
<tr><td>2일</td><td>10시간</td><td>11시간분
*연장2시간분
*할증 1시간분</td><td>10시간</td><td>8시간분
*연장임금전체 3시간분 미지급</td><td>10시간</td><td>10시간분
*할증 1시간분 미지급</td></tr>
<tr><td>3일</td><td>8시간분</td><td>8시간분</td><td>5시간</td><td>8시간분
*3시간분 보상휴가(유급)</td><td>7시간</td><td>8시간분
*1시간분보상휴가(유급)</td></tr>
<tr><td>계</td><td>26시간</td><td>27시간</td><td>23시간</td><td>24시간</td><td>25시간</td><td>26시간</td></tr>
</table>

3 보상휴가제에 관한 쟁점사항

1. 전년도 선택적보상휴가 미사용분에 대하여 다음년도 금전보상하는 내용의 노사합의의 효력

1년간의 연장·야간·휴일근로시간을 계산하여 다음년도에 선택적 보상휴가를 부여하고 미사용분에 대하여 그 다음연도에 금전보상하는 내용의 노사합의는 유효한지의 문제이다.

노사서면 합의에 의거, 1년간의 연장·야간·휴일근로시간을 계산하여, 다음연도 1월 1일에 휴가로 부여하고 1년간 사용하게 하며, 미사용한 휴가를 그 다음연도 1월 급여지급시에 금전으로 보상해 줄 경우, 연장·야간·휴일근로시간이 최초로 발생한 년도로부터(선택적보상휴가를 사용하지 않았을 경우) 2년 후에야 금전보상을 받게 되는 사항에 대해 위법사항이 있는지 여부이다.

근기법 제55조의2에는 '사용자는 근로자대표와의 서면합의에 따라 제55조에 따른 연장근로·야간근로 및 휴일근로에 대하여 임금을 지급하는 것에 갈음하여 휴가를 부여할 수 있다' 고 규정하고 있는 바, 이 경우 보상휴가의 대상이 되는 연장근로·야간근로 및 휴일근로의 범위와 보상휴가를 부여하는 기간 등에 대하여도 노사가 서면합의로 정할 수 있다고 보아야 할 것이다.

사용자가 근로자대표와의 서면합의에 따라 1년간의 연장근로·야간근로 및 휴일근로시간을 계산하여 다음연도에 1년간 휴가를 사용하게 하고, 미사용한 휴가에 대하여 그 다음연도 첫 번째 달의 임금정기지급일에 금전으로 보상하기로 합의한다하더라도 이를 반드시 위법하다고 보기는 어려울 것이다(2005.2.14, 근로기준과-779).

2. 단체협약으로 종전법에 의한 연차휴가를 유지키로 정한 경우 휴가사용 촉진조치를 할 수 있는 범위

개정근기법을 적용받는 사업장에서 단체협약으로 종전법의 규정에 따라 만들어진

월차유급휴가와 연차유급휴가에 대한 규정을 유지키로 정하더라도 종전법의 연차휴가제도를 폐지·조정하여 개정법의 연차휴가제도를 통합한 취지를 고려할 때, 그 단체협약상의 연차휴가는 모두 개정법에 따른 연차유급휴가로 볼 수 있다.

따라서 단체협약상의 연차유급휴가는 모두 근기법 제61조에 대한 휴가 사용촉진 조치의 대상이 될 수 있다(2004.9.23, 근로기준과-5129).

4 보상휴가제의 활용 사례(고용노동부 「유연근로시간제 가이드」)

1. 보상휴가제 도입배경

한방병원인 ○○의원은 다양한 직무로 인해 근로형태와 근로시간이 매우 복잡하게 혼재되어 있고, 병원의 정책상 평일 중 2일의 야간진료와 토요일 진료로 인해 연장근로가 빈번하게 발생한다.

이로 인해 대부분의 부서에서 직원들의 피로도가 증가하여 이직률이 높고, 의료서비스 품질의 저하로 이어질 수 있는 우려가 크다.

2. 직무별 맞춤형 유연근로시간제 및 보상휴가제 도입

근로자대표와 서면합의를 통해 각 부서(직무)별로 맞춤형 유연근로시간제를 도입하고 취업규칙 규정을 정비하였다.

원무팀 일부에게는 선택적근로시간제를 도입하고, 탕전팀 및 식당팀은 시차 출퇴근제를 도입하여 업무공백을 최소화하고 실근로시간도 단축하였다.

교대근무로 과도한 연장근로가 발생하는 치료팀을 대상으로 보상휴가제 실시하여 매 월 단위 연장근로가산수당에 해당하는 시간을 보상휴가로 부여하되, 익월에 2일(16시간)을 한도로 사용함을 원칙으로 한다.

미사용 보상휴가에 대해서는 그 다음 달의 임금정기지급일에 금전으로 보상한다.

(예시) 근로자가 2018.6월에 연장·야간·휴일근로로 인해 보상휴가 16시간이 발생하여 2018.7월에 보상휴가로 8시간을 사용한 경우 미사용 보상휴가 8시간은 2018.8월 임금정기지급일에 금전으로 보상한다.

휴가사용 시기는 노사간 협의하여 정하며, 근로자가 지정하는 시기를 우선적으로 반영하나 사업운영에 막대한 지장을 줄 경우 그 시기를 변경할 수 있다.

3. 보상휴가제 도입 효과

선택적근로시간제 등 유연근로시간제 도입 및 보상휴가제 실시로 실근로시간 단축 및 근로자의 휴식권 확대, 사용자의 수당지급 부담 경감 등의 효과가 발생한다.

5 보상휴가제 노사합의 모델(고용노동부 「유연근로시간제 가이드」)

주식회사 ○○ 대표이사____와 근로자대표____는 근기법 제57조에 따른 보상휴가에 대하여 다음과 같이 합의한다.

제1조 【보상휴가의 기준일과 시기】 보상휴가의 기준이 되는 연장·야간·휴일근로의 기준일은 매월 1일부터 말일까지로 하고 보상휴가는 익월에 실시함을 원칙으로 하되, 그 시기는 근로자의 자유의사에 따른다. 단, 근로자가 지정한 시기가 사업운영에 막대한 지장을 줄 경우 사용자는 그 시기를 변경할 수 있다.

제2조 【보상휴가제의 적용대상】 가산수당 외에 모든 연장·야간·휴일근로분에 대해서도 적용함을 원칙으로 하고, 개별근로자가 명시적으로 청구하는 경우 휴가 대신 임금으로 지급할 수 있다.

제3조 【보상휴가를 사용하지 않을 경우의 금전보상】 만약 근로자가 익월에 보상휴가를 일부라도 사용치 않을 경우에는 미사용 분에 대해 금전보상을 실시해야 한다.

제4조 【유효기간】 이 합의서의 유효기간은 ○○○○년 ○월 ○일부터 1년간으로 한다.

20○○. . .

주식회사 ○○ 대표이사 (인) 근로자대표 (인)

6 보상휴가제에 관한 Q&A(고용노동부 「유연근로시간제 가이드」)

Q1 보상휴가제 도입 시 근로자대표와 체결하는 서면합의의 내용에는 어떤 사항들이 있는가

근기법 제57조에서는 보상휴가제 도입 요건으로 근로자대표와의 서면합의만을 명시하고 있으므로, 세부적인 사항은 노·사가 자율적으로 결정하여 시행할 수 있다. 예를 들어, 노·사가 서면합의에 의해 전체 근로자를 대상으로 일률적으로 적용하고 휴가사용권만 인정하기로 할 수도 있다. 이 경우 개별 근로자가 가산수당 지급을 청구하더라도 사용자는 이에 응할 의무가 없으며, 근기법 제56조 위반의 문제도 발생하지 않는다.

구 분	서면합의에 포함되어야 할 사항(예시)
휴가부여 방식	전체 근로자에게 일률적으로 적용할 것인지, 희망하는 근로자에 한하여 적용할 것인지 등
임금청구권	휴가청구권과 임금청구권을 선택적으로 인정할 것인지, 임금청구권을 배제하고 휴가청구권만 인정할 것인지 등
보상휴가 부여기준	보상휴가제의 적용부분을 연장근로 등에 대한 가산수당을 포함한 전체임금으로 할지, 가산수당 부분만 할지 등

Q2 보상휴가제 운영 시 연장·야간·휴일에 근로한 시간을 산정하여 그 시간만큼의 휴가를 부여하면 되는가?

연장·야간·휴일근로에 대한 임금과 이를 대신하여 부여하는 휴가 사이에는 동등한 가치가 있어야 하므로 근기법 제56조에 따른 가산수당까지 감안하여 휴가를 부여하여야 한다. 예를 들어, 보상휴가제를 실시하는 사업장에서 연장근로를 2시간 한 경우에는 가산수당을 포함하면 총 3시간분의 임금이 지급되어야 하므로 이에 해당하는 3시간의 휴가가 발생하게 된다.

또한, 연장·야간·휴일근로가 중복된 경우에는 각각의 가산수당을 포함하여 산정된 임금에 해당하는 만큼의 휴가를 부여하여야 한다. 예를 들어, 주휴일에 휴게시간을 제하고 9시간을 근무하였다면 연장·휴일근로 가산을 포함하여 14시간의 휴가가 발생하게 된다.

구 분	보상휴가	산출 내역
합 계	14시간	
8시간 휴일근로	12시간	휴일근로 8시간 + 휴일근로 가산 4시간
8시간 초과 휴일근로	2시간	휴일·연장 1시간 + 휴일 가산 0.5 + 연장 가산 0.5

Q3 보상휴가는 소정근로시간 외의 시간에 부여할 수 있는가?

보상휴가는 소정근로시간 중에 부여하여야 하며, 그 시간은 유급으로 처리하여야 한다.

Q4 보상휴가의 대상이 되는 근로시간의 범위와 보상휴가를 부여하는 기간에는 제한이 없는가?

보상휴가의 대상 근로시간과 보상휴가를 부여하는 기간에 대해서는 근로자대표와의 서면합의로 정할 수 있다. 예를 들어, 1년간의 연장·야간·휴일근로시간을 계산하여 다음 연도에 보상휴가를 부여하고, 미사용분에 대하여 그 다음 연도에 금전으로 보상하는 내용의 노·사 합의도 유효하다.

관련 행정해석 (2005.2.14, 근로기준과-779)

보상휴가의 대상이 되는 연장·야간근로 및 휴일근로의 범위와 보상휴가를 부여하는 기간 등에 대하여도 노·사가 서면합의로 정할 수 있다고 보아야 하므로 사용자가 근로자대표와의 서면합의에 의하여 1년간의 연장근로·야간근로 및 휴일근로시간을 계산하여 다음 연도에 1년간 휴가를 사용하게 하고 미사용한 휴가에 대하여 그 다음 연도 첫 번째 달의 임금정기지급일에 금전으로 보상하기로 합의한다 하더라도 이는 법에 위배되는 것은 아니다.

Q5 보상휴가제 운영 시 근로자가 부여된 보상휴가를 사용하지 않을 경우에는 그 시간에 대하여는 임금을 지급해야 하는가?

보상휴가제는 임금 지급 대신에 휴가를 부여하는 제도이므로 근로자가 휴가를 사용하지 않으면 해당 임금이 지급되어야 한다. 이 경우 근로자가 임금을 청구할 수 있는 시점은 휴가를 사용할 수 없게 된 날이 확정된 날의 다음날부터이며, 사용자는 다음 임금 지급일까지 해당 임금을 지급하여야 하고, 근로자가 보상휴가를 사용하지 못하고 퇴직한 경우에는 퇴직 후 14일 이내에 잔여 휴가분에 대한 임금을 지급하여야 한다.

또한, 보상휴가에 대하여는 연차유급휴가와 달리 사용자가 휴가 사용촉진조치를 통해 임금 지급의무를 면제받을 수 없다.

관련 행정해석 (2004.12.10, 근로기준과-6641)

근기법 제57조에 의한 보상휴가는 동법 제56조의 규정에 따른 연장근로 · 야간근로 및 휴일근로에 대한 임금 지급 대신에 부여해야 하는 휴가로서, 근로자가 휴가를 사용하지 않은 경우 사용자는 미사용 휴가에 해당하는 임금을 지급해야 한다. 이는 노 · 사가 '보상휴가 사용기간 내에 사용자의 귀책사유 없이 근로자가 사용하지 않은 보상휴가에 대해 사용자는 임금 지급의무가 없다'고 합의하더라도 그러한 합의는 효력이 없다고 보아야 할 것이다.

제24장 생리휴가의 취급을 둘러싼 문제

- 생리휴가의 올바른 행사를 위하여 -

1. 생리휴가의 의의

사용자는 여성 근로자가 청구하면 월 1일의 생리휴가를 주어야 한다(근기법 제73조). 생리휴가는 남성과 다른 생리적 특성을 가진 여성 근로자의 건강뿐만 아니라 모성보호의 취지에서 근기법의 '제5장 여성과 소년' 에 특별히 둔 보호규정이다.

2. 생리휴가의 내용

(1) 무급휴가의 부여

생리휴가는 여성 근로자가 청구하면 '1월에 1일' 을 반드시 휴가로 주어야 한다. 단체협약 또는 취업규칙 등에서 1월에 2일 이상 주는 것도 무방하며 이를 모두 유급으로 하는 것도 무방하다(2011.2.22, 여성고용과-581). 그러나 근로의무가 없는 휴일에 생리휴가를 신청할 경우 사업주는 이를 부여할 의무가 없다(2015.12.9, 여성고용정책과-3716).

(2) 개근 여부

생리휴가제도는 여성 근로자에 대하여 생리라고 하는 특수한 사정을 감안하여 설정한 것이므로 소정근로일수를 개근한 자에게만 주어야 하는 것이 아니라 당해 월의 소정근로일수의 개근 여부와는 관계없다.

(3) 고용형태 불문

생리휴가제도는 여성 근로자의 특수한 신체적 사정을 감안하여 설정된 것이므로 상용근로자 뿐 아니라 일용근로자, 임시직근로자에게도 적용된다.

(4) 생리현상 여부

생리현상이 없는 자에게는 생리휴가를 부여하지 않아도 된다(1989.11.1, 근기 01254-1553). 생리휴가제도의 취지로 볼 때 생리로 인하여 근로가 곤란한 여성 근로자를 특별히 보호하는 데 목적이 있고, 생리현상이 없는 여성 근로자까지 보호하고자 하는 것은 아니다. 따라서 생리현상이 없는 자(임신 중, 폐경, 자궁 제거 등)에게 무조건 생리휴가를 부여할 사용자의 법적 의무는 없다. 다만, 생리사실 유무의 입증책임은 휴가부여 의무 면제를 주장하는 사용자에게 있다(2015.12.9, 여성고용정책과-3716; 1989.11.1, 근기 01254-1552).

(5) 임신 중인 여성

「임신 중인 여성에 대하여는 근기법 제74조(출산전후휴가)의 보호규정이 적용될 뿐 경험칙상 임신 중에는 생리가 없으므로 생리를 전제로 한 근기법 제73조(생리휴가)의 규정은 적용되지 않는다.

3. 여성 근로자의 청구

생리휴가는 여성 근로자가 청구하면 월 1일의 휴가를 주어야 한다. 사용자는 여성 근로자가 청구를 하면 월 1회의 생리휴가를 주어야 하나 그 청구가 없을 때에는 휴가를 주지 않는다고 하여도 위법이라고 할 수 없다.

4. 근기법 제73조 위반의 효과

근기법 제73조를 위반한 자에 대하여는 500만원 이하의 벌금에 처한다(근기법 제114조제1호).

제25장 출산전후휴가의 취급을 둘러싼 문제

- 출산전후휴가의 적절한 행사를 위하여 -

1 출산전후휴가의 의의 및 제도의 내용

1. 출산전후휴가의 의의

출산전후휴가란 임신 중의 여성근로자에게 출산일 전후에 사용할 수 있는 휴가를 말한다. 출산휴가라고도 한다. 출산 전후 일정한 기간 근로제공의무를 면제함으로써 산모와 태아의 건강을 보호하고, 여성근로자가 임신·출산으로 소모된 체력을 회복하도록 돕는 데에 그 취지가 있다.

2. 제도의 내용

① 출산전후휴가제도는 임신 중인 여성뿐만 아니라 임신 중인 여성이 임신 이후 유산 또는 사산한 경우로서 당해 근로자가 청구하는 때에도 임신기간에 따라 유급보호휴가를 부여함으로써 여성근로자의 건강 및 모성을 보호하고 임신·출산 등으로 소모된 체력을 회복하기 위해 90일(한 번에 둘 이상 자녀를 임신한 경우에는 120일)의 휴가를 보장한 것이다. 이 제도는 임신 중인 여성 근로자라면 근로형태, 직종, 근속기간 등에 관계없이 부여한다.

② 출산전후휴가기간은 90일(한 번에 둘 이상 자녀를 임신한 경우에는 120일)을 보장하고 출산 전 45일(한 번에 둘 이상 자녀를 임신한 경우에는 60일) 이상 휴가를 사용하였을 경우에도 출산일 이후에 45일(한 번에 둘 이상 자녀를 임신한 경우에는 60일) 이상을 보장해야 한다. 출산일이 예정보다 늦어져 출산 후 휴가기간이 45일(한 번

에 둘 이상 자녀를 임신한 경우에는 60일)이 안된다면 추가로 휴가를 받을 수 있다. 다만 근로자가 추가로 받은 휴가기간에 대해서는 사업주가 급여를 지급하지 않아도 법 위반은 아니다.

③ 출산전후휴가의 기준이 되는 '출산'이란 임신 후의 분만을 말하며, 정상적인 만기출산뿐만 아니라 유산·사산도 포함된다. 출산 후라고 할 때의 기준기산일은 자연적 분만예정일 뿐 아니라 인공조산 등 인공적인 분만일도 포함된다. 그러나 시험관아기시술을 위한 휴가 또는 이로 인한 휴직 등에 대하여는 특별히 법으로 규정된 바가 없으므로 각 사업장의 취업규칙이나 단체협약 등에 따라야 할 것이다(2006.6.14, 여성고용팀-2378).

④ 최근 쌍둥이 등 다태아(多胎兒) 수태 확률이 높은 난임부부 치료(체외 및 인공수정시술)가 증가함에 따라 전체 출산 가운데 다태아의 출산 비율도 점차 증가하고 있다. 그런데 다태아 산모는 2명 이상 동시출산, 난산, 높은 조산율 등으로 인해 산후 회복에 더 많은 시간이 필요하고 육아부담 또한 일반 산모보다 큼에도 불구하고 현행법은 임신한 여성 근로자에게 임신·출산한 자녀의 수를 고려하지 않고 일률적으로 90일의 출산전후휴가를 주도록 하고 있어 다태아를 출산한 경우에는 출산전후휴가 기간을 확대할 필요가 있다. 개정내용은 다태아를 임신한 여성 근로자에게는 출산전후휴가를 현행 90일에서 120일로 확대하고(근기법 제74조제1항), 다태아의 경우 출산전후휴가 중 유급휴가 부분을 60일에서 75일로 확대한 것이다(동조 제4항).

3. 육아휴직기간 중에 자녀를 출산한 경우의 출산전후휴가기간의 산정방법

근기법 제74조에서 '산전과 산후를 통하여' 90일의 보호휴가를 주도록 한 규정의 문언해석상 육아휴직 중이라 하더라도 둘째 자녀를 출산했다면 둘째 자녀에 대한 출산전후휴가를 시작해야 하며, 출산전후휴가기간은 사용자에게 시기변경권이 없으므로 근로자가 신청한 기간에 대해서 주어야 하되 둘째 자녀 출산일이 포함되며 출산후 45일(한 번에 둘 이상의 자녀를 임신한 경우에는 60일)이 확보된 90일(한 번에 둘 이상의 자녀를 임신한 경우에는 120일)이어야 한다(2008.5.9, 여성고용과-514).

남녀고용평등법 시행령 제14조제4항에 의하여 육아휴직 중인 근로자가 출산전후휴가를 시작한 경우에는 그 새로운 출산전후휴가 개시일의 전날에 육아휴직이 끝난 것으로 본다. 둘째 자녀 출산으로 출산전후휴가를 사용하느라 첫째 자녀에 대한 미사용일이 남아있다면 그에 대해서는 둘째 자녀에 대한 출산전후휴가 종료 후 첫째 자녀가 만8세 이하 또는 초등학교 2학년 이하인 기간 동안에 마저 신청해 사용할 수 있다.

4. 출산전후휴가기간의 사전 분할 사용 여부

① 임신 중인 여성근로자가 정상분만 전에 출산전휴가를 사용할 수 있는가의 문제이다. 근기법 제74조에 따른 출산전후휴가기간 90일은 역일에 의한 기간으로 출산일을 전후하여 연속 사용하여야 하며, 반드시 출산 후에 45일 이상 사용할 수 있도록 휴가기간을 배정하여야 한다.

출산전후휴가는 출산 전과 출산 후에 연속하여 사용하는 것을 원칙으로 하되 임신 초·중기 응급상황 발생시 안정을 취할 수 있도록 출산 전 휴가를 임신기간 중 어느 때라도 분할하여 사용할 수 있도록 허용한 것이다.

② 근기법 시행령 제43조에 의하면 임신 중의 여성이 과거에 유산한 경험이 있는 경우, 진단 결과 의사 소견상 유산의 위험이 있어 안정이 필요한 경우 등이다. 근기법 제74조제2항에 따라 출산 전에 분할하여 사용할 수 있는 경우는 다음과 같다(근기법 시행령 제43조제1항).

(가) 임신한 근로자가 유산·사산의 경험이 있는 경우

(나) 임신한 근로자가 출산전후휴가를 청구할 당시 연령이 만 40세 이상인 경우

(다) 임신한 근로자에게 유산·사산의 위험이 있다는 의료기관의 진단서를 제출한 경우

③ 여성근로자의 출산전후휴가 신청을 거부한 사업주에게는 2년 이하의 징역 또는 1천만원 이하의 벌금이 부과된다(근기법 제110조제1호).

5. 출산전후휴가 기간의 급여내용

(1) 출산전후휴가 기간의 급여내용과 취지

사업주는 출산전후휴가기간 최초 60일(한 번에 둘 이상 자녀를 임신한 경우에는 75일)은 유급이므로(근기법 제74조제4항) 소정의 임금을 지급해야 한다. 급여지급액은 취업규칙, 단체협약 등에서 정하고 있는 경우에는 그에 따라 지급하되, 최소한 통상임금을 지급하여야 한다(2015.1.9, 여성고용정책과-86). 그리고 마지막 30일(한 번에 2 이상 자녀를 임신한 경우에는 45일)에 대해서는 고용보험에서 출산전후휴가 급여를 지급한다. 그 취지는 출산전후휴가(유산·사산휴가 포함)을 부여받은 근로자에게 지급하는 임금을 지원하여 근로자의 휴가 중 생계안정을 도모하고, 사업주의 부담을 경감시켜 준 것이다. 그 지급주체는 정부가 고용보험 재원으로 지급하나, 법률적으로는 근기법에 따라 사업주가 지급한 것으로 본다.

자연분만 예정일이 최초 출산전후휴가를 청구하고 휴가에 들어간 날보다 지연되어 출산전후휴가기간이 90일보다 길어진 경우 출산후휴가일수는 그만큼 연장된다. 다만, 출산이 예정보다 늦어짐으로 인해 출산전휴가가 45일을 초과하였다 하더라도 출산 후 45일 이상의 휴가는 부여되어야 하나 이 경우 출산 전에 45일을 초과한 부분에 대해서는 단체협약과 취업규칙 등에 별도의 정함이 없으면 무급으로 처리할 수 있다(1997.9.11, 부소 68240-203).

(2) 지급요건

다음 요건을 모두 충족해야 한다.

① 피보험자가 근기법 제74조의 규정에 의한 출산전후휴가, 유산·사산휴가를 부여받았을 것

② 출산전후휴가, 유산·사산휴가 종료일 이전에 고용보험법 제41조의 규정에 의한 피보험단위기간이 통산하여 180일 이상일 것

③ 출산전후휴가, 유산·사산휴가 종료일로부터 12월 이내 출산전후휴가급여 등을 신청할 것

(3) 지급기간 및 금액

우선지원대상기업인 경우 90일, 우선지원대상기업이 아닌 경우 30일분을 지급한다. 휴가개시일을 기준으로 산정한 통상임금을 지급한다.

구 분	최초 60일	마지막 30일
우선지원 대상기업	정부가 최대 월 180만원의 지원금을 지급하고 통상임금에서 부족한 부분은 사업주가 지급한다.	정부가 통상임금을 지급한다. (최대 180만원까지)
대규모기업	사업주가 통상임금을 지급한다.	정부가 통상임금을 지급한다. (최대 180만원까지)

출산전후휴가의 경우 우선지원대상기업(제조업인 경우 상시 500명 이하, 광업, 건설업, 운수업·통신업 상시 근로자 300명 이하, 그 외의 산업 상시 근로자 100명 이하의 사업장)의 근로자가 출산하는 경우에는 90일간의 급여를 고용보험에서 지급한다. 여성근로자의 월 통상임금이 180만원을 초과하는 경우에는 180만원을 초과하는 차액 분에 대해서만 사용자가 지급할 의무를 부담한다. 여성근로자의 월 통상임금이 180만원을 초과하지 않는 경우에는 사용자는 최초 60일 간 임금 전액을 지급할 의무를 면제받는다. 이는 중소기업에 대한 지원혜택 범위를 넓히고 사업주의 부담을 덜면서 여성근로자의 고용을 촉진하는데 그 취지가 있다.

(4) 출산전후휴가 급여 수급권자

모든 여성근로자가 출산전후휴가를 사용할 수 있지만 고용보험에서 지원하는 급여는 휴가가 끝난 날 이전의 피보험단위기간이 180일 이상인 근로자만 지급받을 수 있다. 피보험단위기간은 현 사업장뿐만 아니라 이전 사업장 경력을 모두 합하여 계산하며, 구직급여를 받은 적이 있는 경우에는 그 이후부터 계산한다.

6. 근로자가 사용자의 승인 없이 출산전후휴가 등을 개시할 경우 무단결근에 해당하는지 여부

근로자가 유산·사산휴가, 출산전후휴가, 육아휴직 등의 휴가·휴직을 사용자의 승인없이 신청 내용대로 개시하였을 경우 이를 무단결근으로 보아 징계 등 불이익을 받는 것이 타당한지 여부이다.

출산전후휴가, 유산·사산휴가, 육아휴직은 일정한 요건이 충족되면 효력이 발생하는 강행법규로서 사업주는 근로자가 유산·사산휴가, 육아휴직을 신청하면 부여하여야 하며, 출산전후휴가는 근로자의 신청이 없어도 근로자가 출산한 사실을 알았다면 부여해야 한다. 또한, 출산전후휴가, 유산·사산휴가, 육아휴직에 대해서는 사업주의 시기변경권도 인정되지 아니하므로 사업주가 정당한 이유 없이 승낙 여부를 표현하지 아니할 경우 근로자가 휴가·휴직 등을 시작하였더라도 이는 근로자의 귀책사유로 인한 결근은 아니다(2017.8.29, 여성고용정책과-3391).

한편 근로자가 휴가 사용 시기를 특정하여 청구한 경우에는 사용자의 승인 없이 연차유급휴가를 사용했다 하더라도 사용자가 시기변경권을 행사하지 않는 한 이를 당연히 결근처리할 수는 없으며, 사용자가 시기변경권을 행사하려면 근로자가 청구한 시기에 유급휴가를 주는 것이 사업 운영에 막대한 지장이 있어야 한다(2002.4.16, 근기 68207-1569).

2 유산 · 사산휴가제도

1. 유산 · 사산휴가의 의의

사용자는 임신 중인 여성이 임신 이후 유산 또는 사산한 경우로서 그 근로자가 청구하면 대통령령으로 정하는 바에 따라 유산·사산휴가를 주어야 한다. 다만, 인공임신중절수술(모자보건법 제14조제1항에 따른 경우는 제외한다)에 따른 유산의 경우에는 그러하지 아니한다(근기법 제74조제3항). 이 때 부여되는 휴가를 유산·사산휴가라고 한다. 유산·사산은 여성에게 출산 못지않은 정신적·신체적 영향을 미친다. 유산 또는 사산하였을 때도 출산에 준하는 회복시간이 필요하다. 유산·사산휴가는 여성 근로자가 유산·사산에 의한 정신적·신체적 건강을 회복하여 정상적으로 업무를 수행할 수 있도록 지원하는 제도로서 그 목적은 유산으로 인해 손상된 모체를 회복하기 위한 것이다(2019.6.20, 여성고용정책과-916). 유산은 태아가 생존이 가능한 시기 이전에 임신이 종결되는 상태이며, 사산은 임신한 지 4개월 이상 지난 후 이미 죽은 태아를 분만하는 것으로서 각각 해당 임신주차에 해당하는 유산·사산휴가를 부여한다(2015.10.29, 여성고용정책과-3216). 사산은 출산 때 이미 사망한 것을 말하나 태아가 형성되기 전인 임신 초기(22주)에는 유산과 사산을 혼용하여 사용한다(2010.6.14, 여성고용과-2112).

근로자가 유산 또는 사산한 경우 임신기간에 따라 건강회복기간이 달라짐에 따라 보호휴가기간을 달리 부여한 것으로 법률의 위임범위 내에서 행정해석으로 운영해오던 기준을 대통령령에 규정한 것이다. 저출산·고령화시대에 대응, 임신 이후 유산 또는 사산한 여성근로자의 건강 및 모성보호를 위해 2005년 개정법에서 보호휴가를 부여하였다. 근기법 제74조제3항의 위임에 따라 동법시행령에서 임신기간에 따른 건강회복 정도의 차이에 따라 단계별로 보호휴가를 부여하고 있다. 유산·사산휴가제도의 취지는 정상적인 출산과 아울러 유산 또는 사산한 경우에도 근로자의 건강회복을 위한 휴가가 필요하지만 종전 근기법에 근거가 명확하게 규정되어 있지 않아 실제 사업장에서 유산·사산휴가의 활용이 저조한 실정이었으므로 그 유산·사산휴가급여 지급을 법제화한 것이다.

2. 유산·사산휴가 청구

근기법 제74조제3항에 따라 임신 이후 유산 또는 사산한 근로자가 유산·사산휴가를 청구하는 경우에는 휴가청구사유, 유산·사산 발생일 및 임신기간 등을 적은 유산·사산 휴가신청서에 의료기관의 진단서를 첨부하여 사업주에게 제출하여야 한다(동법시행령 제43조제2항). 근기법상 1인 이상 사업장의 여성근로자는 근로계약의 형태(임시직·일용직·정규직·비정규직)와 관계없이 누구든지 활용할 수 있다. 사산은 출산 때 이미 태아가 사망한 것을 말하나, 태아가 형성되기 전인 임신초기(22주)에는 유산과 사산의 개념을 혼용하여 사용하고 있다.

3. 유산·사산휴가기간

사업주는 유산·사산휴가를 청구한 근로자에게 유산·사산휴가(유산일 또는 사산일을 포함한다)를 주어야 한다(동법시행령 제43조). 유산·사산휴가기간은 유산·사산하기 전까지의 임신기간에 따라 다르다.

임 신 기 간	휴가부여일수
· 11주 이내인 경우	유산·사산한 날부터 5일까지
· 12주 이상 15주 이내인 경우	유산·사산한 날부터 10일까지
· 16주 이상 21주 이내인 경우	유산·사산한 날부터 30일까지
· 22주 이상 27주 이내인 경우	유산·사산한 날부터 60일까지
· 28주 이상인 경우	유산·사산한 날부터 90일까지

휴가기간은 유산·사산한 날부터 기산하므로 근로자가 유산·사산한 날 이후 일정한 기간이 지나서 청구하면 그 기간만큼 휴가기간이 단축된다. 근로자가 1년에 2회 이상 반복적 유산·사산의 경우도 근기법상 유산·사산휴가 요건에 해당되면 연 2회도 가능하다(2010.6.14, 여성고용과-2112).

4. 인공임신중절수술의 경우와 유산·사산휴가의 사용 여부

유산·사산휴가는 자연적인 유산 또는 사산의 경우에만 주어지고 인공임신중절수술의 경우는 보호휴가는 주어지지 않는다. 법률상 금지된 낙태에 대해서까지 산모를 보호하지 않겠다는 취지이다. 다만, 모자보건법 제14조제1항에 따른 경우 외에는 보호휴가를 부여할 의무가 없다. 따라서 허용되는 인공임신중절수술에 따른 유산에는 보호휴가를 주어야 한다.

허용되는 인공임신중절수술(모자보건법 제14조)

· 본인 또는 배우자가 대통령령이 정하는 우생학적 또는 유전학적 정신장애나 신체질환이 있는 경우
· 본인 또는 배우자가 대통령령이 정하는 전염성 질환이 있는 경우
· 강간 또는 준강간에 의하여 임신된 경우
· 법률상 혼인할 수 없는 혈족 또는 인척간에 임신된 경우
· 임신의 지속이 보건의학적 이유로 모체의 건강을 심히 해하고 있거나 우려가 있는 경우

5. 출산전후휴가를 사용하던 중 유산·사산한 경우의 휴가일수

근기법 시행령 제43조제3항은 유산·사산휴가를 청구한 근로자에게 부여해야 하는 휴가기간을 명시하고 있다. 유산·사산휴가는 출산전후휴가와 별도로 유산·사산한 근로자가 건강을 회복하기 위해 보장받아야 하는 최소한의 기간이다. 이미 사용한 출산전후휴가기간을 유산·사산휴가로 보아 남은 기간만 유산·사산휴가를 부여하도록 할 경우 여성근로자가 실제로 활용할 수 있는 휴가기간이 제도 취지에 맞지 않게 줄어들 수 있다. 따라서 이미 사용한 출산전후휴가 사용과 별개로 유산·사산한 시점부터 유산·사산휴가를 부여해야 한다(2015.10.29, 여성고용정책과-3216; 2013.3.28, 여성고용정책과 「출산전후(유산·사산)휴가 관련 시행지침」).

예컨대 임신 16주에 출산전후휴가를 5일 사용한 후에 임신 23주에 유산한 경우에는 임신 23주에 유산하였으므로 유산한 날부터 60일까지 유산·사산휴가를 사용할 수 있다(기존에 사용한 5일을 포함하여 총 65일을 쉴 수 있다). 또한 임신 36주에 출산전후휴가를 90일 신청하여 휴가를 사용하던 중 휴가 11일째 되는 날 유산한 경우에는 임신 37주에 유산하였으므로 유산한 날부터 90일까지 유산·사산휴가를 사용할 수 있다(기존에 사용한 10일을 포함하여 총 100일을 쉴 수 있다).

제26장 배우자출산휴가·난임치료휴가·가족돌봄휴가의 취급을 둘러싼 문제

- 배우자출산휴가·난임치료휴가·가족돌봄휴가의 적정한 행사를 위하여 -

1 배우자출산휴가

1. 배우자 출산휴가의 의의

배우자 출산휴가란 배우자가 출산했을 때 모든 남성근로자가 사용할 수 있는 휴가로서 출산한 여성근로자와 태아의 건강을 보호하고 남성의 출산과 육아 참여를 확대하기 위한 제도이다.

2. 배우자 출산휴가의 규정내용

남녀고용평등법 제18조의2는 배우자 출산휴가제도를 도입하였다. 동조에 의하면 「① 사업주는 근로자가 배우자의 출산을 이유로 휴가를 청구하는 경우에 10일의 휴가를 주어야 한다. 이 경우 휴가기간은 유급으로 한다. ② 제1항 후단에도 불구하고 출산휴가급여 등이 지급된 경우에는 그 금액의 한도에서 지급의 책임을 면한다. ③ 제1항에 따른 휴가는 근로자의 배우자가 출산한 날부터 90일이 지나면 청구할 수 없다. ④ 배우자 출산휴가는 1회에 한정하여 나누어 사용할 수 있다. ⑤ 사업주는 배우자 출산휴가를 이유로 근로자를 해고하거나 그 밖의 불리한 처우를 하여서는 아니 된다」고 규정하고 있다. 배우자 출산휴가제도의 취지는 배우자가 출산시 도움을 줄 수 있도록 10일의 휴가를 부여하되, 그 대상은 출산한 여성 근로자의 배우자인 남성이다.

3. 배우자 출산휴가 기간 및 급여액

(1) 배우자 출산휴가 기간

배우자 출산휴가기간은 10일이다. 휴가기간은 유급휴가이다. 급여액은 통상임금으로 지급하여야 한다. 취업규칙, 단체협약 등으로 10일을 초과한 일수를 부여하고 있다면 10일을 초과하여 사용할 수 있다. 이 경우 유급 여부도 취업규칙 등에 10일을 초과한 유급휴일을 규정하고 있다면 그에 따라야 한다.

(2) 급여액

우선지원대상기업은 최초 5일분을 배우자출산휴가급여로 지원받는다 하더라도 실제 통상임금과의 차액 부분을 근로자에게 지급해야 한다. 사업주는 배우자출산휴가 급여 금액의 한도에서 지급의 책임을 면한다. 배우자 출산휴가는 근로자가 배우자의 출산을 이유로 휴가를 청구하는 경우에는 10일의 휴가를 반드시 부여하는 것이 원칙이나 근로자가 10일 이하로 청구하는 것은 무방하다. 배우자출산휴가기간은 월력상의 일수로 계산(휴일 포함)하는 것이 아니라 배우자 출산휴가기간 중 근로제공의무가 없는 날(휴일 등)이 포함된 경우에는 당해 휴가일수에 산입하지 아니한다(2019.6.14, 여성고용정책과-614). 근로자는 정규직·계약직·파견직 등 비정규직근로자도 청구할 수 있다. 근로자가 회사에 신청해야만 사용할 수 있으며 자동으로 부여되는 것은 아니다.

4. 배우자 출산휴가 사용방법

일반적으로 배우자 출산휴가는 출산일 이후에 사용한다. 그러나 출산을 위한 준비과정 등을 고려하여 휴가기간 안에 출산(예정)일을 포함하고 있다면 출산일 전에 휴가를 사용할 수 있다. 출산일로부터 90일이 지나면 신청할 수 없다.

배우자 출산휴가는 출산 후 30일의 범위 내에서 남성근로자가 필요한 날을 정하여 신청하는 것이므로 특별한 사유가 없는 한 근로자가 지정한 날에 주는 것이 원칙이다. 휴가는 원칙적으로 연속하여 사용해야 하지만 1회에 한정하여 나누어 사용할 수 있다. 분할 사용시 두 번째 사용기간은 출산일로부터 90일 이내에 휴가를 시작해야 한다. 청구기간 도과시 사업주의 배우자 출산휴가 부여 의무는 없다. 단체협약이나 취업규칙에 1회를 초과하여 분할 사용이 가능하도록 규정하고 있거나, 사업주의 동의가 있다면 1회를 초과하여 분할 사용하는 것도 가능하다.

5. 적용범위 및 위반 시 제재

적용범위는 1인 이상 사업장이다. 위반시 제재는 배우자 출산휴가를 부여하지 않았거나, 유급으로 부여하지 않은 사업주에게는 500만원 이하의 과태료를 부과한다.

6. 배우자 출산휴가 관련 보호규정

사업주는 근로자에게 배우자출산휴가를 이유로 해고하거나 그 밖의 불리한 처우를 하여서는 아니된다(남녀고용평등법 제37조제2항 2의2). 이 경우 그 밖의 불리한 처우란 휴직, 정직, 배치전환, 전근, 출근정지, 승급정지, 감봉 등을 통해 근로자에게 경제·정신·생활상의 불이익을 주는 것을 말한다. 위반 시의 제재는 3년 이하의 징역 또는 3천만원 이하의 벌금에 처한다.

2 난임치료휴가

1. 난임치료휴가의 의의

(1) 난임치료휴가의 의의

난임치료휴가란 근로자(남·녀 근로자 모두 해당)가 임신이 곤란할 경우에 인공수정 또는 체외수정 등 임신을 촉진하는 치료를 받기 위하여 청구하는 휴가를 말한다. 모성보호를 강화하여 저출산 해소에 도움이 될 것이다(남녀고용평등법 제18조의3 제1항).

(2) 난임치료휴가의 범위

인공수정, 체외수정 등 의학적 시술행위 당시를 위한 기간을 의미하며, 해당 시술 직후 안정기·휴식기도 포함된다. 다만, 체질개선 및 배란유도를 위한 사전 준비단계 등은 포함하지 아니한다.

체질개선 또는 준비단계는 최소 2~3개월의 기간이 소요되므로 이를 포함할 경우 휴가가 아닌 휴직의 도입이 필요한 것이다.

(3) 난임치료휴가는 분할하여 사용 가능 여부

남녀고용평등법 제18조의3 제1항에서 「연간 3일 이내의 휴가를 주어야 한다」고 규정하고 있으므로 연간 3일 이내라면, 1일 단위로도 분할 사용이 가능하다.

2. 난임치료휴가 기간 및 사용방법

사업주는 근로자가 난임치료휴가를 청구하는 경우에 연간 3일 이내에 휴가를 주어야 하며, 이 경우 최초 1일은 유급으로 한다. 다만 근로자가 청구한 시기에 휴가를 주는 것이 정상적인 사업 운영에 중대한 지장을 초래하는 경우에는 근로자와 협의하여 그 시기를 변경할 수 있다. 난임치료휴가는 3일의 범위 내에서 1일 단위로 분할 사용할 수 있다. 사업주는 난임치료휴가를 이유로 해고, 징계 등 불리한 처우를 하여서는 아니된다(남녀고용평등법 제18조의3 제2항). 난임치료휴가의 신청방법 및 절차 등은 대통령령으로 정한다(남녀고용평등법 제18조의3 제3항).

3. 난임치료휴가의 신청방법 및 절차

종전에는 난임치료휴가를 신청하려는 근로자는 휴가를 사용하려는 날의 3일 전까지 사업주에게 신청하도록 하였으나 근로자가 보다 원활하게 난임치료휴가를 활용할 수 있도록 3일의 사전신청기한을 삭제하였다. 앞으로는 난임치료휴가를 사용하려는 날, 난임치료휴가 신청 연월일 등에 대한 사항을 적은 문서(전자문서를 포함한다)를 사업주에게 제출하는 것으로 대신할 수 있다. 사업주는 해당 근로자에게 난임치료를 받은 사실을 증명할 수 있는 서류의 제출을 요구할 수 있다(남녀고용평등법 제8조의3제3항·동법시행령 제9조의2). 난임치료를 받은 사실을 증명할 수 있는 서류란 의사 또는 의료기관에서 작성하고, 난임치료 예정일이 명기된 서류이면 충분하다.

3 가족돌봄휴가제도

1. 가족돌봄휴가제도의 의의

가족돌봄휴가란 사업주는 근로자가 가족(조부모 또는 손자녀의 경우 본인 외에도 직계비속 또는 직계존속이 있는 등 대통령령으로 정하는 경우는 제외한다)의 질병, 사고, 노령 또는 자녀의 양육으로 인하여 긴급하게 그 가족을 돌보기 위한 휴가를 말하는데 신청하는 경우에 허용하여야 한다. 다만 근로자가 청구한 시기에 휴가를 주는 것이 정상적인 사업 운영에 중대한 지장을 초래하는 경우에는 근로자와 협의하여 그 시기를 변경할 수 있다(남녀고용평등법 제22조의2 제2항).

2. 가족돌봄휴가신청방법 · 가족돌봄휴가기간과 사용횟수

가족돌봄휴가를 신청하려는 근로자는 가족돌봄휴가를 사용하려는 날, 가족돌봄휴가 중 돌보는 대상인 가족의 성명·생년월일, 가족돌봄휴가 신청연월일, 신청인 등을 적은 문서(전자문서를 포함한다)를 사업주에게 제출해야 한다(동법시행령 제16조의2제4항). 가족돌봄휴가기간은 연간 최장 10일로 하며, 일 단위로 사용할 수 있을 것이어야 하되 가족돌봄휴가기간은 가족돌봄휴직기간에 포함된다(남녀고용평등법 제22조의2 제4항제2호).

3. 가족돌봄휴가를 이유로 한 해고 금지

사업주는 가족돌봄휴가를 이유로 해당 근로자를 해고하거나 근로조건을 악화시키는 등 불리한 처우를 하여서는 아니 된다(동조 제5항).

4. 가족돌봄휴가기간의 급여, 근속기간 포함 및 평균임금 산정시 제외

가족돌봄휴가기간은 원칙적으로 무급이며 근속기간에 포함한다. 다만 근기법 제2조제1항제6호에 따른 평균임금 산정기간에서는 제외된다.

제27장 근로시간 단축 청구권

- 근로시간 단축 청구권의 적정한 행사를 위해서 -

1 임신기간 중의 근로시간 단축 허용

1. 임신기간 중의 근로시간 단축과 취지

사용자는 임신 후 12주 이내 또는 36주 이후에 있는 여성 근로자가 1일 2시간의 근로시간 단축을 신청하는 경우 이를 허용하여야 한다. 다만, 1일 근로시간이 8시간 미만인 근로자에 대하여는 1일 근로시간이 6시간이 되도록 근로시간 단축을 허용할 수 있다(근기법 제74조제7항). 사용자는 제74조제7항에 따른 근로시간 단축을 이유로 해당 근로자의 임금을 삭감하여서는 아니 된다(근기법 제74조제8항). 그 취지는 임신 후 12주 이내는 유산의 위험이 가장 높고 임신 36주 이후는 조산의 위험이 높기 때문에 여성근로자와 태아를 보호하고 임신·출산 친화적인 근로환경을 조성할 필요가 있기 때문이다.

2. 임신기 근로시간 단축시 근로시간 허용 방법·휴게시간의 취급

① 근기법 제74조제7항은 근로시간 단축을 허용하고 있을 뿐 구체적인 단축방법을 정하고 있지 않으므로 출근 또는 퇴근시간을 조정하거나 중간에 휴게시간을 부여하는 등 근로시간 단축 방식을 자유롭게 정할 수 있다. 다만, 임신기 근로시간 단축 유형을 제시하여 권고하는 것은 가능하나 임신기 근로시간 단축 유형을 정해두고 해당 유형 중의 하나만 선택하도록 강제하여서는 안된다(2015.5.22, 여성고용정책과-1473).

② 사용자가 임신기간 중의 근로시간은 8시간 미만으로 단축하면서 휴게시간을 1시간에서 30분으로 단축하는 것은 법 위반이 아니다(2015.7.8, 여성고용정책과-1998). 또한 임신기 근로시간 단축 형태는 1일 2시간 단축이나 이는 법으로 정한 최소한의 규정으로서 노사가 합의하였다면 이를 주 단위로 적치하여 사용하더라도 법을 위반한 것으로 볼 수 없다(2017.1.2, 여성고용정책과-46).

2 육아기 근로시간 단축

1. 육아기근로시간단축제도 및 신청요건

육아기근로시간단축제도란 육아휴직을 사용할 수 있는 근로자(만 8세 또는 초등학교 2학년 이하의 자녀가 있는 근로자)가 육아휴직 대신에 근로시간을 주당 15시간 내지 35시간 범위 내에서 근무할 수 있는 제도를 말한다.

육아기근로시간단축제도는 근로자가 자녀를 양육하기 위하여 육아휴직으로 인해 근로자들이 경력단절을 경험하기보다 근로시간을 단축하여 사용할 수 있도록 하는 제도이다. 휴직을 사용하지 않고 근무를 지속하기 때문에 근로자의 경력이 단절되지 않는 장점이 있다. 사업주는 현행 전일제 육아휴직 대신 주 15시간 이상 35시간 이내의 범위에서 근무하는 육아기 근로시간 단축을 근로자가 신청할 경우 허용하여야 한다. 만 8세 이하 또는 초등학교 2학년 이하 자녀를 둔 모든 남녀근로자로서 육아휴직을 다 사용하지 않은 근로자가 사용할 수 있다.

육아기근로시간단축제도는 최대 1년까지 사용할 수 있다. 다만 육아휴직 대신 사용하는 것이므로 육아휴직기간과 합산하여 1년을 초과할 수 없다. 다만, 대체인력채용이 불가능한 경우, 육아기 근로시간 단축으로 인해 정상적인 사업 운영에 중대한 지장을 초래하는 경우 등 대통령령으로 정하는 경우에는 그러하지 아니하다. 사업주가 육아기 근로시간 단축을 허용하지 아니하는 경우에는 해당 근로자에게 그 사유를 서면으로 알려주어야 한다(남녀고용평등법 제19조의2제1항 및 제2항). 신청요건은 육아휴직과 동일하다.

전일제 육아휴직제도를 보완하기 위해 도입한 육아기근로시간단축제도를 활성화함으로써 육아기 근로자들의 선택의 폭을 확대하고 일·가정 양립 지원을 강화한 것이다.

2. 육아기 근로시간 단축의 신청 거부

(1) 신청 거부사유

전일제 육아휴직은 대체인력 활용에 어려움이 크다는 의견이 있어 육아기 근로시간 단축은 근로자가 원하는 경우에 활용될 수 있도록 하되 예외적으로 허용할 수 없는 경우를 명시하였다. 근로자의 육아기 근로시간 단축 신청에 대하여 사업주는 소정의 사유 외에는 거부할 수 없다.

(2) 신청절차

육아기 근로시간 단축을 신청하려는 근로자는 그 단축 예정일 30일 전까지 해당 영유아의 성명과 생년월일, 육아기 근로시간 단축의 개시 및 종료 예정일 등에 관한 사항을 적은 신청서를 사업주에게 제출하도록 하는 등 현행의 육아휴직에 준하여 육아기 근로시간 단축을 신청할 수 있도록 절차를 마련하였다(동법 시행령 제15조).

(3) 신청 거부방법

사업주가 허용하지 않을 경우에는 해당 근로자에게 그 사유를 '서면 통보' 해야 하며, '육아휴직을 사용하게 하거나 그 밖의 조치를 통하여 지원할 수 있는지를 해당 근로자와 협의' 하여야 한다. 사업주가 정당한 사유없이 근로자의 신청을 거부하거나 서면통보 또는 협의의무를 위반할 경우 500만원 이하의 과태료를 부과한다.

3. 육아기 근로시간 단축 후 근로시간

육아기 근로시간 단축 후 근로시간을 주당 15시간 이상 35시간 이내로 정한다. 단축하기 전 근로시간이 반드시 40시간일 필요는 없고 단축 후 근로시간이 주 15~35시간이면 된다. 예를 들면 주 36시간 근무하는 근로자가 주 16시간으로 단축하는 것도 가능하다. 또한 반드시 매일 근무해야 하는 것은 아니므로 일주일에 3일만 근무하고 2일은 휴무하는 방식으로 근로시간 단축을 실시할 수도 있다. 육아휴직을 신청할 수 있는 근로자가 육아휴직 기간 중 사용하지 아니한 기간이 있으면 그 기간을 육아기 근로시간 단축의 기간에 가산할 수 있다(동법 제19조의2 제3항 및 제4항). 15시간 미만의 경우 고용보험 적용제외 근로자가 되므로 최저시간을 15시간 이상으로 규정할 필요가 있으며 상한을 규정하지 않을 경우 단축의 취지가 없어질 우려가 크므로 상한을 규제한 것이다.

육아기 근로시간 단축 후 근로시간이 노사 당사자간 합의로 주당 15시간 미만이거나 35시간을 넘는 경우에도 당사자간에 유효하다. 다만, 이 경우에는 고용보험으로 지원하는 육아휴직장려금 또는 대체인력채용장려금 등 지원금을 지급받을 수 없다. 소정근로시간이 주35시간 미만인 근로자의 근로시간 단축 청구에 대한 수용 여부는 사업주의 재량범위에 해당되지 아니하므로 단축 전 근로시간과 무관하게 근로자는 단축 후 근로시간을 주15시간 이상 35시간 이하로 청구할 수 있다. 사업주는 근로자가 신청한 육아기 근로시간 단축시간을 그대로 수용하는 것이 사업 운영에 중대한 지장을 초래하는 경우가 아니라면 신청한 근로시간 단축을 수용해야 할 것이다(2019.6.14, 여성고용정책과-893).

육아기 근로시간 단축을 하는 근로자의 근로조건은 당사자간에 서면으로 정하도록 하되, 근로시간과 비례하여 정하는 근로조건 외에는 육아기 근로시간 단축을 이유로 근로조건을 불리하게 하여서는 아니 되고, 연장근로는 해당 근로자의 명시적인 청구가 있는 경우에만 주 12시간 한도로 가능하도록 하며, 육아기 근로시간 단축기간은 평균임금 산정기간에서 제외한다(동법 제19조의3).

4. 육아기근로시간단축제도와 분할 사용

육아기근로시간단축제도도 육아휴직과 마찬가지로 1회에 한하여 나누어 사용할 수 있다.

육아기 근로시간 단축 사용방식은 근로자가 육아기근로시간단축제도를 한 번만 사용, 최대 1년까지 사용할 수 있다. 최대 1년인 육아기 근로시간 단축을 상황에 맞춰 1회에 한하여 분할하여 두 번으로 나눠서 사용할 수 있다.

예컨대 2019.1.1부터 2019.12.31(12개월)까지 육아기 근로시간 단축을 사용(합계 1년)할 수 있다. 그러므로 1회만 분할 사용할 수 있으므로 두 번의 육아기근로시간단축제도 사용일의 총합이 10개월이라 하여도 추가로 육아기 근로시간 단축을 사용할 수 없다.

또한 1년 범위에서 '육아휴직' 1회, '육아기근로시간단축제도' 1회로 나누어 사용할 수 있다. 예컨대 2018.1.1부터 2018.5.31(5개월)까지 육아휴직 사용 후 복직하여 근무하다가 남은 기간 2019.1.1부터 2019.7.31까지(7개월) 육아기 근로시간 단축을 사용(합계 1년)할 수 있다.

3 가족돌봄 등을 위한 근로시간 단축 청구권

1. 근로시간단축청구권의 의의

근로시간단축청구권이란 근로자가 자신과 그 가족을 돌보거나, 55세 이상의 근로자가 은퇴를 준비하는 경우 및 근로자의 학업을 위한 경우 등의 사유로 근로시간의 단축을 사용할 수 있는 권리를 말한다(남녀고용평등법 제22조의3 및 제22조의4).

2. 근로시간 단축 신청사유·신청절차 및 예외

(1) 근로시간 단축 신청사유

사업주는 근로자가 다음 어느 하나에 해당하는 사유로 근로시간의 단축을 신청하는 경우에 이를 허용하여야 한다(남녀고용평등법 제22조의3 제1항 본문).

① 근로자가 가족의 질병, 사고, 노령으로 인하여 그 가족을 돌보기 위한 경우
② 근로자 자신의 질병이나 사고로 인한 부상 등의 사유로 자신의 건강을 돌보기 위한 경우
③ 55세 이상의 근로자가 은퇴를 준비하기 위한 경우
④ 근로자의 학업을 위한 경우

(2) 근로시간 단축 신청절차

가족돌봄을 위한 근로시간 단축을 신청하려는 자는 가족돌봄 등 단축개시예정일의 30일 전까지 가족돌봄 등 근로시간 단축 신청사유, 가족돌봄 등 단축개시예정일, 가족돌봄 등 단축종료예정일, 가족돌봄 등 근로시간 단축기간 중 근무개시시각·근무종료시각, 가족돌봄 등 근로시간 단축 신청 연월일 및 신청인 등에 대한 사항을 적은 문서(전자문서를 포함한다)를 사업주에게 제출해야 한다(동법시행령 제16조의7제1항).

(3) 근로시간 단축 신청 예외

사용자는 ① 대체인력 채용이 불가능한 경우, ② 정상적인 사업 운영에 중대한 지장을 초래하거나 ③ 대통령령으로 정하는 경우에는 그 신청을 거부할 수 있다(동조 제1항 단서). 사업주가 근로시간 단축을 허용하지 아니하는 경우에는 해당 근로자에게 그 사유를 서면으로 통보하고 휴직을 사용하게 하거나 그 밖의 조치를 통하여 지원할 수 있는지를 해당 근로자와 협의하여야 한다(동조 제2항).

3. 근로시간 단축 허용시의 근로시간 및 근로시간 단축기간

사업주가 해당 근로자에게 근로시간 단축을 허용하는 경우 단축 후 근로시간은 주당 15시간 이상이어야 하고 30시간을 넘어서는 아니 된다(동조 제3항).

근로시간 단축의 기간은 1년 이내로 한다. 다만 근로시간 단축 허용 사유(①부터 ③까지)에 해당하는 근로자는 합리적 이유가 있는 경우에 추가로 2년의 범위 안에서 근로시간 단축의 기간을 연장할 수 있다(동조 제4항). 이 경우에도 학업은 제외한다.

4. 근로시간 단축과 신분보장·대우

① **해고금지**: 사업주는 근로시간 단축을 이유로 해당 근로자에게 해고나 그 밖의 불리한 처우를 하여서는 아니 된다(동조 제5항).

② **업무 복귀**: 사업주는 근로자의 근로시간 단축기간이 끝난 후에 그 근로자를 단축 전과 같은 업무 또는 같은 수준의 임금을 지급하는 직무에 복귀시켜야 한다(동조 제6항).

5. 가족돌봄 등을 위한 근로시간 단축 중 근로조건 등

(1) 근로조건의 불이익 변경 금지

사업주는 근로시간 단축을 하고 있는 근로자에 대하여 근로시간에 비례하여 적용하는 경우 외에는 가족돌봄 등을 위한 근로시간 단축을 이유로 그 근로조건을 불리하게 하여서는 아니된다(남녀고용평등법 제22조의4 제1항).

(2) 근로조건의 서면 작성

근로시간 단축을 한 근로자의 근로조건(근로시간 단축 후 근로시간을 포함한다)은 사업주와 그 근로자 간에 서면으로 정한다(동조 제2항).

(3) 연장근로제한과 그 예외

사업주는 근로시간 단축을 하고 있는 근로자에게 단축된 근로시간 외에 연장근로를 요구할 수 없다. 다만 그 근로자가 명시적으로 청구하는 경우에는 사업주는 12시간 이내에서 연장근로를 시킬 수 있다(동조 제3항).

(4) 평균임금 산정기간에서 제외

근로시간 단축을 한 근로자에 대하여 근기법 제2조제1항제6호에 따른 평균임금을 산정하는 경우에는 그 근로자의 근로시간 단축기간을 평균임금 산정기간에서 제외한다(동조 제4항).

6. 단축청구권의 시행시기

가족돌봄 등을 위한 근로시간 단축 등의 개정규정은 다음 구분에 따라 시행한다.

(1) 상시 300명 이상의 근로자를 사용하는 사업, 공공기관, 지방공사 및 지방공단 등: 2020년 1월 1일

(2) 상시 30명 이상 300명 미만의 근로자를 사용하는 사업: 2021년 1월 1일

(3) 상시 30명 미만의 근로자를 사용하는 사업: 2022년 1월 1일

제7부

근로시간·휴게·휴일·휴가에 대한 근로감독과 대응

▪ 제28장 근로감독관제도 및 근로감독관의 권한과 의무
▪ 제29장 사업장 지도감독 종류·범위 및 감독결과 조치
▪ 제30장 근로감독관의 시정지시와 기업의 대응방법

제28장 근로감독관제도 및 근로감독관의 권한과 의무

- 근로감독의 적정한 행사를 위해서 -

1 감독기관의 조직

근기법의 강행적·보충적 효력과 벌칙은 이른바 근기법 위반에 대한 사후적 구제이다. 근기법 등의 실효성 확보를 위해서는 위반행위의 방지를 목적으로 하여 사용자를 지도·감독하는 전문적 행정기관에 의한 행정감독이 필요하다. 그러므로 근기법 제12장(제101조~제106조)에서 감독기관에 관하여 규정하고 있다. 근기법은 이 행정감독기관으로서 고용노동부 노동정책실 산하에 근로기준정책관을 둔다. 고용노동부 노동정책실에 2021년 4월 15일까지 존속하는 한시조직으로 근로감독정책단을 둔다(2019.4.16부터 2021.4.15까지 2년간). 고용노동부에 디지털 포렌식팀을 신설하였다. 전자화된 업무환경 변화를 반영하여 전자문서 복원·분석, 스마트폰 송수신 내역 조사 등을 담당하는 디지털 증거분석팀을 2019년 4월부터 가동하고 있다. 디지털 증거분석팀은 근로시간 위반, 부당노동행위, 불법파견 등 고도화되는 노동분야 사건에 대한 수사 역량이 대폭 강화되어 위반사례를 정확히 적발하고 있다. 전국 각 지방노동청과 각 주요도시에는 지방노동청지청을 설치하여 근로감독관(산업안전 포함)을 배치하고 있다.

이들 감독기관은 국가의 직속기관으로서 모두 고용노동부장관의 직접 관리하에 있다. 그리고 이들 감독기관에는 근로감독관 기타 필요한 직원이 배치되고 있다. 각 기관에 배치되는 근로감독관의 자격, 임면과 직무배치에 관해서는(근기법 제101조제2항) 「근로감독관규정」(2007.6.29, 대통령령 제20142호)에서 이를 규정하고 있다.

고용노동부 근로 · 산업안전감독관 현황

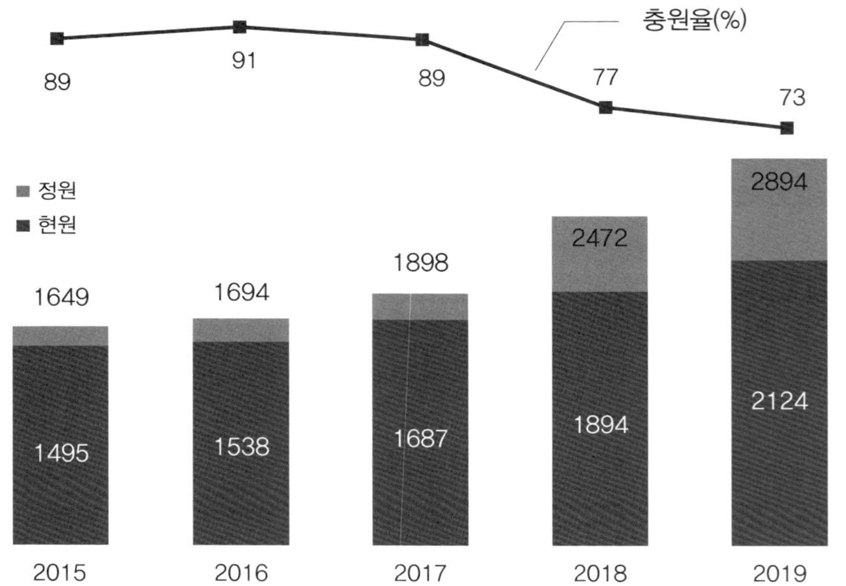

※연도 말, 2019년은 6월 말 기준

자료: 고용노동부

2. 디지털 포렌식 근로감독 강화

(1) 디지털 포렌식 근로감독 강화

고용노동부의 노동관계법 위반 수사와 근로감독이 첨단화하고 있다. 과거에는 종이서류 확인이나 대면수사 중심이었지만 최근에는 검찰에서 주로 활용하는 수사 기법인 '디지털 포렌식(digital forensic)'을 활용한 첨단 수사 기법이 동원되는 사례가 크게 늘고 있다. 법 위반 사범을 적발하고 행정 효율성을 제고하는 긍정적 측면이 크지만 일각에서는 과도한 정보수집으로 근로감독과 무관한 기업 경영상 비밀 노출 등 부작용이 우려된다는 지적도 나온다. 또한 검찰 수사보다 근로감독의 예리함·정확성 때문에 기업들이 벌벌 떨고 있다는 말도 들린다.

디지털 포렌식은 컴퓨터, 스마트폰, 폐쇄회로TV(CCTV), PC데이터 복구·카톡 분석·통신기록 추적 등 디지털 자료의 위·변조 탐지, 복원, 문서 분석 등을 통해 증거를 찾는 과학수사 기법이다. 혈흔이나 지문을 통해 범인의 단서를 찾는 과학수사(포렌식)에서 유래했다. 고용노동부가 근로감독에 디지털포렌식 기법을 도입한 것은 2016년 7월 서울지방고용노동청 광역근로감독과에 디지털증거분석팀을 신설하면서다. 2018년 8월부터는 중부·부산·대구·광주·대전 등 전국 6개 지방고용노동청으로 확대 운영하고 있다. 기존의 재래식 수사의 한계를 극복하기 위한 첨단 수사 기법이다.

(2) 디지털 포렌식 근로감독 현황

위반사항 / 연 도	근로시간 위반	임금 체불	부당노동행위	부정수급	합 계
2017년	101건	17건	30건	3건	245건
2018년	41건	41건	43건	30건	251건
2019년 6월	139건	78건	28건	37건	418건

고용노동부는 2019년 상반기 노동관계법 수사 및 근로감독 과정에서 총 418건의 디지털 포렌식 기법이 활용됐다. 2017년 245건, 2018년 251건에 비하면 크게 늘어난 수치다. 2019년 6월 디지털포렌식을 활용한 수사 중에는 근로시간 위반 관련이 139건으로 가장 많았다. 2018년 7월부터 300인 이상 사업장의 주52시간제가 시행되면서 연장근로 관련 진정이 증가한 영향으로 해석된다. 임금체불 관련은 78건, 부정수급은 37건이었다. 고용노동부가 밝힌 주요 사례를 보면 A기업이 임신한 직원에게 연장근로를 시키고 임신 사실을 몰랐다고 하자 사내메신저 대화 기록을 분석해 인사담당자의 사전 인지 사실을 확인하고 시정명령을 내렸다. 임신부의 연장근로는 근기법으로 금지돼있다. 임금을 지급하지 않기 위해 가족 명의의 계좌로 회사 자금을 빼돌린 사업주는 자체 개발한 금융계좌 분석 프로그램을 활용해 혐의를 입증하기도 했다.

2 근로감독관 권한과 의무

> **근기법 제102조【근로감독관의 권한】** ① 근로감독관은 사업장, 기숙사, 그 밖의 부속 건물에 현장조사하고 장부와 서류의 제출을 요구할 수 있으며 사용자와 근로자에 대하여 심문할 수 있다.
> ② 의사인 근로감독관이나 근로감독관의 위촉을 받은 의사는 취업을 금지하여야 할 질병에 걸릴 의심이 있는 근로자에 대하여 검진할 수 있다.
> ③ 제1항 및 제2항의 경우에 근로감독관이나 위촉을 받은 의사는 그 신분증명서와 고용노동부장관의 현장조사 또는 검진지령서를 제시하여야 한다.
> ④ 제3자의 현장조사 또는 검진지령서에는 그 일시, 장소 및 범위를 분명하게 적어야 한다.
> ⑤ 근로감독관은 이 법이나 그 밖의 노동관계법령 위반의 죄에 관하여「사법경찰관리의직무를행할자와그직무범위에관한법률」에서 정하는 바에 따라 사법경찰관의 직무를 행한다.

일선 감독행정을 담당하는 것은 지방노동청 또는 지방노동지청의 근로감독관이며 그 권한은 중요하다. 근로감독관은 근로감독관집무규정(2019.9.1, 고용노동부훈령 제291호), 별표 3에 따라 권한을 행사한다.

1) 행정상의 권한

근로감독관은 현장조사, 심문, 장부서류의 제출요구, 근로자의 검진을 할 권한이 있다(근기법 제102조). 이것은 어디까지나 행정상의 권한이다. 근로감독관이나 고용노동부장관의 행정지도, 행정지시는 그것 자체로 어떤 법률효과가 발생하는 것은 아니므로 행정법상의 행정처분이 아니며 따라서 행정소송의 대상이 되지 않는다(대법 2015.3.12, 2014두43974). 그러나 근로감독관의 시정지시는 법 위반의 혐의가 있는 사항에 대하여 이루어는 것이 대부분일 것이고 법 위반에 대한 수사단계로 이행될 수 있으므로 감독기능은 근로자보호에 중요한 역할을 한다(2005.9.9, 근로기준팀-4). 범죄수사의 경우에는 형사소송법상의 절차에 따른다.

2) 사법경찰관으로서의 권한

근로감독관은 근기법 그 밖의 노동관계 법령 위반의 죄에 관하여 「사법경찰관리의직무를행할자와그직무범위에관한법률」이 정하는 바에 따라 사법경찰관의 직무를 행하는 데에 비밀엄수의무가 부과되고 있다(근기법 제103조). 근로감독관은 전문적 행정감독관이며 각자에 대하여 특별한 권한이 부과되고 또 신분보장을 받는다.

(3) 근로감독관의 의무

근로감독관은 직무상 알게 된 비밀을 엄수하여야 한다. 근로감독관을 그만 둔 경우에도 또한 같다(근기법 제103조).

제29장 | 사업장 지도감독 종류 · 범위 및 감독결과 조치

- 사업장 지도감독의 정확한 이해와 대응을 위하여 -

1 사업장 근로감독의 정의 · 종류 및 범위치

1. 사업장 근로감독의 의의

(1) 사업장 근로감독의 정의

사업장 근로감독(이하 "사업장감독"이라 한다)이란 감독관이 근로조건의 기준을 확보하기 위하여 사업장, 기숙사 그 밖의 부속건물에 임검하여 노동관계법령 위반 여부를 점검하고 법 위반사항을 시정하도록 하거나 행정처분 또는 사법처리하는 일련의 과정을 말한다(근로감독관집무규정 제11조). 근로감독관의 가장 기본적이고 오래된 업무 중의 하나이다.

(2) 사업장 근로감독의 기능

사업장에 대한 감독활동은 노동법 위반사항을 적발하여 법에 따라 조치하는 본연의 집행적 기능뿐만 아니라, 노사 모두의 책임 있는 법 준수 노력을 조장하고, 노사관계를 둘러싼 다양한 문제의 발생을 사전에 예방하여 궁극적으로는 기업의 생산성 향상에도 도움을 주는 역할을 담당한다.

(3) 사업장 근로감독의 필요성

새로운 형태의 기업의 발생, 근무형태 및 근로조건이 다양화되는 추세이고 기업 및 근로자간 양극화 문제 심화 등 시장경제에서 열악한 지위에 있는 취약계층근로자의 근로조건 침해가능성이 높아지고 있어 이에 대한 보호의 필요성이 증대되고 있다.

(4) 사업장 근로감독의 효과

사업장 감독은 사업주의 노동관계법령 위반사항을 지적하여 시정시킴으로써 근로조건을 개선하는 데 1차 목적이 있다.

근로감독관이 집행하는 법규정을 위반하거나 이의 준수를 태만히 한 자는 사전 경고 없이 즉각적 사법절차의 대상이 된다.

그러나 근로조건 위반사항이 발견되었다 하여 즉각적으로 사법처리하는 것이 근로조건을 개선한다고 보기 어렵기 때문에 일정기간의 시정기간을 통하여 침해받은 근로조건을 회복시켜 주는 것이 중요하다.

이러한 의미에서 근로감독을 시행하여 법 위반사항이 발견되는 경우라도 근로감독관집무규정에서는 시정기간을 주어 시정조치할 수 있도록 조치기준을 명시하고 있다.

ILO 제81호 협약에서는, 시정조치 또는 예방조치를 이행하기 위한 예고가 필요한 경우 국내법규로 예외를 정할 수 있도록 규정하고 있다(공업 및 상업부문에서 근로감독에 관한 협약, 1947년).

2. 근로감독관집무규정의 중요성

(1) 고용노동부 해석 예규

고용노동부는 해석 예규나 각종 업무지침, 가이드라인을 마련하여 근기법의 해석이나 관계 법령상의 관계에 대해 통일적인 기준을 설정하여 전국의 지방고용노동청 또는 지방고용노동지청에 시달하고 감독관은 이를 숙지할 필요가 있다. 예컨대 정기상여금의 평균임금 산입 여부나 퇴직의 효력발생시기에 대해서 고용노동부뿐만 아니라 근로복지공단의 보상산정에 있어서 너무도 중요하다. 고용노동부 예규 제96호(2015.10.14)「평균임금 산정상의 상여금 취급요령」이나 예규 제100호(2015.11.6)「퇴직의 효력발생시기」에 관한 것들이다. 2019.6.30. 현재 근로감독관 정원이 2,894명(현원 2124명)인 상태에서 근로감독관마다 법령해석을 달리한다면 그 혼란은 노동행정뿐만 아니라 기업주, 근로자에게도 막대한 영향을 미친다.

(2) 고용노동부 훈령

훈령이란 상급관청의 하급관청에 대한 지휘명령권의 행사이다. 근기법 위반사항에 대한 처리기준뿐만 아니라 근기법상 고용노동부장관의 승인·인가·신고사항에 대하여 통일적인 승인, 인가기준이나 신고사건 심사기준이 있어야 혼란을 막을 수 있고 효율적인 업무수행이 가능하기 때문이다. 예컨대 근기법(제63조제3호)에 의한 승인사항인 감시·단속적 근로자에 대한 근로시간·휴게·휴일 적용제외 승인 기준은 고용노동부훈령 제291호(2019.9.1) 제68조에 규정되어 있고 임산부와 연소근로자에 대한 야간근로 및 휴일근로(근기법 제70조제2항)에 대해서는 고용노동부장관의 인가가 있어야 하는 바 「근로감독관집무규정」 제71조에 인가 요건이 명시되어 있다. 또한 근기법 제93조에 의한 취업규칙 신고에 있어서도 「근로감독관집무규정」 제74조에 신고파악·지도기준을 상세히 규정하고 있다.

(3) 근로감독관집무규정

근로감독관집무규정(2019.8.30. 개정 2019.9.1. 시행 고용노동부 훈령 제291호)은 근로감독관에게 가장 막중한 감독업무수행상의 기본 텍스트이다. 전국 모든 근로감독관은 이 훈령에 따라 근기법 위반 사항에 대하여 신고(진정, 탄원, 민원 등), 고소·고발, 인지사건 등을 처리하게 된다. 위반사건의 착수에서 종결까지 모든 절차가 이 훈령에 따라 전개된다.

2 사업장감독의 종류

사업장감독의 종류는 다음 각 호와 같다(근로감독관집무규정 제12조).

1. 정기감독: 제13조의 사업장근로감독종합(세부)시행계획에 따라 실시하는 근로감독
2. 수시감독: 사업장근로감독종합(세부)시행계획이 확정된 이후 정기감독계획에 반영하지 못한 사항 중 다음 각 목의 어느 하나에 해당하는 사업장 또는 업종을 대상으로 별도의 계획을 수립하여 실시하는 근로감독
   가. 동향, 제보, 언론보도 등을 통하여 노동관계법령 위반 가능성이 있다고 판단되는 사업장
   나. 근로감독 청원 등이 접수되어 사업장 감독이 필요하다고 인정되는 사업장
   다. 제3장에 따른 신고사건을 처리하는 과정에서 해당 사업장의 다수의 근로자에 대한 노동관계법령 위반의 가능성이 있다고 판단되는 사업장
   라. 위 각 목의 어느 하나에 해당하거나 그에 준하는 사유가 있는 사업장 또는 업종에 대하여 본부에서 수시감독 계획을 시달한 경우
3. 특별감독: 다음 각 목의 어느 하나에 해당하는 사업장에 대하여 노동관계법령 위반사실을 수사하기 위해 실시하는 근로감독
   가. 노동관계법령 · 단체협약 · 취업규칙 및 근로계약 등을 위반하는 중대한 행위로 인하여 노사분규가 발생하였거나 발생 우려가 큰 사업장
   나. 임금 등 금품을 지급기일 내에 지급하지 아니하여 다수인 관련 민원이 발생하거나 상습체불 등으로 사회적 물의를 일으킨 사업장
   다. 불법파견 또는 기간제 · 단시간 · 파견근로자에 대한 차별적 처우 등으로 사회적 물의를 일으킨 사업장
   라. 폭언, 폭행, 직장 내 성희롱, 괴롭힘 등 근로자에 대한 부당한 대우로 사회적 물의를 일으킨 사업장
   마. 위 각 목의 어느 하나에 해당하거나 그에 준하는 사유가 발생할 우려가 있는 사업장에 대하여 본부에서 특별감독계획을 시달한 경우

사업장 감독의 종류는 정기감독, 수시감독, 특별감독이 있다.

1) 정기감독

정기감독은 사업장근로감독종합(세부)시행계획에 따라 근로감독이 필요하다고 판단되는 사업장에 대해 일정한 기준에 따라 대상자를 선정하여 실시한다. 모든 감

독 대상 사업장에 대해 현장 조사 전 감독계획을 사전통보(보통 10일전 통보)해 사업장 스스로 노동관련법령을 준수하고 자율적으로 시정할 수 있는 충분한 기회를 부여한다. 정기감독시에는 기초노동질서, 5대 핵심분야, 5대 취약계층분야, 지역특성분야로 나눠 부분점검을 실시한다.

〈기초노동질서와 5대 핵심분야 정기감독 개요〉

① 기초노동질서: 임금체불, 최저임금 등 기초노동질서위반 가능성이 높은 업종 대상 감독
② 임금체불: 반복·상습 체불사업장 대상 감독
③ 비정규직: 소속 외 노동자 다수 활용 업종·사업장에 대해 파견·사내하도급 감독
④ 노동시간: 노동시간 단축 적용 사업장 중 장시간 노동이 만연한 업종 대상 감독
⑤ 부당노동행위: 부당노동행위 의심 사업장 대상 감독
⑥ 근로복지: 우리사주조합·사내근로복지기금 법인 대상 감독

〈5대 취약계층 정기감독 개요〉

① 외국인: 농축산업·어업 등 외국인 노동자를 다수 고용한 취약업종 대상 감독
② 장애인: 장애인 다수 고용 사업장 대상 감독
③ 여성: 직장 내 성희롱 및 고용상 성차별 의심 사업장 대상 감독
④ 건설노동자: 퇴직공제 의무가입 건설 현장의 원청 및 하청업체 대상 감독
⑤ 공공분야 용역노동자: 공공기관 및 국·공립대 용역업체 대상 감독

2) 수시감독

수시감독은 사업장 근로감독종합(세부)시행계획이 확정된 이후 정기감독계획에 반영하지 못한 사항 중 법령 제·개정, 사회적 이슈가 제기된 분야를 중심으로 별도 계획을 수립해 종합점검을 실시하는 감독을 말하며, 근로감독 청원 대상 회사도 포함된다. 이는 노동관계법 위반 징후가 높은 업종을 대상으로 수시감독을 실시해 법 위반의 근본적인 원인을 파악해 개선방향을 제시하기 위한 것이다.

① 동향, 제보, 언론보도 등을 통하여 노동관계법령 위반의 가능성이 있다고 판단되는 사업장
② 근로감독 청원 등이 접수되어 사업장 감독이 필요하다고 인정되는 사업장
③ 근로감독관집무규정 제3장에 따른 신고사건을 처리하는 과정에서 해당 사업

장의 다수의 근로자에 대한 노동관계법령 위반의 가능성이 있다고 판단되는 사업장

④ 위의 어느 하나에 해당하거나 그에 준하는 사유가 있는 사업장 또는 업종에 대하여 본부에서 수시 감독계획을 시달한 경우

3) 특별감독

특별감독은 폭행, 성희롱, 괴롭힘 등 사회적 물의를 일으킨 사업장에 대해 별도의 계획을 수립하여 종합점검을 실시하는 감독을 말하며, 법 위반에 대해 엄정한 대응이 목적이다. 2018년 한국인터넷기술원이나 대한항공 사례 등이 있다.

근로감독관집무규정 제12조제3호에 의하면 특별감독은 다음의 어느 하나에 해당하는 사업장에 대하여 노동관계법령 위반사항을 수사하기 위하여 실시하는 근로감독이다.

① 노동관계법령 · 단체협약 · 취업규칙 · 근로계약 등을 위반하는 중대한 행위로 인하여 노사분규가 발생하였거나 발생할 우려가 큰 사업장

② 임금 등 금품을 지급기일 내에 지급하지 아니하여 다수인 관련 민원이 발생하거나 상습체불 등으로 사회적 물의를 일으킨 사업장

③ 불법파견 또는 기간제 · 단시간 · 파견근로자에 대한 차별과 처우 등으로 사회적 물의를 일으킨 사업장

④ 폭언, 폭행, 직장 내 성희롱, 괴롭힘 등 근로자에 대한 부당한 대우로 사회적 물의를 일으킨 사업장

⑤ 위의 어느 하나에 해당하거나 그에 준하는 사유가 발생할 우려가 있는 사업장에 대하여 본부에서 특별감독계획을 시달한 경우

(3) 사업장감독의 범위

① 사업장감독은 「근로감독관집무규정」 별지 제11호서식의 감독점검표에 따라 노동관계법령 관련 사항 전반에 걸쳐 종합적으로 실시함을 원칙으로 한다. 다만, 감독종합계획에서 그 범위를 따로 정하거나 사업장감독의 목적에 따라 달리 정할 수 있다(근로감독관집무규정 제14조).

② 제12조에 따른 사업장감독 중 정기·수시감독은 실시일 전 1년간, 특별감독은 실시일 전 3년간 해당 사업장에서 이루어진 노동관계법령 관련 사항을 대상으로 한다. 다만, 노동관계법령 위반 행위가 그 이전부터 반복되거나 그 이전에 법 위반 행위가 있었다고 판단할 만한 상당한 이유가 있는 경우에는 점검 종료일 현재 공소시효가 완료되지 아니한 법 위반사항까지 감독대상을 확대할 수 있다.

③ 사업장 감독 과정에서 해당 사업장과 도급계약 또는 근로자파견계약 등의 관계가 있는 사업장에서 노동관계법령 위반사실이 있다고 판단되는 경우에는 해당 도급업체·수급업체·근로자파견업체·파견근로자 사용업체 등에 대해서도 사업장 감독을 실시할 수 있다.

(4) 사업장 감독 실시 방법

① 감독관은 사업장감독을 실시할 때에는 「근로감독관증규칙」에 따라 발급된 근로감독관증과 「근기법 시행규칙」별지 제21호서식의 임검 또는 검진지령서를 제시하여야 한다(근로감독관집무규정 제19조제1항).

② 임검 또는 검진지령서 발급은 별지 제12호서식의 임검 또는 검진지령서발급대장에 기재하여 과장의 결재를 받아야 한다(동조 제2항).

③ 사업장감독은 사업장에 출장하여 실시함을 원칙으로 한다(동조 제3항).

④ 감독관은 사업장감독을 개시하기 전에 사용자와 다음의 어느 하나에 해당하는 자(이하 "근로자대표"라 한다)를 면담하여 감독의 목적과 선정사유 등을 설명하고, 근로조건 및 노무관리 실태 등을 미리 파악하여야 한다. 다만, 상시근로자 30인 미만 사업장에 대해서는 근로자 대표 면담을 생략할 수 있다(동조 제4항).

(가) 근로자의 과반수로 조직된 노동조합이 있는 경우에는 그 노동조합의 대표자

(나) 근로자의 과반수로 조직된 노동조합이 없는 경우에는 근로자 대표 또는 노사협의회 근로자위원

(다) 제1호 및 제2호에 해당하는 자가 없는 경우에는 감독관이 지명하는 근로자

⑤ 사업장감독은 별표 2에 기재된 장부와 서류의 제출을 요구하여 이를 점검·확인하는 방법으로 한다(동조 제5항).

⑥ 감독관은 사업장감독 결과 위법사항이 확인된 경우 별지 제11호서식의 감독

점검표에 그 내용을 기재한 후 사용자와 근로자대표의 기명날인 또는 서명을 받고 관련서류의 사본을 확보하는 등 증거보전에 만전을 기하여야 한다(동조 제6항).

⑦ 감독관은 사업장감독을 실시한 후 필요한 경우 해당 사업장의 사용자와 근로자대표에게 감독결과 및 향후 조치계획을 설명하여야 한다(동조 제7항).

⑧ 사용자 또는 근로자대표가 별지 제11호 서식의 감독점검표에 기명날인 또는 서명을 거부할 때에는 거부 이유를 명시하고 기명날인 또는 서명을 받지 아니할 수 있다(동조 제8항).

(5) 감독결과 조치

① 감독관은 사업장감독 결과 확인된 위법사항에 대하여는 별표3 및 별표4의 위반사항 조치기준에 따라 처리하되 다음 각 호의 어느 하나에 해당하는 경우에는 즉시 범죄인지 또는 과태료 부과 등의 조치를 하여야 한다. 다만 본부에서 위반사항과 조치해야 할 내용 등을 고려하여 별도의 조치기준이 시달된 경우에는 이에 따른다(근로감독관집무규정 제21조).

1. 제12조제3호에 따른 특별감독 결과 위법사항을 확인한 경우
2. 감독실시일 기준 최근 3년간 근로감독결과 별표3 또는 별표4 조치기준의 동일한 사항을 다시 위반한 경우
3. 근로조건 자율개선 지원을 받은 사용자가 점검결과를 허위로 보고한 경우
4. 고의 또는 중과실로 주요 근로조건을 위반하여 사회적 물의를 일으켜 즉시 범죄인지 또는 과태료 부과가 필요하다고 판단되는 경우

② 감독관은 시정대상인 위반사항에 대하여는 감독결과 보고 즉시 위반사항, 시정방법, 시정기한 등을 구체적으로 기재한 별지 제14호서식의 시정지시서를 발부하여야 하며, 사용자가 시정지시한 내용을 해당 사업장의 근로자가 잘 볼 수 있는 장소에 게시하도록 지도하여야 한다.

③ 제2항의 시정지시서는 과장의 결재를 받아 별지 제15호서식의 시정지시서 발급대장에 기재하고 발부하여야 한다.

현장조사감독의 프로세스

현장조사감독은 일반적으로 다음과 같은 순서로 진행된다.

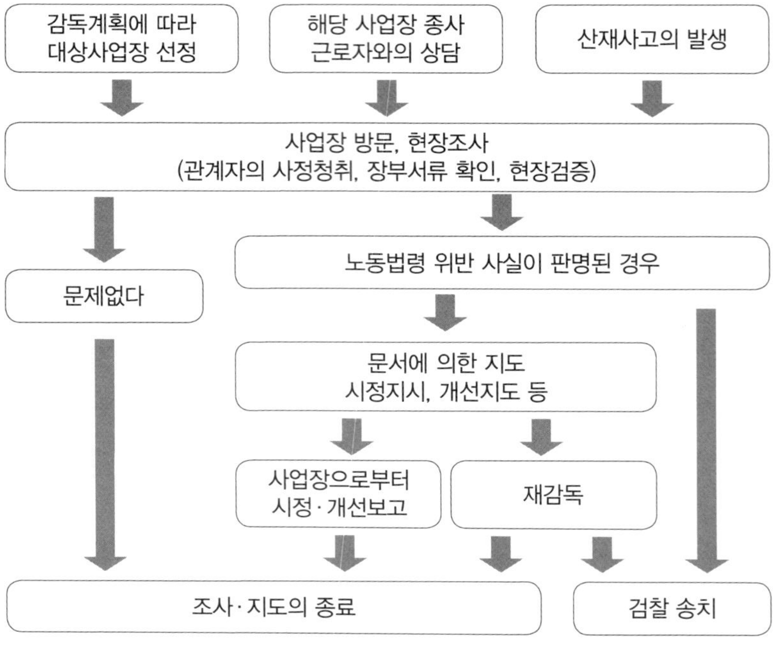

④ 감독관은 사용자가 부득이한 사유로 제2항의 시정지시서에서 정한 기한 내에 시정하지 못하여 시정기한 연장을 요청한 때에는 별표 3 및 별표 4의 조치기준에도 불구하고 1차 시정기간의 범위에서 시정기간을 연장할 수 있다. 다만, 과태료 부과에 해당하는 위법사항의 시정기간 연장은 7일 이내로 한다.

⑤ 제4항의 요청은 제2항 시정지시서에 정한 기간 내에 하여야 한다.

⑥ 동일 사업장에 시정기간을 달리하는 2건 이상의 법 위반 사항을 동시에 시정지시한 경우, 시정 여부의 확인은 사안별로 하여야 한다. 다만, 시정결과 보고는 시정기간이 가장 긴 사안을 기준으로 1회의 보고로 갈음할 수 있다.

제30장 근로감독관의 시정지시와 기업의 대응방법

- 연장근로 위반 등 시정조치와 합리적 대응을 위하여 -

1 시정지시의 의의 및 법적 성격

1. 시정지시의 의의

근로감독관은 현장조사, 심문, 장부서류의 제출요구, 근로자의 검진을 할 권한이 있다(근기법 제102조). 이것은 어디까지나 행정상의 권한이다. 시정지시란 근로감독관에 의한 정기·수시·특별감독 등 각종 조사에서 해당 사업장이 노동법령 위반 사실이 확인된 경우에 작성하는 서면이다.

근로감독관 시정지시서 예시

위반법조항	시정지시내용	시정기한	비 고
근기법 제17조제1항	사용자는 임금의 구성항목, 계산방법, 지급방법, 소정근로시간, 휴일, 휴가, 그 밖에 대통령령으로 정하는 사항에 대해 서면으로 명시하고 이를 교부하여야 하나, 근로자 조○○의 근로조건을 명시하고 교부하지 않은 사실을 확인하고 시정지시하니, 이를 이행하고 증빙자료(근로계약서 사본 등)를 제출하여 주시기 바랍니다.	2020.3.31	증빙자료 제출방법 팩스: 0505-130-0000 이메일: ○○○@korea.kr 우편: ○○지방노동청 앞
근기법 제53조제1항	당사자간 합의로 1주간 12시간을 한도로 근기법 제50조에 따른 근로시간을 연장할 수 있으나, 조○○외 10명에게 1주간 12시간을 초과하여 연장근로를 하게 한 사실을 확인하였고, 귀사에서 제출한 근로시간 단축계획서를 검토한 결과 적정하다고 판단되어 시정지시하니 개선계획서대로 시행하고 그 결과(출퇴근기록 등 근로시간 단축 사실을 증빙할 자료)를 시정기한 내에 제출하여 주시기 바랍니다.	2020.6.1	

2. 시정지시의 법적 성격

근로감독관이나 고용노동부장관의 행정지도, 시정지시는 그것 자체로 어떤 법률효과가 발생하는 것은 아니므로 행정법상의 행정처분이 아니며 따라서 행정소송의 대상이 되지 않는다(대법 2015.3.12, 2014두43974; 대법 1995.11.21, 95누9099). 시정지시에 대해서는 행정심판법이나 행정소송법에 따라 불복신청이나 취소소송을 제기할 수 없다. 그러나 근로감독관의 시정지시는 법 위반의 혐의가 있는 사항에 대하여 이루어는 것이 대부분일 것이고 법 위반에 대한 수사단계로 이행될 수 있으므로 감독기능은 근로자보호에 중요한 역할을 한다(2005.9.9, 근로기준팀-4). 범죄수사의 경우에는 형사소송법상의 절차에 따른다.

3. 근로감독관의 시정지시에 포함되는 내용

근로감독관은 조사결과 위반된다고 판단되는 경우「법조항 등」,「위반사항」,「시정기한」을 구체적으로 기재한 시정지시서를 발부하여 사업장 담당자에게 교부한다(근로감독관 집무규정 제21조제3항). 조사현장에서 교부하지 아니한 경우에는 후일 지방노동관서에 출석을 촉구하여 교부한다. 또한, 교부 시에는 수령 란에 서명 또는 날인을 요구한다.

2 근로감독관의 시정지시 방법

1. 시정지시 방법

2018.7.1부터 300인 이상의 근로자를 사용하는 사업은 주 최대 52시간(주 법정근로시간 40시간+주 법정 연장근로시간 12시간)까지 근로를 시킬 수 있다. 이를 위반할 경우에는 근기법 상의 벌칙(2년 이하의 징역 또는 2천만원 이하의 벌금)이 적용된다. 근기법 등 노동관계법을 위반하는 경우에는 바로 벌칙을 적용하기 이전에 근로감독관에 의한 감독(정기감독·수시감독·특별감독)을 받게 되고 근로감독관은 고용노동부 훈령(제245호, 2018.6.29 개정, 2018.7.1 시행)인 「근로감독관집무규정」에 따라 시정지시, 즉시 시정, 즉시 범죄인지 등으로 사건을 처리한다.

2. 시정기한의 한도

시정지시서에 기재되는 시정기한은 근로감독관집무규정 별표 3, 4에 명시된 기간을 고려해 부여한다. 위반한 항목에 따라 시정 완료할 기한이 다르다. 시정기회를 부여하지 않고 즉시 범죄인지하는 사항부터, 즉시 시정할 사항, 7일 이내, 14일 이내, 25일 이내 등의 시정기한을 부여하게 된다. 2019년 개정된 최저임금법에 따라 취업규칙 변경이 필요한 경우나 1주 12시간의 연장근로 한도를 위반해 이를 시정해야 할 경우 최장 3개월까지 시정할 기회를 부여한다. 구체적인 내용은 아래와 같다. 근로감독은 노동관계법 위반에 대해 처벌보다 자율적으로 해결하도록 유도하려는 목적에서 시정기회를 부여하고 있다.

시정기간 관련 별표

시정기간	시정 대상(대표적인 사항만 일부 명시함)
즉시 범죄인지	강제근로, 폭행, 중간착취, 위약예정, 전차금, 강제저축, 취업방해, 직장 내성희롱 피해자 불이익조치 등
즉시 시정	최저임금액 미달, 육아휴직 미부여, 주휴일 미부여 등
시정기간 7일 이내	주요 근로조건 서면 미명시, 근로자명부 미비치, 계약서류 미보존, 근로시간위반, 임금대장 미작성 등

시정기간	시정 대상(대표적인 사항만 일부 명시함)
시정기간 14일 이내	각종 금품 미청산 등
시정기간 25일 이내	성희롱예방교육 미시행, 차별대우, 해고예고 미이행, 연차유급휴가 미부여, 취업규칙 신고 등
시정기간 3개월 이내	연장근로한도위반(53조), 휴게시간 미부여(54조) 등
특 례	2019년 개정된 최저임금법과 관련해 임금체계 개편을 위해 취업규칙 개정이 필요한 경우 최장 3개월까지 시정기간 부여

3. 시정기한의 연장

(1) 시정기한의 연장의 허용 여부

근로감독관 집무규정 제21조제4항에 따라 사용자가 부득이한 사정이 있어 시정기한을 넘길 우려가 있다면 1차 시정기한 내에 담당 근로감독관에게 문서로 시정기한 연장요청을 하면 된다. 주의할 점은 위반 내용이 여러 건이어서 시정기한이 서로 다르다면, 각각의 1차 시정기한 내에 연장요청을 해야 한다. 예를 들어 위반사항 A의 경우 시정기한이 7일, B의 경우 시정기한이 14일이 주어진 상황에서 10일이 지난 시점에 시정기한 연장요청을 한다면 A는 연장이 불가해 시정 불응에 대한 처분을 하게 되며, B에 대해서만 연장조치가 이뤄지게 된다.

(2) 시정기한의 연장을 요청할 경우 구두로 하여도 되는지 여부

연장조치하는 방법에 대하여 특정되어 있지는 않으나 시정기간 내에 시정하지 않으면 범죄인지 후 수사에 착수하도록 하는 규정에 비추어 연장신청이나 연장조치는 시정기간 내에 문서로서 명확히 하는 것이 바람직하다.

근로감독관집무규정 제21조【감독결과의 조치】

④ 감독관은 사용자가 부득이한 사유로 제2항의 시정지시서에서 정한 기한 내에 시정하지 못하여 시정기한 연장을 요청한 때에는 별표 3 및 별표 4의 조치기준에도 불구하고 1차 시정기간의 범위에서 시정기간을 연장할 수 있다. 다만, 과태료 부과에 해당하는 위법사항의 시정기간 연장은 7일 이내로 한다.

⑤ 제4항의 요청은 제2항 시정지시서에 정한 기간내에 하여야 한다.

(3) 시정기간 계산 방법

① 시정기간 계산방법: 시정기간 계산은 민원사무처리에관한법률 제19조에 따라 근로감독을 받은 날부터 기산하며 공휴일과 토요일을 제외한다. 예를 들어 점검과 시정지시를 받은 날이 2019.12.13(금)이고, 시정기한이 7일이라고 하면 2019.12.21(월)까지를 말한다. 12.13. 당일부터 계산해 6.14(토), 6.15(일)을 제외한 기간이다. 즉시 시정의 경우 근로감독 종료한 시각부터 24시간 이내를 말한다.

> **민원처리에관한법률 제19조【처리기간의 계산】**
> ① 민원의 처리기간을 5일 이하로 정한 경우에는 민원의 접수시각부터 "시간" 단위로 계산하되, 공휴일과 토요일은 산입(算入)하지 아니한다. 이 경우 1일은 8시간의 근무시간을 기준으로 한다.
> ② 민원의 처리기간을 6일 이상으로 정한 경우에는 "일" 단위로 계산하고 첫날을 산입하되, 공휴일과 토요일은 산입하지 아니한다.

② 시정보고서 발송시점은 기한 내에 이루어졌지만 접수시점이 시정기한 일자를 초과한 경우의 처리방법: 범죄인지의 기본은 법령 위반사항을 시정기일 내에 실제 시정하였는지 여부이며 보고서의 접수일자와는 관계가 없다. 시정지시사항을 시정기한 내에 시정완료하면 내사종결하고, 시정기간 내에 시정하지 아니하면 범죄인지 보고 후 수사에 착수하도록 하고 있다.

3 사용자가 정기감독을 거부할 수 있는가

1. 정기감독의 근거

근로감독관의 정기감독은 근기법에 근거규정이 있는 법률상의 조사이다. 그러므로 사용자는 이것을 거부할 수 없다. 조사를 거부한다든지 조사에서 허위 보고를 하는 것은 형사처분이 과해진다. 예컨대 근로감독관의 요구가 있는 경우에 보고 또는 출석을 하지 아니하거나 거짓된 보고를 한 자, 근로감독관 또는 그 위촉을 받은 의사의 현장조사나 검진을 거절, 방해 또는 기피하고 그 심문에 대하여 진술을 하지 아니하거나 거짓된 진술을 하며 장부·서류를 제출하지 아니하거나 거짓 장부·서류를 제출한 자에 대하여는 500만 원 이하의 과태료를 부과한다(근기법 제116조제1항 제1호 및 제3호).

위와 같은 규정은 산안법에도 규정되어 있다(산안법 제155조). 산안법 제155조제1항에 따른 질문에 대하여 답변을 거부·방해 또는 기피하거나 거짓으로 답변한 자에 대하여 300만원 이하의 과태료를 부과한다(산안법 제175조제6항제16호).

2. 정기감독의 거부

사용자는 정기감독의 성질상 근로감독관의 정기감독을 거부할 수 없다. 조사방법은 근로감독관실로 출석을 요구하는 경우에 어떠한 연락 없이 지정 일시에 근로감독관실로 방문하지 아니한 경우에는 사업장에 후일 전화연락을 한다든지 어떤 때는 근로감독관이 직접 현장조사할 가능성이 높다. 이러한 경우에는 근로감독관으로서는 사업장에서 연락이 없는 이상 비협력적인 사업장으로 판단하고 엄격한 태도와 자세로서 조사한다든지 그 후 악영향을 끼치는 것은 물론이다. 그러므로 사업장에서 근로감독관의 연락을 무시하는 것은 아무런 이득이 없는 행위이다.

마찬가지로 근로감독관이 사업장을 방문하는 경우에도 사업장 내에서 출입을 거부하여도 안된다. 현장 조사권한은 근기법에서 인정되고 있으므로(근기법 제102조제1항) 근로감독관의 행위는 건조물침입죄가 성립되지 아니한다. 또한 근로감독관은 조사시에 그 신분을 증명하는 증표를 휴대하여야 한다. 근기법 제102조제3항은 「근로감독관이나 위촉을 받은 의사는 그 신분증명서와 고용노동부장관의 현장조사 또는 검진지령서(檢診指令書)를 제시하여야 한다」고 규정하고 있다. 현장조사 또는 검진지령서에는 그 일시, 장소 및 범위를 분명하게 하여야 한다(근기법 제102조제4항).

3. 조사일시의 변경

근로감독관으로부터 통보받은 일시에 출석하거나 또는 근로감독관이 사업장에 현장조사하는 것이 회사 측 사정으로 불가피하게 일정을 변경할 경우가 있다. 이런 경우에는 사전에 담당 근로감독관에게 연락하여 일시의 변경을 요청할 수 있다. 기본적으로 정기감독의 경우에 감독통지서에 기재된 일시의 변경가능성이 높다. 그러므로 몇 차례 일시를 변경해 달라는 요청은 할 수 있으나 사용자 측에서 제안한 일시를 또다시 사업장 측에서 변경하는 것은 조사 거부라고 평가될 수 있다. 또 근로감독관이 해당 사업장을 방문시에 대표이사나 공장장이 출장을 가는 경우 등은 정기감독에 대응하는 회사 측의 입장에서 아무런 이득이 없는 행위이다. 이와 같이 근로감독관이 현장조사하는 경우에 대표이사나 공장장이 부재 중인 사실을 근로감독관에게 전달하여 재방문을 요청할 수 있다. 조사 내용에 대표자(대표이사나 공장장)의 사정청취가 필요한 경우에는 그 일시에 조사를 행할 수 없으므로 다시 조사일시를 변경해야 할 것이다. 다만, 취업규칙이나 탄력적근로시간제나 선택적근로시간제 등 서면합의가 있는가의 유무 등 형식 측면에서 사실관계를 조사하는 경우에는 대표자가 부재하더라도 담당 근로자가 취업규칙이 있는 장소나 서면합의 체결의 유무를 서면으로 확인하면 충분하므로 이 경우에는 조사를 다른 날로 변경하는 것은 어려울 것이다.

4. 사업주가 감독결과에 이의를 제기하거나 확인이나 서명을 거부할 경우의 처리방법

사업장근로감독을 실시한 후 사업주에게 관련 법령 위반사실에 대하여 충분한 설명을 하고 시정지시에 불응하는 경우에 받게 되는 불이익처분내용을 설명하게 된다. 이 경우 사업주가 사업주 확인서 작성 및 제출을 계속 거부할 경우에는 법령 위반사항을 기재한 점검표 하단에 점검시 상황, 확인서 작성 거부 사유 및 상황 등을 기재하고 점검 근로감독관이 서명 날인한다. 점검자가 서명날인한 점검표 사본을 사업주에게 전달(현장 또는 시정지시서에 첨부 발송)하고 그 이후에는 「근로감독관집무규정」의 조치기준에 따라 처리하게 된다.

4 시정지시에 대한 시정보고서 제출

근로감독관으로부터 시정지시서를 받은 사용자는 이에 대해 어떻게 대응할 것인가의 문제이다. 시정지시서를 근로감독관으로부터 교부받은 경우 시정기한까지 지적된 항목을 개선하여야 한다. 또한 시정보고서를 작성하여 관할 지방고용노동청(또는 지방고용노동지청)에 보고하여야 한다.

1. 시정지시에 대한 대응

근로감독관에 의한 감독조사 결과 노동법령 위반사실이 확인된 경우 시정지시서를 해당 사업장에 교부한다. 이에 대해 사업장으로서는 지적된 사항을 시정기일까지 개선하여야 한다. 만일 개선하지 아니할 경우 개선의지가 결여된 것이 된다. 근로감독관의 시정지시를 무시하는 악질적인 사업장으로 인정되어 검찰에 송치될 가능성이 있다. 그러므로 시정지시서를 수령하는 경우 먼저 근로감독관이 문제시하고 있는 점이 어떤 것인지 파악하는 것이 중요하다. 또한 개선을 위해 필요한 대응이나 시책을 구체적으로 검토할 필요가 있다.

예컨대 상시 사용하는 근로자 수가 10명 이상인 사업장에서 취업규칙을 작성하지 아니한 점을 시정지시서에서 문제시하는 경우에는 무엇보다 먼저 취업규칙을 작성하여 이를 관할 지방고용노동관서에 신고함으로써 시정지시에 따른 개선은 종료된다(취업규칙은 해당 사업장의 최저 근로조건 기준이나 기본적 룰을 정하는 아주 중요한 것이므로 충분히 검토하여 작성하여야 한다).

2. 시정보고서의 작성

근로감독관의 시정지시대로 실제 개선을 할 경우에는 시정보고서를 작성하여 근로감독관에게 제출한다. 시정지시 자체는 제2장 2.에서 설명한 대로 직접 어떤 법적 효과를 가지는 것은 아니지만 시정보고서를 제출하지 않는 경우에는 개선되지 않을 가능성이 높고 조사를 담당한 근로감독관은 재감독할 가능성이 있다.

또한 실제로 지적받은 사항을 개선하지 않거나, 시정했다는 허위의 시정보고서를 제출하는 것도 허용되지 아니한다. 예컨대 그 후의 재감독, 사업장근로자로부터의 신고나 별도 내용에 의한 정기감독에서 시정지시 사항이 개선되지 않았다는 사실이 판명된 경우 악질적인 사용자로 판단되어 검찰에 송치될 가능성이 높다.

허위보고를 하는 자체는 근기법 제116조제1항제1호 및 제3호 위반으로 500만 원 이하의 과태료 처분이 과해진다. 또한 시정지시서에 기재된 기한까지 시정되지 않았더라도 바로 과태료가 부과되는 것은 아니다. 그러므로 기한까지 개선되지 아니한 경우에는 허위의 시정보고서를 작성한 것은 아니고 먼저 조사를 담당한 근로감독관에게 연락하여 개선의 진척상황과 시정기한까지 완료하지 못하는 이유를 설명할 필요가 있다. 근로감독관이 그 이유를 납득한다면 기한의 연장이 있게 된다. 시정보고서는 특별한 서식이 없다. 그러므로 다음과 같은 서식에 의거하여 간단히 기재하는 것이 작성 포인트이다.

시정보고서

○○지방고용노동지청장 귀하

2020년 1월 15일 귀 청 근로감독관이 지적하신 근기법 등 위반사항 또는 지도사항에 대하여는 다음과 같이 시정하였으므로 본 시정보고서를 작성·제출합니다.

위반법조항	시정내용	시정년월일
근기법 제93조	새롭게 일반직 근로자 취업규칙, 단시간근로자 취업규칙을 제정하여 해당 사업장 근로자에게 회의형식에 의하여 그 내용 설명, 고지하고 해당 근로자 과반수의 의견을 들어 작성하여 귀 청에 신고를 하였음	2020년 1월 5일
근기법 제51조제2항	3개월 단위의 탄력적근로시간제를 도입함에 있어서 근로자 과반수 대표자와 법 소정의 사항에 대해 서면합의하였음을 보고함	2020년 1월 10일

3. 전문가와의 상담

근로감독관의 조사에 따라 시정지시를 받은 경우에는 해당 사업장으로서는 적어도 어떤 사항이 노동법령 위반이 되고 이에 대한 벌칙 내용이 어떤 것인가를 공인노무사나 변호사와 상담할 필요가 있다. 시정지시기한까지 어떻게 개선책을 마련할 것인지 자문을 받고 계속하여 전문가의 지원을 받을 필요가 있다. 개선책의 제안은 물론이고 그 후의 시정보고서의 작성이나 근로감독관과의 접촉을 통해 지원을 받을 수 있으므로 기업은 본래의 활동에 주력할 수 있을 것이다.

5 개별적 근로관계법 위반사항 조치(일반기준)

근로감독관 집무규정 별표 3 「개별근로관계법 위반사항 조치기준」중 제1호 내지 제5호는 다음과 같다(고용노동부훈령 제245호(2018.7.1) 「근로감독관 집무규정」 해당 조치기준 발췌 보완). 시정기한 내 시정을 하지 못한다면 근기법 등에서 정한 벌칙 규정을 적용해 형사처벌이나 과태료 처분 등을 받게 된다.

1. 조치기준란에 기재된 시정기간내에 시정하도록 서면지시하되, 기한내에 시정완료하면 내사종결하고, 기한내에 시정하지 아니하면 범죄인지 보고 후 수사에 착수한다.(행정질서벌의 경우는 과태료 부과)
2. 조치기준란의 반의사불벌 관련사항
   피해자가 처벌을 희망하지 아니하는 명시적인 의사표시가 있는 경우 진정사건 또는 사업장근로감독 사안은 내사종결하고 범죄인지사건, 고소 · 고발 사건은 불기소의견으로 검찰 송치한다.
3. "즉시시정"의 경우 시정완료하면 내사종결하고 시정하지 아니하면 범죄인지(과태료 부과)한다.
4. "즉시범죄인지" 또는 시정기간이 명시되지 않은 경우에는 즉시 범죄인지보고(과태료 부과)한다.
5. 처리기간의 계산은 민원사무처리에관한법률 제6조의 처리기간의 계산에 의한다.
6. 위의 1호부터 5호까지는 별표 4 「집단노동관계법령 위반사항 조치기준」에도 준용한다.

1. 연장근로시간 제한 위반 및 휴게시간 위반시의 시정지시기간

(1) 진정사건의 경우

근기법 제53조제1항 · 제2항 · 제4항의 연장근로시간 제한 및 제54조의 휴게시간을 위반할 경우 근로감독관은 근로감독관집무규정 [별표 3] 「개별적근로관계법 위반사항 조치 기준」에 따라 시정기간 3개월 이내(미시정 시 범죄인지)의 시정지시를 하고 다시 근로감독관 집무규정 제21조제4항에 따라 「감독관은 사용자가 부득이한 사유로 제3항의 시정지시서에서 정한 기한 내에 시정하지 못하여 시정기한 연장을 요청한 때에는 별표 3 및 별표 4의 조치기준에도 불구하고 1차 시정기간의 범위에서 시정기간을 연장할 수 있다. 다만, 과태료 부과에 해당하는 위법사항의 시정기간 연장은 7일 이내로 한다.」고 규정하고 있다. 연장근로 위반 또는 휴게시간 위반에 대한 시정지시기간은 6개월(최초 3개월간+연장 3개월간)까지 될 수 있다. 주 52시간 시행을 앞두고 근로시간 단축 연착륙과 충격 최소화를 위해 단속과 처벌을 6개월 유예한 것이다. 시정기간 연장은 모든 사업장에 전면 적용되는 것이 아니라 인력충원과 교대제 개편 등 상당한 시일이 필요한 사업장에 시정기간을 연장해 주는 것이지 무조건 3개월을 더하여 시정기간을 주는 것이 아니다. 예컨대 악의적이고 고의로 위반하는 경우에 시정기간 유예대상에서 제외될 것이다.

(2) 고소 · 고발사건의 경우

연장근로 위반으로 고소·고발된 사용자에 대해서는 책임성 여부를 점검하는 것이 우선 순서이다. 사업주가 인력 충원, 채용계획 등 충원노력, 교대제 변경이나 생산 설비 확충 등 근로시간 단축을 위해 최대한 노력한 사정이 없으면 2개월 이내 검찰 송치를 원칙으로 한다. 단순히 경영상 어려움 때문에 연장근로 제한시간을 지킬 수 없었다는 것으로 처벌을 피할 수 없다. 고소·고발사건의 경우 ① 근로시간 위반 이유와 정도 ② 사용자가 최대한 노력했는지 여부 ③ 근로시간 단축계획 제시 및 노동조합 협의 등의 사항을 수사에 고려하고 있다.

(3) 근기법 제59조의 특례사업연장근로 위반의 경우

근기법 제59조에 의한 특례사업(육상운송업, 수상운송업·항공운송업 기타 운송 관련 서비스업·보건업)에 대한 근로시간 및 휴게시간을 위반한 경우에는 동법 제59조에 벌칙규정이 없으나 이 경우 근기법 제53조의 연장근로를 위반한 때에는 근기법 제53조 위반으로 벌칙이 적용되고, 동법 제54조의 휴게시간을 위반한 때에는 동법 제54조 위반으로 벌칙이 적용된다. 이 경우에도 연장근로 또는 휴게시간 위반에 대한 시정지시기간은 6개월(최초 3개월간+연장 3개월간)까지 될 수 있다.

6 근로감독 현장조사 점검사항과 대응

(조치기준은 「근로감독관 집무규정」 별표 3에 따름)

조항 및 점검내용	점검 방법	유의사항	조치기준
제50조【근로시간】 1. 법정근로시간을 준수하고 있는가? 2. 1일 및 1주당 법정근로시간을 준수하고 있는가?	1. 취업규칙, 단체협약, 근로계약서 서면 확인 – 법정근로시간 초과 규정 여부 확인 2. 출근부 등 근태관리 서류상의 법정근로시간 초과 여부 확인 3. 연장근로에 대한 근로자 동의 여부 확인	1. 법정근로시간과 소정근로시간 2. 감시적/단속적 근로자 적용 제외 승인 여부 확인 3. 휴게시간 확인 4. 선택적, 탄력적 근로시간제 시행 여부 확인	시정기간 14일 이내 (미시정 시 범죄인지)
제53조【연장근로의 제한】 1. 연장근로제한규정 준수 여부 2. 연장근로에 따른 당사자 간의 합의 여부 3. 1주간 12시간 초과 여부	1. 근로자의 합의 여부 확인 – 취업규칙, 근로계약서에 의한 사전적 합의 – 기타 개별적 합의여부 확인(묵시적 동의 포함) 2. 임금 대장, 출퇴근 일지(카드)확인하여 법정 연장근로시간(1주 12시간 한도)초과 여부 확인	1. 근로시간 특례규정 적용 여부 확인(제58조)	시정기간 3개월 이내 (미시정 시 범죄인지)
제54조【휴게】 휴게시간을 준수하고 있는가?	1. 취업규칙 및 단체협약에 의한 법정휴게시간 확인(근로시간 4시간당 30분의 휴게시간을 부여하였는지 확인) 2. 실제 이행 여부에 대한 실사	1. 휴게시간과 대기시간의 구분 2. 휴게시간을 근로시간 중에 부여하였는지 여부 3. 휴게시간의 특례규정(근기법 제59조)	시정기간 3개월 이내 (미시정 시 범죄인지)
제55조【휴일】 유급주휴일 부여 여부	1. 취업규칙 및 단체협약의 휴일조항 확인 2. 근태관리부, 임금대장, 출근부(카드)확인 등 3. 1주일 1회이상 유급휴일	1. 특히 일용직근로자 유의	즉시 시정 (미시정 시 범죄인지)
제56조【연장, 야간, 휴일근로】 초과된 연장, 야간, 휴일근로수당을 통상임금의 50%이상을 가산지급하였는가?	1. 근태관리부, 근무편성표 확인 2. 연장, 야간, 휴일근로에 따른 할증수당 지급 확인 – 임금대장, 필요시 근로자면담 3. 통상임금 적정산정 여부 확인 – 취업규칙 및 근로계약서상의 임금구성항목, 임금대장	1. 연장근로에 관한 합의 확인 2. 연장/야간, 휴일/연장 등 중복시 가산임금 지급 여부 확인 3. 5인미만 사업장의 경우 적용제외 4. 연장근로가 역일을 달리하여 다음날까지 계속되는 경우 전일의 근로시간으로 봄 5. 위법한 연장, 야간, 휴일근로의 경우도 가산임금 지급	시정기간 14일 이내(미시정 시 범죄인지, 반의사불벌) 다만 평균임금 산정 등 임금계산상 착오로 인한 체불인 경우 시정기간 25일 이내

조항 및 점검내용	점검 방법	유의사항	조치기준
제57조【보상휴가제】 서면합의에 따른 보상휴가를 실시하였는가?	1. 서면합의서 확인(근로자대표와의 서면합의 여부) 2. 보상휴가 실시 여부 확인 – 보상휴가는 할증시간을 포함하여 일수 계산	1. 일용직근로자 특히 유의	–
제59조【근로시간 및 휴게시간의 특례】 제2항 근로시간 특례제도입 사업장에서 11시간 연속 휴식시간을 부여하였는가?	실제 이행 여부에 대한 심사		시정기간 3개월 이내 (미시정시 범죄인지)
제60조【연차유급휴가】 1. 1년간 8할 이상 출근 근로자에 대해 15일의 연차 유급휴가를 부여하였는가? 2. 1년 미만인 근로자에 대해 1월간 개근시 1일의 유급휴가 부여 여부 3. 3년이상 계속근로자에 대한 가산 유급휴가 부여 여부	1. 단체협약, 취업규칙 등에서 연차유급휴가산정기준 적용 2. 근로자의 청구에도 불구하고 특정한 사유없이 연차휴가 미부여 확인 – 휴가계, 휴가증명원, 출근부, 임금대장 등 확인 3. 근로자별 연차휴가일수와 사용일수 확인 4. 연차휴가미사용수당을 통상임금 이상 지급 여부 5. 사용자의 휴가 사용촉진사실 확인 – 서면요구 및 통보자료, 연차휴가 미사용자에 대한 휴가실시사항 질문 및 확인	1. 연차유급휴가 산정시 출근율 계산의 적정 여부 2018.5.29. 전후 적용방법이 다름	시정기간 25일 이내 (미시정 시 범죄인지)
제64조【최저연령과 취직인허증】 15세 미만자에 대한 사용 적정 여부	1. 15세 미만 근로자 사용 여부 확인 – 근로자명부 등 2. 취직 인허증 소지 여부 확인	1. 15세 미만 근로자에는 초중등 교육법에 의한 중학교에 재학중인 18세 미만자도 포함됨에 유의	즉시 시정 (미시정 시 범죄인지)
제65조【사용금지】 1. 임신 중이거나 산후 1년 미경과 여성과 18세 미만자를 도덕상 또는 보건상 유해·위험한 사업에 사용하고 있는가? 2. 18세 이상 여성에 대해 보건상 유해·위험한 사업에 사용하고 있는가?	1. 대상자 확인(근로자명부, 출산전 후휴가자) 2. 사업장의 사용금지직종 여부 확인: 사업자등록증, 작업수행내역서, 작업일보, 현장 확인 3. 해당 근로자를 금지직종에 사용 여부 확인, 근로자명부 및 작업배치도 확인, 근로자면담 등	1. 반드시 현장 확인 ※ 사용금지직종은 시행령 별표 4 참고	즉시 시정 (미시정 시 범죄인지)

조항 및 점검내용	점검 방법	유의사항	조치기준
제66조【연소자증명서】 18세 미만인자에 대한 연령을 증명하는 가족관계 기록사항에 관한 증명서와 친권자 또는 후견인동의서를 사업장에 비치하였는가?	1. 근로자명부, 임금대장을 통하여 18세미만인 자 유무 확인 2. 연소자증명서(연령을 증명하는 가족관계기록사항에 관한 증명서) 3. 친권자 또는 후견인의 동의서 비치 여부	1. 민법상 후견인 범위 숙지	즉시 시정 (미시정 시 과태료)
제67조【미성년자의 근로계약】 미성년자에 대한 근로계약을 친권자 또는 후견인의 대리 여부	1. 근로계약서 확인(근로계약 당사자 본인 여부 확인)	1. 친권자 또는 후견인의 미성년자 근로계약 대리 불가 – 친권자, 후견인 또는 노동부장관은 근로계약이 미성년자에게 불리하다고 인정되는 경우에는 이를 해지할 수 있다	즉시 시정 (미시정 시 범죄인지)
제69조【18세미만자의 근로시간】 15세 이상 18세 미만인 자의 근로시간이 1일 7시간 주 40시간을 초과하였는가?	1. 근로자명부, 근로계약서, 출퇴근부, 임금대장 확인 2. 당사자간 합의 시 1일 1시간, 1주 6시간 이내 연장근로 가능(당사자 간 합의사항은 법 제53조 준용)	1. 근로시간은 휴게시간을 제외한 시간임	즉시 시정 (미시정 시 범죄인지)
제70조【여성과 18세 미만자의 야업 및 휴일근로】 1. 18세 이상 여성의 야간 및 휴일근로 시 동의 여부	1. 대상자 확인(근로자명부, 산전 / 산후 휴가자)	1. 야간 및 휴일근로 동의 유무	1. 시정기간 7일 이내 (미시정 시 범죄인지)
2. 임산부와 18세 미만자의 야간 및 휴일 근로시 고용노동부장관의 인가 여부	2. 근로자 동의 여부 확인	2. 고용노동부장관 인가 유무	2. 즉시 시정 (미시정시 범죄인지)
3. 인가 전 근로자대표와 미협의	3. 인가서 확인	3. 근로자대표 협의사항	3. 시정기간 14일 이내 (미시정 시 범죄인지)
제71조【산후 1년 미경과 여성의 근로시간】 산후 1년이 경과되지 아니한 여성의 연장근로시간이 1일 2시간, 1주 6시간, 1년 150시간을 초과하였는가?	1. 출산전후유급휴가자 명단을 확보하여 산후 1년 미경과자 확인 2. 출퇴근시간 관리기록부, 임금대장을 통한 근로시간 확인	1. 출산후 1년 미경과자 시간외근로 유무	즉시 시정 (미시정 시 범죄인지)

조항 및 점검내용	점검 방법	유의사항	조치기준
제72조【갱내근로의 금지】	갱내근로 확인	근무일지	즉시 범죄인지
제73조【생리휴가】	생리휴가 실시 여부 확인	생리실시 확인	의사표시 또는 청구에도 불구하고 휴가를 부여하지 않는 경우 즉시 범죄인지
제74조 제1항【임산부의 보호】	출산전후휴가 90일 부여 확인	휴가기간 부여	즉시 범죄인지(다만 출산지연으로 산후 45일이 안되는 경우 내사 종결)
제2항	출산전후휴가 분할 사용 불허용 확인	분할요청 유무	즉시 시정(미시정시 범죄인지)
제3항	유산·사산휴가 미부여 확인	유산·사산 확인	즉시 시정(미시정시 범죄인지)
제4항	출산전후휴가 기간 중 최초 60일 분 임금 미지급 확인	임금대장 확인	시정기간 14일 이내(미시정시 범죄인지), 다만 평균임금 산정 등 계산상의 단순 착오로 인한 체불인 경우 시정기간 25일 이내
제5항	· 임신 중 여성근로자의 시간외근로 제한 여부 확인 · 임신 중인 여성근로자의 요구가 있는 경우에도 쉬운 종류의 근로 전환 미실시 확인	1. 시간외근로 여부 2. 근로전환 요청 유무	· 즉시 시정(미시정시 범죄인지) · 시정기간 14일 이내(미시정시 범죄인지)
제6항	출산전후휴가 종료 후 휴가 전과 동일한 업무 또는 동등한 수준의 임금을 지급하는 직무복귀의무 위반 여부 확인	임산부의 직무 복귀 여부	시정기간 25일(미시정시 범죄인지)
제7항	임신기간 근로시간 단축 미허용 확인	근로시간 단축 여부	시정기간 7일(미시정시 과태료 부과)
제75조【육아시간】	육아시간 미부여 확인	육아시간 부여 여부	즉시 시정(미시정시 범죄인지)

김 수 복

金 洙 福 (☎ 02-556-9912)

저자 약력	저서 및 논문
· 고려대학교 경제학과 졸업 · 동국대학교 대학원 졸업(경제학박사) · 행정고등고시합격(제3회) · 고용노동부 총무과장 · 재해보상과장 · 법무담당관 · 중앙노동위원회 사무국장 · ILO(국제노동기구) 노동정책과정 이수 · 중앙노동위원회 알선위원 · 동국대 법과대학 강사 · 서경대학교 대우교수 · 광주여자대학교 겸임교수 · 공인노무사시험위원 · 노사관계개혁위원회 자문위원 · 사단법인 한국노동연구소장 겸 이사장(현) · 국제인사노무법인대표 공인노무사(현) · 숭실대노사관계대학원겸임교수 · 서울지방노동위원원회 공익위원 · 고용노동부규제심사위원회공동위원장 · 서울중앙지방법원 민사조정위원 · 한국사회법학회 회장 · 단국대학교법무행정대학원강사	· 고용조정과 정리해고(중앙경제) · 근기법 – 인사 · 노무실무사례(중앙경제) · 근로시간 · 휴일 · 휴가의 법률실무(중앙경제) · 근로자참여및협력증진에관한법률(중앙경제) · 노동법(중앙경제) · 노동조합및노동관계조정법(중앙경제) · 단체협약의 체결과 운영(중앙경제) · 비정규직근로자의고용및노무관리(중앙경제) · 산업재해보상보험법(중앙경제) · 산재보험법개론(매일경제신문사) · 업무상 재해의 이론과 실제(중앙경제) · 인사이동의 법률문제(중앙경제) · 임금 · 퇴직금을 둘러싼 법률문제(중앙경제) · 취업규칙 · 근로계약의 작성과 운영(중앙경제) · 비정규직노동법(중앙경제) · 근로자파견 · 도급 · 업무위탁 · 전출실무 (중앙경제) · 징계 · 해고 · 퇴직의 법률실무(중앙경제) · 노사협의회의운용과 법률실무(중앙경제) · 채용에서 퇴직까지 법률문제(중앙경제) · 노동법 실무지식(크라운출판사)